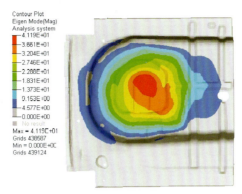

图 2-13 模态云图

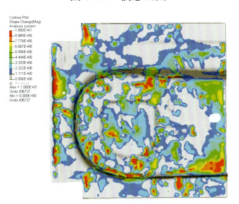

图 2-14 优化方案

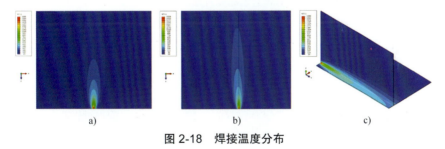

图 2-18 焊接温度分布

a）对接焊温度分布（$t=195s$） b）搭接焊温度分布（$t=142s$） c）T 型焊温度分布（$t=160s$）

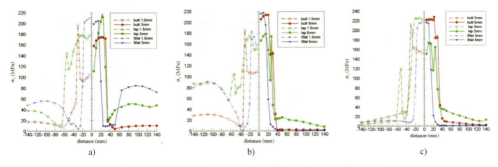

图 2-20 Q235 不同料厚对焊接残余应力的影响研究

a）厚度为 1.5mm 和 3mm 的组合　b）厚度为 1.5mm 和 5mm 的组合　c）厚度为 3mm 和 5mm 的组合

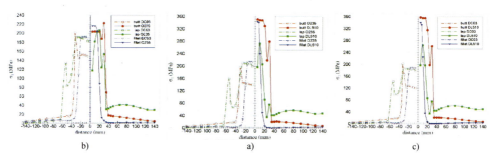

图 2-21　不同材料，相同料厚对焊接残余应力的影响 1

a）厚度为 3mm 材料为 DC03 和 Q235　b）厚度为 3mm 材料为 Q235 与 DL510

c）厚度为 3mm 材料为 DC03 与 DL510

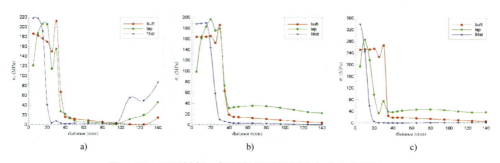

图 2-22　不同材料，相同料厚对焊接残余应力的影响 2

a）厚度为 3mm 材料 Q235　b）厚度为 3mm 材料为 DC03　c）厚度为 3mm 材料为 DL510

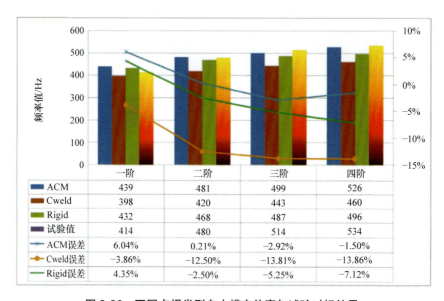

	一阶	二阶	三阶	四阶
ACM	439	481	499	526
Cweld	398	420	443	460
Rigid	432	468	487	496
试验值	414	480	514	534
ACM误差	6.04%	0.21%	-2.92%	-1.50%
Cweld误差	-3.86%	-12.50%	-13.81%	-13.86%
Rigid误差	4.35%	-2.50%	-5.25%	-7.12%

图 2-26　不同点焊类型自由模态仿真与试验对标结果

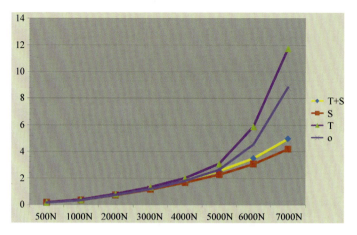

图 2-31 不同映射结果各工况最大位移对比

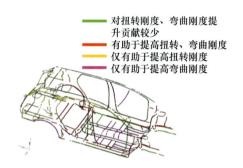

图 2-35 结构胶分布识别结果

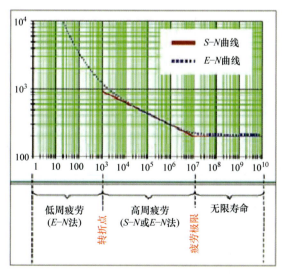

图 3-2 $S\text{-}N$ 曲线和 $E\text{-}N$ 曲线关系

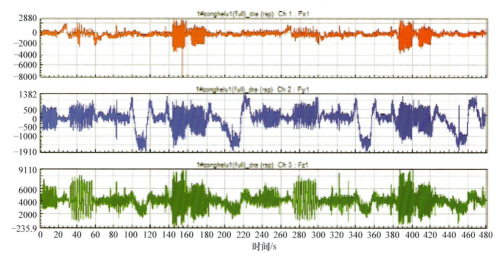

图 3-22　左前轮在综合路下的三个方向的力信号

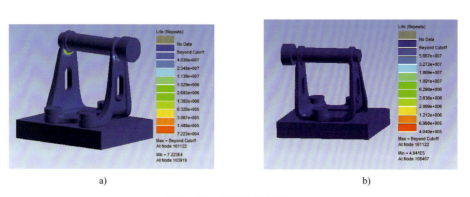

图 3-47　疲劳分析结果 1

a）轴向疲劳分析结果　b）侧向疲劳分析结果

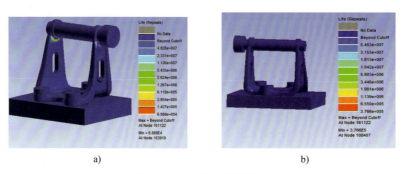

图 3-48　疲劳分析结果 2

a）轴向疲劳分析结果　b）侧向疲劳分析结果

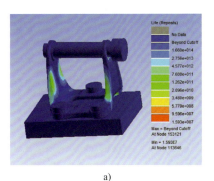 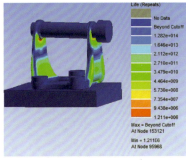

a) b)

图 3-50 优化结构疲劳分析结果

a）轴向疲劳分析结果 b）侧向疲劳分析结果

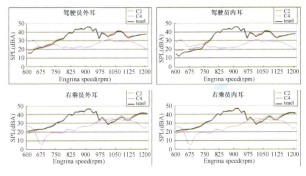

图 4-4 整车怠速噪声曲线

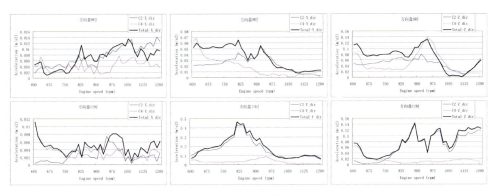

图 4-5 整车怠速振动曲线

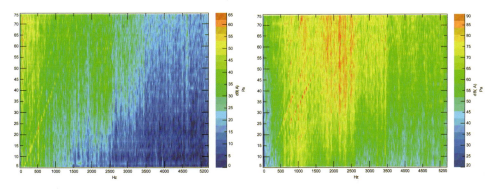

图 4-26 车内噪声频谱图 　　　　　图 4-27 电机噪声频谱图

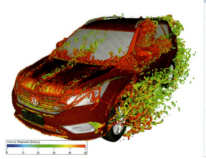 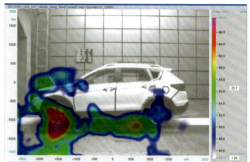

图 4-47　车外噪声源识别图

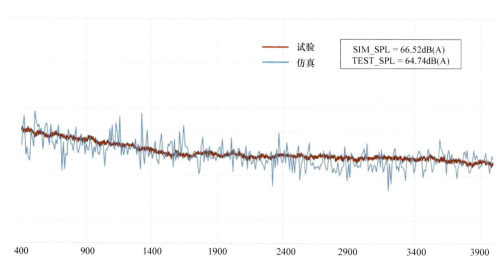

图 4-52　车内噪声声压级仿真试验对比

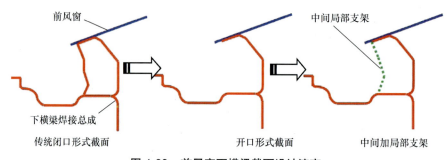

图 4-63　前风窗下横梁截面设计演变

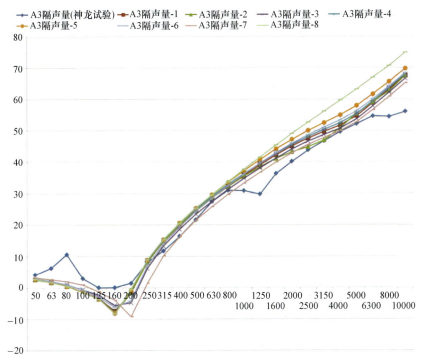

图 4-87 声学微观参数对隔声量的影响

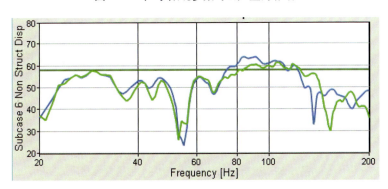

图 4-99 改进前后曲线（蓝色为改进前，绿色为改进后）

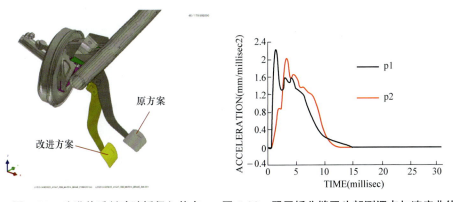

图 5-22 改进前后制动踏板侵入状态　　图 5-30 翼子板分缝区头部测评点加速度曲线

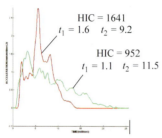

图 5-35 刮水器及锁扣处的头部加速度曲线

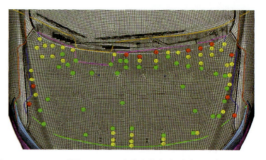

图 5-39 头部测试点选择示意图

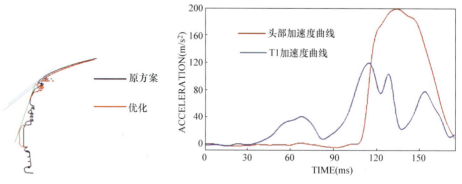

图 5-77 某车前端造型优化前后对比   图 5-93 鞭打试验假人头部和肩部 T1 加速度曲线

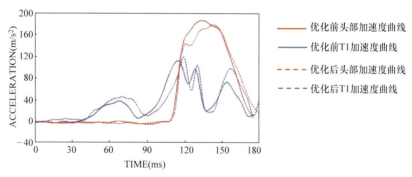

图 5-98 优化前后头部和肩部 T1 加速度曲线

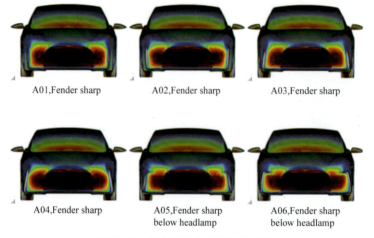

图 6-11 某电动汽车前脸优化过程

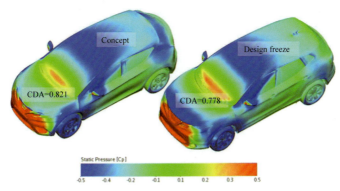

图 6-12 某越野汽车优化过程

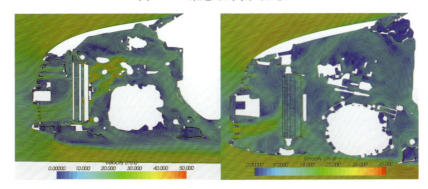

图 6-25 发动机舱 $Y=-0.1m$ 位置截面速度矢量图

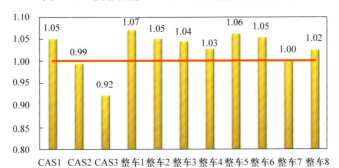

图 6-38 风阻优化结果汇总

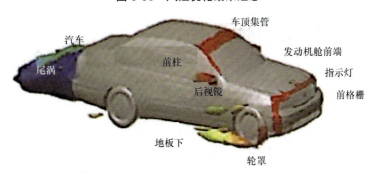

图 6-67 汽车周围的气动噪声发生部位

（流速波动能量等值面：红色为波动能量大；蓝色为波动能量小）

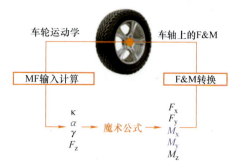

图 7-10　PAC 模型输入输出关系

Y：纵向力、侧向力或回正力矩
X：侧偏角或纵向滑移率

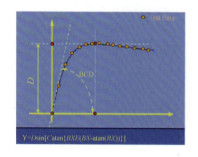
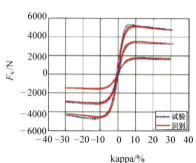

图 7-11　PAC 模型参数表达

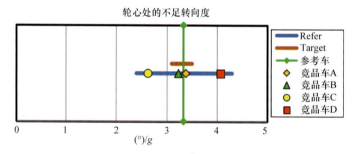

图 7-21　目标设定范围及同类对比图

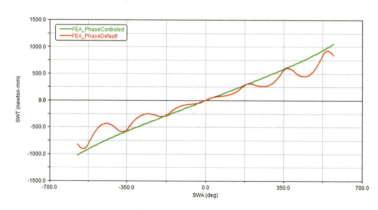

图 7-39　转向系统力矩波动（中间轴万向节相位引起）

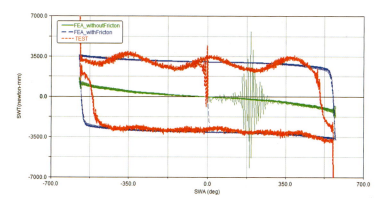

图 7-40 原地转向力试验与仿真曲线图

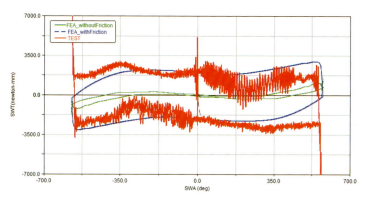

图 7-41 低速动态转向力试验与仿真曲线图

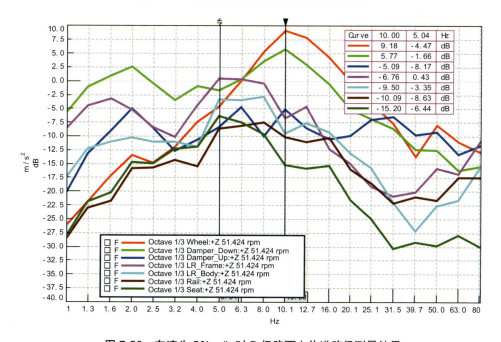

图 7-56 车速为 50km/h 时 B 级路面上传递路径测量结果

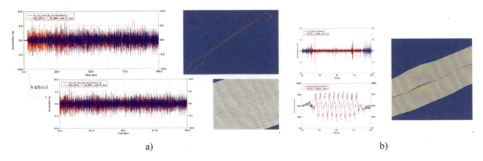

图 7-63 虚拟试验场仿真精度解析（蓝色为试验敏度，红色为仿真敏度）

a）丙扭路前悬架轮心处结果对比　b）比利时路前悬架轮心处结果对比

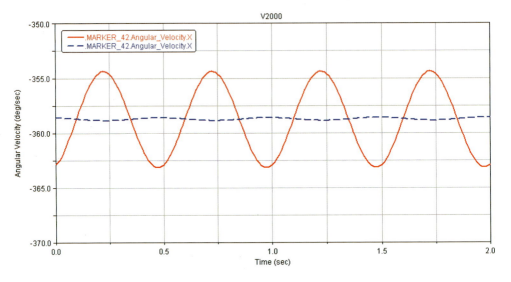

图 7-85 转速输出仿真时域曲线图

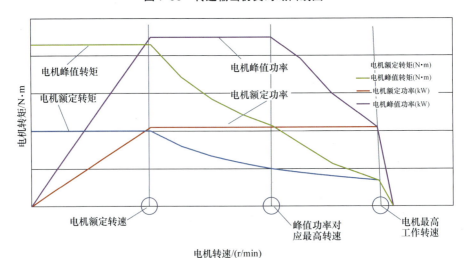

图 8-36 驱动电机性能参数示意图

汽车技术创新与研发系列丛书

汽车仿真技术

史建鹏 著

机械工业出版社

本书主要探究了仿真技术在汽车开发中的工程应用,将仿真开发流程与汽车开发流程高度融合,并对在开发流程中所有涉及的仿真技术难题,通过仿真建模、技术优化、开发迭代、试验对标等,实现了技术突破,提炼出了核心技术。这些核心技术经过了工程验证且进一步抽象出来形成研究成果。本书涵盖了零部件结构、疲劳寿命、NVH、被动碰撞安全、空气动力学、操纵稳定性和乘坐舒适性、动力性经济性仿真和仿真自动化等技术,这些技术经过了多款、多轮车型开发的充分验证。

本书可供车辆工程、信息技术和软件行业,以及大专院校从事汽车研究和仿真开发的设计师、工程师参考,也可以作为汽车专业研究生的教材。

图书在版编目(CIP)数据

汽车仿真技术 / 史建鹏著. — 北京:机械工业出版社,2020.8
(汽车技术创新与研发系列丛书)
ISBN 978-7-111-66132-0

Ⅰ.①汽⋯ Ⅱ.①史⋯ Ⅲ.①汽车–系统仿真–研究 Ⅳ.①U461

中国版本图书馆CIP数据核字(2020)第128715号

机械工业出版社(北京市百万庄大街22号 邮政编码100037)
策划编辑:孙 鹏 责任编辑:孙 鹏 丁 锋
责任校对:梁 静 责任印制:郜 敏
盛通(廊坊)出版物印刷有限公司印刷
2021年8月第1版第1次印刷
169mm×239mm・30.5印张・8插页・643千字
0 001—1 900 册
标准书号:ISBN 978-7-111-66132-0
定价:249.00元

电话服务 网络服务
客服电话:010-88361066 机工官网:www.cmpbook.com
　　　　　010-88379833 机工官博:weibo.com/cmp1952
　　　　　010-68326294 金 书 网:www.golden-book.com
封底无防伪标均为盗版 机工教育服务网:www.cmpedu.com

序言
preface

我国的仿真技术起步于20世纪80年代，开始利用计算机模拟、求解、分析复杂工程和产品的性能，使其服务于产品的整个生命周期，以缩短汽车产品开发周期，降低开发成本，提升开发质量。仿真技术在汽车开发中的作用越来越重要，受到了广大车企和工程师们的青睐。

随着人们物质文化生活水平的提高，未来的汽车已不再是简单的出行工具，而是融入人类日常生活的智能体验终端，将出行和工作、娱乐、生活等多个场景互联。电动化是基础，在能源、系统运行上更好地支撑自动驾驶；网联化是纽带，提供实时在线的产品数据交换；智能化依托大数据，是目标；共享化是方式，带来消费模式的革命。未来汽车品牌的竞争将更加剧烈，抢占市场、品质上乘是竞争中取胜的决定性因素，而仿真技术是产品研发能否在竞争中取胜的关键技术之一。过去的工程实践经验证明，仿真技术在研发中能够起到重要作用。为适应汽车"新四化"发展的新需求，仿真技术的作用将更加凸显。

一本优秀的仿真技术书籍，是走在技术前列的科技人员的知识、技术经验的积累，能够让从事仿真技术的工程师少走弯路，快速提升自己的仿真技术水平，储备更高技术能力并释放更多精力去研究和探索前瞻技术。

出自企业专家且能够结合大量应用实例的仿真领域的技术书籍，在市面上寥寥无几，而本书的诞生，恰恰填补了此处空白。本书涉及CAE仿真结构、疲劳、NVH、碰撞、流体力学、多体动力学、动力性经济性七个学科，及各学科仿真自动化等九大部分；理论部分侧重于实际仿真应用中所涉及的理论阐述及公式算法推导，思路清晰，言简意赅；实例选取均为车企开发团队经过试验验证并在应用上获得较好效果。

本书是我国从事汽车仿真的技术人员和研究人员，在仿真技术方面的最新成果和技术研究，也是汽车技术界和支持汽车发展的IT界共同工作的结晶。今后，衷心希望仿真技术在汽车"新四化"技术领域发挥巨大潜能，做出新成就，让东风汽车的仿真技术走向全世界。

中国科学院院士，武汉理工大学校长

前言
preface

仿真技术属于车辆工程领域的"卡脖子"技术。在软件开发领域，我们无能为力。在应用领域，我们只是操作者。但在制造工程，尤其是汽车开发领域，仿真分析技术在总成开发、零部件结构设计、汽车疲劳寿命、NVH、汽车被动碰撞安全、空气动力学、操纵稳定性和乘坐舒适性、动力性经济性等优势凸显，对于缩短产品开发研制周期、降低成本、提升质量、满足多种用户的需求的作用不能低估，无可替代。

多年来，作者通过对仿真技术的算法推演、二次开发、多轮次的仿真与试验对标和整车拆解等工作，在仿真领域积累了深厚的理论基础和实践经验，将这些技术全部应用于乘用车、越野车、商用车和关键零部件总成等各平台车型产品开发的全生命周期中，并通过公开发表学术论文、著作或公开演讲和技术交流等方式，得到业界及学术专家的高度认可及好评。

本书集作者丰富的工作经验，历经十几年的技术积累，将工程应用上取得良好成果、已掌握的成熟技术和成果分享给正在仿真之路上奋力前行的勇士们。希望能让大家少走弯路，快速提升技术水平，推动整个汽车行业工程技术的进步，这也是我们工程技术人员的使命和责任。

本书共分9章。第1章，从整体上介绍仿真技术发展历程、仿真技术对车企的作用及仿真分析流程等；第2章~第8章，从结构、疲劳、NVH、碰撞、空气动力学、多体动力学和动力性经济性七个领域，分别详细介绍了各仿真领域研究内容、发展历程、仿真机理、未来发展趋势等；第9章，介绍了"七步法"构建仿真自动化技术、仿真自动化程序开发的关键技术和汽车综合性能仿真自动化等。本书针对每个仿真领域，都引用了很多翔实的工程案例。这些实例都是在仿真实践中得到了工程验证，或由工程验证进一步思考抽象出来的研究成果。

CAE仿真技术是较庞大且复杂的技术工程，作者本着深入浅出的编写理念，既从CAE技术整体上给出清晰的划分，又针对每一专业分别从发展、机理及未来趋势给出较详细的介绍。本书的一大特色之处，是在重要章节后面都给出了大量已被工程验证过的实例化应用举例。

仿真技术博大精深，凝聚着很多人的智慧和汗水。本书借鉴了本团队很多优秀的研发成果和成功经验，这也是本书的重要组成部分。在此，对本团队不懈努力取得的成就表示欣慰，并对本团队王希诚、屈新田、李洪涛、石朝亮、王斌、王小碧、王军、钱留华、李衡、金玲和王秋来提供的帮助表示谢意。在统稿工作环节，唐雪君和龚钰两位同事给予了极大的支持和帮助。同时，公司领导尤峥、谈民强及技术中心的领导和各位专家给予了大力的支持，在此对他们表示忠心的谢意！

　　本书在章节安排、语言描述或技术理解等方面，不免有错误或不合理之处，诚请读者、专家们批评指正，我们会在后期及时订正，还原技术本真是我们的原则。

史建鹏

目 录
contents

序言
前言

第1章 绪论 ······1
1.1 仿真技术发展历程 ······3
1.2 仿真对车企发展的作用 ······6
   1.2.1 仿真技术在汽车开发中的作用 ······6
   1.2.2 汽车仿真分析流程的建立 ······8
   1.2.3 仿真开发阶段及节点控制 ······9
1.3 建立仿真技术体系 ······10
   1.3.1 仿真理念 ······10
   1.3.2 仿真分析体系 ······11
1.4 仿真技术架构 ······13
参考文献 ······29

第2章 零部件结构有限元仿真分析 ······31
2.1 有限元仿真基本理论 ······31
   2.1.1 有限元技术能够分析的零部件性能 ······31
   2.1.2 建立零部件有限元模型的方法 ······35
   2.1.3 零部件结构性能的分析技术 ······35
   2.1.4 零部件结构性能"好坏"的判定原则 ······35
   2.1.5 常用的有限元分析软件 ······36
2.2 有限元建模的技术 ······36
   2.2.1 有限元分析步骤 ······37
   2.2.2 扭转刚度分析 ······38
2.3 有限元仿真优化技术 ······41
   2.3.1 灵敏度分析 ······42
   2.3.2 拓扑优化 ······46
   2.3.3 形貌优化 ······49
2.4 关键工艺仿真分析技术 ······51

2.4.1 焊接工艺仿真技术 ································· 51
2.4.2 点焊连接有限元建模技术 ························ 57
2.4.3 基于冲压映射钣金件结构性能仿真分析 ············ 61
2.4.4 小结 ··· 63
2.5 关键部件仿真分析 ·································· 64
2.5.1 白车身结构胶仿真分析 ·························· 64
2.5.2 悬架上摆臂仿真分析技术 ························ 67
2.6 未来发展 ··· 68
参考文献 ·· 69

第3章 疲劳寿命仿真 ······································ 71

3.1 疲劳耐久性分析概述 ································ 71
3.2 疲劳寿命仿真分析方法 ······························ 71
3.2.1 疲劳寿命分析方法 ····························· 72
3.2.2 结构件疲劳寿命分析应用 ······················· 73
3.2.3 小结 ·· 78
3.3 基于载荷谱的汽车疲劳寿命仿真分析方法 ··············· 78
3.3.1 疲劳载荷谱 ·································· 79
3.3.2 基于载荷谱的白车身疲劳分析 ··················· 80
3.3.3 某车型发动机舱盖耐久性能仿真优化研究 ·········· 87
3.4 载荷谱分析方法 ··································· 92
3.4.1 载荷信号的处理和分析 ························· 92
3.4.2 后轴支架疲劳分析精度提升及结构优化技术 ········· 94
3.4.3 基于道路载荷谱的备胎架耐久性分析 ·············· 102
3.5 非金属零部件疲劳寿命分析 ·························· 107
3.5.1 非金属结构件分析流程 ························· 107
3.5.2 塑料背门开闭耐久仿真分析 ····················· 108
3.6 疲劳耐久性优化方法 ······························· 112
3.6.1 等寿命设计的重要意义 ························· 113
3.6.2 传感器支架耐久分析及改进 ····················· 114
3.6.3 三角臂耐久性能分析改进 ······················· 116
3.7 未来发展 ·· 119
3.7.1 虚拟试验场技术趋势 ·························· 119
3.7.2 虚拟试验场技术意义 ·························· 119
3.7.3 虚拟试验场技术主要内容 ······················ 120
3.7.4 虚拟载荷结果分析 ···························· 120

3.7.5　疲劳耐久仿真自动化 ··· 121
　　参考文献 ·· 122

第4章　NVH 仿真技术 ·· 124

4.1　整车噪声产生机理 ··· 124
　　4.1.1　结构传播噪声 ··· 124
　　4.1.2　气动噪声 ·· 125
　　4.1.3　气动噪声的产生机理 ·· 126

4.2　车体结构传播噪声仿真与优化 ··· 129
　　4.2.1　声振耦合结构噪声 ··· 129
　　4.2.2　车体板件辐射噪声 ··· 131
　　4.2.3　基于 MVTF 的车体阻尼片优化降噪技术 ··· 133
　　4.2.4　MTF 仿真技术在降低板件辐射噪声中的应用 ····································· 135
　　4.2.5　阻尼片 MTF 仿真优化技术 ··· 136
　　4.2.6　噪声声学包装技术 ··· 137

4.3　气动噪声控制及仿真技术 ·· 143
　　4.3.1　气动噪声的控制技术 ··· 143
　　4.3.2　路噪仿真技术 ·· 144
　　4.3.3　风噪仿真技术 ·· 146
　　4.3.4　模态耦合的制动噪声分析技术 ·· 149
　　4.3.5　风窗振动引起的车内轰鸣声问题分析及整改 ···································· 154

4.4　NVH 仿真精度提升 ··· 157
　　4.4.1　声腔模态仿真精度提升 ··· 158
　　4.4.2　车体结构噪声仿真精度提升 ··· 160
　　4.4.3　声学包仿真精度提升 ··· 162
　　4.4.4　进排气系统传递损失仿真精度提升 ·· 165
　　4.4.5　MATV 技术在车内低频噪声分析中的应用 ·· 167

4.5　未来发展 ··· 170
　　4.5.1　NVH 仿真精度的提升 ··· 170
　　4.5.2　仿真快速建模技术 ··· 171
　　4.5.3　二次开发的大量应用 ··· 172
　　4.5.4　新能源汽车 NVH 仿真 ··· 172
　　4.5.5　NVH 仿真提升声品质 ··· 173
　　4.5.6　多物理场耦合 NVH 仿真 ··· 174
　　4.5.7　NVH 仿真虚拟现实体验技术 ··· 174
　　参考文献 ·· 175

第5章 汽车碰撞安全仿真……177

5.1 汽车碰撞仿真研究机理……177
5.1.1 碰撞仿真机理……177
5.1.2 被动安全性的发展方向……178
5.1.3 仿真设计对C-NCAP指标分解分析……178
5.1.4 行人保护仿真技术……181

5.2 正面碰撞仿真与试验对标分析……182
5.2.1 碰撞模型的建立……183
5.2.2 正面碰撞仿真与试验对比（加入失效前）……183
5.2.3 零部件失效分析……185
5.2.4 正面碰撞仿真与试验对比（加入失效后）……186
5.2.5 小结……187

5.3 侧面和偏置碰撞中的关键部件仿真技术……187
5.3.1 正面40%偏置碰撞制动踏板仿真技术……188
5.3.2 基于TRIZ理论的车门防撞梁多目标优化研究……192

5.4 基于行人保护的仿真技术……198
5.4.1 行人保护法规介绍和头部伤害评价……198
5.4.2 基于头部损伤特性的发动机舱理想溃缩空间技术……202
5.4.3 基于GTR行人头部保护的某车改进分析……205
5.4.4 行人保护小腿碰撞分析及优化改进……210
5.4.5 能量控制法对某车行人大腿保护性能改进优化……215
5.4.6 小结……220

5.5 儿童座椅固定支架仿真设计……221
5.5.1 现象分析……222
5.5.2 固定装置载荷分析……223
5.5.3 运动姿态分析……224
5.5.4 优化改进及验证……226
5.5.5 小结……227

5.6 汽车追尾仿真技术……227
5.6.1 某座椅鞭打性能及风险分析……228
5.6.2 颈部损伤机理及受力特性……229
5.6.3 受力分析法对座椅性能优化改进……230
5.6.4 小结……232

5.7 未来发展……232

参考文献……233

第 6 章 空气动力学仿真 ... 236

6.1 空气动力学技术 ... 236
6.1.1 空气动力学产生机理 ... 236
6.1.2 空气动力学技术开发方法 ... 237
6.1.3 空气动力学分析方法 ... 238
6.1.4 空气动力学对汽车造型的影响 ... 238
6.1.5 空气动力学的发展 ... 240

6.2 空气动力学技术应用 ... 241
6.2.1 空气动力学仿真流程 ... 242
6.2.2 整车风阻仿真技术 ... 249
6.2.3 后视镜仿真分析技术 ... 255
6.2.4 某越野汽车除霜风道 CFD 分析及结构优化 ... 259
6.2.5 基于 CFD 分析的汽车侧窗风振噪声研究 ... 264

6.3 气动噪声仿真技术 ... 267
6.3.1 气动噪声基本理论 ... 268
6.3.2 气动噪声的产生机理 ... 270
6.3.3 风噪 ... 275
6.3.4 小结 ... 278

6.4 热管理仿真技术 ... 278
6.4.1 热管理技术现状 ... 279
6.4.2 机舱热害技术分析 ... 279
6.4.3 3D 流场仿真分析 ... 285
6.4.4 小结 ... 289

6.5 未来发展 ... 290
参考文献 ... 290

第 7 章 汽车动力学仿真技术 ... 293

7.1 汽车多体动力学分析机理 ... 293
7.1.1 操纵稳定性仿真设计机理 ... 293
7.1.2 乘坐舒适性仿真设计机理 ... 294
7.1.3 多体动力学建模机理 ... 294

7.2 关键部件的参数敏感性分析 ... 299
7.2.1 悬架对操纵稳定性和乘坐舒适性参数敏感性分析 ... 299
7.2.2 不同悬架的分析结果 ... 304
7.2.3 DOE 的重要意义 ... 310
7.2.4 典型轮胎动力学模型 ... 310

目　录

- 7.2.5　轮胎试验 ………………………………………………………………………… 312
- 7.2.6　轮胎动力学建模技术 ……………………………………………………………… 315
- 7.2.7　小结 ………………………………………………………………………………… 316
- 7.3　R&H 仿真设计基本方法 ………………………………………………………………… 316
  - 7.3.1　整车性能目标设定 …………………………………………………………………… 317
  - 7.3.2　操纵稳定性指标设定流程 …………………………………………………………… 318
  - 7.3.3　整车模型的建立 ……………………………………………………………………… 319
  - 7.3.4　K&C 性能分析 ……………………………………………………………………… 320
  - 7.3.5　部件边界载荷分析 …………………………………………………………………… 321
  - 7.3.6　仿真与试验对标 ……………………………………………………………………… 322
  - 7.3.7　操控性能目标初步达成 ……………………………………………………………… 323
- 7.4　整车操控性优化分析方法 ………………………………………………………………… 323
  - 7.4.1　整车性能优化流程 …………………………………………………………………… 323
  - 7.4.2　整车性能优化方法 …………………………………………………………………… 324
  - 7.4.3　整车性能优化技术 …………………………………………………………………… 325
- 7.5　转向干摩擦仿真技术 ……………………………………………………………………… 328
  - 7.5.1　转向系统模型 ………………………………………………………………………… 329
  - 7.5.2　转向力仿真分析 ……………………………………………………………………… 332
  - 7.5.3　小结 …………………………………………………………………………………… 334
- 7.6　数字化路面在整车乘坐舒适性分析中的应用 …………………………………………… 334
  - 7.6.1　路谱虚拟迭代流程 …………………………………………………………………… 334
  - 7.6.2　路谱虚拟迭代原理 …………………………………………………………………… 335
  - 7.6.3　平顺性工况道路谱迭代 ……………………………………………………………… 336
  - 7.6.4　越野车乘坐舒适性仿真技术 ………………………………………………………… 342
  - 7.6.5　构建数字化路面的方法 ……………………………………………………………… 344
  - 7.6.6　数字化路面技术路线 ………………………………………………………………… 345
  - 7.6.7　虚拟试验场仿真精度确定技术 ……………………………………………………… 349
  - 7.6.8　虚拟试验场技术应用展望 …………………………………………………………… 350
  - 7.6.9　小结 …………………………………………………………………………………… 350
- 7.7　基于 EPS 系统性能的汽车转向愉悦性仿真分析 ………………………………………… 351
  - 7.7.1　EPS 系统工作机理 …………………………………………………………………… 351
  - 7.7.2　EPS 系统电动机驱动控制模型 ……………………………………………………… 351
  - 7.7.3　基于 EPS 系统的整车多领域模型 …………………………………………………… 354
  - 7.7.4　转向愉悦性仿真分析 ………………………………………………………………… 356
  - 7.7.5　小结 …………………………………………………………………………………… 358
- 7.8　动力学在运动件分析中的技术应用 ……………………………………………………… 358

7.8.1 基于冲击函数接触算法的汽车车门限位器受力分析……358
7.8.2 冲击函数接触算法……359
7.8.3 仿真分析结果及试验对标……360
7.8.4 传动轴万向节相位角优化分析……362
7.8.5 传动轴万向节运动分析……362
7.8.6 仿真分析……364
7.9 未来发展……364
7.9.1 支持车辆运动性能设计的驾驶模拟技术……365
7.9.2 仿真驱动汽车动力学性能的设计……365
参考文献……366

第8章 动力性经济性仿真分析……368

8.1 动力性经济性仿真技术现状……368
8.2 动力性经济性仿真分析机理……370
8.2.1 燃油汽车仿真机理……370
8.2.2 电动汽车仿真机理……374
8.2.3 小结……378
8.3 典型工况动力性经济性仿真分析……378
8.3.1 模型搭建……378
8.3.2 整车动力性经济性仿真分析指标……381
8.3.3 整车动力性经济性仿真敏感度分析……382
8.3.4 自动变速器换档策略标定……385
8.3.5 双离合变速器的整车匹配技术……388
8.3.6 WLTC工况下手动档换档点分析技术……390
8.3.7 整车传动比优化仿真技术……395
8.3.8 全时四驱技术仿真分析……398
8.3.9 小结……402
8.4 能量管理节能及其在新能源汽车中的应用……403
8.4.1 传统燃油车整车能量分解模型……404
8.4.2 纯电动汽车动力性经济性仿真……405
8.4.3 纯电动汽车能量匹配技术……407
8.5 未来发展……413
参考文献……414

第9章 二次开发……415

9.1 仿真自动化技术概述……415

9.2　仿真自动化工具及方式 416
9.3　"七步法"构建仿真自动化技术 417
9.4　程序开发的关键技术 424
　9.4.1　关键技术的介绍 425
　9.4.2　自动化仿真途径 427
　9.4.3　HyperWorks 软件包二次开发 427
　9.4.4　TCL&TK 语言 428
9.5　仿真自动化的典型技术 428
　9.5.1　CAE 仿真概述 428
　9.5.2　多学科联合仿真自动化技术 429
　9.5.3　多学科联合仿真实施方案 432
　9.5.4　典型结构件仿真自动化技术 435
9.6　汽车悬架载荷计算自动化 438
　9.6.1　系统建设内容及具体实施方式 439
　9.6.2　小结 440
9.7　乘用车车身结构仿真自动化 440
　9.7.1　车身结构自动化仿真技术开发总述 441
　9.7.2　赋予属性自动化技术开发 442
　9.7.3　白车身关键点动刚度、面刚度仿真自动化 443
　9.7.4　车门结构仿真自动化 446
　9.7.5　行李舱盖结构仿真分析流程自动化设计 449
　9.7.6　外覆件抗凹仿真自动化 453
9.8　汽车综合性能仿真自动化技术 456
　9.8.1　整车动力性经济性高效仿真及选型自动化 456
　9.8.2　汽车悬架 K&C 仿真自动化 458
　9.8.3　整车操纵稳定性仿真自动化 460
　9.8.4　行人头部模型对发动机舱自动定位及批量建模 463
9.9　未来发展 470

第 1 章 绪 论

仿真技术伴随着汽车的发展，与时俱进，从最初的辅助工程，到仿真驱动设计，现逐渐形成了仿真设计，直至替代试验的格局。1900 年前，德国人卡尔·本茨制造的汽车[1]，获得了世界上第一个汽车发明专利，这个惊人的发明在整个社会产生了相当大的反响。汽车的出现，导致个人在空间和时间上的剧变，标志着一个自由、快乐和奢侈象征的新时代开启。随着汽车的发展，人类活动范围和物资运输出现了移动模式的多样性，人类的生活发生了改变。这辆车开始了人类社会的汽车梦，支撑汽车工业成为 20 世纪最成功的工业领域之一。

百年前，汽车改变了人类生活；百年后，人类将重新定义"汽车"。

人类发明了汽车，一百多年来，尽管汽车技术突飞猛进，各种性能大幅提升，但其基本的构成和机理，今天的绝大多数汽车和一百多年前的汽车相比，其实并无太大区别，也无革命性的技术突破。

而今后，汽车将重新站在时代门槛，面临着"重新发明汽车"的现实问题。

2000 年，斯坦福大学的 Stanley 无人车辆以第一的名次[2]，赢得了美国 DARPA（美国国防先进研究项目局）莫哈维沙漠（Mojave Desert）无人驾驶挑战，中国国防科技大学研制成功了国内第一辆无人驾驶汽车，从而激起了人类对汽车的重新定义。

过去汽车一直将石油作为燃料，但最新技术表明，未来最有发展前景的汽车是氢燃料电池汽车，其具有零污染、零排放等优势。另外，在宇宙中，氢的储量和分布最为广泛，太阳的质量组成有三分之二是氢，地球上氢的含量十分丰富。随着丰田汽车公司开发的全新氢燃料电池汽车 Mirai 的上市，氢燃料电池汽车受到了人们的广泛关注。

内燃机汽车、混合动力汽车、电动汽车、燃料电池汽车和自动驾驶汽车等技术，基于信息和通信技术的汽车联网系统，作为社会资源的共享模式，都将是汽车呈现给人类社会的交通场景。随着新交通工具和新服务等创新模式的发展，必然与其运作的社会和经济模式相关联，与城市基础设施和建设重组并构建新的生态系统，导致全球汽车行业的巨大变化。

汽车行业是否足够灵活和巧妙地应对这些挑战？来自 IT 等其他行业的新来者，急于获得市场份额和新客户，导致了汽车价值链的颠覆性变革。所有利益相关者正在开始一场工业和文化革命。

毫无疑问当下是一个过渡期：传统汽车和节能汽车共存；有人驾驶汽车和自动驾

驶汽车共存；个体汽车和共享汽车共存。而对于所有这类车辆的开发和技术研究都将产生新的问题[3-5]。为了迎接这场汽车革命，需要重新思考定义未来的汽车，也就是思考未来汽车的技术。对于汽车消费者而言，与世界时时连接变得比拥有一辆车更重要，在数字化经济中，用户的期望更有针对性，它既优化了交通时间，又降低了出行成本；对于汽车开发者来说，如何快速突破关键技术，预见性地满足客户需求，是一个艰巨的挑战。

面对不断涌现的新技术，如新能源、智能技术、信息技术、绿色制造、新材料、3D打印等，以及催生的很多新的制造业门类和领域，如互联网、物联网、云计算、大数据等，各企业为了有效驶入中国制造2025战略快车道，必须加强技术创新，着力突破关键技术，掌握核心知识产权，其中仿真技术就是这一历史时期涌现的新技术、新门类和新领域技术的重要支撑。

仿真[6, 7]，顾名思义，从广义上讲，类似于模拟，就是利用已掌握的知识，对抽象的、模糊的、定义不明确的和受条件限制无法分析的复杂问题[8]，进行简单化、离散化、放生化和具体化，便于使用者更加便捷、舒适、安全和经济地应用[9, 10, 11]。这也类似于古代战争的各种"推演""阵法"，现代的"飞机"等发明。

仿真技术是人类在长期进化过程中，不断思考并提升生存环境的有效方法，是人类与其他生物群类逐步区别的关键技能；仿真技术同时是工业革命成功的重要支撑，也是各国各企业工业战略转型升级的主要保障。在工程中的仿真技术，目前主要是指计算机辅助工程（CAE）技术，但其内涵不仅仅是辅助工程，而是延续到仿真设计[12]技术了。

仿真技术是一门综合性高、集成性强的技术，它融合了自然科学、技术科学、工程技术等相关领域，包含物理、数学和语言等基础学科，同时涵盖了计算程序、网络技术、图形图像技术、信息处理、自动控制等专业技术领域的知识。其主要的机理是以建立的模型，通过以具体实物功效为背景的相似原理为基础，以编程软件、计算机硬件和实物的各种应用场景为工具，利用系统模型对实际的或设想的系统在计算机上进行模拟试验展开研究。仿真技术的应用已不仅仅限于单个产品或简单系统功能和性能测试验证，已扩大为可应用于整车、综合系统和平台开发研制的全过程，包括产品预研、方案论证、指标验证、设计分析、生产制造等各环节[13-15]。

在产品开发过程中，仿真技术一方面可以使许多因受边界条件限制、无法分析的复杂问题，通过计算机数值模拟，得到工程应用高度近似的场景复现，能够替代真实的使用环境，从而探索出物件有可能在实际使用工况下的各种条件，解决其在要求的生命周期内，数字化[16]、高效地完成其功能，有效提升了产品开发质量和寿命；另一方面，可以使大量繁杂的工程分析问题简单化，复杂的过程层次化，降低了重复的工作，节省了产品开发过程中大量的时间，降低了开发成本，使工程分析更快、更准确。因此，在产品的开发等方面，仿真发挥了重要作用，深受工业界的重视；同时，由于仿真软件的操作越来越便利，受到广大工程技术人员的青睐。目前，仿真技术继续向微观和纵深发展的同时，也将从宏观、全局的角度加以综合发展。

1.1 仿真技术发展历程

仿真技术伴随着计算机技术的进步，日新月异，发展速度很快，平均每18个月性能翻一番。仿真的软件、硬件不断迭代更新，支撑分析技术的理论、算法和方法，不断地涌现刷新。在机械、航天航空、电子、医疗生物和交通运载等领域，仿真技术应用越来越广泛，产品研发越来越依赖仿真技术。很多企业、科研院所，都已拥有自己的仿真分析团队，他们已成为生产主力军中不可缺少的重要组成部分。CAE的应用越来越成熟，研发人员的经验越来越丰富，提升了CAE技术应用的精准性。

目前在汽车开发中常用的仿真技术[17-19]，指在工程设计中应用计算机仿真，即CAE，主要解决产品工程开发和产品结构中，对产品的概念设计、初步设计、详细设计、样机制造以及试验测试等各个阶段进行：

① 包括结构[20, 21]、碰撞安全、空气动力学、经济性动力性、操纵稳定性、疲劳耐久、NVH等在内的各种性能、工作状态和运行行为的模拟、预测及优化。

② 验证和确保产品功能和性能指标。

③ 通过强度、刚度、屈曲稳定性、动力响应、CFD、弹塑性等力学性能的分析计算、运动和动力学特性、碰撞性能、动力性和经济性、疲劳寿命和可靠性、电磁兼容和干扰、振动、声学及结构性能的优化设计等问题的一种近似数值分析方法，以达到设置的技术目标。

仿真技术应用到汽车项目、零部件、总成和各种系统开发中，可以缩短设计周期，提高产品性能，降低试验费用，是支撑商品魅力化开发的重要技术手段。

根据仿真技术的发展历程，伴随着工业革命的发展，基本上可分为四个阶段：第一阶段，主要是计算机的出现，提出了仿真技术的基本概念；第二阶段，大量的商用软件涌现，主要是解决了汽车工业发展中存在的难题，被人们广泛认可；第三阶段，主要是快速发展期，极快地解决了工业中出现的各种问题；第四阶段，主要是高速发展期，出现了软件和硬件的高度集成化。

1. 在20世纪70年代前，提出了仿真技术的概念

仿真技术是伴随着力学、数学、物理学和材料技术的发展而发展的，软件技术的开发、硬件技术的突破，为仿真技术概念的提出奠定了基础。

仿真技术的理论基础起源于20世纪40年代，主要用于土木工程和航空工程中的弹性和结构分析问题的研究，具有共同的本质特征：利用网格离散化将一个连续区域转化为一族离散的子区域，通常叫作元。Hrennikoff的工作使用类似于格子的网格离散区域；Courant的方法将区域分解为有限个三角形的子区域，用于求解来源于圆柱体转矩问题的二阶椭圆偏微分方程。Courant的贡献推动了有限元的发展。

数学家Courant用定义在三角形区域上的分片连续函数的最小位能原理来求解扭

转问题，提出了有限元的初步概念后，一些应用数学家、物理学家和工程师也由于种种原因涉足有限元的概念。直到1960年以后，随着计算机技术的发展和广泛应用，作为仿真技术的基础，有限元技术依靠数值计算方法，迅速发展起来。

1940年，美国贝尔研究所采用美国陆军大炮弹道计算（1946年）ENIAC计算机，具有18800个真空管，宽24m、总重量30t，10进制，运行时间90%以上，为仿真技术提供了硬件计算工具。

1950年，波音飞机公司首次在有限元仿真中采用离散模型，应用于战斗机的翅膀振动计算，计算方法发生了历史性的变化。中国仿真技术的研究与应用开展最早可追溯到50年代，在自动控制领域首先采用仿真技术，面向方程建模和采用模拟计算机的数学仿真获得较普遍的应用，同时自行研制的三轴模拟转台的自动飞行控制系统的半实物仿真试验已开始应用于飞机、导弹的工程型号研制中。

1963~1964年，Besseling、Melos和Jones等确认了有限元法是处理连续介质问题的一种普遍方法。而后，随着计算机技术的广泛应用和发展，有限元技术依靠数值计算方法才迅速发展起来。近10年来，有限元法的应用范围有了大幅度的扩展，已由简单的弹性力学的平面问题扩展到空间问题、板壳问题，由静力问题扩展到稳定性问题、动力学问题和波动问题；分析对象从弹性材料扩展到塑性、黏塑性和复合材料，从固体力学扩展到流体力学、传热学、电磁学等连续介质力学领域。将有限元分析技术逐渐由传统的分析和校核扩展到优化设计，并与计算机辅助设计（CAD）和计算机辅助制造（CAM）密切结合，形成了现在的CAE技术框架。

早期的CAE软件只是计算处理特殊单一问题的简单程序，20世纪60年代开始出现大型通用CAE软件。在此期间世界三大CAE软件公司MSC、SDRC和ANSYS先后成立。1963年MSC公司开发了SADSAM结构分析软件。1965年MSC参与美国国家航空及宇航局（NASA）发起的计算结构分析方法研究，SADSAM也正式更名为MSC/NASTRAN。1967年SDRC公司成立，1971年推出商用有限元分析软件Supertab（I-DEAS）。1970年SASI公司成立，后来重组后改称为ANSYS公司，开发了ANSYS通用有限元分析软件。

2. 主要是解决了汽车工业发展中存在的难题，被人们广泛认可

20世纪70~80年代，由于汽车工业快速发展，对产品开发的需求大量增加，诱发了人们对解决汽车工业中的技术难题的兴趣。新型部件的研制需要探索新的工具，使得仿真技术处于蓬勃发展时期。这期间许多CAE软件公司相继成立。

1970年70年代中期，随着计算机运算速度的提高、内外存容量的扩大、图形设备的发展以及软件技术的进步，开发出许多通用结构分析软件并应用于汽车行业。同期，中国自行设计的汽车模拟器等相继研制成功，并形成一定市场，在产品开发、操作人员培训中起到了很大作用。1978年，达索SIMULIA公司推出ABAQUS软件，其包含单元模式、材料模型以及分析过程，分析范围从简单的线性到复杂的非线性，领域涵盖结构、流体、声学、流体以及电磁等，广泛用于各国的汽车工业领域与科研中。

1980年，随着计算机技术的进步，各个专业领域都开发了汽车相关的专用软件：运动学领域仿真软件ADAMS，流体分析软件STAR-CD，碰撞安全分析软件PAM-CRASH。这些软件在汽车开发中发挥了重大作用。

1990年，CAD与CAE开始结合，采用CAD技术来建立CAE的几何模型和物理模型，完成分析数据的输入。同样，CAE的结果也需要用CAD技术生成形象的图形输出，如生成位移图、应力、温度、压力分布的等值线图，表示应力、温度、压力分布的彩色明暗图，以及随机械载荷和温度载荷变化生成位移、应力、温度、压力等分布的动态显示图，以便工程技术人员的应用。CAE的使用领域从结构分析、热力学解析，扩展到声学、电磁、电压等。在此阶段，由于仿真技术解决了大量汽车工业发展中存在的难题，故被人们广泛认可。

3. 快速发展期，解决了汽车工业中出现的众多技术难题，被大规模应用

此阶段由于CAE解决了汽车开发中的众多技术难题，因而仿真工程被大规模应用，使得仿真技术处于商品化发展阶段。CAE开发商为满足市场需求和适应计算机硬、软件技术的迅速发展，在大力推销其软件产品的同时，对软件的功能、性能，特别是用户界面和前、后处理能力，进行了大幅度扩充；对软件的内部结构和部分软件模块，特别是数据管理和图形处理部分，进行了重大的改进，使工程师更容易接受。

随着科学技术的迅速发展、产品更新迭代速度的加快、知识经济的到来、人工智能和互联网技术的普及、信息全球化，使得人们在产品开发过程中，对仿真技术的需求不仅是功能的扩充、性能的提升，还伴随信息网络化、产品智能化，特别是多媒体和虚拟现实技术的发展，让用户界面产生全新的变化，功能多样化、计算并行和分布化、界面人性化、定制专业化，这将是仿真发展的主要趋势。

4. 高速发展期，出现了软件和硬件的高度集成化

随着计算机软、硬件技术的发展，汽车轻量化、电动化、智能化、网联化和共享化"五化"技术的进步，仿真得到极大的发展。新时代已经来临，仿真技术具有以下四个特点。

1）仿真分析体系逐步形成，软件、硬件将高度集成化。随着仿真分析技术成熟度的不断提升，许多软件、硬件的功能得到了扩充，目前不再是独立地应用软件、硬件进行单一仿真，而是形成了仿真对象—软件—硬件—仿真工程师—产品应用—标准形成—再优化仿真对象的流程，使得仿真将基于汽车性能的CAD、CAE及CAM系统集成到一起，实现多结构、多物理场、多尺度耦合分析转变，从而满足快速设计开发的目标，形成了系统化的仿真闭环体系。

2）基于汽车应用场景库的仿真分析技术需求日益紧迫。随着智能驾驶技术的提升，其与AI加速融合，使得汽车开发更加向情感化方向发展，促使仿真技术与应用场景的紧密结合。传统的汽车开发，采用专用试车场进行汽车试验，包括高速环道路、强化试验道路、耐久交变试验道路、坡道和制动试验道路等道路试验，以满足汽车开发过程中各种整车性能试验、道路耐久试验及验证等方面的需求。但随着智能驾驶和电动汽车的发展，许多试验已不能满足这些车辆的开发需求。

3）随着计算机网络技术、无线传感器网络技术及计算机图形学等的高速发展，仿真分析前端界面将呈现多种模拟效果的统一，这些新兴技术及学科建设的进步必将使未来的仿真软件的前端拥有友好及更强的视觉、感官效果。

4）随着专业化的仿真技术、网格计算的发展，以及三网合一的普及，通过构建专业化、多专业协同、并行地设计与分析流程，使得产品开发成为仿真技术的一个发展方向。

1.2 仿真对车企发展的作用

上万个零部件组成的汽车，每一个零件的好坏，都决定着整车的命运。"千里之堤，毁于蚁穴"。

如何在汽车产品开发的规定时间内，确保组装到汽车上的所有零件都完好？所有完好的零部件，是否能保证优质的汽车？一辆优质的汽车，是否能说明这款车都是优质的？诸如这些问题，都是挑战汽车企业和汽车开发工程师的重要课题。

如何解决这些问题？

国外汽车企业有着上百年的发展历史，积累了大量的用户使用数据和开发经验，拥有宝贵的汽车开发团队。对于相对起步较晚、基础较弱的中国汽车企业而言，还没有这些资源。

怎么办？如何发展？

各企业都在不断地提升汽车开发能力，严格控制产品质量，同时也大量地应用仿真技术。由于仿真技术解决了企业的关键技术难题，因此受到了众多汽车企业、院校和研究机构的高度重视。

1.2.1 仿真技术在汽车开发中的作用

仿真技术贯穿于汽车开发的各个环节。在汽车开发流程的前期，预测出开发车型的关键性能，提供开发车型的主要设计指标；在汽车开发流程的中期，分析设计汽车的各种性能和零部件结构的性能指标和物理尺寸参数；在汽车开发流程的后期，与实际道路试验一起验证汽车的功能和性能。从而起到了提升开发质量，缩短开发周期，降低开发成本等方面的作用。

仿真技术在产品开发前期的概念设计阶段，能够完成关键性能目标的设定；在产品开发过程中的初步设计、详细设计和样机制造阶段，能够起到详细分析和过程管控的作用，能够管控产品性能的质量，可以分析产品开发的技术可行性；在产品开发后期的试验测试阶段和商品上市后的用户使用情况，能够替代部分实物样车、部件的试验验证，达到缩短开发周期和降低开发成本的目标。

仿真技术贯穿了产品开发到商品开发的全过程，从论证到验证阶段，均起到了技术保障作用，这可以分为五个阶段。

1. 产品规划、产品定义与对标研究阶段

在产品开发规划过程中，产品定义是龙头，是很重要的节点。如何进行产品定义，各车企有各自的做法，但基本的方法是，通过对竞争车型或标杆车型进行分析与对标研究，拆解、测量、测试、试验、拍摄各个零部件，甚至可以进行精确测量等，来确定要开发车型的造型、关键功能和性能指标，从而形成商品开发的产品定义，以满足市场用户的需求。

2. 产品工程化与可行性分析阶段

产品工程化主要包括确定产品明细表、分解图、装配流程图及工艺流程图等产品工程过程。

工程可行性分析主要是根据开发资源的能力，确定产品设计技术方案，完成设计初版工程图和设计构思图。

3. 产品详细工程设计阶段

根据产品造型设计，在前期确定的造型效果图基础上，与工程可行性设计同步进行造型细化设计。

1）几何结构细化设计：在完成工程可行性及造型设计后，根据主断面和设计硬点进行详细的几何设计，完成初步的设计数模。这里包括白车身设计（BIW 设计）、开闭件设计、内外饰与仪表板设计、电子电气系统设计、底盘系统设计、车身附件选型设计、空调系统设计、发动机舱及发动机附件系统设计。

2）造型品质评价：从造型设计后，开始进行详细的曲面设计及评价，通过数控加工看样模型加工，并反复修改和确认，最终冻结造型设计。一般与几何结构设计同步设计。

3）进行详细的工程设计：根据制造一致性、标准化，采用 GD&T 技术进行基于制造公差和品质控制的详细设计工程。

4）零部件系统性能定义与设计：实现包含每个零部件的性能定义、性能设计、性能计算或评价。

4. 设计验证阶段

该阶段主要是在完成设计开发并完成样件试制后，对产品进行验证。验证主要包括台架验证和道路验证。

验证主要是对产品的基本性能、装配品质、外观品质进行评价、整改和少量的设计变更，同时展开各类认证试验、可靠性试验、性能试验、外观品质评价、生产稳定性与一致性试验与评价。

5. 最终发布与生产准备阶段

根据开发的产品、质量稳定性和产品各类评价，确定最终发布并进入生产准备阶段。

1.2.2 汽车仿真分析流程的建立

仿真技术由于其专业性，贯穿产品开发的全过程，通过分析各零部件，确保零部件的性能合格，然后再对整车进行全面分析，确保整车性能的达成，从而实现优质车辆开发。仿真开发流程是确保汽车开发各阶段顺利进行的重要方法。

流程是定义如何正确做事的准则、判断方法和规范。形成系列可操作的分析流程和规范并将其分析方法标准化，为推动产品开发和提升仿真技术是企业的核心竞争力所在，是商品开发的坚实基础。

仿真分析流程和规范的意义如下。

① 仿真分析流程是整车开发流程的重要组成部分，可以根据开发车型的工作量，初步概算出仿真工作的全部工作时程、工作量和主要技术难度。制定仿真技术流程时，参照乘用车整车开发主流程，为发挥仿真的时效性，在各开发阶段设定的仿真工作节点，要与整车开发流程中的节点相对应，并且最后节点设定为一个车型开发项目的仿真工作总结节点。

② 全面掌握、了解仿真工作时输入端和输出端的工作，避免工作的重复和缺失。流程是定义了开展仿真工作时，什么部门用什么方式，交付什么，作为仿真输入，仿真什么时候该做什么事，用什么作为输出交给客户等问题。

③ 规定了仿真分析时，什么叫完成，完成的依据和判断方法是什么。根据汽车的开发特点，仿真流程规定了项目各开发阶段中仿真的工作、输入、输出以及节点评审管理等内容。为了保证分析质量和精准度，根据设定的各个节点，在仿真工作流程中设置了若干个评审。评审的要素和要求、评判方法和准则，应视具体情况而定。

④ 规定了产品开发完成后，如何总结，总结什么，总结到什么程度，才能算是总结工作结束，后续产品开发借鉴哪些信息，才能达到总结的目的。产品开发结束后，要及时总结，为后续车型开发工作起到指导和奠定基础的作用。

通常，根据仿真技术专业的特点以及整车开发各阶段工作内容，仿真技术工作流程分为以下五个过程。

1）制定仿真计划：整理对标车数据并制定仿真工作计划。

2）初步技术方案仿真：对概念方案、初版方案的开发车进行结构、可靠耐久、NVH、流体、操控与驾乘、被动安全、动力经济性仿真分析工作，各专业需要开展的具体分析 BoM 清单。

3）详细技术方案仿真：对详细设计方案的开发车进行结构、可靠耐久、NVH、流体、操控与驾乘、被动安全、动力经济性仿真分析工作，各专业需要开展的具体分析项目 BoM 清单。

4）仿真与试验对标：进行 ET、PT 车仿真与试验对标工作，并对试验中存在的问题进行优化改进。

5）项目总结：完成项目的总结，工作总结应包括项目工作总结和专业工作总结。

将多个案例中的共性 Know-how 提取出来，并将一些建模标准、评判标准建立形成可操作的分析规范。绝对不能为了建规范而建规范，而是应该根据企业自身的技术规划来建立规范体系。通过规范才能将已有的知识固化在企业，避免人员流动造成技术流失；规范必须根据公司的特征，由企业自己建。

1.2.3　仿真开发阶段及节点控制

仿真分析流程规定了产品开发过程中，各阶段仿真分析的输入、输出以及节点管控等内容。

按照产品开发的五个阶段，仿真在整车开发中基本设定了若干个主要仿真工作节点。为了保障工作节点的高品质达标，同时需要设置若干项技术评审。

根据仿真技术专业的特点以及整车开发各阶段工作内容，仿真工作分为以下五个阶段。

1. 制定仿真计划

本阶段主要工作是梳理对标车数据，主要规定了参与各仿真工作的部门，上、下游单位的职责及输入/输出物。由主管车型的单位按照整车开发所需的政策、法规，建立出仿真分析对标车型相关分析报告，初步提出开发车型整车性能开发指标。

制定仿真工作计划，通过主管车型的单位和各专业部门提供的商品预概念书、项目主计划以及各专业子计划，仿真制定出相应的工作计划。

2. 仿真详细分析展开

初步技术方案仿真：对概念方案、初版方案的开发车进行结构、可靠耐久、NVH、流体、操控与驾乘、被动安全、动力经济性仿真分析工作。该阶段的工作是完成概念方案仿真分析，提出优化改进方案；根据输入的整车概念方案数模及相关参数进行建模；形成仿真分析报告并完成技术评审。

3. 详细技术方案仿真

对详细设计方案的开发车进行结构、可靠耐久、NVH、流体、操控与驾乘、被动安全、动力经济性仿真分析工作。该阶段主要是完成详细仿真分析，提出优化改进方案。

4. 仿真与试验对标

进行 ET、PT 车仿真与试验对标工作，并对试验中存在的问题进行优化改进。根据完成的详细设计方案仿真分析，验证设计和仿真结果，对各项工作内容进行风险识别，并对试验中存在的问题进行优化。

5. 仿真总结

完成项目的总结，工作总结应包括项目工作总结和专业工作总结，对试验中存在的问题进行优化，确保整车性能目标全面达成。

仿真总结分为两大部分：项目工作总结和专业工作总结。

1）项目工作总结：完成的分析项及报告数量总结；仿真分析对项目开发支撑工

作总结；仿真与试验对标工作总结；项目开发过程中形成的科技成果总结（专利、专有技术、标准、论文等）；对试验验证过程中出现的问题进行分析形成防止再发项总结等。

2）专业工作总结：专业技术积累及创新总结；统计仿真与试验结果差异大和暂无能力分析的项目，作为专业能力建设输入；统计完成各个子项目分析的工时，作为制定标准工时输入；分析项目、维度、专业能力建设对人员、软件及资金等的需求，作为管理部门提供仿真专业能力建设的输入。

通过仿真技术可以对上万个零部件组成的汽车进行全面分析，并对整车进行各种工况的分析，得到试验的验证，基本就能达到确保优质的汽车开发过程的管控目的，从而起到了缩短产品开发设计周期，提高产品性能，降低开发成本的作用。

分析规范的积累，有助于正确地应用仿真分析工具，保证仿真分析质量；通过分析规范的积累，使良好的分析经验能固化下来；建立良好的分析体系，有助于仿真分析的系统化和标准化；规范的电子化能大大提高工作效率；将自己或他人的成功案例收集起来，成为将来分析的对标（Benchmark）。

1.3 建立仿真技术体系

精准度和及时性是仿真工程师追求的目标，也是汽车企业对仿真分析的需求。

1.3.1 仿真理念

对于仿真从辅助支持到仿真设计的发展，可以分为四个层次。

第一层次：仿真对项目开发的支持，划网格，建模，分析，引导和改进设计，试验验证。

第二层次：仿真建模方法论，建模规范，分析指南，简化模型，仿真工具。

第三层次：CAE软件研发，软件功能改进，新算法（一次、二次开发）。

第四层次：CAE精度理论，收敛性，误差分析。

各公司都提出了发展仿真技术的原则和思路，使得仿真成为企业的核心竞争力。主要的仿真技术方针有以下五项。

原则1：仿真助力实现公司发展战略目标

仿真分析只有融入公司发展战略的技术问题中，才能使仿真定位在公司的组织架构中，具有商品开发和产品研发的真实存在感。

原则2：掌握关键技术为核心

通过仿真，可以为企业发展提供关键技术。

原则3：系统工程为途径

论证充分、各方认可、试验验证、性能合格、落实到位。

原则4：科学管理为手段

技术是根，管理是魂。仿真管理体现了科学性。仿真过程中各节点和技术难点的环节要清楚，任务的执行者责任要明确，制订的管理方法及执行的措施要落实，出现了问题要严肃处理，同时也要分析出现问题的原因，对于管理的不合理部分要及时地完善规章制度。

原则5：培养团队为根本

人才培养的基本方式：工程实践培养骨干人才、长期积累培养专才、一专多能培养将才、艰辛历练培养帅才、众德修身、圆为大家。培养仿真分析人才，解决了将仿真工具和汽车开发相融合的难题，通过系列车型的开发，历练并强化了仿真分析人才队伍。

1.3.2 仿真分析体系

根据仿真的原则和思路构建汽车开发的仿真分析体系，是各企业追求的目标。

仿真分析体系是随着汽车产品开发和仿真专业能力的发展而逐步建立起来的。仿真分析从初始阶段的解决问题逐步发展到方案评价、性能优化，到最终的引领设计，汽车开发体系也逐步完善，逐步形成了仿真驱动设计的仿真体系。仿真体系涵盖了分析流程、分析能力、技术规范和组织架构等内容。分析流程规定了在产品开发各个阶段进行仿真分析的具体工作内容与管控指标，分析能力满足零部件、总成及整车性能分析优化的工程需求，技术规范保证了仿真分析工作的正确开展，形成了仿真技术的组织记忆，组织架构提高了产品开发中仿真技术应用的总体效率。

1.3.2.1 总体思路

本小节提出自主品牌汽车仿真驱动设计的仿真体系和关键技术理念，为自主品牌汽车开发提供强力支撑。

仿真驱动设计的仿真体系为支撑产品开发，必须在多学科多目标优化技术进行技术创新，形成完善的性能目标控制体系，全面应用仿真自动化模板，形成引领产品设计的关键技术。其总体思路主要体现在以下三个方面。

1）分析能力的形成应保证在产品开发的所有技术领域都能提供有效的技术支持，这不仅仅需要相应的应用分析工具的能力，更重要的是通过项目的研究，通过与试验数据的对标，提高分析准确度，建立联合多学科进行多目标的优化计算能力，在整车开发中使产品的性能与成本达到"最佳"平衡，实现优化设计。基于对产品开发的所有技术领域都能提供有效的技术支持的研发理念，形成融合被动安全、NVH、流体等学科的多目标设计优化技术。

2）仿真分析流程，应使仿真技术的应用与产品开发流程融合起来，不仅优化仿真分析的工作项目在产品开发全过程中的分布，也为产品开发的设计和试验部门提供更多、更好的技术支持。基于仿真驱动设计的仿真体系和关键技术应该与产品开发流程融合起来的创新理念，建立了与产品开发流程相结合的仿真技术指标，形成整车性能目标控制体系。

3）为了确保仿真技术应用的质量和效率，防止分析时间和结果因人而异，需要形成自动化的仿真分析技术。仿真驱动设计的仿真体系和关键技术在结构、多体仿真等领域建立了一键式自动化仿真技术流程。自动化的仿真技术减少了分析人员负担，提高了产品开发中仿真技术应用的总体效率，奠定了仿真引领设计的基础。

仿真驱动设计的仿真体系和关键技术项目以服务产品开发、引领产品设计为项目开发理念。在完善多学科多目标优化技术、性能控制技术指标、仿真自动化技术三个创新点的过程中逐步形成了仿真体系的被动安全、桌面标定、多学科多目标优化、仿真自动化模板等关键技术。

1.3.2.2 仿真驱动设计体系

仿真驱动设计的仿真体系与仿真关键技术的建立紧密相关，其建立过程即是体系内涵逐步形成和仿真关键技术水平逐渐完善的过程。仿真体系和关键技术的建立过程如图 1-1 所示，共分为四个阶段。

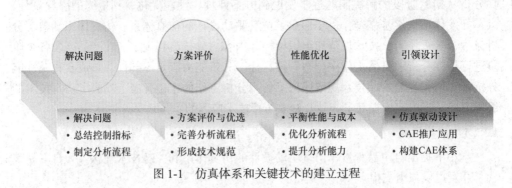

图 1-1　仿真体系和关键技术的建立过程

1）解决问题阶段。针对设计方案试验出现的问题进行虚拟故障再现，进而做出改进方案，最终通过试验验证。该阶段形成了解决产品问题的能力。通过在整车开发中解决问题，积累了需要进行分析的项目，完善了分析流程和关键技术内容。

2）方案评价阶段。对设计方案进行仿真分析，根据有关标准进行判断，提出方案改进建议，可以在保证性能目标达成的基础上大量地减少试验次数。通过这个阶段的工作，形成了产品开发中的分析项目清单，并逐渐形成了分析规范。

3）性能优化阶段。基于多目标的性能优化设计，对多种设计方案做出有效评价，进行优化并得到优化方案，实现性能与成本之间的平衡。在这个阶段中，仿真分析能力得到很大提高，掌握了多领域多目标综合仿真优化的技术，并进一步完善仿真工作流程，关键技术水平也逐步提升。

4）引领设计阶段。在产品开发前期开展大量的仿真分析工作，对产品的设计提出建议，与设计部门一起进行产品的正向开发。在这个阶段，高效的仿真组织架构逐渐形成，仿真技术的应用逐渐扩展到设计工程师，可以在很大程度上提高产品开发的

1.3.2.3 仿真分析体系内涵

仿真驱动设计的仿真体系是随着仿真专业能力的发展逐步建立起来的。随着专业能力的发展，仿真体系也逐步完善，涵盖了分析流程、分析能力、技术规范和组织架构等内容。

1）融入产品开发的仿真分析流程。仿真分析流程规定了在产品开发各个阶段进行仿真分析的具体工作内容与管控指标，并在开发前期加大了分析项目，使仿真工作系统化、有序化。

2）支持产品开发的仿真分析能力。通过仿真和试验对标，规定建模和计算的方法和标准，掌握优化分析技术，将分析结果的精度逐渐提高，满足零部件、总成及整车性能的分析优化的工程需求。

3）多领域系统化的仿真技术规范。制定了一批仿真技术标准，形成了若干个专有技术，并编制了分析理论手册和软件操作手册，保证了仿真分析的正确开展，形成了仿真技术的组织记忆。

4）多层次高效率的仿真组织架构。以仿真工程师为核心，进行总成、整车的仿真分析及优化工作，同时为设计工程师提供模板以进行零部件设计时的分析校核。专家工程师进行方法研究、标准制定，引领仿真技术应用的提升。这个架构提高了产品开发中仿真技术应用的总体效率。

仿真驱动设计的仿真体系内涵，解决了仿真在整车开发流程中"何时做、如何做、如何优化、如何高效做"的问题。仿真驱动设计的仿真体系和关键技术建立步骤所形成的内涵相互有机地结合在一起，每个内涵通过这四个步骤逐渐完善。

1.4 仿真技术架构

《人类简史》[22]讲述了人类从认知革命、农业革命到科学革命的进化史，从数十万年前有生命迹象开始到21世纪，资本、科技交织的发展史。为何一个对地球上生态的影响力和其他动物相差无几、毫不起眼的族群，能够战胜强大的对手，盘旋于生态圈的核心，最终成为地球的主宰？秘籍是贯穿人类发展史、让人类不断强大的科学技术。

作为科学革命重要组成的工业革命是人类发展的重要里程碑，实现了从农业社会转向现代工业社会的重要变革，即四次工业革命。18世纪中叶，以英国人瓦特改良了蒸汽机、英国工人哈格里夫斯发明了珍妮纺纱机为标志的第一次工业革命，产生了一系列蒸汽时代的技术发明：改良蒸汽机、蒸汽轮船、蒸汽机车等。19世纪70年代到20世纪初期，以电力和内燃机的发明为标志的第二次工业革命，电话、发电机、灯泡等电力产品成为人类社会的必需品，人类从此进入电气时代。20世纪四五十年代至今，以原子能和计算机的发明为标志的第三次科技革命，计算机、3D技术、航天飞船、人造卫星等成为人类社会发展的重要载体，人类从此进入信息时代。21世纪初，以网联化、信息化、智能化、低碳化和共享化为标志的第四次科技革命，智能制造、人工智能、清洁能源、无人控制技术、量子信息技术、虚拟现实以及生物技术为主的全新技术革命，将成为人类社会的重要组成部分。四次工业革命，机器代替了人类劳动，大幅提升了工作效率，产生了巨大生产力，使社会面貌发生了翻天覆地的变化。机器为人类服务，模仿人类工作，不断扩展了人类的腿、手和视觉、听觉等功能。

面对第四次工业革命的浪潮，世界各国都制订了发展战略：德国提出"工业4.0"，美国打造"先进制造业伙伴计划"，中国推出"中国制造2025"。从本质上看，各国都把技术进步作为一个发展愿景，不再以制造端的生产力需求为起点，而是将用户端的价值需求作为整个产业链的出发点。

中国制造2025强国战略十大重点领域中，提出了节能与新能源汽车，使占国家制造产业大比重的汽车成为强国的重要组成部分。为了实现这一宏伟目标，紧紧抓住制造业面临新一轮的工业革命的重大机遇、中国加快转变经济发展方式的历史性机遇，各企业都利用中国制造2025战略加快自身产业的转型升级。

汽车自1886年诞生至今，已经发展成为高度集成一体化的产品，涉及的技术领域包括机械、电子、力学、化学、数学和计算机等。汽车的使用条件复杂多变，如道路工况、气候条件、负载状况和法规要求等。此外，汽车开发周期长，包括零部件设计、试制、试验和整车设计、试制和试验等阶段。每款整车、每个部件都必须经过严格的开发流程和验证标准，才能作为商品，投放到市场用户处。

随着社会的发展，用户对车辆性能的理解不断加深，对车辆使用舒适性的要求不断提高，使得汽车开发和部件设计变得更加复杂化，而且许多实际问题已无法用传统的设计方法解决。同时，为了使汽车对复杂的使用条件具有良好的适应性和可靠性，需要做试验的项目不断增多。

汽车及零部件的开发应面向用户的需求、复杂的工况，以及开发周期和成本降低、同行竞争不断增大等问题，是否有合适的技术来应对？答案是肯定的。

本书主要包含9章：

第1章主要阐述了仿真技术伴随着计算机技术的进步，日新月异，其发展可分为四个阶段历程。仿真对车企发展起到了重要的作用。由于仿真技术对产品的概念设计、初步设计、详细设计、样机制造以及试验测试等各个阶段进行包括结构、碰撞安全、空气动力学、经济性动力性、操纵稳定性、疲劳耐久、NVH等在内的各种性能、工作状态和运行行为的模拟、预测及优化，验证和确保产品功能和性能达成目标，对产品项目开发起到了缩短设计周期、提高产品性能、降低开发成本的作用，形成了支撑商品魅力化的重要技术保障，解决了企业的关键技术难题，所以受到了众多汽车企业、院校和研究机构的高度重视。因此，各企业都在不断地提升汽车开发能力，严格控制产品质量，同时也大量地应用仿真技术。

建立仿真技术体系，通过四个层次的发展，使仿真从辅助支持发展到仿真设计。

并且通过仿真分析所需的五项指导方针,各公司都提出了发展仿真技术的原则和思路,使得仿真成为企业的核心竞争力。

根据仿真的原则和思路,构建汽车开发的仿真分析体系,是各企业追求的目标。

仿真分析体系是随着汽车产品开发和仿真专业能力的发展而逐步建立起来的。仿真分析从初始阶段的解决问题逐步发展到方案评价、性能优化,到最终的引领设计,汽车开发体系也逐步完善,逐步形成了仿真驱动设计的仿真体系。仿真体系涵盖了分析流程、分析能力、技术规范和组织架构等内容。分析流程规定了在产品开发各个阶段进行仿真分析的具体工作内容与管控指标,分析能力满足零部件、总成及整车性能分析优化的工程需求,技术规范保证了仿真分析工作的正确开展,形成了仿真技术的组织记忆,组织架构提高了产品开发中仿真技术应用的总体效率。

第2章主要阐述了有限元仿真技术对汽车产品的开发起到了巨大的作用。本章明确提出了有限元仿真技术的四个基本概念:

① 有限元技术能分析零部件的哪些性能? 主要性能指标有强度、刚度、模态等相关的性能。

② 建立零部件有限元模型的方法。有限元分析分成三个阶段:前处理、施加载荷并求解和后处理。

③ 有限元单元法求解问题的7个基本步骤:建立积分方程,区域单元剖分,确定单元基函数,单元分析,总体合成,边界条件的处理,解有限元方程;阐述了组成汽车的零部件结构差异化建立有限元仿真模型时,需要采用不同的零部件结构性能分析技术。

④ 建立了零部件结构性能"好坏"的判定原则。

对有限元6方面的基础理论进行了说明:离散化、位移函数、有限元单元力学特性、节点载荷计算、结构平衡方程的建立、方程求解。

展开了有限元仿真优化技术探究,从有限元对汽车零部件开发五个方面的作用,明确提出了优化技术的重要性。在最优化方法中经常利用灵敏度分析来研究原始数据不准确或发生变化时最优解的稳定性;通过灵敏度分析还可以决定哪些参数对系统或模型有较大的影响。这样提高了部件开发的效率,降低了设计成本。拓扑优化技术作为以提高结构性能或减轻结构质量为目标的一种新兴的结构设计方法,目前已广泛应用。拓扑优化主要探讨结构构件的关联形式,结构内有无孔洞、孔洞的位置、数量等拓扑形式,使结构在满足有关平衡、应力、位移等约束条件下,将外载荷传递到支座,以此使结构在某种性态指标达到最优。其基本思想是将寻求结构的最优拓扑问题转化为在给定的设计区域内寻求最优材料的分布问题。拓扑优化仅是一个概念设计方法,为接下来的基本设计与详细设计打下基础。通过拓扑优化,完成了电动汽车零部件减重,减重率达26%。由于形貌优化方法具有准确快速的特点,被广泛应用于技术更新周期极短、竞争异常激烈、不断追求产品性能提升以及成本控制的汽车行业。

探索了有限元在关键工艺的仿真分析技术,针对汽车制造四大工艺中焊接和冲压仿真分析技术的探讨，说明了仿真技术能够很好地模拟工艺过程中存在的技术难题，并能够提出解决方案，起到支撑工艺开发的作用，如焊接工艺、热力耦合问题。在点焊建模方法中，不同的分析指标采用不同的焊点类型：模态、刚度分析，推荐使用 ACM 焊点类型；强度分析，推荐采用 ACM 焊点；针对存在风险的少数焊点，使用 Solid 焊点类型进行模拟。在冲压成形仿真中，如果材料的塑性应变较小，则分析时可以仅考虑厚度变化而不考虑冲压塑性应变；对于大变形、大塑性应变的分析工况（如碰撞），分析时需要综合考虑冲压映射厚度变化和塑性应变的作用。这说明在零部件工艺方案确定中，仿真技术起到了重要的作用。

通过对白车身结构胶仿真分析，探索出结构胶涂胶方案，并通过试验验证了优化方案刚度性能提升 10% 以上的结果，结构胶长度降低了 48%，而整体模态降低在 3% 以内，实现了在较短的时间、较少的结构胶分布获得较好的结构性能的目标。

应用惯性释放理论，探究了上摆臂五种极限工况。先计算不平衡外力作用下结构的运动，通过惯性力构造一个平衡的力系；再用仿真软件对完全无约束的结构件进行分析；模型经过 29 轮迭代后收敛，相对密度下限为 0.15。与原方案整体的传递力相比，优化后的模型结构传递的力及承载更明确，材料的利用率更高，构件减重 14%。

明确提出了有限元技术发展趋势有仿真参数化、仿真模块化、仿真多元化、仿真择优化和操作人性化"五化"技术方向。

在某纯电动汽车轻量化的应用研究中，进行了冲压映射的钣金件结构性能分析研究、汽车上摆臂拓扑优化及结构改进设计、基于有限元的焊缝仿真及试验验证、铝合金轮辋冲击试验仿真方法研究、拓扑优化在车身结构胶布置中的应用、典型焊接连接关系有限元建模方法研究、基于 Abaqus 的行李舱后横梁钣金开裂分析及优化、某乘用车排气系统吊挂点位置优化方法应用研究、基于 Optistruct 的汽车备胎槽模态频率优化等有限元结构优化工作。这些案例都是在零部件结构仿真实践中得到的工程验证，或由工程验证进一步思考抽象出来的研究成果。

物美价廉、经久耐用，是客户购买产品时的期望，也是商家的宣传口号。如何做到呢？这是第 3 章重点研究的内容。

疲劳寿命分析方法随着计算机技术的提升、结构有限元软件的发展、疲劳寿命分析专用软件的开发而得到了广泛的应用，逐步形成了疲劳寿命仿真分析方法。在概念设计阶段，工程师可以应用疲劳寿命仿真分析方法，对竞品进行对标分析，以确定所开发零部件的寿命目标；在产品设计阶段，工程师可以应用疲劳寿命仿真分析方法，分析设计所开发的零部件，并按照竞品目标进行不断优化，达成成本目标；在产品定型阶段，工程师可以应用疲劳寿命仿真分析方法，将开发零部件与试验结果进行验证，并固化结构设计方案。

通过耐久仿真分析技术对扭力梁台架耐久试验中横梁连接板焊缝开裂问题进行了故障再现，应用应力梯度和应变分析以及趋势方案验证，判断支架焊缝根部改进方案思路。提炼改进方案关键参数，并根据各改进方案的计算结果进行逐步调整，最终确定优化方案参数，对改进方案进行台架耐久试验验证。验证结果表明，与仿真分析结果吻合，循环次数相对原方案提升约 3 倍，解决了开裂问题。

探究基于 S-N 方法，通过建立有限元分析进行疲劳寿命分析，并对仿真模型和台架试验结果进行对标、验证，得到精度高的结果。说明了在零部件开发过程中，以 S-N 方法理论为基础的疲劳寿命分析，结合有限元分析，可以对安全寿命设计和耐久性开发起到重要作用。

建立载荷谱的汽车疲劳寿命仿真分析方法，采用六分力仪器对整车耐久试验工况进行载荷谱采集，并通过多体动力学仿真对载荷进行分解获取了白车身接合点的 X、Y、Z 方向的力和力矩载荷时间历程。以三向单位力和力矩载荷进行 66 个工况的结构应力分析，基于力的方法在单位载荷分析基础上以道路载荷时间历程为激励计算了车体焊点疲劳损伤。

从能量守恒的角度探究了发动机舱盖在整个开闭过程中的运动状态，提出了发动机舱盖开闭耐久的理论计算方法；采用开闭耐久仿真分析技术，通过发动机舱盖原方案的耐久性能，试验对标数据，寻找出耐久性能的薄弱部位，并进行改进设计；对发动机舱盖铰链加强板仿真耐久性能薄弱焊点，从应变能的角度解释耐久性能薄弱的机理，提出铰链加强板改进方案；通过耐久性能仿真分析，且在开闭耐久台架试验及路试耐久试验中未出现焊点开裂，验证了耐久性能仿真优化思路的合理性；通过开闭耐久仿真分析方法，寻找提升发动机舱盖开闭耐久性能的优化设计思路，积累设计经验。

采用基于瞬态非线性分析的开闭耐久仿真分析方法，计算了发动机舱盖寿命损伤分布并提取了寿命薄弱点。通过提炼仿真与试验对标结果，找到失效源，有助于有针对性地进行设计改进，提高对策有效率并减少验证轮次。

研究得出了表面粗糙度对疲劳分析的影响，粗糙度越大，寿命越短；得出了表面处理系数对疲劳分析的影响，表面处理系数越大，寿命越长。

通过对后置备胎架的断裂失效及试验采集的激励信号进行分析，得出备胎架的失效模式为振动疲劳失效。采用频域法对备胎架的随机振动疲劳进行仿真分析。基于宽带随机振动疲劳损伤的 Dirlik 算法，结合试验采集的加速度 PSD 谱，计算得到的损伤位置与试验中备胎架的断裂位置基本吻合。对备胎架提出优化改进，并计算疲劳损伤，得出改进方案较现方案至少降低 76.6%，满足开发目标要求。

阐述非金属结构件疲劳寿命分析方法，通过采用瞬态非线性动力学分析方法能够充分考虑开闭过程中背门的几何变形与回弹等，准确模拟背门受到的瞬态冲击应力，进而导入疲劳软件进行寿命分析，判断开裂风险。最后改进方案顺利通过台架开闭耐久试验验证，大大缩短了开发周期，节约了开发成本。

本章对产品寿命设计方法以及如何实现等寿命设计进行了探讨。产品的疲劳寿命设计一般分为无限寿命设计、有限寿命设计和损伤容限设计。

虚拟试验场技术和疲劳耐久仿真自动化是疲劳寿命的未来发展方向。

分析了以下实例：基于实测载荷谱的白车身疲劳分析及优化、乘用车发动机舱盖开裂问题分析及改进、乘用车扭力梁横梁连接板焊缝开裂问题分析及改进、某备胎架的振动疲劳分析、某乘用车全新塑料背门开闭耐久分析及改进、某乘用车三角臂耐久性能优化分析、产品耐久性能优化设计方法探讨、某车型发动机舱盖耐久性能仿真优化研究、基于瞬态响应分析方法的汽车后背门抖动故障分析等。这些案例都是在疲劳耐久性仿真实践中得到的工程验证，或由工程验证进一步思考抽象出来的研究成果。

第4章从汽车NVH仿真设计机理展开分析了整车噪声产生机理。结构传播噪声和气动噪声是汽车车内噪声传播的主要方式。结构传播噪声分为低频段和低中频段两种：低频段的结构传播噪声主要是由发动机、路面等激励源产生的，激励频率范围一般在20~250Hz；低中频段是指振动传递至车身板件，导致板件产生声辐射，其频率范围一般在250~800Hz。气动噪声是指空气传播的噪声，由发动机、轮胎等产生的噪声通过空气介质直接传递至车内。这类噪声只能通过吸隔声措施来降低。

提出了在汽车运动过程中，引起气动噪声的空气"流动"及产生"噪声"是不同的概念。在本章中，将这两个概念分开，具体"流动"如何产生"噪声"等问题，重点研究两者耦合引起的现象——气动噪声。对汽车空气动力学和声学进行研究，提供了基础理论，同时为仿真分析奠定了依据。

通过对车体结构传播噪声仿真与优化，根据声振耦合结构噪声，探究出对于车体来说，声振耦合噪声主要通过噪声传递函数来控制。无论是两厢车还是三厢车，因其安装点动刚度、板件总面积、板件厚度差别不会太大，因此其噪声传递函数水平相差不会太大。一般来说，将车体噪声传递函数水平控制在58dB之内时，声振耦合噪声的车身因素将不再明显。而影响车身噪声传递函数水平的主要因素包括车体总体刚度和模态、安装点动刚度、板件面刚度等。

根据车体板件辐射噪声研究出车体大板件对NVH性能有着重要的影响，其低频大幅度振动会压迫车内声腔，产生轰鸣声；低中频振动会产生辐射结构声，即频率范围在250~800Hz内的板件辐射噪声。提出了减小辐射噪声策略：结构优化、提升板件刚度、避开激励频率等，并且得出通过MTF，即平均传递函数法仿真分析技术，建立了仿真分析流程、分析方法，增加阻尼片提高板件阻尼，降噪就十分必要且效果显著，在整车NVH开发中得到广泛应用。在某车型开发中，车内加速噪声降低2~4dB，达到目标值，定速噪声降低3dB，声能量明显下降，有效改善了车内加速轰鸣声和定速噪声，实现了阻尼片减重1.3kg。

展开了电动汽车车内噪声改善的声学包研究。由于电动汽车的车内环境相对比较安静，各个部件的振动与噪声传入车内容易形成混响，直接导致车内声品质的降低。尤其是针对电机噪声和电磁噪声的高频特性，探讨了双层空腔板隔声和多层多孔材料吸声的技术方法，来提高车内的声品质。

车体NVH性能作为车辆整体NVH性能的一部分，对于实现整体NVH性能非常关键。目前国内各主要主机厂在车体结构 NVH 方面的技术水平相差不大，而在车身中高频 NVH 技术方面却差别明显。车体低频结构噪声通过车身结构本体传播，可以通过改变车身刚度、阻尼和质量等方式进行优化，而车辆中高频噪声主要是空气传播噪声，主要通过吸隔声的方式进行优化。由于车辆声学包仿真分析可以很好地完成车身吸隔声设计工作，故通过 SEA 仿真预测技术可以很好地进行隔声垫铺层材料的选择、各层材料顺序和厚度的确定、设计结果的达标性预测等工作，从而在车型开发的早期就进行声学包的设计，避免后期隔声量不达标的情况，同时还能很好地平衡性能、成本、重量等方面的矛盾。

悬置软垫橡胶隔振器广泛应用于汽车的减振系统，如动力总成悬置、悬架衬套和排气系统吊耳等。橡胶隔振器的动、静态特性对汽车 NVH 起着重要的作用。

分析了排气噪声是除发动机噪声外汽车噪声中最主要的噪声源，排气噪声的声音设计也是汽车声音设计的重要工作之一。排气系统噪声可分为气体动力噪声和结构辐射噪声。气体动力噪声是排气噪声最主要的噪声源，其主要成分包括排气压力脉动噪声、管内气柱共鸣噪声、赫姆霍兹共振噪声、涡流噪声、冲击噪声等。

路噪根据传播方式的不同分为结构路噪和空气传播噪声（又称胎噪）。目前主要研究对象为结构路噪，其发生原理为来自路面的激励源通过轮胎传至轮心，再经悬架系统、悬架与车身的安装点传递至车身，导致车身板件振动与车内声腔发生耦合而产生声振耦合结构噪声。在路噪的开发过程中，轮辋刚度、轮胎模态、悬架形式、衬套隔振以及车身的整体刚度等都是主要的控制因素。建立了路噪仿真流程，首先完成道路载荷提取，在完成悬架系统建模和车体系统建模后搭建用于路噪仿真的整车有限元模型，将测试得到的轮心激励施加在整车模型中，运用混合仿真技术对结构路噪进行预测。

通过模态耦合分析技术对改善制动噪声进行探究。制动器发出振动噪声问题是属于带有摩擦环节的结构动力学问题，也是困扰汽车工程界的一个难题。研究表明，摩擦片的开槽与倒角和散热筋的结构形式对制动尖叫起到了极大的抑制作用，同时，在摩擦片上增加消声片可以有效地抑制和消除高频尖叫。

NVH 仿真精度提升取决于建模精度、边界条件的完整性及准确性、材料参数的准确性等因素。在仿真技术的发展和精度提升过程中设置大量的变量因子，进行大量的变量因子定型的辅助性试验，对试验数据进行统计归纳、反复迭代并参数化、抽象化，最终逐一将变量因子定量化，形成技术能力，提高仿真精度。

声腔模态仿真精度提升最重要的参数是腔体连接处的耦合面积，也就是通常所说的通孔面积。该面积不能通过直接测量得到，因为设置通孔的目的是微调各个腔体的模态，使之与试验模态吻合。从某种程度上讲，这些面积是虚拟的，但确实对声腔模态有一定的影响，因此这些面积的确定成为声腔建模精度的关键因素。

车体结构噪声最重要的基础是车体声学灵敏度，车身声学灵敏度是车辆的固有特性，只与车身本体结构相关，与激励力大小等均无关系。提高车身结构噪声仿真精度，最关键的就是提高车声声学灵敏度的仿真精度。通过重要性排序及可控程度可知，在进行车体声学灵敏度仿真分析时，影响仿真精度最大的因素是非线性件的模拟。与车身声学灵敏度相关的非线性件主要包括车门密封条、缓冲块等部件，这些部件对于车门、发动机舱盖、行李舱盖同车体的连接非常重要，它们对这些开启件在装车状态下的模态具有非常大的影响。对非线性件的动刚度进行了分析，在结构噪声频率范围内，其动刚度基本遵循线性原则，因此如果能够确定其线性段的等效刚度、阻尼范围，就可以获取较高的建模精度。

大多数情况下，对车身声学包产生较大影响的钣金件并非均直钢板，都是带有一定的曲率、结构比较复杂的钣金件。在这种情况下，计算平直钢板隔声量的理论公式在中低频范围内不再适用，在高频范围内也有较大的误差，因此只能通过仿真软件进行复杂的仿真分析，而此时仿真分析精度是否能够保证仿真结果的可靠性就成为需要解决的首要问题。声学包仿真精度影响因素的确定、整车和部件的隔声量试验及对标是进行提升隔声量仿真分析精度的最主要和最直接的手段。通过仿真对比确定各种不同的材料微观参数对声学包仿真结果的影响。通过改变流阻率、孔隙率、卷曲率、TCL、VCL等材料微观参数，并分别进行单一变化量仿真对比，即可得出敏感程度顺序。

进排气系统的传递损失主要表现在消声器的传递损失，其他组成部分对于传递损失基本无影响，因此各供应商和主机厂在进行进排气系统的传递损失设计时，主要对消声器进行传递损失的设计。而进排气系统的管口噪声可以根据传递损失、气流噪声等综合仿真分析得到。因此提高传递损失的仿真分析精度对于提高整个进排气系统噪声的仿真分析精度具有关键性的作用。

仿真精度的提升是一项传统的工作，也是一项新型的工作。仿真技术的不断发展和进步，所带来的提升仿真精度的方法也会各不相同。二次开发的大量应用，着力发展旨在提高工作效率、减少或避免误操作、形成公司标准化流程、形成公司特有仿真技术的二次开发工作，对于NVH仿真技术而言尤其如此。NVH仿真技术比较复杂，但是重复性比较高，这一类重复性工作往往可以通过进行二次开发工作批量化完成。在新能源汽车NVH仿真中，电机系统会产生电磁噪声，并伴随机械噪声。

NVH仿真技术发展到一定水平之后，必然会为汽车的发展起到重要保障。

完成了以下案例：通过模态耦合分析对改善制动噪声的研究、基于MVTF的车身阻尼片优化降噪技术、整车怠速振动仿真分析及应用、动态吸振器在塑料后背门中的应用及设计方法、风窗玻璃振动引起的车内轰鸣声问题分析及整改、某车型怠速工况下车内噪声仿真分析及优化、MATV技术在车内低频噪声分析中的应用等。这些案例都是在NVH仿真实践中得到的工程验证，或由工程验证进一步思考抽象出来的研究成果。

第5章研究了汽车被动碰撞安全仿真技术。人是汽车碰撞安全保护的核心，根据汽车碰撞仿真研究机理，建立了碰撞这种复杂的力学问题，采用碰撞过程中汽车的实际变形情况，应用计算机编程方法进行分析，将汽车离散为一个非线性弹簧 - 质量振动系统，求解碰撞系统响应。汽车零部件数量增多，建模精细化，使得碰撞仿真计算的 CPU 增加，计算时间增多，未来仍将是研究的重点方向之一。

1）被动安全性发展方向在哪里？按照目前智能汽车技术发展方向，通过各类传感系统、V2X 技术，实现了车与车之间、车与外部环境等的信息交互，从而实现准确、及时和安全的自动控制功能，使自动驾驶成为汽车发展的最终目标。因此，被动安全性的发展将被赋予新的内涵。

2）对某车型进行正面碰撞仿真与试验对标分析。根据典型车型正面碰撞仿真和试验数据的对比，通过加入失效前、后仿真结果的对比，可以发现一些关键零部件的失效对仿真结果影响较大。验证模型的可靠性，同时对在对标过程中遇到的零部件失效问题进行探讨。在碰撞过程中，踏板侵入过大则可能加重乘员腿部伤害，导致腿部得分低，同时 CNCAP 评分细则也将踏板侵入量列为车辆结构考察指标。针对在正面 40% 偏置碰撞试验中制动踏板 X 方向侵入量超标的问题，结合试验和仿真分析，在踏板支架连接部位设计了断开机构，在剪切力达到 3kN 时断开制动踏板安装支架，有效降低了制动踏板的侵入量，提高了该车型正面 40% 偏置碰撞的整体评分。

3）基于行人头部保护要求的翼子板碰撞性能研究。在人车交通事故中，行人最容易受到伤害的部位是头部和腿部。为了保护行人，我国实施车辆的行人碰撞保护推荐标准。研究翼子板分缝区域对行人头部碰撞的影响就显得尤为重要。探究了行人头部加速度波形形成机理的影响因素，提出了镂空式翼子板结构。它能有效降低结构强度，使得碰撞更加柔和，减小作用在头部的冲击力，降低加速度峰值；可溃式翼子板通过在翼子板和安装横梁之间加入合适的支撑板件，来增大翼子板变形空间，使头部在碰撞过程中得到较长的减速距离，达到减小头部加速度的目的。对翼子板结构提出柔性设计改进，有效提高了行人头部撞击翼子板时的安全性。

4）基于头部损伤特性的发动机舱盖理想溃缩空间研究。在车辆开发的早期阶段，由于无法获得发动机舱盖相关位置的头部损伤特性，往往会导致后期由于溃缩距离不足而修改造型和相关零件的设计。建立了理想头部减速度模型：为了验证理想头部减速度模型曲线的准确度，分别从发动机舱盖上选取两处典型的位置模拟头部撞击试验，得出头部加速度曲线，得出该区域是头部碰撞伤害风险区。依照最小溃缩空间需求，指导翼子板安装支架结构改进。经过仿真试验验证，表明该方案的实施大大增加了发动机舱盖下方溃缩距离，满足了相应的头部保护要求。

5）基于 GTR 行人头部保护技术分析。为保证道路交通中行人安全，GTR 全球技术法规中制定了相应的行人保护标准。人体头部由颅骨、皮肤和其他软组织组成，是一个较为复杂的系统。其损伤的生理机理非常复杂。通过对锁扣、翼子板、刮水器和发动机舱盖铰链等危险碰撞区域内关键件的优化改进，依照试验中头部伤害的分布，并结合仿真与试验的对标情况，得出 HIC 值小于 1000 的面积比例为 80.16%，满足 GTR 法规中大于 66.67% 的要求。

6）行人保护小腿碰撞分析及优化改进。阐述了行人保护小腿碰撞评价指标和设计思路，建立了行人保护小腿碰撞分析有限元模型，并进行了仿真分析；根据分析结果，提出了相应的改进措施，使该车型最终满足行人保护小腿碰撞要求。

7）基于能量控制法对某车行人大腿保护性能改进优化。大腿碰撞试验受到发动机舱盖前缘设计的影响，其结果对该区域的造型几何参数比较敏感。鉴于此，提出了车辆前端造型与大腿碰撞能量之间的关系，大腿受力、弯矩特性呈现出三角峰特点，建立了大腿碰撞能量控制驱动车辆前端造型的设计方法，并将此应用到某车行人大腿保护上。结果表明，该方法对提高大腿碰撞性能是有效的。

8）基于 TRIZ 理论的车门防撞梁多目标优化研究。基于侧面碰撞中车门侵入量和侵入速度的控制，对左前车门防撞梁进行优化，以 TRIZ 冲突解决矩阵理论为基础，采用"车门侧碰安全性能"和"防撞梁轻量化性能"这两个响应近似模型，并对其拟合精度进行评估，提出 D 形防撞梁替换管形防撞梁的工艺性改进。然后运用正交试验法和有限元仿真找到车门防撞梁的结构最佳参数方案，再对车门防撞梁的材料参数进行正交试验样本设计，并采用响应面法建立侧面碰撞安全性各评价指标的近似模型，最后通过遗传算法对近似模型进行择优计算，得到了 D 形防撞梁最优的结构和材料方案。

9）侧向载荷作用下汽车儿童座椅固定支架优化设计研究。汽车在以 50km/h 的速度发生碰撞时，儿童乘员会产生 30~50 倍的冲击力。如果把儿童独自放在座椅上或抱在怀中，儿童就可能会飞出并且发生二次碰撞。对 ISoFIX 固定装置进行了受力分析，通过理论与仿真受力的对比，掌握了夹具的运动机理。

10）基于颈部损伤特性的某座椅鞭打性能改进。汽车追尾事故占交通事故的 30% 左右，追尾事故所造成的人员伤亡占总损伤的 60%。汽车发生追尾时，前车会受到向前的加速度，座椅推动乘员的躯干向前运动，而头部因惯性作用相对滞后，乘员头部向后转动从而造成颈部受伤。为了更好地评估车辆对乘员颈部的保护能力，鞭打试验已纳入 C-NCAP 评价体系。针对某车前排驾驶员座椅鞭打试验中颈部保护效果较差的问题，通过对颈部损伤机理进行分析，得到失分的原因；并结合假人头颈部受力分析，探讨座椅系统中头枕的刚度和靠背骨架刚度对颈部损伤的影响，从中找到头枕刚度和靠背骨架刚度优化组合方案。改进后座椅的鞭打分析结果表明，其鞭打性能得分由原来的 2.26 分提升到满分 4 分，也进一步验证了颈部受力分析方法的有效性。

11）法规的更新速度加快，汽车被动安全法规的内容对现实安全问题的重现越来越完善和全面。车内外的全面保护、被动保护装置的智能化、主被动安全融合将是未来汽车碰撞安全发展的主要方向。

12）完成如下案例：某车型正面碰撞仿真与试验对标分析、基于行人头部保护要求的翼子板碰撞性能研究、基于能量控制法对某车行人大腿保护性能改进优化、基于头部损伤特性的发动机舱盖理想溃缩空间研究、基于 TRIZ 理论的车门防撞梁多目标优化研究、基于 GTR 行人头部保护的某出口车改进分析、侧向载荷作用下汽车儿童座椅固定支架优化设计研究、行人保护小腿碰撞分析及优化改进、偏置碰撞中制动踏板防侵入研究与设计等。这些案例都是在汽车被动碰撞安全仿真技术实践中得到的工程验证,或由工程验证进一步思考抽象出来的研究成果。

第 6 章阐述了汽车空气动力学技术,主要解决汽车在行驶过程中"风"的阻力问题、"噪声"问题及外观美学等,从而改善车辆的油耗,改善高速行驶时空气动力性能与车辆运动的耦合产生的声噪现象。这些技术越来越深入渗透到汽车 OEM 的开发中。根据汽车行驶过程,流场主要分为三路:第一路是汽车前方和侧面的气流,会沿着发动机舱盖和车顶等车身上面和侧面流动;第二路是汽车下部的气流,通过车身下方的气流(地板气流)流动;第三路是车身前方的一部分气流会流入前格栅中,流过冷却系统,通过发动机机舱流动。这些气流在车身背后形成压力,形成了汽车的空气阻力。这些阻力均对汽车产生影响,即空气动力学对汽车的影响。

随着计算机、仿真技术的发展,在车辆的开发过程中,计算流体力学(CFD)逐步成为车辆空气动力开发的重要手段。建立仿真模型是分析 CFD 的基础,其中流体网格的划分是分析的重要部分。

汽车自 1886 年诞生以来,为了减少行驶阻力,各汽车公司都通过不断地改善造型,努力实现汽车动力学的提升。从空气动力学出发,造型主要分为 6 类:①雨滴型、②流线型、③ Kamu 型、④ Shuureru 型、⑤尾鳍、⑥楔形。

从汽车前部来看,在不与车身剥离的前提下让空气从滞留点流动,或者一边利用格栅摄入风,一边让风在发动机舱上顺畅地流动。对于流入车底部的空气,则利用保险杠等部件,阻止空气进入发动机舱,使得空气顺畅流过发动机底部。或者很多量产车的发动机下方并非平坦,当空气进入地板时风并不会利落地流动,地板应尽量避开正对风口的方向。前角、挡泥板、轮拱芯片、A 柱、后视镜、车顶侧面的处理,玻璃窗框与玻璃的高低差,后窗角度、侧梁柱的形状,车顶尾部的角度、后缘的高度、长度、R 的大小,考虑后窗的倾斜的后挡泥板的平面拉深,防止侧面的风吹入后部尾部时发生旋涡而设计的后角形状,后部尾部、前部地板的形状等很多项目,相互影响的同时决定着风流。

乘用车风阻优化涉及众多零部件,几乎涵盖了除乘员舱外的所有零部件,但影响风阻性能优化的关键位置有车身、机舱、车底三个部位。经地面交通工具风洞中心,最终确认整车 C_d 超出设计目标值。

1) 除霜风道 CFD 分析及结构优化。某越野车在寒区 -35℃低温下使用时,除霜性能差,除霜效果无法满足寒区低温下的除霜要求,除霜面积不满足前方视野要求。通过建立定常、不可压缩的三维流场,主要通过求解连续方程、动量方程和湍流模型,经过寒区 -35℃试验,试验开始后 20min,驾驶员 A 区超过 65% 完成除霜,试验开始后 25min,前排乘客 A′区超过 80% 完成除霜,试验开始后 40min,B 区超过 95% 以上完成除霜。采用仿真分析方法可以有效地减少试验次数,快速高效地解决实际中存在的问题,极大降低了研发成本。

2）某乘用车乘员舱吹脚模式流场仿真与改进。CFD 仿真分析方法可模拟空调 HVAC、风管及乘员舱内部气流走向，并对其可视化，弥补了试验测试手段的不足，有利于设计人员发现吹脚模式气流分布的缺陷，并根据仿真结果对其进行优化改进，从而提高乘员舱舒适性能，并降低试验及试制费用，提高汽车研发效率。实车试验测试采用 CEM DT-618 风速仪进行测试，测量前后排吹脚风管出风口处风速及乘员脚部附近气流速度较高区域的风速大小，并同仿真计算结果进行对比分析。

3）基于 CFD 分析的汽车侧窗风振噪声研究。当侧窗风振强度大于 110dB 时，会使乘员容易感到烦躁和疲倦，严重影响乘坐舒适性和驾驶安全性。试验测试采用 HEAD acoustics 公司 SQLAB3 多通道数据采集系统进行数据采集。风洞试验测试时，一侧后窗开启 2/3，其他车窗完全关闭，试验测试车速 40km/h、50km/h、60km/h、70km/h。当车速为 70km/h 时，在 13.9Hz 左右出现明显的声压级峰值，从而可判断脱离涡与乘员舱发生共振现象。同时，与试验结果对比，可以看出频率和声压级结果吻合均较好，精度较高。当车速达到一定时，侧窗前缘涡脱离频率会与乘员舱所形成的亥姆霍兹共鸣器固有频率相一致，此时产生风振噪声；侧窗风振噪声发生频率为 15Hz 左右，强度大于 120dB，严重影响乘员舒适性。采用 CFD 仿真方法可对侧窗风振噪声形成的原因、现象、规律、结果进行很好的预测，从而为下一步探索风振噪声的抑制方法奠定基础。

4）某 SUV 车型后视镜气动噪声仿真分析及试验研究。目前在降低气动噪声方面的研究工作还不充分，常用提高汽车密封性能的方法来降低泄漏噪声（Leak Noise），虽然能够在一定程度上降低车内气动噪声水平，但是显然这方面的工作通常限于新车型设计开发的后期，甚至在样车制造后才能进行。这不仅会导致降噪成本提高，而且因为在设计开发的后期可以做出的修改很小，所以往往无法实现理想的降噪效果。因此，在新车型设计开发过程的早期阶段就进行气动噪声方面的研究工作成为一种趋势。

5）某 SUV 车身风阻优化方法研究。对某 SUV 车外流场进行分析，并对进气格栅、后扰流、下护板、前轮扰流等部件进行优化。优化后轮胎和轮罩风阻大幅降低，表明前轮扰流有效阻挡了气流对前轮冲击。后背门、后保险杠、后风窗玻璃处风阻也有所下降，说明后扰流梳理了尾部涡流结构，提高了尾部压力，降低了尾部附近风阻值。后悬、油箱等部件风阻也因底盘附件的优化而风阻降低。前保险杠、前风窗玻璃等部件风阻值增大，这是因为底盘和后扰流优化后车身周围气流流速加快，导致气流滞止区压力增大，分离区压力减小，前保险杠、前风窗玻璃风阻增大，优化后风阻比原车降低 8.9%，为整车空气动力学设计提供了参考。

6）能量管理的基本架构。热管理分析包括机舱热管理和乘员舱热管理分析两部分内容。CFD 仿真分析方法可以直观看到机舱内气流走向和零部件表面温度，在方案设计阶段可以帮助设计人员评估机舱布置的合理性，并针对仿真结果优化设计方案，减少重大返工，降低开发风险。针对机舱温场试验和空调环模试验中出现局部温度过高和冷凝器进风温度过高的问题,对机舱流场和温场进行分析,通过采取增加密封板和导流板的措施,减少机舱局部涡流,减少冷凝器气流回流,降低翼子板温度和冷凝器进风温度,并通过试验验证。

7)纯电动汽车高低温快充仿真及试验验证研究。由于动力电池的固有特性,在大电流充放电时会产生大量热,过高或过低的温度均会对电池的使用性能产生很大的负面影响,如加速寿命衰减,甚至发生热失控等。在整车开发过程中,必须采取热管理措施,在充电过程中将电池温度控制在合适的温度区间内,消除温度对电池性能的不利影响,从而提高充电速度。建立了一种电池包发热模型,然后与GT-SUITE拟三维建模相结合,搭建了一套可以进行与热管理系统耦合仿真的电池包模型,并与台架试验进行对比,证明了模型的精度。

车辆造型与空气动力理论密切相关。车辆造型从雨滴形、流线型开始,逐步演变为楔形,同时降低C_D值,这将是空气动力学未来的发展方向。

完成如下案例:通过某SUV车身风阻优化方法研究,某SUV车型后视镜气动噪声仿真分析及试验研究,基于CFD分析的汽车侧窗风振噪声研究,基于CFD分析的某SUV气动性能设计开发,某乘用车机舱热害问题优化,纯电动汽车高低温快充仿真及试验验证研究,某乘用车乘员舱吹脚模式流场仿真与改进等。这些案例都是在汽车空气动力学技术仿真实践中得到的工程验证,或由工程验证进一步思考抽象出来的研究成果。

第7章阐述了操纵稳定性和乘坐舒适性仿真技术,根据多体动力学发展的三个阶段,从操纵稳定性仿真设计机理、乘坐舒适性仿真设计机理方面展开了汽车多体动力学仿真分析机理探究。

同时展开了双横臂式、麦弗逊式、扭力梁式、多连杆式等悬架对K&C特性、操纵稳定性等整车性能的影响,重点分析了悬架和轮胎的仿真建模技术。针对不同的悬架结构形式,应用DoE分析了影响汽车行驶性能K特性和C特性的关键指标,并首次完整地建立了K、C特性的具体参数的敏感性。运动学包括簧下质量、车轮转动惯量、轮心高度、车轮外倾角初始值、车轮前束角初始值、主销后倾角随轮跳的变化关系曲线、轮心纵向位移随轮跳的变化曲线、车轮外倾角随轮跳的变化曲线、轮心侧向位移随轮跳的变化曲线、车轮前束角随轮跳的变化曲线等。弹性运动学包括悬架弹性特性曲线、减振器速度特性曲线、横向稳定杆的辅助侧倾刚度曲线和悬架弹性运动学系数等。

提出了在整车动力学仿真模型中,不同的性能分析场景应用不同的轮胎模型,且明确提出了哪种性能应该用什么样的模型。

根据操纵稳定性试验工况,形成了明确的、一一对应的仿真分析技术。尽管目前有些项目缺失标准,但根据我们的经验及试验数据提取相关客观指标,已形成了相关的仿真分析方法。这在本章中也有详细的论述。

采用技术分层的方法,将复杂的车辆动力学问题结构化、层次化,即整车操纵稳定性和乘坐舒适性性能层级、悬架 K&C 性能层级及悬架零部件参数层级，以便确保整车性能开发的完整性和系统性。

系统性探索了路谱虚拟迭代原理，提出了虚拟路谱技术。在没有轮胎模型或为了避免使用不准确的轮胎模型，基于真实路谱重现的虚拟台架方法，反求获得实车试验中的真实激励，能够确保整车乘坐舒适性仿真模型的精度。探究该类车型的仿真分析方法，并结合试验及仿真数据对标，阐述了传递路径分析的方法和过程。这在本章中也有重点的阐述。

构建了以精确的路面模型、精确轮胎模型和精确整车模型为核心的数字化路面，应用激光扫描获取的精确路面模型和试验获取的 FTire 轮胎模型导入仿真软件环境，加上精确建模的车辆模型，形成虚拟试验场环境，仿真获取车辆动态载荷，用于整车性能优化、零部件疲劳寿命评估及改进。

采用虚拟路谱技术方法，并升级为数字化路面，使得汽车行驶平顺性的建模与仿真技术能够满足现代汽车快速更新、生产周期短和汽车生产商之间激烈竞争的要求。

采用了将整车动力学模型与 EPS 驱动控制模型联合起来进行协同仿真的方法，模拟了高效率、高精度、低能耗的 EPS（电动助力转向）系统，在 EPS 系统建模的基础上，对比分析了不同补偿控制策略对转向愉悦性的影响。

动力学除了在汽车运动性能中有优势外，在与运动相关的结构件分析中，也能体现出其重要性。本章只提供了基于冲击函数接触算法的汽车车门限位器受力分析和传动轴万向节相位角优化分析两个案例，能够起到抛砖引玉的作用，其余供读者自行尝试分析。

多体动力学仿真未来发展的两大趋势：支持车辆运动性能设计的模拟驾驶技术、汽车动力学性能的仿真设计技术。

重点对关键部件的参数敏感性进行分析，并通过双横臂式悬架、麦弗逊式悬架、四连杆式悬架等对操纵稳定性和乘坐舒适性参数敏感性进行分析，得到不同悬架的分析结果；根据典型轮胎动力学模型，构建了轮胎动力学模型的流程，提出了不同仿真场景应用不同的轮胎模型：PAC2002 轮胎模型和 FTire 轮胎模型。

按照 R&H 仿真设计基本方法，建立了操纵稳定性指标设定流程，通过 K&C 性能分析技术、部件边界载荷分析、仿真与试验对标，得出了整车性能优化技术。

根据转向干摩擦仿真技术、转向系统模型、转向力仿真分析，提出了转向干摩擦技术分析方法；由数字化路面在整车乘坐舒适性分析中的应用，探究了路谱虚拟迭代流程、路谱虚拟迭代原理、平顺性工况道路谱迭代，构建了数字化路面的方法、数字化路面技术路线、数字化路面模型开发技术。

基于 EPS 系统性能的汽车转向愉悦性仿真分析，通过 EPS 系统工作机理、EPS 系统电动机驱动控制模型、多领域模型，形成了转向愉悦性仿真分析技术。

动力学在运动件分析中的技术应用，根据冲击函数接触算法、传动轴万向节运动分析，提出了未来动力学的发展方向是支持车辆运动性能设计的驾驶模拟技术、仿真驱动汽车动力学性能的设计技术。

完成如下案例：通过路谱迭代法在整车乘坐舒适性分析中的应用，基于子系统性能 DoE 分析的整车操控性能目标分解方法，底盘操控性能开发与目标分解，基于正向开发方法的悬架及整车操控性能优化分析，基于 EPS 系统性能的汽车转向愉悦性仿真分析，基于冲击函数接触算法的汽车车门限位器受力分析，乘用车转向系统的转向力仿真分析，虚拟试验场技术的研究和开发，传动轴万向节相位角优化分析，某越野车平顺性问题改进研究等。这些案例都是在汽车操纵稳定性和乘坐舒适性仿真实践中得到的工程验证，或由工程验证进一步思考抽象出来的研究成果。

第 8 章重点阐述了动力性、经济性仿真技术现状和动力性、经济性仿真分析机理，包括燃油汽车仿真机理，基于电池组容量选择、驱动电机参数选择的电动汽车仿真机理，同时从典型工况动力性、经济性仿真分析入手，探究了自动变速器换档策略标定技术方法。开展了纯电动汽车动力性、经济性仿真、能量管理在整车开发中的应用和混合动力汽车能量管理仿真，得出了混合动力汽车的转矩分配策略。

动力性和经济性是客户购买汽车时，判断汽车性能的关键指标。工况是判断汽车动力性、经济性和排放性的依据，目前主要工况有：NEDC 适用于中国、欧洲等国家；WLTC 适用于中国、欧洲等国家；CLTC 适用于中国（中国自主研发）；JC08 适用于日本。动力性、经济性主要与汽车的动力源紧密相关，不同的动力源对汽车的动力性和经济性的影响不同；在仿真分析过程中，不同的动力源的建模方法、模型参数和结构特征均不同。

基于对内燃机汽车动力的仿真，对电动汽车进行了详细分析。针对纯电动汽车动力性、经济性仿真，探究了基于容量、能量密度、充电倍率等动力电池仿真分析技术；在动力系统控制策略下，基于最高车速时的功率、车辆加速和爬坡功率等电驱动系统仿真分析技术，为新能源汽车动力电池、驱动电机、变速器和主减速器等的动力性经济性匹配奠定了基础。同时，为基于电驱动外特性曲线的动力电池、电机和减速器等动力系统参数选型和结构优化提供理论依据。

基于汽车经济性影响因素灵敏度分析，探索了整车整备质量、整车风阻系数以及传动系统传动系数等参数对经济性的影响：在 NEDC 工况下，整备质量变化率引起的油耗变化率同整备质量的变化率基本成线性关系，同一配置的车型，其整备质量减少 10%，则 NEDC 综合油耗可随之降低 2.5%～3.5%。

换档策略对于 AT、CVT、DCT 车型的动力性和燃油经济性有着重要的影响。本节所说的"11"步法标定方法，为高动力性和低油耗寻找到最优的动态特性平衡策略。

混合动力汽车的仿真属于技术难点，目前还没有较好的方法。本章重点在传统内燃机整车模型的模块基础上，增加了电动汽车建模中特有的动力总成模块，包括电池、电机、电池管理系统（BMS）、电控策略、逆变器等模块，这样可确定建模的完整性，同时考虑了 BMS 策略作为仿真参数的输入，通过 BMS 模块设定电池工作的边界条件 SoC 的上下限，按照对应车型使用的电池试验数据作为输入，设置不同温度条件下，电池在不同状态下的充放电功率限制或者电流限制，从而形成了数据结构完整的纯电动汽车动力性、经济性仿真分析模型，并通过试验验证了可行性和准确性。

将整车燃油经济性消耗量分割成以下几个能量消耗模型：发动机损失能量消耗模型、制动系消耗能量模型、传动系统能量消耗模型、空气阻力能量消耗模型、滚动阻力能量消耗模型。基于这种研究方法，通过各种特定试验采集数据，利用采集到的数据对各能量分解模型进行验证，不断修正和改善各能量分解模型。

提出了混合动力汽车能量管理策略，从能量的输入、转换、传递、耗散逐一进行分析，主要包括需求转矩计算、车辆运行模式选择和转矩分配三个部分，直接影响到插电式混合动力汽车的整车经济性，是混合动力汽车的核心技术之一。

随着排放及油耗法规的日益升级，围绕着"严""短""高""低"这四大需求，车企对整车动力性、经济性的开发要求越来越严，开发周期越来越短，开发质量越来越高，开发成本越来越低，这将大幅促进动力性、经济性仿真技术的发展。

完成如下案例：通过纯电动汽车动力性、经济性仿真优化分析，基于整车动力性、经济性的液力变矩器选型及优化分析，基于 Cruise 软件的乘用车整车原始排放仿真分析研究，基于 Cruise 软件的仿真方法在 WLTC 工况手动档换档点选取应用的研究，双离合自动变速器的整车匹配技术，基于 Cruise 软件的整车传动比优化仿真分析，基于 Cruise 软件的电动汽车整车性能开发仿真分析研究等。这些案例都是在动力性、经济性仿真实践中得到的工程验证，或由工程验证进一步思考抽象出来的研究成果。

第 9 章阐述了仿真自动化技术，主要从仿真自动化技术概述、仿真自动化工具及方式、"七步法"构建仿真自动化技术、程序开发的关键技术、仿真自动化的典型技术、汽车悬架载荷计算自动化、乘用车车身结构仿真自动化、汽车综合性能仿真自动化技术、未来发展 9 个方面展开探究了仿真自动化的关键技术。

从仿真自动化主要的技术特征、模型规范与通用性、仿真自动化的目的和重要的意义出发，通过建立仿真自动化流程，建立了仿真自动化的主要技术领域，包括零部件结构有限元自动化仿真、汽车疲劳寿命自动化仿真、汽车 NVH 自动化仿真、汽车碰撞安全自动化仿真、汽车空气动力学自动化仿真、R&H 自动化仿真、动力性经济性自动化仿真、多学科联合自动化仿真等。

仿真自动化流程可以大幅降低开发工时、节约人工成本、减少仿真软件的采购成本。案例：根据自行开发的 28 个仿真自动化流程，年节约工时 10598h，人工成本减少 211.96 万元，仿真软件成本减少 164.5 万元。其中，专门用于仿真的工程师每年减少 3~5 人，人工成本节约 150 万元/年左右，节约软件成本 164.5 万/年，一次性节约软件开发费用 1000 万元左右。

当然，仿真自动化技术还面临着 4 大挑战：如何让汽车仿真设计主导汽车设计成为可能；如何利用云计算和高性能仿真平台计算机，解决提升计算效率问题；并行工作的自动化技术还需探讨；如何在新的技术领域开展建立自动化技术开发和流程。

分析了以下案例：汽车零部件耐久仿真自动化，整车动力性、经济性高效仿真及选型自动化，汽车悬架载荷计算自动化，汽车悬架K&C仿真自动化，整车操纵稳定性仿真自动化，行人头部模型对发动机舱盖自动定位及批量建模，横向稳定杆多学科联合仿真自动化，行李舱盖结构仿真分析流程自动化设计，车门结构仿真自动化，外覆件抗凹仿真自动化等。这些案例都是在自动化仿真实践中得到的工程验证，或由工程验证进一步思考抽象出来的研究成果。

尽管汽车技术突飞猛进，各种性能大幅提升，但其基本的构成和机理并没有革命性的技术突破。百年前，汽车改变了人类生活；百年后，人类将重新定义"汽车"。

仿真技术将是协助人类重新定义汽车的重要支撑。

参 考 文 献

[1] DICKMANNS D E. Vision for ground vehicles: history and prospects[J]. International Journal of Vehicle Autonomous Systems, 2002, 1(1):1-44.

[2] THRUN S. A personal account of the development of stanley, the robot that won the darpa grand challenge[J]. Ai Magazine, 2006, 27(4):69-82.

[3] DONLEY M, STOKES W, JEONG G S, et al. Validation of finite element models for noise/vibration/harshness simulation[J]. Sound & Vibration, 1996, 30(8):18-23.

[4] ALLIN K, SIMON D.A new approach to vehicle architecture design [M]//STOBART, RICHARD, CHILDS, PETER R N. Total vehicle technology: how do we get the innovation back into vehicle design?. New Jersey: Wiley Blackwell, 2002:49-56.

[5] TRENEER D, LAWS S, MCGREGOR N. CAE optimization tools for developing vehicle ride comfort[M]//STOBART, RICHARD, CHILDS, PETER R N. Total vehicle technology: challenging current thinking. New Jersey: Wiley Blackwell, 2001: 201-212.

[6] SMITH S, BOSMA F, SHARPE M. Vehicle simulation-systems integration, vehicle systems integration in the wired world[C]. 2nd International Automotive Conference, 2001: 109-124.

[7] THOMPSON J E. New roles for simulation in new vehicle development[M]// VEREIN D I. Numerical analysis and simulation in vehicle engineering.Vdi Berichte, 1998:383-403.

[8] FURLICH J, BLOUGH J, ROBINETTE D. Vehicle driveline benchmarking to support predictive CAE modeling development[M]// ALLENMS, MAYES RL, RIXEN D.Dynamic substructures. Linderholt, 2020: 141-148.

[9] THANGAPAZHAM P, KUMARASWAMIDHAS L A, MURUGANANDAM D. Failure assessment of load-stabilizing rod in heavy-duty truck through CAE and testing in rough road conditions[J]. Journal of Failure Analysis and Prevention, 2019, 19(6):1781-1791.

[10] VROLIJK M, OGAWA T, CAMANHO A, et al. A study with ESI PAM-STAMP (R) on the influence of tool deformation on final part quality during a forming process[J].AIP Conference Proceedings, 2018,19(60).

[11] MEINHARDT J. OEM status reports: tryout and ramp up[R]. Forming car body eng, 2016.

[12] JEDRZEJCZYK R P, ALB M S, JOST T. Integrative CAE-driven design process in the embodi-

ment design phase of L7e vehicle structures[J]. Strojniski Vestnik, 2018, 64(1): 3-16.
[13] CESNIK, MARTIN, BOLTEZAR, et al. Assessment of the fatigue parameters from random vibration testing: application to a rivet joint[J]. Journal of Mechanical Engineering, 2016,62(7):471-482.
[14] JEDRZEJCZYK R P, ALB M S, JOST T.CAE-driven design process for modern lightweight structures[C]. 9 GRAZ S VIRT FAHRZ, 2016.
[15] JEDRZEJCZYK R P, ALB M S, JOST T.The finite element assessment of structure properties for a L7e class vehicle under the bending, torsion static and crash loads[C], ICOEV 2015 INT C ENG, 2015.
[16] KANG B. CAE for digital development[C]. European Altair Technology Conference, 2015.
[17] KONZELMANN M, KRISHNAMOORTHY S, CHAUDHARI S, et al.CAE-driven design methodology for semi-autonomous product development[C]. European Altair Technology Conference, 2013.
[18] LEADLEY B M.Simulation driven design[C]. dtsch simuliakpba, 2011.
[19] MERKLEIN M, GEIGER M. New materials and production technologies for innovative lightweight constructions[J]. Journal of Materials Processing Technology, 2002, 125-126(1):532-536.
[20] MARCO M, MICHAEL S, FRIEDRICH H E. Development of body structure concepts for electric vehicles using the topology optimization for global load pathfinding[C]. European Altair Technology Conference, 2015.
[21] DAMA K K, BABU V S, RAO R N, et al. Structural performance assessment of a chrysler neon compact passenger vehicle by numerical methods[J]. Materials Today Proceedings, 2017, 4(2):1820-1828.
[22] YUVAL N H. A Brief History of Humankind[M]. New York: Harper Perennial, 2014.

第 2 章 零部件结构有限元仿真分析

2.1 有限元仿真基本理论

上万个零部件组成的汽车，每一个零件的好坏，都决定着整车的命运。

汽车社会的竞争加剧，判断汽车企业开发产品的"优劣"或"好坏"，零部件的性能逐步呈现出举足轻重的作用。组成汽车的每一个零部件，在开发过程中，结构性能如何保证？为什么汽车在正常使用过程中，经常会出现一些零部件突然断裂、变形等问题？这些问题与零部件开发的相关性有多大？

为了保证零部件的性能，规避车辆行驶过程中突发事故的发生，除了技术积累、经验积累、人才团队和开发流程外，有限元仿真技术也是关键的保证。

在说明有限元技术如何保证零部件性能的问题之前，需明确以下五个基本概念。

2.1.1 有限元技术能够分析的零部件性能

对于汽车而言，零部件的主要功能就是承载作用。因此，零部件必须具备一定的结构强度，能够起到在生命周期内的承载使命；必须保证一定的刚度，能够抵抗外力的变形能力；必须保证在应用过程中，受到外界的影响后，能够抵抗外界"诱惑"，保持"本质"的能力，即部件的模态。

有限元技术主要分析零部件结构的强度、刚度、模态和相关的性能。

2.1.1.1 强度

汽车零部件的强度是衡量零部件本身承载能力，即抵抗失效能力的重要指标。零部件首先应满足基本要求，即当零部件受到路面的冲击，或受到其他零部件、外载荷对其所产生的外力作用时，不发生断裂或超过容许限度的残余变形的能力。

汽车零部件强度按所抵抗外力的作用形式，一般可以分为静强度、冲击强度和疲劳强度（弯曲疲劳和接触疲劳）等；按构成零部件的材料特性，可分为屈服强度、抗拉强度、抗压强度、抗弯强度等。汽车零部件分析中，常用的是屈服强度和抗拉强度。

有限元分析强度，是指应用仿真技术对零部件进行综合性的分析，主要是通过其应力状态来分析零部件的受力状况，从而预测零部件破坏失效的条件和时机。零部件结构强度分析，广泛应用了有限元方法，以及材料力学、弹性力学、塑性力学等理论。零部件强度判断准则是根据四大强度理论来展开。

1. 强度理论

最大拉应力理论（第一强度理论[1]），零部件断裂的主要因素是最大拉应力引起的。该理论从目前看，有其不完善之处。

最大伸长线应变理论（第二强度理论[1]），零部件断裂的主要原因是最大伸长线应变引起的。同样，该理论从目前看，有其不完善之处。

最大切应力理论（第三强度理论[1]），零部件屈服的主要因素是最大切应力引起的。最大切应力理论较为满意地解释了塑性材料的屈服现象。

畸变能密度理论（第四强度理论[1]），零部件屈服的主要因素是畸变能密度引起的。第四强度理论得到的结果比第三强度理论的结果大15%，这是两者最大的差别。

2. 强度理论的应用范围

把四个强度理论写成统一的形式[1]：

$$\sigma_{r1} = \sigma_1 \tag{2-1}$$

$$\sigma_{r2} = \sigma_1 - \mu(\sigma_2 - \sigma_3) \tag{2-2}$$

$$\sigma_{r3} = \sigma_1 - \sigma_3 \tag{2-3}$$

$$\sigma_{r4} = \sqrt{\frac{1}{2}[(\sigma_1 - \sigma_2)^2 + (\sigma_2 - \sigma_3)^2 + (\sigma_3 - \sigma_1)^2]} \leqslant [\sigma] \tag{2-4}$$

根据四种常用的强度理论，其中，第一和第二强度理论常用于脆性材料断裂的失效形式判断；第三和第四强度理论常用于屈服的失效形式判断。汽车大部分零部件由钢材、铝材等金属材料构成，因此能应用到的更多是第三强度理论和第四强度理论。

有限元分析的结果判断，经常用到的是Von.Mises（冯·米塞斯）应力准则。该准则是由古典强度理论发展起来的，主要用于塑性材料强度校核，其应力状态与第四强度相当。因此，零部件有限元分析的判据就是按照米塞斯应力进行的。

3. 零部件强度的主要参量

一般试验机可将拉伸试验结果直接描绘成载荷-变形曲线，即拉伸曲线[2]。将载荷 P 除以试样原始截面积 F_0 得应力（强度）σ，又将伸长量 Δl 除以试样原始标距 l_0 得应变（伸长率）δ，便可绘得工程应力-应变曲线，即 $\sigma - \delta$ 曲线。

由于在拉伸过程中试样不断拉长，其截面积逐渐变小，因此 σ 和 δ 并不代表真实的瞬间的应力和应变。如以瞬间的截面积 F 除以相对应的载荷 P，即得真实应力 S。以瞬间的长度除以相对应的伸长量，即得真实应变 ε。由此可得真实应力-应变曲线，即 $S - \varepsilon$ 曲线。

强度代表材料的承载能力。指标包括比例极限 σ_P、弹性极限 σ_e、屈服强度 σ_s、抗拉强度 σ_b 和断裂强度 σ_k。这里着重讨论屈服强度和抗拉强度。

退火、正火状态的碳钢和低合金结构钢存在着物理屈服现象。当应力达到上屈服点时，材料开始"屈服"，应力突然下降，应力-应变曲线上出现平台（相应于下屈服点），塑性变形持续进行，在试样表面相继出现Lüders带。某些钢种并不存在物理屈服现象，此时就人为地规定当出现一定残留塑性变形量时的抗力作为条件屈服强度。我国、苏联和美国规定0.2%塑性变形量时的应力值为条件屈服强度，计作$\sigma_{0.2}$。

屈服强度标志着金属材料对起始塑性变形的抗力。在生产实际中，绝大多数工程构件和机器零件在其服役过程中都不允许发生塑性变形，因此把屈服强度作为选材和设计的依据。

对于脆性材料，当应力超过抗拉强度时就会发生断裂；对于塑性材料，当应力超过抗拉强度时就会发生缩颈，这时抗拉强度标志着材料对最大均匀塑性变形的抗力。不论是脆性材料还是塑性材料，抗拉强度总是代表着材料在单向拉伸时所承受的最大应力，因而有时又称作强度极限。

4. 影响强度的因素

内在因素，如晶粒细化，碳、氮等原子间隙固溶，合金元素原子和基体金属原子置换固溶，钢中的珠光体、贝氏体和马氏体相变，基体中析出弥散相等，都能提高材料的强度。外在因素，包括提高应变速率（或加载速率）和降低试验温度，都能提高强度。

5. 塑性指标

伸长率和断面收缩率是静拉伸下衡量金属塑性变形能力的指标[2]。

在均匀塑性变形阶段，条件伸长率δ和条件断面收缩率ψ有如下关系：

$$\delta = \frac{\psi}{1-\psi}, \quad \psi = \frac{\delta}{1-\delta} \tag{2-5}$$

由此可见，在均匀塑性变形时δ恒大于ψ。当在手册中见到δ值大于ψ值时，即可推断这种材料只有均匀塑性变形，并不存在缩颈。真实伸长率则为

$$\varepsilon = \ln\frac{l}{l_0} = \ln\left(\frac{l_0 + \Delta l}{l_0}\right) = \ln(1+\delta) = \ln\left(\frac{1}{1-\psi}\right) \tag{2-6}$$

当出现缩颈后，上述关系已不成立。这时除了均匀塑性变形外，还有集中塑性变形，而且对于大多塑性金属来说，均匀塑性变形量要比集中塑性变形量小得多。根据体积不变的假定，可通过测量试样直径变化来求真实伸长率：

$$\varepsilon = \ln\frac{l}{l_0} = \ln\frac{F_0}{F} = 2\ln\frac{d_0}{d} \tag{2-7}$$

6. 弹性模量

弹性模量E是材料在弹性变形阶段应力和应变之间的关系常数。它是金属最稳定

的力学性能,对组织不敏感。弹性模量还关系到机件的刚度。为了减轻汽车自重,国外有应用铝合金代替钢铁材料、镁合金代替铝合金的趋势,此时必须进行刚度校核。弹性模量 E 与机件截面积 F 的乘积 EF 即为该机件的刚度。

2.1.1.2 刚度

汽车零部件的刚度是零部件弹性变形难易程度的表征,是指零部件在受力时抵抗弹性变形的能力。在汽车领域,刚度是零部件所受到的荷载与位移成正比的比例系数,即产生单位变形所需的外力值。

刚度通常用制作零部件材料的弹性模量来衡量,与物体的材料特性、几何形状、边界条件和外力有关。材料的弹性模量越大,则刚度越大。刚度可分为静刚度和动刚度。

有限元分析刚度,主要是通过其变形状态来分析零部件受外力作用后,维持其外形状况,能够不出现失稳或发生颤振现象,从而避免零部件刚度不足的情况。

2.1.1.3 模态

模态是汽车零部件的基本属性,是结构固有振动的、整体的特征。通过模态分析方法,识别出结构物在某一外部或内部各种振动激励下,易受影响的频率范围内,各阶主要模态的特性,就可预测出零部件在此频段内实际振动响应。固有频率、阻尼比和模态振型是模态具有的三个特定特性。

模态这个概念对于零部件而言,不是很好的描述,理解起来有点抽象。就像一个人,由身高、年龄等特征进行描述。但如何描述人的人品呢?这个描述就有点抽象了。因此,用模态来描述零部件的特征,就像用人品描述人一样,这样,可能读者理解起来就容易了。

模态分析常用两种方法:计算模态分析、试验模态分析。通常,在零部件设计阶段,用有限元计算模态分析识别零部件的模态,用试验模态分析验证有限元计算模态分析的精度。随着仿真精度的提升,经过多次与试验对标,目前,有限元计算模态分析识别出的模态精度基本能够满足开发需求,很少再用试验模态分析验证了。

有限元模态分析就是以系统的各阶模态振型所对应的模态坐标来代替原来的物理坐标,系统在任意激励下的响应都可以由各阶模态的线性组合得出。一般来说,只要选取前几阶模态响应进行线性叠加即可达到足够的精度,同时还可以减小频响函数的矩阵阶数,从而大幅减轻分析工作量。其计算精度问题也越来越成为关注的重点。

关于模态,已有很多研究成果。其主要应用体现在以下两方面:

1)在新零部件产品开发中,首先使微分方程得以解耦,变成彼此独立的线性方程,求出物理参数,识别出系统的模态。零部件的振动特性分析、结构动力特性的预测、振动的诊断等均可以用模态进行判断。

2)评价整车系统的动态特性,绘制模态频谱图,控制各结构件的振动特性,避免振动耦合。

模态判据：整体模态和局部模态会影响到汽车的 NVH 性能，因此在设计阶段对零部件的模态分析及优化十分重要。

目前，对计算模态分析的精度一直缺少定量的判定方法，本章采用模态确信判断矩阵分析计算模态与试验模态的相关程度，判断计算模态分析的精度。

模态确信判据矩阵[3]：模态确信判据矩阵（Modal Assurance Criterion，MAC）为

$$\text{MAC} = \frac{|\{\varphi^*\}_r^T\{\varphi\}_s|^2}{(\{\varphi^*\}_r^T\{\varphi\}_r)(\{\varphi^*\}_r^T\{\varphi\}_s)} \quad (2\text{-}8)$$

式中，$\{\varphi\}_r$ 和 $\{\varphi\}_s$ 分别是由实验和有限元分析得到的两个模态向量。若 $\{\varphi\}_r$ 和 $\{\varphi\}_s$ 本质上为同一个模态，则有 MAC≈1。因此，利用 MAC 可以判断各阶模态参数间的关联程度。MAC 值越大，模态之间关联度就越大，振型越相似。

2.1.2 建立零部件有限元模型的方法

对汽车零部件的一个实际工程问题进行有限元分析时，就要在计算机中利用相应的分析软件，根据零部件的 CAD 模型，建立一个相应的物理模型，在该物理模型的基础上建立能反映分析对象结构特征的几何模型；然后施加载荷，求解；最后得出分析结果。前处理、施加载荷并求解和后处理是零部件进行有限元分析的三个阶段。

1）前处理主要包括的任务是有限元模型建立，材料属性定义，网格单元划分。

2）施加载荷并求解：前处理完成以后，就要对所生成的物理模型施加相应的载荷和约束，这些载荷和约束能够真实地反映分析对象所处的工况；合理的边界条件，正确的施加载荷，是决定有限元仿真分析精度的关键所在；接下来，利用有限元分析软件进行求解，一般求解是通过自身的求解器来完成的。

3）后处理则是采集处理分析结果，如应力、应变、位移等，提取信息，查询仿真分析结果。

2.1.3 零部件结构性能的分析技术

组成汽车的零部件结构差异化很大，材料也有很多种，有铸造实体件、冲压薄板件、非金属件和一些液体。这些差异，对于建立有限元仿真模型，就需要采用不同的方法。即使同一种材料，在不同应力状态下也可能有不同的失效形式。

在汽车零部件构成中，车体的薄板成形件、各种冲压成形件，由于受到路面的冲击、碰撞等载荷的作用，会发生大位移、大应变的情况。因此，在用有限元建模分析时，必须采用非线性分析零部件。同样，对于像悬置等橡胶结构件，在考虑材料的塑性、蠕变效应时，也采用非线性分析。

2.1.4 零部件结构性能"好坏"的判定原则

事实上，尽管失效现象比较复杂，但经过归纳，衡量受力和变形程度的量有应

力、应变和应变能密度等。根据经验提出了一些假说,认为材料之所以按某种方式(断裂或屈服)失效,是应力、应变或应变能密度等因素中某一因素引起的。按照这种假说,无论是简单或者复杂的应力状态,引起失效的因素都是相同的,与应力状态无关,这类假说称为强度理论。前面已经提到,强度失效的主要形式有两种,即屈服和断裂。

2.1.5 常用的有限元分析软件

汽车自1886年诞生至今,已经发展成为高度集成一体化的产品,涉及的技术领域包括机械、电子、力学、化学、数学和计算机等。汽车的使用条件也是复杂多变的,如道路工况、气候条件、负载状况和法规要求等。汽车由数量众多的部件组成。汽车根据使用功能分为商用车、乘用车、新能源汽车。此外,汽车开发阶段主要包括感念设计、工程设计、样车试制、试验和投放市场等;零部件的开发包括设计、试制、试验等阶段。每款整车、每个部件都必须经过严格的开发流程和验证标准,才能作为商品,投放到市场用户处。

因此,贯穿汽车开发的有限元仿真软件也蓬勃发展,这些软件各有优势,尤其是零部件的开发面向用户的需求、复杂的工况,并且面对开发周期和成本降低、同行竞争日益激烈等问题,这些软件对汽车的开发均能起到一定的推动和贡献作用。

Abaqus[4]属于从线性到非线性分析的工程模拟有限元软件,分析功能包括静态应力、位移分析、结构断裂分析、黏塑性材料结构的响应分析等。当然,在技术上,Abaqus对于非线性接触算法中,接触面不是连续还有很大提升空间。

Ansys[5]是能够对结构、流体、电场、磁场、声场模拟的通用有限元分析软件。在技术上,其经典的结构力学分析模块,在非线性接触、非连续接触面的收敛上还有提升空间。

Patran/Nastran[6]是使用最广泛的有限元分析前/后处理软件,可为多个求解器提供实体建模、网格划分、分析设置及后处理;可用于线性、非线性、显式动力学、热及其他有限元仿真。

Hyperworks[7]是有限元前处理软件,在几何模型导入和自动网格划分方面占有一席之地。

2.2 有限元建模的技术

有限元是分析零部件在载荷作用下,产生的应力和变形的关系,属于弹性力学范畴,并研究在弹性范围内,零部件的强度和刚度是否满足其承受的载荷。由于大多数零部件的使用工况复杂,其实际的工况难以精确解析,故有限元仿真分析也只能是根据有限的条件近似地模拟零部件的使用工况。但有限元能够分析各种复杂结构形状,因而成为行之有效的工程分析技术。

2.2.1 有限元分析步骤

有限元法分析问题的一般步骤有以下 7 步。

1）有限元模型搭建：根据分析对象，按照组成零部件的结构划分有限个大小不同、形状不同，但彼此相连的有限个单元组成的离散域。根据仿真的经验，只要计算硬件能够支持，单元越小则离散域的近似程度越高，计算结果也越精确，因此求解域的离散化是有限元法的核心技术之一。

2）位移插值[8]：利用节点处的位移连续性条件，将位移插值函数整理成函数矩阵与单元节点位移向量的乘积形式。

通过节点位移来求解零部件的位移、应变、应力。在分析过程中，假定单元位移是坐标的简单函数，位移函数表示为

$$u = C \times \delta^e \tag{2-9}$$

式中，u 为单元中任何一点的位移矩阵；C 为形函数矩阵；δ^e 为节点位移矩阵。

3）单元分析：定义材料属性，材料属性一般包括泊松比、杨氏模量、密度等；然后进行单元分析，其目的是计算单元弹性应变能和外力虚功。根据几何方程，由式（2-9）可以导出应变和节点位移关系函数[9]：

$$\varepsilon = C' \times \delta^e \tag{2-10}$$

式中，ε 为单元应变矩阵；C' 为形函数矩阵。

根据物理方式，由式（2-10）得出节点位移和单元应力的关系函数：

$$\sigma = M \times C' \times \delta^e = M \times \varepsilon \tag{2-11}$$

式中，σ 为单元应力矩阵；M 为材料弹性矩阵。

由虚功原理可以建立平衡方程，即

$$K^e \times \delta^e = F^e \tag{2-12}$$

式中，K^e 为单元刚度矩阵，F^e 为载荷刚度矩阵。

4）整体分析：对单元构造一个适合的近似解，形成单元矩阵，从而计算整个结构的弹性应变能、外力虚功。

5）约束处理：对生成的物理模型施加相应的载荷和约束，输入的载荷和约束能真实地反映分析对象所处的工况。通常在一些关键点、面或线上，使方程具有唯一的解，正确合理的边界条件是仿真分析成功与否的关键。

力学特性方程建立后，通过组装可以导出总刚度矩阵和总载荷矩阵[9]。在工程实践中，引入单元节点自由度和结构节点自由度的转换矩阵 T_r，即

$$\delta^e = T_r \times \delta \tag{2-13}$$

将式（2-13）代入式（2-12）中，两边同时乘以 T_r^T，即可以导出：

$$T_r^T \times K^e \times T_r \times \delta = T_r^T \times F^e \tag{2-14}$$

由虚功原理及其最小势能原理可以导出结构的平衡方程：

$$K \times \delta = F \tag{2-15}$$

其中结构的总刚度矩阵：

$$K=\sum T_r^T K^e \times T_r \tag{2-16}$$

总载荷矩阵

$$F=T_r^T \times F^e \tag{2-17}$$

式中，δ 为整体节点位移矩阵。

6）方程求解：求解近似平衡方程，对于计算结果的质量，将通过与设计准则提供的允许值对标来评判。

7）计算单元应力：实际分析往往取特征值进行计算，并做相关的应力、强度、刚度和模态等性能指标的分析。

2.2.2 扭转刚度分析

下面以某乘用车的扭转刚度分析为例，说明有限元分析方法。汽车在行驶过程中会受到各种外力影响产生变形，变形程度小就表示刚度好。一般情况下，刚度好，说明强度大。刚度不足，就使零部件处于"病态"，在使用过程中，可能造成车辆在高速行驶时前后轴跟随性差，导致车辆操纵稳定性不好，同时导致车辆的 NVH 性能不好，容易发生"异响"等问题。当然，刚度差还会造成车厢密封不严以至漏风、渗雨以及内饰脱落等问题发生。刚度对车辆的耐久性也会产生影响，对车辆的碰撞性能也会造成不良影响，尤其受到撞击时，容易引起车身的门框、窗框、发动机舱盖口和行李舱开口等处的变形过大，导致出现关键的零部件不符合汽车安全性法规的现象。

当汽车行驶在一定路面上时，车身的扭转变形取决于车身扭转刚度 $(GJ)_B$ 及汽车悬架系统的侧倾角刚度 C_s 比值的变化情况。

当车身扭转刚度 $(GJ)_B$ 与汽车悬架系统的侧倾角刚度 C_s 相等时，车身的扭转角为路面扭角的一半。也就是说，车轮遇到凹坑或者凸包时，车身和悬架系统的变形将各分一半（如一般载货车的情况）。

当车身扭转刚度 $(GJ)_B$ 比汽车悬架系统的侧倾角刚度大很多时，即 $(GJ)_B/C_s \gg 1$，则 $1/[1+(GJ)_B/C_s]$ 之值必极小，即车身扭转角较道路扭曲角小得多，故导致悬架系统的变形较大。

当车身扭转刚度 $(GJ)_B$ 比汽车悬架系统的侧倾角刚度小很多时，即 $(GJ)_B/C_s \gg 1$，则 $1/[1+(GJ)_B/C_s]$ 之值必极大，即车身扭转角较道路扭曲角大得多，故导致车身的变形较大。

当 β 为一常数时，则 $1/[(1+(GJ)_B/C_s]$ 值的大小可表示车身扭转角的大小，其随 $(GJ)_B/C_s$ 或 $C_s/(GJ)_B$ 的变化而变化。

根据上述分析可知，当道路条件不变时，提高车身扭转刚性 $(GJ)_B$ 或悬架系统角刚度 C_s，汽车扭转力矩 M 必然增大，从而提升汽车的乘坐舒适性。

2.2.2.1 整车扭转刚度匹配

根据研究，白车身扭转刚度 $(GJ)_B$ 对整车扭转刚度 $(GJ)_W$ 的贡献率达到 50% 以上，其关系为

$$(GJ)_W/(GJ)_B = 1.2 \sim 2.0 \quad (2\text{-}18)$$

有研究表明，白车身的发动机舱盖、前围板、车顶盖、前柱、行李舱盖、车门框、前纵梁等部件和各部件的横截面积是决定其刚度的主要因素之一。从中可以看出，各零部件的各种参数，如料厚、截面积和形状均会影响到整体扭转刚度。同时，将这些构成白车身的零部件如何有效地连接成一体？如何设计出满足整体连接的接头？往往构件间连接接头的薄弱连接方式是造成白车身整体刚度欠佳的主要原因。这些问题，就是发挥有限元仿真技术的优势之处。

2.2.2.2 扭转刚度值的最小要求

白车身扭转刚度值的最小要求是根据汽车行驶动力学性能，包括乘坐舒适性、车身振动、低频噪声、侧倾阻尼、载荷变化和操纵特性等发生显著改变为止，从而找出相应的白车身扭转刚度值的最小要求。当然，对于整车而言，扭转刚度越大越好，但考虑到开发车身的成本问题，不可能太大。因此，确定白车身扭转刚度值的最小要求原则是能够满足整车的综合性能的最小刚度值，作为白车身的扭转刚度值。

乘用车车身的综合扭转刚度界限值约为 $5000\text{N}\cdot\text{m}/(°)$。因而，可以将车身结构上应该满足的白车身扭转刚度值的最小要求定为 $5000\text{N}\cdot\text{m}/(°)$。

2.2.2.3 扭转刚度评价

在任何情况下，整个白车身刚度不能作为单一的目标进行控制。对于各总成而言，设计师必须综合考虑对其进行优化。相应地，扭转刚度必须与整车的质量和整体空间面积进行分析，既要满足刚度要求，又要达到轻量化的目标。这里引进了轻量化系数 C_γ，对整车的扭转刚度、整车的质量和整体空间面积进行综合评价。

$$C_\lambda = \frac{GJA}{m} \quad (2\text{-}19)$$

式中，GJ 为扭转刚度，单位为 $\text{N}\cdot\text{m}/(°)$；$m$ 为汽车质量，单位为 kg；A 为汽车水平投影面积，单位为 m^2。汽车设计要求扭转刚度参考值为 $13000\text{N}\cdot\text{m}/(°)$，对于要求较高的车型为 $16000\text{N}\cdot\text{m}/(°)$ 以上，目前国内已将汽车的扭转刚度值作为汽车的一项重要指标。

2.2.2.4 扭转刚度仿真分析方法

扭转刚度仿真分析方法，不同的厂家有不同的方式，这里主要是如何建立约束的问题。当然，各厂家有各自解决自己问题的道理，有试验能力的厂家主要是采用仿真与试验对标的方法，没有试验能力的厂家主要是继承性，即每次仿真结果与上次的提升，是否提升了刚度值，实车是否得到了验证。本章提出的仿真方法是在车身后悬架

支撑处增加虚拟的扭转框,扭转载荷通过在前悬架的两个支座上施加大小相等、方向相反的集中力形成,这样形成了扭转刚度仿真方法。

由于扭转刚度的仿真模型属于线性系统,主要的计算方法见式(2-20),一般采用转矩大小为 2000N·m 进行加载计算。

$$F = \frac{1}{2} G_F B_F \quad (2\text{-}20)$$

式中,F 为施加的转矩,单位为 N·m;G_F 为前轴额定轴荷,单位为 N;B_F 为前轮距,单位为 m。

有时为了避免应力集中造成前悬架处局部位移偏大的现象,采用增加力矩框的方式,以获得应力集中现象较小的结果。

扭转刚度的计算,依据材料力学公式为

$$(GJ)_B = \frac{L^2 \pi}{180} \frac{F}{h} \quad (2\text{-}21)$$

式中,L 为前轮距,单位为 m;F 为所施加的垂向载荷,单位为 N;h 为沿载荷作用点的垂向位移,单位为 m;$(GJ)_B$ 为白车身的扭转刚度,单位为 N·m/(°)。

为了便于仿真与试验进行合理的对标,采用了仿真扭转框的模型。该扭转框能够起到连接构成车身各零部件的作用,从而能够较为真实地反映白车身的扭转刚度。

轿车扭转刚度试验测试是以四个减振器支座为支点,将白车身支撑起来。后部支点与车身的连接采用万向铰接方式。万向铰接一端同后减振器支座相连,另一端固定。前部支点与车身的连接也采用万向铰接方式,万向铰接一端同前减振器支座相连,另一端连接到杠杆台上。连接后要调整以确保白车身处于正常工作状态时的位置,且杠杆与前轴线平行。扭转刚度试验测试示意如图 2-1 所示。

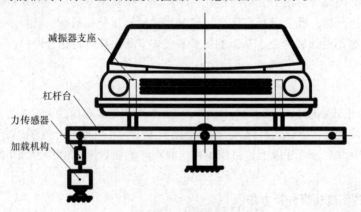

图 2-1 扭转刚度试验测试示意

根据测试结果,扭转刚度值 GJ(N·m²/rad)的计算式为

$$GJ = TL/\theta \quad (2\text{-}22)$$

式中,T 为施加的转矩,单位为 N·m;L 为轴距,单位为 m;θ 为加载时杠杆台的扭转角,

单位为 rad。

根据某白车身的有限元分析、试验对标，对其静态工况下的性能指标——扭转刚度进行探讨，说明有限元可以对汽车开发起到重要的作用。

2.3　有限元仿真优化技术

有限元仿真技术在车辆开发中，无论是对汽车的安全性还是对零部件的轻量化开发，均能起到重要作用。由于在开发过程中，许多零部件的性能是相互矛盾的关系，如轻量化设计，会造成部件的强度、刚度和寿命发生变化。是否有好的办法优化各种性能，达到平衡？在此情况下，有限元仿真技术、拓扑优化技术和形状优化技术能够在零部件开发中充分发挥优势。

在汽车开发过程中，有限元仿真技术对产品开发起到以下五个方面的作用。

1）利用仿真分析，对开发的产品进行方案的确定。

2）优化设计方案，确定产品设计最佳方案，减少材料的消耗或成本，降低产品开发周期。

3）与试验进行对标，用仿真在很大程度上替代了传统开发中消耗大的"物理样机验证设计"，减少试验时间，降低开发经费。

4）在生产制造前预测潜在的失效问题。

5）对应用过程中出现的问题进行故障再现分析，查找事故原因，并解决问题。

尤其是优化技术，它能为产品开发提供最佳的设计方案。

在当今汽车业"安全、节能、环保"这三大主题的呼唤下，汽车零部件开发要实现减重、节约原材料；同时在整车行驶过程中要降低车辆油耗、提高车辆运行的经济性；降低整车和零部件的制造成本，从而带来经济效益和社会效益。

通过优化设计是实现这些目标的重要方法之一。优化技术是一门学科，是指基于最优化原理和从众多的设计方案中寻找出最佳设计方案，达成整车和零部件的开发目标。该方法能提高设计效率和质量，逐步成为汽车开发的重要工具。

优化技术是结构设计中最具前景和创新性的技术，在以有限元法为基础的优化方法中包括了灵敏度分析、拓扑优化和几何形状的优化。几何形状优化主要包括形貌优化、尺寸优化、形状优化以及自由尺寸和自由形状优化。这些方法在保障结构刚度与强度和考虑加工工艺等因素的前提下，实现了重量最轻、性能最佳，驱动了产品设计改进的过程。

灵敏度分析是通用的寻优方法，在许多不确定的因素下，在给定有限的设计空间内，快速得到零部件结构设计的最优几何构成、材料厚度、成分特征等。拓扑优化是对零部件结构的关联形式、轻量化设计、减重方案等优化的一种方法。形貌优化技术主要针对由钣金件构成的零部件结构，为了增加零部件的刚度和强度，寻优最佳的加强肋形状、结构尺寸和参数优化，同时也可以对梁结构的部件寻找最佳截面尺寸等。

2.3.1 灵敏度分析

灵敏度分析，顾名思义，就是分析零部件各个组成的参数中，某些参数发生了变化，引起整个零部件相关参数变化的敏感程度，它是零部件开发过程中比较常用的方法。可以快速准确地得到目标值优化方案，从而能够在众多的影响参数中，聚焦关键的影响参数。灵敏度分析在最优化方法中经常利用，主要是针对原始数据不确定或使用环境容易发生变化时，整个零部件能够满足最优解的稳定性。灵敏度分析根据参数对系统或模型敏感程度的影响，得出最优的方案。这样提高了部件开发的效率，降低了设计成本。

2.3.1.1 灵敏度分析理论

灵敏度在零部件分析中，主要是指指标参数 T_j 对众多设计参数 x_i 变化的影响程度[10]。

$$S\left(\frac{T_j}{x_i}\right) = \frac{\partial T_j}{\partial x_i} \quad (2\text{-}23)$$

假设性能参数与变形之间的关系为 $T_j = q\delta$，则响应 T_j 对设计变量 x_i 的灵敏度为

$$\frac{\partial T_j}{\partial x_i} = \frac{\partial \boldsymbol{q}}{\partial x_i}\delta + q\frac{\partial \delta}{\partial x_i} \quad (2\text{-}24)$$

位移矢量可以利用平衡方程对设计变量 x_i 取偏微分得到。
将式（2-23）式带入式（2-24）得到：

$$\frac{\partial \delta}{\partial x_i} = \boldsymbol{K}^{-1}\left(\frac{\partial \boldsymbol{F}}{\partial x_i} - \frac{\partial \boldsymbol{k}}{\partial x_i}\delta\right) \quad (2\text{-}25)$$

载荷向量 F 对设计变量的灵敏度表示为

$$\frac{\partial T_j}{\partial x_i} = \frac{\partial \boldsymbol{q}}{\partial x_i}\delta + q\boldsymbol{K}^{-1}\frac{\partial \boldsymbol{k}}{\partial x_i}\delta \quad (2\text{-}26)$$

模态频率对第 i 项设计变量求偏导数得到

$$\boldsymbol{k} - \lambda_n \boldsymbol{M}\frac{\partial \boldsymbol{\varphi}_n}{\partial x_i} + \left(\frac{\partial \boldsymbol{k}}{\partial x_i} - \lambda_n\frac{\partial \boldsymbol{M}}{\partial x_i}\right)\boldsymbol{\varphi}_n - \frac{\partial \lambda_n}{\partial x_i}\boldsymbol{M}\boldsymbol{\varphi}_n = 0 \quad (2\text{-}27)$$

式中，λ_n 和 φ_n 是结构第 n 阶固有频率和振型；k 是结构刚度矩阵。用左乘式（2-27）两端，第一项为零，得出设计变量的灵敏度为

$$\frac{\partial \lambda_n}{\partial x_i} = \frac{\boldsymbol{\varphi}_n^{\mathrm{T}}\left(\frac{\partial \boldsymbol{k}}{\partial x_i} - \lambda_n\frac{\partial \boldsymbol{M}}{\partial x_i}\right)\boldsymbol{\varphi}_n}{\boldsymbol{\varphi}_n^{\mathrm{T}}\boldsymbol{M}\boldsymbol{\varphi}_n} \quad (2\text{-}28)$$

灵敏度分析是基于系统中物理量的倒数关系，是分析车身结构性能参数对车身结

构设计参数 x_i 的变化梯度,来得到目标函数对设计变量的敏感程度的方法,可表示为

$$\text{Sen}\left(\frac{u_j}{x_i}\right) = \frac{\partial u_j}{\partial x_i} \tag{2-29}$$

2.3.1.2 灵敏度目标设置

灵敏度目标设置是展开分析是否达到要求的判据。以某白车身的整体质量最小为优化目标为例,需要定义总质量响应 Dresp1 卡片,标识为 Mass,即把重量响应定义为灵敏度分析的目标;设计变量,以车身零件的厚度为设计变量,需要用 Desvar 定义尺寸变量的初始值、上限值和下限值,并使用 Dvprel 卡片与 Shell 单元厚度关联起来。其中灵敏度和 Shell 单元厚度的初始值相关,故初始值通常设置为 Shell 单元的厚度值,因此需要正确定义。

研究对象从某车型的结构特点出发,同时考虑最小限度的模具更改量,降低开发成本,钣金件厚度变化设计值为 0.1mm。

针对 42 个零部件进行灵敏度分析,各钣金件质量、模态、刚度灵敏度值结果如下。1 号零部件的质量灵敏度为 2.21×10^{-2},模态灵敏度为 -1.11,弯曲刚度灵敏度为 -6.63×10^{-2},扭转刚度灵敏度为 7.38×10^{-4};2 号零部件的质量灵敏度为 1.59×10^{-2},模态灵敏度为 -5.29×10^{-2},弯曲刚度灵敏度为 -5.06×10^{-2},扭转刚度灵敏度为 3.17×10^{-2};3 号零部件的质量灵敏度为 1.22×10^{-2},模态灵敏度为 -2.08×10^{-1},弯曲刚度灵敏度为 -1.06×10^{-1},扭转刚度灵敏度为 1.46×10^{-1};4 号零部件的质量灵敏度为 1.08×10^{-2},模态灵敏度为 7.15×10^{-2},弯曲刚度灵敏度为 -3.78×10^{-2},扭转刚度灵敏度为 1.72×10^{-1};5 号零部件的质量灵敏度为 5.66×10^{-3},模态灵敏度为 -1.07×10^{-1},弯曲刚度灵敏度为 -9.42×10^{-2},扭转刚度灵敏度为 1.15×10^{-2};27 号零部件的质量灵敏度为 7.47×10^{-4},模态灵敏度为 7.05×10^{-1},弯曲刚度灵敏度为 -3.29×10^{-2},扭转刚度灵敏度为 4.09×10^{-3}。

灵敏度分析以 ±0.1mm 为每个零部件厚度的设计变量,以 0.05 为设计步长,对 42 个零部件进行灵敏度分析,由于部分零部件对称,对 27 个主要零部件进行灵敏度分析,以车身弯曲刚度、扭转刚度和一阶扭转模态不低于原有计算目标为约束条件,白车身质量最小为目标函数,得到质量、刚度和模态对钣金件的灵敏度。

通过灵敏度分析,可以看出侧围、左右支柱等对模态频率影响较大,地板纵梁和一些横梁对刚度影响较大。

2.3.1.3 厚度灵敏度分析

厚度灵敏度分析是分析零部件结构的厚度变化对结构设计参数变化的影响程度。通过对某车架的弯曲刚度和扭转刚度进行灵敏度分析,以横梁及其连接板和纵梁及加强板的厚度作为设计变量。灵敏度分析结果如图 2-2 所示。

根据厚度灵敏度分析结果:纵梁加强板厚度,原结构方案的厚度为 4mm,优化后的厚度为 2mm;二横梁上连接板厚度,原结构方案的厚度为 8mm,优化后的厚度为 10mm;二横梁下连接板厚度,原结构方案的厚度为 8mm,优化后的厚度为 5mm;

二横梁厚度，原结构方案的厚度为 6mm，优化后的厚度为 4mm；三横梁上连接板厚度，原结构方案的厚度为 8mm，优化后的厚度为 10mm；三横梁厚度，原结构方案的厚度为 8mm，优化后的厚度为 10mm；尾横梁厚度，原结构方案的厚度为 7mm，优化后的厚度为 5mm。

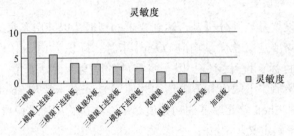

图 2-2　车架横梁及连接板、纵梁及连接板灵敏度结果

根据灵敏度结果对车架横梁、连接板和纵梁加强板进行了厚度的重新匹配，该方案还需要考虑工艺、特殊工况需求等。

2.3.1.4　性能验证

根据灵敏度分析的结果，对整体进行弯曲刚度与扭转刚度分析，计算结果：弯曲刚度原结构方案为 $1.39×10^7$，灵敏度优化后的结构方案为 $1.123×10^7$，优化比例为 19%；扭转刚度原结构方案为 $4.980×10^5$，灵敏度优化后的结构方案为 $4.961×10^5$，优化比例为 0.3%。

弯曲刚度和扭转刚度均有一定程度下降，但是均在设定的范围内。从应力结果可以看出，大部分应力均在设定的标准 300MPa 范围内，因此满足开发要求。整个车架共减重 77kg，并满足最初设定的刚度、强度指标。

2.3.1.5　白车身板厚灵敏度分析及厚度优化

利用有限元结构优化设计技术对某纯电动轿车的白车身静、动态特性进行分析，在此基础上进行了白车身性能的优化设计。优化目标：减轻白车身质量；扭转刚度性能不能降低。基于此，通过调整板件厚度，对各板件厚度进行灵敏度分析，优化流程如图 2-3 所示。

应变能密度是衡量结构承担载荷多少的标志，定义应变能密度与质量灵敏度为相对灵敏度，刚度灵敏度较小、相对灵敏度较低，则说明减少厚度可以有效地降低结构重量，同时不会过多地损失结构刚度，此类板件可以进行减薄，反之，可考虑适当增加厚度。

将所有板件按刚度灵敏度值的大小分成

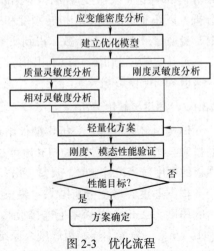

图 2-3　优化流程

四个区间以进行甄选,如图 2-4 所示。

各板件质量灵敏度和刚度灵敏度值分析结果:1 号零部件最大单元应变能密度 ET 应变能为 1.53×10^{-4},质量灵敏度为 SM2.20×10^{-4},相对灵敏度 ET/SM 为 6.95×10^{-1},刚度灵敏度为 -6.00×10^{-5};2 号零部件最大单元应变能密度 ET 应变能为 3.65×10^{-3},质量灵敏度为 SM2.86×10^{-3},相对灵敏度 ET/SM 为 1.28,刚度灵敏度为 -2.92×10^{-2};3 号零部件最大单元应变能密度 ET 应变能为 2.06×10^{-5},质量灵敏度为 SM3.60×10^{-4},

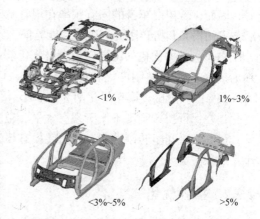

图 2-4　白车身各刚度灵敏度区间板件

相对灵敏度 ET/SM 为 5.72×10^{-2},刚度灵敏度为 -4.28×10^{-4};4 号零部件最大单元应变能密度 ET 应变能为 1.16×10^{-3},质量灵敏度为 SM1.17×10^{-2},相对灵敏度 ET/SM 为 9.91×10^{-2},刚度灵敏度为 -1.91×10^{-2};5 号零部件最大单元应变能密度 ET 应变能为 1.19×10^{-3},质量灵敏度为 SM5.09×10^{-3},相对灵敏度 ET/SM 为 2.34×10^{-1},刚度灵敏度为 -1.23×10^{-2};6 号零部件最大单元应变能密度 ET 应变能为 4.20×10^{-5},质量灵敏度为 SM5.95×10^{-4},相对灵敏度 ET/SM 为 7.06×10^{-2},刚度灵敏度为 -2.44×10^{-4};7 号零部件最大单元应变能密度 ET 应变能为 9.64×10^{-5},质量灵敏度为 SM1.20×10^{-4},相对灵敏度 ET/SM 为 8.03×10^{-1},刚度灵敏度为 -1.88×10^{-4};8 号零部件最大单元应变能密度 ET 应变能为 5.25×10^{-5},质量灵敏度为 SM1.19×10^{-4},相对灵敏度 ET/SM 为 4.41×10^{-1},刚度灵敏度为 -1.51×10^{-4};9 号零部件最大单元应变能密度 ET 应变能为 2.33×10^{-5},质量灵敏度为 SM1.57×10^{-4},相对灵敏度 ET/SM 为 1.48×10^{-1},刚度灵敏度为 -8.41×10^{-5}。

9 个零部件结构的灵敏度分析结果表明:厚度增加不会明显地提高结构质量,但能够有效地提高整体扭转刚度;对于厚度减薄相对灵敏度小且刚度灵敏度较小的板件,即减小厚度能够有效地降低结构质量,同时不会过多损失整体扭转刚度。

在确定优化方案的过程中,有些部位的汽车板件暂不做厚度更改;外覆盖件关系到指压刚度等主观评价性能,厚度不做更改;转向支撑等关系到系统 NVH 性能的板件厚度不做更改。最终确定减薄和增厚的部件。

在确定零件厚度变化范围时,只要车身零件的厚度调整适度,相应的加工模具就可以不用改动或只进行小改动。根据实际经验,当板件厚度 <1.5mm 时,板件增厚与减薄最大值分别为 0.2mm 与 0.1mm;当板件厚度 ≥1.5mm 时,板件增厚与减薄最大值均为 0.2mm。

对于长期运行于振动环境中的轿车白车身结构,希望有一个良好的动态特性。车身结构的固有频率是衡量其动态性能的主要参数,固有频率越高,则表示其动刚度越好,因而,希望白车身的固有频率在现有基础上能得到进一步提高。因此,计算优化后方案的模态和扭转刚度,进行性能验证。

白车身结构优化的结果:白车身优化前重量为300.7kg,优化后为294.9kg,变化率为-1.93%;扭转刚度优化前为13337N·m/(°),优化后为13375N·m/(°),变化率为0.28%;一阶扭转模态优化前为38.9Hz,优化后为39.3Hz,变化率为0.85%。这次优化是在保证扭转刚度不低于现有水平、碰撞性能保持不变的情况下进行的轻量化设计,最终实现在扭转刚度和一阶扭转模态频率均有所提高的前提下白车身的总质量减小了5.8kg。

2.3.2 拓扑优化

拓扑优化技术是以零部件结构轻量化和提高性能为目标的优化方法。通过拓扑优化可以达到零部件在满足有关平衡、应力、位移等约束条件下,实现最优材料的分布。

其主要机理是通过对设计问题的特征和目标以及实际问题的特征或本质的抽象构建数学模型,是开展优化设计最为关键的技术。

2.3.2.1 拓扑优化的基本理论

目前,均匀化方法、变厚度法、变密度法及进化结构法是常用的连续体结构的拓扑优化方法。

拓扑结构优化技术涵盖了从概念设计、基本设计到详细设计三个阶段的全流程,如图2-5所示。

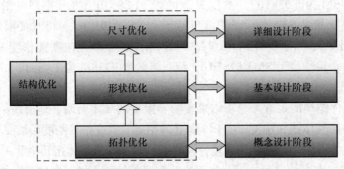

图2-5 结构设计的三个阶段

2.3.2.2 惯性释放的基本理论

惯性释放的原理是通过惯性力构造一个平衡力系,允许对不平衡外力作用下结构的运动(加速度)进行静力分析。

尽管没有约束,分析时仍假设其处于一种"静态"的平衡状态。此种方法消除了约束点的反力对变形和应力状态的影响,有助于得到更加合理和符合实际情况的计算结果。将惯性释放引入到汽车零部件的结构优化设计中,从而得到更加贴合实际情况的分析结果。

2.3.2.3 拓扑优化应用技术

通过拓扑优化技术，可以对零部件结构进行轻量化等性能的优化设计，根据已知零部件使用的环境和工况，确定仿真分析的边界条件和载荷工况，总体建立起来比较合理的结构，保证零部件结构设计在后续开发过程中，基本的结构尺寸和形状在最优的拓扑结构形式下，从而可以提高材料的利用率。

车架的轻量化设计就是在保证车架结构性能要求和可量产的前提下，应用优化设计的方法，减少多余的材料，提高材料的利用率，以达到轻量化的目的。拓扑优化轻量化流程具体如图2-6所示。

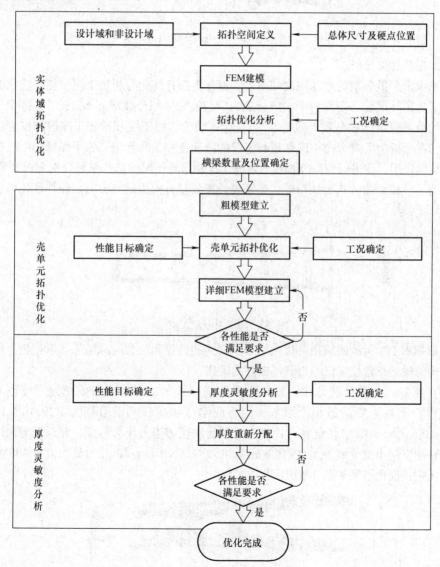

图 2-6　拓扑优化轻量化流程

1. 拓扑空间确定

选择已量产的某车辆的车架进行优化，如图2-7所示。需保证车架的长宽高尺寸不变，发动机悬置和底盘悬架硬点不变，因此总体尺寸和硬点位置已经确定。为了确保硬点位置，纵梁外板尺寸不能变动，而纵梁外板是主要的承载件，因此其厚度仍然维持不变，那么设计域即为横梁及其连接板和纵梁加强板。

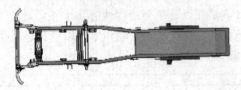

图2-7 域拓扑优化结果1

2. 拓扑优化分析

选取车架最典型的弯曲刚度和扭转刚度作为拓扑优化分析的工况。拓扑优化的设计变量为拓扑区域，定义两个响应分别为应变能和体积分数volumefrac，将体积分数作为约束并设定体积分数上限为0.3，目标函数为弯曲工况和扭转工况的加权应变能最小，在分析中发现弯曲工况和扭转工况的应变能相差几十倍，为了保证两工况在优化中均起作用，在进行应变能加权时弯曲工况和扭转工况的加权系数分别为0.04和1。

为了让横梁的分布更加清晰，还需要设置拔模方向为垂直方向。拓扑优化结果如图2-8所示。

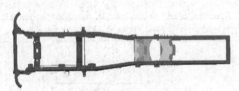

图2-8 域拓扑优化结果2

根据图2-8所示的域拓扑优化结果，横梁的数目和位置与原结果非常接近，因此原结构的横梁布置位置已经得到了较好的优化。

在壳单元的拓扑优化中，选取横梁及连接板和纵梁加强板的单元密度作为变量，目标函数为质量最小，原车架的弯曲刚度和扭转刚度分别为1.39×10^7N/m和4.98×10^5N·m/rad，该优化将弯曲刚度、扭转刚度和应力作为约束，并设置弯曲刚度和扭转刚度最小值分别为1.11×10^7N/m和4.22×105N·m/rad，应力最大值为300MPa，壳单元拓扑优化结果如图2-9所示。

图2-9 壳单元拓扑优化结果

2.3.2.4 电动汽车悬置支架拓扑优化

某纯电动车悬置支架设计中发现铝合金左悬置支架 Z 向刚度不满足设计要求,且强度有一定的富余空间,认为该结构材料分布不尽合理,因此利用拓扑优化技术,基于刚度、强度性能对该纯电动车左悬置支架进行多目标优化,在给定的设计空间内寻找最优的材料分布,在保证性能的前提下实现减重。

左悬置支架原始模型如图 2-10a 所示,原方案质量为 1.15kg,以初始悬置支架样件螺栓安装孔位置定义为非设计区域,其余部位几何为设计空间,以最大应力值高于某一设定值、刚度值不低于某一设定值为约束条件,以总质量为目标函数,使其最小化进行优化。

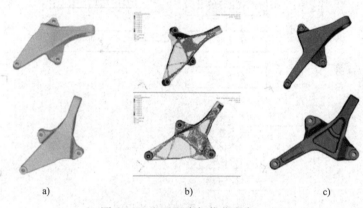

图 2-10 左悬置支架优化方案

a)悬置支架原始模型 b)拓扑优化等值面云图 c)悬置支架最终方案

拓扑优化的分析结果:将原方案质量为 1.15kg 的悬置支架,经过设置判定依据,拓扑优化密度云图从 0.01 逐渐增大到 1,不断改进设计方案,达到了事先设定的最小单元密度,同时形状比较明确,边界分割比较清晰,说明迭代程度满足设计要求。

根据优化结果,综合考虑工艺等因素,最终确定方案模型如图 2-10c 所示,总重为 0.86kg。

对优化方案进行重点关注工况的强度分析、模态分析和动刚度分析,验证其是否满足性能要求。通过仿真分析,优化方案最大应力满足强度要求,一阶模态频率大于目标值,满足要求,Z 向比初始方案有所提高,并最终满足设计要求。通过拓扑优化,最终实现减重 0.19kg,减重率达 26%。

由于汽车对重量及性能的严格要求,结构拓扑优化技术在汽车领域中得到广泛且深入的应用。

2.3.3 形貌优化

形貌优化方法具有准确快速的特点,被广泛应用于技术更新周期极短、竞争异常激烈、不断追求产品性能提升以及成本控制的汽车行业。

以形貌优化为基础的优化设计方法主要是根据设定的条件和边界，结合制造工艺要求，进行优化分析，可快速得到满足性能要求的模型。常用该优化方法的零部件包括白车身的钣金件、底板、侧围和顶盖等。

建立的优化流程如图 2-11 所示。

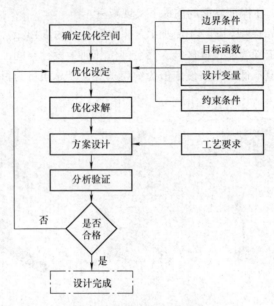

图 2-11　形貌优化流程图

以某备胎槽的优化为例，进行形貌优化。为提高优化分析的计算效率，备胎槽单独进行分析，计算时备胎槽边缘进行全约束。

单独计算备胎槽模态为 28.9Hz，由于周边是刚性约束，因此模态略高于白车身状态下的备胎槽模态，不过相差在 1Hz 以内。可以用单体的备胎槽进行优化分析。

按照经验，对备胎槽位移较大处增加加强筋，如图 2-12 所示。

加筋后模态频率结果为 48.6Hz，备胎槽的第一阶模态频率有了较大提升。最大位移从后部移到了中间处。备胎槽形貌优化模型是从白车身的后地板结构中，从覆盖了整个分析对象的模型中截取了一部分，边界条件是约束模态。在分析过程中，由于白车身一阶模态频率较低，故形貌优化的目标是提高备胎槽的一阶模态。

经过多轮的迭代计算得到优化分析结果，如图 2-13 所示（见彩插）。颜色越深的位置表示该处的加强筋深度更深。优化方案如图 2-14 所示（见彩插）。

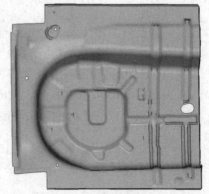

图 2-12　增加加强筋

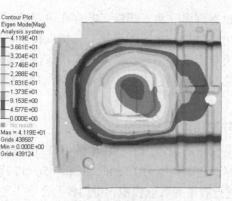

图 2-13　模态云图

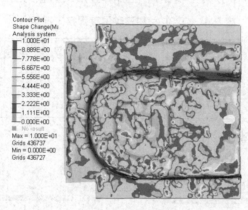

图 2-14　优化方案

从优化结果中可以看出，形貌优化可以得到较好的优化结果，且避免人为的重复性工作，对提高模态有重要指导意义。

通过以备胎槽为例进行形貌优化分析，能够快速地得到对提高模态影响较大加强筋的部位，能够较好地指导设计，避免走弯路，节约设计时间。通过设计经验对备胎槽进行优化，不同的设计人员技术能力相差很大，设计经验不同，可能需要花费大量时间来做改进的工作，而形貌优化可以很好地解决问题。形貌优化仅优化加强筋就能使模态频率得到大幅提高，同时不增加重量也不影响其他零件的布置。

2.4　关键工艺仿真分析技术

有限元不仅可以在产品设计开发中起到重要作用，而且在零部件工艺方案确定中，亦能发挥重要作用。

2.4.1　焊接工艺仿真技术

焊接作为一种经济、快捷的连接形式被广泛应用在汽车开发中。焊接的材料多种多样,焊接的形式也有许多。由于焊接工艺存在热源的问题,会出现热力耦合现象,这对如何仿真提出了挑战。本节的焊接工艺仿真技术可以很好地模拟焊接过程中焊缝的形成,并解决热力耦合问题。同时,应用该仿真技术可以为整车开发中的焊接连接形式总结出实用的规则,在整车设计初期,对焊接连接形式的零部件设计提供指导。

2.4.1.1 有限元仿真焊接模型的建立

本节选取了焊接结构中最为常用的三种材料:Q235、DC03和DL510。根据实际零件设计时常用的料厚,选取料厚为1.5mm、3mm、5mm的钢板,按照对接、搭接、T型焊3种焊接形式进行有限元数值模拟,得到各组合下3种焊接形式的焊接温度场以及残余应力。组合焊接方案见表2-1。三种焊接形式示意如图2-15所示。

表2-1 Q235材料三种厚度焊接工况组合

工况编号	1.5mm	3mm	5mm
1	a	c	a
2	—	—	c
3	—	—	b

本次分析焊接模型有三种,如图2-16所示。

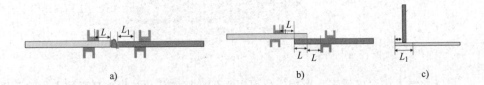

图2-15 三种焊接形式示意图 (500mm×300mm×3mm)
a) 对接焊 b) 搭接焊 c) T型焊

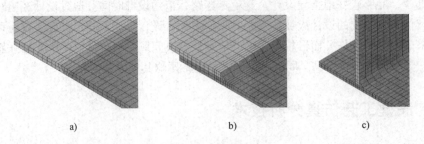

图2-16 焊接模型
a) 对接焊接头模型 b) 搭接焊有限元分析模型 c) T型焊有限元分析模型

2.4.1.2 移动热源仿真技术

为了模拟焊接过程中焊枪的移动,本次数值模拟采用Goldak双椭球移动热源模型，通过编写用户子程序 DFULX 来实现焊接模拟过程中的热源输入和移动。
双椭球热源模型如图 2-17 所示 [11]。

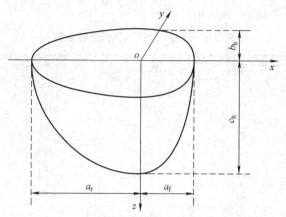

图 2-17 Goldak 双椭球热源分布图

电流和电压的具体取值参见相应焊接形式的焊接参数，见表 2-2。

表 2-2 双椭球热源模型参数

参数	a_r/mm	a_f/mm	b_h/mm	c_h/mm	f_f	f_r	η
数值	12	6	6	5	0.667	1.333	0.8

数值模拟采用顺序耦合（Sequential-coupling）的方式来计算焊接残余应力。在计算过程中，假设应力场对温度场的影响可以忽略，首先进行瞬态计算，然后将瞬态传热分析的结果作为温度荷载导入应力分析中，从而得到焊接残余应力。

假设双半椭球体的半轴为（a_f, a_r, b_h, c_h），作用于工件上的体积热源分成前、后两部分，设前、后半椭球体内热输入的份额分别是 f_f、f_r。传热分析过程中，瞬态热传导的控制方程为

$$\rho c \frac{\partial T}{\partial t}(x,y,z,t) = -\nabla q(x,y,z,t) + Q(x,y,z,t) \quad (2\text{-}30)$$

本构方程为

$$q = -\lambda \nabla T \quad (2\text{-}31)$$

仿真软件中表面热边界条件主要有对流和辐射。
对流热损失采用 Newton 定律：

$$q_c = -h_f(T - T_0) \quad (2\text{-}32)$$

式中，q_c 为对流热损失；h_f 为膜传热系数，取 h_f=5.7W·m^{-2}；T 为表面温度；T_0 为环境温度，取 T_0=20°C。
辐射热损失采用 Stefan-Boltzmann 定律：

$$q_r = -\varepsilon\sigma(T^4 - T_0^4) \quad (2\text{-}33)$$

式中，q_r 为辐射热损失；ε 为辐射系数（黑度），取 $\varepsilon=0.85$；σ 为 Stefan-Boltzmann 常数，$\sigma=5.67\times10^{-8}\mathrm{W\cdot m^{-2}}$；$T$ 为表面温度；T_0 为环境温度，取 $T_0=20°C$。

计算边界条件见表 2-3 和表 2-4。

表 2-3 Q235 材料热物理性能参数

温度 T/°C	导热系数 λ/(W·m/°C)	密度 ρ/kg·m^{-3}	比热容 c/(J·kg/°C)	热交换系数 β/(W·m^2/°C)
20	50	7800	460	100
250	47	7700	480	350
500	40	7610	530	520
750	27	7550	675	1000
1000	30	7490	670	1500
1500	35	7350	660	3000
1700	140	7300	780	3100
2500	142	7090	820	3500

表 2-4 焊接参数

参数	对接焊	搭接焊	T 型焊
焊丝材料	ER50-6	ER50-6	ER50-6
对接坡口间隙 /mm	2	—	—
焊缝形式	—	单边焊接	双边焊接
电流 /A	18.5	19	23
电压 /V	80	90	130
热影响区域 /mm	6	6	6
焊缝高度 /mm	3	3	3
重叠区长度 /mm	—	25	—
焊接速度 /(mm/s)	500/195	500/142	第一道焊缝：500/75 第二道焊缝：500/85

由于在焊接过程中焊缝附近温度较高且温度梯度大，因此采用过渡网格划分形式，在焊缝附近网格较密，远离焊缝处网格较稀疏。针对不同厚度的焊接组合方案，其有限元网格划分会有所不同，但是其形式基本一致。

对接焊焊接温度场分析结果：温度分布如图 2-18a 所示（见彩插），焊接过程中最高温度达到 1533°C。

搭接焊焊接温度场分析结果：温度分布如图 2-18b 所示（见彩插），焊接过程中最高温度达到 1528°C。

T 型焊焊接温度场分析结果：温度分布如图 2-18c 所示（见彩插），焊接过程中最高温度达到 1688°C。

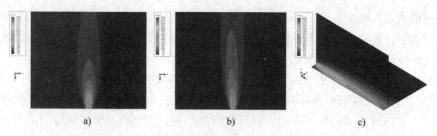

图 2-18 焊接温度分布

a）对接焊温度分布（t=195s） b）搭接焊温度分布（t=142s） c）T 型焊温度分布（t=160s）

2.4.1.3 热应力仿真技术

对热应力进行仿真，并将仿真结果与试验进行验证，试验中应变计布置如图 2-19 所示，靠近焊缝处适当调整了布点距离。

图 2-19 应变计布置图

Q235 钢板对接焊接残余应力测试，按照各测试的结果，得出了三组测试结果，规律基本一致，残余应力最大值均出现在距离焊缝约 15mm 处。试验结果表明：靠近焊缝区域残余应力较大，主应力值为 192.0MPa。离焊缝距离越远，残余应力越小。Q235 钢板料厚为 3mm 在三种焊接形式下，测试值与仿真值对比结果见表 2-5。

表 2-5 Q235 钢板在三种焊接形式下测试值与仿真值对比结果

焊接形式	试样组号	距焊缝距离 /mm	测试值 /MPa	仿真值 /MPa	误差
对接焊	1	5	192.0	187.72	2.2%
	2	10	174.7	183.63	5.1%
搭接焊	1	10	199.5	186.78	6.4%
	2	5	127.7	120.61	5.6%
T 型焊	1	5	180.9	217.58	20.2%
	2	5	176.8	217.58	23.1%
	3	5	187.3	217.58	16.2%

根据表 2-5 可以看出，测试值与仿真值误差在 20% 以内，试验测试结果和计算结果比较接近，残余应力分布规律一致性较好，可认为本实例使用的仿真分析方法可用于后续焊接规律的总结及研究。

采用前文所述分析方法对同种材料不同料厚各种焊接形式下的应力进行了仿真，探寻相应规律。根据分析表明：①三种焊接形式的残余应力高应力区均位于焊缝至夹持区域；②材料相同料厚不同时，料厚较厚的一侧，在高应力区残余应力值高于料厚较薄的相同位置的残余应力值。具体如图 2-20 所示（见彩插）。

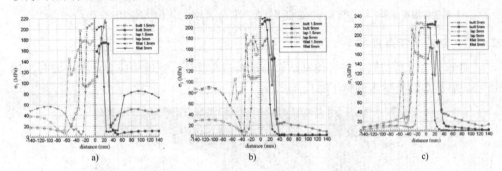

图 2-20　Q235 不同料厚对焊接残余应力的影响研究

a）厚度为 1.5mm 和 3mm 的组合　b）厚度为 1.5mm 和 5mm 的组合　c）厚度为 3mm 和 5mm 的组合

第二种仿真对比类型为不同材料，相同料厚对焊接残余应力的影响研究，具体如图 2-21 所示（见彩插）。

根据分析表明：①三种焊接形式的残余应力高应力区均位于焊缝至夹持区域；②同种料厚不同材料，材料屈服强度高，焊接残余应力值较高；③材料屈服强度低，焊接残余应力值低。因此材料在焊接后建议进行去残余应力处理，尤其是对高强度板材。

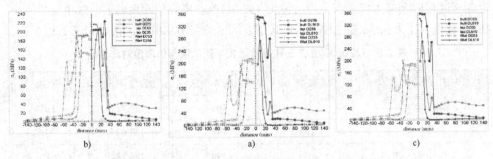

图 2-21　不同材料，相同料厚对焊接残余应力的影响 1

a）厚度为 3mm 材料为 DC03 和 Q235　b）厚度为 3mm 材料为 Q235 与 DL510
c）厚度为 3mm 材料为 DC03 与 DL510

第三种仿真对比类型为不同材料，相同料厚对焊接残余应力的影响研究，具体如图 2-22 所示（见彩插）。

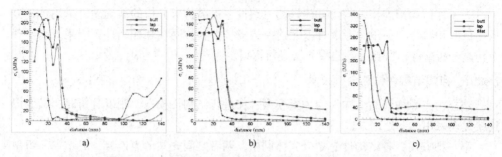

图 2-22 不同材料，相同料厚对焊接残余应力的影响 2

a）厚度为 3mm 材料为 Q235　b）厚度为 3mm 材料为 DC03　c）厚度为 3mm 材料为 DL510

根据分析表明：①三种焊接形式的残余应力高应力区均位于焊缝至夹持区域；②同种材料同种料厚，远离焊缝处，T 型焊残余应力水平最低，搭接焊应力水平相对较高；③高应力区，T 型焊残余应力最高，搭接焊残余应力最低。实际设计中建议优先选用搭接焊。

通过分析得出：

1）三种焊接形式的焊接温度主要受热输入影响，即焊接电流和电压。根据实际试验的焊接参数，数值模拟得到的三种焊接形式最高温度分别为 1666℃、1528℃ 和 1688℃。随着焊枪的移动，分度分布随着时间不断变化，焊缝热源中心区域温度高，温度梯度大，远离热影响区域处温度低，温度梯度小。

2）焊接残余应力场试验测试结果表明，对接焊、搭接焊、T 型焊接的残余应力靠近焊缝附近均较大，主要分布在距离焊缝 5~15mm 范围内。第一组试样测试结果，主应力分别为 192.0MPa、199.5MPa 和 180.9MPa。第二试样测试结果，主应力分别为 126.1MPa、127.7MPa 和 176.8MPa。第三组试样测试结果，主应力分别为 142.6MPa、123.9MPa 和 187.3MPa。且随着距离焊缝越远，残余应力越小。

3）该方法对焊缝处残余应力场的分析，精度可满足设计需求。

2.4.1.4　焊接仿真技术总结

本节提出了焊接仿真中的技术难点：①采用顺序耦合（Sequential-coupling）的方式来计算焊接残余应力；②在瞬态分析过程中，考虑应力场对温度场的影响，将瞬态传热分析的结果作为温度荷载导入应力分析中，从而得到焊接残余应力；③模拟焊接过程中焊枪的移动，数值模拟采用 Goldak 双椭球移动热源模型，通过编写用户子程序 DFULX 来实现焊接模拟过程中的热源输入和移动。

这些方法可以为零部件的焊接仿真提供依据和支持。

2.4.2　点焊连接有限元建模技术

点焊是汽车工业中常用的一种连接方式，尤其是作为车身结构大量金属板件之间的主要连接方式，其具有静强度高、性能稳定性好且易于实现自动化等优点。

为了保证焊接连接结构仿真建模的一致性，提高仿真分析的准确度，采用仿真分析与试验相结合的手段，考虑有限元建模的经济性、方便性和准确性等因素，基于现有仿真分析软件，对点焊的建模方法进行探讨。

2.4.2.1 点焊结构件仿真分析技术

建立由点焊构建的结构件的仿真模型，在进行结构件模态、刚度分析时，其缝焊连接建模采用如下处理方式。

第一种方式：各结构件先划分实体网格，两者之间先共节点连接，另增加一组斜面焊来模拟焊缝连接，此斜面焊也为实体单元，焊脚尺寸与实际焊缝尺寸保持一致，如图 2-23 所示。

第二种方式：在一般模态分析中，各结构件先划分实体网格，两者之间还可直接采用共节点方式来模拟焊缝连接，如图 2-24 所示。

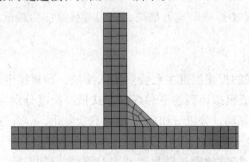

图 2-23　实体件模态、刚度焊缝连接建模方式 1

图 2-24　实体件模态、刚度焊缝连接建模方式 2

结构件强度分析中，实体网格单元类型、不同焊缝连接建模方式等均会影响焊缝本身及整体应力分布。根据实际情况和需要，结构件强度分析焊缝连接建模可采用如下方式。

第一种方式：结构件均采用六面体单元建模（不规则的实体件也可采用二阶四面体单元建模），两者之间先共节点连接，另增加一组凸形弧焊来模拟焊缝连接，此凸形弧焊也采用六面体建模，其焊脚尺寸与实际焊缝尺寸保持一致，如图 2-25 所示。

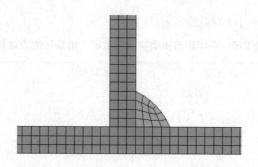

图 2-25　实体件强度分析焊缝连接建模方式

第二种方式：在不考虑实际焊缝形状的前提下，建模方式可参考图 2-23，应保证所有实体单元类型为六面体单元（特殊情况下可采用二阶四面体单元代替）。

为分析点焊类型对模型分析结果的影响，设计不同的试验样件及仿真分析模型，对比 ACM、Cweld、Rigid 三种焊点类型的仿真分析精度。

仿真与试验对标结果如图 2-26 所示（见彩插），可以看出，焊点类型对固有频率有较大影响，ACM 模拟焊点整体误差最小，其次为 Rigid，Cweld 误差最大，建议采用 ACM 焊点类型进行模态性能分析。

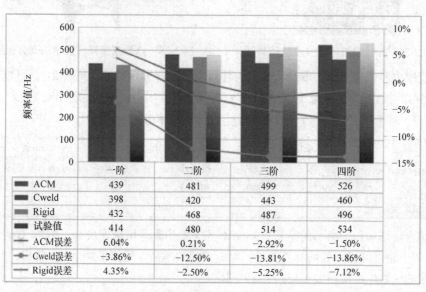

图 2-26　不同点焊类型自由模态仿真与试验对标结果

2.4.2.2　点焊结构件强度分析与试验对标

1. 剪切工况

焊点受剪切工况试验样件与仿真模型对比见表 2-6，包括 Solid（实体）焊点、ACM 焊点、Rigid 焊点三种类型。可以看出，Solid 焊点与试验的误差最小，ACM 焊点与试验误差居中，Rigid 焊点误差最大。

表 2-6　不同焊点类型在剪切工况下仿真与试验对标

仿真值及误差	Solid 焊点		ACM 焊点		Rigid 焊点	
	拉力/N	误差	拉力/N	误差	拉力/N	误差
	4615.08	-1.81%	5079.78	8.08%	3695.27	-21.38%
试验值	4700N					

2. 拉伸工况

焊点受拉伸工况试验样件与仿真模型如图 2-27 和图 2-28 所示，同样对比实体焊点、ACM 焊点、Rigid 焊点三种类型。

图 2-27　点焊连接样件强度性能测试　　图 2-28　点焊连接样件强度仿真分析模型

读取力和位移曲线，取产生相同位移对应的载荷进行对标，见表 2-7。可以看出，Solid 焊点与试验的误差最小，ACM 焊点与试验误差居中，Rigid 焊点误差最大。

表 2-7　不同焊点类型在抗拉伸工况下仿真与试验对标

仿真值及误差	Solid 焊点		ACM 焊点		Rigid 焊点	
	拉力/N	误差	拉力/N	误差	拉力/N	误差
	1006.06	-1.37%	987.15	-3.22%	828.136	-18.81%
试验值	1020N					

综合剪切和拉伸模型的结果，Solid 焊点类型仿真分析精度最高，ACM 焊点次之，ACM 焊点精度满足一般的计算要求，同时建模效率高，建议采用 ACM 焊点，针对存在风险的少数焊点使用 Solid 焊点类型细化。

2.4.2.3　点焊建模规则

模态、刚度分析点焊建模方法：焊点类型对模态、刚度分析有较大影响，常用的焊点类型有 ACM、Cweld、Rigid，经与试验数据对比，ACM 焊点类型误差最小，其次为 Rigid，Cweld 精度最差，因此，推荐使用 ACM 焊点类型进行模态及刚度性能分析，焊点直径与实际工艺焊点直径一致。

强度分析点焊建模方法：在强度分析中，常用的焊点类型有实体单元焊点、

ACM、Rigid，通过焊点受拉伸、剪切等工况下的仿真与试验对标，实体单元焊点仿真精度最高，其次为 ACM 焊点，Rigid 焊点类型精度最差。由于实体焊点类型建模耗时较长，而 ACM 焊点仿真精度可满足一般的计算要求，同时建模效率高，因此，在强度分析中推荐采用 ACM 焊点，针对存在风险的少数焊点使用 Solid 焊点类型进行模拟。

2.4.3 基于冲压映射钣金件结构性能仿真分析

冲压成形是汽车制造四大工艺之一，是快速制造汽车车身钣金件的唯一工艺方法。目前在钣金件结构模态和刚度分析中建立的有限元模型大都是直接由 CAD 模型进行网格划分，并没有考虑钣金件生产制造过程所带来的影响。成形过程中产生的残余应力及厚度变化等因素对钣金件结构的模态和刚度有不容忽视的影响。本节应用冲压映射厚度变化和塑性应变对钣金件结构进行仿真分析。

2.4.3.1 钣金件成形理论

一般钣金材料的拉伸应力应变曲线如图 2-29 所示。图中从 A 到 B 为弹性变形阶段，从 B 到 C 为塑性变形阶段，从 C 到 E 为加载到 C 点后的卸载路径，从 E、C 到 F 为卸载后重新加载路径。钣金成形过程中经历了先加载后卸载的硬化过程，产生了残余塑性变形，钣金材料屈服强度增高，由 B 点到 C 点，如图 2-29 所示。本节探讨了冲压映射仿真钣金件加载的过程，分析钣金件的冲压成形效应对钣金件结构性能的影响。

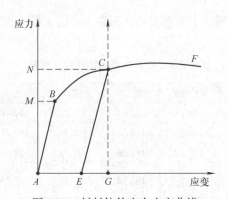

图 2-29　材料拉伸应力应变曲线

2.4.3.2 钣金件冲压成形仿真分析

对某车后防撞梁外板进行了全工序冲压成形性分析及回弹分析。在结构分析中考虑成形因素的影响，最关键的环节就是如何将冲压成形后的塑性应变、厚度变化映射到结构分析模型中，本节采用的冲压映射流程如图 2-30 所示。

首先对零件进行冲压仿真分析，再利用网格映射技术，将相应的塑性应变、厚度变化等信息映射到后续的结构分析有限元模型中，为结构分析做好准备。

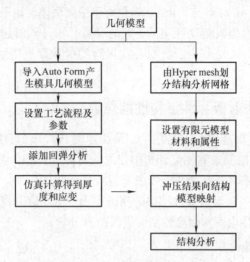

图 2-30　冲压映射流程

在结构性能分析中，选择了模态和刚度对比分析，分别就不考虑冲压映射（o）、仅映射厚度变化（T）、仅映射塑性应变（S）、综合考虑厚度和塑性应变（T+S）四种情况进行对比分析，研究冲压效应对钣金件的模态和刚度的影响。下面分别进行详细的论述。

1. 模态分析

将冲压结果映射到模态分析模型中，对钣金件自由模态进行对比分析。模态频率对比结果见表 2-8。

表 2-8　前六阶模态频率对比结果

	第一阶	第二阶	第三阶	第四阶	第五阶	第六阶	备注
无映射（o）	56.828	131.15	181.08	272.72	317.48	356.77	
仅映射厚度（T）	53.722	126.99	180.28	267.35	307.73	340.20	
仅映射应变（S）	56.828	131.15	181.08	272.72	317.48	356.77	
映射厚度和应变（T+S）	53.722	126.99	180.28	267.35	307.73	340.20	
变化率	5.47%	3.17%	0.442%	1.969%	3.074%	4.644%	仅映射厚度/无映射

由前六阶模态分析结果可以看出，钣金件厚度变化使其固有频率降低，而塑性应变在模态分析中不起作用，因为模态分析是线性的。

2. 刚度分析

对钣金件进行刚度分析时，将钣金件端部进行全约束，在中间部位加载不同大小的集中力载荷，分析其最大位移量，加载载荷分别为 500N、3000N、7000N 时，不同载荷下,各工况钣金件最大位移曲线如图2-31所示(见彩插)。

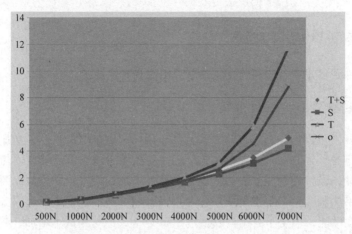

图2-31 不同映射结果各工况最大位移对比

从图2-31的分析结果中可以得出:①冲压映射厚度变化使钣金件刚度降低;②当分析工况未使零件发生塑性应变时,映射塑性应变不起作用;当分析工况使零件发生塑性应变时,映射塑性应变使零件刚度增强,且随着塑性应变加大而增强;③综合考虑厚度变化和塑性应变的作用效果是:当厚度变化降低效果强于塑性应变加强效果时,综合作用使零件刚度降低;当厚度变化降低效果弱于塑性应变加强效果时,综合作用使零件刚度增强;④钣金件发生较大塑性应变时,冲压效应的硬化作用才比较明显。

因此对于一般的结构仿真分析工况,材料的塑性应变较小,分析时可以仅考虑厚度变化而不考虑冲压塑性应变。而对于大变形、大塑性应变的分析工况(如碰撞),分析时需要综合考虑冲压映射厚度变化和塑性应变的作用。

2.4.4 小结

通过对汽车制造四大工艺中焊接和冲压仿真分析技术的探讨,说明了仿真技术能够很好地模拟工艺过程中存在的技术难题,并能够提出解决方案,起到支撑工艺开发的作用。如焊接工艺中的热力耦合问题;点焊建模方法中,不同的分析指标,采用不同的焊点类型,进行模态、刚度分析,推荐使用ACM焊点类型,强度分析推荐采用ACM焊点,针对存在风险的少数焊点使用Solid焊点类型进行模拟;在冲压成形仿真中,材料的塑性应变较小,分析时可以仅考虑厚度变化而不考虑冲压塑性应变,对于大变形、大塑性应变的分析工况(如碰撞),分析时需要综合考虑冲压映射厚度变化和塑性应变的作用。

通过关键工艺仿真分析技术,有限元不仅可以在产品设计开发中起到重要作用,而且在零部件工艺方案确定中,亦能发挥重要作用,尤其对于特殊的工艺,如作为一种经济、快捷的连接形式被广泛应用在汽车开发中的焊接工艺仿真技术、快速制造汽车车身钣金件的冲压映射钣金件结构性能仿真分析技术等。

2.5 关键部件仿真分析

在零部件开发过程中，目前，基本已采用仿真开发技术。

2.5.1 白车身结构胶仿真分析

在车身开发过程中，通过提高接头刚度、截面刚度、增加料厚、增加加强板等方法来提高白车身整体刚度是国内各主机厂的主要技术手段，但需要利用仿真分析技术进行反复验证，设计周期较长，另外也带来重量增加、成本较高等负面因素。目前逐步推行焊接结构胶在白车身上的应用，在点焊区域等搭接位置进行全部涂胶，可明显提高车身刚度性能，但全车身结构胶多达 80m 以上，原材料成本增加，在未识别关键区域的情况下全部涂胶，一定程度上也造成了设计过剩。

本节基于白车身扭转刚度、弯曲刚度性能，针对白车身结构胶进行拓扑优化，并对优化方案进行了仿真分析和试验验证，最终实现较少的结构胶分布得到最佳的结构性能，同时，最大限度地降低了结构胶原材料成本。

2.5.1.1 有限元模型验证

有限元模型的建立是有限元分析的关键，通过模态有限元分析结果与试验结果进行对比，验证白车身有限元网格模型的合理性。

应用仿真软件进行前处理分析，在 3D 数模的基础上，白车身有限元模型如图 2-32 所示，钣金件采用 SHELL 单元，焊点采用 ACM 单元，二氧化碳气体保护焊采用 RBE2 单元，粘胶采用实体单元进行模拟。

白车身模态试验中，白车身采用模拟自由状态的悬吊安装方式，如图 2-33 所示。

图 2-32 白车身有限元模型

图 2-33 白车身模态试验

白车身模态的有限元分析结果和试验结果：1 阶次整体扭转模态，试验值为 34Hz，仿真值为 32Hz，差值 -2Hz，误差为 -5.88%；2 阶次发动机舱横摆模态，试验值为 39Hz，仿真值为 36Hz，差值 -3Hz，误差为 -7.69%；3 阶次前风窗局部振动模态，试验值为 45Hz，仿真值为 43Hz，差值 -2Hz，误差为 -4.44%；4 阶次整体弯曲模态，试验值为50Hz，仿真值为47Hz，差值−2Hz，误差为−4.08%。

试验和分析值的模态阵型一致，且频率误差控制在8%以内。

2.5.1.2 白车身全结构胶方案

基于某乘用车车身，针对白车身扭转刚度、弯曲刚度工况进行结构胶的拓扑优化，并经过主要阶次模态分析验证，最终确定结构胶在白车身上的最优分布。

1）结构胶建模。首先对某乘用车白车身全部应用结构胶，运用胶连接建模技术进行全车身结构胶建模，结构胶用3D实体单元建模，建在需要连接的板壳单元之间，并辅以刚性单元（RBE3）进行连接，单元属性采用PSolid，结构胶单元应尽可能覆盖所有翻边区域，如果单元厚度超过实际厚度（比如使用中面间的厚度），需要适当增加弹性模量的数值（等效模量）以使模拟刚度与实际刚度相当。

结构胶分布如图2-34所示，总重0.55kg，全长86m。

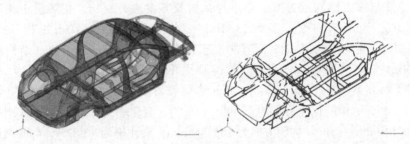

图2-34 白车身全部应用结构胶

2）结构性能验证。对白车身全部应用结构胶方案进行扭转刚度、弯曲刚度、自由模态等性能分析，与无结构胶方案进行对比，得到结构胶对白车身整体结构性能影响的定量结果，评估结构胶进一步优化的可行性及优化空间。

从分析结果可以看出，白车身全结构胶方案整体扭转刚度、弯曲刚度、主要阶次自由模态频率均较原方案（无结构胶方案）有明显提升，针对结构胶有较大的优化空间。

基于白车身扭转刚度、弯曲刚度性能对结构胶进行优化，优化的主要设计要素为：

优化变量：结构胶区域单元密度。

约束条件：结构胶体积分数<0.5。

目标值：扭转刚度工况、弯曲刚度工况结构挠度最小。

基于等值面云图优化结果对结构胶位置进行有效识别，识别后结果如图2-35所示（见彩插），红色区域为有助于提高扭转、弯曲刚度，绿色区域为对刚度贡献较少。最终确定结构胶分布方案如图2-36所示，结构胶长度45m，质量0.27kg。

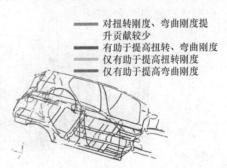

图2-35 结构胶分布识别结果

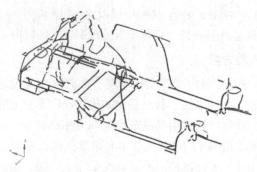

图 2-36 结构胶分布优化结果

2.5.1.3 结构胶优化方案性能验证

1）仿真分析验证。对结构胶优化方案进行扭转刚度、弯曲刚度、自由模态性能验证，并与原无结构胶方案、全车身结构胶方案进行对比。扭转模态频率原方案为31.5Hz，86m结构胶方案为33.8Hz，变化率为+7.30%，45m结构胶优化方案为33.3Hz，变化率为+5.71%；弯曲模态频率原方案为47.1Hz，86m结构胶方案为49.4Hz，变化率为+4.88%，45m结构胶优化方案为48.7Hz，变化率为+3.4%；扭转刚度原方案为11189N·m/(°)，86m结构胶方案为13303N·m/(°)，变化率为+18.89%，45m结构胶优化方案为12990N·m/(°)，变化率为+16.1%；弯曲刚度原方案为15026N/mm，86m结构胶方案为16333N/mm，变化率为+8.87%，45m结构胶优化方案为15905N/mm，变化率为+5.85%。

同时可以得出：优化后结构胶长度比全部结构胶长度降低了48%，而整体模态、刚度性能降低在3%以内。与原方案相比，优化结构的扭转刚度提高16.10%，弯曲刚度提高5.85%，扭转模态频率提高5.71%，弯曲模态频率提高3.40%。因此，本案例采用的基于多性能目标结构胶分布优化技术可行，可在较短的时间、较少的结构胶分布获得最佳的性能。

2）试验验证。为进一步验证优化方案的合理性，试制了两台白车身用于刚度台架试验，其中一台根据优化方案结构胶的分布试制，另一台为无结构胶方案白车身，台架试验如图2-37所示。

a)

b)

图 2-37 白车身台架试验

a）无结构胶白车身结构 b）胶优化方案白车身

白车身刚度试验结果：扭转刚度无结构胶方案为 8321N·m/(°)，45m 结构胶优化方案为 9358N·m/(°)，变化率 +12.47%；弯曲刚度无结构胶方案为 9524N/mm，45m 结构胶优化方案为 10526N/mm，变化率 +10.53%。

可以得出，结构胶优化方案刚度性能较无结构胶方案均提升 10% 以上，提升较为明显。

2.5.1.4 白车身结构胶仿真总结

通过对白车身结构胶进行仿真，可以得出：①结构胶可明显提升白车身扭转刚度、弯曲刚度性能；②优化后结构胶长度比全部结构胶长度降低了 48%，而整体模态、刚度性能降低在 3% 以内，优化效果明显；③与无结构胶方案相比，优化结构的整体结构性能有明显提升。

因此，采用拓扑优化对结构胶布置进行优化的方法可行，可在较短的时间、较少的结构胶分布获得较好的结构性能。

2.5.2 悬架上摆臂仿真分析技术

将悬架上摆臂的 3D 数模输入到仿真软件中创建有限元模型，单元类型选择四面体单元 CTETRA，上摆臂与车身铰接模拟采用 RBE2 单元，材料名称为 AlSi7Mg0.3（a），屈服强度为 190MPa。上摆臂的单元总数为 309677 个，节点总数为 67339 个，如图 2-38 所示。

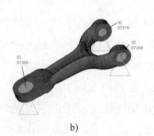

a)　　　　　　　　　　b)

图 2-38　数模图与有限元模型

a）CATIA 数模图　b）有限元模型

使用惯性释放理论，对上摆臂进行五种极限工况模拟。

在对上摆臂进行拓扑优化时，为使上摆臂有较大的刚度且强度满足设计要求，将摆臂的最小柔度作为目标函数，将上摆臂结构的强度与频率作为约束变量，本节拓扑优化分析采用变密度法，上摆臂连接铰耳的结构为配合装配，不能更改设定为非设计区域，上摆臂的拓扑优化数学模型[12]为

$$X = \{x_1,\ x_2,\ \cdots,\ x_n\} \quad (2\text{-}34)$$

$$\min: C = F^T U \tag{2-35}$$

$$\text{s.t} \begin{cases} V_1/V_0 \leqslant \varphi \\ 0 \leqslant x_i \leqslant 1 \\ F = KU \end{cases} \tag{2-36}$$

其中，x_i（$i=1, 2, \cdots, n$）是设计变量[12]，这里指的是上摆臂设计区域每个单元的相对密度；F 是节点载荷矢量，U 是节点位移矢量，C 是反应节点的柔度；V_1 为优化后剩余材料的总体积，V_0 为设计区域的总体积，φ 为材料剩余体积比；K 为刚度矩阵。

上摆臂经过 29 轮迭代模型的拓扑优化，显示相对密度下限为 0.15 的分析。分析结果表明：上摆臂优化传递力的路径与原始方案有很大的区别，载荷受力大的地方保留的材料多，而受力少的地方材料都被优化，与原方案的整体传递力相比，优化后的模型结构传递的力及承载更明确，材料的利用率更高，构件的重量由原来 10kg 降为 8.6kg，减重为 14%。

分析表明：通过对上摆臂采用惯性释放理论进行结构分析，能够很好地消除约束造成的虚假应力问题，更客观地模拟结构的实际受力状况，再通过对上摆臂进行拓扑优化设计[13, 14]，指定设计区间及优化目标，提出了材料受力分布模型，并对上摆臂进行结构优化，达到产品工艺要求，通过试验验证，满足产品的开发要求。

2.6 未来发展

随着市场对汽车需求的变化，汽车产品开发模式也在转变，纵观当今国际上有限元技术，可以得出发展趋势有仿真参数化、仿真模块化、仿真多元化、仿真择优化和操作人性化五方面。

1. 仿真参数化

随着汽车开发迭代速度的加快，传统的开发模式，从设计、仿真、试验到量产的流程将发生变化。为了缩短开发的周期，开发模式将会转变为仿真设计、量产，将所有的输入、仿真计算和输出进行参数化的仿真。真正为"仿真驱动设计"制定详细的流程，可大幅提高开发效率。

建立白车身全参数化模型进行结构优化设计，全参数化模型包括两部分：连接关系的参数化和全参数化白车身模型。

全参数化白车身模型设计变量参数可包括地板横梁截面尺寸（包括截面的宽、高）、横梁的长度以及横梁在地板布置的位置参数（横梁加强板相同），前、后纵梁的截面尺寸（包括截面的宽、高）、纵梁的长度以及纵梁布置的位置参数（纵梁加强板相同），平板件加强筋的截面尺寸、筋的位置分布参数（包括筋的截面高度、宽度、筋的长度、布置角度），A 柱、B 柱、C 柱的截面尺寸，接头的位置参数，门槛梁（包括加强板）的截面尺寸，车门内板、发动机舱盖内板、行李舱盖内板的截面尺寸参数，白车身各板件厚度。

2. 仿真模块化

对于较为成熟的产品，将全部构建出仿真模块，并且根据开发目标，直接进行二次开发，包括网格前处理的二次开发、复杂多工况加载的二次开发等，这可明显缩短开发周期并降低成本，也是近些年各主机厂一直努力的方向。

网格质量直接影响到求解时间及求解结果的准确性，为了提高网格生成的质量和效率，各软件公司在网格处理方面加大了投入，尤其在自动六面体网格划分和自适应网格划分领域，这些技术对仿真模块的构建和二次开发，均提供了良好的技术开发平台。

3. 仿真多元化

考虑汽车行驶工况的多样性，以及汽车应用环境的复杂性，在仿真分析过程中，结构的全耦合模型、流固耦合模型、流场、电磁场和热场等的影响将逐渐增加。因此，很多场景涉及很多影响因素，从单一方面无法较好解决问题，如高速工况下发动机舱盖流场与结构强度性能的叠加、结构件焊接过程中的热与外力强度工况的叠加、榴弹炮发射场发射过程中气流对车身强度的影响等；故在有限元仿真时，需增加其他物理场的应用因素，这样才能确保仿真的准确性和合理性。

目前，有限元方法和软件用于求解结构线性问题已趋于完善，但在结构非线性、流体力学和多场耦合领域的求解问题还正在发展中。

4. 仿真择优化

加大优化技术的应用，尤其是在产品开发的前期阶段，边界条件受限较少，优化的空间较大，可以更好地驱动设计。

通过加大结构优化技术的应用，增大仿真驱动设计的力度，在开发项目中增加现有仿真结构优化技术的应用比例，更好地指导设计，这样可减少后期的设计更改，缩短了开发周期，提高了开发效率。

5. 操作人性化

为了方便客户的使用需求，各软件开发者在软件的功能、客户友好界面、客户方便应用方面进行了快速的迭代升级。

参 考 文 献

[1] CAHN R W, WEITZ D A. The Coming of Materials Science[M]. New York :Pergamon, 2001.

[2] HUANG G B, ZHU Q Y, SIEW C K. Extreme learning machine: Theory and applications[J]. Neurocomputing, 2006, 70(1-3):489-501.

[3] ÇINICIOĞLU E N, ÖNSEL Ş, ÜLENGIN F. Competitiveness analysis of automotive industry in turkey using bayesian networks[J]. Expert Systems with Applications, 2012, 39(12):10923-10932.

[4] ABAQUS. What's new in Abaqus 2020x, Complete solutions for realistic simulation[EB/OL].

LatestRelease, Dassault, Systèmes®www.3ds.com/products, services/simulia/products.

[5] ANSYS. Software free trials,Simulation software products[EB/OL]. www.ansys.com>Home>Products.

[6] PATRAN. Complete fea modeling solution[EB/OL]. www.mscsoftware.com/pro-duct/patran.

[7] ALTAIR. Transforming the way companies design products and make[EB/OL]. www.altairhyperworks.com.cn.

[8] 张靖昱. 温度梯度条件下二元合金的扩散相变 [D]. 哈尔滨：哈尔滨工业大学, 2019.

[9] 胡海欧, 陈韬. 基于 NASTRAN 的散热器冷却液渗漏问题复现与优化 [J]. 汽车工艺与材料, 2017, 000(003):27-31.

[10] 叶盛, 辛勇. 基于灵敏度及尺寸优化的汽车车门轻量化 [J]. 机械设计与研究, 2013, 029(006):112-115,121.

[11] 孙岩. 激光 +GMAW 复合热源焊接温度场和热变形的有限元分析 [D]. 济南：山东大学, 2008.

[12] 佘高翔. 基于拓扑优化和高强钢应用的雷达车车架轻量化设计研究[D].武汉:武汉理工大学, 2010.

[13] BAST D, KULCHYTSKA-RUCHKA I, SCHOEPS S, et al. Accelerated steady-state torque computation for induction machines using parallel-in-time algorithms[J]. IEEE Transactions on Magnetics, 2020, 99:1.

[14] AMINZADEH A. Multi-objective topology optimization of deep drawing dissimilar tailor laser welded blanks; experimental and finite element investigation[J].Optics & Laser Technology , 2020(125).

第 3 章 疲劳寿命仿真

疲劳耐久性是各企业最关注的性能指标，其能给企业和客户带来福祉。20世纪60年代后半期至21世纪前期，欧美和日本等企业对疲劳耐久性进行了全面分析，疲劳耐久性技术有了重大突破，基本上可以做到等寿命开发，实现了零部件疲劳寿命开发的可控性。

3.1 疲劳耐久性分析概述

"疲劳"[1]概念最早是由法国工程师彭赛列于1839年首先提出的，用来表述零部件在循环载荷作用下，承载能力逐渐耗尽以致最后断裂的现象。

"疲劳寿命"[2]是指结构件或机械零部件在循环载荷作用下，直至破坏所用的次数或时间。构件的疲劳寿命包括两部分：一是裂纹形成寿命，指构件受到载荷后到出现工程裂纹，此阶段宏观可见或可检的裂纹，其物理长度为0.2~1.0mm；二是裂纹扩展寿命，指构件继续受载后，从工程裂纹扩展至完全断裂的阶段。

耐久性是指产品在规定环境中、规定的工况下，按照既定的功能使用的时间。使用时间越长，耐久性越好，说明其使用寿命越长。

从上面分析可见，疲劳寿命和耐久性既有相同的属性，也存在应用中的差别。疲劳寿命更强调的是构件的全生命周期，是耐久性的延续；耐久性更强调的是构件应用时间范畴内的有用性，是在满足疲劳寿命的前提下才能实现。在工程上，往往将疲劳寿命和耐久性两个概念合二为一，融为一体来分析结构件的使用次数或寿命。

国际上，从19世纪70年代到90年代，以欧美为中心对疲劳耐久技术的发展起到了重要作用。中国在汽车疲劳寿命的分析方面起步比较晚，虽然在理论研究方面有很大进展，但在工程应用方面，还有很长的一段路要去探索。

3.2 疲劳寿命仿真分析方法

随着计算机技术的提升、结构有限元软件的发展，以及疲劳寿命分析专用软件的广泛应用，逐步形成了疲劳寿命仿真分析方法。各OEM根据开发流程，在概念设计阶段，工程师就可以应用疲劳寿命仿真分析方法对竞品进行对标分析，以确定所开发零部件的寿命目标；在产品设计阶段，工程师可以应用疲劳寿命仿真分析方法分析设计开发的零部件,并按照竞品目标进行不断的优化,以达成成本目标;在产品定型阶段,工程师可以应用疲劳寿命仿真分析方法,将开发的零部件与试验结果进行验证,并固化结构设计方案。

3.2.1 疲劳寿命分析方法

为了将零部件的疲劳寿命预测准确,目前在工程上,研究成熟和应用广泛的疲劳寿命分析方法就是 S-N 曲线方法。S-N 曲线[2]是以疲劳寿命的对数值 $\lg N$ 为横坐标,以材料标准试件疲劳强度为纵坐标,在一定循环特征下,表示标准试件的疲劳强度与疲劳寿命之间关系的曲线。

尽管目前已积累了大量材料的 S-N 曲线,但由于实际结构的复杂性,不同时期环境的影响,不同厂家冶炼工艺控制不同和载荷加载的复杂性;又由于新材料的出现,原有材料性能的提升并在工程实践中持续得到广泛应用,所以现有的 S-N 曲线远远满足不了需求。

目前在工程上,当在低载荷工况下,即在高周疲劳范围内,用 S-N 方法进行寿命分析,其分析结果比较合理;当在高载荷工况下,即在低周疲劳范围内,由于应力寿命(S-N)曲线趋向于平坦,其分析结果偏差较大。

那对于低周疲劳如何进行疲劳寿命分析呢?

随着技术的发展、检测手段的进步,对疲劳裂纹的研究更加深入。通过分析,疲劳裂纹的形成分为萌生和扩展Ⅰ、Ⅱ两个阶段,这两个阶段是由于微观的局部塑形剪切应变而产生的,如图 3-1 所示。

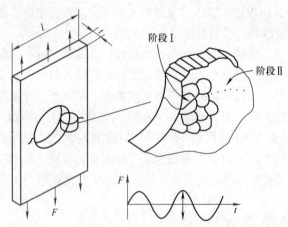

图 3-1 裂纹扩展示意图

每个阶段包含了不同的物理机理,针对不同的阶段可以采用不同的分析方法,S-N 方法用来分析阶段Ⅰ的裂纹萌生寿命,E-N 方法用来分析阶段Ⅱ的裂纹扩展寿命,局部塑形剪应变是导致阶段Ⅱ裂纹扩展的因素。简单地理解为 E-N 曲线是 S-N 曲线的延伸。

由图 3-2（见彩插）可以得出两个结论：①当应力值处于低载荷工况下，即在高周疲劳范围内，采用 S-N 方法和 E-N 方法进行寿命分析，其分析结果比较合理；②当应力值处于高载荷工况下，即在低周疲劳范围内，采用 E-N 方法进行寿命分析，其分析结果比较合理。

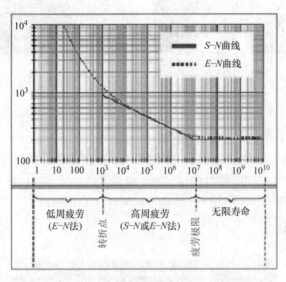

图 3-2　S-N 曲线和 E-N 曲线关系

3.2.2　结构件疲劳寿命分析应用

在汽车产品的研发过程中，通过耐久仿真技术可以在设计的前期迅速识别关键零部件的耐久性能薄弱部位，从而指导设计进行耐久性能改进和优化工作，有效地减少试验轮次、降低研发成本、缩短产品开发周期。

下面以某乘用车扭力梁[3]横梁连接板焊缝开裂问题分析及改进为例，阐述结构件的疲劳寿命分析方法。

扭力梁结构的后悬架具有结构简单、成本较低及承载能力较强等优点，因此被广泛运用于汽车的后悬架。扭力梁在汽车行驶过程中，受到来自路面的冲击载荷作用，存在出现疲劳开裂的风险，从而影响行车安全。

本节针对某乘用车扭力梁横梁连接板在台架扭转耐久试验进行中出现的开裂问题，采用扭力梁台架耐久仿真技术进行故障再现并分析开裂原因，进而提炼设计改进的关键参数，在此基础上提出改进方案，最后对改进方案进行耐久仿真分析验证。

3.2.2.1　疲劳开裂故障

某乘用车扭力梁总成在台架耐久试验中，两试件分别在进行至 11 万次和 14 万次时出现焊缝开裂现象，开裂部位位于横梁连接板焊缝根部，裂纹延伸接近至椭圆孔处，长度约 35mm，故障照片如图 3-3 所示。

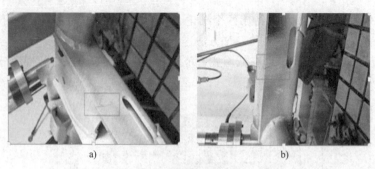

图 3-3　扭力梁横梁连接支架开裂图

a）左侧　b）右侧

3.2.2.2　耐久仿真模型建立

采用壳单元模拟扭力梁钣金件，弹性单元模拟扭力梁铰接衬套，RSCON 单元模拟壳单元与实体单元之间的焊缝连接单元，以提升焊缝仿真的计算精度[3]；建立的有限元模型中，网格模型共有 114094 单元，120668 节点，如图 3-4 所示。

图 3-4　扭力梁耐久仿真分析模型

考虑焊接关键参数及焊接类型对焊接 S-N 曲线的修正影响，焊接模型如图 3-5 所示。

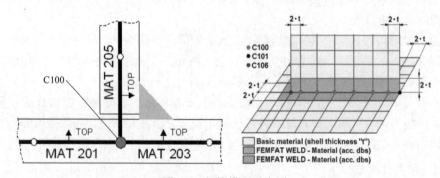

图 3-5　焊接模型示意图

3.2.2.3　寿命计算与试验对标

参考乘用车扭力梁台架耐久试验标准，约束扭力梁铰接衬套两处硬点，在轮心硬点施加垂向位移载荷，采用隐式非线性法求解扭力梁总成在轮心载荷作用下一个循环的应变响应。将应变响应结果输入至疲劳仿真软件，输入相关计算参数，进行寿命计算[4]。寿命计算基于材料的 $S\text{-}N$ 曲线，并考虑钣件应力梯度、表面粗糙度、焊接参数等影响因子，对材料 $S\text{-}N$ 曲线进行修正。

基于修正后的 $S\text{-}N$ 曲线计算一个载荷循环下钣金及焊缝的损伤值，进而计算扭力梁总成耐久循环次数，如图 3-6 所示。

分析结果表明：台架工况下，仿真薄弱部位为扭力梁横梁连接支架两侧焊缝根部、弹簧盘与横梁连接焊缝等，与试验结果进行对标。

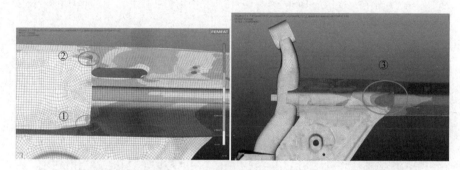

图 3-6 仿真分析薄弱点寿命分布

从仿真与试验对标的结果可知：原方案在台架耐久工况下，两试件试验破坏部位一致性较好，失效部位均为连接板与横梁连接焊缝，根据仿真结果，扭力梁仿真最薄弱部位与试验完全吻合。

3.2.2.4 疲劳开裂原因解析

从疲劳基本理论可知，影响部件寿命的因素主要有材料 $S\text{-}N$ 曲线、尺寸系数、凹槽效应等。从疲劳分析软件计算结果中提取横梁连接板焊缝根部薄弱部位两节点的相对应力梯度值，分析得出：两侧横梁连接板焊缝根部处的相对应力梯度值较大，分别达到 0.655 与 0.614，与基础车薄弱点横向比较，高出 30%。

相对应力梯度的概念最早是由 Siebel 和他的研究组结合应力集中系数、应力类型和几何缺口系数的影响，提出的一个疲劳极限内的微支撑效应的普遍假设[5]。

假设存在一种由几何缺口或表面应力集中导致的应力梯度，在弯曲和扭转载荷作用下，使材料的微元素来支撑表面的持久高应力，相对应力梯度的概念被用来解释为何受弯曲载荷作用下的光滑试件的疲劳极限比受轴向载荷作用下的试件要高。

在仿真软件中，用参数 F_{gendur} 来评价相邻网格间相对应力梯度对于疲劳极限产生作用的影响因子，其计算公式如下：

$$F_{\text{gendur}} = 1 + \frac{(\sigma_{\text{altbending}}/\sigma_{\text{altTC}} - 1)}{(x/b)^V} \chi^V \quad (3\text{-}1)$$

式中，$\sigma_{\text{altbending}}$ 为弯曲应力；σ_{altTC} 为拉伸应力；χ 为相对应力梯度。

相对应力梯度较大，说明该点应变变化快且在垂向交变载荷作用下较为敏感，导致修正后的材料 S-N 曲线倾斜部分斜率变大，水平部分上移，从而降低焊缝根部疲劳极限值，如图 3-7 所示。

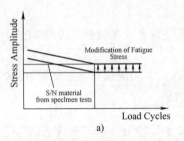 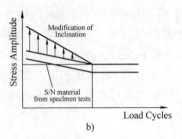

图 3-7 相对应力梯度对 S-N 曲线的影响
a) 对曲线水平部分的影响 b) 对曲线斜率的影响

基于以上分析，进而提取扭转耐久工况下的应变响应，如图 3-8 和图 3-9 所示。

 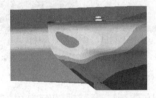

图 3-8 支架根部焊缝处主应变云图　　图 3-9 弹簧盘与横梁连接焊缝主应变云图

从主应变云图中可以得出：横梁连接板根部焊缝处于高应变区，且部位较为集中，其他区域则普遍较小，而弹簧盘处应变分布较为分散；因此，需要考虑降低焊缝根部主应变及该处相对应力梯度，以提升其耐久性能。

基于寿命影响因素分析，考虑支架结构及尺寸因素带来的趋势影响，故设想将横梁连接支架开孔，并将焊缝尾端向横梁中心延伸，以降低焊缝根部应力梯度和主应变，分摊到其他低应变区域。

将变更趋势方案进行试算，得到的仿真分析结果如图 3-10 和图 3-11 所示。

 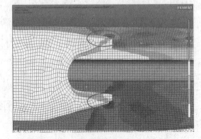

图 3-10 支架结构变更示意图　　图 3-11 趋势方案寿命结果

仿真分析结果表明，趋势方案在连接板焊缝根部处循环次数有所改善，循环次数提升 60.4%，查看两侧根部焊缝相对应力梯度，分别至 0.523 和 0.534，改进趋势有效，但同时，趋势方案仿真循环次数提升幅度仍无法满足设计目标。

3.2.2.5 改进方案及仿真分析验证

改进方案：从趋势方案寿命计算结果可知，该方案对于横梁连接焊缝根部处循环次数有所提升，但仍显不足，故经反复对比，设想将横梁连接板尺寸设计参数化，使得支架焊缝根部寿命提升达到试验目标，如图3-12所示。

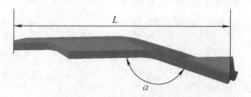

图3-12　改进方案关键尺寸参数示意图

分别调整L与α的值，研究两种参数变化对扭力梁寿命的影响趋势，多轮对比分析表明：随α的增大，扭力梁循环次数逐步增加；而随着L的增长，对循环次数的影响并不明显，其趋势如图3-13、图3-14所示。

经过以上分析，同时调整L与α的值，并根据各改进方案计算结果做进一步修正。将三种改进方案分别进行仿真分析验证，对比三种方案仿真分析结果，同时考虑横梁连接板实际工艺成型要求，最终将提升最有效的方案作为改进方案并进行台架耐久试验验证。

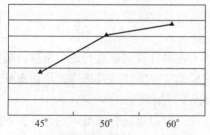 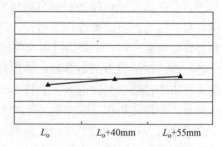

图3-13　循环次数随折弯角α变化趋势　　图3-14　循环次数随L变化趋势

仿真分析结果如下（图3-15）：

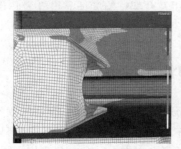 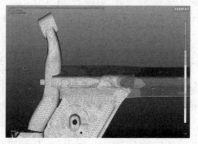

图3-15　改进方案三寿命分布

仿真分析结果表明，有效改进方案将大幅提升焊缝寿命，薄弱部位转移至弹簧盘与横梁连接焊缝，其循环次数为 2.31×10^5。

将有效改进方案作为最终扭力梁改进方案，并进行台架耐久试验。

台架耐久试验结果表明，改进方案的扭力梁完成了 26.0 万次与 34.0 万次寿命试验，满足台架耐久试验目标值，失效部位均出现在弹簧盘与横梁连接焊缝，与耐久仿真分析结果完全吻合，破坏部位如图 3-16 所示。

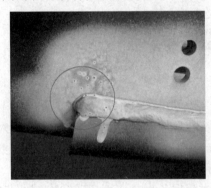

图 3-16　扭力梁试验结果

3.2.3　小结

通过耐久仿真分析技术对扭力梁台架耐久试验中横梁连接板焊缝开裂问题进行了故障再现，并与试验结果进行了对标，进而对薄弱部位焊缝应力梯度和应变进行分析及趋势方案验证，判断支架焊缝根部改进方案思路。

通过提炼改进方案关键参数，并根据各改进方案的计算结果进行逐步调整，最终确定优化方案参数，对改进方案进行台架耐久试验验证。验证结果表明，与仿真分析结果吻合，循环次数相对原方案提升约 3 倍，解决了开裂问题。

在产品开发中，通过焊缝耐久仿真分析的手段，可以迅速有效地识别设计方案潜在风险，帮助指导设计快速制定改进方案，解决试验中出现的疲劳开裂问题。

通过大量耐久仿真与试验对标数据的积累，可以有效提高建模及仿真精度，因而扭力梁开发在车型开发前期进行耐久仿真分析及台架试验验证显得极为必要。此外，经验数据库的形成也为确定设计前期仿真分析目标值提供了有力支撑。

3.3　基于载荷谱的汽车疲劳寿命仿真分析方法

疲劳破坏是汽车零部件结构中常见的失效形式，据统计约占全部失效 40% 的零部件损伤都源于疲劳破坏。汽车在运行过程中，由于路面不平等因素的影响，对零部件产生不均匀的冲击，作用在结构件上，形成了交变应力；在交变载荷的作用下，零部件所承受的最大应力虽低于材料的屈服强度，但经长期交变应力作用之后，零部件会出现损伤等问题,有些零部件虽然采用塑性较好的材料,在断裂前没有明显的塑性变形,但有时也会出现突然断裂问题。因此,疲劳破坏的3大特点为:①载荷引起的应力是交变的;②载荷的作用时间是长期的;③断裂是瞬时发生的。判断失效和破坏的条件:汽车零部件失去原有所规定的性能和功能,导致零部件原有状态变差,包括功能丧失、功能降低和严重损伤等。

3.3.1 疲劳载荷谱

引起疲劳破坏的原因有多种,最主要的有5类:第一类是设计原因,由于零部件结构设计不合理,如有尺寸突变、倒角过小、圆弧过渡过小等,引起零部件设计不满足疲劳强度准则,造成应力集中,存在危险截面等。第二类是材料问题,由于原材料存在冶金缺陷,锻造比不合理,原材料密度不均匀,导致结构件屈服强度和抗拉强度不均匀等。第三类是工艺原因,在冷加工过程中,存在刀痕、冷加压不均匀、磨削烧伤、冷作硬化等问题;锻造过程中,存在折叠、脱碳、过烧等问题;热处理过程中,存在热处理裂纹、变形超指标、残余应力过大、组织性能不合格、脆性等问题;焊接过程,存在外观缺陷、气孔和夹渣、裂纹、熔蚀、内应力等,导致焊接应力集中。第四类是使用原因,如过保修里程,力矩衰退,意外冲击。第五类是环境原因,由于极端温度、持续高负荷和腐蚀等。

汽车零部件按失效和破损模式分类可以分为5类:第一类是零部件磨损,包括表面疲劳磨损、粘着磨损、腐蚀磨损等。第二类是疲劳断裂,包括高周疲劳、低周疲劳、热疲劳、腐蚀疲劳等。第三类是腐蚀,包括化学腐蚀、电化学腐蚀、油腐蚀、水腐蚀等。第四类是变形,包括超弹性变形、超塑性变形和蠕变等。第五类是老化,如橡胶轮胎、塑料器件龟裂、极限温度下的脆裂等。

汽车在行驶过程中,所承受的载荷多是随机性的,随机载荷作用下的疲劳寿命分析,不同于常幅下的疲劳寿命计算。要对汽车零部件和白车身进行疲劳寿命和耐久性的仿真分析,必须具备载荷谱(即幅值累积频次图)和材料 $S\text{-}N$ 曲线(即材料的疲劳曲线)。

载荷谱是指汽车在行驶过程中,各零部件在各种工况下承受道路的载荷与它出现的累积频次关系图,随机载荷谱表达了随机载荷的统计特性。载荷谱不仅是疲劳寿命和耐久性分析的依据,也是4通道、轮耦和轴耦模等拟试验加载的依据。

载荷谱与零部件使用生命周期[6]的关系可以从图3-17中看出,在使用过程中,零部件受到的载荷有一部分幅值在零部件可接受的持久极限载荷以内,有一部分超过了可接受的持久极限载荷[7]。

根据载荷谱的测试结果,分析载荷幅值是否超越持久极限载荷。在设计零部件过程中一般分为三种类型:第一种是受到的载荷超越持久极限最大载荷的频次高,对于这类零部件,在结构设计时,疲劳寿命必须设计在材料的疲劳极限下,以保证零部件在使用过程中不发生破坏;第二种是零部件受到的载荷超越持久极限最大载荷的频次不高，对于这类零部件，在结构设计时，主要考虑零部件所受的静强度满足使用需求即可；第三种是零部件受到的最大载荷远大于持久极限，但受到的频次很低，对于这类零部件，在结构设计时，疲劳寿命按照有限寿命设计展开，可以接受这类零部件在使用过程中，能够承受在工作中反复塑性变形，如果出现问题，尽快将这类零部件替换即可。

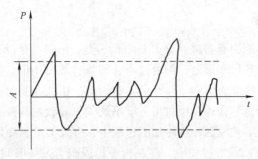

图 3-17　生命周期历程

3.3.2　基于载荷谱的白车身疲劳分析

汽车白车身[8]（Body in White）是指完成焊接但未涂装之前的车体，不包括车门、发动机舱盖、行李舱盖等运动件，也不包括仪表板、转向管柱、前后风窗玻璃、座椅、后视镜等内饰件等。车体既是汽车驾驶员的操作空间，又是容纳乘员或货物的空间；好的车体不仅能带来更佳的整车性能，也能体现出车主的品位。在承受外部作用过程中，主要表现出两大类功能（车体功能很多，本节重点讨论的是承载和防护，其余不展开）：一是吸能，防外部冲击，当汽车发生碰撞时，尤其是承载式车体，为了保护车辆内部成员的安全，由结构件构成的白车身迅速吸收外部冲击能量，使乘员舱不发生过多的变形，同时保证与之相连接的部件如发动机、变速器、备胎、行李舱内的货物和轮胎等硬物不能侵入乘员舱，从而使得传递到驾驶员和乘员的力和加速度不会超过对人体产生伤害的值。关于车体吸能防冲击功能将在碰撞仿真部分详细分析，在这里不再展开讨论。二是承担载荷、抗路面冲击，汽车行驶过程中，由于路面不平度、转向时的侧向力、凹坑凸块、加减速时载荷的转移等引起重量在垂直方向上的变化，该变化导致车辆产生冲击作用；根据 IEC 60068-2-27，作用在悬架上（车体内的冲击主要是通过悬架传递过来的）的路面冲击加速度，试验要求为 25g，白车身承担了这种来自路面的载荷和冲击，白车身疲劳更多是由路面冲击载荷引起的。

根据上述分析，对某车辆在开发过程中，出现试验车辆的白车身后纵梁开裂现象，根据道路试验规范要求采集了试验车辆路面载荷谱，并通过多体动力学模型对载荷进行分解，获得了车身与底盘接合点的载荷时间历程。建立白车身有限元模型，应用惯性释放法计算各连接点单位载荷激励下白车身各区域的应力分布。以载荷时间历程为激励，完成白车身的疲劳分析，再现了后纵梁开裂风险区域，并通过实测应变信号对仿真结果进行了对标。依据后纵梁开裂区域损伤贡献度占比最大工况对后纵梁进行了优化设计,确保后纵梁顺利通过整车道路耐久试验。

3.3.2.1 白车身疲劳故障

某车型在进行整车道路耐久试验时,在完成试验目标 1/4 时出现白车身后纵梁开裂情况,位置发生在后扭力梁前铰接固定点,具体如图 3-18 所示。

图 3-18 某车型后纵梁开裂情况

对裂纹断口形态进行失效分析,如图 3-19 所示,确认该处由于材料强度不够引起多源、双向、非对称的疲劳开裂。

图 3-19 裂纹断口形态分析

3.3.2.2 建立白车身载荷谱分析流程

为了对白车身后纵梁出现的开裂问题进行分析和优化,采用实测载荷谱对白车身进行耐久性能仿真分析,并结合开裂区域应变信号对仿真分析结果进行对标,从而确保改进方案满足仿真分析目标要求,具体分析流程如图 3-20 所示。

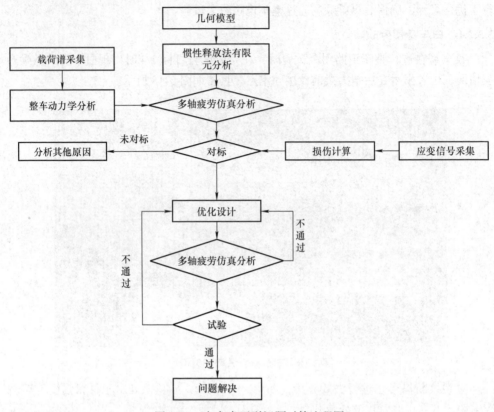

图 3-20　白车身开裂问题对策流程图

3.3.2.3　载荷谱采集

试验场道路载荷谱是路面对车辆作用激励在车轮处的响应信号。该信号经过整车多体动力学仿真后可获取车身各个接合点的载荷时间历程。

采集方案：车辆在行驶过程中，路面激励经车轮、悬架系统等传递到车身，同样，车体对悬架有反作用力。为尽可能保证所采载荷谱数据的准确度，车辆的各项参数都要与设计状态保持一致，如悬架硬点坐标、整车姿态、轴距、轮距以及整车质量等，采用经过底盘调教的试验样车按照车辆满载质量进行配重可以采集满足要求的载荷谱。采集信号包括 4 个车轮的六分力信号、加速度和位移信号、开裂区域的 7 个应变信号以及位于三角臂的辅助应变信号，共计 67 个信号通道。

路谱采集车辆及采集设备如图 3-21 所示。

车辆在采集试验场应严格按照试验规范进行，以避免采集误差对仿真结果的影响，每种工况需要重复采集三遍。图 3-22（见彩插）是采集车辆在综合路工况下左前轮 X、Y、Z 三个方向的力的信号。

图 3-21　路谱采集车辆及采集设备

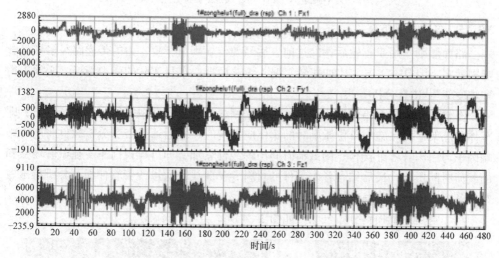

图 3-22　左前轮在综合路下的三个方向的力信号

3.3.2.4　载荷分解

1. 信号处理及载荷谱编制

在载荷谱采集过程中，为了保证数据的有效性和准确性，节约采集时间，会单独对各个工况进行采集，因此在采集完成后，需要先对载荷信号进行去趋势、毛刺以及去偏置等处理，以保证载荷数据的有效性，然后按照试验规范对载荷谱进行重新编制。采集过程中，信号会受温度、信号干扰以及仪器设备问题等因素影响，信号的异常将直接影响后续仿真的精度，所以对载荷信号的处理至关重要。

2. 载荷分解

通过对车辆在试验路面的载荷采集[7-9]，获取车辆轮心六分力以及轮心加速度、位移等测量信号。这些实质上是车辆对路面激励的输出响应，借助于整车多体动力学模型可直接获取各个白车身接合点的载荷时间历程[10]，如图 3-23 所示。

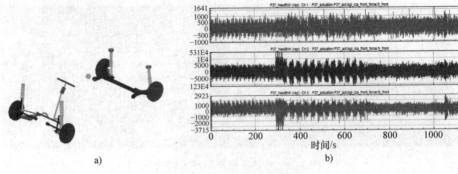

图 3-23 白车身载荷分解

a) 整车多体动力学模型　b) 白车身左前减振器接合点的载荷时间历程

3.3.2.5 多轴疲劳仿真

路面激励作用于车轮后，经过前、后悬架传导到白车身，力的传递路径多样且影响因素多，因单一工况（比如扭转工况）无法模拟白车身实际的受力情况，必须采用多轴疲劳[11]仿真分析方法。

车体结构响应多是弹性小变形，可以采用惯性释放法获取车体应力影响因子，即车体和悬架连接点施加单位激励时的车体应力响应；然后通过疲劳分析软件将应力影响因子与白车身各个接合点的载荷时间历程线性累加，即可再现白车身在试验场受到的载荷时间历程，最后结合各个部件的材料 $S-N$ 曲线，通过疲劳软件即可分析得出白车身各个区域的疲劳寿命[12]。

白车身后纵梁损伤分布云图，如图 3-24 所示。

图 3-24 白车身疲劳损伤分布云图及开裂区域

从白车身后纵梁损伤分布云图分析表明：后纵梁区域的疲劳损伤要远远高于白车身其他区域，存在开裂风险，且最大损伤位置也位于螺栓孔附近钣金处，与实际开裂位置一致。

3.3.2.6 后纵梁优化设计方案

1. 仿真结果与试验对标

为了进一步对仿真结果进行评估，找出开裂区域损伤较大的典型工况，采用三轴应变花对开裂区域的应变数据进行采集。在粘贴应变片时，为了保证数据有对比性和广泛性，在后纵梁上围绕开裂区域布置了 5 个 3 轴应变花，其中部分采用沿后纵梁裂纹扩展方向分布，部分采用尽可能地接近开裂区域，应变片粘贴位置以及所采集数据如图 3-25 所示。

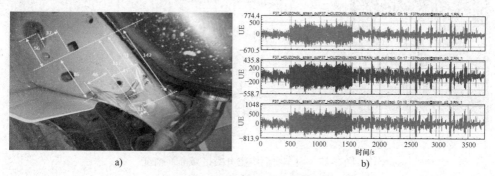

图 3-25　应变片布置图及测量信号

a）应变片粘贴点分布　b）应变片信号

结合后纵梁的材料 E-N 曲线，对各应变片的信号进行伪损伤计算，可得到结果：应变片的伪损伤以及伪损伤历程曲线，通过伪损伤与仿真结果对标后可以看出，5 个应变片损伤趋势与仿真结果一致，表明疲劳分析结果较好地再现了白车身后纵梁损伤情况，如图 3-26 所示。

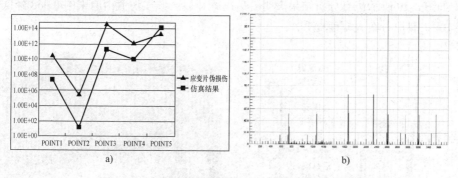

图 3-26　应变片伪损伤分布及与仿真结果对标情况

a）应变片伪损伤与仿真结果对标　b）应变片伪损伤时间历程

从与开裂位置最为接近的应变片损伤历程可以得出结果：综合路工况中的扭曲路应变片的损伤贡献度最大，约占比 90%，扭曲路面作用载荷比较单一，主要表现为车体的大扭转工况，结合后纵梁剖面结构可以判断，由于后纵梁内部空腔面积较大，中间无横向支撑，导致刚度不足，在侧向和垂向载荷的作用下易导致后扭力梁固定点处（开裂点）出现疲劳开裂[13, 14]，在后续优化方案中应着重提高后纵梁的侧向和垂向刚度。

2. 后纵梁优化设计

白车身后纵梁开裂处车身结构如图 3-27 所示，该处为后纵梁与加强板两层钣金焊接贴合结构，后扭力梁安装螺母焊接在内部的加强板上。加强板除了底面（Z向）与后纵梁焊接外，周圈的翻边还在Y向上与后纵梁侧面、后纵梁连接板焊接。

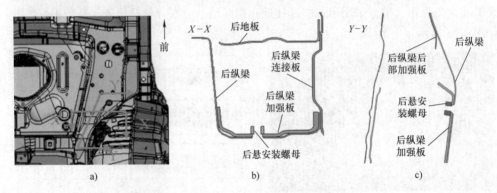

图3-27　白车身后纵梁开裂区域断面情况

a）断裂处车体结构　b）断裂处X向断面　c）断裂处Y向断面

为加强后纵梁的侧向和垂向刚度，将后纵梁在后扭力梁固定点处的结构由原来的"加强板+焊接螺母"形式改为"加强板+套筒+套筒支撑板"结构，即如图3-28所示，将套筒下部通过凸点焊焊接在后纵梁加强板上，在加强板与后纵梁焊接后，再将套筒支撑板与后纵梁、后纵梁连接板点焊在一起，最后围绕套筒伸出套筒支撑板的周圈进行烧焊。

如图3-29所示仿真分析结果表明：后纵梁开裂区域损伤值由原来的0.068降低为$9.5×10^{-4}$，较原方案大幅度提升。

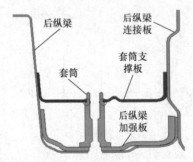 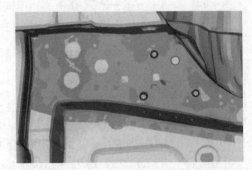

图3-28　后纵梁结构优化方案（X-X断面）　　图3-29　后纵梁优化方案疲劳分析

3.3.2.7　小结

结合车辆产品开发需求，采用六分力仪器对整车耐久试验工况进行载荷谱采集，并通过多体动力学仿真对载荷进行分解获取了白车身接合点的X、Y、Z方向的力和力矩载荷时间历程。

建立车体和焊点有限元模型，分别以三向单位力和力矩载荷进行66个工况的结构应力分析，基于力的方法在单位载荷分析基础上以道路载荷时间历程为激励计算了车体焊点疲劳损伤,再现了后纵梁开裂风险区域,并通过实测应变信号对仿真结果进行了对标。

最后,依据仿真分析结果对后纵梁结构进行了优化,优化方案顺利通过了整车道路耐久试验验证,确保了项目的顺利进行,为后续车型后纵梁设计提供开发经验。

3.3.3 某车型发动机舱盖耐久性能仿真优化研究

在车辆行驶过程中,发动机舱盖受到的载荷激励源主要有两方面:①来自路面的冲击,经轮胎传输到发动机舱盖上;②发动机舱盖在开闭过程中,受到来自锁系、限位块及密封条等部件的反作用力冲击。发动机舱盖出现疲劳开裂,往往是由于这两种载荷激励源的作用引起的。

发动机舱盖疲劳耐久性分析的总体方法:首先,经过对标分析,设定发动机舱盖开闭耐久仿真的目标值;其次,基于设定的仿真目标值,采用开闭耐久仿真分析,预测某车型发动机舱盖原方案耐久性能的薄弱部位,并分析出影响该舱盖耐久性能的关键因素,从而提出改进方案;最后,将改进后的发动机舱盖通过开闭耐久台架试验及路试耐久试验验证,验证了其合理性,这样就可以固化设计方案,投入商品开发。

3.3.3.1 发动机舱盖开闭耐久理论计算方法

发动机舱盖开闭耐久[15, 16]仿真分析工况参照相关标准展开。发动机舱盖关闭过程中载荷分析:在距离锁系高度为 h、初速度 $v=0$ 到将要接触到限位块、锁系及密封条等部件的过程中,如图 3-30 所示,发动机舱盖的重力势能转化为动能,如式(3-2)所示。该公式通过变换后,可以用于求发动机舱盖的角速度 ω,如式(3-3)所示。在发动机舱盖开闭耐久仿真分析过程中,用式(3-3)求得发动机舱盖的角速度 ω,可以简化发动机舱盖未受到限位块、锁系及密封条等部件反作用力这一运动过程。

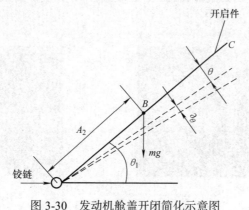

图 3-30 发动机舱盖开闭简化示意图

$$mgh_1 = m(L\omega)^2/2 \quad (3-2)$$

$$\omega = \sqrt{2gh}/L \quad (3-3)$$

发动机舱盖从受到限位块、锁系及密封条等部件反作用力冲击到完成开闭运动的过程中，舱盖的重力势能和动能被限位块、锁系、密封条、车身环境件及发动机舱盖所吸收，如式（3-4）所示，其中限位块采用 Mooney-Rivlion 模型；锁系考虑其相关构件实际运动状态，完成冲击并设置锁止动作；密封条采用弹性单元模型；车体截取白车身前半部分。

$$mgh_2 + m(L\omega)^2/2 = E_{限位块} + E_{锁系} + E_{密封条} + E_{车身} + E_{舱盖} \qquad (3\text{-}4)$$

通过式（3-4）计算得到发动机舱盖一个开闭耐久循环的应力-时间历程曲线。采用式（3-5）、式（3-6）修正材料的 S-N 曲线，根据修正的材料 S-N 曲线，并基于求得的应力-时间历程曲线，从而求得发动机舱盖的疲劳寿命[17]。

$$K_c = \left[\frac{K_M - IFK2}{(f_{GR,sf})^{IFK3} - 1 + \dfrac{1}{(f_{1,af})^{IFK3}}} + IFK2 \right] \frac{1}{f_{m,sf}} \qquad (3\text{-}5)$$

$$N_{cf,c} = N_{cf,m} \left[\frac{10^{6.8 - \frac{3.6}{f_{m,sf} K_M} Fakt21}}{10^{6.8 - \frac{3.6}{K_c}}} \right] \frac{1}{f_{m,cf}} \qquad (3\text{-}6)$$

式中，K_c 为修正后的 S-N 曲线斜率；$N_{cf,c}$ 为修正后的 S-N 曲线的疲劳极限；K_M 为材料初始 S-N 曲线斜率；$N_{cf,m}$ 为材料初始 S-N 曲线的疲劳极限；$f_{GR,sf}$ 为应力梯度修正因素；$f_{1,af}$ 为材料表面粗糙度修正因素；$f_{m,sf}$ 为平均应力修正因素；$f_{m,cf}$ 为材料修正因素；Fakt21 为温度修正因素；IFK2、IFK3 为材料参数。

3.3.3.2 发动机舱盖耐久性能仿真分析

发动机舱盖开闭耐久试验及路试耐久试验结果，铰链加强板及锁扣加强板焊点开裂部位如图 3-31 所示。

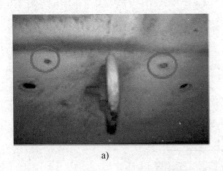
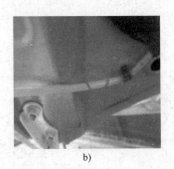

图 3-31 加强板焊点开裂

a）锁扣加强板焊点开裂 b）铰链加强板焊点开裂

某车型发动机舱盖原方案开闭耐久性能仿真分析结果如图 3-32 所示。

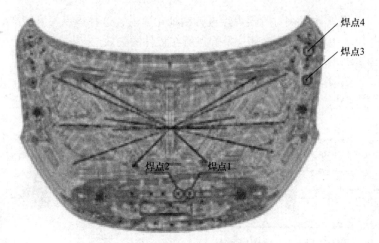

图 3-32　方案耐久性能仿真结果

基于以往车型发动机舱盖耐久性能仿真与试验对标结果，设定仿真目标值。基于仿真目标值，预测某车型发动机舱盖耐久性能薄弱部位，根据图 3-32 分析，得出如下结果：

1）锁扣加强板焊点区域与图 3-31a 中一致，仿真损伤值不满足仿真目标值，需要进行耐久性能提升。

2）锁扣加强板焊点上的其他焊点虽然满足仿真目标值，但是与仿真目标值对比富余量不大，可以考虑进行耐久性能提升。

3）铰链加强板焊点区域与图 3-31b 一致，损伤值满足仿真目标值，但是与仿真目标值对比富余量不大，可以考虑进行耐久性能提升。

3.3.3.3　发动机舱盖耐久性能仿真优化技术

采用瞬态非线性分析求解开启件动态关闭过程的瞬态响应，模拟发动机舱关闭至锁止全过程[10, 11]。瞬态非线性分析需建立车体及门锁有限元模型，包括密封条和限位块等弹性件模型，如图 3-33 所示。

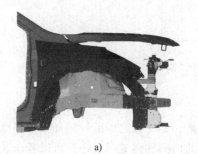
a)

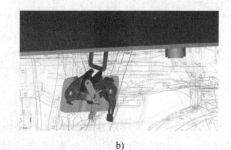
b)

图 3-33　有限元仿真模型

a）发动机舱有限元仿真模型　b）发动机舱锁系有限元模型

同时，应用软件模块对舱盖焊点进行精细化建模，这种焊点模型能准确识别开闭冲击载荷作用下失效焊点精确部位及焊点所在板件的失效层[12]。常见焊点模型及本实例应用的焊点模型对比如图3-34、图3-35所示。

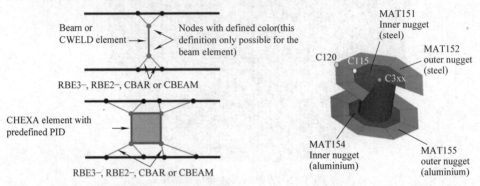

图3-34　常用焊点仿真分析模型　　　　　图3-35　高精度焊点模型

计算完成后，得出相关的分析结论。

1. 铰链加强板焊点耐久性能仿真优化

图3-36为原方案铰链加强板焊点在开闭过程中的应变能-时间历程曲线[13]。由图3-36可知，螺栓孔之间的焊点在整个开闭过程中应变能数值最低，铰链加强板焊点在整个开闭过程中应变能数值最高，其应变能最大峰值为螺栓孔之间的焊点应变能最大峰值的78倍。

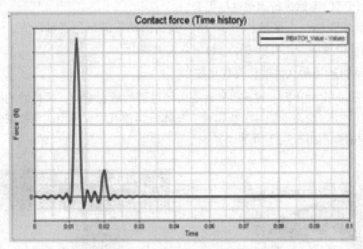

图3-36　应变能-时间历程曲线

根据铰链加强板焊点应变能对比得出以下结果：螺栓孔之间的铰链加强板焊点在开闭过程中吸收的能量较小，判断该焊点对结构的局部加强效果较小，可以考虑取消此处焊点；而铰链加强板焊点在开闭过程中吸收的能量较大，建议在此处附近再增加一个焊点，而焊点总数不变。

对发动机舱盖铰链加强板改进方案进行开闭耐久性能仿真分析,如图 3-37 所示[14]。仿真结果表明:改进方案铰链加强板焊点耐久性能相对于原方案提升 3.7 倍;取消螺栓孔之间的铰链加强板焊点后,铰链加强板螺栓孔耐久性能与原方案相当;铰链加强板改进方案在后续开闭耐久台架试验及路试耐久试验未出现开裂,验证了优化思路的正确性。

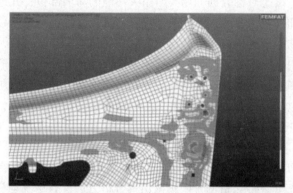

图 3-37　铰链加强板改进方案耐久性能仿真分析结果

2. 锁扣加强板焊点耐久性能仿真优化

图 3-38 为原方案锁扣加强板焊点及铰链加强板焊点在开闭过程中的应变能 - 时间历程曲线[15]。根据图 3-38 分析得出以下结果:锁扣加强板焊点的应变能数值相对于铰链加强板焊点 1 应变能数值较高,其中锁扣加强板焊点应变能最大峰值为铰链加强板焊点应变能的 7 倍。

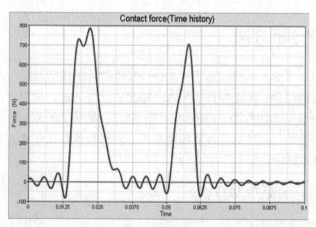

图 3-38　原方案锁扣加强板焊点应变能 - 时间历程曲线

根据仿真分析结果可知:适当增加锁扣加强板厚度,有利于提升锁扣加强板焊点的耐久性能;锁扣加强板增加 20mm 后,锁扣加强板焊点仿真损伤值满足仿真目标值。

从应变能的角度,对比锁扣加强板增加 20mm 后锁扣加强板焊点应变能变化趋势:锁扣加强板增加 20mm 后,锁扣加强板焊点应变能峰值下降;进行开闭耐久台架试验及路试耐久试验未出现开裂，验证了优化思路的合理性。

3.3.3.4 小结

从能量守恒的角度探究了发动机舱盖在整个开闭过程中的运动状态，提出了发动机舱盖开闭耐久的理论计算方法；采用开闭耐久仿真分析技术，通过发动机舱盖原方案的耐久性能、试验对标数据，寻找出耐久性能的薄弱部位，并进行改进设计；对发动机舱盖铰链加强板仿真耐久性能薄弱焊点，从应变能的角度解释耐久性能薄弱的机理，提出铰链加强板改进方案，并通过耐久性能仿真分析，且在开闭耐久台架试验及路试耐久试验中未出现焊点开裂，验证了耐久性能仿真优化思路的合理性；针对发动机舱盖锁扣加强板仿真耐久性能薄弱焊点，从应变能的角度解释耐久性能薄弱的机理，从趋势上通过仿真验证锁扣加强板尺寸对锁扣加强板焊点耐久性能的影响，最终提出改进方案，并通过耐久性能仿真分析，且在开闭耐久台架试验及路试耐久试验中未出现焊点开裂，验证了耐久性能仿真优化思路的合理性；通过开闭耐久仿真分析方法，寻找提升发动机舱盖开闭耐久性能的优化设计思路，积累设计经验。

采用基于瞬态非线性分析的开闭耐久仿真分析方法计算了发动机舱寿命损伤分布并提取了寿命薄弱点。通过提炼仿真与试验对标结果，找到失效源，有助于有针对性地进行设计改进，提高对策有效率并减少验证轮次。

在产品开发中，通过焊点耐久仿真分析的手段，可以迅速有效地识别设计方案潜在风险，帮助指导设计快速制定改进方案，解决试验中出现的疲劳开裂问题。

开启件开发在车型开发前期进行耐久仿真分析及台架试验验证极有必要，此外，经验数据库的形成也为确定设计前期仿真分析目标值提供有力支撑。

3.4 载荷谱分析方法

在工程应用中，为了在时间历程中统计分析零部件的疲劳寿命，将加载或冲击载荷作用在零部件的过程，用全振荡波形或半振荡波形来表达，称为"计数法"[16]。目前常用的计数法有雨流计数法、峰值计数法、频次计数法、变程-均值计数法、四峰谷计数法等几种方式。具体这些计数法优缺点、应用场景等在许多文献中都有详细分析，本文不做重点讨论[17]。

3.4.1 载荷信号的处理和分析

雨流计数法也叫雨滴计算法，大都以屋顶上流下来的雨水为例进行说明。在实测过程中，随机载荷谱往往由很多因素形成，根据主载荷的作用，由随机载荷谱[18]中选取适合雨流计数的最大峰（谷）处起止的典型段作为计数典型段，然后按照雨流计数法的一般规则，采用简化雨流计数法进行计数。基于典型载荷谱段为基础，重复工作历程，这样计数就构成了随机载荷谱全循环载荷幅值、均值和相应频次的时间历程关系，从而推出概率密度函数，以及累积概率分布函数，形成了随机载荷谱。当然，除了受主载荷作用外，还常受到一些次要的载荷作用[19]，这些载荷表现为二级波、三级波乃至一些高阶小量循环。对这些不能构成疲劳损伤的小量循环，在进行载荷-时间历程计数时，应该将小量循环舍弃。由于小量循环等问题，在某种情况下，采用雨流计数的结果用于疲劳寿命分析与实际有较大偏差，目前仍有许多公司和科研机构在进行研究和完善。

现将雨流计数机理进行阐述。将载荷谱历程曲线旋转90°放置，如图3-39所示，假设有雨滴沿最大峰（谷）处开始往下流，箭头向下表示时间轴[20]，在横轴上表示应变或应力。

1）雨滴从各极小（大）点流出，但是，一滴雨滴流出时，下个雨滴不应流出。

2）从极小点流出的雨滴在流淌到屋顶时，下一个极小点，在流淌到小于自己流出的极小点的值时停止流淌；从极大点流出的雨滴在流淌到屋顶时，下一个极大点，在流淌到大于自己流出的极大点的值时停止流淌。

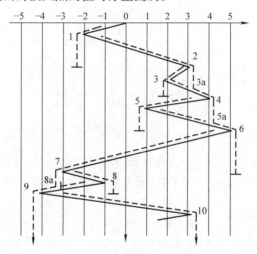

图3-39 应力频率计数法示意图

（雨流计数法，1→6的流淌情况，下一个极小点7，
该值小于自己流出的极小点1，因此，在极大点6停止流淌）

3）当雨滴到达前面流淌的部分时，现在看到的流淌情况则是在该点停止流淌（从图3-39的极小点3流出的雨水流是从1至6，因此，在3停止流淌时，从极小点5流出的雨水流在5a停止流淌。从极大点8流出的雨水流是从6至9，因此，在8a停止流淌）。频率计数见表3-1。

对于累积疲劳损伤分析，如果小量循环考虑越精细，则分析越准确。为了实现这一目标，在分析过程中，将实际道路和台架试验上测试的累积疲劳损伤值分别进行分析，通过比较这两者的结果进行精度验证。假设在实际道路上的随机载荷计数为n_{p1}、n_{p2}、n_{p3}……，以再现n_{pj}为目标的台架试验上随机载荷计数为n_{r1}、n_{r2}……，假设在同一个S-N线上，用D_p表示路面累积疲劳损伤值，用D_r表示台架试验上的累积疲劳损伤值，小项循环的分析如图3-40所示。

表 3-1 频率计数结果

流涧	应力 × 循环	应力	循环次数
0→1	2×0.5	1	1
1→6	7×0.5	2	1.5
2→3	1×0.5	3	1
3→3a	1×0.5	4	0
4→5	3×0.5	5	0
5→5a	3×0.5	6	0
6→9	9×0.5	7	1
7→8	2×0.5	8	0
8→8a	2×0.5	9	0.5
9→10	7×0.5	10	0

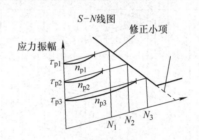

图 3-40 小项（累积疲劳损伤项目）及修正小项

则分析如下式：

$$D_\mathrm{p} = \sum_j \frac{n_{\mathrm{p}j}}{N_j} \tag{3-7}$$

$$D_\mathrm{r} = \sum_j \frac{n_{\mathrm{r}j}}{N_j} \tag{3-8}$$

如果累积疲劳损伤值 D_p、D_r 越接近，则分析精度越高。

3.4.2 后轴支架疲劳分析精度提升及结构优化技术

支架类零件在汽车零部件连接中起到重要的作用，典型的支架类零件包括发动机支架、悬架支架、前后副车架连接支架等。在开发设计阶段，为了使得产品满足汽车的安全性能要求，要对支架类零件产品的疲劳性能进行研究。影响支架类零件产品疲劳寿命的因素主要包括材料属性、载荷特性、加载频率、工作温度、环境介质、应力状态、表面加工和尺寸效应等。

为了解决此问题，采用了道路载荷谱分析。首先建立支架类零件的有限元分析模型[21]，通过静强度及模态分析进行预分析，为数据采集提供依据；接着对实车进行数据采集，提取时域下的动态载荷激励数据，同时继续测试直至结构失效。其次对采集的时域数据进行处理[22]，同时对伪损伤进行处理、连接路面剪切等数据压缩，并对加速度信号进行转换，分析得到位移载荷；根据实车测试的位移载荷，对有限元模型施加实车的载荷，进行结构的动态响应分析。最终利用模态叠加法进行寿命分析，具体流程如图 3-41 所示。在挡泥板测试过程中，结果表明其频率与路面激励的频率较为接近，考虑共振影响，故选择了疲劳损伤常用的模态叠加法进行分析。模态叠加法类似于准静态方法，模态参与因子关联模态应力，使得结果动力响应计算不需要存储每一节点、单元的响应，但需要选择模态分析中模态数量且需要将模态响应转换为时间历程。

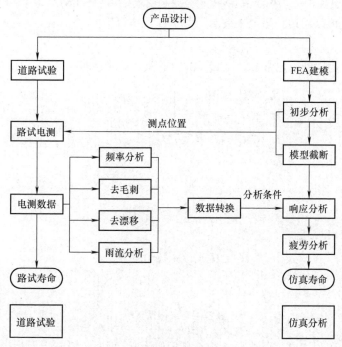

图 3-41　工作流程

3.4.2.1　模态叠加法的理论

模态叠加法[18]首先将动力学方程转换为模态方程，然后确定以模态坐标表示的初始条件，最终得到系统的位移和应力响应。对于多自由度系统动力学问题，基本方程为

$$\boldsymbol{M}\ddot{\boldsymbol{\mu}} + \boldsymbol{C}\dot{\boldsymbol{\mu}} + \boldsymbol{K}\boldsymbol{\mu} = \boldsymbol{p}(t) \tag{3-9}$$

式中，$\boldsymbol{M}$ 为质量阵；$\boldsymbol{C}$ 为阻尼阵；$\boldsymbol{K}$ 为刚度阵；$\boldsymbol{\mu}$ 为位移列阵；$\boldsymbol{p}$ 为载荷列阵。

其特征方程为

$$([K] - \omega_i^2[M])\{\phi_i\} = 0 \tag{3-10}$$

式中，ω_i 为第 i 阶模态的自然频率；ϕ_i 为第 i 阶模态的振动向量。

利用模态叠加法[25]需对物理坐标表示的动力学方程[式（3-9）]进行解耦，要将物理坐标系转换到模态坐标系，根据特征向量的正交性，在模态坐标系中，模态矩阵表示为

$$H = [\varphi_1, \varphi_2, \cdots, \varphi_N] \tag{3-11}$$

模态质量表示为

$$M_r = \varphi_r^T M \varphi_r \quad r = 1, 2, \cdots, N \tag{3-12}$$

模态刚度表示为

$$K_r = \varphi_r^T K \varphi_r = \omega_r^2 M_r \quad r = 1, 2, \cdots, N \tag{3-13}$$

系统阻尼可以用瑞利阻尼来表示，即

$$C = TM + UK \tag{3-14}$$

式中，T 和 U 为瑞利阻尼常数，由式（3-10）和正交性原理可得

$$\left. \begin{array}{l} H_r^T M H_s = M_r \delta_{rs} \\ H_r^T K H_s = \omega_r^2 M_r \delta_{rs} \\ H_r^T C H_s = (T + U k_r^2) M_r \end{array} \right\} \quad r = 1, 2, \cdots, N \tag{3-15}$$

其中，

$$\delta_{rs} = \begin{cases} 1 & r = s \\ 0 & r \neq s \end{cases} \tag{3-16}$$

这样就可以得到：

$$H_r^T C H_s = (T + U k_r^2) M_r W_{rs} \tag{3-17}$$

阻尼比为

$$a_r = \frac{1}{2}\left(\frac{T}{k_r} + U k_r\right) \tag{3-18}$$

由于质量阻尼 T 在实际中影响很小且近似为 0，此时，模态阻尼为

$$C_r = H_r^T C H_s = 2 M_r k_r a_r \tag{3-19}$$

物理坐标转换为模态坐标：

$$\mu = HZ(t) = \sum_{r=1}^{n} h_r Z_r(t) \tag{3-20}$$

式中，$Z_r(t)$ 即为第 r 阶模态响应的主坐标。

通过模态坐标的变换，动力学方程就成为以解耦的模态坐标表示的模态方程：

$$M_r \ddot{Z} + C_r \dot{Z} + KZ = p_x(t) \quad r = 1, 2, \cdots, N \tag{3-21}$$

求解式（3-21）表示的 N 个独立模态坐标下的动力学方程，即可得到模态坐标下各阶模态坐标向量 $Z_r(t)$，将其代入式（3-20）中，即可求得系统在物理坐标下的位

移响应 $\{\mu\}$，进而可求得系统的应力响应结果。

在模态变换中，式（3-20）包含了系统所有的 N 阶模态，在实际工程中，并不需要计算系统所有的模态，在一定动载荷的激励作用下，并不是所有的模态都能被激出，通常只需要取系统的前几阶模态来代替系统的全部模态。

3.4.2.2 疲劳理论与影响因素

根据分析对象，确定采集点的位置。首先在车架上布置加速度传感器，在支架类零件上布置加速度传感器，同时贴上应变片，用于结构的有限元分析。经过数据处理后的加速度数据进行双积分并滤波去除常数项后得到的位移信号[27]，成为仿真所需的必要的时域信号。

应力集中是疲劳损伤发生的直接原因，导致应力集中的原因有强度问题、表面粗糙度、表面处理等，疲劳断裂往往从表面裂纹开始蔓延。

3.4.2.3 分析模型方案

疲劳分析是基于 Miner 的疲劳损伤累计理论[18]，该理论指出，材料在各个应力水平下的损伤是独立进行的，这与载荷加载的顺序、循环载荷的周期先后是没有联系的，总损伤公式为

$$D = \sum_{i=1}^{l} \frac{n_i}{N_i} \tag{3-22}$$

式中，n_i 为某个应力水平下对应的 S-N 曲线上的循环次数，N_i 为雨流计数得出的值，当总损伤小于 1 时认为满足要求。疲劳损伤是每一次循环载荷损伤累计的结果，所以在疲劳分析过程中，静力分析的结果准确性直接影响着疲劳分析结果的准确性，静力分析模型的设置直接决定静力的结果。

通常在静力学分析中，为了建立准确的有限元分析模型，首先，参考实物的模型，其次，结合台架试验的条件，最后建立有限元仿真模型，如图 3-42 所示。

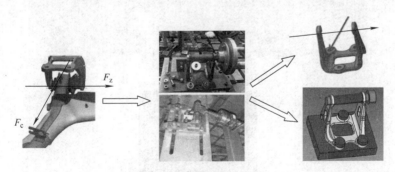

图 3-42 分析模型方案图

为了与实际加载方式保持一致性，在仿真模型中分别进行轴向加载和侧向加载。首先，在仿真模型中施加轴向载荷 4500N，得出静力分析结果的最大位置区域，

并与实际实物断裂进行对比，结果表明：仿真模型的应力集中位置与试验断裂位置一致性较高，说明了仿真模型的合理性，如图3-43所示。

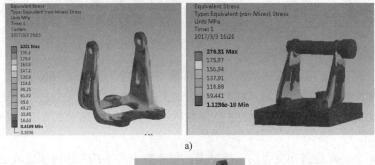

图3-43 轴向静力分析结果与试验结果
a）轴向力静力分析结果 b）轴向试验断裂图

接着，在仿真模型中施加侧向载荷4100N，得出静力分析结果的最大位置区域，并与轴向试验断裂图进行对比，应力集中位置与试验断裂位置一致性较高，如图3-44所示。

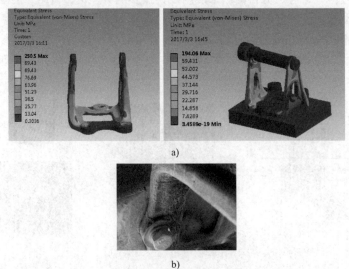

图3-44 侧向静力分析结果与试验结果
a）侧向静力分析结果 b）侧向试验断裂图

通过静力分析结果与试验对标分析，轴向与侧向有限元分析结果中应力值较大区域与试验断裂位置相吻合，因此可以用于该支架的疲劳寿命分析。

3.4.2.4 疲劳分析

1. 分析方法

采用疲劳仿真软件进行分析，将有限元分析模型和结果作为输入，设置材料的 S-N 曲线、载荷乘子、应力幅修正方式、材料存活率、表面粗糙度、表面处理系数和用户系数等参量。该支架采用 QT450 材料，为脆性材料，其应力幅修正方式采用 Goodman 方式[6]进行修正：

$$\sigma_a = \sigma_{-1}\left(1 - \frac{\sigma_m}{\sigma_b}\right) \quad (3-23)$$

式中，σ_a 为应力幅；σ_m 为平均应力；σ_{-1} 为平均应力等于 0 时的疲劳强度。

该支架的 S-N 曲线如图 3-45 所示。

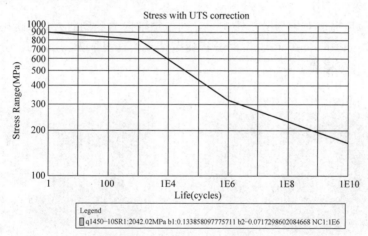

图 3-45　材料的 S-N 曲线

材料存活率设置为 90%，建立的疲劳分析流程如图 3-46 所示。

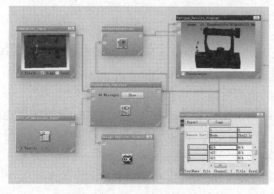

图 3-46　疲劳分析流程图

2. 疲劳影响参数

在工程中，支架类零件通常用表面系数（K_{sur}）对机加工工艺的影响分析表面加工对部件寿命的影响。建模时，考虑加工工艺如表面抛光和表面处理的影响，K_{sur}是三个定义系数的积：

$$K_{sur} = K_{treatment} K_{roughness} K_{user} \tag{3-24}$$

式中，$K_{treatment}$为表面处理系数；$K_{roughness}$为表面粗糙度类型；K_{user}为用户表面系数。

根据经验，一般用户表面系数设置为1.0，这里重点研究表面粗糙度和表面处理系数对疲劳分析结果的影响。在取值的过程中，要结合精铸件的加工工艺与后处理工序的方法，来取表面粗糙度的数值与表面处理系数。通常表面处理一般取1.0，处理较差取0.5，处理较好取1.5。对于精密铸造工艺而言，工艺性比较好，产品表面粗糙度一般比较好的取6.4μm，粗糙一些的取12.5μm，特别好的取3.2μm。下面的通过表面粗糙度对疲劳寿命的影响进行分析，根据分析的结论可以用于铸造零部件表面粗糙度的设置。

1）表面粗糙度对疲劳分析影响。分别施加轴向力和侧向力，分析中分别设定$K_{roughness}$ = 3.2μm、6.4μm、12.5μm时分析疲劳结果，这里取$K_{treatment}$ = 1，分析结果如图3-47所示（见彩插）。

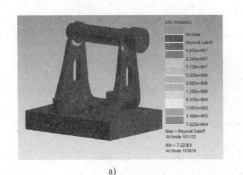 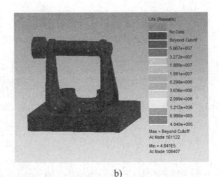

a)　　　　　　　　　　　　　　　　b)

图3-47　疲劳分析结果1

a）轴向疲劳分析结果　b）侧向疲劳分析结果

分析结果表明：粗糙度对疲劳寿命有影响，粗糙度越大寿命越低。从图3-47a可知，在轴向载荷工况下，当粗糙度为3.2μm时，寿命为7.22万次；当粗糙度为6.3μm时，寿命为6.89万次；当粗糙度为12.5μm，寿命为6.58万次。从图3-47b可知，在侧向载荷工况下，当粗糙度为3.2μm时，寿命为40.4万次；当粗糙度为6.3μm时，寿命为37.66万次；当粗糙度为12.5μm，寿命为35.21万次。从分析中可以看出该零件承受侧向载荷的能力远大于轴向载荷。

2）表面处理系数对疲劳分析影响。分别施加轴向力和侧向力，分别设定$K_{treatment}$=0.5、1、1.5时分析疲劳结果，这里取$K_{routhness}$=12.5μm，仅列出$K_{treatment}$=1时的结果，如图3-48

（见彩插）所示。

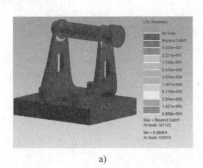
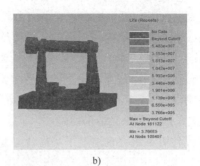

a)　　　　　　　　　　　　　　　b)

图3-48　疲劳分析结果2

a）轴向疲劳分析结果　b）侧向疲劳分析结果

分析结果表明：表面处理系数对疲劳寿命有影响，表面处理系数越大寿命越大。从图3-48a可知，在轴向载荷工况下，当表面处理系数为0.5时，寿命为3.76万次；当表面处理系数为1.0时，寿命为6.89万次；当表面处理系数为1.5时，寿命为13.6万次。从图3-48b可知，在侧向载荷工况下，当表面处理系数为0.5时，寿命为10.27万次；当表面处理系数为1.0时，寿命为37.66万次；当表面处理系数为1.5时，寿命为92.34万次。从分析中可以看出该零件承受侧向载荷的能力远大于轴向载荷。

3.4.2.5　结构优化及验证

该后轴支架在疲劳试验与路试过程中均出现断裂，其结构强度不满足要求，结合静力学分析结果与疲劳分析结果的位置，分析疲劳失效的原因如下。

1）安装部位很重要，在装配过程中，避免部件安装过渡不平缓，导致应力集中，受侧向力的反复冲击。

2）部件与车身贴合面的面积过小，受侧向载荷时，不能起到很好的接触支撑作用。

3）销轴孔附近壁厚较薄，在轴向力作用下，轴孔附近易失效。

在结构优化的措施中，结合精铸件熔模铸造工艺的要求，杜绝大平面、急过渡等工艺特点，对结构薄弱区域进行结构优化改进，改进措施如图3-49所示。

图3-49　优化结构图

通过上述结构优化方案可以看出,一般通过加大圆角、增大平缓过渡、增大接触面、抬高截面等一系列措施来减小应力集中现象,提高结构的疲劳寿命。

对于优化后的结构采用装配分析模型进行疲劳分析验证,分析过程中取上述疲劳分析中得出的疲劳影响因素参数数据,$K_\text{routhness}$ = 12.5μm, $K_\text{treatment}$ = 0.5μm,分别得到在轴向载荷和侧向载荷作用下的疲劳分析结果(图3-50,见彩插):在轴向载荷工况下,结构寿命为94万次,远大于试验结果50万次;在侧向载荷工况下,结构寿命为160万次,远大于试验结果50万次。

该优化方案最终也通过了实物台架验证,静载及疲劳均满足该车型强化工况设计要求。

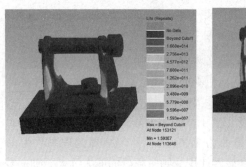 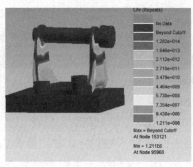

a) b)

图3-50 优化结构疲劳分析结果

a)轴向疲劳分析结果 b)侧向疲劳分析结果

3.4.2.6 小结

有限元仿真分析结果对疲劳分析结果至关重要,在通常有限元分析进行强度校核的情况下,可以采用精准建立的模型,为进行疲劳分析的精确性提供依据。

表面粗糙度与表面处理系数对疲劳分析的结果均有影响,且表面处理系数影响更大。

通过参数的数据对比与台架实验的对标,得到提升疲劳分析精度的敏感性参数,为后续精铸件的疲劳分析提供参考依据。

对分析结果中疲劳寿命较低部位进行优化改进,通过结构优化的方法,加强结构强度,最终满足设计要求的疲劳寿命。

3.4.3 基于道路载荷谱的备胎架耐久性分析

后置备胎架在车辆行驶过程中,主要处在随机振动的环境下,承受来自地面传来的振动载荷与备胎重力的作用。因此,振动疲劳失效成为该零件的主要失效模式。某车型在设计开发阶段,可靠性试验过程中出现备胎架左、右支撑梁疲劳开裂故障,本节采用有限元方法对零件进行模态及频率响应分析,基于振动疲劳的分析方法对备胎架的疲劳损伤进行计算及故障再现,进而提出改进优化方案,并进行试验验证。

3.4.3.1 振动疲劳频域分析理论

对于振动疲劳[19-21]问题仿真分析通常采用时域法和频域法等分析方法。前者结合雨流计数法与 S-N 曲线，通过将每一时间步长的外加载荷对应的影响进行叠加来计算应力，得到疲劳累积损伤。后者应用功率谱密度（PSD），以模态响应与模态应力为输入进行分析，得出疲劳寿命。由随机振动引起的疲劳损伤多采用频域分析方法。对于窄带随机振动过程，当威布尔斜率为 2 时，其应力幅服从 Rayleigh 分布。对于宽带随机振动过程，Wirsching and Light 根据雨流计数法，以窄带随机过程的疲劳模型为基础，引入雨流修正系数，提出了预测平稳宽带高斯应力过程下的疲劳失效模型；Dirlik 根据对应力幅进行的大量蒙特卡洛仿真，开发出一个雨流幅值 $f_{Sa}(S_a)$ 概率密度函数的纯经验闭式表达式。后来学者[22-25]对不同模型结合试验进行对比计算，发现 Dirlik 模型对于宽带随机振动疲劳的损伤求解更接近试验结果。

功率谱密度函数（PSD）是结构在随机动态载荷激励下响应的统计结果，是一条功率谱密度-频率值的关系曲线，表达式如下：

$$W_X = 4\pi S_X(\omega) \tag{3-25}$$

式中，$S_X(\omega)$ 为归一化平稳随机过程 $X(t)$ 的自相关函数的傅里叶变换。

令 M_j 为功率谱密度函数 W_X 的第 j 个矩，则 M_j 定义为

$$M_j = \int_0^\infty f^j W_X(f) \mathrm{d}f \tag{3-26}$$

根据 Miner 线性累积损伤理论，结构的疲劳损伤为

$$D = \sum D_i = \sum n_i / N_i \tag{3-27}$$

式中，n_i 表示在应力水平 S_i 下的循环次数，N_i 表示结构在应力水平 S_i 下的疲劳寿命。当累计损伤达到 1 时产生裂纹失效。根据恒应力幅 S_a 与疲劳寿命 N_i 之间的关系，疲劳寿命 N_i 可以表示如下：

$$N_i = \frac{1}{2}\left(\frac{S_a}{S_f}\right)^{\frac{1}{b}} \tag{3-28}$$

式中，S_f 为疲劳强度系数；b 为疲劳强度指数。如果 $m = -1/b$，$A = 0.5(S_f)^m$，则上式可写为

$$N_i = A S_a^{-m} \tag{3-29}$$

一个连续的宽带随机过程，在时间段 t 内，应力幅下的应力循环次数为

$$n_i = EPt \tag{3-30}$$

根据 Dirlik 的雨流幅值 $f_{Sa}(S_a)$ 概率密度函数，时间段 t 内的疲劳损伤表达如下：

$$D = \frac{EPt}{A} ES_a^m \tag{3-31}$$

其中，

$$ES_a^m = \int_0^\infty S_a^m f_{Sa}(S_a) \mathrm{d}S_a \qquad (3\text{-}32)$$

$f_{Sa}(S_a)$ 概率密度函数的表达式如下：

$$f_{Sa}(S_a) = \frac{D_1}{2\sqrt{M_0}Q} e^{-\frac{Z}{Q}S_a} + \frac{D_2 Z}{2\sqrt{M_0}R^2} e^{-\frac{Z^2}{2R^2}S_a^2} + \frac{D_3 Z}{2\sqrt{M_0}} e^{-\frac{Z^2}{2}S_a^2} \qquad (3\text{-}33)$$

式中，

$$\begin{cases} Z = \dfrac{1}{2\sqrt{M_0}} \\ X_m = \dfrac{M_1}{M_0}\sqrt{\dfrac{M_2}{M_4}} \\ \gamma = \dfrac{M_2}{\sqrt{M_0 M_4}} \\ D_1 = \dfrac{2(X_m - \gamma^2)}{1+\gamma^2}R \\ D_2 = \dfrac{1 - \gamma - D_1 + D_1^2}{1 - R} \\ D_3 = 1 - D_1 - D_2 Q = \dfrac{1.25(\gamma - D_3 - D_2 R)}{D_1} \end{cases} \qquad (3\text{-}34)$$

3.4.3.2 备胎架故障问题失效分析

某车型在整车可靠耐久试验过程中，出现后置备胎架左、右支撑梁开裂故障，如图 3-51a 所示，断裂位置在左、右支撑梁与备胎安装支架的焊缝拐角处。对失效件的断口（图 3-51b）进行材料分析，由于断口磨损严重，难以从裂纹形成轨迹来辨别备胎架的失效原因。通过对备胎架的工况进行分析，发现备胎架长期处于随机振动的环境中，承受着地面传递的振动载荷与备胎重力作用，易发生振动疲劳失效。因此，本实例采用振动疲劳的分析方法，对备胎架开裂问题进行故障再现，并根据仿真结果对其进行优化改进分析。

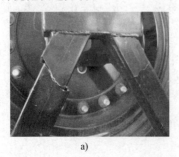

a)　　　　　　　　　　　　　　　b)

图 3-51　备胎架断裂示意图

a）备胎架断裂失效　b）断裂端口

第 3 章　疲劳寿命仿真

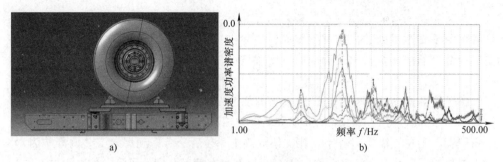

图 3-52　备胎架的测点位置及试验采集信号图

a）备胎架的测点位置　b）试验采集信号图

为对备胎架的开裂故障通过仿真的手段进行故障再现，需采集完整的试验循环对备胎架产生的激励信号。由于备胎架通过后保险杠与车架进行连接，所受到的路面激励直接从与保险杠连接位置进行传递，因此如图 3-52a 所示，在备胎架与后保险杠的连接位置 1#、2# 处各安装一个三向加速度传感器，采集车辆试验路段上整车坐标系下的 x、y、z 三个方向的加速激励信号。如图 3-52b 所示，从所采集的加速度功率谱密度曲线，可以看出备胎架承受的是宽带随机振动工况。

3.4.3.3　备胎架的振动疲劳分析

备胎架结构主要由矩形钢管与钢板焊缝连接而成。基于仿真软件，对备胎架的 CAD 模型抽取中面，创建网格单元，采用质量单元 Mass 进行模拟备胎，对后保险杠与车架连接位置进行约束，建立备胎架的有限元模型，如图 3-53a 所示，并进行模型的模态与频率响应仿真。

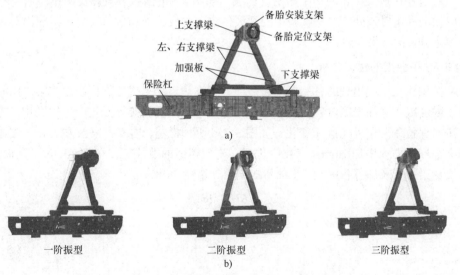

图 3-53　备胎架的有限元模型及前三阶振型图

a）备胎架的有限元模型　b）备胎架的前三阶振型

对备胎架的有限元模型进行模态分析,得到的前三阶振型如图3-53b所示。一阶频率对下支撑梁处的损伤贡献较大,二阶与三阶频率对左、右支撑梁与备胎安装支架焊缝处的损伤贡献比较大,即试验中备胎架的断裂位置对二阶与三阶频率较为敏感。

基于疲劳寿命仿真软件与试验采集的加速度PSD谱可计算得到备胎架的疲劳损伤。如图3-54a所示,备胎架的损伤薄弱部位依次是②右支撑梁与备胎安装支架焊缝拐角位置、①左支撑梁与备胎安装支架焊缝拐角位置。考虑到焊接工艺的影响因素,由于焊缝的可靠性存在波动,因此①与②处都存在疲劳开裂的风险。仿真薄弱部位与试验开裂区域相吻合。

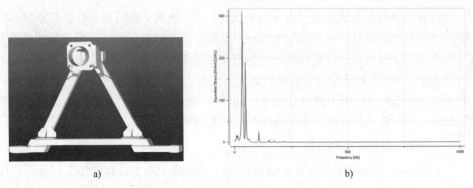

图3-54 备胎架疲劳损伤云图及损伤值最大位置的PSD曲线图
a) 疲劳损伤云图 b) 损伤值最大位置的PSD曲线

查看损伤最大位置的功率谱密度曲线,如图3-54b所示,可以看出第二阶与第三阶的振动冲击对该处(也是试验中的开裂位置)的疲劳损伤贡献较大。与前面对备胎架模态分析的结果一致。

3.4.3.4 备胎架的优化分析

为解决试验中出现的备胎架断裂故障,根据仿真结果提出优化改进方案。同时为最小限度减小零件变更对后续加工过程中冲压、装配及焊接等工艺产生的影响,方案改进时保持备胎架外轮廓无变化,如图3-55a所示将左、右支撑梁及左、右下支撑梁的截面厚度向内增加1mm。优化改进后,支架截面的惯性矩I_y增加13.4%,从而左、右支撑梁承受来自备胎重力产生的弯矩应力σ减少11.8%。

$$I_y = \frac{BH^3 - bh^3}{12} \quad (3-35)$$

$$\sigma = \frac{M_y}{I_y} \quad (3-36)$$

式中,σ为截面上任意一点处的正应力,M为截面上的弯矩,y为该点到中性轴的距离。

通过对改进方案进行疲劳损伤计算,得到优化后备胎架的疲劳损伤如图3-55b所示。疲劳损伤值最大的两处位置依次是②右支撑梁与备胎安装支架焊缝拐角处与①左支撑梁与备胎安装支架焊缝拐角处。对比两处与原方案对应位置的疲劳损伤值,得出①处改进方案较原方案降低76.6%,②处改进方案较原方案降低87.1%。对改进方案进行可靠耐久试验,该方案通过了试验验证,未发生疲劳开裂。

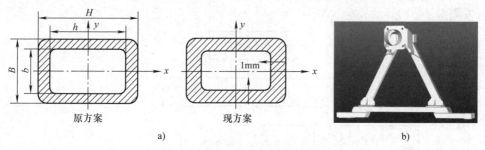

图3-55 备胎架改进方案及其疲劳损伤云图
a)改进方案示意图 b)改进方案的疲劳损伤云图

3.4.3.5 小结

通过对后置备胎架的断裂失效及试验采集的激励信号进行分析,得出备胎架的失效模式为振动疲劳失效。

采用频域法对备胎架的随机振动疲劳进行仿真分析。基于宽带随机振动疲劳损伤的Dirlik算法,结合试验采集的加速度PSD谱,计算得到的损伤位置与试验中备胎架的断裂位置基本吻合。

对备胎架提出优化改进,并计算疲劳损伤,得出改进方案较现方案至少降低76.6%,满足开发目标要求。

优化后的备胎架通过了可靠耐久性试验,未再发生开裂故障,验证了改进方案的有效性。

3.5 非金属零部件疲劳寿命分析

前述对金属材料进行了较多的分析和研究,但随着非金属材料性能的提升,基于其重量轻、成本低、易加工和抗腐蚀等优势,逐渐被引入到工程中,但对于这些材料疲劳性能的研究却远远不够,所以有必要对具体非金属构成的零部件疲劳寿命进行研究。本节以某乘用车全新塑料背门开闭耐久分析,阐述非金属结构件疲劳寿命分析方法。

3.5.1 非金属结构件分析流程

传统的金属背门在开闭耐久试验中常出现焊点脱落和钣金开裂等试验故障,而对于首次全新开发的塑料背门,其结构形式和连接方式与传统金属背门完全不同,因此对塑料背门的开闭耐久性能提出了更大挑战。

通过采用瞬态非线性动力学分析方法能够充分考虑开闭过程中背门的几何变形与回弹等，准确模拟背门受到的瞬态冲击应力，进而导入疲劳软件进行寿命分析，判断开裂风险，如图3-56所示。该仿真方法对于金属背门，能够准确预测寿命薄弱部位，判断开裂风险。因此采用瞬态非线性分析方法对全新塑料背门进行风险预测，提取寿命薄弱部位进行改进分析，最后改进方案顺利通过台架开闭耐久试验验证，大大缩短开发周期，节约开发成本。

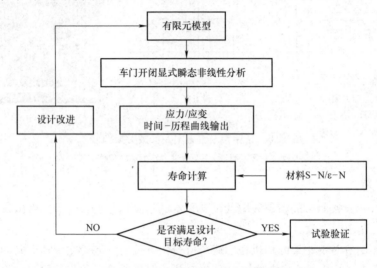

图3-56 开闭耐久仿真分析流程图

3.5.2 塑料背门开闭耐久仿真分析

某乘用车塑料背门如图3-57所示，主要由外板、内板、门把手、扰流板、侧扰流板、内护板、锁加强板、密封条、限位块、缓冲块、锁系、刮水器电动机等组成。背门板件中除锁加强板为金属件冲压成形外，其余均为塑料注塑而成，其中内板和门把手材料相同，采用塑料加注玻纤，并且内板在铰链连接孔处嵌有钣金。该塑料背门主要采用粘胶和卡扣两种连接方式，部分位置采用螺栓连接。

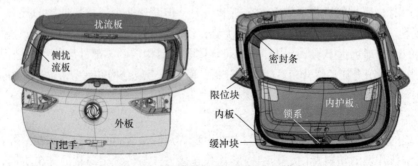

图3-57 某乘用车全新塑料背门模型

3.5.2.1 有限元模型建立

根据结构特点，建立塑料背门有限元模型时，对内板、外板、锁加强板等板件用壳单元模拟，其中同一零件料厚不同处赋予各自料厚；粘胶采用六面体单元模拟，与上下板件采用节点耦合的连接方式；密封条采用弹性 1D 单元模拟；锁系采用刚柔混合建模，如图 3-58 所示，锁体、锁钩、锁舌、橡胶块采用实体单元模拟，采用连接单元建立锁舌的旋转轴，并建立一系列接触对真实模拟门锁锁止过程中锁舌的运动；限位块与缓冲块采用实体单元建模，并建立接触对，模拟车门关闭时的缓冲；另外对背门上安装的刮水器电动机、车灯、车门开关等用质量单元模拟，用分布耦合单元与安装部位连接。最后，建立的全新塑料背门有限元模型共有单元 260977 个，节点 264208 个。为真实模拟背门开闭过程，截取部分车身模型，在背门铰链连接处建立旋转副，真实模拟车门的关闭状态。塑料背门有限元分析模型如图 3-59 所示。

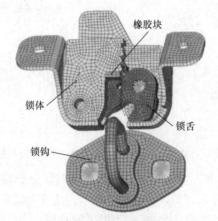

图 3-58 锁系有限元模型

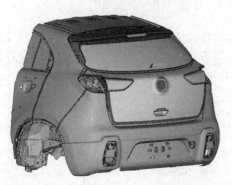

图 3-59 全新塑料背门有限元分析模型

3.5.2.2 瞬态非线性分析

塑料背门关闭过程中对车门本体的瞬态冲击应力主要由限位块/缓冲块开始接触、锁舌与锁钩啮合锁止、车门回弹这一过程中产生，因此将车身截断面进行全约束，塑料背门开启一定角度,并对塑料背门施加重力场与初始角速度,基于瞬态非线性分析方法仿真计算塑料背门关闭过程中的瞬态响应。计算完成后,锁钩处接触力曲线如图 3-60 所示,缓冲块、限位块接触力曲线如图 3-61 所示。

3.5.2.3 疲劳寿命分析

采用应力疲劳(S-N)计算方法计算全新塑料背门的寿命分布。塑料的 S-N 曲线特性不同于金属材料,首先塑料材料会随着温度变化而变化,且疲劳强度远低于金属材料。由图 3-62 所示内板在不同温度下的 S-N 曲线可知,同一寿命对应的应力幅随温度的升高而降低。其次塑料材料不同于金属材料,其没有屈服强度,只有抗拉强度,且不同温度下的抗拉强度也不相同。

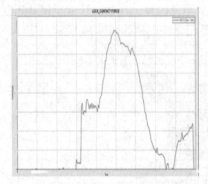

图 3-60 锁钩处接触力曲线

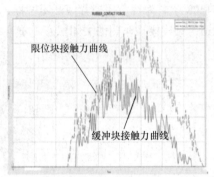

图 3-61 缓冲块/限位块接触力曲线

由图 3-63 所示内板在不同温度下的应力应变曲线分析结果可知,内板在同一应变下,温度越低,应力越大。但最大应力并没有发生在低温环境下,这是因为塑料材料在低温环境易发生脆性断裂。另外,不同的塑料材料,其 S-N 曲线及应力应变曲线等性能参数均有较大差异。

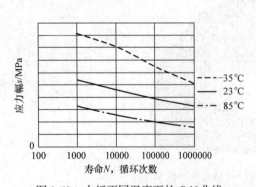

图 3-62 内板不同温度下的 S-N 曲线

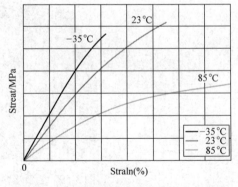

图 3-63 内板不同温度下的应力应变曲线

结合某乘用车全新塑料背门的工作环境温度与试验环境温度,采用 23℃下的 S-N 曲线进行开闭耐久分析。如要考核特殊温度下全新塑料背门的开闭耐久性能,则要采用特殊温度下的 S-N 曲线进行仿真分析。

将瞬态非线性分析结果导入疲劳软件，输入材料 S-N 曲线，对全新塑料背门进行疲劳寿命计算，得到全新塑料背门的损伤分布情况，如图 3-64 所示。其中寿命薄弱位置位于门把手上与锁加强板连接孔处，寿命为 2.7 万次，不满足目标要求 4 万次，存在疲劳开裂风险。

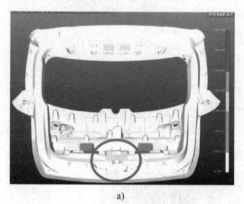
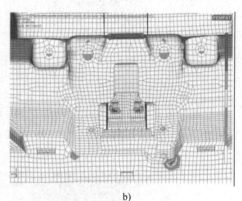

图 3-64 关键零件的损伤分布结果
a）塑料背门损伤云图分布 b）薄弱位置损伤放大云图

3.5.2.4 机理分析与优化改进

通过提取背门关闭过程中门把手薄弱位置的应力曲线，如图 3-65 所示，对照锁扣处接触力曲线，如图 3-66 所示，在锁舌与锁钩锁住并产生相对作用力时，门把手处的应力急剧上升。结合门把手模型（图 3-66a）可知，寿命薄弱位置的结构形式简单，承载能力较差。经过多轮仿真对比验证，确定最终改进方案如图 3-66b 所示，通过增加横向及纵向加强筋来增强寿命薄弱位置的耐久性能，并对改进方案进行开闭耐久仿真分析。通过提取改进方案中门把手上锁加强板连接孔处的应力曲线，可见改进方案和原方案的应力曲线在走势上未发生变化，但在峰值处的应力有明显的下降。

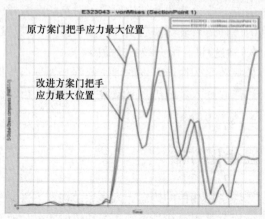

图 3-65 门把手上与锁加强板连接孔处应力曲线

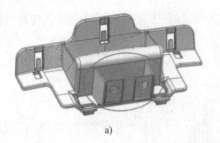 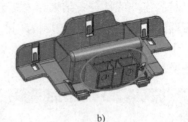

a)　　　　　　　　　　　　　　b)

图 3-66　门把手结构模型

a）原方案　b）改进方案

通过对改进方案进行疲劳寿命仿真，门把手的损伤分布如图 3-67 所示，门把手上与锁加强板连接孔处的寿命为 308 万次，满足目标要求。后续通过对改进方案进行台架开闭耐久试验，试验结果表明塑料背门无开裂现象，通过验证。

图 3-67　改进方案门把手损伤分布云图

3.5.2.5　小结

建立了某乘用车全新塑料背门的有限元分析模型，同时基于瞬态非线性分析方法与 23℃下材料的 S-N 曲线，计算得到全新塑料背门的损伤分布并提取寿命薄弱点。

通过分析寿命薄弱点的应力曲线及结构形式，对全新塑料背门进行多轮优化改进仿真。最终改进方案的仿真结果表明薄弱点寿命大幅提高，满足目标要求。最后改进方案通过台架开闭耐久试验验证，无开裂失效故障。

探索出了塑料零件疲劳耐久性能开发的理论依据，为进一步提高塑料零件疲劳耐久性能的仿真精度，还需通过大量的仿真与试验结果对标分析，优化模型，从而为设计开发提供更有力的支撑。

3.6　疲劳耐久性优化方法

损伤是与疲劳耐久性密切相伴的概念。大多数结构和零件所受循环载荷的幅值都是变化的，即变幅载荷疲劳累积损伤是不同频率和幅值的载荷所造成的损伤逐渐累积的结果，属于有限寿命设计的核心问题。

当材料承受高于疲劳极限的应力时，每一个循环都使材料产生一定的损伤，每一个循环所造成的平均损伤为 1/N。这种损伤是可以积累的，n 次恒幅载荷所造成的损伤等于其循环比 C=n/N。变幅载荷的损伤 D 等于其循环比之和，即

$$D = \sum_{i=1}^{l} n_i / N_i \tag{3-37}$$

式中，l 为变幅载荷的应力水平等级；n_i 为第 i 级载荷的循环次数；N_i 为第 i 级载荷下的疲劳寿命。

当损伤积累到了临界值 D_f 时，即

$$D = \sum_{i=1}^{l} n_i / N_i = D_f \tag{3-38}$$

就发生疲劳破坏。D_f 为临界损伤和，即损伤和。

不同学者、专家对损伤累积方式根据研究情况，提出了不同的疲劳累积损伤理论，目前关于疲劳累积损伤理论已有数十种。这些理论归纳起来大致可以分为以下四大类：①是假定材料各个应力水平下的疲劳损伤是独立进行的，总损伤可以线性叠加的线性疲劳累积损伤理论，该理论最具有代表性的是 Miner 法则；②是认为材料疲劳过程初期和后期分别按两种不同的线性规律累积的双线性累积损伤理论，该理论最具有代表性的是 Manson 的双线性累积损伤理论；③是假定在载荷历程内，损伤之间存在着相互累计作用，即各个载荷所造成的疲劳损伤与其以前的载荷有关的非线性累积损伤理论，最具代表的是损伤曲线法和 Corten-Dolan 理论；④是大多从实验、观测和分析归纳出来的经验或半经验公式，如 Levy 理论和 Kozin 理论等。

在目前仿真技术发展过程中，在这些理论的基础上，应用了许多优化方法，以便能快速解决在实际开发中的问题，形成开发方案，降低开发成本。本文以传感器支架和三角臂耐久性能仿真分析两个项目为例对产品寿命优化方法进行分析。其中，传感器支架耐久性能优化项目阐述了产品寿命均匀化设计过程，及该技术所带来的耐久性能提升效果；三角臂耐久性能分析则说明了耐久失效机理分析和改变传统耐久问题解决方法的必要性。

3.6.1 等寿命设计的重要意义

本节对产品寿命设计方法以及如何实现等寿命设计进行了探讨。产品的疲劳寿命设计一般分为无限寿命设计、有限寿命设计和损伤容限设计。无限寿命设计和有限寿命设计方法被广泛应用于汽车设计等领域，而损伤容限设计则主要应用于航空航天和核工业领域。无限寿命设计起源相对较早且较容易实现，有限寿命设计实现的技术难度则相对较高，且需要大量的试验验证。等寿命设计代表了有限寿命设计的最高水平，目前只有少数国外先进汽车公司能够实现产品开发的等寿命设计。

本节将以两个项目开发中解决的实际问题为例对产品寿命优化设计进行说明，并对未来如何实现等寿命设计进行探讨，希望能够起到在专业设计中的引导作用。

3.6.2 传感器支架耐久分析及改进

3.6.2.1 传感器支架耐久分析介绍

某项目车型发动机舱盖感应器及其安装支架原始方案模型如图3-68所示。根据设计要求确定了传感器弹簧工作状态下的交变载荷曲线,如图3-69所示。感应器支架在发动机舱盖开闭和汽车行驶过程中,反复承受传感器弹簧交变载荷作用。设计工程师为了确定感应器支架是否满足耐久性能要求,故进行耐久性能仿真分析。

图3-68　发动机舱盖感应器及其安装支架数模

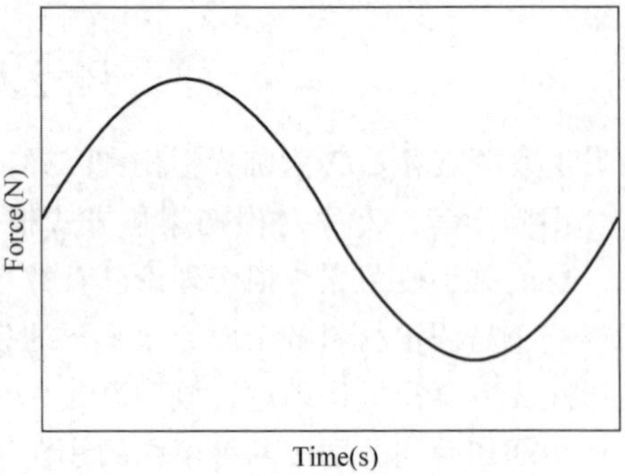

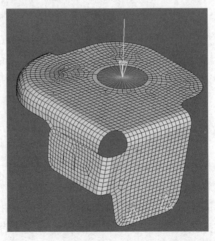
图3-69　发动机舱盖感应器弹簧载荷

3.6.2.2 仿真建模及分析结果

发动机舱盖感应器支架有限元模型如图3-70所示,感应器弹簧载荷作用在感应器安装孔中心,对支架与车身间固定焊点进行约束。

图3-70　发动机舱盖感应器支架有限元模型

发动机舱盖感应器支架疲劳寿命仿真分析结果如图3-71所示。仿真分析结果表明,传感器支架寿命薄弱部位主要集中在支架下部圆角过渡区域,而支架安装孔端面和侧面在该工况下接近无限寿命。这说明感应器支架圆角过渡区域需要进行寿命改善，而支架安装孔端面和侧面则具有优化空间。

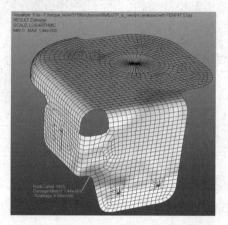

图 3-71　感应器支架原方案寿命分析结果

3.6.2.3　改进优化分析

基于上述仿真分析结果，对感应器支架原方案先后进行了两次改进，如图 3-72 所示。中间阶段改进方案相比原方案加长了折弯过渡区域长度。最终方案则将折弯过渡区域延伸至支架下端面，且将支架安装孔端面尺寸进行了缩减。

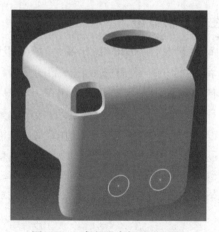

图 3-72　感应器支架改进过程

感应器支架两种改进方案的寿命仿真分析结果如图 3-73 和图 3-74 所示。仿真分析结果表明，相对原方案，支架中间阶段改进方案通过延长折弯过渡区域长度，寿命薄弱部位也相应向支架下端面转移，疲劳寿命较原方案提升了 11 倍。支架最终改进方案与原方案相比，寿命薄弱部位已经从折弯过渡区域转移消除，而经过对支架安装孔端面尺寸进行缩减，支架材料的分配也更加节约合理，疲劳寿命较原方案提升了 32 倍，改善效果非常显著。

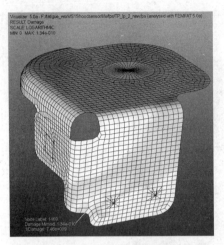 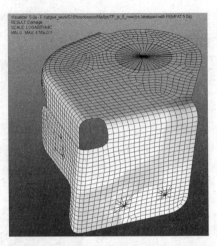

图 3-73　中间阶段改进方案寿命结果　　　　图 3-74　最终改进方案寿命结果

3.6.2.4　小结

传感器支架耐久性能优化项目基于疲劳寿命均匀化设计实现合理分配材料，节约了生产成本，并有效提升支架疲劳寿命。经过优化后，支架最终方案较原方案重量更轻（减重 12%），但整体疲劳寿命却较原方案大幅提高。在优化后，还对支架最终方案进行了振动疲劳等性能仿真分析确认，并最终通过了实车耐久性能试验验证。

3.6.3　三角臂耐久性能分析改进

汽车产品的质量和可靠耐久性是影响其竞争力的重要因素，同时受到零部件开发周期与成本压力、竞争性的影响，往往造成在产品开发过程中，产品开发的验证不足，使得产品会在客户使用过程中发生问题。乘用车三角臂是重要的悬架部件之一，是将路面载荷传递给车身的重要部件，其耐久性能直接影响到车辆的安全性，因此三角臂的耐久性设计是其设计的一个重要指标。三角臂总成在满足强度、刚度、运动特性等性能指标的同时，还要保证在过载（碰撞）时出现弯曲变形不发生断裂，在整个运动空间内不能和其他零件发生干涉，衰减振动及隔绝噪声，抵抗使用环境的影响，在整车寿命周期内免维护，同时较低的成本和重量也是必须要考虑的，另外还要考虑平台通用化需求设计等。

由于三角臂是汽车行驶过程中很重要的零部件，其受力和行驶工况都很复杂，因此，要进行寿命分析，需采用多种工况、多种软件联合仿真，仿真和试验联合测试，才能实现其目标。首先建立三角臂有限元仿真模型，分析其基本的功能和性能，再将仿真与试验对标，以实测悬架车轮轴头六分力作为输入，建立整车多体动力学分析模型，获取三角臂在实际行驶过程中承受的道路载荷，构建出三角臂各连接点的载荷谱，将此载荷谱作为疲劳寿命的输入和诱导因素，建立疲劳寿命分析模型并进行计算，采用雨流计数方法，最终计算得出三角臂具体寿命薄弱部位以及疲劳寿命分布，在此基础上，确定疲劳寿命设计目标，对三角臂耐久性能进行多轴疲劳寿命优化分析，通过仿真分析得出最终优化方案，有效控制了产品设计周期和成本。

3.6.3.1 分析流程

本节主要的研究内容是由钢材更改为铝材的三角臂，在满足相同载荷谱激励作用下的两种材料的疲劳寿命相当条件下，找到既达到轻量化目的又降低成本的铝材三角臂疲劳寿命优化方案。首先根据项目对标件，确定三角臂疲劳寿命目标值，接着以疲劳寿命目标值作为优化条件，对铝材板件进行疲劳寿命优化，最后对优化后的三角臂进行疲劳寿命预测，获得优化后的疲劳寿命结果，并与钢材疲劳寿命对比，判定是否继续疲劳寿命优化。

流程包括钢材三角臂有限元分析及基于载荷谱的疲劳寿命预测以确定疲劳寿命优化目标，铝制板材以确定的疲劳寿命优化目标为基准，对铝制板材进行疲劳寿命仿真分析优化，然后对结果优化方案进行疲劳寿命预测，根据疲劳寿命设计目标，板材优化进行多轮次，最后得到满足疲劳寿命的开发方案。

3.6.3.2 三角臂对标件有限元应力分析

1. 三角臂对标件有限元模型建立

采用仿真软件进行三角臂对标件有限元网格处理，部件之间的连接采用钢性连接。有限元模型如图 3-75 所示。开发车的三角臂以实际行驶工况下来自路面的载荷激励作为输入，在车辆正常行驶情况下，三角臂作为重要的承载零部件，车辆的重力、路面的载荷、冲击的惯性力等均作用在三角臂上，故在其上属于复杂的组合交变载荷。由于三角臂各个部分承受的三向主应力载荷处于非比例状态，大小、方向随着时间而随时变化，基于此可以得出三角臂正常行驶下的疲劳属于多轴疲劳。三角臂对标件有限元计算应力分析云图如图 3-76 所示。

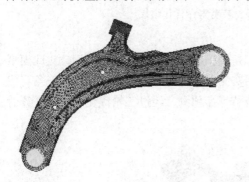

图 3-75　三角臂对标件有限元模型

图 3-76　三角臂对标件应力分析云图

2. 三角臂对标件疲劳寿命分析

采用 Miner 理论对三角臂进行分析，三角臂疲劳寿命分析采用疲劳寿命仿真分析软件，通过雨流计数，最终获得三角臂对标件疲劳寿命分析云图，如图 3-77 所示。

根据三角臂对标件的疲劳寿命云图情况及开发车设计目标实际情况，与设计人员共同确定三角臂铝制板材疲劳寿命优化的目标设定值，以及三角臂铝制板材不能变更和能够进行疲劳寿命优化的区域。三角臂优化对象是铝制三角臂板材，如图3-78所示。本次优化的铝制三角臂板材的前铰接、后铰接、外球销点区域是不能优化部分，以确保与整车周围环境部件的正确连接，其他内部可进行疲劳寿命优化。

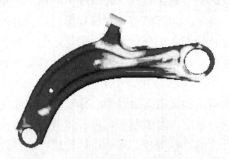 

图 3-77　三角臂对标件疲劳寿命分析云图　　　图 3-78　三角臂铝制板材

根据三角臂有限元仿真模型，通过建立整车多体动力学分析模型，获取三角臂在实际行驶过程中承受的道路载荷，采用雨流计数方法，对三角臂铝制板材进行疲劳寿命分析与优化。三角臂的疲劳寿命优化结果如图3-79所示。

图 3-79　三角臂铝制板材疲劳寿命优化结果

3. 三角臂优化方案疲劳寿命预测

根据三角臂疲劳寿命优化结果，获得三角臂铝制板材的初版结构模型，对此模型进行有限元网格处理，进行受力分析，采用实测六分力得到的路谱信号作为三角臂优化铝制件来自路面的激励，进行新一轮的疲劳寿命预测，经过三轮优化调整后，疲劳寿命云图及对比结果如图3-80所示。

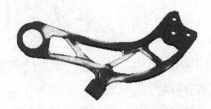

图 3-80　三角臂优化后疲劳寿命云图

分析结果表明：由钢材更改为铝材后，不但重量减轻 20.3%，疲劳损伤值也下降 100.6 倍，其耐久性能大幅度提高。因疲劳寿命优化目标设计偏于保守，从最大疲劳损伤值上分析仍有继续优化空间，特别是在三角臂铝制板材厚度上有很大的优化空间，本节只是非常保守的优化结果。从上面分析结果看，仍有继续优化空间，因此可进一步确定疲劳寿命优化目标值，以此值为依据，对铝材三角臂进行新一轮疲劳寿命优化，得出更为合理的优化模型；同时对优化模型进行下一步的实车试验验证。

3.6.3.3 小结

乘用车三角臂传统上还是以钢材为主，目前正在向铝制材料方向发展，以满足轻量化及国标排放要求，国外一些知名企业早已有铝制零部件的成功案例。探索出的三角臂基于疲劳寿命优化方法，在满足预先设定的疲劳寿命目标值基础上，达到轻量化且降低成本的目标。这种基于疲劳寿命的优化方法，完全可以推广应用到相关铝材零部件中。

3.7 未来发展

3.7.1 虚拟试验场技术趋势

面对竞争日益激烈的国内外汽车市场，各大主机厂均在积聚力量开发适合市场需求的新型产品。在当前汽车领域，整车开发周期大大压缩，若按照传统开发进程，需要等骡子车（或杂合车）生产之后进行试验场路谱采集与载荷分解，再开展后续的结构疲劳分析工作，从而导致耐久开发工作的滞后。而虚拟试验场技术则能够从样车的方案设计阶段即可开展载荷提取，较大幅度地提前了耐久开发进程，有效缩短开发周期，提高产品市场竞争力。基于虚拟试验场的载荷提取技术在国内前景广阔，是汽车企业在耐久开发领域的重大技术进步。

基于虚拟试验场的载荷提取技术是仿真领域中极具代表性的进展，该技术以整车系统为分析对象，考虑系统各类非线性，结合轮胎模型和物理试验场数字路面，以动态仿真的形式获取汽车载荷数据。国内在虚拟试验场技术方面的研究起步略晚，但随着适用于耐久仿真的轮胎模型推广及路面数字化技术的进步，近年来，以物理试验场路面为基础的虚拟试验场技术正在迅速发展。

3.7.2 虚拟试验场技术意义

随着虚拟验证技术的发展，在汽车耐久开发领域，基于虚拟试验场的载荷谱采集技术是将物理试验场路面数字化处理，并结合轮胎模型以及整车多体动力学模型，以动态仿真的形式获取汽车载荷数据，它的作用及意义主要在于：

1）能够在汽车开发早期获取零部件边界载荷，使疲劳耐久开发大大提前。

2）高效获取疲劳载荷谱，有效缩短汽车仿真分析周期，降低开发成本。
3）建设企业虚拟试验场载荷谱采集技术能力，填补能力空白。
4）完善虚拟验证开发体系，增强企业核心竞争力。
5）助力企业产业升级，引领国内技术革新。

3.7.3 虚拟试验场技术主要内容

虚拟试验场技术主要用于协助整车企业建立虚拟试验场技术能力，充分发挥虚拟载荷在整车耐久开发中的优势，促进疲劳分析与校核在整车开发中的早期介入。主要内容包括：①零部件试验；② FTire 建模；③整车多体动力学模型建模；④动力学验证；⑤虚拟路面设置；⑥ VPG 仿真分析；⑦载荷后处理。

根据不同试验场道路工况，综合考虑数据精度与数字化成本，可以选择激光扫描建模或人工三维绘制建模的方法进行路面数字化，数字路面如图 3-81 所示。

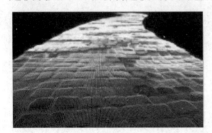

图 3-81　数字路面

3.7.4 虚拟载荷结果分析

在开发早期应用虚拟试验场技术进行结构疲劳分析，由于整车结构及各部分参数均不确定，容易引起虚拟载荷的不确定性。但能够确定的是载荷分布和载荷量级，对于底盘及车身等位置出现的较大风险点可提前预测。现提供如下两种方案供选择，建议选择第二种，便于综合把控虚拟试验场技术在整车耐久开发中的意义与应用方法。

一是用类似开发车类型、悬架形式的对标车配载后进行路谱采集试验，采集载荷输入当前开发车 MBD 模型进行载荷分解，并进行疲劳分析，用此分析结果与虚拟载荷的分析结果对比，检验当前虚拟载荷的分析结果。此种方案的风险在于对标车与开发车硬点参数、内力传递路径等不一致，无法对分析结果进行有效评估；此外，在利用开发车 MBD 模型与对标车路谱采集试验数据进行载荷分解时，可能会出现迭代无法收敛的情况。

二是先以当前数据基础进行虚拟载荷提取与疲劳分析，后期随骡子车、工装样车的制造以及整车参数、试验结果的不断完善同步进行虚拟载荷的提取与疲劳分析，对比内容包括不同阶段的虚拟载荷疲劳分析结果的前后关联性，同一阶段（骡子车阶段以后）虚拟载荷与车辆路谱采集载荷疲劳结果的关联性。

3.7.5 疲劳耐久仿真自动化

未来，随着疲劳耐久仿真技术的发展和精度的提升，仿真分析流程与方法日趋成熟，疲劳耐久仿真自动化开发成为必然发展趋势。

疲劳耐久仿真自动化，首先对仿真任务进行仿真流程梳理，确定仿真任务的所有输入、前处理过程的材料属性定义、边界定义、工况定义、局部坐标系建立、载荷施加、载荷步设定、输出定义等，通过基本输入，将上面所列的中间过程步骤尽最大可能"黑箱"化，来构造仿真求解文件，然后进行批量提交求解定义，交由求解软件求解计算，输出仿真结果，仿真结果更多时候需要结合输出结果进行二次计算，得到仿真所需结果，最后自动输出仿真报告。

疲劳领域自动化技术应包括底盘及白车身多种总成件的耐久仿真自动化，其技术原理为主要应用应力-寿命（S-N）法计算各总成件寿命分布，将前期建立的有限元仿真分析模型进行静力/准静态应力响应计算，将应力/应变结果导入疲劳分析软件，输入材料 S-N 曲线，设置计算参数后提交寿命运算得到钣件及焊点焊缝损伤，最后计算出开启件总成寿命循环次数并与设计目标值进行对比，判断是否满足要求。

疲劳耐久仿真系统软件集成后的功能模块可包括以下几个部分：创建工作空间（基础数据导入）、仿真软件基础数据定义（材料、属性、载荷等）、耐久仿真软件基础数据定义（S-N 曲线、寿命计算参数等）、数据库生成模块（载荷谱、局部坐标系等）、零部件耐久仿真信息库模块（组织记忆存储、操作手册、标准等帮助文档）等。

在规范仿真分析方法方面，除网格划分外，其他前处理工作均可在本系统完成，包括有限元软件、耐久分析计算任务提交实现；建立网格建模前处理中的材料集，规范简化耐久分析软件中材料赋予属性建组操作，规范耐久分析软件焊缝处理方法；在操作效率提升方面，系统提供一键式完成功能，如有限元软件网格建模中的材料、属性、局部坐标系、载荷、载荷步、输出可一键式快速完成；系统的很多功能提供数据库操作和页面操作两种模式，方便使用；多软件集成在同一平台，加速数据之间的流转。在仿真计算参数规范方面，仿真分析模型加载点节点编号统一。

耐久仿真自动化平台的搭建有利于：

1）工时节省方面，以白车身耐久仿真分析为例，单个工程师需要 28h 完成前处理，自动化开发应用后只需要 0.82h 完成。

2）软件计算许可成本方面，技术应用前网格建模需要 9.67h，寿命仿真计算需要 18.33h，技术应用后完全不需要。

3）根据经验推断，具体仿真分析任务流程、方法、设计试验标准及具体应用的指导，新入职工程师掌握耐久仿真分析方法的速度至少能提高 3 倍以上。

可见，疲劳耐久仿真自动化平台的搭建，在明显缩短仿真分析时间，节约开发时间成本方面效果显著，同时，所有耐久仿真分析任务的流程、方法、设计试验标准等集中管理，可快速提升新人技术能力，节约人工成本；系统可独立开发，无任何成本。随着开发车型数量增加，未来必将对耐久仿真领域起到更加重要的作用，当前国内外各大主机厂正在逐步完善和发展耐久仿真分析自动化技术及平台搭建。

参 考 文 献

[1] JAAP S. 结构与材料的疲劳 [M]. 吴学仁，译. 北京：航空工业出版社，2014.

[2] 殷之平. 结构疲劳与断裂 [M]. 西安：西北工业大学出版社，2012.

[3] 徐彬. 某铰接式自卸车驱动桥 CAE 分析及优化 [D]. 重庆：重庆理工大学，2012.

[4] 姜少辉. 损伤一致性编谱方法的研究 [D]. 北京：北京交通大学，2011.

[5] 邓定宇. 热与振动联合作用下塑料球栅阵列封装中焊点可靠性分析 [D]. 南京：南京航空航天大学，2011.

[6] JERRY B. Handbook of Simulation：Principles，Methodology，Advances，Applications，and Practice[M]. [s.l.]：Wiley，2007.

[7] JIA P，LIU H，ZHU C，et al. Contact fatigue life prediction of a bevel gear under spectrum loading[J]. Frontiers of Mechanical Engineering，2020，15(1)：123-132.

[8] LI S，FENG X. Study of structural optimization design on a certain vehicle body-in-white based on static performance and modal analysis[J]. Mechanical Systems and Signal Processing，2020，135：106-405.

[9] LIU Z，GAO Q. Development of a flexible belt on an elastic multi-stiffness foundation tire model for a heavy load radial tire with a large section ratio[J]. Mechanical Systems and Signal Processing，2019，123：43-67.

[10] 闫光，刘力宏，左春柽. 飞机载荷谱实测数据并行统计处理算法 [J]. 吉林大学学报：工学版，2012(03)：168-173.

[11] KUMBHAR S V，KULKARNI V，TAYADE R M. Low cycle fatigue analysis of after treatment device induced due to thermal load by using finite element analysis[J]. Applied Mechanics & Materials，2014，592-594：1104-1108.

[12] 刘道勇，耿广锐，张诚，等. 基于道路载荷谱的挡泥板耐久性分析 [C]. 中国汽车工程学会. 2018 中国汽车工程学会年会论文集. 北京：机械工业出版社，2018.

[13] CARPINTERI A，SPAGNOLI A，VANTADORI S. A review of multiaxial fatigue criteria for random variable amplitude loads[J]. Fatigue & Fracture of Engineering Materials & Structures，2017，40(7)：1007-1036.

[14] CARPINTERI A，SPAGNOLI A. Multiaxial high-cycle fatigue criterion for hard metals[J]. International Journal of Fatigue，2001，23(2)：135-145.

[15] TANDLER R，BOHN N，GABBERT U，et al. Analytical wear model and its application for the wear simulation in automotive bush chain drive systems[J]. Wear，2020，446.

[16] MUKRAS S，KIM N H，SAWYER W G，et al. Numerical integration schemes and parallel computation for wear prediction using finite element method[J]. Wear，2009，266(7-8)：822-831.

[17] 魏冲锋，罗世辉，孟政，等. 不同截止频率下轨道不平顺对车辆垂向振动的影响[J]. 铁道车辆，2011，049(012)：5-7.

[18] 刘龙涛，李传日，程祺，等. 某结构件的随机振动疲劳分析[J]. 振动与冲击，2013，032(021)：97-101.

[19] WEN B Z，LI J M，PEI Z T，et al. Statistical analysis of loader's drive axle housing random load spectrum[J]. Advanced Materials Research，2011，338：456-459.

[20] FALAH A H，ALFARES M A，ELKHOLY A H. Failure investigation of a tie rod end of an automobile steering system[J]. Engineering Failure Analysis，2007，14(5)：895-902.

[21] BHAVI I，KUPPAST V，KURBET S. Experimental setup and methodology to carryout fatigue testing of spiral bevel gears used in differential gear box using nvh approach[J]. Applied Mechanics & Materials，2016，852：545-550.

[22] TAPASE A B. Evaluation and remedial measures on premature failure of roads in india[J]. Journal of Performance of Constructed Facilities，2020，34.

[23] NATARAJ M，THILLIKKANI S. Failure analysis of leaf spring suspension system for heavy load truck vehicle[J]. International Journal of Heavy Vehicle Systems，2019，1(1)：1.

[24] KIM K L，WANG B，et al. Comprehensive path and attitude control of articulated vehicles for varying vehicle conditions[J]. International Journal of Heavy Vehicle Systems，2017，24(1)：65-95.

[25] DHIR A. Proceedings of the Institution of Mechanical Engineers. Part D[J]. J Automobile Eng，1995，209.

第4章 NVH仿真技术

4.1 整车噪声产生机理

汽车在行驶过程中,存在着各种各样的噪声,如发动机运行噪声、轮胎噪声、消声器的排气噪声和各种异响噪声,同时,还有因汽车内、外的空气流动而产生的气动噪声等。这些噪声产生的频率不同,其中,发动机噪声为5000Hz左右,异响噪声为20~250Hz,轮胎噪声为1000Hz以下,气动噪声为500~5000Hz[1]。基于此可以得出:结构传播噪声和气动噪声是车内噪声传播的主要方式。

4.1.1 结构传播噪声

结构传播噪声普遍存在于各种机械结构中,由于其对机械零件性能的影响,使得如何控制成为重要的课题,降低噪声的重要手段是降低从振动源到辐射表面传递路径的传输效率。结构传播噪声按照频率分为低频段和低中频段两种。

低频段的频率范围一般在20~250Hz,是指由发动机、路面等激励源产生的激励通过传递路径传递至车体,导致车体板件振动与车内声腔发生耦合而产生的声振耦合,产生的各种轰鸣声、振动噪声等现象;低中频段的频率范围一般在250~800Hz,是指振动传递至车体板件,导致板件产生声辐射。结构传播噪声[2-4]主要通过优化车体结构刚度、模态和阻尼等参数来抑制。

4.1.1.1 整车怠速振动噪声

整车怠速振动噪声是指当发动机在怠速运行时,由发动机产生的激励通过车体传递到人体感受区域的振动和传递到人耳的噪声。其主要激励来源于发动机,图4-1所示为发动机工作原理图[5]。

4.1.1.2 整车怠速噪声仿真

针对某发动机,通过其型号及工作参数计算出怠速是发动机2阶和4阶激励,并施加到整车模型上,如图4-2所示。通过建立声学仿真模型,如图4-3所示,计算出整车怠速工况下的噪声,如图4-4所示(见彩插),振动曲线如图4-5所示(见彩插)。

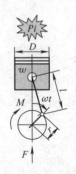

图4-1 发动机工作原理

图 4-2　整车结构

图 4-3　声学模型

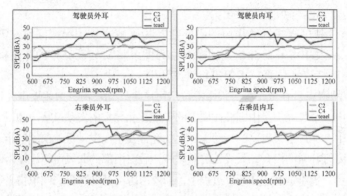
图 4-4　整车怠速噪声曲线

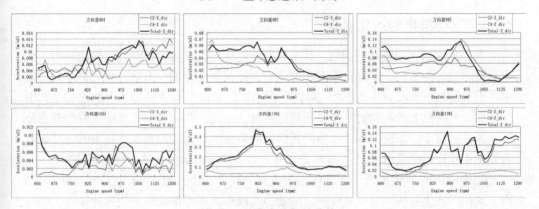
图 4-5　整车怠速振动曲线

4.1.2　气动噪声

空气传播噪声是指由发动机、轮胎等产生的噪声通过空气介质直接传递至车内而产生的噪声，这类噪声的频率一般在 400Hz 以上，只能通过吸隔声措施来降低。

近年来，随着减振和隔声性能的提高，发动机噪声和排气噪声大幅度降低，汽车的静谧性大幅度提升；同时由于混合动力汽车和电动汽车[6]的普及，使得轮胎噪声和气动噪声的问题突显出来。引起气动噪声的因素主要有以下 3 项：

1）随着道路环境的改善，高速行驶概率增加，与其他噪声相比，气动噪声更易随着行驶速度的增加而明显升高。

2）随着造型和商品性的提高，气动噪声因汽车较大的凹凸造型和车顶行李架等售后配件的安装而增大。

3）因汽车的轻量化[7]，使得隔声效果降低，因玻璃的厚度减少等，使得隔声效果降低，从而使传输到车内的噪声增大。

除以上因素外，由于产生的气动噪声在低频波动时，因人类的听觉特征更容易被人所感知，因此变得尤为明显。发生波动的气动噪声有可能变得刺耳。因此，在汽车的开发过程中，这是一项重大课题。

降低汽车行驶过程中气动噪声的必要性：为了解决气动噪声问题，需要了解汽车的隔声性能，从发生源开始抑制气动噪声，为此，将从气动噪声的产生机理开始，对降噪措施、隔声特点和仿真技术等进行详细说明。

气动噪声的特点：在汽车中，很多部位均可产生气动噪声，这些噪声大致可分为窄带噪声和宽带噪声。窄带噪声是由圆柱体周围的卡曼旋涡导致的发动机噪声和以空腔噪声为代表的特定频带中，噪声水平较高的气动噪声，如经常发生在发动机舱前端、指示灯、前格栅处的声音，天窗打开时的声音，天线处的漏风声，后窗上部的漏风声等；宽带噪声是分布于整个频率的噪声，较难抑制，在开发过程中，需要考虑与其他噪声之间取得平衡，如经常发生在后视镜附近的风噪声、柱（前柱、中柱、后柱）周围的风噪声、地板下的风噪声等。

4.1.3 气动噪声的产生机理

气动噪声是个很复杂的问题，汽车在行驶过程中，不仅受到空气动力的影响，还需要考虑与运动的耦合、气动噪声和振动等多种因素的影响。为此，在汽车运动过程中，引起的空气"流动"及产生"噪声"是不同的概念。如在风中，人们能感受到空气的流动，但没有障碍物时，是听不到风声的。因此，在本节中，就将这两个概念分开，具体"流动"如何产生"噪声"等问题，不是本节讨论的重点（日本的一些学者目前正在展开相关的研究[1]），这里重点研究两者耦合引起的现象——气动噪声。

气动噪声的产生机理是将物体置于流体中时，或高速喷射时，会产生较大的噪声。流体中产生的噪声是气动噪声。运动中的汽车，多个部位会产生这种噪声，降低气动噪声是汽车开发过程中的主要难题。气动噪声与结构传播噪声截然不同，这是由于气动噪声是由传播声音的介质空气本身振动产生的，当流体中存在较强的干扰或涡流时，即使没有固体壁面，流体本身也会产生声音。由于汽车周围存在各种各样的涡流，很难确定气动噪声的产生部位。而且，车体周围的流场也会形成复杂的干扰，例如，来自后视镜的气流产生的气动噪声，在这种情况下，不仅需要改变后视镜周围的流动，对A柱也要进行相应的调整。

为了分析气动噪声的基本原理，由流体的运动方程和其连续公式、声速的定义公式导出了气动噪声的基本方程Lighthill方程。

$$\left(\frac{1}{c^2}\frac{\partial^2}{\partial t^2} - \nabla^2\right)[c^2(\rho - \rho_0)] = \frac{\partial^2 T_{ij}}{\partial x_i x_j} \qquad (4\text{-}1)$$

在这里，T_{ij} 表示 Lighthill 张量，可以表示为

$$T_{ij} = \rho v_i v_j + ((\rho - \rho_0) - c^2(\rho - \rho_0))\delta_{ij} - \sigma_{ij} \qquad (4\text{-}2)$$

T_{ij} 的第 1 项是 Reynolds 应力张量，是通过流场的非线性表现出来的应力。Reynolds 应力张量在研究湍流现象时是非常重要的参量，且与流体涡流运动有着密切的关系，这说明气动噪声是由涡流运动产生的。Lighthill 方程具有波动方程的形式，是表示以声速传播的微小干扰（密度波动）的公式。Lighthill 方程本身虽然是线性方程，但其声源项 Lighthill 张量受流体非线性运动的影响较大。

第 2 项是压力导致的动量传递项，该项因压力振幅的非线性而产生。可以认为是由熵的不均匀性导致的，因此，有时也被称为熵项。在马赫数 $M(=u/c)$ 较小的流体中，第 2 项的影响也较小。

第 3 项是表示由黏性引起的声波衰减作用的线性项，在像汽车周围的流体那样雷诺数较大的流场中，可以省略第 3 项。

Lighthill 方程在将流体的运动方程改写为波动方程时，可以认为右侧表示流动引起的声源项。Lighthill 方程可以由流场的运动方程纳维尔-斯托克斯方程直接导出，因此具有与纳维尔-斯托克斯方程相同的确定性，但是，由于声源项中含有伴随流场运动的非线性项，因此，其难度与分析纳维尔-斯托克斯方程时一样，一般情况下，在汽车的速度范围内，马赫数 M 为 0.1 左右，流场视为不可压缩（$M<0.3$），因此，气动噪声声源的主要项是第 1 项。

式（4-1）是波动方程，因此，很难直接将噪声的产生量和物理量结合起来。Lighthill 将式（4-1）进行下列变形，使其物理意义进一步得到明确。

$$\begin{aligned}
\Delta \rho &= -\frac{1}{4\pi c^2}\frac{\partial}{\partial x_i}\int \frac{1}{r} F_i(y, \tau y^3 y) \\
&\quad + \frac{1}{4\pi c^2}\frac{\partial}{\partial x_i \partial x_j}\int \frac{1}{r} T_{ij}(y, \tau y^3 y) \\
&= -\frac{1}{4\pi c^2}\frac{\partial}{\partial x_i}\int \frac{F_i(y, \tau y^3 y)}{|x-y|} \\
&\quad + \frac{1}{4\pi c^2}\frac{\partial}{\partial x_i \partial x_j}\int \frac{T_{ij}(y, \tau y^3 y)}{|x-y|} \\
&= -\frac{1}{4\pi c^3}\frac{x_i}{r}\frac{\partial}{\partial t}\int F_i(y, \tau y^3 y) \\
&\quad + \frac{1}{4\pi c^4}\frac{x_i x_j}{r^3}\frac{\partial}{\partial t^2}\int T_{ij}(y, \tau y^3 y) \\
r &= |x-y|, \quad \tau = t - \frac{|x-y|}{c}
\end{aligned} \qquad (4\text{-}3)$$

式中，r 为从声源到观测点的距离；τ 为延迟时间。

式（4-3）的右边第 1 项表示外力导致的噪声，第 2 项表示干扰导致的噪声。在

这里，外力的影响可以分为流体的流出分量和动量变化分量两部分。目前，流体的时间尺度可以用涡流尺度 l 和速度 u 之比来表示，此时，单位面积的喷出流量为 ul^2，单位面积的动量变化量用 $u/(l/u)l^3$ 表示，单位时间的变化量分别用 u^2l、u^3l 表示。另一方面，单位体积的 Lighthill 张量 T_{ij} 可以表示为 u^2l^3，当声压 $p=c^2\rho$ 时，远处的辐射噪声能量可以表示为

$$p^2 = 4\pi r^2 c^2 \frac{\rho^2}{\rho_0^2} \approx \frac{\rho_0^2}{c} u^4 l^2 + \frac{\rho_0^2}{c^3} u^6 l^2 + \frac{\rho_0^2}{c^5} u^8 l^2 \tag{4-4}$$

式中，气动噪声可分为三项。第 1 项表示流场喷射产生的噪声（单极子：Monopole），与速度的四次方成正比。第 2 项表示流场的动量波化产生的噪声（双极子：Dipole），与速度的六次方成正比。最后一项，表示涡流的非定常运动产生的噪声（四极子：Quadrupole），与速度的八次方成正比。

流体运动所产生的单位时间动能的流入量为 $1/2\rho u^3 l^2$，因此，将式（4-4）除以流入动能，计算流体运动转变为噪声时的辐射效率，单极子、双极子和四极子分别与马赫数（$M=u/c$）的 1 次方、3 次方和 5 次方成正比。由于第 1 项的喷射噪声在汽车中很少出现，着重分析第 2 项和第 3 项时，四极子噪声水平相对于双极子噪声水平，为马赫数的平方。

因此，直接从涡流辐射出来的气动噪声水平，在汽车的马赫数范围内，为数十分之一到百分之一，一般情况下没有问题。因此，直接从涡流辐射出来的噪声的贡献很小，双极子声源的贡献变大。双极子声源由作用于物体的力产生，一般可以用 Lighthill~Curle 公式表示：

$$p_d = \frac{1}{4\pi r^2} \frac{x_i}{x^2} \int_s n_i \frac{\partial p}{\partial t} dS \tag{4-5}$$

这样一来，双极子噪声可以成为以物理表面的压力波动作为声源的模型。由于涡流的非定常运动，使流场的动量发生改变，非定常流体动力作用于放置在流场中的物体上，从而产生双极子噪声。因此，双极子噪声的产生原因，正是涡流的非定常运动，而产生气动噪声的原因，基本上是涡流运动或雷诺应力。

将物体放置在低马赫数流场中时，在涡流的非定常运动产生的声场内，声辐射效率（与气体相比）因存在巨大的固体壁面，声场在物体表面被散射，可以认为从物体辐射出强大的噪声。因此，可以认为气动噪声产生的原因是涡流的非定常运动。

此外，在低马赫数流动中，显示物体的声辐射效率对气动噪声的发生有着较大的贡献，为了降低气动噪声，除了抑制涡流运动以外，降低物体的声辐射效率也非常有效。

在分析气动噪声时，分离算法、流动和噪声之间的耦合、声场的影响、声波和压力场的分离等概念非常重要。

在理解气动噪声时，需要时刻认识到将流场和声场进行分离这一问题点，需要在理解存在一定限制的基础上，看清现象的本质。在汽车上，气动噪声分为三种情况：

（1）考虑到流动和噪声耦合的情况

气动噪声是流场的一种形态，不是多个不同物理量相互作用的结果，在理解这些现象时，将流场和声场区分开来，会更容易理解。例如，后视镜的台阶处形成涡流，这一涡流会使后视镜端部产生气动噪声，产生的声波向上游传播，对台阶处的涡流形成产生影响，进而产生非常强的气动噪声。在这种情况下，因流动产生的噪声，使产生噪声的涡流增强，从而在后视镜的端部形成更强的声场，这样一来，就比较容易理解。

另外，对于天窗等部位产生的声场，由于车体周围空气流动产生气动噪声的频率与车体结构件产生的频率两者相近，故发生共振现象，从而导致气动噪声。

虽然后视镜和天窗的气动噪声都是流动和噪声的耦合问题，但发生机理不同，因此分析方法也略微不同。考虑到现象的本质，通过将流场和声场分开，就可以更好地理解两者的差异和分析时的假设和限制。

（2）非耦合系统中的气动噪声

流场不受产生的气动噪声影响时，或不受共振噪声的影响时，流场的马赫数越小，基本上可以将流场和声场作为两种不同的物理现象进行考虑。在通常的车速下，这一假设基本在所有场合下均成立，因此，在考虑气动噪声时，可以认为气动噪声是伴随流场产生的，由流场决定。

然而，即使没有直接耦合，由于涡度波动形成的声场在物体表面被散射而形成噪声，因此，物体辐射出来的气动噪声，取决于由物体表面形状形成的散射场。所以，不能完全不考虑声场的影响。在这种条件下，只能忽略流场和声场的相互干扰，在考虑气动噪声时，不仅要考虑流体力学特性，还需要经常考虑作为对象的场的声学特性（反射、衍射和吸声条件等）。

（3）与振动的耦合，车内噪声的分析

汽车的噪声问题，不仅指车外噪声，还需要考虑车内噪声。车体周围的空气流动引起的气动噪声的传播路径如下：首先，通过车体周围的空气流动，使汽车周围产生复杂的涡流结构，这些涡流可导致压力变化，这种压力波动对车体表面施加激振力，通过其振动，车体各部分发生振动，通过该振动，使车内的空气发生振动，形成声场。

通过分析车内噪声传播的两种方式，本节重点对结构传播噪声的传播机理和气动噪声的传播机理进行了探究，这样，从工程的角度提出了"流动"和"噪声"的区别和耦合关系，对汽车空气动力学和声学的研究提供了基础理论，同时为仿真分析奠定了依据。

4.2 车体结构传播噪声仿真与优化

4.2.1 声振耦合结构噪声

车体是所有振动与噪声的最终接受体，振动通过车体与悬架、发动机的各安装点传递至车体后，导致车体本体、板件、开启件等发生振动，与车内声腔耦合导致车内噪声。车体声学灵敏度决定了车体对于结构传播噪声的响应程度。车体声学灵敏度又称为车体噪声传递函数（NTF），它是车体的基本属性，也是车体声学指标的关键参数之一，对该指标进行控制有利于显著降低车内的结构噪声。图4-6所示为声振耦合结构噪声产生的机理图。

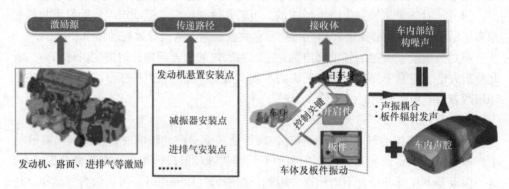

图 4-6　声振耦合结构噪声产生的机理

声振耦合系统中，流体区域内声场离散形式的波动方程为[8]

$$M_f \ddot{p} + C_f \dot{P} + K_f P + R\ddot{U} = 0 \tag{4-6}$$

式中，M_f 为流体等效质量矩阵，P 为流体节点声压矩阵，C_f 为流体等效阻尼矩阵，K_f 为流体等效刚度矩阵，$\ddot{U}$ 为对时间的二阶导数，R 为流体和结构耦合矩阵。

声压在流体与结构的交界面上，同样产生面力的作用，故结构方程[8]可以写成

$$M_s \ddot{U} + C_s \dot{U} + K_s U = F_s + F_f \tag{4-7}$$

式中，M_s 为结构质量矩阵，K_s 为结构刚度矩阵，F_f 为流体压力，F_s 为结构外激励，其中，$F_f = RTP$（T 为指数），C_s 为结构阻尼矩阵。

将式（4-6）、式（4-7）用矩阵形式表达为

$$\begin{bmatrix} M_s & 0 \\ R & M_f \end{bmatrix} \begin{pmatrix} \ddot{U} \\ \ddot{P} \end{pmatrix} + \begin{bmatrix} C_s & 0 \\ 0 & C_f \end{bmatrix} \begin{pmatrix} \dot{U} \\ \dot{P} \end{pmatrix} + \begin{bmatrix} K_s & -R^T \\ 0 & K_f \end{bmatrix} \begin{pmatrix} U \\ P \end{pmatrix} = \begin{pmatrix} F_s \\ 0 \end{pmatrix} \tag{4-8}$$

式（4-8）表示了声振耦合的机理，其中 R 为声腔和结构相结合的耦合矩阵，代表了声振耦合的程度。

对于车体来说，声振耦合噪声主要通过噪声传递函数来控制，无论是两厢车还是三厢车，因其安装点动刚度、板件总面积、板件厚度差别不会太大，因此其噪声传递函数水平相差不会太大。一般来说，将车体噪声传递函数水平控制在58dB之内时，声振耦合噪声的车体因素将不再明显。而影响车体噪声传递函数水平的主要因素包括车体总体刚度和模态、安装点动刚度、板件面刚度等。

在某车型的后期开发过程中,试验样车在5500r/min左右出现了较为明显的高速轰鸣声问题。该转速下发动机二阶激励频率为180Hz,通过模态分析和噪声传递函数仿真分析判断,在180Hz左右前风窗振动明显,如图4-7所示,且噪声传递函数曲线在该频率下存在明显峰值,如图4-8所示。经分析导致该问题的主要原因是前风窗横梁振动太大,带动前风窗发生较大振动,并与车内声腔发生耦合。

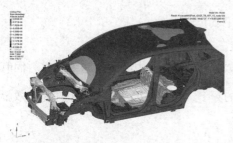

图4-7　前风窗处振动云图

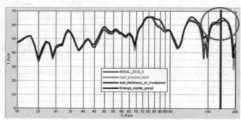

图4-8　噪声传递函数曲线

为增加前风窗支撑刚度,减小下横梁的振动,在前风窗与下横梁之间增加了四个支架,如图4-9所示。最终较好地解决了高速轰鸣声问题,如图4-10所示,同时为此后的车型防止类似问题提供了设计经验。

图4-9　前风窗下横梁增加支架

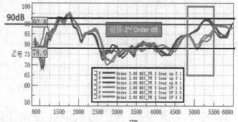

图4-10　改善方案验证

4.2.2　车体板件辐射噪声

车体大板件对NVH性能有着重要的影响,其低频大幅度振动会压迫车内声腔,产生轰鸣声;低中频振动会产生辐射结构声,即频率范围在250~800Hz内的板件辐射噪声。

（1）临界频率

板件辐射噪声是声波与结构波交互作用的结果,声波是纵波,只能储存和释放压缩能量,板件上垂直于板件表面的质点振动才能与空气介质发生能量交互以辐射噪声。无限板件辐射噪声的机理可用图4-11表示,辐射声波的方向与板件中结构波的波面垂直。板件中的波与同频率辐射声波波长之间的关系为

$$\lambda = \lambda_B \sin\theta \quad (4-9)$$

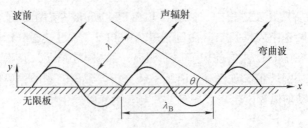

图 4-11 无限板件的声辐射

其中，$\lambda = \dfrac{C}{f}$，$\lambda_B = \sqrt[2]{\dfrac{1.8C_L t}{f}}$，$C$ 为声波波速，是伴件中纵波波速，与材料固有属性有关，t 为板件厚度，f 为板件中结构波的频率，即板件振动频率。板件能有效辐射噪声的条件为 $\lambda \leq \lambda_B$，由此可得

$$f \geq \dfrac{C^2}{1.8C_L t} \tag{4-10}$$

此即为板件辐射噪声的临界频率，当板件的振动频率高于或等于临界频率时，板件可有效辐射噪声。

（2）辐射声压

板件振动辐射噪声可用刚性挡板上半径为 r 的活塞运动的辐射声等效分析，如图 4-12 所示。活塞辐射的噪声可以用大量同相位辐射的单极子引起的合成声压表示，空间中一点的辐射声压为

$$P(r,\theta,t) = \dfrac{ik\rho_0 \pi Z^2 U_p e^{i(\omega t - kr)}}{2\pi r} \left\{ \dfrac{2j_1(kz\sin\theta)}{kz\sin\theta} \right\} \tag{4-11}$$

其中，$U_p e^{i(\omega t - kr)}$ 为活塞表面的振动速度，易知控制板件振动是控制辐射噪声的关键。

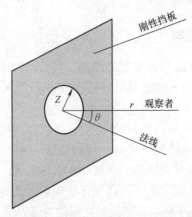

图 4-12 刚性挡板等效活塞运动声辐射

抑制板件振动对车体 NVH 性能提升十分重要,可通过结构优化、提升板件刚度、避开激励频率等方法减小板件振动,避免与声腔耦合。但结构优化对板件性能提升效果有限,尤其是在较高频段内,板件模态分布十分密集,通过结构优化提升局部刚度十分困难,在工程上难以实现且成本较高。此时,通过阻尼片提高板件阻尼,以优化降噪就十分必要且效果显著,在整车 NVH 开发中得到广泛应用。

从图 4-13 分析结果可知,提升系统阻尼可有效降低共振峰值,耗散振动能量,起到抑制振动的效果。当结构件为不规则形状,受到振动后,由不规则的形状引起内部摩擦和相互错动,使得振动能量在黏弹层阻尼产生热,从而降低弯曲振动所辐射的噪声能量,达到了噪声控制的目的[9],如图 4-14 所示。

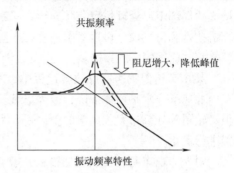

图 4-13 增加阻尼片对振幅的影响

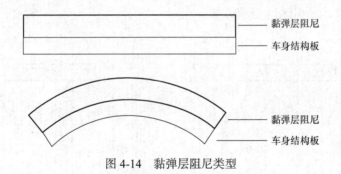

图 4-14 黏弹层阻尼类型

4.2.3 基于 MVTF 的车体阻尼片优化降噪技术

车内噪声与振动直接影响车辆的乘坐舒适性。随着生活水平的提高,人们对舒适性的要求越来越高,因此车内噪声控制成为汽车领域重要的研究方向之一。汽车 NVH 性能的好坏在很大程度上关系到企业的近期目标和长远发展,各大整机厂商无不在改善汽车 NVH 性能方面投入大量的人力和物力。

阻尼减振技术是有效控制结构振动与噪声的方法之一,在汽车领域有着广泛应用,例如前围板、顶篷、地板、车门、轮罩等。然而阻尼片的优化布置对阻尼片最大限度地发挥减振作用及车体轻量化有重要意义。本节探讨了一种车体阻尼片的优化布置方法。

目前在车型开发时,普遍的做法是参考其竞品车设计,这样会导致车体和整车 NVH 性能部分项目未达标[10-12]。一般整车阻尼片重量在 10kg 左右,通过增加阻尼片改善车内噪声,提升空间较大。

4.2.3.1 阻尼片的布置优化

如何使局部阻尼处理达到最佳的阻尼效果，这就是阻尼处理位置的优化问题。将车体某板件划分成若干个小的截面，当它振动时，在一定的频率范围内，每个截面可以当作一个点声源。阻尼片的布置原则为弯曲波曲率最大位置（即振幅最大处）就是最优的局部阻尼处理位置，其连续无间断的处理长度应大于弯曲波长的40%。运用计算机技术和仿真软件可以对阻尼片的布置优化提供较好的建议，板件平均速度评价法就是其中应用较广的方法。

某车高速轰鸣声问题改善过程中，发现车体贴阻尼材料后车内轰鸣声改善明显，车内加速噪声水平整体下降，效果显著。但试验过程中阻尼片铺装过多，在前围、地板、轮罩等处都布置了大量的阻尼片。为降低成本，在保证性能的同时需对阻尼片布置进行优化。

对该车白车身在发动机悬置和底盘与车体连接点处施加单位激励，输出是前后地板、备胎槽等部位振动速度。以前围和地板区域阻尼片布置分析为例，发现前围区域阻尼片效果不明显（图4-15、图4-16），故建议不施加，地板处阻尼片抑制振动效果明显（图4-17、图4-18），建议施加。

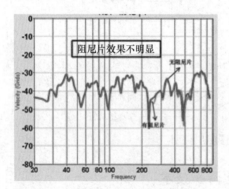

图4-15　前围区域阻尼片效果不明显1

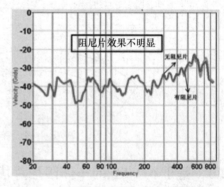

图4-16　前围区域阻尼片效果不明显2

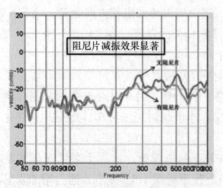

图4-17　地板区域阻尼片效果明显1

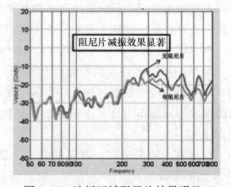

图4-18　地板区域阻尼片效果明显2

4.2.3.2 试验验证

按阻尼片布置优化方案对车体阻尼片进行铺装后，进行振动和噪声主观评价与客观测量。结果表明车内加速噪声得到很大的改善，如图 4-19、图 4-20 所示。加速噪声降低 2~4dB，达到目标值。定速噪声降低 1~3dB，声音的能量明显下降。铺装阻尼片后，车辆整体 NVH 主观感觉有大幅提升，比竞品车 1 好，与竞品车 2 相当。

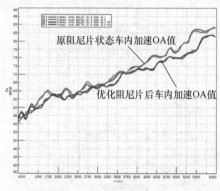

图 4-19 前排加速 OA 值对比   图 4-20 后排加速 OA 值对比

4.2.3.3 小结

本节运用求解器计算车体板件的振动速度，依据仿真结果优化车体阻尼片布置，并对比阻尼片优化前后试验结果，可得出以下结论：

车体阻尼片对整车 NVH 性能提高有较大的帮助。但结合成本和轻量化考虑，阻尼片并不是越多越好。MVTF 方法可准确预测板件的振动和发声特性，用此方法对车体阻尼片进行优化布置，使样车 NVH 水平有一定的提高，达到了竞品车水平。

该方法可为解决其他类似问题提供参考。该方案快速、简易，特别适用于汽车研发后期的振动噪声控制和改善。

4.2.4 MTF 仿真技术在降低板件辐射噪声中的应用

阻尼片布置的位置、阻尼片粘贴的厚度和面积是阻尼片设计的关键指标。传统的阻尼片设计通过板件应变能仿真分析并参考竞品车的设计方案，如图 4-21 所示，在应用中存在较多的问题，主要体现如下：

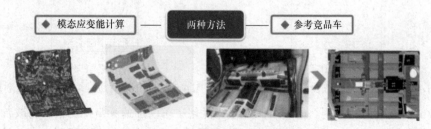

图 4-21 传统阻尼片布置仿真方法

1)定量化困难,无法直观地、定量地判断贴敷阻尼片后的整车效果。
2)无法准确判断哪些频率段的 NVH 问题需要优化。
3)无法判断阻尼片布置方案是否达到最优。
4)没有考虑到车辆的激励。
5)难以达到减重降成本的目的。

应用 MTF(图 4-22),即平均传递函数法,可在设计阶段对阻尼片的减振降噪效果进行分析优化,得到最优的阻尼片粘贴参数,并通过制定分析标准、二次开发实现自动化计算,有效地缩短设计时间、降低设计成本,在以往的车型开发中已经得到应用并取得了良好的效果。

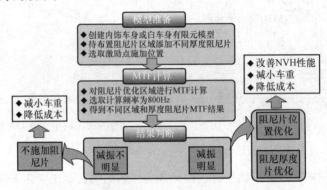

图 4-22 MTF 仿真优化阻尼片方法

4.2.5 阻尼片 MTF 仿真优化技术

通过两款车型的阻尼片优化技术[14],实现了降噪效果,并且能够起到减重、降低成本的作用。

1)降噪减重减成本案例。针对加速噪声偏大问题,在试验车上重新进行阻尼片优化布置,最终取得很好的降噪效果。在实现改善车内噪声的同时,车体阻尼片布置也更加具有指导性,合理的布置使车体总体减重达 1kg,单车成本下降,如图 4-23、图 4-24 所示。

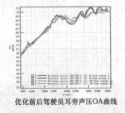

优化前后驾驶员耳旁声压OA曲线   优化前后乘员耳旁声压OA曲线

图 4-23 优化前后驾驶员耳旁声压对比   图 4-24 优化前后排乘员耳旁声压对比

2)降噪减重的案例。通过车体阻尼片优化,车内加速噪声得到很大的改善;加速噪声降低 2~4dB,达到目标值;定速噪声降低 3dB,声能量明显下降,有效地改善了车内加速轰鸣声和定速噪声；实现了阻尼片减重 1.3kg，如图 4-25 所示。

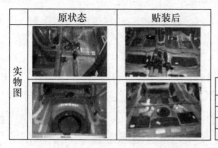

主观评价得分				
评价内容	评分及说明			
	FT18#	ET18#	VIOS	C30
主观评价	5.9	7.0	7.1	6.5

车内定速噪音能量对比								
车速 km/h	50		60		80		100	120
测点	FR	RL	FR	RL	FR	RL	FR	RL	FR	RL
原状态	59.7	60.9	66	67.3	66	67.4	68.8	69.7	72.2	73.1
贴装后	59.2	60.2	65.8	67.4	64.6	65.5	68	69.2	71.6	72.4
能量下降	11%	15%	5%	-2%	28%	35%	17%	11%	13%	15%

图 4-25　优化前后降噪效果

4.2.6　噪声声学包装技术

由于电动汽车的车内环境相对比较安静，各个部件的振动与噪声传入车内容易形成混响，直接导致车内音品质的降低[15, 16]。尤其是电机噪声和电磁噪声具有高频特性，这对车内声学包装技术的实施是极大挑战。通过以某自主品牌的电动汽车为研究对象，重点阐述电动汽车的声学包装技术，针对电机噪声和电磁噪声，采取双层空腔板隔声和多层多孔材料吸声的手段，来提高车内的声音品质[17]。

4.2.6.1　声学包装基本理论

声学包装性能评价指标主要包括隔声性能和吸声性能。隔声性能主要通过三个参数来评价：声传递函数、隔声量、插入损失。若减少传递到结构板另一侧的噪声，可以采用三种方式：减少入射声与构件的耦合、抑制结构的振动、减小结构振动引起的声辐射。吸声性能则主要通过吸声系数来评价。

1. 辐射噪声隔声处理

采用高传递损失的面板来隔绝噪声源是有效的方法，当使用恰当时，它能较大程度地降低车内噪声（大于 10dB），但值得注意的是要合理控制声学包的重量。

（1）单层板平均隔声量

对于无限面板，Sharp[13] 提出面板的传递损失 TL 为

$$TL = 10 \lg \left[1 + \left(\frac{\pi f m}{\rho c} \cos \theta\right)^2\right] - 5 \quad (4\text{-}12)$$

式中，f 为声波频率，m 为面板面密度，ρ 为空气密度，c 为声速，θ 为声波入射角。

声学包装隔声处理可以隔断空气噪声途径，只有在结构噪声途径（或其他侧面传递）小时，隔声才有效；故在 $fm > \rho c$ 时，单层板的传递损失 TL 和临界吻合频率 f_c，见式（4-13）、式（4-14）。单层板的 TL 特性受两个频带的影响，第一个中心频率在最低阶面板的共振频率处，第二个中心频率在临界频率处。

$$TL = 20 \lg \pi f m / (\rho c) - 5 \quad (4\text{-}13)$$

$$f_c = \frac{c^2}{2\pi}\sqrt{\frac{12m(1-\mu^2)}{h^3 E}} \quad (4\text{-}14)$$

式中，h 为空腔高度。

（2）双层结构平均隔声量

当采用双层空腔板进行隔声时，可以获得更高的 TL 级；在双层空腔板的情形下，单面板最低阶共振频率的影响被空腔的最低阶声腔共振频率所代替；因此，对于双层空腔板的隔声设计，必须考虑空气层的厚度；针对不同的声波频率，设计不同厚度的空气层。同理，由式（4-13）、式（4-14）计算双层空腔板的传递损失 TL，双层空腔板的共振频率 f_0 以及空气层的极限频率 f_1 为

$$f_0 = \frac{1}{2\pi}\sqrt{\frac{1.8\rho c^2(m_1+m_2)}{dm_1 m_2}}, \quad f_1 = \frac{c}{2\pi d} \quad (4\text{-}15)$$

$$\mathrm{TL} = 20\lg\frac{\pi(m_1+m_2)f}{\rho c}fd - 29, \quad f_0 < f < f_1 \quad (4\text{-}16)$$

式中，m_1、m_2 为单板的面密度。

从式（4-15）、式（4-16）可知，双层空腔板相对于单板具有更为出色的隔声性能。传声损失的"板、空气和板"共振频率与板的平面结构尺寸无关，其主要受空腔厚度影响。随着空腔厚度的增加"板、空气和板"共振频率及驻波共振都向低频偏移，结构的传声损失在相当大的频段都显著增大；厚的空气层对低频声波隔声性能较好，薄的空气层对高频声波的隔声性能较好。因此，通过改变空腔厚度可以灵活地设计双层板空腔结构的隔声性能。

2. 电机噪声吸声处理

多孔材料主要通过吸声来衰减声振能量，在低频段内，多孔材料的吸声性能很弱，但是随着频率的升高，多孔材料的吸声性能会随之增加。由于材料的吸声系数与其声阻抗率有直接关系[8,9,13]，因此常被作为声学参量予以考虑。多孔材料的声阻抗 W 为

$$W = \rho_0 c_0 \frac{\sqrt{\chi}}{\sigma}\sqrt{1-j\frac{\sigma R_f}{2\pi f \rho_0 \chi}} \quad (4\text{-}17)$$

式中，σ 为孔隙率，χ 为结构因子，R_f 为流阻率。

根据资料[9]，在 100Hz 时，要求 $R_f \leq 750\mathrm{Pa \cdot s/m}$；但是，根据电机噪声的高频特性，一定厚度的多孔材料，需要合理设计流阻值。一方面，声波无阻碍进入吸声材料，流阻值不应太大；另一方面，声波在吸声材料来回路程中有足够大的摩擦消耗，则又应有足够大的流阻值，一般认为最佳的范围为

$$800 < R_f < 2400\mathrm{Pa \cdot s/m} \quad \text{或} \quad 2 < \varepsilon = \frac{R_f d}{\rho_0 c_0}\frac{\sigma}{\sqrt{\chi}} < 6 \quad (4\text{-}18)$$

多孔材料的孔隙率和结构因子值接近于 1 时，若吸声材料的厚度 d 远小于声波波

长，吸声系数 α 就不可能很高。当 $d \leq \lambda/8$、$\alpha \geq 80\%$ 时，d 为

$$d \geq \frac{42.5}{f} 10^3 \qquad (4-19)$$

所以，只有当 $d \geq \lambda/4$ 时，吸声系数 $\alpha > 0.9$。

4.2.6.2 电动汽车车内的噪声特性

1. 车内的噪声特性

某电动汽车，当车辆为定速 60km/h 时，车内噪声为 67.5dB（A），AI 为 72%，而同级别的车型，车内噪声为 64.6dB（A），AI 为 90%；当车辆为加速 50km/h 时，车内噪声为 68.2dB（A），AI 为 66%，而同级别的车型，车内噪声为 65.3dB（A），AI 为 92%；当车辆为加速 70km/h 时，车内噪声为 69.4dB（A），AI 为 52%，而同级别的车型，车内噪声为 66.7dB（A），AI 为 81%。具体结果如图 4-26 和图 4-27 所示（见彩插）。

分析图 4-26 和图 4-27[13] 可以得出：

开发车与竞品车的车内噪声声压级相差近 3db（A），语音清晰度（AI）相差近 20%。主观试驾表现为车内噪声大、声音质量差等特性。

在恒速 60km/h 工况下，电动汽车的车内噪声能量分布较宽，主要集中于 800Hz 以上的频带内，呈现出电动汽车车内噪声的高频特性。

电机噪声为车内噪声的主要贡献者，尤其在 2000~3000Hz 之间表现明显。因此，提高车内噪声的声音品质感，必须从主动或被动上降低电机噪声。

由于受到开发周期及成本等因素的制约，采取被动方式的声学包装来降低电机噪声对车内的影响，是行之有效的方法。

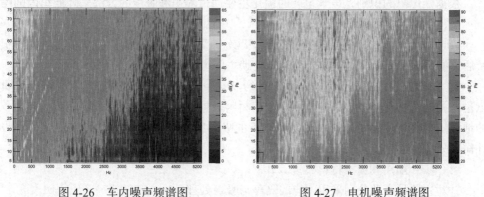

图 4-26　车内噪声频谱图　　　　图 4-27　电机噪声频谱图

2. 电动汽车与内燃机汽车噪声对比

传统内燃机汽车与电动汽车的车内噪声频谱分布差异较大，其主要的原因是由于动力源发生了变化。电机系统的工作特性与传统的发动机相比，其 NVH 特性呈现出较大的不同，表现为电机工作时的噪声与振动能量主要出于中高频区域[10]。所以，电动汽车声学包装的实施也不同于传统内燃机汽车。针对电机的隔声与吸声，是本节重

点探究的技术方法。

4.2.6.3 声学包装的仿真模型建立

1）板件隔声量分析。通过某车型和竞品车在半消声室转鼓试验环境下进行定速60km/h工况下的试验，主要测试在电机上部板件处的隔声量。试验结果显示，中低频阶段（250~800Hz）的隔声能力较差，高频阶段（800~8000Hz）的隔声能力较强；但是与竞品车相比较仍存在较大的差距，如图4-28所示。

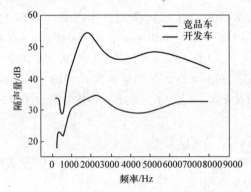

图4-28 电机上部板件处的隔声量

2）声学包装优化模型的建立。根据车内噪声影响最大的关键子系统确定声学包装模型，通过与试验结果对标，确定噪声源主要来自空调风扇噪声、电机噪声和路面噪声等，它透过车体形成车内混响，为人耳所接收和识别。

4.2.6.4 声学包装的优化设计

根据噪声源的识别，声学包装的优化主要通过隔声和吸声的方法来降低车内的噪声水平，其设计过程如下：

1）主要板件对车内噪声的贡献量。从噪声源的角度来分析，后地板、电机盖板及后窗的贡献主要为电机噪声；前围的贡献主要为空调噪声。

2）声学包装的仿真分析。通过试验分析得到车内各部位对驾驶员右耳的噪声贡献量后，通过仿真建立常用的隔声与吸声材料数据库（包含不同厚度、克重、表面积的地毯、前围、顶篷等内饰件的各频率下的吸声和隔声数据）。声学包装的优化与设计需要分两步进行。

第一步：隔声和吸声材料布置。

针对主要噪声源分别采用相应的隔声与吸声处理。

第二步：最优化计算。

根据声学包装材料数据库选择所要添加的材料，分析车体内表面各部分的贡献量变化。在满足降噪效果好、成本低、用料少、工业化实施简单的前提下，经过一系列的排列组合，计算出最优化材料搭配组合。

3）声学包装的实施。根据电动汽车实际存在的噪声薄弱点，针对车内各部件进行多次优化改善，最终确认最佳的降噪方案，主要改善的位置有乘客舱前围、机舱前围、行李舱、电机检修口盖板、前后轮罩等。

4.2.6.5 试验验证

针对声学包的实施，利用仿真分析软件进行整车试验测试，其车内噪声的改善对比如图 4-29、图 4-30 所示。

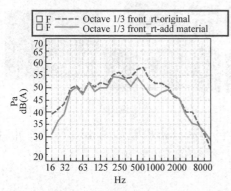
图 4-29 声学包装后的定速 60km/h 车内噪声

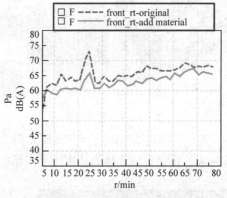
图 4-30 声学包装后的加速噪声

从分析结果可以得出：电机上部采用双层空腔钢板进行隔声处理，起到了良好的隔声效果，其隔声量达到了 16dB，进一步验证了隔声方案的有效性。声学包装对降低车内噪声起到很好的作用，其中，当车辆为定速 60km/h 时，车内噪声为 64.3dB（A），AI 为 92%，而同级别的车型，车内噪声为 64.6dB（A），AI 为 90%；当车辆为加速 50km/h 时，车内噪声为 64.1dB（A），AI 为 91%，而同级别的车型，车内噪声为 65.3dB（A），AI 为 92%；当车辆为加速 70km/h 时，车内噪声为 65.7dB（A），AI 为 82%，而同级别的车型，车内噪声为 66.7dB（A），AI 为 81%；定速车内噪声（60km/h）降低 3.2dBA，加速车内噪声平均降幅为 4.2dB（A），路面噪声降幅超过了 5dB（A）。

4.2.6.6 统计能量分析技术

在某内燃机汽车车型开发的早期，需要进行隔声垫铺层材料的选择、各层材料顺序和厚度的确定，从而达到车辆吸隔声开发目标，目前常用统计能量分析，即 SEA 技术。

采用 FEM、SEA 混合法对某款车型进行了整车声学包的建模及仿真优化工作，该方法既可以考虑因结构噪声导致的车内噪声问题，也可以考虑由车外空气传播进入车内的噪声问题，相比于传统的单一 SEA 仿真分析方法，考虑因素更为全面，计算结果更为精确。模型中包含了所有对最终隔声量仿真结果有影响的车体板件、结构件、吸隔声材料等，并包含这些部件所需的各种参数。

由于需要为整车 SEA 声学包模型提供混响室随机声源输入，因此在混响室进行了车体声压分布和驾驶室内声压分布测试，以车体表面各区域的声压和车内声压作为模型的输入，并通过对标车内外声压差以校核 SEA 模型。试验过程如图 4-31、4-32 所示。

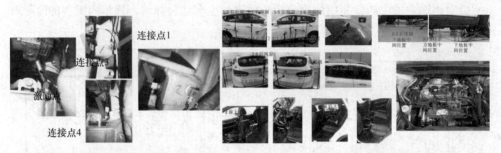

图 4-31　激励点导纳测量试验 1　　　图 4-32　混响室内车体表面声压测量试验 1

通过 FEM、SEA 混合法所建立的声学包仿真分析模型如图 4-33 所示，并将图 4-34 所示测量的车体表面声压导入模型中，作为模型的声源输入。

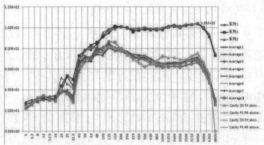

图 4-33　激励点导纳测量试验 2　　　图 4-34　混响室内车体表面声压测量试验 2

对整车声学包模型进行了由车外至车内子系统的功率流和能量贡献量分析，分析结果如图 4-35 和图 4-36 所示。

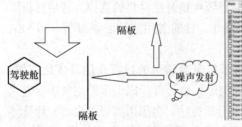
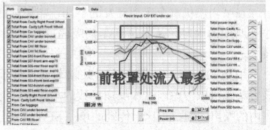

图 4-35　子系统件功率流分析　　　图 4-36　流入驾驶员头部子系统的能量贡献量排布

通过分析结果可知，由前轮罩流入驾驶员头部子系统的能量贡献量最大，因此需要对前轮罩处进行吸隔声处理，通过在前轮罩处增加吸声棉，适当调整吸声棉的流阻率参数,并进行优化仿真和验证,使驾驶员头部声压值明显降低,如图4-37和图4-38所示。

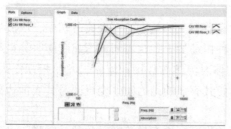

图4-37 调整吸声棉前后吸声系数对比

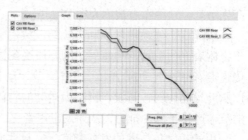

图4-38 优化前后驾驶员头部声压值对比

4.2.6.7 小结

通过对某电动汽车的车内噪声声学包装技术进行分析,得出如下结论:①对电机噪声和电磁噪声,采用双层空腔钢板和多层多孔材料进行隔声与吸声,可以有效地改善车内声学环境,提高电动汽车的NVH性能。②利用仿真技术寻找最优声学包装设计方案,可以极大降低开发周期和成本。③通过声学包装技术,最终达到了开发设计要求,并且其车内噪声水平优于竞品车型。

4.3 气动噪声控制及仿真技术

4.1节分析了气动噪声的产生机理,下面主要阐述气动噪声的控制技术。风激励噪声是气动噪声的重要表征之一,是车辆高速行驶时的主要噪声,尤其是当行驶速度超过100km/h时,风噪逐渐占主导地位。风噪问题一直是客户满意度调查中抱怨最多的问题,并且随着车速的提高和路况的改善,风噪声显得尤为突出。仿真技术相对于试验具有耗时间短、成本低等优势,且能够直观快捷地展示流场的特征,有助于理解流动现象的机理,弥补试验的不足和缺陷。

4.3.1 气动噪声的控制技术

流场中理想化的声源模型包括单极子声源、双极子声源和四极子声源。其中,车内感受到的单极子声源主要是密封条的泄漏噪声;感受到的双极子声源主要是汽车表面的压力脉动;在汽车风噪中感受到来自四极子声源的噪声很少,会一定概率产生于汽车排气管的高速气流中。

根据风噪的形式,风噪声可以分为脉动噪声、泄漏噪声、风振噪声和空腔噪声。脉动噪声产生的原因是气流在车体上的压力波动,且气流和车体的分离和再附着会加剧噪声的强度。泄漏噪声,顾名思义,为车外噪声透过车体缝隙传递到车内的噪声;风振噪声是指行驶中的汽车,当打开天窗或者车窗时,车内产生的强烈的轰鸣声。风振噪声有特定的频率,取决于车速、车内空腔容积、开口(打开的天窗或车窗)形状和面积等。风振噪声的能量很大，噪声级可以超过 100dB。汽车车外缝隙与车体和搭接件之间会形成小空腔，即使这些空腔和车内并无泄漏，当气流吹过这些空腔时也会产生噪声，这种噪声被称为空腔噪声。

风噪属于气动声学，和传统的经典声学有着较大的差别。在经典声学中，声波源于物体表面的振动，物体周边的介质受到这种振动的干扰，不断地压缩和膨胀，最终传递声音。在气动声学中，声音源于运动物体对流体的作用和流体之间的相互作用。以脉动噪声为例，其发声机理为运动的物体使其表面的升力发生变化而对其表面边界的流体产生了脉动推力，从而发出声音。

由于声学包技术的发展和汽车密封性能的提高，由车外流场导致的脉动噪声已经成为风噪仿真和试验的工作重点。本节基于车外流场估算脉动噪声对车内声压级的影响，并提出了相关应对的技术。

理论上，空气动力噪声可以直接求解可压缩的 N~S 方程得到，然而这种方法易受到计算容量和时间的限制，所以在实际 CFD 计算中，常常采用间接的方法，将需要计算的区域分成内区和外区，分两步计算空气动力噪声。

第一步，计算内区的流体特性。把内区假设成一层相对较薄的区域，可以忽略声场对流场的耦合，简化成求解非定常可压缩流体的 N~S 方程。

第二步，根据第一步计算出的机构表面非定常动力压力脉动，使用 Lighthill 声学相似理论或者同类理论（L~C、FWH 等）方程计算外场声压。

4.3.2 路噪仿真技术

国内主机厂都已经开展了路噪相关的仿真分析工作，对于路噪问题的改善取得了较好效果。目前，主要运用混合仿真技术对结构路噪进行预测，首先要运用测试手段完成道路载荷提取，在完成悬架系统建模和车体系统建模后搭建用于路噪仿真的整车有限元模型，将测试得到的轮心激励施加在整车模型中，完成结构路噪的预测。路噪的产生机理及影响因素如图 4-39 所示。

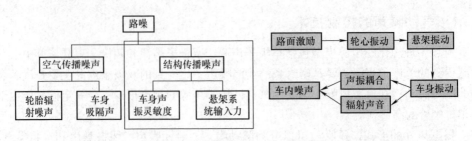

图 4-39　路噪的产生机理及影响因素

4.3.2.1 路噪分析流程

路噪根据传播方式的不同分为结构路噪和空气传播噪声（又称胎噪）。目前主要研究对象为结构路噪,其发生原理为来自路面的激励源通过轮胎传至轮心,再经悬架系统、悬架与车体的安装点传递至车体,导致车体板件振动与车内声腔发生耦合而产生声振耦合结构噪声。在路噪的开发过程中,轮辋刚度、轮胎模态、悬架形式、衬套隔振以及车体的整体刚度等都是主要的控制因素。路噪混合仿真的技术路线如图4-40所示。整车建模的关键是悬架系统的建模,因悬架系统弹性元件众多,其刚度阻尼特性模拟困难,而这些因素对整车路噪仿真精度影响很大;因此采用测试数据,在完成悬架结构件和其他底盘件建模后,组装成整个底盘系统模型。图4-41所示为路噪悬架模型,图4-42所示为路噪整车模型。

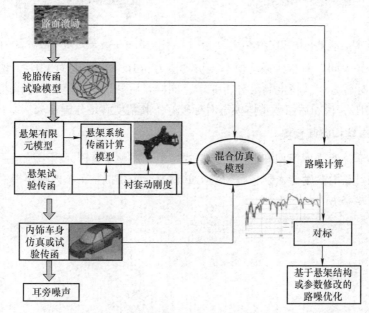

图4-40 路噪混合仿真的技术路线

图4-41 路噪悬架模型

图4-42 路噪整车模型

对底盘系统进行模态分析、测试和对标,对标结果如图4-43和图4-44所示,悬架整体模态对标较好,可见底盘系统的精度满足分析要求。

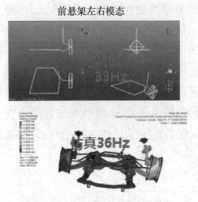

图 4-43　前悬架振动模态云图　　　　图 4-44　后悬架振动模态云图

分析结果表明，前悬架振动模态，仿真值为 36Hz，测试值为 33Hz，说明前悬架整体模态对标较好，其精度满足分析要求；同样，后悬架振动模态，仿真值为 24Hz，测试值为 23Hz，说明后悬架整体模态对标较好，其精度满足分析要求。

4.3.2.2　整车结构路噪预测

将内饰车体有限元模型和前、后悬架模型组合成整车有限元模型，运用六分力测试传感器测量路面激励传入到车轮轮心力的情况，为模拟整车车内噪声提供直接的力输入，如图 4-45 所示。

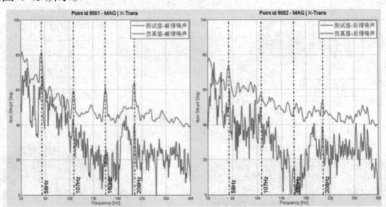

图 4-45　试验与仿真对标结果

图 4-45 分析结果表明，仿真结果与试验结果相比，仿真结果幅值明显偏低，这里主要是受到阻尼的影响；整体噪声的趋势和出现峰值的频率段高度吻合。因此，仿真结果可以对改善噪声设计有一定的借鉴意义。

4.3.3　风噪仿真技术

建立某车型的车外流场和车内声压级的仿真，包括格栅的整车 CFD 仿真模型，如图 4-46 所示。

第 4 章 NVH 仿真技术

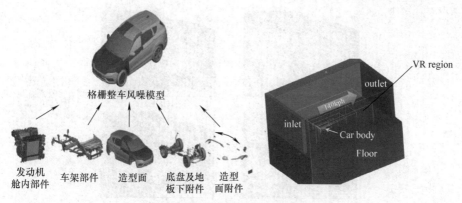

图 4-46 格栅整车风噪仿真模型

仿真的相关参数和边界条件，包括车速、仿真物理时间、最小网格设置、偏航角、刮水器和格栅。图 4-47 所示（见彩插）为车外流场涡量着色和风洞试验噪声源对比图，可以看出 A 柱涡流、后视镜尾流、落水槽涡流和前轮腔涡流是车外主要的噪声源。

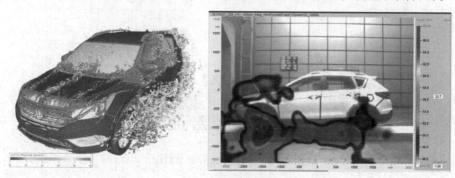

图 4-47 车外噪声源识别图

以侧风窗为例，图 4-48 和图 4-49 所示分别为侧风窗压力波动和侧风窗声学壁面压力波动图。脉动噪声主要通过在风窗表面形成压力波动将噪声传入车内。从图中可看出，A 柱的气动分离和后视镜的尾流在风窗玻璃表面形成了较大的压力波动，需对其进行局部造型优化。

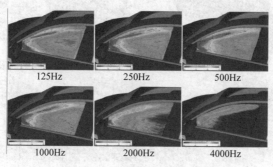

图 4-48 侧风窗压力波动图

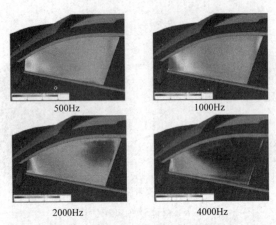

图 4-49　侧风窗声学壁面压力波动图

A 柱和后视镜局部造型优化措施如下。

图 4-50 所示为 A 柱局部造型示意图，减小 A 柱在侧风窗和前风窗的台阶以减小气动分离，降低噪声。

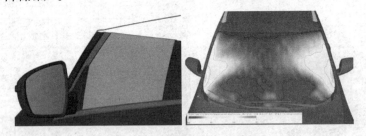

图 4-50　A 柱局部造型示意图

图 4-51 所示为后视镜镜脖处局部造型示意图，通过改善通过镜脖的流场，减小侧风窗上的压力波动，从而减小车内噪声。

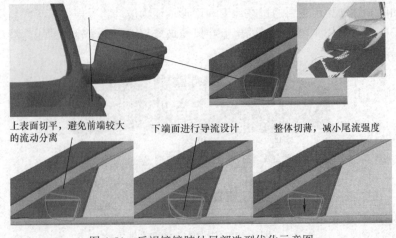

图 4-51　后视镜镜脖处局部造型优化示意图

应用仿真软件集成了 SEA 模型，通过设定内部相关噪声参数，包括乘员舱容积、车内混响时间、玻璃厚度、玻璃密度、玻璃杨氏模量、玻璃剪切模量、玻璃泊松比、玻璃阻尼损失系数，由车外流场估算车内声场，并用试验进行对标。

图 4-52 所示（见彩插）为车内声压级仿真和试验对比。

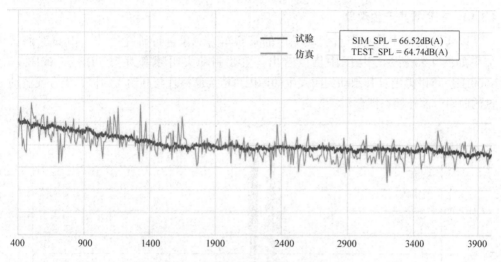

图 4-52 车内噪声声压级仿真试验对比

根据对标得出结果：仿真和试验的声压级和变化趋势基本一致，尤其在风噪占主导的高频段具有较高的仿真精度。

根据某车型分析了风噪的噪声源类别、噪声分类，得出：

脉动噪声通过在侧风窗玻璃和前风窗玻璃上形成湍流壁面压力波动和声学壁面压力波动将噪声传入车舱内。

通过优化后车内噪声声压级对比表明 A 柱和后视镜处的气动造型对汽车风噪水平影响较大。

4.3.4 模态耦合的制动噪声分析技术

制动器发生振动噪声问题属于带有摩擦环节的结构动力学问题，是困扰汽车工程界的一个难题[19]。其研究的难点在于，制动噪声的发生有很大的随机性，只有在一定的工况下（合适的制动压力、摩擦系数、湿度和温度等）才会产生。

从理论上讲，摩擦特性随相对滑移速度增加，其摩擦系数有下降趋势，就足以导致自激振动的发生。但纯粹改善摩擦材料解决该问题的案例并不多，况且摩擦材料的特性随环境条件而变化。目前通过改变结构设计使其参数匹配来抑制振动噪声发生，被日益视为解决工程问题的有效途径，归纳为以下三类。

1）低频制动噪声（2~5kHz）：卡钳或支架诱发制动尖叫。
2）中高频制动尖叫（4~11kHz）：摩擦片诱发制动尖叫。

3）高频制动尖叫（7~16kHz）：制动盘诱发制动尖叫。

本节以某轿车前盘式制动器为研究对象，利用仿真技术进行尖叫预估，提出抑制措施。无论是从降低噪声污染、提高制动器的产品开发进度，还是促进整车的品质，都非常重要。

4.3.4.1 制动噪声产生现象

以实际使用中具有严重制动噪声的某轿车为对象进行研究[20, 21]，其试验测试结果如图4-53所示。从图中可以看出，主要制动尖叫频率为5500Hz、7200Hz和8500Hz。可以得出：其制动尖叫发生的原因可能为摩擦片与制动盘的模态耦合或制动盘的面内、面外模态耦合。

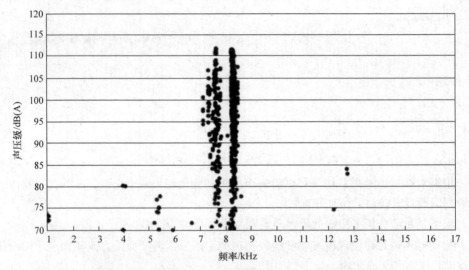

图4-53 某轿车前制动盘的制动噪声台架试验测试结果

4.3.4.2 有限元仿真分析

1. 有限元模型验证

利用有限元软件对制动器各部件进行自由模态分析，为了验证各部件有限元模态分析结果的正确性，对各部件进行自由悬置下的模态分析试验。其中，模态试验是以锤激为输入进行的，再与有限元计算结果相比，主要考察其振型是否与计算结果一致。

2. 复模态分析

由于制动噪声产生的工况极为复杂，单纯通过某个摩擦系数进行噪声预测评估，是难以实现的。故为了模拟实际工况，在利用有限元软件进行复模态分析时，充分考虑了不同温度、不同摩擦系数等因素的影响，其仿真分析结果为一个统计值，如下图4-54所示。对比台架试验测试的结果，仿真分析的结果比较接近于试验测试值，进一步论证了仿真分析的可靠性。

第 4 章 NVH仿真技术

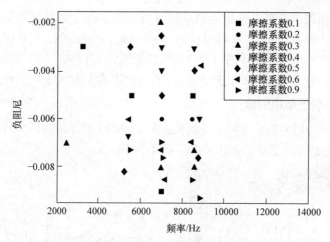

图 4-54　不同摩擦系数下尖叫频率对应负阻尼的关系图

3. 仿真分析与原因解析

复模态分析只能计算出制动噪声的发生频率，却难以找出引起尖叫的具体部件。所以，为了进一步解析引起制动尖叫的原因，需要对摩擦片和制动盘进行模态分析。因为制动尖叫的每一阶频率基本上都与制动盘的某阶固有频率相吻合，所以必须分析制动盘的模态特性。

通过对制动盘的面内和面外模态进行统计分析，可以得知制动尖叫7200Hz和8500Hz的原因为制动盘的面外模态与面内模态发生耦合而引起，且均为面外节径模态与面内周向模态的耦合。从图4-55中可以看出，5500Hz尖叫频率为摩擦片的弯曲模态与制动盘的面外模态发生耦合而导致的结果。

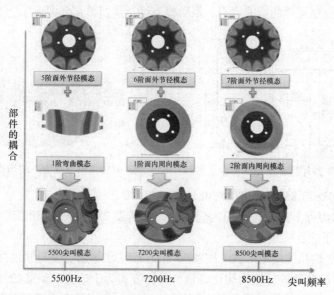

图 4-55　制动尖叫频率对应下的部件模态耦合图

根据仿真和试验对标，得出制动盘试验与仿真分析自由模态频率分析结果：试验频率在 1 到 7 的阶次分别为 1210.6Hz、1551.9Hz、2760.3Hz、3047.3Hz、3309.4Hz、4407.1Hz、5155.2Hz，仿真频率在 1 到 7 的阶次分别为 1210.9Hz、1537.5Hz、2773.8Hz、3088.4Hz、3292.7Hz、4427.6Hz、5119.5Hz，误差范围最大为 1.33%，最小为 0.02%。

4.3.4.3 降噪分析及解决对策

制动盘面内和面外的模态耦合是诱发高频尖叫的主要原因，因此解决途径为改变散热筋的结构形式和数量等，如图 4-56、图 4-57 所示。

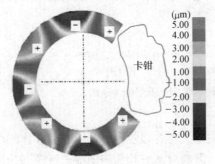

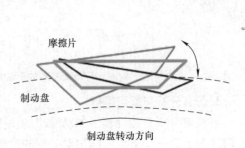

图 4-56　制动盘面内面外模态耦合　　　图 4-57　摩擦片的颤振诱发制动尖叫示意图

综合以上所述，各个频段的制动尖叫解决对策如下。

（1）5500Hz 解决对策

摩擦片的轴向圆跳动是诱发模态耦合的主要原因之一，通过两端开槽来减少摩擦片的轴向圆跳动，从而达到抑制制动尖叫的效果，如图 4-58 所示；同理，诱发制动尖叫的另一方面原因为摩擦片的弯曲模态与制动盘的面外模态发生耦合，所以，通过两端开槽来改变摩擦片的弯曲模态，消除模态耦合，如图 4-59 所示。

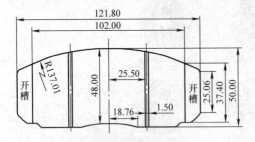

图 4-58　摩擦片的开槽与倒角示意图　　　图 4-59　摩擦片的一阶弯曲模态图

（2）7200Hz 与 8500Hz 解决对策

制动盘的面外节径模态和面内周向模态是诱发 7200Hz 与 8500Hz 尖叫的主要原因，可通过如下途径来改善：

1）改变散热筋的结构形式（图 4-60）。在满足散热筋宽度与厚度之比最大为 2.0 的前提下，对散热筋进行结构优化设计，具体方案为①改变散热筋的等长分布形式，使其变为长短交叉分布；②散热筋上下端包角处理，增加制动盘的刚度。

2）粘贴消声片。

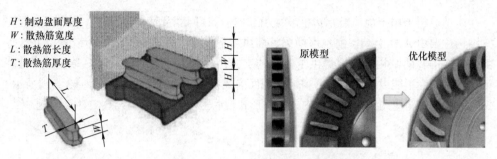

H：制动盘面厚度
W：散热筋宽度
L：散热筋长度
T：散热筋厚度

图 4-60　制动盘散热筋结构形式优化

4.3.4.4　试验验证

对以上解决对策及改善方案，按照 SAE J2521 进行台架试验，如图 4-61、图 4-62 所示。

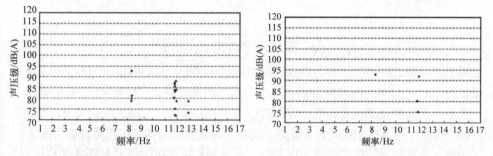

图 4-61　摩擦片与散热筋改善（无消声片）　　图 4-62　摩擦片与散热筋改善（有消声片）

根据分析得出结果：摩擦片的开槽与倒角和散热筋的结构形式优化对制动尖叫起到了极大的抑制作用，但是却增长了 12000Hz 尖叫频率的诱发次数。其主要原因为散热筋的包角处理和增加散热筋的长度等一系列的结构形式优化，使得制动盘的刚度增加、固有频率增大，导致部分尖叫频率发生"移频"现象。为了解决上述"移频"现象，在摩擦片上增加消声片可以有效地抑制和消除高频尖叫。

4.3.4.5　小结

综合以上论述，得出以下结论：

1）利用有限元分析方法，可以很好地预测制动尖叫发生的频率，同时也对制动尖叫的改善起到很大的指导作用。

2）每一阶制动尖叫频率都与制动盘的某阶固有频率相吻合。

3）摩擦片的轴向圆跳动诱发模态耦合而引起的制动尖叫问题，通过修改摩擦片的结构形式可以得到很好的改善。

4）制动盘的面内、面外模态耦合而引起的高频尖叫问题，通过对散热筋进行一系列的结构优化处理，可以起到很好的抑制效果；同时，消声片可以极大地消除因"移频"而诱发的高频尖叫。

4.3.5 风窗振动引起的车内轰鸣声问题分析及整改

本节分析了由于前风窗下边框软化引起的 NVH 问题及其整改思路。前风窗边框支撑结构主要由 A 柱上端、前顶篷横梁、前风窗下横梁焊接总成组成。传统意义上这些部件组成的封闭结构为风窗提供了坚固的支撑，但是为了满足行人保护要求，前风窗下部支撑刚度不能设计过高，开口形式截面前风窗下横梁焊接总成（图 4-63 红线所示，见彩插）被普遍应用到车体设计中。开口形式截面由于刚度低，会带来 NVH 问题。

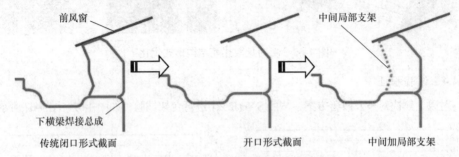

图 4-63 前风窗下横梁截面设计演变

对于开口形式截面，风窗会存在比较低的整体模态，及更多高阶的局部模态。这些振动模态如果与车内声腔模态耦合，会引起车内轰鸣声，严重影响汽车的 NVH 性能。满足行人保护要求的前提下，在原有中间支架的基础上，通过优化风窗局部模态的思路来改善车内高转速轰鸣声，使其最终在全转速范围内满足轰鸣声性能目标。

车体结构设计中，前风窗由于面积较大且平面光滑，往往是车内轰鸣声的一个主要贡献部件，下面围绕前风窗振动引起的车内高速轰鸣声问题展开优化工作。

4.3.5.1 前风窗噪声现象

某轿车由于需要搭载无平衡轴发动机，激励源（悬上振动）相对于对标车型（带平衡轴发动机）在高转速时要大很多，而车内轰鸣声目标设定不高于对标车型，这就给设计带来很大的挑战。经过前期试验，高转速轰鸣声超出目标值约 4dB，如图 4-64 及图 4-65 虚线部位所示。

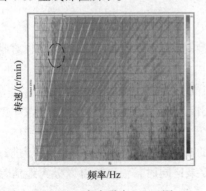

图 4-64 车内噪声 3D 云图

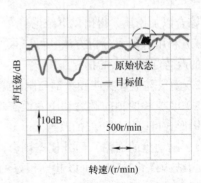

图 4-65 车内轰鸣声客观测量结果

由于前期高转速轰鸣声已经达标，排除了进、排气等系统对于高转速轰鸣声的影响，基本确定轰鸣声由发动机振动传递至车体，引起车体板件共振，板件共振又与车内声腔模态耦合导致轰鸣声。通过对车体各个连接点传递路径要因进行分析，发现右前减振器 Y 向的噪声传递函数（NTF）曲线在与此转速对应的二阶激励频率处存在明显峰值，如图 4-66 中虚线位置。

针对该路径进行仿真分析，复现了同样问题，如图 4-67 所示。利用仿真分析高效率、低成本的优势，可以快速直观地看出此频率下的工作变形模式及此峰值对应的主要贡献板件，如图 4-68 所示。通过板件贡献量分析得到此频率下贡献量最大的板件为前风窗 6、前风窗 3 和前围板。前风窗板件划分如图 4-69 所示。

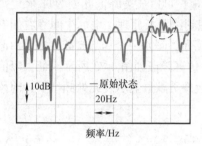

图 4-66　减振器 Y 向 NTF 试验曲线

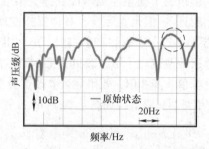

图 4-67　减振器 Y 向 NTF 仿真曲线

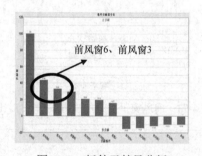

图 4-68　板件贡献量分析

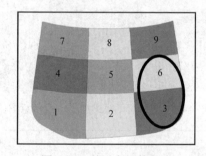

图 4-69　前风窗板件细分

前风窗作为最后产生噪声的环节，无任何改进可能，必须考虑从前风窗周围支撑连接结构着手，寻找优化方向。根据结构设计，如图 4-70 所示，前风窗下横梁仅在中间及右侧分别有两个小支架支撑，而左侧大部分受刮水器电动机安装及 DMU 运动空间限制，无任何支撑结构，并且由上面板件贡献量分析可以看出，贡献量最大的板件正是无支撑的前风窗 6 及前风窗 3。从截面图 4-71 可以明显看出，开口截面形式的结构很容易在前风窗垂直方向及前围板前后方向形成张合状的振动模态，最终引起车内轰鸣声问题。对此处结构进行局部优化，使之固有频率与激励频率充分避开。

图 4-70　前风窗下横梁示意图

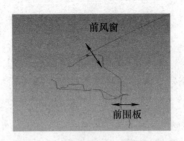

图 4-71 前风窗下横梁截面示意图

4.3.5.2 优化方案及验证

前风窗下横梁左侧增加支撑支架效果最明显,可以显著降低此处 NTF 峰值(仿真已验证)。但是实际没有具体操作空间,联想到跷跷板原理,增加中间靠右侧支撑同样可以在一定程度抑制左侧振动。如图 4-72 所示,增加一个局部支架、加强由原来的单层板改成盒子形,改进方案 NTF 对比效果仿真验证如图 4-73 所示。最大峰值频率处幅值下降 3dB,效果显著。改进方案后的板件贡献量显示,此处频率下,前风窗3 贡献量明显降低,如图 4-74 所示。

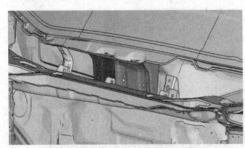 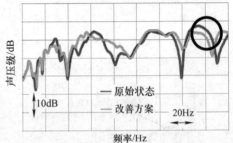

图 4-72 前风窗下横梁加强方案示意图　　图 4-73 前风窗下横梁加强方案 NTF 对比

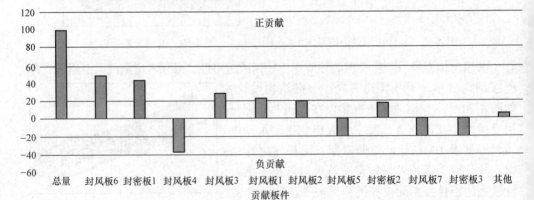

图 4-74 前风窗下横梁加强后板件贡献量

对改进方案进行实际装车验证,如图 4-75 所示,得到改进前后 NTF 对比及轰鸣声对比分别如图 4-76、图 4-77 所示。

图 4-75 前风窗下横梁加强实际装车

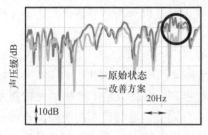 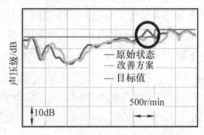

图 4-76 前风窗下横梁加强 NTF 对比　　图 4-77 前风窗下横梁加强轰鸣声改善

根据分析得出结果：发动机高转速下 NTF 下降约 10dB，轰鸣声下降 3dB 左右，基本达到了初期预定的目标要求。

由于只是在车体前风窗下横梁焊接总成增加了局部支撑结构，对行人保护影响不大，仿真结果也验证了这个结论，达到了保护行人和减低噪声的目标。

4.3.5.3 小结

为满足行人保护要求，车体结构设计要求将前风窗下横梁设计成开口截面形式，这种结构形式降低了前风窗垂直方向及前围板前后方向刚度，会引起 NVH 问题。通过实际项目案例分析了由于前风窗引起的轰鸣声具体问题，利用仿真分析技术，找到其优化改进方向。最终实车验证表明，局部优化前风窗下部支撑支架可以较好地解决轰鸣声问题，为车体结构设计提供指导依据。

4.4　NVH 仿真精度提升

众所周知，仿真结果精度取决于建模精度、边界条件的完整性及准确性、材料参数的准确性等，仿真精度的提升在极大地减少开发周期、降低开发成本、增加各种优化方案工程化应用的同时，还可以有效减少试验样车生产的数量。在仿真技术的发展和精度提升过程中设置大量的变量因子，进行大量的变量因子定型的辅助性试验，对试验数据进行统计归纳、反复迭代并参数化、抽象化，最终逐一将变量因子定量化，形成技术能力，提高仿真精度。

4.4.1 声腔模态仿真精度提升

声腔是指封闭的驾驶室内由空气所组成的腔体，声腔模态是指车体声腔在某一固有频率下的驻波振型，反映车内声场的分布情况，是车体声腔的固有特性。声腔模态是结构噪声仿真的重要组成部分，声腔模态的仿真精度对结构噪声的仿真精度具有极为重要的影响。

同结构仿真建模不同，声腔在车内看不见摸不着，且目前并没有完全固定的方法去达成声腔模态的高精度化，这样就需要对声腔模态进行比较深入的理论研究，确定影响声腔模态的各种因素，并通过试验等手段实现这些因素的区间化，亦即在该区间内调整某些参数，声腔模态精度即可以得到有效保证。以下从声腔建模和定型化试验两个方面来阐述声腔模态的精度的提升过程。

声腔模型主要包括驾驶舱腔体、仪表板腔体、行李舱腔体。2D 网格的大小按 50mm 划分，有限元模型的正确与否直接关系到解析结果的精准度，因此在由 2D 网格生成 3D 实体网格之前有必要对网格质量进行检查，为此设定了严格的网格模型检查标准。检查标准包括：网格尺寸，目标要求为除驾驶舱腔与行李舱舱腔间连接处尺寸较小外，其余网格尺寸不小于 20mm；翘曲角，目标要求为不大于 5°，可以放宽到 10°~15°；细长比，目标要求为不大于 5mm，可以放宽到 10mm 等。

各腔体网格的建模方法按照常规的建模方法即可，在此不做赘述。驾驶室内声腔的建模较为简单，并无太多需要关注的技术。驾驶室声腔模型如图 4-78 所示。

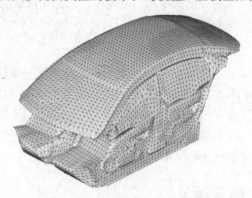

图 4-78　驾驶室声腔有限元模型

对于三厢车的声腔建模，需要注意的是仪表板空腔的建模和行李舱空腔的建模，以及各腔体之间连接方式的处理。

行李舱空腔是指由行李舱盖内板、后隔板、后排座椅靠背、备胎槽、后侧围等结构构成的封闭空间。后隔板是连通行李舱空腔与驾驶舱的关键，其上的通气孔结构要局部细划，此处建模非常重要。根据声腔模态公式可知，通气孔连接着行李舱空腔与驾驶室空腔,这种连接作用可以改变驾驶室和行李舱的模态,通过调节连接孔的大小,可以微调声腔模态,从而实现声腔建模的精确化。

其余结构的几何处理和网格划分与驾驶舱空腔的处理方式相同,生成封闭的 2D 网格,网格质量检查合格后,创建行李舱空腔实体网格模型,如图 4-79 所示。

仪表板空腔是指由仪表板、前围等结构构成的封闭空间。提取仪表板和部分前围几何结构,进行几何清理,删掉不必要的特征线,生成封闭的 2D 网格,网格质量检查合格后,创建仪表板空腔实体网格模型,如图 4-80 所示。

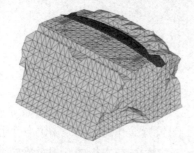 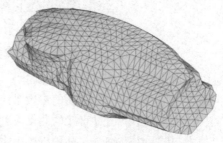

图 4-79　行李舱空腔有限元模型　　　　图 4-80　仪表板空腔有限元模型

相比于纯粹的声腔网格建模,各声腔之间如何来连接、连接面积的设定对于声腔模态的精度更为重要,这也是各公司之间不同的地方,因此成为该领域的核心技术之一。

(1)驾驶舱与行李舱之间的连接处理

驾驶舱与行李舱通过后隔板上的通气孔相通,连通关系在有限元模型中用共节点模拟,表示驾驶舱和行李舱空气是流通的;非通气孔处节点是不共节点的。通过调节连通节点的数量保证行李舱腔的一阶声学模态在合理的范围内,依据经验值,行李舱腔的一阶声学模态频率一般为 22~28Hz。图 4-81 给出了通气孔的处理方法,供参考。

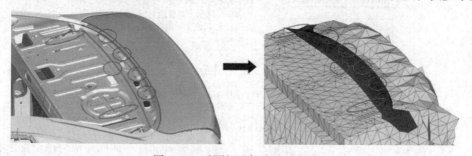

图 4-81　后隔板通气孔处理方法

(2)驾驶舱腔与仪表板连接处理

由于仪表板的作用,驾驶舱腔与仪表板腔空气在仪表板上部大部分是隔绝的,只有一些缝隙如空调孔等处相通,在仪表板下部两腔体是相通的,因此仪表板上部除缝隙处节点耦合外其余节点是断开的,如图 4-82 黑色点所示。

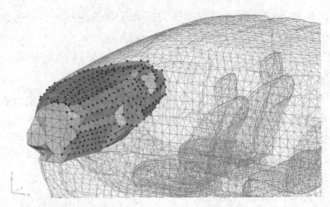

图 4-82 驾驶舱腔与仪表板腔连接处理方法

（3）试验迭代法微调确定未知因素

以上连接关系中，最重要的参数是腔体连接处的耦合面积，也就是通常所说的通孔面积。该面积不能通过直接的测量得到，因为设置通孔的目的是微调各个腔体的模态，使之与试验模态吻合，某种程度上来讲，这些面积是虚拟的，但是确实对声腔模态有一定的影响。因此这些面积的确定成为声腔建模精度的关键因素。

为此需要结合试验，多次调节这些虚拟通孔的面积，最终使各腔体的仿真模态与试验模态相一致，确保精度要求。一旦某三厢车的虚拟通孔面积确定，即可基于车型的相通性，日后其他三厢车的虚拟通孔面积都可以采用该确定值。声腔件虚拟通孔面积的试验仿真迭代确定如图 4-83 所示。

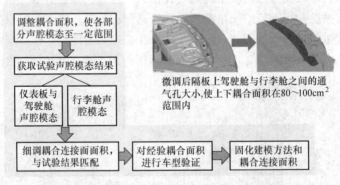

图 4-83 声腔件虚拟通孔面积的试验仿真迭代确定

通过以上的多次迭代验证，并推广到其他三厢车上进行合理性验证，确定了通孔面积的正确性和推广有效性，根据为某车型采用该通孔面积后进行的试验与仿真对标结果，进一步验证了该项声腔模态精度提升技术的有效性和合理性。

4.4.2 车体结构噪声仿真精度提升

车体结构噪声最重要的基础是车体声学灵敏度，车体声学灵敏度是车辆的固有特性，只与车体本体结构相关，与激励力大小等均无关系。提高车体结构噪声仿真精度，最关键的就是提高声学灵敏度的仿真精度。此处采用排除法来确定影响车体声学灵敏度的各种因素，并按照重要性顺序及可控程度来进行判别，见表4-1。

表 4-1　车体声学灵敏度影响因子排序

重要性排序	是否可控	实现方法
网格质量	可控	提高网格建模水平
材料属性	可控	获取准确参数
非线性件	不可控	大量试验总结归纳
连接类型	可控	理解连接方式
边界条件	可控	单位激励力输入
仿真方法	可控	形成标准模板
网格类型	可控	提高网格建模水平
质量配重	可控	获取准确参数
模型装配	可控	提高网格建模水平

通过重要性排序及可控程度可知，在进行车体声学灵敏度仿真分析时，影响仿真精度最大的因素是非线性件的模拟。与车体声学灵敏度相关的非线性件主要包括车门密封条、缓冲块等部件，这些部件对于车门、发动机舱盖、行李舱盖同车体的连接来说非常重要，它们对于这些开启件的装车状态下的模态具有非常大的影响。在结构仿真分析中，虽然非线性件均采用简化的方式来模拟，但是将其简化成一系列的刚度、质量、阻尼之后的 K、M、C 等参数值的定量化设定却无法通过确切的已有数值或者经验来确定。这就需要通过大量的参数调试、仿真、试验迭代，获取不同的 KMC 设定参数下的部件、整车仿真与试验结果，并对两种结果进行逼近，当大量的仿真与试验结果形成线性化的逼近结果时，KMC 值已经由非线性实现了线性化。

在车体结构噪声的预测过程中，密封条、缓冲块的参数化建模对于精确预测有着重要作用。但是由于开启件密封条、缓冲块的刚度和阻尼参数随频率的变化呈现高度非线性特征，因此其刚度、阻尼参数的设定困扰着很多主机厂。

为解决这个问题，对这些非线性件的动刚度进行了分析，在结构噪声频率范围内，其动刚度基本遵循线性原则，因此如果能够确定其线性段的等效刚度、阻尼范围，则可以获取较高的建模精度。

基于此，策划了一系列旨在确定这些参数值，实现非线性部件参数线性化定型的试验。

在每辆车上选取具有代表性的试验测点进行频响函数的测试和仿真预测，用于识别各个开启件的试验和仿真的模态，通过试验和仿真模态的对标，不断地修改仿真模型中密封条的等效刚度和阻尼参数，逼近迭代直到与试验值一致，则此时的线性化参数即为定型固化的密封条参数。仿真及试验选点示例如图 4-84 所示，各种试验工况示例如图 4-85 所示。

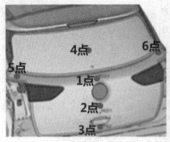  

图 4-84　仿真及试验选点示例

  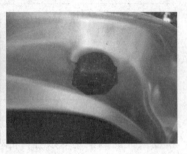

图 4-85　各种试验工况示例

进行每个试验车型的各工况试验结果统计，分析密封条、缓冲块对开启件模态的影响，统计多组对标后的密封条及缓冲块刚度与阻尼参数，确定刚度及阻尼值选取范围，并应用于其他车辆仿真模型中进行验证，开启件仿真模态与试验误差在±1Hz 以内。各工况下仿真与试验模态的误差统计如图 4-86 所示。

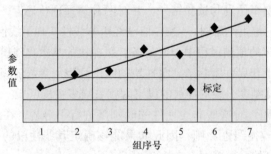

图 4-86　各工况下仿真与试验模态的误差统计

通过以上仿真→试验→仿真→验证的迭代方法，确定了车门密封条、缓冲块等非线性件的 KMC 参数值，实现了非线性参数的线性化，确定了这些不可控因素的量值，实现结构噪声仿真精度的完全工程化应用。

4.4.3　声学包仿真精度提升

车体结构噪声频率范围相对较低，对结构噪声的仿真频率范围在 20~250Hz 之间，在该频率范围内有限元仿真分析方法可以保证仿真精度。随着频率的增加，相同的车体级别有限元模型仿真所需要的计算资源、计算量会成倍增加，同时其仿真精度也会有所降低，因此需要应用边界元法来进行更高频率的仿真计算。如果计算的频率范围达到几百或者几千的中高频范围时，模态密度已经非常高，无法再用确切的模态振型来描述结构的声振特性，需要采用统计能量法进行相应的解算工作。

通过专用的统计能量法仿真软件进行整车、系统、部件的吸隔声仿真分析和预测，完成车辆的声学包优化。仿真优化的原理都是基于统计能量法进行，对于吸隔声的仿真是基于质量法则和 Biot 原理进行相关解算。

对于车辆声学包仿真分析而言，影响其仿真精度的主要有以下几个因素。

1）材料参数的准确性。材料参数主要包括流阻率、孔隙率、卷曲率、粘性特征长度（VCL）、热帖特征长度（TCL）等吸声材料的声学微观参数，以及弹性模量、泊松比、密度等结构参数。

2）边界条件的准确性。对于整车和部件的吸隔声仿真分析来说，模型本身的约束状态及模型的具体结构特征其实并不重要，因为此时模态密度非常高，使得边界条件和结构特征对其仿真结果的敏感度影响很小。但是子系统之间的连接或者耦合关系的准确性是比较重要的，因为根据统计能量法理论，其连接关系实际上是子系统间的功率流动，直接影响传递到各子系统之间的功率流大小。

3）车体声泄漏等效的准确性。进行声学包仿真分析时，在不进行声泄漏面积定义的情况下，默认车体是理想、无泄漏的模型。但实际的车体一定会存在或多或少的声泄漏问题，诸多研究表明，声泄漏对车体吸隔声的影响非常大，因此如果要尽量提高仿真精度，必须较好地确定声泄漏的等效面积，或者逐个确定主要穿孔件处的声传递损失，以尽量实现声泄漏准确化。

4）非结构声学包部件特征准确性。所谓非结构声学包部件，指除车体钣金件之外的声学包部件，比如前围隔声垫、车门护板等吸隔声部件。这些部件一般不像车体钣金件一样具有比较均匀的厚度，因考虑到安装、与车体钣金件的贴合、与穿孔件之间的配合等因素，其厚度往往不均匀，因此需要确定各个不同厚度的比例。

材料参数对仿真结果的影响如下。

通过仿真对比即可较好地确定各种不同的材料微观参数对声学包仿真结果的影响。通过构建一个简单的平直钢板带隔声垫的模型即可很好地完成这种对比，且能确保对比结果的可靠性。通过这种对比，可以确定哪些参数对结果影响最大，对这些参数需要获取尽量准确的参数，哪些参数影响最小，只需要保证这些参数在一定范围内即可。

通过改变流阻率、孔隙率、卷曲率、TCL、VCL 等材料微观参数，并分别进行单一变化量仿真对比，即可得出敏感程度顺序。

对不同组合参数的平直钢板与隔声垫的 SEA 仿真模型进行吸隔声仿真分析，并减去钢板的隔声量，得到各组隔声垫的隔声量仿真结果曲线，如图 4-87 所示（见彩插）。

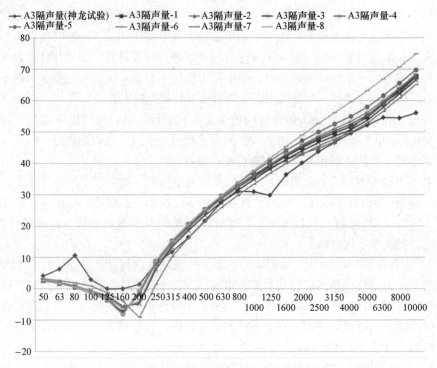

图 4-87 声学微观参数对隔声量的影响

根据分析得出结果：流阻率的变化对于吸声材料的吸声性能影响最大，同时各方面的研究资料表明，流阻率的变化对于吸声材料来说是一个不可忽略的因素，它与材料的面密度之间相互影响，也就是说同一种材料，面密度不一样，则孔隙率也会有所不同，甚至相差非常大，因此对于不同的材料，或者同一种材料、不同面密度，都需要进行流阻率的准确测量。孔隙率对于吸隔声的影响比流阻率略小，但也是吸隔声仿真影响较大的参数。卷曲率的变化范围主要集中在 1~1.7 之间；卷曲率的变化对隔声量有一定的影响，但是主要集中在 1200~4000Hz 的频率段，低频和高频的影响都不是很大。而 VCL 和 TCL 这两个参数对吸隔声的影响比较小，二者只在考虑温度和黏性阻尼的情况下设定。因此除流阻率、孔隙率之外的其他三个参数对于吸声材料的吸隔声仿真结果影响较小，可以对其设定一定的取值范围。

通过进行材料微观参数的测量可以得到比较准确的测量结果。一般来说，只需要测量流阻率、孔隙率、卷曲率中的两个或者三个参数，就可以通过 BIOT 理论推算出其他参数，并通过构建虚拟声学阻抗管进行吸声系数的计算，与其试验数据进行对比，即可验证微观参数的准确性。

构建该隔声窗试验的 SEA 仿真分析模型，并进行仿真与试验对标，确定边界条件的准确性、声泄漏的准确性、非结构声学包部件特征的准确性等因素。构建的 SEA 模型如图 4-88 和图 4-89 所示。

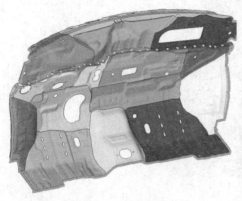
图 4-88 有限元结构的子系统属性划分

图 4-89 前围隔声垫 SEA 模型

通过进行边界条件（尤其是连接长度、连接方式等）的调校、声泄漏面积的调校、部件特征的精细化等工作，使得仿真结果与试验结果对标良好，并进行经验型总结，达到提升声学包仿真分析精度的目的。隔声量仿真试验对标如图 4-90 所示。

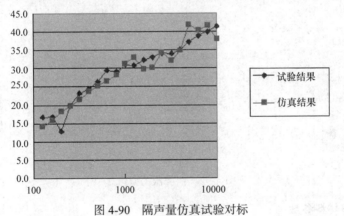
图 4-90 隔声量仿真试验对标

4.4.4 进排气系统传递损失仿真精度提升

进排气系统的传递损失主要表现为消声器的传递损失，其他组成部分对于传递损失基本无影响，因此各供应商和主机厂在进行进排气系统的传递损失设计时，主要对消声器进行传递损失的设计。而进排气系统的管口噪声可以根据传递损失、气流噪声等综合仿真分析得到。因此提高传递损失的仿真分析精度对于提高整个进排气系统噪声的仿真分析精度具有关键性的作用。

主要利用 GT~Power 二维仿真分析软件和 LMS Virtual Lab 三维仿真分析软件对消声器的消声性能进行仿真，如图 4-91 所示。提高传递损失的精度主要从以下几个方面进行。

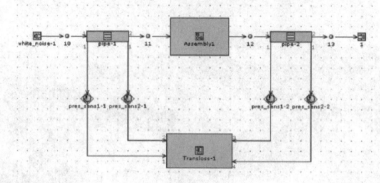

图 4-91　传递损失计算模型

4.4.4.1　消声器 3D 模型

根据消声器 3D 数模,建立消声器声学模型,如图 4-92 所示。在建立过程中,要求反映清楚所有结构的位置及端面形状、消声器进口、消声器出口,保证消声器腔体、扩张消声结构、穿孔管结构等消声结构的准确性。

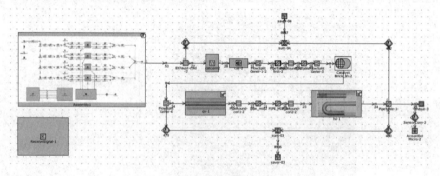

图 4-92　消声器模型建立

4.4.4.2　吸声材料参数

消声器中一般装有吸声材料,以提高高频消声能力。很多吸声材料参数需要做试验才能获得,如孔隙率、流阻、密度、热传导率、结构损失系数等。填充吸声材料的厚度,应根据实际填充效果为准。吸声材料的容重也会影响声波在消声器中的传播,从而使其难以发挥吸声作用。吸声材料的密度也应准确,否则会造成填充不均匀的问题。总之,吸声材料的材料属性的准确性对传递损失中高频的影响较大。

4.4.4.3　温度对传递损失的影响

声波的频率和波长随温度而改变,消声器的传递损失是随温度变化的。如排气系统的温度较高,且温度随着排气管的位置变化而变化,在排气歧管处,排气温度可达 700℃甚至更高,可是在尾管处的温度降低到 300℃。分析模型中温度的设置会对传递损失产生影响。

4.4.4.4 白噪声源对传递损失的影响

声源从最小频率到最大频率的各个声波叠加,产生一个随机的白噪声,作为分析消声器的声源。最大频率以及频率步长都对传递损失有影响。

在考虑以上所有影响消声器传递损失的基础上,按照上述传递损失分析方法,建立 GT~Power 一维分析模型,建模时考虑消声器穿孔管小孔的分布、吸声材料属性(可以参照声学材料微观参数测量值来定)、气流噪声、测试温度、传声器位置、白噪声源的激励频率设置等因素。在完成传递损失仿真分析后,进行了与仿真分析相同工况的传递损失试验,以验证排气消声器传递损失仿真分析方法的准确性。试验结果表明,主要关注的频率范围 1600Hz 以内传递损失仿真与试验频率和峰值均对比较好,如图 4-93 所示。

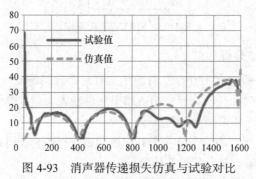

图 4-93 消声器传递损失仿真与试验对比

4.4.5 MATV 技术在车内低频噪声分析中的应用

4.4.5.1 MATV 分析方法

MATV 分析需要分别建立结构模型及声学模型,如图 4-94 所示。采用仿真前处理软件建立某车型内饰车体有限元模型及声腔有限元模型。内饰车体模型包括白车身、托架、前后车门(带车门内饰)、发动机舱盖、行李舱盖(对于两厢车为后背门)、仪表板及 IP 横梁、转向系统、座椅、备胎、油箱、蓄电池、散热器等。内饰及其他一些附件可以采用集中质量来代替,如质量较大还需要附加转动惯量,最后需要对整个内饰车体模型进行配重[22],使其质量与设计质量一致。

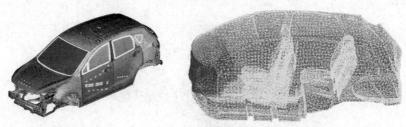

图 4-94 内饰车体及车内声腔有限元模型

模型建立后，计算内饰车体有限元模型的结构模态，得到20~200Hz的模态结果，并基于模态结果计算结构振动速度与输入载荷点之间的传递函数，得到模态参与因子。分析流程如图4-95所示。

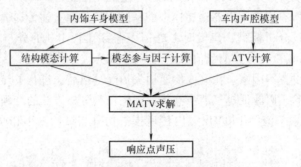

图4-95　MATV分析流程

4.4.5.2　内饰车体模态分析

内饰车体模型一般拥有100万左右的单元数，而我们需要计算其200Hz的模态，如果直接计算，计算时间较长，且输出的结果文件较大，对计算机的要求也较高，故可以采用简化的内饰车体模型来计算模态。

MATV分析中需要对内饰车体模型和声腔模型进行耦合，可以在分析前通过软件先进行耦合分析，并输出耦合后的车体节点。

将车体耦合节点以及分析需要的激励及响应点建立一个节点集合，在进行内饰车体模态分析时只输出这个节点集合，可以大大地提高计算效率。

内饰车体模态计算完成后，需要通过这个模态计算出结构模态的参与因子，模态参与因子是后期进行结构优化的重要参考依据，通过模态参与因子，可以得到所有结构模态对车内声学响应的参与量，利用内饰车体模态结果，设置其激励点和响应点，计算其振动传递函数，在输出振动传递函数曲线的同时输出模态参与因子。

4.4.5.3　MATV分析

通过得到的声腔模型，将驾驶员右耳及后排乘员左耳作为响应点，分析得到声腔表面节点到响应点的声传递函数。图4-96所示为45Hz时表面节点到驾驶员人耳的声传递函数。

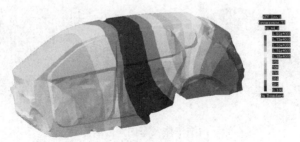

图4-96　声传递函数

在计算 MATV 前,需要将内饰车体模型及声腔模型耦合,并将计算得到的内饰车体模态结果映射到声腔表面,得到投影后的模态矩阵。最后通过前面分析得到的内饰车体模态结果、结构模态参与因子和 ATV 结果计算 MATV,得到各激励点到响应点的传递函数,如图 4-97 所示。

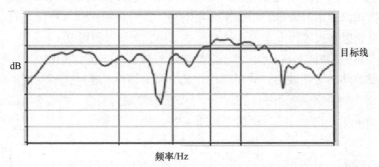

图 4-97　某激励点到驾驶员人耳处的噪声传递函数曲线

根据分析得出结果:噪声传递函数曲线表明,在 88Hz 附近有明显峰值超过目标线,故预测这一频率可能存在风险,需进行优化。

在 MATV 分析时,不仅可以输出激励点到响应点的传递函数,还可以输出板件贡献量及模态贡献量,如图 4-98 所示。

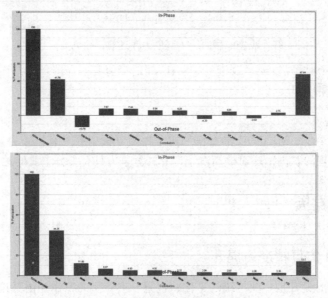

图 4-98　板件贡献量和模态贡献量结果

通过板件贡献量结果表明主要贡献板件为前围防火墙,而通过模态贡献量结果表明主要贡献模态是第 130 阶,模态显示为发动机舱的振动模态,进一步解析发现,主要为前端散热器横梁的振动,故可以考虑对防火墙及前端散热器横梁进行优化改进。

4.4.5.4 方案验证

前期设计结构可改进的空间很大,改进方向有两种,一种是通过优化自身结构改变其自身的刚度,另一种是通过改变与车体连接方式改变其刚度。通过观察发现,防火墙结构较强,且有足够的加强筋,如继续加强可能效果不大,试着增加一个1kg的质量块,发现峰值虽有降低,但效果并不明显,故分析防火墙本身没有问题,只是由于前舱振动通过防火墙传入车内,故对前端散热器横梁进行更改。

通过观察振型并结合设计,对于前端散热器横梁,如改变其连接,则涉及的变动较大,需要改动的零件较多,故可以优化其自身的结构。通过振型发现,前端散热器横梁的振型主要是Z向的弯曲模态,故可以增加其翻边长度,并在横梁上加加强筋,抑制其振动幅度。改进后的分析结果如图4-99所示(见彩插)。

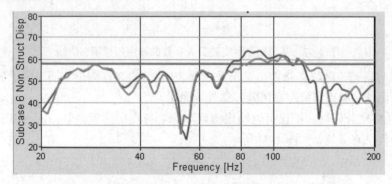

图4-99 改进前后曲线(蓝色为改进前,绿色为改进后)

通过图4-99可以发现,改进后,88Hz处的峰值有明显降低,约降低3dB,基本达标,改善效果明显。

4.4.5.5 小结

通过分析表明,MATV技术可在乘用车噪声分析中找到频率不合理的真正原因,并指导做出合理的改进,这对提高汽车产品的竞争力具有十分重要的意义。

4.5 未来发展

4.5.1 NVH仿真精度的提升

仿真精度的提升是一项传统的工作,也是一项新型的工作。仿真技术的不断发展和进步,所带来的提升仿真精度的方法也会各不相同。

提高NVH仿真精度使之能有效应用于产品的开发是所有仿真职能部门的关键任务之一,也是所有仿真技术门类的长期展望,更是仿真工作从始至终的极大挑战。所有仿真分析的工作最终的落实点都是能较好地应用于产品的开发和产品性能的优化工作,这是进行任何仿真工作的前提,也是任何仿真技术发展的基础。因此,仿真分析的结果是否可用并形成完整的高精度化技术,决定了每一项仿真技术的发展未来。

众所周知,仿真的模型越简单,仿真精度越容易达到较高的水平。但是随着NVH仿真技术的发展以及计算机计算能力的不断提升,使得构建的NVH模型越来越复杂,NVH仿真涵盖的范围由单一部件,扩展到由部件集成的系统,并进一步扩展为由系统集成的整车,集成过程之间的各种类型的连接、边界条件、内部建模技术越来越复杂且精细,这些因素所带来的计算误差越来越难以控制,虽然近年来HPC计算机的广泛应用解决了模型规模过大导致计算时间过长的问题,但是由于理论的不完整以及诸如有限元、边界元等本身存在理论上的局限性,导致仿真计算的结果只能在一定范围内对精度要求具备可行性。其他诸如空气动力学NVH、中高频NVH等仿真技术则更表现为基础理论的不完备导致一定的仿真误差问题。

另外,试验技术也是制约NVH仿真精度进一步提升的重要因素,仿真过程中的很多输入都需要通过试验来获取,比如准确的材料参数、与实际相符的载荷输入、准确的试验方法等。

基于以上原因,为提高NVH仿真精度,需要着眼于以下几个方面:
1)相关专业技术的基础理论完善化。
2)试验及验证技术的跟进和发展。
3)大规模计算能力的进一步提高。
4)仿真模型与实际特征一致化。
5)详细的部件及系统分隔和精度验证。

尽管NVH仿真精度的提升面临着以上问题,但是无限制的精度提升也是不可取的,能够为产品开发所用是最基本的门槛,把握好精度提升的尺度是进行效益与成本平衡的标准,因此还需要在这种尺度上进行有意义的研究。

4.5.2 仿真快速建模技术

对于NVH仿真来说,完整的模型准备往往需要耗费大量的人力资源和时间成本,因为NVH仿真模型越来越趋于实际化,建模及模型调校已经成为令工程师极为头痛的问题,也成为制约NVH仿真技术在产品开发中快速有效应用的一个障碍。

因此,快速建模技术就成为解决这种矛盾的重要手段。以有限元的建模为例,最初的有限元建模只是单纯地对部件进行网格划分—网格检查—模型装配—仿真调校—模型修正……,这些工作都是手工完成,工作量大而繁琐,且不能对网格进行自由的拉升、变形等处理。而后出现系列软件等,在进行网格处理时,自动考虑网格质量要求,减少后期网格的质量检查和修复工作,智能化程度更高,建模效率明显增强。近几年来,软件开发商针对大规模集成性产品的NVH仿真建模工作开发出集网格智能划分、分区型装配、步骤式加载等功能为一体的NVH仿真软件,对整车NVH建模进行了分子系统的划分,并将每一个子系统转化为一个特定的文件,在进行装配时只需调用其名称，同时还能以 GUI 界面的形式直观地检查是否所有的子系统都完成了装配。

但是这些软件的开发都只是单纯地针对一种类型的 NVH 仿真进行快速建模，如果一种 NVH 仿真技术涉及多个学科门类，比如涉及 CFD、电磁等专业，这些软件就存在很大的局限性了。将各学科门类的优秀软件集成到一个界面中，实现格式兼容性的软件对接，与传统的软件相比，这种软件将网格划分、前处理的工作全部集成起来，并大大缩短传统的建模时间。

在集成化前处理并缩短建模时间的同时，这种软件还实现了各种不同学科门类的格式融合，最大效率地实现不同模型之间的相互调用和转换。

4.5.3 二次开发的大量应用

一般来说，仿真技术发展到一定水平之后，必然会着力发展旨在提高工作效率、减少或避免误操作、形成公司标准化流程、形成公司特有仿真技术的二次开发工作，对于 NVH 仿真技术而言尤其如此。NVH 仿真技术比较复杂，但是重复性比较高，这一类重复性工作往往可以通过进行二次开发工作批量化完成。

以车门密封条的建模为例，二次开发的密封条建模技术可以一次性地完成车门和车体上对应区域节点六个无长度弹性单元的建模，且能够一次性地添加附加质量，操作者只需手动赋予这些弹性单元属性即可，与传统手动构建密封条模型相比，建模时间缩短 95% 左右，同时建模误操作可能性几乎为零。由此可见，二次开发对于 NVH 仿真技术的发展相当重要。

目前，国外一些公司已经针对所有的 NVH 仿真软件进行了与本公司 NVH 技术相对应的二次开发工作，将所有的仿真工作都按照公司的仿真流程内嵌到软件中，形成了具有本公司技术特点的仿真技术。

另外，国外许多公司在多年的产品 NVH 性能开发过程中，积累了大量的基础数据，形成了自身的专家知识库，这些公司的科研工作人员将这些专家知识进行了整理和研究，并通过二次开发将其集成到公司开发的小软件中，为 NVH 仿真技术的发展和提高提供了智能化的专家知识库软件。

4.5.4 新能源汽车 NVH 仿真

汽车行业发展到今天，面临的最严峻的问题是节能环保，欧洲最新的法规要求汽车厂商在 2020 年将 CO_2 的排放量限制在 95g/km（油耗指标，对汽油机来说，基本上 100g/km 的碳排放量对应 4.4L/km 的油耗），这是一个巨大的挑战，除了在传统的汽油机上进行发掘外，各大厂商纷纷将目光转向了新能源汽车，这从历次车展所展出的新能源汽车比例越来越大就可见一斑。提前布局并解决新能源汽车发展所面临的各种问题、掌握开发所需的各项技术是目前的重要工作。

德国已经发布一项新的规定，将于 2030 年全面禁止出售传统内燃机汽车，我国也在近年相继出台了一系列鼓励发展新能源汽车的政策，新能源汽车逐步取代传统汽车是大势所趋。对于NVH领域来说，这种转变也将是很大的挑战。

新能源汽车由电驱动，驱动电机的啸叫很难控制，高频成分增加。现在混合动力汽车有一个变化，就是发动机小型化，这造成动力切换时导致冲击和振动强烈。另外在变速器方面，DCT的普遍使用也增加了更多的NVH问题。DCT里空套齿轮数增多，导致敲击控制非常难控制，变速器敲击灵敏度也变高。

新能源汽车的车体与传统汽车相比发生了变化，因蓄电池的布置、重量的变化，使车体结构发生变化，结构的变化对NVH来说是一个很大的挑战。

如果新能源汽车不采用轻量化的车体，那么需要增大底盘刚度，这里包括增加弹簧阻力器和胶套，这种变化对NVH影响非常大，会带来轰鸣声、影响舒适性。还有底盘分布的变化，如轮边电机、轮毂电机，导致局部模态变化。

电机系统会产生电磁噪声，并伴随机械噪声。产生电磁噪声的主要原因是磁场密度的变化，同时产生电磁力，电磁力导致定子变形。

由于电动汽车动力系统产生的噪声较小，主动发声（ANC）是NVH发展的趋势，一个是车内的主动发声，一个是车外的主动发声。车内的主动发声是要产生原来发动机所有的声音，满足一部分顾客的要求。车外的主动发声是要求汽车在行驶过程中必须发声，以保证行人和其他车辆能察觉来车，确保安全。

以上所有的NVH问题，都必须通过NVH仿真技术在新能源汽车设计的前期进行大量的仿真和优化，而掌握这些仿真技术，设定仿真目标值都将成为NVH仿真未来发展的挑战。

4.5.5　NVH仿真提升声品质

车辆的减振降噪是进行NVH设计的最基本目标，NVH仿真技术在实现这个目标的过程中起着关键的作用。而这一目标并不能实现产品的NVH性能魅力化，支持并促进产品NVH性能魅力化成为NVH仿真技术未来发展的重要目标。

NVH仿真技术提升声品质是实现产品NVH性能魅力化的重要途径。声品质包括车门开关门声品质、电子提示音、动力总成声品质等。这些声品质指标较难通过NVH仿真建模完成，因此国内主机厂主要通过试验进行后期的车型改善，但在这个阶段一些结构件已经定型，很难进行较大的修改，因此这些问题的NVH仿真技术在国内尚未开展或者很不成熟。而国外的一些技术比较先进的整机厂已经形成了相关的NVH仿真及评价技术，能够在产品开发前期在虚拟样机模型的基础上进行相关的仿真和设计工作，并积累了相当丰富的设计经验，能够为提升产品的声品质提供技术基础。

产品的声品质是产品的DNA，某种程度上也是产品的灵魂。通过NVH仿真技术完成其声品质提升和DNA化，是NVH仿真技术向前发展的目标之一，也是仿真技术达到一定高度的里程碑标志。

4.5.6　多物理场耦合 NVH 仿真

汽车是一个集机、电、气、液、磁等于一体的复杂组合体,随着人们对产品性能要求的不断提高和研究领域的不断扩展,局限于单一专业领域已经不能解决所有的问题,很多物理现象所表现出来的多学科交叉性质越来越凸显出来。产品性能的进一步提升和优化对多物理场耦合优化和解决问题提出了更高的要求。

对于 NVH 专业来说,多物理场耦合情况非常多,比如电磁噪声涉及结构和磁场领域,车内噪声涉及流体和结构领域,风噪涉及流场和声场领域,进排气噪声涉及结构、声场、温度场、流场问题……这些多物理场耦合问题基本上都需要通过建立 NVH 仿真技术进行预测,并在产品开发前期进行有效的指标管控,否则在产品开发后期设计定型后很难再进行更改。

多物理场耦合对于仿真软硬件的功能和性能提出了很高的要求,综合性的仿真技术必须有综合性的仿真软件配套,软件本身的无缝对接显得尤为重要,这一点某种程度上来说并非仿真技术的要求,而是对软件供应商的要求,他们必须开发出兼容各种文件格式的软件以实现不同的模型格式转换和导入,而这需要软件供应商之间的密切协作,甚至合并和收购。

4.5.7　NVH 仿真虚拟现实体验技术

设计、仿真、试验技术的融合是 NVH 专业发展的趋势,NVH 仿真和优化后直接输出与 3D 数模等设计软件兼容的模型,经过设计工程师局部修改和美化后达到设计状态,这是一些 NVH 仿真软件供应商正与设计软件供应商合作开发的功能。但是将 NVH 仿真与试验技术结合起来,直接将 NVH 仿真的结果转化为虚拟现实的振动和噪声体验,这是一种比较新型的技术。目前,已经有少数公司通过合作,在这个领域取得了显著的成就。

通过该软件,可以直接进行 NVH 仿真分析和优化,并将仿真分析所得的结果导入到虚拟现实体验模块中,通过专门的可视化的体验设备还原振动和噪声情况,使设计人员在虚拟仿真阶段就能够非常直观、真实地体验和评价仿真结果。如果体验人员评价某频率下 NVH 性能较差,即可通过该软件进行进一步的优化,将优化结果再次导入到虚拟现实体验模块,评价改善的情况。NVH 技术人员也可以将仿真结果中的某些较高峰值屏蔽,体验峰值消除后的 NVH 感受,从而确定导致 NVH 问题的原因。

除了以上功能外,这种 NVH 软件系统还可以将虚拟路面导入到模块之中,对模型进行加载,直接体验在各种路面下设计车辆的 NVH 感受。

参 考 文 献

[1] 流体技术部门委员会. 汽车空气动力学技术 [Z], 2018.
[2] KASSEM M, SOIZE C, GAGLIARDINI L. Structural partitioning of complex structures in the medium-frequency range. An application to an automotive vehicle[J]. Journal of Sound and Vibration, 2011, 330(5): 937-946.
[3] HAN M J, LEE C H, PARK T W. Vibro-acoustic response in vehicle interior and exterior using multibody dynamic systems due to cleat impacts[J]. International Journal of Automotive Technology, 2020, 21: 591-602.
[4] ARMENTANI E, SEPE R, PARENTE A, et al. Vibro-acoustic numerical analysis for the chain cover of a car engine[J], Applied Sciences-Basel, 2017, 7(6): 607.
[5] 林学东. 发动机原理 [M]. 北京: 机械工业出版社, 2008.
[6] XIAO X, MUELLER F, GLEHN G, et al. Modeling of scalar dependencies of soft magnetic material magnetization for electrical machine finite element simulation[J]. IEEE Transactions on Magnetics, 2020, 56(99): 1-1.
[7] PERSSON P, FLODEN O, PEDERSEN B. Predicting vibroacoustic performance of thin-walled lightweight structures during conceptual design[J]. Finite Elements In Analysis And Design, 2020, 169.
[8] 周建星, 刘更, 马尚君. 内激励作用下齿轮箱动态响应与振动噪声分析 [J]. 振动与冲击, 2011(06): 241-245.
[9] 王庆铭, 胡星星, 王志军, 等. 基于隔振和阻尼减振原理降低发动机噪声 [C]// 河南省汽车工程科技学术研讨会, 2016.
[10] CHO B Y. SAE technical paper series [SAE international SAE 2005 world congress & exhibition - (apr. 11, 2005)] SAE technical paper series - spindle load application for NVH CAE models by using principal vector approach[C]// 2005.
[11] JUND A, GAGLIARDINI L. Noise control using input power at low and mid-frequencies: sensitivity to structural design changes[J]. P ISMA, 2010.
[12] LIANG J, POWERS J, STEVENS S, et al. A method of evaluating the joint effectiveness on contribution to global stiffness and nvh performance of vehicles[C]// WCX 17: SAE World Congress Experience, 2017.
[13] 车勇, 刘浩, 郭顺生, 等. 基于声学包设计的纯电动汽车车内噪声优化 [C]. 中国汽车工程学会. 2013 中国汽车工程学会年会论文集. 北京: 北京理工大学出版社, 2013.
[14] DONLEY M, STOKES W, JEONG G S, et al. Validation of finite element models for noise/vibration/harshness simulation[J]. Sound & Vibration, 1996, 30(8): 18-23.
[15] ISHIKAWA T, AMAOKA K, MASUBUCHI Y, et al. Overview of automotive structural composites technology developments in Japan[J]. Composites Science & Technology, 2017, 115: 221-246.
[16] STOCKBRIDGE C, CERUTI A, MARZOCCA P. Airship research and development in the areas of design, structures, dynamics and energy systems[J]. International Journal of Aeronautical & Space Sciences, 2012, 13(2): 170-187.

[17] BENAZIZ M, NACIVET S, THOUVEREZ F. A shock absorber model for structure-borne noise analyses[J]. Journal of Sound & Vibration, 2015, 349: 177-194.

[18] HOEVER C, KROPP W. The simulation of truck tire rolling noise[C]// Inter-noise & Noise-con Congress & Conference. 2015.

[19] KIM Y D, OH J E. Analysis of structure-borne noise in vehicles by modifying the stiffness of joint parts in the suspension system and vehicle body[J]. Noise Control Engineering Journal, 2016, 64(5): 634-645.

[20] 夏祖国, 龚洪, 史建鹏, 等. 制动噪声改善方法分析研究 [J]. 汽车技术, 2015(09): 13-16.

[21] 夏祖国, 蒋丽琼, 史建鹏, 等. 盘式制动器制动尖叫 CAE 分析及其解决方案 [J]. 汽车科技, 2015(1): 26-30.

[22] QI Y S, ZHAO F H, ZHOU J W. Applications of explicit fea in structural static and dynamic analyses[J]. Applied Mechanics & Materials, 2013, 438-439: 1498-1501.

第 5 章 汽车碰撞安全仿真

5.1 汽车碰撞仿真研究机理

安全是人类发展永恒的需求。由于汽车碰撞仿真技术可以起到[1]：①设计过程中汽车结构安全性能评估；②当出现碰撞安全问题时，事故快速再现，并提供解决方案；③提供最佳开发方案，可降低开发成本，提高开发质量；从而在车辆开发阶段提高车辆安全性能，降低交通事故。

在汽车开发中，人体是汽车碰撞安全保护的核心；当然，最理想的结果是不发生碰撞，万不得已，发生事故后，希望车辆的损失程度也大幅降低。

5.1.1 碰撞仿真机理

碰撞属于复杂的力学问题，1668 年由 Kozlov 提出了动量守恒定理[2-4]，假设物体的碰撞是刚性的，碰撞的持续时间为 0，这就形成了碰撞的理论基础。随着对碰撞的深入研究，发现物体碰撞时，既不是完全弹性，也不是完全非弹性，故 Netwon 引入了无量纲参数弹性系数的概念 e，即物体发生碰撞时，其关系为

$$v_{1f} - v_{2f} = -e(v_{1i} - v_{2i}) \qquad (5\text{-}1)$$

式中，下标 1 和 2 分别表示两个碰撞物体，而 i 和 f 分别表示碰撞前状态和碰撞后的状态，弹性系数 e 是材料的固有属性，其值介于 0 和 1 之间，取决于碰撞物体的材料、接触面的大小和碰撞速度，其中，0 是完全弹性状态，1 是完全非弹性状态。

学者们后来又研究了物体碰撞时，碰撞前的速度与弹性系数的关系：

$$e(v) = 1 - f(v^{1/5}) \qquad (5\text{-}2)$$

得出的研究结果表明：碰撞速度越大，弹性系数就会变低，碰撞时损失的能量越多。当然，该研究中，还是假设碰撞物体是刚性体，没有考虑碰撞时，碰撞物体的塑性变形所耗散的能量。

因此，为了更真实地反映碰撞物体的变形情况，学者们提出了基于数学建模的连续时间动态模型：

$$F = F_c(\delta) + F_v(\delta, d\delta/dt) + F_p(\delta, d\delta/dt) \qquad (5\text{-}3)$$

式中，F 是碰撞物体碰撞时产生的法向力，F_c 是接触力的弹性部分，δ 是碰撞时的变形量，F_v 是弹性阻尼部分，F_p 是塑性变形导致的耗散部分。该研究结果表明：物体碰撞时，不仅与其碰撞力相关，还受碰撞物体变形量的影响。

从目前分析来看，也体现了变形力和变形量间的关系，当汽车以 50km/h 的速度进行碰撞试验时，发动机舱被压缩 30%~40%，乘员舱的变形量在 1%~2%。

基于此碰撞理论的发展，后来，学者们根据碰撞过程中汽车的实际变形情况，采用计算机编程方法进行分析。其建模的方法是将汽车离散为一个非线性弹簧 - 质量振动系统，求解碰撞系统响应。

目前常用的汽车碰撞仿真软件[5] 主要有 LS-DYNA[6] 等。由于汽车零部件数量增多，建模精细化，使得碰撞仿真计算的 CPU 增加，计算时间增长，未来仍将是研究的重点方向之一。

5.1.2 被动安全性的发展方向

按照目前智能汽车技术发展方向，通过各类传感系统、V2X 技术，实现了车与车之间，车与外部环境之间的信息交互，从而达到准确、及时和安全的自动控制功能，使自动驾驶成为汽车发展的最终目标。因此，在未来的交通中，行驶事故的发生形态将发生变化，目前类型的交通碰撞事故将很难发生了。这样，各 OEM 耗费了大量人力物力研究的备受重视的行车安全技术，将可能不再需要高强度的材料、各类碰撞安全的结构设计、安全辅助系统、制造工艺和试验验证等一系列安全措施。那么，汽车被动安全的发展方向将走向何方？

毋庸置疑，就现在的汽车技术的发展，自动驾驶仍将是一个持续的挑战，主要体现在以下 3 点：①防碰撞算法的极限工况、测试基准和计算流程非常复杂，自适应动力学发展不完善；②衡量防碰撞算法的指标标准化工作缺失；③碰撞的各种应用场景不健全。

基于此，为了提高汽车的被动安全性，各 OEM 及学者还针对碰撞安全的理论研究、开发方法、仿真技术、法规发展等进行不断的探索和提升。因此，被动安全性的发展将赋予其新的内涵。

随着汽车碰撞仿真的深入研究，目前所开发出的汽车，其安全性能有了很大的提高，但离"零"伤亡的目标差距很远。尽管汽车碰撞仿真技术已取得了巨大成就，但还需继续努力。

5.1.3 仿真设计对 C-NCAP 指标分解分析

C-NCAP[7] 是按星级划分进行碰撞安全性能评价的规程，包括：正面碰撞[2]，车辆速度为 50km/h 与刚性固定壁障 100% 重叠率；正面偏置碰撞，车辆速度为 64km/h 对可变形壁障 40% 重叠率；侧面碰撞，可变形移动壁障速度 50km/h 与车辆的碰撞；模拟后碰撞，乘员座椅在移动台车上进行的 15.65km/h 特定加速度波形四种碰撞试验。

5.1.3.1 正面碰撞仿真技术

汽车在正面碰撞中,乘员所受的主要伤害形式包括:①人体所受的惯性冲击过大;②加速度产生的碰撞力作用于乘员,超过一定限值;③车体变形导致乘员生存空间不足。因此,在汽车的结构设计中,仿真建模主要从正面碰撞中力的传递路径展开[8-11],传递路径主要有 4 条:①前防撞梁—前纵梁—前端结构;②防撞梁—上前纵梁—前端结构;③前端结构—副车架—门槛梁和前地板纵梁;④车轮—门槛梁。

5.1.3.2 侧面碰撞仿真设计

侧面碰撞中,B 柱的变形情况对乘员的伤害具有较大影响,这种情况下很容易造成对假人胸、腹等部位的伤害,这是需要在设计中尽量避免的。

1. 生存空间

生存空间指的是 B 柱最大变形点距座椅中心面的 Y 向距离,如图 5-1 所示,距离越大留给乘员的生存空间越大,越安全,否则越小。

生存空间车宽比指生存空间除以车的宽度,也是数值越大越好。

生存空间、生存空间车宽比见表 5-1。

图 5-1　B 柱最大变形点距座椅中心面的 Y 向距离

表 5-1　生存空间、生存空间车宽比

车型代号	生存空间 /mm	车宽 /mm	生存空间车宽比
A	158.5	1710	0.093
B	185.1	1700	0.109
C	158.6	1820	0.087

2. 最大侵入量

B 柱、门槛梁的侵入量最大值以及最大值与车宽的比值见表 5-2,这两个指标都是越小越好。

表 5-2　B 柱、门槛梁的侵入量最大值以及最大值与车宽的比值

最大值		BF	S15	B	C+
侵入量 /mm	B 柱	207	170	171	227
	门槛梁	202	149	141	213
车宽 /mm		—	1700	1710	1700	1820
侵入量车宽比	B 柱	0.122	0.099	0.100	0.125
	门槛梁	0.119	0.087	0.083	0.117

3. 侵入速度

B 柱以及车门内板的侵入速度曲线分别如图 5-2 和图 5-3 所示，应该将侵入速度控制在 7m/s 以下。

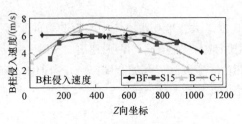

图 5-2　B 柱侵入速度

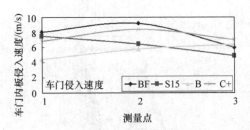

图 5-3　车门内板侵入速度

5.1.3.3　座椅布置

座椅布置指座椅侧立面与 B 柱内饰件的 Y 向距离，该指标越大越好，以便于给乘员以及侧气囊的展开留出足够的空间，如图 5-4 和表 5-3 所示。

图 5-4　座椅布置

表 5-3 B 柱内饰至座椅距离

	B 柱内饰至座椅距离 /mm
BF	62
S15	26~28
B	60
C+	50（FOCUS），47（COROLLA）

5.1.4　行人保护仿真技术

公安部交通管理局统计，行人与车辆碰撞事故中，人员致死率高达 26.42%，而平均交通事故致死率只有 14.15%，因此，提出的行人保护法规是为了加强对行人及弱势群体的保护而制定的。我国行人保护法规目前已颁布，本节对行人保护仿真中碰撞区域的划分、试验方法及性能要求进行了分析。

5.1.4.1　行人保护碰撞区域划分

根据相关法规的要求，将行人保护碰撞区域分为两大区域[12-16]：头部碰撞区域和腿部碰撞区域。其中头部碰撞区域分为儿童头型碰撞区域和成人头型碰撞区域，腿部碰撞区域分为下腿型碰撞区域和上腿型碰撞区域。

行人保护碰撞区域划分，包括发动机舱前缘基准线、侧面基准线、包络线 WAD1000 线、包络线 WAD1700 线和 WAD2100 线、保险杠上部基准线、保险杠下部基准线、保险杠角等。

具体关于发动机舱前缘基准线、发动机舱后缘基准线、发动机舱侧面基准线、WAD1000 线、WAD1700 线和 WAD2100 线、保险杠上部基准线、保险杠下部基准线、保险杠角等几何轨迹均有相关的标准，在这就不再赘述。

下面对行人保护碰撞区域[17]的划分进行介绍。

5.1.4.2　儿童头型碰撞区域

儿童头型碰撞区域前面至儿童头型前基准线，后面至 WAD1700 线，两侧至侧面基准线，其中儿童头型前基准线由 WAD1000 构成。

5.1.4.3　成人头型碰撞区域

成人头型碰撞区域前面至 WAD1700 线，后面至成人头型后基准线，两侧至侧面基准线。其中成人头型后基准线由 WAD2100 构成。

5.1.4.4　腿部碰撞区域

过保险杠角的两个纵向垂直平面分别向内平行移动 66mm，两个纵向垂直平面与保险杠上下基准线之间的保险杠前表面区域为腿部碰撞区域。分别做出保险杠上部基准线和保险杠下部基准线，保险杠下部高度为保险杠下部基准线到地面基准平面的垂直距离。腿型冲击器所需试验与保险杠下部高度的对应关系见表 5-4。

表 5-4 腿型冲击器试验与保险杠下部高度对应关系

编号	保险杠下部高度	腿型试验
1	小于 425mm	下腿型试验
2	不小于 425mm 但小于 500mm	制造厂商决定下腿型试验或上腿型试验
3	大于 500mm	上腿型试验

5.1.4.5 某车型行人保护碰撞区域划分结果

根据前面章节所述,某车型行人保护碰撞区域的划分结果如图 5-5 所示。

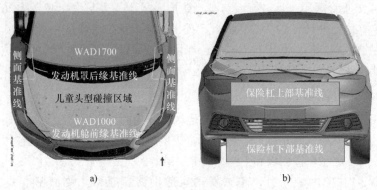

a) b)

图 5-5 某车型行人保护碰撞区域的划分结果

a) 头部区域划分结果示意图 b) 腿部区域划分结果示意图

5.1.4.6 行人保护试验方法

行人保护试验包括头型试验和腿型试验,具体的试验项目要根据碰撞区域划分结果而定。头型试验包括儿童头型试验和成人头型试验;腿型试验包括下腿型试验和上腿型试验。

5.2 正面碰撞仿真与试验对标分析

车辆的被动安全性主要是指在车辆发生交通事故时车辆对车内驾驶员及成员的保护。各个国家也出台了各种强制性的被动安全法规,以确保汽车厂商在车辆设计时更多考虑乘员的安全。并且随着法规的要求日趋严格,给汽车厂商提出了更高的挑战。

目前国内各大汽车厂商对被动安全的开发都给予了高度的重视。在项目的开发过程中仿真分析是被动安全开发的主要手段之一,利用仿真的手段在项目的初期阶段对车辆的碰撞性能进行评估,尽早地发现问题并进行相应的改进,把尽可能多的问题在设计阶段解决[18, 19],为项目的顺利进行提供了有力保障。但是仿真与试验能有多大程度的一致，每个厂商有不同的要求，所以仿真的可靠性是值得重点关注的问题。本节主要是通过介绍某车型正面碰撞仿真和试验数据的对比，验证模型的可靠性，同时对在对标过程中遇到的零部件的失效问题进行初步探讨。

5.2.1 碰撞模型的建立

碰撞模型的建立是以 CATIA 格式的 CAD 数模为基础，利用 HyperMesh 作为前处理软件进行网格建模，网格基本尺寸 10mm，网格最小尺寸控制在 5mm 以上，网格其余的一些控制参数如翘曲度、长宽比、雅可比等参照汽车碰撞模型建模的通用规范。

建模工作主要在 HyperMesh 中完成，其中包括各总成的网格划分、网格质量检查、网格干涉检查以及各个总成内部的连接工作，然后导入到 Visual-Crash PAM 软件中。利用 Visual-Crash PAM 完成各个总成之间的连接、控制卡片的设置、载荷的施加、接触的设置等。整车模型（不包含壁障）建立完成大约有 120 万个网格单元[20]。

5.2.2 正面碰撞仿真与试验对比（加入失效前）

正面碰撞的评价指标很多，各个公司可能都有自己的一套评价方法。本节由于篇幅所限，主要从车辆变形、B 柱加速度以及选取的测量点侵入量三个方面进行对比分析。

5.2.2.1 仿真与试验变形对比

在整车的变形对标方面，本节主要选取了左、右前纵梁以及悬置作为对比的对象。通过这两项的对比，基本可以反映出车辆在碰撞后的变形情况。

在仿真和试验中，左前纵梁都在 1 处发生明显折弯，在 2 处部分压溃；右前纵梁在 1 处发生明显折弯，其他部位没有明显变形，如图 5-6 所示。可以发现，左、右前纵梁仿真和试验变形形式较接近。

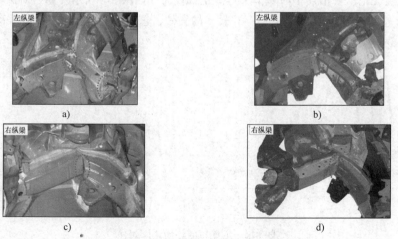

图 5-6 左前纵梁和右前纵梁的仿真和试验
a）试验左纵梁变形图 b）仿真左纵梁变形图 c）试验右纵梁变形图 d）仿真右纵梁变形图

某车型发动机共有3个悬置，在试验时有2个悬置失效，只有后悬置是正常变形。仿真前期没有考虑到悬置在碰撞过程中会断裂，受其他2个悬置断裂的影响，因此仿真与试验的后悬置变形不一样，动力总成的运动试验与仿真也存在差异。如图5-7所示，试验中后悬置主要变形是向上旋转，而仿真中后悬置主要是向左旋转。

从以上的对比分析中可以看出，在仿真的前期由于缺少足够的零部件失效参数，仿真模型中没有考虑到一些关键部件的失效，导致一些关键件（如后悬置）的变形仿真与试验存在一定差异。

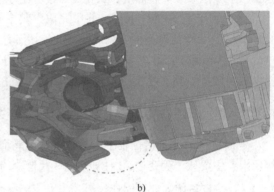

图 5-7　后悬置变形图的仿真和试验

a）试验后悬置变形图　b）仿真后悬置变形图

5.2.2.2　仿真与试验加速度对比

加速度选取位于B柱与门槛结合处。在40ms以前仿真与试验加速度波形较接近，40ms以后无论从峰值还是时域上来看差距都较大，如图5-8所示。通过对试验车辆拆解分析，发现试验车辆在碰撞后存在较多的失效，这些失效会对加速度曲线产生较大影响，这些会在后面介绍。

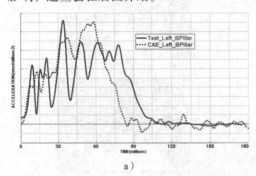
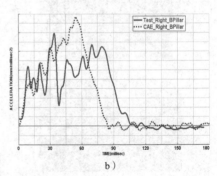

图 5-8　仿真与试验加速度对比

a）左侧加速度对比　b）右侧加速度对比

5.2.2.3 仿真与试验侵入量对比

侵入量主要选取了防火墙和门框变形量进行了对比。

防火墙侵入量仿真总体上大于试验值，仿真值与试验值侵入量误差可接受。防火墙上侵入量测量点的选取如图 5-9 所示。

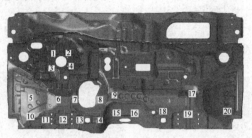

图 5-9　防火墙侵入量测量点示意图

门框变形量试验和仿真值都非常小，考虑到测量过程中存在误差，可以认为门框在此次正面碰撞过程中没有变形。

通过以上三个方面的对比，得出结果：门框变形量对比，左前门框压缩量，试验值为 2mm，仿真值为 6.5mm，误差为 4.5mm；右前门框压缩量，试验值为 3mm，仿真值为 6 mm，误差为 3mm，因此认为几乎是相等的。同时，在一些关键部件的变形形式以及加速度方面仿真与试验有一定差距，造成这些差距的主要原因是因为仿真模型中没有考虑到在碰撞过程发生失效，下一步工作就是找出这些失效，并且分析这些失效对碰撞结果的影响。

5.2.3　零部件失效分析

在试验车辆拆解过程中，我们发现试验车辆存在较多的失效，这些失效部位都是在车辆的前部，在正面碰撞过程对力的传递起着重要的作用，它们是否断裂对车身的加速度、车辆前部的变形形式以及侵入量都有不同程度的影响。

在失效位置确定了以后，需要在仿真模型中进行相应的设置。比较好的方式是通过试验获得各失效零部件 X、Y、Z 三个方向的失效力数据，然后根据这些数据在仿真模型中进行相应的失效设置。但是由于缺少足够的试验数据支持，本节采取的失效方式主要是通过在模型中设定失效时间来实现失效。

各失效零部件失效时间的确定的主要方法如下：首先是观察仿真动画，在仿真动画中查看失效位置的塑性应变、应力或者与周边较坚硬部件的接触时间，初步确定失效的大致时间段；然后根据试验数据中采集到的发动机、前副车架、车身等的加速度曲线综合考虑，结合仿真动画中确定的时间段，选取发动机、前副车架等加速度在这个时间点里具体的波谷时间，确定各个部位失效时间；最后在各个部位失效时间确定以后，在仿真模型中进行相应的失效设置，同时输出了各失效部件在达到失效时间前所受到的最大力，为以后的仿真积累数据，也可以在获得试验数据后进行比对。

5.2.4 正面碰撞仿真与试验对比（加入失效后）

5.2.4.1 仿真与试验变形对比

仿真模型中加入失效后，左、右前纵梁变形形式没有发生明显变化，仿真与试验比较接近，这里就不一一比对。

如图 5-10 所示，发动机后悬置仿真与试验都有向上旋转的趋势，变形形式比没加入失效前更接近，对标结果较好。

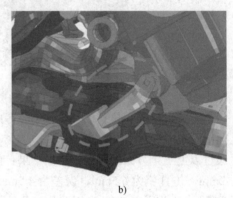

a)   b)

图 5-10　发动机后悬置仿真与试验

a）试验后悬置变形图　b）仿真后悬置变形图

5.2.4.2 仿真与试验加速度对比

加入失效后，B 柱加速度曲线仿真与试验每个波峰、波谷出现的时刻较接近，两条曲线的整体形状也更接近，如图 5-11 所示。虽然 B 柱加速度曲线在峰值上有一定误差，但是也在可接受范围内，B 柱加速度对标结果较好。

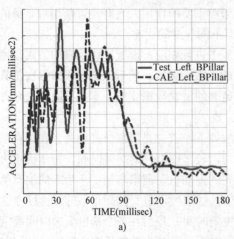
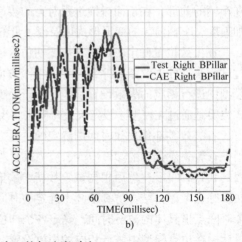

a)   b)

图 5-11　仿真与试验 B 柱加速度对比

a）左侧加速度对比　b）右侧加速度对比

为了验证设置的失效时间是否合理,接下来把仿真和试验的发动机以及前副车架加速度曲线进行了对比。如图5-12所示,加速度在我们比较关注的波峰、波谷出现的时刻上较接近,说明在整个碰撞历程中动力总成和前副车架的运动形式试验与仿真相似,失效时间设置合理。

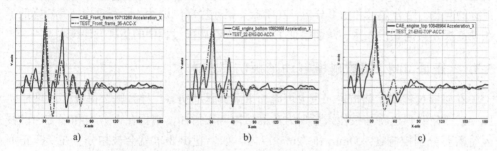

图 5-12　仿真与试验发动机加速度,副车架加速度对比

a)前副车架底部加速度对比　b)发动机底部加速度对比　c)发动机顶部加速度对比

5.2.4.3　仿真与试验侵入量对比

根据分析结果,加入失效后前防火墙、门框变形量等都与试验更接近。从没有加入失效设置的仿真结果和加入失效设置后的仿真结果可以看出,仿真模型中加入失效后,车辆的变形形式更接近试验,B柱加速度曲线与试验吻合更好,测量点的侵入量也更接近试验。总体来说,加入失效后仿真结果更接近试验,仿真更能反映试验。

5.2.5　小结

通过某车型正面碰撞的仿真与试验的对标分析,表明仿真分析可以较好地与试验吻合,仿真基本可以反映试验结果:通过加入失效前、后仿真结果的对比,可以发现一些关键零部件的失效对仿真结果影响较大。因此,要早期对碰撞过程可能失效的零部件进行试验,获取仿真中需要的失效力的值,在仿真模型中体现,这样就可以提高仿真的精度,让仿真更好地服务于开发。

5.3　侧面和偏置碰撞中的关键部件仿真技术

汽车的安全性日益成为消费者关注的焦点,新车评价规程(C-NCAP)也对车辆的安全性不断提出更高的要求,汽车的安全评级对该车型的市场表现也有重要影响。努力提高汽车碰撞安全性是主机厂开发新车过程中的重要目标。

随着C-NCAP的推行,对汽车侧面碰撞安全性提出更高的要求。可是由于轿车车身结构的特性,其侧面是车体中强度较为薄弱的部位,并且乘员与车门之间仅存在20~30mm的空间。因此,为了保证侧面碰撞中乘员的生存空间,必须将车门所产生的变形控制在一定的范围内。为此,车门防撞梁作为车门钣金中的安全件,其安全特性对于车门防侧碰撞性能有着关键性的作用。

本节对汽车侧面碰撞安全性的关键部件进行仿真技术分析：以某车为研究对象，基于侧面碰撞中车门侵入量和侵入速度的控制，对左前车门防撞梁进行优化研究；以某款轿车开发过程为例，针对原车型在正面40%偏置碰撞试验中制动踏板X方向侵入量超标的问题，结合试验和仿真分析，在踏板支架连接部位设计了断开机构，有效降低了制动踏板X方向的侵入量，从而验证了关键部件在碰撞过程中的仿真设计技术。

5.3.1 正面40%偏置碰撞制动踏板仿真技术

在碰撞过程中，踏板侵入过大可能加重乘员腿部伤害，导致腿部得分低，同时C-NCAP评分细则也将踏板侵入量列为车辆结构考察指标，踏板在X方向和Z方向的侵入量需要分别控制在100mm和72mm以内，如果超出要求就会被扣分。在实车正面40%偏置碰撞试验中，由于车辆制动系统一般布置在碰撞侧，当位于发动机舱内的真空助力器受到来自前部的碰撞时，容易使制动踏板侵入量超出要求，进而导致扣分。本文以某电动汽车[21-24]开发过程为例，针对原车型在正面40%偏置碰撞试验中制动踏板X方向侵入量超标的问题，结合试验和仿真分析，在踏板支架连接部位设计了断开机构，有效降低了制动踏板X方向的侵入量。

5.3.1.1 制动系统的仿真原理

如图5-13所示，制动系统主要包括布置在发动机舱的真空助力器、布置在乘员舱的安装支架、踏板臂和踏板。支架1下端固定于前围，支架2上端与IP横梁焊接，支架1与支架2在搭接面上通过螺栓固定在一起，IP横梁两端固定于白车身两侧A柱。一般情况下，制动系统位于车辆左侧，在40%偏置碰撞中，由于车辆左侧严重变形，真空助力器容易受到来自前方部件的挤压，进而导致制动踏板侵入量偏大。

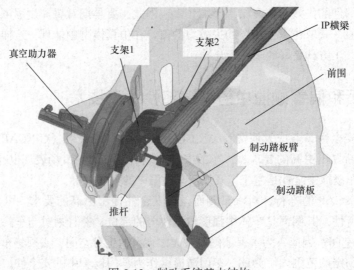

图5-13 制动系统基本结构

5.3.1.2 原方案问题分析

在该车型第一轮正面 40% 偏置碰撞试验中，制动踏板产生较大侵入。图 5-14 所示为试验后的照片，经测量，制动踏板 X 方向侵入量达到 145mm，远远超出 C-NCAP 要求的 100mm，直接导致该车型在偏置碰撞评分中被扣除 0.45 分。

图 5-14 原方案偏置碰撞试验后照片

如图 5-15 所示，拆解试验车辆后，发现踏板安装支架 1 产生了较大变形，而支架 2、IP 横梁和 A 柱变形较小。仔细分析该车型制动系统结构，支架 1 与支架 2 在通过螺栓固定后，分别固定于前围和 IP 横梁，在偏置碰撞中，真空助力器受到来自前方的碰撞力，并向后挤压前围和支架 1，支架 2 上端受 IP 横梁支撑（IP 横梁强度较高，在试验中变形非常小），最终导致支架 1 屈服并发生大变形。同时当真空助力器向后移动时，通过推杆推动踏板臂，使踏板臂绕其上端固定点旋转，在踏板臂的杠杆作用下，最终导致制动踏板在 X 方向的侵入量超出 C-NCAP 要求。

通过以上分析可知，制动踏板 X 方向侵入量超标的原因为：踏板臂在碰撞过程中绕其上端固定点旋转，导致制动踏板侵入量按照踏板臂的杠杆比被成倍放大。如果能消除踏板臂的旋转，就能有效降低踏板侵入量。

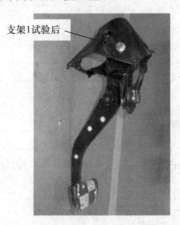

图 5-15 原方案制动踏板支架拆解照片

5.3.1.3 改进方案设计

为消除踏板臂的旋转,考虑在支架 1 和支架 2 之间采用可断开的紧固方式。如图 5-16 所示,当真空助力器受到碰撞并向后挤压支架 1 时,如果支架 1 和支架 2 之间的紧固螺栓断开,两者沿接触面发生相对滑动,则踏板臂将随着支架 1 向后平移,而不会绕其上端固定点旋转,这将有效降低制动踏板的侵入量。

在 40% 偏置碰撞过程中,支架 1 相对于支架 2 产生向右运动的趋势,如图 5-17 所示,此时紧固螺栓将承受较大的剪切力,为了使支架 1 和支架 2 之间的连接能够在碰撞过程中断开,在支架 1 的螺栓孔处打开一个向左的缺口,合理设计该缺口的相关参数,即可让螺栓在剪切力达到某个门限值时从缺口处脱出,支架 1 和支架 2 之间的连接即可断开。

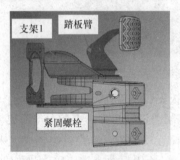 

图 5-16 制动踏板顶部视图　　　　图 5-17 支架 1 螺栓孔缺口设计示意图

为找到合理的剪切力门限值,首先对原方案进行整车 40% 偏置碰撞仿真分析,输出紧固螺栓在偏置碰撞中所承受的剪切力 v_s 时间曲线,如图 5-18 所示。在螺栓不脱出的情况下,紧固螺栓承受的剪切力最大超过 6kN。在 40% 偏置碰撞过程中,为防止支架 1 在螺栓脱出之前发生变形,剪切力门限值应尽量小,但同时考虑到制动踏板还需要满足其他多个工况下的强度和刚度要求,通过与设计人员沟通,初步认为剪切力门限值定义为 3kN 比较合适。

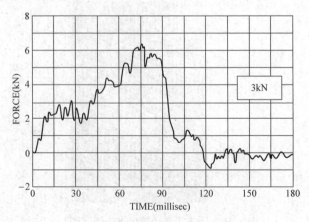

图 5-18 原方案紧固螺栓剪切力曲线

确定剪切力门限值为3kN以后，需要合理设计零部件参数来实现该结构。从图5-18中可以看出，支架1的料厚、材料等级以及螺栓孔的缺口大小均会影响螺栓脱出所需剪切力。为确保螺栓在承受超过3kN剪切力时能够脱出，制作图5-19所示的样品，这些样品料厚、材料及缺口大小各不相同，装入螺栓后进行拉脱试验。图5-20所示为某样品在试验中测得的力v_s位移曲线，曲线顶点即对应样品的拉脱载荷。通过对不同样品反复进行零部件试验来确定支架1的料厚、材料牌号及缺口大小。

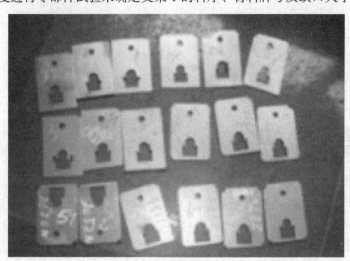

图5-19 试验样品

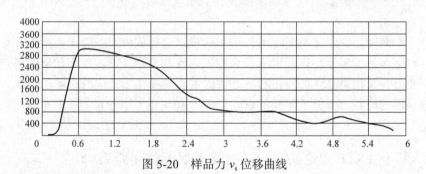

图5-20 样品力v_s位移曲线

为验证剪切力门限值设置为3kN对降低制动踏板侵入量的效果，在整车仿真模型中，根据前面定义的参数更新支架1模型，并将螺栓单元所能承受的最大剪切力设置为3kN（改进方案），然后进行整车40%偏置碰撞分析。螺栓剪切力v_s时间曲线如图5-21所示，改进方案在$t=27$ms时，剪切力达到3kN并迅速降低至0，表明螺栓在此刻失效。两个方案的踏板侵入状态如图5-22所示（见彩插），图中黄色所示为改进方案制动踏板侵入状态，灰色为原方案的侵入状态，改进方案制动踏板侵入量明显小于原方案。改进方案制动踏板X方向和Z方向侵入量大幅下降，加速度及前围侵入量等指标并无明显变化。

目前,该设计方案已经在该车型中应用,在最新一轮的40%偏置碰撞摸底试验中,制动踏板侵入量下降到C-NCAP所要求的高性能限制以内,未造成扣分,该车型的整体评分也得到明显提高。

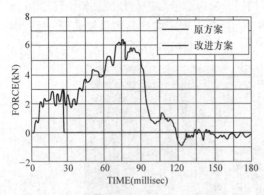

图5-21 改进前后螺栓剪切力v_s位移曲线对比　　图5-22 改进前后制动踏板侵入状态

5.3.1.4 小结

本节针对某车型在正面40%偏置碰撞试验中制动踏板X方向侵入量超标的问题,从制动系统的结构和布置入手,对制动系统在碰撞过程中的受力和运动进行了细致的分析,发现制动踏板侵入量超标是由于踏板支架变形后,踏板臂绕其上端安装点旋转所造成的。本节结合仿真分析与零部件试验,设计了可在剪切力达到3kN时断开的制动踏板安装支架,有效降低了制动踏板的侵入量,提高了该车型正面40%偏置碰撞的整体评分。

汽车侧面碰撞安全性和正面40%偏置碰撞试验已成为C-NCAP的重要指标,本节通过对某车侧面碰撞中车门侵入量和侵入速度的控制,对左前车门防撞梁进行优化,研究分析了仿真技术的应用和对开发的重要支撑作用;同时对制动踏板X方向侵入量超标的问题,分析了零部件如何在正面40%偏置碰撞试验中获得较好的设计方法。

5.3.2 基于TRIZ理论的车门防撞梁多目标优化研究

本节以某车为研究对象,基于侧面碰撞中车门侵入量和侵入速度的控制,对左前车门防撞梁进行优化研究。

首先以TRIZ冲突解决矩阵理论为基础,针对侧面碰撞中原车门防撞管梁前、后连接板塑性应变极大,提出D形防撞梁替换管形防撞梁的工艺性方法。然后运用正交试验法和有限元仿真找到车门防撞梁的结构最佳参数方案,再对车门防撞梁的材料参数进行正交试验样本设计,并采用响应面法建立侧面碰撞安全性的评价指标。最后通过对近似模型进行遗传算法择优计算,得到了D形防撞梁最优的结构和材料方案。

5.3.2.1 原车侧碰安全性分析

侧碰安全性能评价指标,在 C-NCAP 侧面碰撞试验中,头部、胸部、腹部和骨盆 4 个项目是假人的得分指标,通常失分的 3 个位置,主要集中在胸部、腹部和骨盆[4]。其中,胸部的伤害对侵入速度极为敏感,若侵入速度超过 7m/s,会造成扶手区域以较大的冲击力撞击假人;腹部与骨盆处的伤害对侵入量敏感,若侵入量大于 165mm,将会导致车体结构直接撞击假人。故将图 5-23 所示的车门内板 1 至 2 区域的最大侵入速度和 3 至 6 区域的最大侵入量定义为侧碰安全性能车身评价标准。

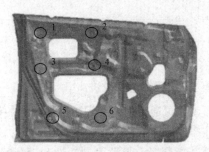

图 5-23　侧碰安全中车门内板测评区域

5.3.2.2 车门侧碰安全性能分析

在侧碰工况中,主要从以下几个方面评定车身结构的安全性:车身整体变形模式、车门防撞梁变形模式、B 柱变形模式和门槛梁变形模式。

图 5-24a 中,可以得出车身侧面整体变形较好,B 柱区域结构变形基本为钟摆式变形模式,前门门槛梁也未出现大的折弯现象;图 5-25 中,车门内板侵入速度小于 7m/s,其侵入量也小于 165mm。整体上该车结构具有较好的安全性,但在图 5-24b 中却得出车门内板 A、B 两位置即车门防撞梁前、后连接板安装处应变较大,其应变率已超过 0.15,这将导致侧面碰撞试验中防撞梁结构存在失效的风险。因此,要控制好车门变形量,必须要对车门防撞梁结构进行优化。

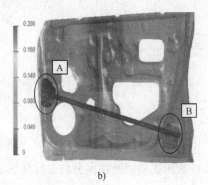

a)　　　　　　　　　　　　　　　　b)

图 5-24　撞击侧车体结构变形图

a)左侧车体整体变形图　b)左前车门防撞梁变形图

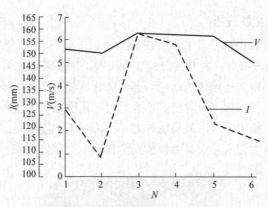

图 5-25　车门评价区域的侵入速度和侵入量曲线

5.3.2.3　基于 TRIZ 的车门防撞梁工艺性改进

由于在侧面碰撞分析中,可通过提高车门防撞梁结构的稳定性[25-27],来保证车身结构的安全性。为此,在车门防撞梁生产工艺性的改善中,需要改进的特性有可操作性和结构稳定性,但在改善的同时会导致可制造性和形状特性的降低。通过 TRIZ 冲突解决矩阵,按照上述中改进和恶化的指标找到所对应的矩阵元素,并将其所推荐解决冲突采用的发明原理汇总在一起,得出解决方案。

用这些方案设计车门防撞梁,将原车门防撞梁三构件改为一体式;将失效处的管形防撞梁更改为 D 形截面防撞梁。

5.3.2.4　D 形车门防撞梁结构参数优化

由于材料对碰撞性能的影响与 D 形防撞梁设计参数无关,且一旦材料选定,其性能也就确定,因此本研究中选厚度为 2.3mm,屈服强度为 550MPa 的材料进行研究。D 形防撞梁的结构如图 5-26 所示,其参数有宽度 b,高度 h,倒角半径 r 和夹角 α,相应的因素水平为 b 是 20mm,h 是 25mm,r 是 2mm,α 为 70°。

图 5-26　D 形截面防撞梁

5.3.2.5　结构参数的正交试验结果分析及优化方案

根据因素水平表构建 L9(3^4)正交表,其试验结果见表 5-5。对正交表试验结果进行分析得到的结果见表 5-6 和表 5-7。

表 5-6、表 5-7 中 I_i、v_i（$i = 1, 2, 3$）分别设为侵入量、侵入速度平均值，R_I、R_v 分别为侵入量、侵入速度极差。

由表 5-6 可知，对于车门内板侵入量这一侧碰性能指标，按影响大小排列依次为防撞梁高度 h、宽度 b、夹角 $α$ 和倒角半径 r。其中，b、h 和 $α$ 随着其值的增加，侵入量变小；而 r 随着其值的增加，侵入量变大。由表 5-7 可知，对于车门内板侵入速度这一侧碰性能指标，按影响大小排列依次为防撞梁高度 h、倒角半径 r、夹角 $α$ 和宽度 b。其中，侵入速度随着 b、$α$ 值的增加，先变小再变大；对于 h 值，则是随着它增加而变大，但是对于 r 值，却是相反。

表 5-5 结构参数的正交试验表与试验结果

因素试验	b	h	r	$α$	性能指标	
					侵入量 I/mm	侵入速 v/m·s^{-1}
1	1	1	1	1	160	6.6
2	1	2	2	2	158	6.3
3	1	3	3	3	153	6.5
4	2	1	2	3	158	5.9
5	2	2	3	1	158	6.2
6	2	3	1	2	152.	6.7
7	3	1	3	2	159	6.7
8	3	2	1	3	155	6.8
9	3	3	2	1	152	7.1

表 5-6 骨盆位置侵入量试验结果分析

参数	b	h	r	$α$
I_1	157	159	156	157
I_2	156	157	156	156
I_3	155	152	157	156
R_I	1.3	6.3	0.7	1.1

表 5-7 胸部位置侵入速度试验结构分析

参数	b	h	r	$α$
v_1/(m/s)	6.4	6.1	6.7	6.6
v_2/(m/s)	6.3	6.4	6.4	6.3
v_3/(m/s)	6.6	6.8	6.2	6.4
R_v	0.3	0.6	0.5	0.3

综合考虑车门内板侵入量和侵入速度的影响，选定 D 形防撞梁结构参数的最优方案 $h_2b_2\alpha_3r_2$，即防撞梁高度 h=30mm，宽度 b=25mm，夹角 α=90°，倒角半径 r=3mm。

5.3.2.6　D 形车门防撞梁多目标优化设计

选取 D 形车门防撞梁的材料屈服强度、厚度作为试验设计变量，构建 L16（2^4）正交表，其试验结果见表 5-8。

表 5-8　材料方案的正交试验表与试验结果

试验	厚度 t/mm	屈服强度 σ/MPa	侵入量 l/mm	侵入速度 v/m·s^{-1}	防撞梁质量 M/kg
1	1.6	440	167	6.1	1.2
2	1.6	590	163	6.2	1.2
3	1.6	700	161	5.9	1.2
4	1.6	1230	149	6.2	1.2
5	1.8	440	166	6.0	1.3
6	1.8	590	162	5.9	1.3
7	1.8	700	159	6.1	1.3
8	1.8	1230	145	6.2	1.3
9	2.0	440	164	6.1	1.5
10	2.0	590	159	6.0	1.5
11	2.0	700	156	6.3	1.5
12	2.0	1230	141	6.1	1.5
13	2.2	440	162	6.0	1.6
14	2.2	590	158	6.0	1.6
15	2.2	700	154	6.3	1.6
16	2.2	1230	139	6.2	1.6

响应面法的基本思想是近似构造一个具有确定形式的多项函数来表达响应值与设计变量之间的函数关系，可用下列模型表示：

$$y = f(x_1, x_2, \cdots, x_k) + \varepsilon \tag{5-4}$$

其中，x_k 表示第 k 个设计变量；ε 表示统计误差。

为了提高拟合精度，经常使用二阶响应面模型来逼近实际数据，即

$$y = \beta_0 + \sum_{i=1}^{k} \beta_i x_i + \sum_{i<1}^{k} \beta_{ij} x_i x_j + \sum_{i=1}^{k} \beta_{ii} x_i^2 + \varepsilon \tag{5-5}$$

其中，β_i 表示 x_i 的线性效应；β_{ij} 表示 x_i 与 x_j 之间的线性×线性交互效应；β_{ii} 表示 x_i 的二次响应[5]。

原车左前车门防撞梁总成的质量为 1.5kg，其车门内板对应骨盆位置的最大侵入量为 158.7mm，对应胸部位置的最大侵入速度为 6.3m·s^{-1}。在表 5-8 的各试验方案中，其车门内板侵入速度都控制在 6.3m·s^{-1} 范围内，这表明在更换 D 形车门防撞梁后，

防撞梁材料对车门内板侵入速度未有显著影响，因此不再对该性能影响进行考虑。根据表5-8中的试验数据，以D形车门防撞梁的"材料厚度""材料屈服强度"为设计变量，建立"车门内板侵入量""车门防撞梁质量"二次多项式响应近似模型：

$$I = 189.6891 - 10.8230t - 0.005\sigma + 2.3484t^2 + 1.797e^{-6}\sigma^2 - 0.005t\sigma \quad (5-6)$$

$$M = 0.0213 + 0.7447t + 0.0062t^2 \quad (5-7)$$

其中，I 为车门内板侵入量；M 为车门防撞梁的质量；t 为车门防撞梁的材料厚度；σ 为车门防撞梁的材料屈服强度。

一个经典的多目标优化问题可以定义为

$$\min F(x) = (f_1(x), f_2(x)\cdots, f_k(x))^T$$

$$\text{s.t. } x \in R \quad (5-8)$$

$$x = (x_1, x_2, \cdots, x_n)^T$$

其中，$f_1(x)$，$f_2(x)$，…，$f_k(x)$ 为 k 个目标函数；x_1，x_2，…，x_n 为设计变量[6]。

在本研究中，选择车门内板最大侵入量作为评估侧面安全性的设计目标，选择D形防撞梁质量作为轻量化的指标。由于防撞梁材料更换对车门内板最大侵入速度影响很小，忽略车门内板侵入速度作为侧碰安全评价指标。

优化最终的目标是提高侧面碰撞安全性能的同时，实现防撞梁轻量化；在综合考虑车门内板最大侵入量和车门防撞梁质量的性能指标的情况下，运用线性加权法，将优化目标定为"线性加权的综合评价函数值 U"的最小化，即

$$\text{Min} U = a_1 \frac{I}{I_0} + a_2 \frac{M}{M_0}$$

$$\text{s.t. } 1.6\text{mm} \leq t \leq 2.0\text{mm}$$

$$440\text{MPa} \leq \sigma \leq 1000\text{MPa} \quad (5-9)$$

$$I \leq 158.789\text{mm}$$

$$M \leq 1.523\text{kg}$$

其中，a_1、a_2 为加权侵入量函数和加权质量函数的权重，t 为车门防撞梁的材料厚度，σ 为车门防撞梁的材料屈服强度。

根据分析得出的结果，对车门防撞梁进行多目标优化后，车门防撞梁质量降低了9.25%，车门内板侵入量减少了近5mm，车门内板侵入速度也有小幅下降。

5.3.2.7 小结

首先在TRIZ冲突解决矩阵理论基础上，对原左前车门防撞梁进行了工艺性改进，将传统三段式防撞梁总成改成整体式D形防撞梁，然后通过正交试验设计获得足够的样本点，再基于这些样本点得到"车门侧碰安全性能"和"防撞梁轻量化性能[28]"这两个响应近似模型，并对其拟合精度进行评估，最后使用多目标遗传算法对车门D形防撞梁进行优化设计。结果表明，在车门D形防撞梁优化设计中，正交设计结合多目标优化方法的应用，能够有效地平衡侧面碰撞安全性能和轻量化要求。

5.4 基于行人保护的仿真技术

在人车交通事故中,行人最容易受到伤害的部位是头部和腿部,其中腿部伤害往往导致行人残疾,头部损伤常常造成行人死亡。为了保护行人,欧美等国家都出台了相关的行人碰撞保护法规,我国在 2010 年实施车辆的行人碰撞保护推荐标准。

本节重点分析与行人保护相关的仿真技术[29]。

5.4.1 行人保护法规介绍和头部伤害评价

由于造型的需求和结构空间的限制,车辆发动机舱与翼子板交界区域的刚度比较大,在头部碰撞时造成较严重的伤害。基于此,本节针对行人头部保护、头部加速度波形形成机理、结构设计进行分析。

5.4.1.1 行人保护法规

为保证道路交通中行人的安全,我国在 2010 年 7 月 1 日实施了 GB/T 24550—2009《汽车对行人的碰撞保护》标准[7]。其中要求,儿童的头型质量为 3.5kg,碰撞速度为 35km/h,碰撞角度为 50°,头部伤害 HIC 值为 2/3 测试区域且 1/2 儿童测试区域小于 1000,其他区域小于 1700;成人的头型质量为 4.5kg,碰撞速度为 35km/h,碰撞角度为 65°,头部伤害 HIC 值为 2/3 测试区域且 1/2 儿童测试区域小于 1000,其他区域小于 1700。

5.4.1.2 原车翼子板行人保护性能分析

根据 GB/T 24550—2009 行人头部试验要求进行仿真计算,有限元仿真模型如图 5-27 所示。

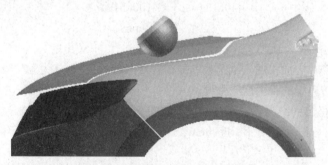

图 5-27 头部碰撞有限元仿真模型

汽车前部的几何形状是影响行人伤害程度的一个重要因素,头部与车身前部的撞击部位不同,对于头部造成的伤害也不同。因此,对于翼子板分缝区域,选择前照灯安装位置作为测试区域 p1 以及翼子板安装位置作为测试区域 p2,如图 5-28 所示。分别从这 2 个碰撞位置进行头部加速度曲线提取,得出翼子板对于行人头部的伤害。

图 5-28　翼子板头部保护性能测评区域

从分析中可以得出：头部安装处的 HIC 值为 1552，翼子板安装处的 HIC 值为 1614。考虑仿真与试验的相对误差，一般将安全余地控制为 20%，即法规中的头部伤害值 1700 的限定，对应为仿真要求中的 1360。因此，在前照灯安装位置和翼子板安装位的 HIC 值都未能满足法规要求，需要做进一步的改善。

5.4.1.3　翼子板波形峰值形成机理分析

行人头部合成加速度主要反馈的是行人头部在碰撞中所受到的冲击力，动量和能量守恒定理为

$$E = \frac{1}{2}m\Delta v^2 = kl^2 \quad (5\text{-}10)$$

其中，E 为头部冲击动能，单位为 J；k 为发动机舱变形刚度，单位为 N/mm；l 为变形量，单位为 mm。

行人头部在碰撞过程中，所受到的平均作用力 F 为

$$F = kl = ma \quad (5\text{-}11)$$

而在与发动机舱盖相撞时，头部所受到的撞击力 F 主要由两方面组成：一是翼子板弹性和塑性变形时产生的阻力 F_k；二是发动机舱对头部的惯性力 F_m。因此，认为头部在碰撞中所受的冲击力为

$$F = F_k = F_m \quad (5\text{-}12)$$

根据分析得出的结果，在行人头部质量 m 和碰撞速度 v 一定的情况下，要降低头部加速度 a，就必须降低头部冲击力 F。而头部冲击力 F 主要是受结构刚度 K 和惯性质量 M 的影响，其中，发动机舱等部件的大小、安装方式和结构形式是决定发动机舱结构刚度 K 的主要影响因素；发动机舱等部件的材料、厚度等则是影响惯性质量的主要因素。

在原车的设计中，翼子板区域的结构如图 5-29 所示，可以看出 A 区域中安装横梁与翼子板下端结构几乎是相贴在一起，并未形成有效的溃缩空间，B 区域结构几乎呈直角过渡，这使得其垂直刚度过大，不易压溃。按照头部碰撞力的形成机理，可以初步判断，在整个行人头部碰撞过程中，初始受到的冲击力将很大，并会持续较长的一段时间。

从翼子板分缝区域的头部加速度曲线也能反映出该翼子板分缝区域的刚度较大。如图 5-30 所示（见彩插），在 2ms 左右时就已出现头部加速度曲线的初始峰值且都达到 200g 以上，同时它们的第二峰值也很高，都超过 100g，并且持续时间过长，基本延续到碰撞结束。

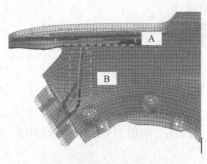
图 5-29 原翼子板安装结构

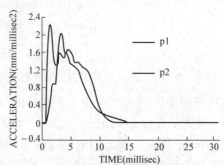
图 5-30 翼子板分缝区头部测评点加速度曲线

5.4.1.4 翼子板结构改进方案及模拟分析

从加速度波形分析可知，这种初始峰值很高且第二峰值后曲线类似方波的波形是不利于行人头部保护的，故可通过降低初始峰值或第二峰值的方法来提高行人头部保护性能。

针对加速度波形初始峰值过高，对原翼子板结构在分缝区呈尖角特征进行优化，即在适当的位置开通孔来达到弱化其整体刚度的目的，其效果如图 5-31 所示。其中，考虑到维修操作时，翼子板往往需要承受维修工的身体压力，因此在翼子板弱化孔之间，为加强翼子板的结构强度，抵消开孔带来的结构弱化，添加突出的翼子板支撑架。

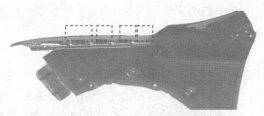
图 5-31 镂空式翼子板结构

采用以上措施对翼子板结构进行优化后，对翼子板两处碰撞测试区进行重新仿真计算。从分析可以得出：优化后翼子板测试区域的 HIC 值控制在 1297 以内，小于 1360。这说明翼子板采用镂空式结构，可以迅速压溃该处结构，降低了垂直尖角结构的刚度，当头部撞击到该处时，降低加速度峰值。

可溃式翼子板结构优化如图 5-32 所示。针对加速度波形平均减速度过高，通过增加变形空间或弱化下方硬点来降低平均减速度。从原结构中，发现发动机舱外板距离下端横梁安装板仅有 35mm，依照理想溃缩空间需求可判断该区域的可溃缩距离偏小，为保证充足的溃缩空间，将安装横梁下移，考虑到翼子板安装需求，在中间位置处添加一翼子板安装支架。

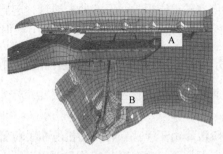

图 5-32 可溃式翼子板结构

采用以上措施对翼子板结构进行优化后，对翼子板两处碰撞测试区重新进行仿真计算。优化后翼子板测试区域的 HIC 值控制在 1200 以内，小于 1360。这说明优化翼子板安装结构后，可以迅速压溃该处结构，降低了垂直尖角结构的刚度，当头部撞击到该处时，可以降低头部加速度。

图 5-33 所示是对翼子板前安装点的头部碰撞分析，黑色实线是原模型的头部加速度曲线，蓝色实线是镂空式翼子板方案的头部加速度曲线，红色实线是可溃式翼子板方案的头部加速度曲线。可以得出，通过对加速度波形的优化，有效降低了翼子板分缝区域的头部伤害。两种方案都能使儿童头部碰撞该区域附近点时，更容易压溃，增大有效吸能空间，提高了该区域的头部保护性能。

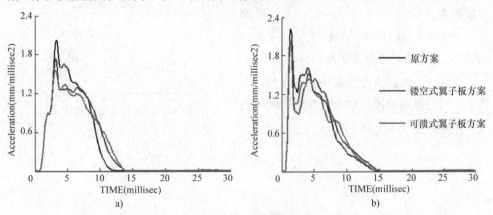

图 5-33 原始模型与改进后模型的翼子板测试点头部加速度对比曲线
a）测试区 p1 的头部加速度对比曲线　b）测试区 p2 的头部加速度对比曲线

5.4.1.5 小结

以行人头部碰撞保护为设计目标，在对原模型中翼子板结构吸能特性分析的基础上，提出两种能使翼子板具有变形吸能作用的结构。仿真结果显示，镂空式翼子板能有效降低结构强度，使得在整个碰撞过程中更加柔和，减小作用在头部的冲击力，降低加速度峰值；可溃式翼子板通过在翼子板和安装横梁之间加入合适的支撑板件，来增大翼子板变形空间，使头部在碰撞过程中得到一较长的减速距离，达到减小头部加速度的目的。这两种优化方案都能吸收必要的冲击能量，起到降低头部碰撞加速度的作用，为设计具有保护行人头部撞击损伤的翼子板提供了依据。

5.4.2 基于头部损伤特性的发动机舱理想溃缩空间技术

行人事故在汽车交通事故中约占总数的 27%，因此，行人保护研究应更加注重头部的安全性。

在汽车开发的早期阶段，由于无法获得发动机舱相关位置的头部损伤特性，往往会导致后期由于溃缩距离不足而修改造型和相关零件的设计。因此，在汽车安全设计中发动机舱盖下方的理想溃缩空间大小，对于节约开发成本以及满足行人头部保护要求，就显得尤为重要。鉴于此，本节在分析头部伤害评价的基础上，提出理想方波减速度模型，并基于行人头部保护要求推导出发动机舱所需最小的溃缩距离。且将其应用到某车行人保护评价试验中，结果验证了该方法的有效性，同时指导了翼子板分缝线区域的行人保护措施改进。

5.4.2.1 理想头部减速度模型的建立

由于实际头部碰撞中，垂直于碰撞方向的两个减速度都相对较小，因此，忽略垂直于减速度方向的能量损失，建立理想头部减速度模型，如图 5-34 所示。在相同的情况下，该要求所需的发动机舱溃缩空间最大。

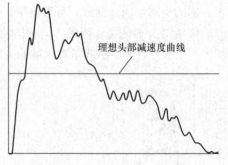

图 5-34　理想头部减速度模型

5.4.2.2 发动机舱理想溃缩空间分析及评估

在理想头部减速度模型中，假设只存在撞击方向的单向减速，故头部在任何时刻的速度和位移为

$$v = v_0 - \int_0^t a \mathrm{d}t \tag{5-13}$$

$$d = \int_0^t v \mathrm{d}t \tag{5-14}$$

其中，v_0 为碰撞初速度，t 为任意碰撞时刻。

5.4.2.3 基于理想头部减速度模型的溃缩空间评估

为了验证理想头部减速度模型曲线的准确度，分别从发动机舱上选取两处典型的位置模拟头部撞击试验，得出头部加速度曲线，如图 5-35 所示（见彩插）。

其中，红色的头部减速度曲线为头部撞击刮水器轴区域所得，蓝色的头部减速度曲线为头部撞击机舱锁扣区域所得。参照图 5-35 所示的 HIC 值、头部减速度和时间间隔,可知在 HIC 为 1000 及 HIC 为 1700 的情况下,碰撞持续时间基本相符,所体现出的差异性在平均减速度。对图 5-35 中的减速度曲线进行两次积分,得出相应的溃缩距离,如图 5-36 所示。

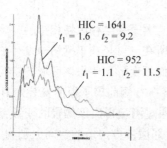 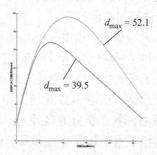

图 5-35　刮水器及锁扣处的头部加速度曲线　　图 5-36　刮水器及锁扣处的头部溃缩距离曲线

根据图 5-36 分析得出结果:HIC 为 1000 时,理想头部减速度模型溃缩距离 d 为 47.9mm,试验值为 52.1mm,实测误差为 4.2mm,相对误差为 8.06%;HIC 为 1700 时,理想头部减速度模型溃缩距离 d 为 33.6mm,试验值为 39.5mm,实测误差为 5.9mm,相对误差为 14.9%。

对于理想状态中发动机舱溃缩距离与仿真试验的误差,有多个因素。如理想状态中并未考虑垂直于单向有效减速度方向上的减速度影响,根据试验统计,单向有效减速度的误差在 1%~3%。因此,对于 HIC 为 1000 的误差范围为 0.479~1.437mm;对于 HIC 为 1700 的误差范围为 0.395~1.185mm。但得出仿真试验与理论推导中 HIC 为 1000 和 HIC 为 1700 的溃缩距离很接近,可以认为简化模型基本合理,其结果可用于指导车辆开发中的行人保护设计。

5.4.2.4　某车头部测试区域的溃缩空间分析与优化改进

以某车行人保护试验为例,在发动机舱头部碰撞区域选取主要的测评点,如图 5-37 所示。

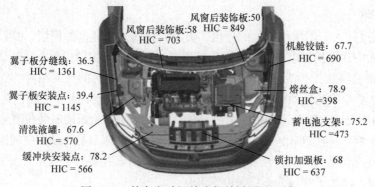

图 5-37　某车发动机舱头部关键测试区域

从图 5-37 分析结果可知,利用理想头部减速度模型对发动机舱最小溃缩空间进行初步的预测是可行的。比如，溃缩距离小于40mm的区域，其头部伤害值都超出了1000；而溃缩距离大于50mm的区域，其头部伤害值一般都在1000以下。这可进一步表明基于头部损伤特性得出的发动机舱理想溃缩空间方法可对车辆的行人保护头部碰撞性能进行初步的预测。

在行人与车的碰撞事故中，行人头部很容易与翼子板结构区域相接触，该区域的刚度特性和变形空间是衡量头部保护性能的关键所在。可是在车辆结构设计中，为实现固定翼子板的功能以及维修时能支撑维修人员而不变形，使得该区域的结构强度要达到一定程度。从图5-37中可以得出，头部伤害在右侧前翼子板前安装处HIC值为1145以及右侧翼子板分缝区处HIC值为1361，通过测定得出该位置的变形空间十分有限，机舱下翼子板安装点和翼子板分缝线在头部撞击方向下的空间分别为39.4mm和36.3mm，按照理想状态中发动机舱最小溃缩距离，可以判断这两处位置的溃缩空间明显不足。因此，为了使翼子板在受到撞击时，有足够的变形空间，设计一种能满足该部位刚度需求的可溃缩式安装支架，如图5-38所示。

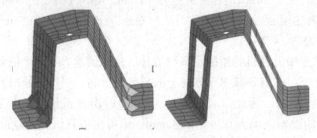

图5-38 翼子板安装支架结构

采用图5-38中优化后的翼子板安装支架结构，右侧翼子板分缝线处的头部伤害值由原来的1361降低到1109，其原因主要是优化后的结构，在行人头部与翼子板碰撞过程中，当冲击载荷达到一定程度时，可实现安装支架从中间支撑面处发生坍塌，达到增加该区域溃缩变形空间的目的。

5.4.2.5 小结

1）通过行人头部损伤特性的分析，提出简化头部减速度的模型，并以此为基础对满足行人头部保护要求的溃缩空间进行研究，且在某车发动机舱头部测试区域中比较了仿真试验与理论推导中HIC为1000和HIC为1700时的溃缩距离的误差，初步得出该方法推导出的发动机舱最小溃缩距离，可以指导发动机舱下方刚性件的布置。

2）利用发动机舱最小溃缩距离的分析，对某车前翼子板前安装位置和翼子板分缝线进行预判，得出该区域是头部碰撞伤害风险区。并依照最小溃缩空间需求，指导翼子板安装支架结构改进，经过仿真试验验证也表明该方案的实施大大增加了机舱下方溃缩距离，满足了相应的头部保护要求。

3）由于在简化头部减速度波形中，忽略了垂直于单向有效减速度方向上的减速度影响，导致所得出的简化波形并不是最优化的头部减速度曲线，所产生的相对误差仍比较大。因此，对于理想曲线参数的修正仍然要做进一步的分析，如何细分发动机舱边界位置以及机舱下硬点对头部减速度波形的影响因素来优化波形特征，是今后的研究方向。

5.4.3 基于 GTR 行人头部保护的某车改进分析

在人车交通事故中，行人最容易受到伤害的部位是头部和腿部，其中腿部伤害往往导致行人残疾，头部损伤常常造成行人死亡[8]。全球技术法规（GTR）也制定了行人保护法规。

GTR 是车型设计中必须满足的标准，基于此，对其行人头部保护碰撞性能进行仿真评估，针对碰撞测试区域存在对头部造成严重伤害的风险，在对关键零件的布置和结构特性分析的基础上，提出相应具有变形吸能作用的结构优化改进，并通过实车试验验证了该行人头部保护设计的合理性，且达到了某车出口的设定目标。

5.4.3.1 行人头部保护法规

为保证道路交通中行人安全，GTR 制定了相应的行人保护标准，并对行人头部碰撞测试条件及保护性能要求做了明确规定。在行人头部保护试验时，头部冲击器中儿童头部冲击器的质量为 3.5kg，成人头部冲击器质量为 4.5kg。试验中头部伤害结果通过 HIC 值来标定，并且对于儿童头部测试的要求，要在儿童头部碰撞区域内至少有一半以上面积里的头部伤害值要小于 1000，同时其余头部碰撞区域内的头部伤害要小于 1700。

5.4.3.2 头部碰撞性能分析

根据 GTR 评价标准对有限元模型进行划线，并依据发动机舱的几何特征和前舱零部件分布，选出 77 个具有代表性的测试点并进行仿真计算，分析结果如图 5-39 所示（见彩插）。其中，考虑仿真与试验的相对误差，一般将安全余地控制为 20%。即头部伤害值大于 1360，以红色进行标示；头部伤害值在 800 至 1360 范围间，以黄色进行标示；头部伤害值小于 800，以绿色进行标示。其中，HIC 值小于 800 的点，主要来自发动机舱中间位置吸能空间充足的区域；HIC 值大于 1360 的点，来自车灯、翼子板与发动机舱的交界处和机舱安装位置。

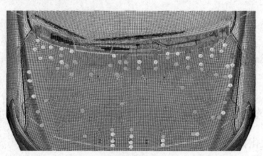

图 5-39　头部测试点选择示意图

从图 5-39 中可以得出，锁扣区域的 HIC 值大于 800，最大值为 1093；翼子板分缝线区域的 HIC 值大于 1360，最大值为 1652；刮水器区域内的 HIC 值大于 1360，最大值为 1799；机舱铰链区域的 HIC 值大于 1360，最大值为 1615。依照伤害值的分布情况，得出 HIC 值小于 800 的面积比例为 57.38%，如图 5-40 所示。因此，按照法规要求，该车行人头部保护性能未能达标，需要做进一步的改善。

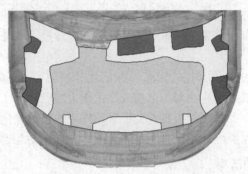

图 5-40　测试区域头部伤害示意图

5.4.3.3　关键零件分析

原车型结构方面主要存在以下几个问题。

1）机舱锁扣加强板刚度较大，如图 5-41 所示。
2）翼子板分缝线区域几乎没有可溃缩空间，如图 5-42 所示。
3）刮水器机构整体刚度过大，尤其是支撑座结构，如图 5-43 所示。
4）机舱铰链的垂向刚度较大，如图 5-44 所示。

图 5-41　原车型锁扣加强板

图 5-42　原车型翼子板安装板

图 5-43　原车型刮水器机构

图 5-44　原车型机舱铰链

5.4.3.4　关键零件优化改进

根据前述公式可以得出以下结论：在行人头部质量 m 和碰撞速度 v 一定的情况下，

要降低头部加速度 a，就必须降低头部冲击力 F[9]。而头部冲击力 F 主要受结构刚度 K 和惯性质量 M 的影响。其中，发动机舱等部件的大小、安装方式和结构形式是决定结构刚度 K 的主要影响因素；发动机舱等部件的材料、厚度等则是影响的主要因素。对结构进行以下优化设计。

1）在满足锁扣区域抗凹、强度等性能的前提下重新设计锁扣加强板，降低其刚度，如图 5-45 所示。

2）优化翼子板安装板结构及安装方式，使之容易产生压溃变形，如图 5-46 所示。

3）调整刮水器支座的形状与厚度，弱化支撑处的强度，使之在冲击力下能发生断裂，如图 5-47 所示。

4）优化机舱铰链结构，弱化铰链的强度，使之能够产生压溃变形，如图 5-48 所示。

图 5-45　新锁扣加强板

图 5-46　新翼子板安装板

图 5-47　新刮水器机构

图 5-48　新机舱铰链

5.4.3.5　行人头部保护试验

按照 GTR 的规定，划定车型 WAD 线、侧参考线、前缘基准线、后缘基准线，并以此确定头部碰撞区域。同时根据发动机舱几何特征和前舱部件分布情况，选出 19 个具有代表性的试验点，依次进行儿童头部碰撞试验，如图 5-49 所示。

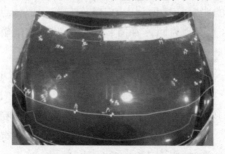

图 5-49　行人头部保护测试划线及碰撞位置

该车行人头部保护仿真与试验结果的对比情况：碰撞位置在机舱锁扣处，原方案仿真值为1093，优化方案仿真值为862，试验值为764，误差为-12.82%；碰撞位置在左侧铰链处，原方案仿真值为1615，优化方案仿真值为1401，试验值为1442，误差为-2.84%；碰撞位置在机舱加强筋处，原方案仿真值为473，优化方案仿真值为473，试验值为423，误差为-11.82%；碰撞位置在右刮水器摆臂处，原方案仿真值为1155，优化方案仿真值为815，试验值为676，误差为-20.56%；碰撞位置在蓄电池支柱处，原方案仿真值为605，优化方案仿真值为605，试验值为603，误差为0.33%；碰撞位置在锁扣加强板处，原方案仿真值为870，优化方案仿真值为773，试验值为689，误差为-12.19%；碰撞位置在铰链安装板处，原方案仿真值为685，优化方案仿真值为685，试验值为649，误差为-5.54%；碰撞位置在发动机舱处，原方案仿真值为478，优化方案仿真值为478，试验值为465，误差为-2.79%；碰撞位置在左刮水器摆臂处，原方案仿真值为981，优化方案仿真值为818，试验值为689，误差为-18.72%；碰撞位置在锁扣加强板处，原方案仿真值为875，优化方案仿真值为802，试验值为689，误差为-12.79%；碰撞位置在右风窗盖板处，原方案仿真值为916，优化方案仿真值为916，试验值为801，误差为-14.35%；碰撞位置在锁扣加强板处，原方案仿真值为991，优化方案仿真值为802，试验值为710，误差为-12.95%；碰撞位置在左翼子板中部处，原方案仿真值为1607，优化方案仿真值为1273，试验值为1146，误差为-11.08%；碰撞位置在右缓冲块处，原方案仿真值为632，优化方案仿真值为632，试验值为722，误差为12.46%；碰撞位置在机舱棱边处，原方案仿真值为1141，优化方案仿真值为1025，试验值为939，误差为-9.15%；碰撞位置在右翼子板后端处，原方案仿真值为863，优化方案仿真值为831，试验值为781，误差为-6.41%；碰撞位置在右刮水器轴处，原方案仿真值为1691，优化方案仿真值为849，试验值为701，误差为-21.12%；碰撞位置在左翼子板前端处，原方案仿真值为1652，优化方案仿真值为1433，试验值为1419，误差为-0.98%；碰撞位置在左刮水器轴处，原方案仿真值为1799，优化方案仿真值为1310，试验值为1172，误差为-11.77%。

头部碰撞的伤害评价指标是HIC值，它对加速度曲线是非常敏感的，因此要保证仿真的可靠性，必须确保加速度曲线具有足够高的匹配。从整个碰撞试验结果来看，其中，绝大部分碰撞点的头部伤害值误差在13%左右，部分点存在结构断裂失效，其伤害值误差为20%左右，这些表明该碰撞有限元模型基本能够反映试验车辆的结构特性，其仿真分析结果也是可靠有效的。

为验证关键零件优化方案的效果，以锁扣处P_{01}、翼子板前端P_{18}和右侧刮水器轴P_{17}的碰撞伤害情况为分析重点，其对标结果分别如图5-50～图5-53所示。通过头部加速度曲线匹配对比，其曲线的峰值、变化趋势、变化历程吻合得较好，从而得出仿真具有足够高的可靠性、一致性与试验有较好的吻合。可以得出优化后的头部伤害值降低了很多，得到了有效的控制，因此改善效果很好。

第 5 章 汽车碰撞安全仿真

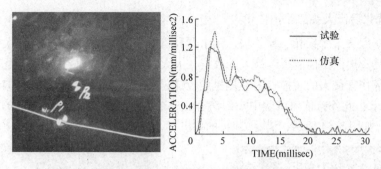

图 5-50　锁扣处头部伤害对标示意

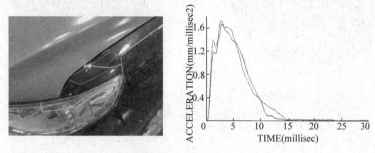

图 5-51　翼子板前端头部伤害对标示意

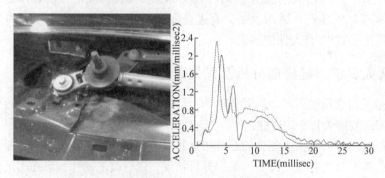

图 5-52　右侧刮水器轴头部伤害对标示意

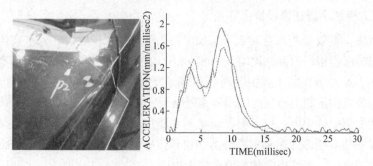

图 5-53　机舱铰链伤害对标示意

5.4.3.6 优化后行人头部保护性能

通过对原方案中锁扣、翼子板、刮水器和机舱铰链等危险碰撞区域内关键件的优化改进，其头部保护性能得到极大的改善，大大降低了这些区域内的头部伤害。实车试验中头部伤害最大的碰撞点为左侧机舱铰链，其 HIC 值为 1442，满足 GTR 中小于 1700 的要求；此外，依照试验中头部伤害的分布，得出 HIC 值小于 1000 的面积比例为 80.2%，如图 5-54 所示，满足 GTR 的要求。

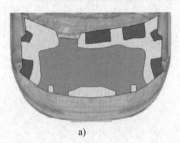 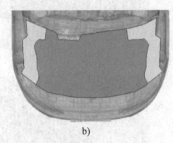

图 5-54　优化前后测试区域头部伤害示意

a）原方案　b）优化方案

5.4.3.7 小结

鉴于 GTR 行人保护法规要求，对行人头部保护碰撞性能进行仿真评估，对改进方案进行实车试验验证。结果表明，改进设计后的方案降低了各碰撞点的头部伤害值，而且满足了 GTR 行人保护要求。

5.4.4 行人保护小腿碰撞分析及优化改进

行人是道路交通使用者中的弱势群体，行人与车辆的碰撞是以行人高致死率、高重伤率和高致残率为特征的碰撞。

本节阐述了行人保护小腿碰撞评价指标和设计思路，以某轿车为例，通过建立行人保护小腿碰撞分析有限元模型，根据分析结果，进行改进设计，最终满足行人保护小腿碰撞要求。

5.4.4.1 行人保护小腿碰撞评价指标

根据欧洲车辆安全委员会对人车碰撞中行人伤害结果统计，在人车碰撞中，行人头部伤害和腿部伤害所占百分比均在 30% 左右。碰撞中造成的行人腿部伤害主要表现为腿骨骨折、膝关节伤害（膝关节断裂和膝关节韧带撕裂）。针对碰撞中行人腿部伤害特征，相关机构研制了相应的小腿碰撞器模型，如图 5-55 所示。在小腿碰撞器的非碰撞侧安装加速度传感器，用于测量碰撞时小腿加速度，评价小腿骨折情况；在小腿碰撞器内部安装有膝部弯曲角和膝部剪切位移传感器，用于测量碰撞时小腿膝部弯曲角和膝部剪切位移，评价小腿膝关节受伤害程度。

根据行人腿部伤害特征以及碰撞器模型构造，行人保护小腿碰撞评价指标有小腿加速度、膝部弯曲角及膝部剪切位移。法规有相应的限值要求，考虑到仿真与实际情况存在误差，一般情况下将仿真目标值设定为法规限值的80%。法规及仿真要求：小腿加速度法规限值为≤170g，目标值为≤136g，膝部弯曲角法规限值为≤19°，目标值为≤15.2°，膝部剪切位移法规限值为≤6mm，目标值为≤4.8mm。

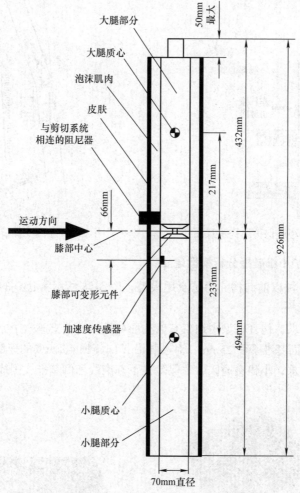

图5-55 小腿部碰撞器示意图

5.4.4.2 行人保护小腿碰撞设计思路

在进行车辆前部结构设计时，主要考虑人车碰撞时如何控制人体小腿加速度、膝部弯曲角及膝部剪切位移。国内外大量试验总结发现，车辆前端结构采用上部吸能结构（吸能泡沫）和下部支撑结构（小腿支撑）可以有效降低人车碰撞时对行人小腿的伤害，如图5-56所示。上部吸能结构控制小腿加速度，避免腿骨发生骨折情况；下部支撑结构对小腿下端形成支撑点，使小腿上下两端产生相对自身质心的顺时针运动，减小膝部弯曲角，减小对膝关节的伤害，如图 5-57 所示。小腿支撑布置在小腿下端质心以下，且在 X 向越靠前越好，有利于在碰撞早期对小腿形成支撑，增加小腿翻转趋势，减小小腿弯曲程度。

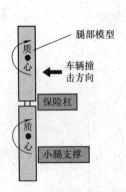

图 5-56　小腿保护结构示意图

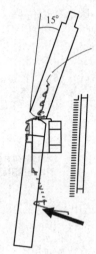

图 5-57　小腿支撑位置示意图

5.4.4.3　行人保护小腿碰撞分析模型建立

截取车辆 B 柱以前结构作为仿真用模型，图 5-58 所示为建立的某车型行人保护分析有限元模型。

依据法规要求，仿真模型中约束车辆截面处及减振器支座六个方向的自由度，小腿模型下端距地面基准平面 25mm，对小腿沿 X 向施加 40km/h 的速度载荷。

依据法规要求，小腿碰撞区域由保险杠下基准线和侧基准线围成的区域组成，如图 5-59 所示。

图 5-58　模型示意图

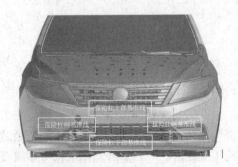

图 5-59　碰撞区域示意图

一般选择车辆中间位置、拖车钩以及前纵梁处等最容易对行人小腿造成伤害的点作为目标点。该车型所选择的碰撞点位置是车辆中间点位置和前纵梁处,如图 5-60 所示。

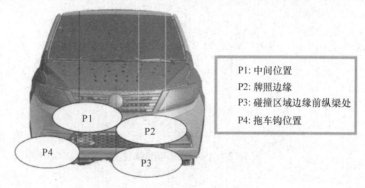

图 5-60　碰撞点位置示意图

5.4.4.4　仿真分析结果

所选择碰撞点的计算结果:小腿加速度仿真值为 162g,目标值为 ≤ 136g;膝部弯曲角仿真值为 16.3°,目标值为 ≤ 15.2°;膝部剪切位移仿真值为 1.9mm,目标值为 ≤ 4.8mm。

由分析结果可以看出,小腿加速度和膝部弯曲角均已超出目标值,不满足要求。

前防撞梁吸能泡沫结构设计不合理,吸能泡沫不易被压缩,往往是导致小腿加速度较大的原因;小腿弯曲角较大,除了吸能泡沫不易被压缩有影响外,小腿支撑结构起到至关重要的作用。

在原方案中,吸能泡沫开孔不充分,如图 5-61 所示。由于泡沫不易被压缩,故在碰撞时,无法充分吸收能量,因此使小腿产生较大加速度。小腿支撑结构虽然布置在小腿下质心以下,但是与前防撞梁泡沫相比,在 X 方向上比较靠后,两者 X 向距离为 −5mm(泡沫相对于小腿支撑靠前 5mm),如图 5-62 所示。

在碰撞时小腿支撑不能及时起到支撑作用,不能对小腿的翻转起到较好的作用,导致小腿弯曲角较大。图 5-63 所示为优化前小腿碰撞过程示意图,在 t=2ms 时刻,小腿碰撞器与防撞泡沫和小腿支撑几乎同时接触,二者开始被压缩;在 t=11ms 时刻,泡沫和小腿支撑被压缩到极限,小腿支撑开始起到支撑作用;在 t=11ms 之后,小腿支撑虽然起到阻止小腿下端继续前进,减缓了小腿下端 X 方向运动趋势,但由于支撑位置相对靠后,支撑作用并不明显,小腿上端由于惯性作用,继续沿原来方向运动,导致弯曲角进一步增大,在 t=18ms 时弯曲角达到最大,小腿上下两端相对弯曲程度较大。

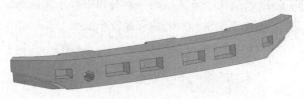

图 5-61　原方案泡沫结构

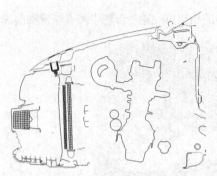

图 5-62　小腿支撑与泡沫位置

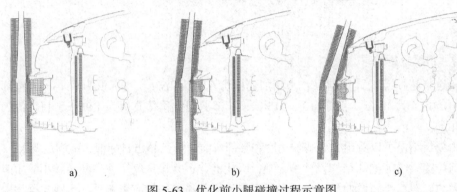

图 5-63　优化前小腿碰撞过程示意图

a) t=2ms　b) t=11ms　c) t=18ms

5.4.4.5 优化改进分析

根据原方案的分析结果，针对小腿加速度较大，提出进一步弱化前防撞梁泡沫结构，如图 5-64 所示，增大泡沫开孔，使泡沫容易被压缩；针对小腿弯曲角较大，在造型允许的前提下，将小腿支撑结构前端前移 34mm，如图 5-65 所示。

在碰撞时尽早起到支撑作用，有利于小腿的翻转，减小小腿弯曲程度。图 5-66 所示为优化后小腿碰撞过程示意图，在 t=2ms 时刻，小腿碰撞器与小腿支撑接触，小腿支撑被压缩，但泡沫此刻没有被压缩；在 t=5ms 时刻，小腿碰撞器与泡沫接触，泡沫被压缩，而小腿支撑继续被压缩；在 t=8ms 时刻，小腿支撑开始起到支撑作用，小腿上端虽然由于惯性作用，继续沿原来方向运动，但小腿支撑前端相对位置比较靠前，支撑作用比较明显，使小腿下端沿相反方向运动（使小腿上下两端绕各自质心具有同样的旋转方向），同时泡沫继续被压缩，也有利于减小弯曲角；在 t=22ms 时刻，弯曲角达到最大，但小腿上下两端相对弯曲程度较小。

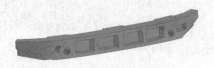

图 5-64　优化方案泡沫结构

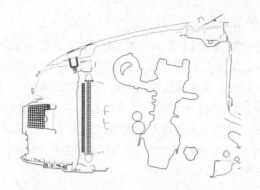

图 5-65　优化方案小腿支撑与泡沫位置

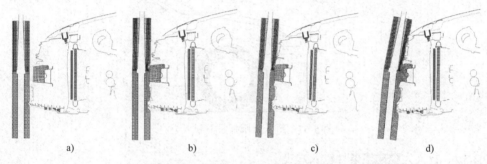

图 5-66　优化后小腿碰撞过程示意图
a）t=2ms　b）t=5ms　c）t=8ms　d）t=22ms

优化方案计算结果：小腿加速度仿真值为 123g，目标值为 ≤ 136g；膝部弯曲仿真值为 12.2°，目标值为 ≤ 15.2°，膝部剪切位移仿真值为 2.1mm，目标值为 ≤ 4.8mm。小腿加速度、膝部弯曲角和膝部剪切位移均满足目标要求，同时弱化泡沫结构具有一定的减重效果。

5.4.4.6　小结

阐述了行人保护小腿碰撞评价指标和设计思路，建立了行人保护小腿碰撞分析有限元模型，提出了弱化前防撞梁泡沫等措施，满足行人保护小腿碰撞要求。

5.4.5　能量控制法对某车行人大腿保护性能改进优化

目前，C-NCAP 中对于行人保护只是推荐性标准，没有强制法规要求；并且推荐性标准中未涉及行人大腿保护的考察，但是根据欧盟和日本等国的车辆安全发展趋势，未来几年，行人大腿保护一定会引入汽车安全的考量指标中。

为了满足未来出口市场需求，大腿保护研究就显得比较重要。相比于行人头部和小腿碰撞试验，大腿碰撞试验受到机舱前缘设计的影响，其结果对该区域的造型几何参数比较敏感。基于此，提出大腿碰撞能量控制的设计方法，并将此应用到某车行人大腿保护上，结果表明该方法对提高大腿碰撞性能是有效的。

5.4.5.1 行人大腿保护法规

为保证道路交通中行人安全，Euro-NCAP 法规中就制定了相应的行人保护标准，并对行人大腿保护测试条件及要求做了明确规定，大腿模块在与车辆接触时，该模块仅沿规定的冲击方向运动，无在其他方向的运动或绕轴转动。大腿模块的顶端和底部各有一个受力测量点，取二者合力作为伤害指标；中部及其上、下方50mm处各有一个弯矩测量点，取三者中的最大值作为弯矩伤害指标，具体如图 5-67 所示[10]。行人大腿保护测试条件及要求高性能合力为 5kN，低性能为 6kN；大腿弯矩高性能为 285N·m，低性能为 350N·m。

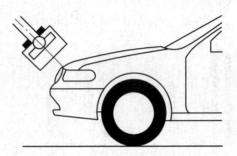

图 5-67　行人大腿保护测试示意图

5.4.5.2 行人大腿碰撞条件输入方法

在 Euro-NCAP 法规中，制定了一套模拟行人大腿碰撞的试验方法，如图 5-68 所示。

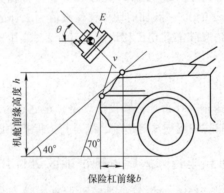

图 5-68　大腿保护碰撞试验条件

1）确定发动机舱前沿基准线，并在基准线上选取碰撞点。
2）测量碰撞点的保险杠前缘 b 和发动机舱前缘高度 h。
3）依照保险杠前缘 b 和发动机舱前缘高度 h 的相应关系，并按照图 5-69、图 5-70 和图 5-71 中对应的曲线关系，依次决定大腿碰撞试验的冲击能量 E、碰撞角度 θ 和碰撞速度 v。

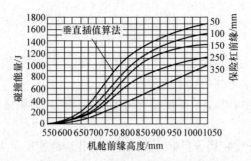

图 5-69　大腿碰撞能量关系曲线

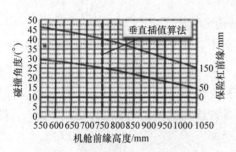

图 5-70　大腿碰撞角度关系曲线

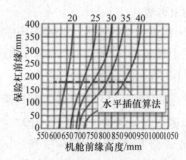

图 5-71　大腿碰撞速度关系曲线

5.4.5.3　能量控制法驱动车型外轮廓设计

从图 5-68 可以得出，机舱前缘高度对初始能量输入非常敏感。机舱前缘高度较高，保险杠前缘较短时，腿部碰撞试验的初始输入动能较高；同时，若机舱前缘高度较低，保险杠前缘较长，腿部碰撞试验的初始输入动能较低。

在车辆概念设计阶段以大腿碰撞能量输入作为设计目标，对车辆造型设计进行约束，而碰撞输入能量是由车辆前端的几何参数决定的，在前保险杠系统方案确定后，车型外轮廓线在能量约束下的设计步骤如图 5-72 所示。

① 造型特性参数关系拟合　② 构建碰撞能量三维标绘关系　③ 评估并制定安全碰撞能量 E_0

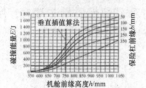

⑤ 绘制行人大腿保护造型轮廓线　④ 提取 b、h 参数，形成造型约束区域

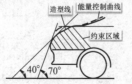

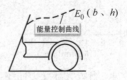

图 5-72　能量控制法驱动车型外轮廓设计方法

首先选取车型正中心截面，即车辆纵向对称面，评估并设定碰撞能量 E_0。然后输入能量的组合约束线。

1）将图 5-69 中大腿碰撞能量与造型中保险杠前缘 b、保险杠前缘高度 h 的关系进行参数化拟合，建立相应的数学模型。

2）在建立起的数学模型中采用垂直插值算法，构建大腿碰撞能量三维标绘关系曲面。

3）按照大腿保护设定得分目标，评估并制定相应碰撞能量 E_0。

4）获取大腿碰撞能量 E_0 在其三维标绘关系中的交线，并提取 b、h 参数，形成造型约束区域。

5）在该约束区域内，绘制车辆前端造型轮廓线。

按上述步骤求得该截面的组合约束线，对于其他平行纵向对称面的截面，构成一个约束曲面，可进行碰撞分析。

5.4.5.4 能量控制法对某车型大腿保护性能改进

车辆行人大腿保护有限元模型在整车正面碰撞模型的基础上进行更改，行人大腿碰撞仿真分析模型如图 5-73 所示。根据 Euro-NCAP 法规要求，以车体纵向对称面碰撞位置为例，对某车进行行人大腿碰撞性能分析，行人大腿受力曲线如图 5-74 所示。其大腿合力为 7.943kN；行人大腿弯矩曲线如图 5-75 所示，该大腿最大弯矩为 354N·m。

从碰撞结果看，该位置考察的是机舱锁扣机构、散热器对大腿碰撞的影响，从图 5-74 中可以得出，大腿受力峰值过高且呈三角尖峰，并且整个过程呈持续增大趋势。因此，可以判断大腿模

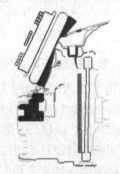

图 5-73　行人大腿碰撞仿真模型

块在与机舱前缘发生碰撞后，其推动舱盖前缘的同时带动锁扣机构等硬点，并最终带动整个局部结构区域，如散热器上横梁、散热器等，这导致其惯性质量非常大，使得整个过程的冲击力过大，按照法规要求，该处的大腿得分为 0 分。

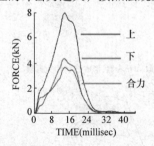

图 5-74　行人大腿受力曲线

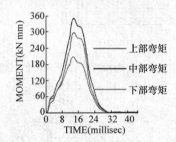

图 5-75　行人大腿弯矩曲线

根据分析得出某车纵向对称面处行人大腿碰撞性能结果：行人大腿保护测试条

件及要求高性能合力为 5kN，低性能为 6kN，仿真值为 7.9kN；大腿弯矩高性能为 285N·m，低性能为 350N·m，仿真值为 354N·m。

依照 Euro-NCAP 法规中大腿试验要求，对其车前端造型的几何参数进行测量并评定，得出相应的保险杠前缘和保险杠前缘高度的数值，其中保险杠前缘 b 为 55mm，保险杠前缘高度 h 为 789mm，具体位置如图 5-76 所示。根据图 5-70 所示的大腿碰撞输入中对应关系曲线，按照插值算法可以得到该车的腿部碰撞能量为 829J，其值超过了 700J，依照最大碰撞能量 700J 作为该位置处的冲击能量。

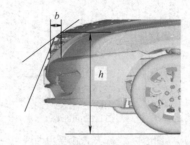

图 5-76 某车外轮廓参数与碰撞能量关系

大腿在锁扣碰撞位置处，其大腿受力、弯矩特性呈现出三角峰特点，原因是该部件的刚度设计和空间布置不够合理，以及机舱与下方刚性部件之间的预留空间较小。

因此，可以对发动机舱盖内部的零部件位置进行合理布置，同时在大腿碰撞冲击区域内对零部件进行可变形吸能结构设计，可以优化大腿模块的碰撞受力波形，降低伤害指标，但是这种措施会大大增加汽车的开发费用和研发时间。针对该问题，考虑大腿模块的输入能量是由车辆前端几何参数决定的，面对该车碰撞输入能量过高的问题，可以通过前端关键几何参数的控制来降低输入能量，结合大腿受力特性，提出 600J 作为目标碰撞能量输入值，同时按照图 5-72 中能量控制驱动造型设计的方法，并依照原来结构特性做出相应的前端造型参数修正，如图 5-77 所示（见彩插）。

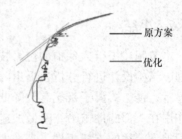

图 5-77 某车前端造型优化前后对比

优化后大腿保护性能从图 5-78 和图 5-79 中可以得出，大腿碰撞输入能量降低后，在面对车辆前端类似的结构布置特性的情况下，大腿受力特性由原来的三角峰波形变为较平缓的多波峰。由于在整个碰撞过程中大腿受力模式的改变，大腿合力和大腿弯矩的伤害都降低了很多，大腿碰撞性能得到较好的改善。按照评价准则，该碰撞位置处的大腿得分也由原方案的 0 分提升到 2 分。

保险杠前缘 b 原方案为 55.4mm，优化方案为 121.2mm；保险杠前缘高度 h 原方案为 789.3mm，优化方案为 751.6mm；大腿碰撞能量原方案为 700J，优化方案为 600J。

按照 Euro-NCAP 法规行人大腿保护测试条件及要求结果：高性能合力为 5kN，低性能为 6kN，仿真值为 7.9kN，优化后的方案为 4.6kN；大腿弯矩高性能为 285N·m，低性能为 350N·m，仿真值为 354N·m，优化后的方案为 123.4N·m，得分为2分。

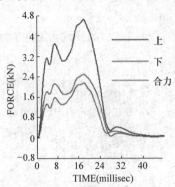

图 5-78 行人大腿受力曲线

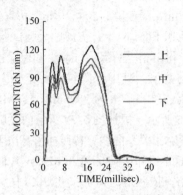

图 5-79 行人大腿弯矩曲线

车辆前端几何参数决定大腿模块碰撞试验中的输入能量，尤其是保险杠前缘 b 与保险杠前缘高度 h 的对应关系对伤害指标具有显著影响。合理的造型设计可以有效降低碰撞能量输入，有利于车辆对大腿的碰撞保护。鉴于此，在分析前端造型参数与大腿碰撞能量输入之间的关系时，提出大腿能量控制驱动车型外轮廓设计方法，并将该方法应用到某车大腿保护分析中，其仿真结果表明，所提出的能量控制法能有效地提高大腿碰撞保护性能。

5.4.6 小结

本节阐述了行人保护的仿真技术，通过对行人头部保护、头部加速度波形形成机理、结构设计进行分析，提出两种能使翼子板具有变形吸能作用的结构。仿真结果显示，镂空式翼子板能有效降低结构强度，使得在整个碰撞过程中更加柔和，减小作用在头部的冲击力，降低加速度峰值；可溃式翼子板通过在翼子板和安装横梁之间加入合适的支撑板件，来增大翼子板变形空间，使头部在碰撞过程中得到一较长的减速距离，达到减小头部加速度的目的。这两种优化方案都能吸收必要的冲击能量，起到降低头部碰撞加速度的作用，为设计具有保护行人头部撞击损伤的翼子板提供了依据。

同时在分析头部伤害评价的基础上，提出理想方波减速度模型，并基于行人头部保护要求推导出发动机舱所需最小的溃缩距离。且将其应用到某车行人保护评价试验中，结果验证了该方法的有效性，同时指导了翼子板分缝线区域的行人保护措施改进。

探究了GTR中制定的相应的行人保护标准，并对行人头部碰撞测试条件及保护性能要求做了明确规定。在行人头部保护试验时，头部冲击器中儿童头部冲击器的质量为3.5kg，成人头部冲击器质量为4.5kg。试验中头部伤害结果通过HIC值来标定，并且对于儿童头部测试的要求，要在儿童头部碰撞区域内至少有一半以上面积里的头部伤害值要小于1000，同时其余头部碰撞区域内的头部伤害要小于1700。

阐述了行人保护小腿碰撞评价指标和设计思路，以某轿车为例，通过建立行人保护小腿碰撞分析有限元模型，根据分析结果，进行改进设计，最终满足行人保护小腿碰撞要求。

提出大腿碰撞能量控制的设计方法，并将此应用到某车行人大腿保护上，结果表明该方法对提高大腿碰撞性能是有效的。

5.5 儿童座椅固定支架仿真设计

汽车在以 50km/h 的速度发生碰撞时，儿童乘员会产生 30~50 倍的冲击力。如果把儿童独自放在座椅上或抱在怀中，儿童可能会飞出并且发生二次碰撞；由于儿童的骨骼稚嫩且身材较小，安全带难以对其产生有效约束并且可能导致其颈骨损伤。使用儿童座椅可有效降低碰撞事故中儿童乘员的死亡率。儿童年龄死亡率降低为 0~1 岁时为 71%；1~4 岁时为 54%；4~7 岁时为 59%。

由于儿童座椅是通过 ISOFIX 接口与车身进行连接的，为了保证儿童安全座椅的有效性，其固定装置必须具有足够的强度。GB 14167—2013 中对儿童座椅固定装置的强度提出了明确的要求，规定了明确的试验考核标准、加载方式、工况和载荷，如图 5-80 所示。

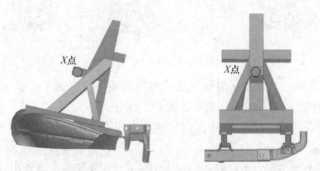

图 5-80　儿童座椅试验加载点示意图

儿童座椅固定装置试验工况载荷：前向力试验，水平方向加载为 10°±5°，载荷为 8kN，判定准则为 X 点位移量小于 125mm；斜向力试验，垂直方向加载为 75°±5°，载荷为 5kN，判定准则为 X 点位移量小于 125mm；带上固定点，水平方向加载为 10°±5°，载荷为 8kN，判定准则为 X 点位移量小于 125mm。

在产品设计阶段，某 SUV 车型进行 ISOFIX 固定点强度侧向力试验时 X 点的位移量超出国标规定的上限值，因而在改进方案中采用加强板的方式对其进行了加强。但结果显示加强后 X 点位移量不但没有降低，反而有所增加。

针对该问题，首先分析了各个固定装置的受力状况，根据力学分析与仿真结果对比，总结了夹具的运动机理，找出了夹具运动模式发生改变的根本原因是支架刚度变强后导致夹具的运动模式发生了改变。对该问题提出了解决方案：调整儿童座椅固定装置的间距。结果显示该解决方案有效地控制了夹具的运动模式，降低了其 X 点的位移量，提升了该车的被动安全性能。

5.5.1 现象分析

某 SUV 的儿童座椅固定装置采用 U 字形钢棒设计，焊接在汽车后座椅靠背横梁上，其结构形式如图 5-81 所示。

图 5-81　某 SUV 车型儿童座椅固定装置布置图

在产品设计阶段，分别对该结构进行了计算机仿真分析和试验测试。前向载荷工况下位移量较小，侧向载荷作用下 X 点位移量超出了法规要求。儿童座椅固定装置变形形式对比如图 5-82 所示。

图 5-82　试验与仿真 ISOFIX 固定装置变形对比

由图 5-82 可知，X 点位移量仿真值 60% 座椅侧为 119.9mm，试验值为 127.2mm；40% 座椅侧仿真值为 111.6mm，试验值为 110.1mm。

1）在 X 点位移量和儿童座椅固定装置变形形式方面，仿真和试验都有很高的吻合度。

2）该方案 X 点位移量大，超出国标上限值；儿童座椅固定装置出现了严重的形变。

为了提高该车的被动安全性能，减少儿童座椅的位移量，对该方案的各个固定装置进行加强，制定加强方案如图 5-83 所示。

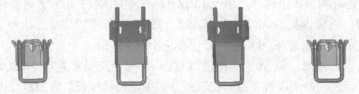

图 5-83　儿童座椅固定装置加强方案

通过仿真对加强后的儿童座椅固定装置强度进行分析，得到加强前后 X 点位移量。根据分析得出结果：X 点位移量仿真值 60% 座椅侧为 113.8mm，试验值为 127.2mm，加强方案为 126.5mm；40% 座椅侧仿真值为 111.6mm，试验值为 110.1mm，加强方案为119.7mm。

加强方案虽然对儿童座椅固定装置进行了优化，但 X 点位移量不但没有减少反而增加了。

通过仿真结果对比发现夹具运动模式发生了变化。原方案和加强方案变形模式对比如图5-84所示。在侧向力（右向）作用下加强方案中ISOFIX右侧的固定装置接触状态发生了变化：原方案中固定支架右侧的钢丝滑入夹具的沟槽中，从而有效地阻止了夹具的翻转。加强方案支架的钢丝未滑入夹具沟槽，夹具发生了严重的翻转，导致夹具 R 点的位移增加。

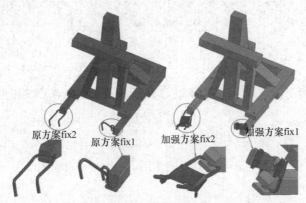

图5-84 原方案/加强方案变形模式对比

为了研究两个不同变形模式产生的原因，对儿童座椅固定装置进行了受力分析，并与仿真中固定装置移动状态对比，掌握了夹具的运动机理，找出了不同变形模式产生的原因。

5.5.2 固定装置载荷分析

GB 14167中规定采取标准的夹具进行儿童座椅固定点试验。试验载荷平行于 X-O-Y 平面，与 X 轴成 75° 夹角，如图5-85所示。

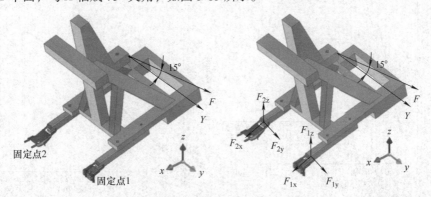

图5-85 侧向力加载示意图

假设试验用标准夹具为刚体，在加载力 F 的作用下，对试验载荷在固定点 1、2 处进行等效分解，得到两个固定点处 X、Y、Z 三向分力如下：

$$F_{1X} = \frac{F\sin 75 d_1 \cos\alpha}{d} + f_2 = 0.7919F + f_2$$

$$F_{2X} = \frac{F\sin 75 d_1 \cos\alpha}{d} + f_2' = -0.7919F + f_2'$$

$$F_{1Y} = f_1$$

$$F_{2Y} = f_1' \qquad (5\text{-}15)$$

$$F_{1Z} = \frac{F\sin 75 d_1 \cos\alpha}{d} = -1.0735F$$

$$F_{2Z} = \frac{F\sin 75 d_1 \cos\alpha}{d} = 1.0735F$$

其中，d 为两个固定点之间的距离；d_1 为固定点中点到 X 点的距离，且有

$$f_1 + f_1' = 0.966F$$

$$f_2 + f_2' = 0.259F \qquad (5\text{-}16)$$

由以上力学分析可知，在侧向力 F 的作用下，标准夹具主要发生三种形式的运动：

1）沿 Y 轴方向平动。

2）以两固定点中点为中心，在 YZ 平面内绕 X 轴转动。

3）以两固定点中点为中心，在 XY 平面内绕 Z 轴转动。

5.5.3 运动姿态分析

5.5.3.1 夹具运动姿态分析

仿真中，提取固定点 1、固定点 2 处 Y 向位移时间历程，如图 5-86 所示。以 fix2 点 Y 向位移为横坐标，fix1 点 Y 向位移为纵坐标，绘制 fix2 点—fix1 点位移图，如图 5-87 所示。

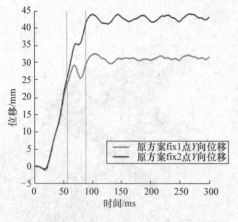

图 5-86 两固定点位移时间历程

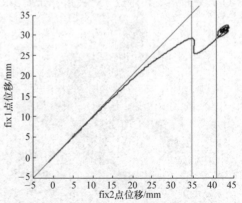

图 5-87 固定点 2-固定点 1 位移图

在图 5-87 所示的位移 - 位移图中，如果两个固定点位移量同步一致，则在图中表示为与 45° 直线重合，此时夹具为 Y 向平动状态；如果固定点 2 处位移量大于固定点 1 处，则在图中表示为曲线在 45° 直线下方，此时夹具为向固定点 1 处翻转状态，且偏离 45° 直线越远说明夹具翻转越剧烈。如果两个固定点位移量基本达到稳定，则在图中表示为小范围内重复出现，此时夹具为受力平衡基本处于稳定状态。

由图 5-87 可知，夹具的运动姿态分为三个阶段：

1）平动阶段，图 5-87 中固定点 2 位移量为 0~35mm 时，夹具基本处于平动阶段。

2）翻转阶段，图 5-87 中固定点 2 位移量为 35~42mm 时，夹具基本处于翻转阶段。

3）平衡阶段，图 5-87 中固定点 2 位移量超过 42mm 以后，夹具基本处于稳定阶段。

5.5.3.2 两方案夹具运动姿态对比

分别输出原方案、加强方案中固定点 1、固定点 2 的 Y 向位移时间历程，如图 5-88 所示，并以 fix2 点 Y 向位移为横坐标，fix1 点 Y 向位移为纵坐标，绘制 fix2 点 -fix1 点位移图，如图 5-89 所示。

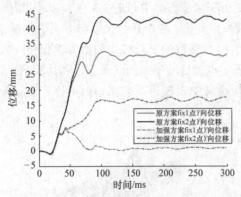

图 5-88　原 / 加强方案固定点位移时间历程

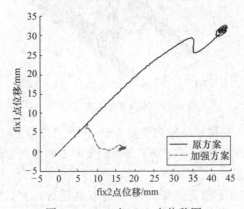

图 5-89　fix2 点 -fix1 点位移图

由图 5-88 和图 5-89 可知，原方案与加强方案中夹具的运动姿态存在以下区别：

（1）加强方案 Y 向平动位移量小

原方案支架的 Y 向刚度低，夹具 Y 向平动 35mm 才进入扭转阶段，此时固定支架右侧钢棒已进入夹具沟槽。加强方案支架 Y 向刚度增加，夹具 Y 向平动 7mm 即进入扭转阶段，此时固定支架右侧尚未进入夹具沟槽。

（2）加强方案翻转比原方案剧烈

图 5-89 中加强方案的稳定点比原方案更远离 45° 中心线，说明加强方案是由于固定支架右侧的钢棒未进入夹具沟槽，导致翻转刚度不足，因而夹具发生了剧烈的翻转。

经测量夹具需要至少 Y 向移动 10mm，才可能使得固定支架的钢棒滑入夹具沟槽。而加强方案的平动位移量只有 7mm，是导致固定支架右侧的钢棒未进入夹具沟槽，夹具发生了剧烈的翻转的原因。

5.5.4　优化改进及验证

由以上分析可知，由于加强方案中固定支架 Y 向刚度提升，导致夹具平动位移量减少，是导致变形模式发生变化，支架虽然加强但 X 点位移量却增加的主要原因。

为了使加强方案的标准夹具的变形模式与原方案保持一致，需保证在标准夹具运动状态发生变化时固定点 1 处支架右侧钢丝进入夹具沟槽，以保证适当增加夹具 Y 向平动位移量。在结构设计中表现为适当减小两个固定支架受力边之间的距离，如图 5-90 中 D 的数值。

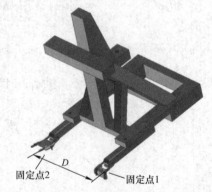

图 5-90　固定支架间距示意图

由以上分析得知，夹具平动距离还差 3mm 才能使得固定点 1 处支架右侧钢丝进入夹具沟槽，可将图 5-90 中固定支架 2 向固定支架 1 的方向移动 5mm，即减小 D 值 5mm，以解决这个问题。

根据上述方法建立了改进方案。对改进方案进行仿真，绘制改进方案的 fix2 点 -fix1 点位移图，如图 5-91 所示。

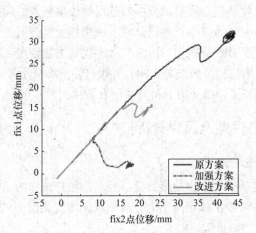

图 5-91　fix2 点 -fix1 点位移图

由图 5-91 可知，X 点位移量仿真值 60% 座椅侧为 113.8mm，试验值为 127.2mm，加强方案为 126.5mm，改进方案为 92.6mm；40% 座椅侧仿真值为 111.6mm，试验值为 110.1mm，加强方案为 119.7mm，改进方案为 87.3mm。

通过缩小两固定支架受力边之间的距离，有效地延长了标准夹具的平动位移，使得固定点 1 处支架右侧钢丝进入夹具沟槽，夹具的翻转幅度减小，标准夹具 X 点的位移量减小。

5.5.5　小结

针对工程中遇到的加强儿童座椅固定支架却导致结果变差的问题，对 ISOFIX 固定装置进行了受力分析，通过理论与仿真受力的对比，掌握了夹具的运动机理，找出了问题的产生原因，并对其解决方法进行了研究。得出以下结论：

1）加强儿童座椅固定支架可能会导致夹具的运动模式发生变化，造成夹具 X 点位移量不降反升。

2）固定支架加强后导致固定支架的钢棒未能滑入夹具沟槽，变形模式变差，是夹具 X 点位移量变大的原因。

3）通过微调两个固定支架的间距，可以适当延长夹具平动的位移量，为固定点 1 处进入有利的接触状态争取空间，从而保证夹具进入比较好的变形模式。

5.6　汽车追尾仿真技术

汽车追尾事故占交通事故的 30% 左右，追尾事故所造成的人员伤亡占总损伤的 60%。汽车发生追尾时，乘员头部向后转动从而造成颈部受伤。为了更好地评估车辆对乘员的颈部保护能力，鞭打试验已纳入 C-NCAP 评价体系。

针对某车前排驾驶员座椅鞭打试验中颈部保护效果较差的问题，通过对颈部损伤机理进行分析，得到失分的原因；并结合假人头颈部受力分析，探讨座椅系统中头枕的刚度和靠背骨架刚度对颈部损伤的影响，从中找到头枕刚度和靠背骨架刚度优化组合方案。改进后座椅的鞭打分析结果表明，其鞭打性能得分由原来的 2.26 分提升到满分 4 分，也进一步验证了颈部受力分析方法的有效性。

5.6.1　某座椅鞭打性能及风险分析

5.6.1.1　某座椅鞭打性能

按照 C-NCAP 管理规程中座椅鞭打试验要求，鞭打试验的具体方法是将座椅及约束系统仿照原车结构固定在移动滑车上，滑车以速度变化量为 15.65km/h 的特定加速度波形发射，模拟后碰撞过程。

根据测得的 BioRIDII 型假人颈部伤害值：颈部伤害指数（NIC）高性能限值为 8，低性能限值为 30，仿真值为 19.8，试验值为 23.3，误差率 15.08%，得分为 0.61；上颈部 X 向剪切力高性能限值为 340N，低性能限值为 730N，仿真值为 90.3N，试验值为 100.9N，误差率 10.81%，得分为 0.67；上颈部 Z 向拉力高性能限值为 475N，低性能限值为 1130N，仿真值为 503.9N，试验值为 565.9N，误差率 10.94%，得分为 0.67；上颈部 Y 向力矩高性能限值为 12N·m，低性能限值为 40N·m，仿真值为 18.1N·m，试验值为 21.28N·m，误差率 15.36%，得分为 0.67；下颈部 X 向剪切力高性能限值为 340N，低性能限值为 730N，仿真值为 301.9N，试验值为 349.3N，误差率 13.56%，得分为 0.98；下颈部 Z 向拉力高性能限值为 257N，低性能限值为 1480N，仿真值为 97.17N，试验值为 109.31N，误差率 11.11%，得分为 0.98；下颈部 Y 向力矩高性能限值为 12N·m，低性能限值为 40N·m，仿真值为 17.3N·m，试验值为 17.6N·m，误差率 1.71%，得分为 0.98。

通过线性插值法分析各项颈部伤害值并进行得分计算，可以得到该座椅鞭打得分为 2.26 分，其中，座椅鞭打分析中颈部伤害指数（NIC）和上颈部拉力都远远超出了高性能限值，表明该座椅并未起到较好的颈部保护效果，需要做进一步改进。另外，座椅鞭打仿真分析的结果与相应试验值的最大误差率为 15.36%，可以说明该座椅鞭打仿真分析与试验结果匹配较好，后续优化可以在该仿真模型中进行。

5.6.1.2　颈部伤害过大原因分析

颈部的拉伸受到头部、躯干的相互作用，因此，分析该车颈部伤害过大的原因从这两个方向着手。

原因一，从头部来看，头枕与头部的作用点会影响头部的受力方向，从而影响到上颈部拉力以及上颈部剪切力。特别是当头部位于头枕上方时，头部受到头枕的作用力方向朝上，将导致较大的颈部拉力。从图 5-92 可以看出，在鞭打试验过程中，头部与头枕的作用点处于头枕靠上方位置，这将使得头部受到斜向上的头枕弹力，进而对颈部产生斜向上的拉力。

a)

b)

图 5-92　鞭打仿真与鞭打试验假人对标
a）仿真模型　b）试验模型

原因二，从躯干来看，当躯干下部反弹时，将会产生对颈部的下拉作用。这时头部、躯干两者相互作用会使得拉伸作用相互叠加，导致较高的颈部拉力。从图 5-93（见彩插）中可以得出肩部 T1 加速度峰值时刻相对较早，头部加速度峰值时刻相对较晚，而且在头部接触头枕之后，T1 的加速度迅速达到峰值，此时两者受力叠加使得颈部拉力过大。另外，从图 5-92 中也可以看出整个靠背泡沫几乎未产生变形，假人躯干下部基本未侵入到靠背内部，说明座椅靠背整个刚度布置不合理，尤其是靠背下端的刚度过大，使得假人躯干反弹时刻提前，且其加速度峰值较大。

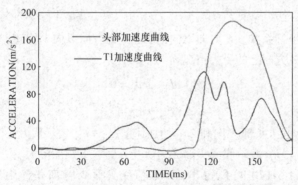

图 5-93　鞭打试验假人头部和肩部 T1 加速度曲线

5.6.2　颈部损伤机理及受力特性

5.6.2.1　追尾碰撞中颈部损伤机理

在追尾事故中，座椅推动乘员的躯干向前，头部像鞭梢一样被颈部加速甩向前方，使得颈椎受到剪切力和轴向力作用，从而造成颈部伤害。通过头部加速度、胸部 T1 加速度计算得到的颈部伤害指数（NIC）为

$$NIC(t) = 0.2 A_x^{rel}(t) + [V_x^{rel}(t)]^2 \quad (5\text{-}17)$$

$$NIC\max = \max T - HRC_{end}[NIC(t)] \quad (5\text{-}18)$$

其中，$A_x^{rel}(t)$ 为假人头胸 X 向相对加速度；$V_x^{rel}(t)$ 为假人头胸 X 向相对速度；$T-HRC_{end}$ 为假人头部与头枕接触后分离时刻。假人头部肩部相对加速度为

$$A_x^{rel}(t) = A_x^{T1}(T) - A_x^{heads}(t) \quad (5\text{-}19)$$

假人头部肩部相对速度为

$$V_x^{rel}(t) = \int_0^t A_x^{T1}(\tau) d\tau \quad (5\text{-}20)$$

5.6.2.2 追尾碰撞中头、颈部受力特性

追尾碰撞过程中，假人头部还将受到头枕施加的外力、上颈部施加的约束内力，具体如图 5-94 所示。

根据牛顿第二定律，追尾碰撞过程中假人头部与颈部受力情况如图 5-95 所示。

图 5-94 追尾中头部受力图

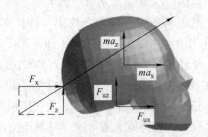
图 5-95 头部受力图

在假人头部坐标系中，X 方向以向前为正，Z 方向以向上为正，那么在假人头部坐标系 X 方向和 Z 方向上的受力情况为

$$F_{ux} + F_x - ma_x = 0 \quad (5\text{-}21)$$

$$F_{uz} + F_z - ma_z = 0 \quad (5\text{-}22)$$

式中，a_x、a_z 表示假人头部 X 向和 Z 向的加速度；F_x、F_{ux} 表示假人头部 X 向所受外力、上颈部剪切力；F_z、F_{uz} 表示假人头部 Z 向所受外力、上颈部拉力。

因此，从式（5-17）可以得出，NIC 值受到假人背部碰撞强度影响很大。从式（5-21）和式（5-22）可以得出，假人背部碰撞强度越低，即 F_{ux} 值越小，则 NIC 值越小；假人头部与头枕碰撞越早和头部支撑力越大，则可缓解背部的冲击强度，并可降低头部与 T1 的相对加速度，进而降低 NIC 值。

5.6.3 受力分析法对座椅性能优化改进

5.6.3.1 受力分析法对座椅的优化方案

根据颈部损伤机理，可以得出 NIC 值的大小与头部和头枕的碰撞受力以及假人背

部碰撞强度密切相关，因此，可以从这两个方向进行座椅性能优化。一方面，从头部来看，头枕与头部的作用点会影响头部的受力方向，从而影响到上颈部拉力以及上颈部剪切力。特别是当头部位于头枕上方，头部受到头枕的作用力方向朝上，这将导致较大的颈部拉力。因此，采用增加头枕支撑梁的方式来提前接触时刻以及改善头部作用点处的支撑强度与受力方向，具体如图 5-96 所示。

图 5-96 头部支撑优化方案

a）原方案头枕骨架 b）优化后头枕骨架

另一方面，从躯干来看，当躯干下部（骨盆）反弹时，将会产生对颈部的下拉作用。如果头部、躯干两者的拉伸作用相互叠加，势必导致较高的颈部拉力。因此，采用延缓肩部与靠背骨架接触时间的方式可以降低其相应的拉力，具体可通过将靠背下部横管向后弯折 20mm，使假人臀部有更大的后移空间；以及在其上方增添支撑弹簧，加强靠背中部支撑刚度，同时将单边调角器改为双边调角器，达到增大靠背吸能性的作用，具体如图 5-97 所示。

图 5-97 靠背骨架优化方案

a）原方案靠背骨架 b）优化后靠背骨架

5.6.3.2 座椅改进分析及验证

对座椅改进方案进行鞭打性能分析，其结果如图 5-98 所示（见彩插）。从图 5-98 中可得到，优化后的 T1 加速度波形向后延迟，且相对时刻的峰值也降低了很多，这使得在头部接触到头枕之前，假人上颈部剪切力和 Z 向拉力比原方案要降低很多；同时优化后的头部加速度曲线在 115ms 时发生较明显的转折，而不是原方案的峰值径直增大，这表明此期间头枕受力一定程度上缓解了背部冲击强度，进而实现降低 NIC 正向幅值。

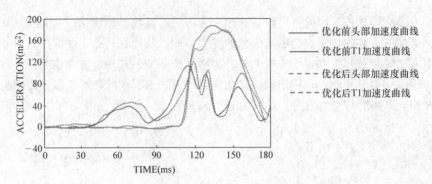

图 5-98　优化前后头部和肩部 T1 加速度曲线

假人颈部的伤害情况的各项评分点均满足高性能限值要求，表明假人头部受力的改变以及躯干支撑力的改善对降低 NIC 和上颈部拉力起到了较大作用。最终，在 C-NCAP 评分中，改进后的得分由原来的 2.26 分提升为满分 4 分，因此，头枕以及靠背骨架优化方案实现了座椅鞭打性能的改善。

优化后的结果：颈部伤害指数（NIC）高性能限值为 8，低性能限值为 30，仿真值为 19.8，试验值为 23.3，优化后为 6.14；上颈部 X 向剪切力高性能限值为 340N，低性能限值为 730N，仿真值为 90.3N，试验值为 100.9N，优化后为 85.2N；上颈部 Z 向拉力高性能限值为 475N，低性能限值为 1130N，仿真值为 503.9N，试验值为 565.9N，优化后为 391.2N；上颈部 Y 向力矩高性能限值为 12N·m，低性能限值为 40N·m，仿真值为 18.1N·m，试验值为 21.28N·m，优化后为 8.16N·m；下颈部 X 向剪切力高性能限值为 340N，低性能限值为 730N，仿真值为 301.9N，试验值为 349.3N，优化后为 256.4N；下颈部 Z 向拉力高性能限值为 257N，低性能限值为 1480N，仿真值为 97.17N，试验值为 109.31N，优化后为 113.8N；下颈部 Y 向力矩高性能限值为 12N·m，低性能限值为 40N·m，仿真值为 17.3N·m，试验值为 17.6N·m，优化后为 11.9N·m。

5.6.4　小结

通过对鞭打试验中假人颈部失分的原因进行分析，并结合颈部损伤机理解析的基础上，对假人头部与头枕接触强度及碰撞强度进行分析，分析结果表明，头部碰撞强度降低和头部受到头枕的作用力方向朝下可有效降低颈部各载荷；靠背碰撞强度降低，使得颈部上剪切力变小，进而减小 NIC 值；总体而言，优化方案中增加头枕刚度以及降低座椅靠背刚度，使得鞭打性能得分由 2.26 分提升至满分 4 分。

5.7　未来发展

汽车安全是困扰汽车界和人类社会的重要问题，为了解决此问题，各国和各 OEM，包括保险企业等都在行动。

1. 法规更新加快

在国家层面，法规的更新速度加快。随着对汽车被动安全具有划时代贡献的 FM-VSS 的制定，世界各国在安全领域尤其是汽车被动安全性技术方面从无到有，一直到 40 年后的今天，形成了日趋复杂、完善的法规体系。但这与社会发展的需求还有差距，故各国也不断地升级法规要求，加快与时俱进的法规制定。各 OEM 为了适应战不断升级的被动安全性法规，加大了技术研发。

2. 新技术不断涌现

为使产品更具卖点，各 OEM 在 NCAP 等更严厉的被动安全法规民间机构评价程序上加大技术开发力度，导致新技术不断涌现。"符合现有的和将来的在美国和欧洲实行的一切安全标准"是丰田 GOA 安全的目标和原则。深入发掘汽车事故安全的本质，应用积累的技术和不断新兴的技术，包括仿真技术，成为防止汽车发生安全事故的有效方法，是技术界追求的目标。技术的发展、汽车性能的提高，给人类带来福音，是我们的最终使命。

新技术主要集中在乘员保护方面：从过去的局部安全提升到系统和整车层面的安全，如足部气囊、车外碰撞保护气囊、前碰气囊、头部保护气囊等智能化的安全气囊研发，不断提升行人保护能力；被动保护装置的智能化，可根据乘员的特征识别、判断和决策，调整约束系统的功能。

3. 主被动安全融合

在未来的交通中，行驶事故的发生形态将发生变化，现存的交通碰撞事故将很难发生了。这样，目前各 OEM 耗费了大量人力物力研究的备受重视的行车安全技术，可能不再需要高强度的材料、各类碰撞安全的结构设计、安全辅助系统、制造工艺和试验验证等一系列安全措施。那么，汽车被动安全性的发展方向将走向何方？按照目前智能汽车技术发展方向，通过各类传感系统、V2X 技术，实现了车与车之间，车与外部环境之间的信息交互，从而实现准确、及时和安全的自动控制功能，使自动驾驶成为汽车发展的最终目标。

为了提高汽车的被动安全性，各 OEM 及学者还针对碰撞安全的理论研究、开发方法、仿真技术、法规发展等进行不断的探索和提升。因此，被动安全性的发展被赋予了新的内涵。

参 考 文 献

[1] CRANDALL J R, BHALLA K S, MADELEY N J. Designing road vehicles for pedestrian protection[J]. British Medical Journal, 2002, 324(7346): 1145-1148.

[2] ROBERT W B, SAMUEL M A, et al. Department of materials science and engineering massachusetts institute of technology[J]. A John Wiley & Sons,INC.,2005.

[3] WILLIAM D C, DAVID G. Materials science and engineering an ineroduction eighth edition[J]. A John Wiley & Sons,INC.,2009.

[4] RUSSELL H. Mechanics of Materials, SI Edition[M]. [s.l.]. Pearson Schweiz AG, 2013.

[5] KLEIVEN S, FAHLSTEDT M,et al. Comparison of multibody and finite element human body models in pedestrian accidents with the focus on head kinematics[J]. Traffic Injury Prevention, 2016, 17(3): 320-327.

[6] HALLQUIST J. LS-DYNA keyword user's manual, version: 970[M]. Livermore:Livemore Software Technology Corporation(LSTC),2006.

[7] MARZOUGUI D, SAMAHA R R, et al. Extended validation of the finite element model for the 2010 toyota yaris passenger sedan (MASH 1100kg Vehicle)[C]// Transportation Research Board Meeting. 2013.

[8] Li G B, Ma H X, Guan T Q, et al. Predicting safer vehicle font-end shapes for pedestrian lower limb protection via a numerical optimization framework[J]. International Journal of Automotive Technology, 2020: 749-756.

[9] CAI Z, LAN F, CHEN J. Development and validation of a human biomechanical model for rib fracture and thorax injuries in blunt impact[J]. Computer Methods in Biomechanics & Biomedical Engineering, 2015, 18(9-12):974-980.

[10] ISSHIKI T, KONOSU A, TAKAHASHI Y. Analysis of the causes of differences in impact responses between a human lower limb and the flexible pedestrian legform impactor under low and high bumper vehicle impact situations[C]//Pint Res Counc Biom. 2015.

[11] MATSUI Y. Effects of vehicle bumper height and impact velocity on type of lower extremity injury in vehicle-pedestrian accidents[J]. Accident Analysis And Prevention, 2005, 37(4): 633-640.

[12] CHEN H, CRANDALL J, PANZER M. Evaluating pedestrian head Sub-System test procedure against full-scale vehicle-pedestrian impact[J].International Journal of Crashworthiness, 2020.

[13] ELLIOTT J R, SIMMS C K, WOOD D P. Pedestrian head translation, rotation and impact velocity: The influence of vehicle speed, pedestrian speed and pedestrian gait[J]. Accident Analysis & Prevention, 2012, 45:342-353.

[14] RIKARD F, JAEHO S, COSTIN D, et al. Potential of pedestrian protection systems-A parameter study using finite element models of pedestrian dummy and generic passenger vehicles[J]. Traffic Injury Prevention, 2011, 12(4): 398-411.

[15] GABLER L F, CRANDALL J R, PANZER M B. Assessment of kinematic brain injury metrics for predicting strain responses in diverse automotive impact conditions[J]. Annals of Biomedical Engineering, 2016, 44(12):3705-3718.

[16] HARDY B, LAWRENCE G, KNIGHT L, et al. A study of possible future developments of methods to protect pedestrians and other vulnerable road users[C]//TRL Project Report.2007.

[17] PETIT P, TROSSEILLE X, DUFAURE N, et al. The effect of upper body mass and initial knee flexion on the injury outcome of post mortem human subject pedestrian isolated legs[J]. Stapp Car Crash Journal, 2014, 58: 197-211.

[18] SCATTINA A, MO F, MASSON C, et al. Analysis of the influence of passenger vehicles front-end design on pedestrian lower extremity injuries by means of the LLMS model[J]. Traffic Injury Prevention, 2018,19(5): 535-541.

[19] GUANWY, GAO GJ, YU Y, et al. Crashworthiness analysis and multi-objective optimization of

expanding circular tube energy absorbers with cylindrical anti-clamber under eccentric loading for subway vehicles[C]// Structural And Multidisciplinary Optimization. 2020.

[20] KANG H, KIM J. Damage mitigation of a steel column subjected to automobile collision using a honeycomb panel[J]. Journal of Performance of Constructed Facilities, 2020, 34(1).

[21] NAVALE A B, CHIPPA S P. Crashworthiness aspects of electric vehicle design[J],International Journal of Crashworthiness, 2020.

[22] GRUNDITZ E.Design and assessment of battery electric vehicle powertrain, with respect to per-for-mance, energy consumption and electric motor thermal capability[D]. Chalmers University of Technology, 2016.

[23] PORSELVI T, SRIHARIHARAN M K, ASHOK J. Selection of power rating of an electric motor for electric vehicles[J]. Int. J. Eng. Sci. Comput., 2017, 7(4).

[24] UWAI H, ISODA A, TAKAHASHI N. Development of body structure for crash safety of the newly developed electric vehicle[J]. SAE Technical Paper, 2011.

[25] YANG S, SUN Y, QI C. Performance assessment and optimal design of hybrid material bumper for pedestrian lower extremity protection[J]. International Journal of Mechanical ences, 2019, 165:105-210.

[26] CAROLLO F, VIRZÌ M, GABRIELE, et al. Head, chest and femur injury in teenage pedestrian–SUV crash; mass influence on the speeds[J]. Proceedings of the Institution of Mechanical Engineers Part D Journal of Automobile Engineering, 2018.

[27] ERVURAL B C, EVREN R, DELEN D. A multi-objective decision-making approach for sustainable energy investment planning[J]. Renewable energy, 2018, 126:387-402.

[28] LI Z, DUAN L B , CHENG A G, et al. Lightweight and crashworthiness design of an electric vehicle using a six-sigma robust design optimization method[J]. Engineering Optimization, 2018:1-19.

[29] LV X, HUANG X, GU X, et al. Reliability-based multiobjective optimisation of vehicle bumper structure holes for the pedestrian flexible legform impact[J]. International journal of crashworthiness, 2016, 21(3-4):198-210.

第 6 章 空气动力学仿真

6.1 空气动力学技术

空气动力学主要解决汽车在行驶过程[1]中"风"的阻力问题、"噪声"问题及外观美学[2]等，从而改善油耗，改善高速行驶时空气动力性能与车辆运动的耦合产生的声噪现象。因此，空气动力学受到了人们高度重视[3]。随着计算机技术的发展，空气动力学仿真技术也越来越深入渗透到汽车 OEM 的开发中。

目前，汽车面临的最大问题是降低车辆油耗，在所有的行驶阻力导致的能量消耗中，空气阻力导致的能量消耗所占的比例，以乘用车为例，在常规的测试工况下，占比为 22% 左右，因此，若空气阻力降低 10%，各个模式行驶时的油耗分别可以降低 2.2% 左右、3.2% 左右、3.5% 左右。空气动力学技术就是解决该问题的主要技术方法。从汽车高速行驶性能角度考虑，空气动力学也是重要影响因素，主要影响两个方面：①高速行驶的稳定性，确保汽车行驶安全；②高速行驶声噪舒适性等，尤其是新能源汽车的路噪问题。

6.1.1 空气动力学产生机理

空气动力学随着汽车动力源的变化而发生大幅度改变。内燃机汽车主要研究的是风的处理变化，利用空气动力设计，降低汽车风阻，改善油耗；同时利用空气动力提升热管理技术。新能源汽车，如电动汽车、燃料电池汽车主要研究电驱动系统的噪声问题，尤其是转速超过 10000r/min，高速啸叫尤为突出，因此空气动力噪声在整个车辆噪声中所占的比例显著增加。另外，随着汽车轻量化技术的发展，空气动力学技术对改善油耗的贡献度将持续增加。

汽车在行驶过程中，汽车周围的空气被汽车车体自然分开，形成空气气流，在汽车车体周围形成压力场，即流场。汽车车体承受来自各个方向上的空气压力，在这些空气压力的综合作用下，形成汽车行驶时的空气阻力、侧向压力，对汽车的燃油经济性和行驶稳定性产生影响。

空气动力学根据汽车行驶过程，流场主要分为 3 路：第一路是汽车的前方和侧面的气流，会沿着发动机舱和车顶等车身上面和侧面流动；第二路是汽车下部的气流，通过车身下方的气流（地板气流）流动；第三路是车身前方的一部分气流会流入前格栅中，流过冷却系统，通过发动机舱流动。这些气流在车身背后形成压力，形成了汽车的空气阻力,这些阻力均对汽车产生影响,即空气动力学对汽车的影响。对于空气动力学的分析,目前常用的方法是运用计算流体力学(Computational Fluid Dynamics,CFD)进行分析,本章将重点阐述。

作用于车身的流体力分为前后方向、上下方向和左右方向,分别称为空气阻力(气动阻力)、升力和侧向力。而且,与车身重心周围空气动力的三大力矩(侧倾力矩、俯仰力矩、横摆力矩)一起称为空气动力6分力,是车身的空气力学特性(空气动力特性)的特性值。气动阻力会影响最大速度和油耗性能,其他力或力矩会影响车辆的运动特性。

6.1.2 空气动力学技术开发方法

随着计算机、仿真技术的发展,在车辆的开发过程中,计算流体力学(CFD)逐步成为车辆空气动力开发的重要手段。

汽车车身设计对空气动力 CFD 技术的要求逐年增高。以欧美为中心的 CFD 技术,从 20 世纪 80 年代开始推进到汽车开发工作中,上千万的网格模型,大幅提升了 CFD 的仿真精度,并与风洞试验为产品开发提供强有力的支持。实际建模时,由于汽车车体外形对气体流动影响很大,为了准确描述车体和外部各种装饰板的几何形状,在建立汽车车体几何模型和数值模型时应该按照复杂几何形面来处理。

CFD 通过数学模型来分析流场,其中,最重要的特性之一就是空气阻力系数 C_D 值,该值会给油耗和最高速度、加速性能带来很大的影响。空气阻力作为行驶阻力之一,其分析用雷诺平均纳维-斯托克斯方程的解法(Reynolds Averaged Navier-Stokes,RANS)[4],空气阻力 W_{aero} 为

$$W_{aero} = \int_{t_0}^{t_f} F_{(t)} V_{(t)} \mathrm{d}t = \int_{t_0}^{t_f} \frac{1}{2} V_{(t)}^2 \int C_D A V_{(t)} \mathrm{d}t \tag{6-1}$$

式中,W_{aero} 为空气阻力(J);V 为车速(m/s);C_D 为空气阻力系数;A 为前面投影面积(m^2);t 为时间(s)。

在应用式(6-1)时,空气阻力系数 C_D 常采用定值。但是,在实际汽车行驶过程中,该值是随着车速,环境的变化而变化,因此为了使汽车空气动力学能准确反映汽车真实状态,需采用仿真技术。当然,空气阻力还受汽车的重量、轮胎的滚动阻力、路面的坡度等因素影响。

建立仿真模型是分析 CFD 的基础,其中,流体网格的划分是分析的重要部分。CFD 应用的网格常采用欧拉差分法获取,是里奇(Rich M.)[4]等人在 20 世纪 60 年代将单一网格元看作一个大粒子而发展起来的。其机理是根据连续流体的移动,计算出通过网格边界的变化,根据变化获取输入到网格的新边界,再计算出在网格中产生的动量和能量,主要原理如下。

根据设定的边界 r,选取其中的区域 D,假设流体是无黏性、无热传导的状态,其流体动力学方程组[4]可写成

$$\frac{\mathrm{d}}{\mathrm{d}t}\int_D \rho \mathrm{d}\tau = 0$$

$$\frac{\mathrm{d}}{\mathrm{d}t}\int_D \rho U \mathrm{d}\tau = -\int_H pn\mathrm{d}S$$

$$\frac{\mathrm{d}}{\mathrm{d}t}\int_D \rho E \mathrm{d}\tau = -\int_H pUn\mathrm{d}S$$

式中，ρ 为流体的密度；U 为流体速度；E 为总能量。总能量 E 是比内能 e 和动能之和，其表达式为

$$E = e + \frac{U^2}{2}$$

式中，τ 为体积单元；S 为面积单元；n 为边界 τ 上外法线的单位向量。

总能量的变化率和能量流的关系为

$$\frac{\mathrm{d}}{\mathrm{d}t}\int_D F\mathrm{d}\tau = \int_D \frac{\partial F}{\partial t} + \int_H FUn\mathrm{d}S$$

由此可以得到：此方程等式右端表示在固定区域中质量、动量和总能量的变化率；等式左端是单位时间内流体经边界流过的质量流、动量流和能量流，这就是欧拉流体动力学方程组。流体网格以欧拉方程组作为网格划分的基础。

CFD 分析完成后，可以输出计算结果，分析结果可以与风洞试验进行对标，利用仿真的高可视性进行工程设计的指导开发。

6.1.3　空气动力学分析方法

国外对汽车空气动力学的研究已经有较为丰富的经验，计算机软硬件水平、风洞试验室水平和数量均比国内强大不少。

CFD 分析涉及汽车开发中的多个性能，如动力经济性、机舱热管理、空调舒适性、风噪、涉水等。由于涉及的专业领域众多，汽车 CFD 分析所需要的软件也较多，如一维分析软件 KULI、FlowMaster、GT 等，三维分析软件 Star-CCM+、TaiTherm、PowerFlow 等，前处理软件 HyperMesh 等。

6.1.4　空气动力学对汽车造型的影响

决定汽车造型设计的要素有很多，其中，最不容忽视的就是空气动力特性。尤其当汽车高速行驶时，空气阻力和风噪与路噪对汽车的影响。考虑空气动力学影响后的汽车美学造型将更加体现其魅力。

汽车自 1886 年诞生以来[5-8]，为了减少行驶阻力，各汽车公司都不断地通过改善造型来努力实现汽车动力性能的提升。

汽车造型的概念最早起源于 20 世纪 20 年代，大众在 1922 年柏林车展上展出了使用二次曲面做成的船形 Edmund Rumpler 汽车，其创下了划时代的 C_D 值为 0.28 的

第 6 章 空气动力学仿真

纪录，并且历史上第一次使用"Streamlined Car"（流线型）这个词汇。1930 年初，美国的工业设计师 Raymond loewy 有一句经典的名言是："从口红到内燃机"，主流设计是将轮胎包裹在车身中，流线型也成为造型的主流。20 世纪 70 年代第二次石油危机以前汽车一直处于高速增长时代，发达国家在各地开建高速公路网，汽车也迎来了高速行驶时代，各公司在空气动力方面的研究越来越多。

为了减少空气阻力，从空气动力学角度出发，汽车造型主要分为以下 6 类。

1）雨滴形：从 1900 年初开始，雨滴形是流体力学世界最受欢迎的形状（图 6-1）。典型车型为 1914 年 A.L.F.A 40/60HP。

2）流线型：到了 20 世纪 20 年代，真正研究出了流线型。第一次世界大战中研究的飞机技术经过长期积累，应用于汽车。其中，最具代表性的车型是 Edmund Rumpler（图 6-2）和 Paul Jaray（图 6-3）。

图 6-1　雨滴形　　　图 6-2　Edmund Rumpler（1920 年）　　　图 6-3　Paul Jaray（1920 年）

作为向流线型时期过渡的设计，Rumpler 在二次曲面上以水平为基调，设计出了类似于船上安装轮胎形状的汽车，该车在 1922 年柏林车展上展出。C_D 值为 0.28（1979 年，利用大众的风洞测量所得），这对当时而言是划时代意义的数值。与此相对，Jaray 的车室周围从前面到侧面与 Rumpler 一样都是二次曲面，只是后部周围与车身底部采用三次曲面的造型。

3）Kamu 型：由密歇根大学的 W. E. Lay 教授开始研究，1933 年斯图加特大学的 Kamu（W. Kamu）博士与研究员发现了 Kamu 型。他发现即便将流线型形状的后部切掉，空气阻力也几乎不会增加，这是一个极其重要的发现，可以在不牺牲后座空间的前提下减少空气阻力。第二次世界大战后，各厂商均受惠于该发现。该方案也应用于跑车（图 6-6）。

4）Shuureru 型：20 世纪 30 年代，密歇根大学空气动力研究所的 Shuureru 博士在第二次世界之前试生产了 7 人乘坐的后置发动机汽车，其 C_D 值为 0.19，作为实用车，该数值具有划时代意义。随后，Shuureru 型与 Kamu 型组合在一起，从空气动力方面来看这也是极好的形态（图 6-4~图 6-6）。

图 6-4 巴克敏斯特富勒的 Dymaxion II（1934 年）　　图 6-5 Stout Scarab（1935 年）　　图 6-6 Stout Scarab（1935 年）

5）尾鳍：采用流线型设计的汽车在受到侧风影响时非常危险，因此带有类似飞机的垂直尾翼的汽车出现了。最早在 1948 年版的凯迪拉克轿车上采用，这款车是通用公司设计部门的部长 Harley Earl 得到喷气式飞机垂直尾翼的启发设计而成的。

尾鳍最终成为空气动力的固有装置，并朝着个性化的方向发展。

6）楔形：这个词最初用于赛车、Panhard 汽车。楔形造型的灵感来源于当时的超声速喷气式飞机的形状。该特征具有空气动力特性好、前方视野好、后排座位和行李舱的空间容易保证、紧凑的比例很容易产生动感形象等特点，于是在 20 世纪 70 年代后半期爆炸性地流行起来。

在奔驰 B 级车型的开发中，奔驰公司投入了 275000 个 CPU 机时及 1100h 的风洞试验，最终该车的风阻为 0.24。捷豹 XF 在实车开展流体相关试验之前共进行 1200 次、800 万机时的仿真，最终仅通过一次风洞试验测试使 C_d 达到 0.29，完全采用仿真手段进行气动性能的优化。各相关车型如图 6-7~图 6-9 所示。

随着计算机技术的发展，完全采用仿真手段进行气动性能的优化已成为主要的趋势。

图 6-7 奔驰 B 级　　　　　　　图 6-8 捷豹 XF　　　　　　　图 6-9 大众 XL1

近几年国内主机厂和相关机构对于乘用车气动阻力的开发投入越来越大。首先，例如泛亚、吉利、长安、一汽等主机厂在风洞试验中所投入的费用和时间呈逐年增大的趋势，甚至达到千万级别。其次，各大主机厂纷纷加大投入，提高其计算机硬件水平，从而缩短气动性能 CFD 仿真优化所需时间，并提升仿真精度。最后，相关机构纷纷建立地面交通风洞试验室。目前地面交通风洞试验室仅同济大学一家而已，而中汽研和中汽中心均已开始筹建风洞试验室。

6.1.5　空气动力学的发展

空气动力学从 1920 年开始至今，大约经历了四个时期。

（1）初期（1920—1930 年）

初期的空气动力学始于 1918 年后半期，其主要特征是优美的流线型造型、雨滴形状，然后变为翼截面形状。同期，德国 Paul Jaray 从飞机的形状上得到启发，构建流线型汽车的空气动力学理论。

（2）摇篮期（1930—1970 年）

第二次世界大战后，飞机的许多技术大量地应用到汽车上。1930 年初，从密歇根大学的 W. E. Lay 教授的研究开始，1934 年斯图加特大学的 Kamm 博士和研究员发现了凸轮形式，即将流线型的尾部裁去一段也能得到同样的空气动力效果。其主要特征是垂尾鳍设计，由于具有一系列优点，很快成为美国汽车黄金时代动力和速度的象征。

（3）确立期（1970—2000 年）

20 世纪 70 年代，由于第二次石油危机导致引发能源危机，为了降低油耗，不仅欧洲研究空气动力学，美国和日本也在实施空气动力学的研究。其主要特征是空气动力形状的研究并非只停留在车身形状上，还关注车身与地面的关系，汽车地板需尽量保持平坦，底面形状造型确保进入地板的风可以顺利地从后部尾部流出来。这种设计方式慢慢开始推广。

（4）发展期

21 世纪初开始追求空气动力学的环保特征，不仅要降低 C_D 值，还要追求大空间。这种设计思想使汽车设计进入了精细化时代。

经过四个时期的发展，到目前为止基本实现了低风阻、大轮廓的造型理念，确保了足够的乘坐空间。

当然，随着技术的进步，人类对美好生活的更高追求，通过专家、学者在空气动力学的深耕细作，新的技术将不断涌现，将更积极地在汽车上引进空气动力学来控制空气。

6.2　空气动力学技术应用

从前部来看，在不与车身剥离的前提下让空气从滞留点流动，或者一边利用格栅摄入风，一边让风在发动机舱盖上顺畅地流动。对于流入车底部的空气，则利用保险杠等部件，阻挡空气进入发动机舱，使得空气顺畅流过汽车底部。前角处理，挡泥板、轮拱芯片的处理，A 柱的处理，后视镜的处理，车顶侧面的处理，玻璃窗框与玻璃的高低差，后窗角度，侧梁柱的形状，车顶尾部的角度，后缘的高度、长度、R 的大小，考虑后窗的倾斜的后挡泥板的平面拉深，防止侧面的风吹入后部尾部时发生旋涡而设计的后角形状，后部尾部、前部地板的形状等很多项目，相互影响的同时决定着风流。国内乘用车依据气动性能开发的车型，最好的水平风阻系数为 0.25，已经达到国际水平。

6.2.1 空气动力学仿真流程

空气动力学仿真分两个步骤：第一步，进行稳态流场的仿真，可以提取分析对象的流场、压力等信息，定性判断流场的状态，同时稳态结果也为瞬态仿真分析提供初始结果。第二步，进行瞬态流场的仿真，可以获取瞬态流场、压力场等信息，并对测点的压力脉动进行 FFT 变化，得到测点频谱图，判断方案的优劣。其流程如图 6-10 所示。

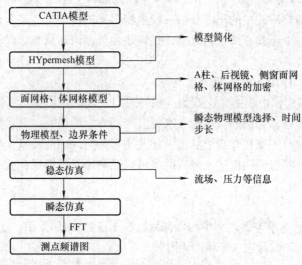

图 6-10　仿真流程

乘用车风阻优化涉及众多零部件，几乎涵盖了除乘员舱外的所有零部件。但乘用车风阻性能优化关键位置是车身、机舱、车底三个部位。

6.2.1.1　车身前端优化

车身前端[9]气动阻力优化分析主要涉及格栅、前饰板、前灯、发动机舱等部件。车身前端优化设计需要遵守以下两个原则：

1）使得前脸相对高压区域范围最小，同时保证高压区域能够提供足够的冷却系统进气量。

2）使得发动机舱、前饰板周围负压区域最大化。

图 6-11 所示（见彩插）为某电动车型的前脸优化分析过程。从图 6-11 中可以看出，随着优化分析过程的推进，前饰板、前保险杠、前照灯附近高压区域逐渐减小，周围负压区域范围逐渐扩大。图 6-12 所示（见彩插）为某越野汽车概念设计阶段和造型冻结阶段的气动优化分析对比图。从对比图中椭圆区域可以看出，车身前端设计完全遵守了以上两个原则，前脸高压区域明显减小，而周围负压区域范围明显扩大，极大地降低了总的风阻系数。

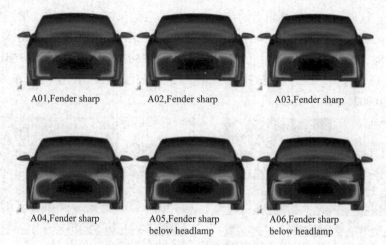

图 6-11　某电动汽车前脸优化过程

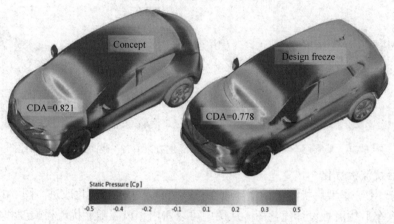

图 6-12　某越野汽车优化过程

6.2.1.2　车身后端优化

车身后端气动阻力优化主要涉及后组合灯、后饰板、后围侧板、后扰流板等部件。

目前乘用车尾部造型分为阶背、快背、方背三种，每种造型所产生的尾涡各不相同，但车身后端气动阻力优化总的来说遵守的原则是延缓气流气动分离，并使气流在尾部分离清晰，降低尾涡区域面积。

1. 尾灯及后饰板优化

图 6-13 所示为某日本车型后组合灯及后饰板的 CFD 分析结果。从图中可以看出，气流在尾部分离十分清晰，从而对尾部气动阻力优化十分有利。

图 6-14 所示为某乘用车气动阻力优化分析中，根据流体仿真技术开发出的尾灯。从图 6-14 中可以看出，改进后气流分离得到改进，气流在拐角处不再贴着尾灯

壁面流动，从而有利于尾部阻力的优化。改进前后的风阻对 C_d 贡献结果：尾灯原方案为 0.0102，优化方案为 0.0105，ΔC_d 为 0.0003；后背门原方案为 0.0398，优化方案为 0.0388，ΔC_d 为 -0.001；总风阻原方案为 0.3562，优化方案为 0.354，ΔC_d 为 -0.0022。可以看出，改进后尾灯本身风阻无多大变化，但后背门风阻降低 0.001，总风阻降低 0.0022。

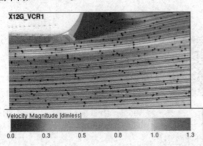 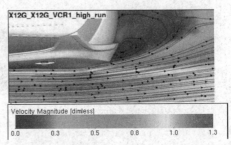

图 6-13　日产 LEAF 尾部设计

图 6-14　某乘用车尾灯原方案（左）、优化方案（右）截面速度矢量对比图

2. 后扰流板优化

对于 SUV 车型后扰流板设计，应在长度及角度上进行优化改进。图 6-15 所示为某越野汽车后扰流板设计优化图。从图中可以看出，风阻随后扰流板长度和角度变化呈非线性变化，因此必须仔细进行优化选择。

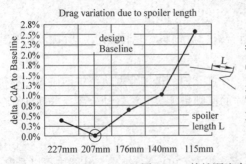 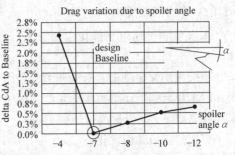

图 6-15　某越野汽车后扰流板优化设计

同时，在后扰流板两边添加副翼，如图 6-16 所示，对后扰流板优化起到辅助作用，可降低 D 柱附近回旋涡流形成，并减弱车身侧面来流与后窗向下气流的混合。

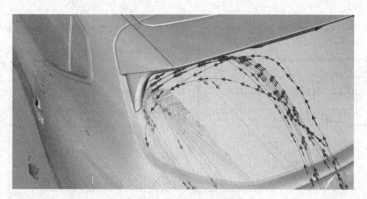

图 6-16 后扰流板副翼设计

6.2.1.3 车身底部优化

1. 前扰流板优化

前扰流板不仅可以降低车底部件的气动阻力,同时可在一定程度上提高发动机舱冷却系统的进风量。但前扰流板本身也会产生风阻,因此必须对其高度、宽度及前后位置进行优化改进,否则会对整车气动阻力带来不利影响。

图 6-17 所示为某车型添加前扰流板情况,图 6-18 所示为整车风阻系数相对值随前扰流板高度的变化关系。从图中可以看出,必须对不同高度的前扰流进行分析,以便获得最优高度,避免适得其反。图 6-19 所示为前端格栅及散热器进风量随前扰流板高度的变化关系。从图中可以看出,进气量随前扰流板高度的增加均呈增大趋势,在 10~30mm 时变化最为剧烈,以后增加趋势减小。

图 6-17 前扰流板

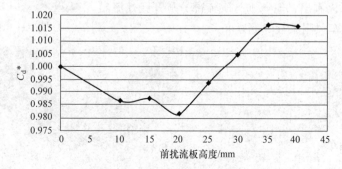

图 6-18 风阻系数随前扰流板高度变化关系

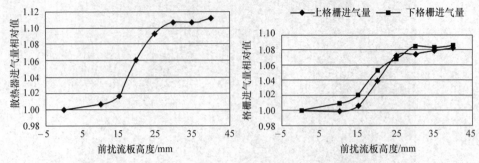

图 6-19　格栅及散热器进气量随前扰流板高度变化关系

图 6-20 所示为有无前扰流板时车底气流的速度云图。从图中对比可以看出,增加前扰流板后车底气流速度明显降低,可见前扰流板可使车底部件避免高速气流的冲击,通过降低车底部件阻力从而降低整车总的阻力。

图 6-20　有无前扰流板时车底气流对比

2. 车轮及轮罩优化

车轮及轮罩对整车风阻系数的影响极为重要,轮罩与车轮之间间隙应越小越好。

在对某整车风阻进行优化分析的过程中发现,轮罩前端外侧边缘开孔能明显降低整车风阻系数,图 6-21 所示为轮罩开孔情况,图 6-22 所示为轮罩开孔前后流线对比图。从图中可以看出轮罩开孔后,其前方区域涡流消失,流线更加清晰。图 6-23 所示为轮罩开孔后局部流线图。从图中可以看出,轮罩前方气流部分从开孔处流出。轮罩开孔后整车风阻系数降低 0.0092。

图 6-21　轮罩优化

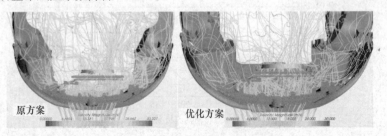

图 6-22　轮罩改进前后流线对比

第6章　空气动力学仿真

图 6-23　轮罩改进后局部流线图

6.2.1.4 发动机舱优化

车辆行驶时，前方气流由前格栅进入发动机舱，其中一部分将会在前舱发生泄漏，另一部分由冷却系统进入后舱起到散热作用。发动机舱内零部件众多，结构复杂，进入发动机舱的气流过多将会导致整车风阻偏大；同时，进入发动机舱的气流最终都将由发动机舱下方流出，还将与车底气流发生干涉，进一步影响整车风阻。

1. 进气面积优化

前端格栅不仅与整车美观有关，对整车风阻及发动机舱散热性能同样极为重要。但前端格栅开口面积导致的整车风阻与发动机舱散热性能相互矛盾，必须在两者之间进行平衡，即在满足发动机舱散热性能的前提下使得前端格栅开口面积尽量减小，当散热性能满足后，应将多余格栅开孔进行封闭处理。图6-24所示为格栅部分封闭的乘用车，如此既可以兼顾造型美观，又可以在满足发动机舱散热的前提下降低风阻系数。格栅开孔面积只是格栅性能的一个方面，格栅所处位置、开孔方向与形状等对发动机舱进气都有较大影响。

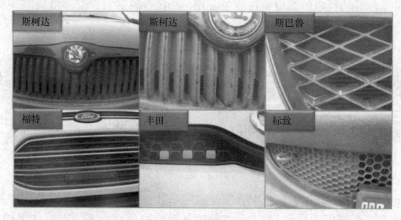

图 6-24　格栅封闭

2. 发动机舱其他位置优化

前方气流由前端上下格栅进入发动机舱后，由于前保险杠的影响，气流经过上下

247

格栅后会在前保险杠后方形成较大涡流，该涡流对冷却系统进气有较大影响，可以通过优化前保险杠尺寸形状、前保险杠与冷却模块之间的距离，还可在前保险杠后方添加半圆形或椭圆形的导流装置，从而削弱该涡流的影响。

图 6-25 所示（见彩插）为发动机舱 $Y=-0.1m$ 位置处的截面速度矢量图。从图中可以看出，从前端上下格栅进入发动机舱内部的气流均匀地吹向冷却系统，前保险杠后方形成了涡流，但冷却系统正好位于该涡流（红线所示区域）后方，从而使得冷凝器迎风面上速度分布均匀，有利于冷却系统进气；而由前端上下格栅进入发动机舱的气流较为紊乱，尤其是上端格栅后方气流杂乱无章，并且冷却系统位于前保险杠后方涡流之中，将会导致冷凝器迎风面上速度分布不均，既会降低进气效率，更将影响冷却系统的换热效率。

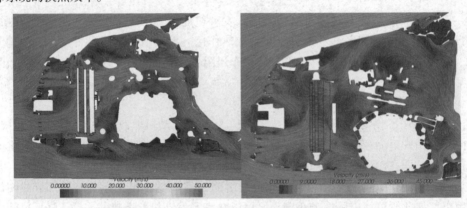

图 6-25　发动机舱 $Y=-0.1m$ 位置截面速度矢量图

3. 小腿保护装置对风阻系数及发动机舱进气的影响

在整车外流场风阻仿真分析过程中发现，小腿保护装置对发动机舱进气及整车风阻系数有较大影响。图 6-26 所示为小腿保护装置。

图 6-26　小腿保护装置

表 6-1 为有无小腿保护装置时，整车风阻系数、前端格栅进气以及冷却系统进气的变化情况。小腿保护装置对 C_d 和机舱进气影响的分析结果：有小腿保护装置时，C_d 值为 0.3525，冷凝器为 1.04kg/s，散热器为 1.05kg/s，上格栅为 0.47kg/s，下格栅为 2.40kg/s，进气效率为 36.5%；无小腿保护装置时，C_d 值为 0.3562，冷凝器为 1.01kg/s，散热器为 1.02kg/s，上格栅为 0.48kg/s，下格栅为 2.38kg/s，进气效率为 35.6%。

表 6-1　小腿保护装置对 C_d 和机舱进气的影响

小腿保护装置	C_d	冷凝器 /（kg/s）	散热器 /（kg/s）	上格栅 /（kg/s）	下格栅 /（kg/s）	进气效率
无	0.3562	1.01	1.02	0.48	2.38	35.6%
有	0.3525	1.04	1.05	0.47	2.40	36.5%

当添加小腿保护装置时，整车风阻系数下降，而冷却系统进风量得到提高。图 6-27 所示为有无小腿保护装置时，发动机舱 $Y=-0.1\text{m}$ 位置处的截面速度矢量图。从图中可以看出，添加小腿保护装置后，前端下格栅后方涡流得到极大削弱，从而降低了阻力，并提高了冷却系统进气量。

图 6-27　Y 为 -0.1m 位置截面速度矢量图

4. 主动格栅技术

主动格栅技术可有效降低高速时的汽车行驶风阻，图 6-28 所示为某车型所采用的主动格栅。在低温时主动格栅关闭，可帮助快速暖机，高速时关闭可有效降低风阻。

图 6-28　主动格栅技术

6.2.2　整车风阻仿真技术

乘用车气动阻力优化可分为两个阶段[10, 11]，首先是 CAS 阶段风阻优化，然后是整车阶段风阻优化。下面以某车型风阻优化案例进行分析。

6.2.2.1 CAS 阶段仿真优化

在造型设计初期（CAS）风阻系数偏高，需对其进行优化改进以降低风阻。采用 CFD 仿真对其进行分析，找出车身表面设计不合理的地方进行优化。从方案 1（原方案）到方案 3 经过两轮局部细节优化，使得 CAS 风阻系数降低 12%。

图 6-29 所示为雾灯 Z 截面压力系数云图。从左图方案 1 中可以看出，由于雾灯正投影面积较大，且表面粗糙度高，导致前方来流不能流畅地吹向车身两侧，增大了车身前端正压区面积，不利于风阻降低。为减小正压区面积，在方案 2 和 3 中将雾灯部分凹坑处填平，从图中对比可以看出，填平位置压力减小。但由于造型设计人员降低了雾灯灯罩高度，使得灯罩处凹坑比方案 1 加深，从而使得此处压力升高。

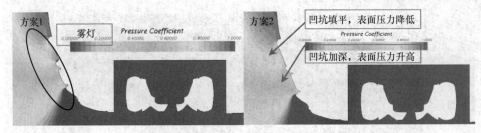

图 6-29 雾灯 Z 截面压力系数云图

图 6-30 所示为后视镜 Y 截面压力系数云图及局部速度矢量图。从方案 1 左图中可以看出，由于后视镜壳体型面曲率设计不合理，导致其前端正压区面积偏大；从右图中可以看出，由于壳体下端凸台的存在使得气流上扬，从而在凸台及镜片附近出现涡流，且该涡流紧贴后视镜，导致后视镜后端负压区压力过低。后视镜优化在方案 3 中实现，通过调整壳体曲率及取消凸台，使得后视镜前后端压力及流场均得到优化。

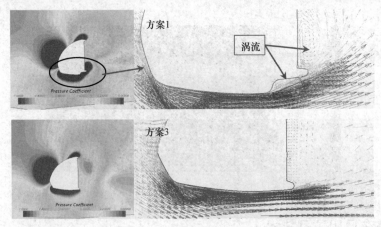

图 6-30 方案 1(上)、方案 3(下) 后视镜 Y 截面压力系数云图及局部速度矢量图

方案 1 中车身尾部型面设计存在严重缺陷，图 6-31 所示为方案优化改进过程对比，通过尾部型面设计细节的改进使得风阻系数得到极大改善。图 6-32 所示为各方

案截面压力系数及速度云图对比,从方案1结果云图中可以看出两处较为严重的设计缺陷。

1)由于车顶后部型面曲率、后扰流设计不合理,导致后窗、C柱区域表面负压过低;从 Y 截面速度云图可以看出,由于方案1后扰流角度过低,使得从车顶的来流在后扰流末端加速向下冲刷,从而在后窗区域形成极低的负压区域,导致车身后部区域风阻偏高;同时,该负压区域过低会使得两侧C柱的来流拐向后窗,从而与车顶来流相混合,不利于C柱附近气流分离,使得尾部风阻进一步恶化。

2)由于车底与后保险杠下端型面过渡较为圆滑,使得气流在车底末端加速,然后上扬与车顶及车身两侧来流相混合,从而使得尾涡低压区域紧贴后保险杠,导致后保险杠区域风阻过大。

针对方案1分析结果进行两点改进,如图6-31中方案2和3所示。

1)在方案2中,减小后扰流与水平方向夹角。

2)方案3在方案2的基础上进一步改进,首先修改后保险杠下端拐角,使得车底与后保险杠下端面连接处成一定棱角,避免过渡圆滑;然后使车底末端与水平方向成一定角度以形成扩散角,从而优化车底尾部流场。

优化改进后尾部流场,如图6-32所示。从三个方案的压力系数云图对比中可以看出,后窗、C柱及后保险杠区域压力得到明显提高,后保险杠后方低压涡核离后保险杠距离逐渐增加;从速度云图对比中可以看出,车顶、车底、两侧C柱的高速气流在尾部分离清晰、吹向后方,不再卷向尾涡而相互混合。

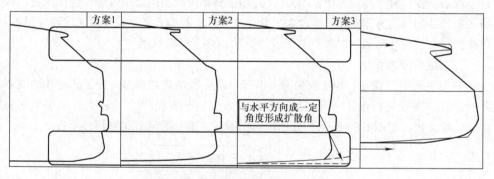

图6-31 各方案尾部 Y 截面

经过以上分析和优化,后视镜、车身尾部等区域的压力和流场分布得到明显改善,以方案1风阻系数为基准进行归一化处理,方案2风阻系数下降5.3%,方案3下降12.2%,由此可见在不影响整体造型的前提下,仅局部细节设计的修改即可使得风阻系数得到优化。

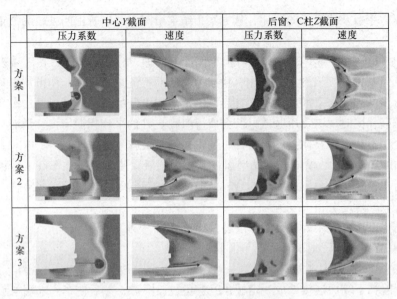

图 6-32 压力系数云图和速度云图

6.2.2.2 整车阶段仿真优化

随着 CAS 方案的最终定型,以及发动机舱和底盘等零部件模型的成熟,下一步将开展整车阶段的气动阻力仿真,以便对整车气动阻力进行评估和优化。由于添加了发动机舱和底盘,整车阶段风阻系数比 CAS 阶段优化后的系数增大了 16%,同时比整车风阻系数目标值超出 6.9%。为此,必须在整车阶段对风阻系数进行优化改进。该阶段所展开的风阻方案结果:经过 8 个设计方案,从基础方案,经过增加前轮导流板、前扰流板、油箱导流板、尾翼升高等改进方法,逐步降低风阻。

1. 车底导流板优化

在车底适当位置安装导流板是降低整车风阻系数的有效措施,为了同时兼顾成本和轻量化,在导流板设计一开始就避免采用大块的导流板[12, 13]。在此,采用了三种形式的导流板,如图 6-33 所示,分别是前扰流板、前轮导流板和油箱导流板。

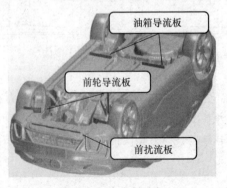

图 6-33 车底导流板

导流板的添加可以梳理车底气流，减弱涡流和避免高速气流对车底零部件的冲击[13-15]，从而降低风阻。但导流板本身也会产生风阻，如果设计不合理，反而会导致整车风阻增大，因此必须对导流板进行优化设计，各方案见表6-2。首先在基础方案上添加前轮导流板，对其高度进行优化，从而确定前轮导流板的最优高度。然后依次在前一轮方案的基础上添加前扰流板和油箱导流板。

表6-2 车底导流板优化方案

方案	说明
整车1	基础方案
整车2	基础方案+前轮导流板
整车3	方案1+前扰流板
整车4	方案2+油箱导流板
整车5	基础方案+尾翼升高
整车6	基础方案+副翼
整车7	综合方案
整车8	试验前风阻确认

图6-34所示为整车C_d和导流板高度的变化关系。从图中可以看出，随着导流板高度的变化，整车C_d值均出现一个低点。通过不同导流板多种高度方案的仿真，从而确定各个导流板的最优高度，使得整车风阻得到优化。

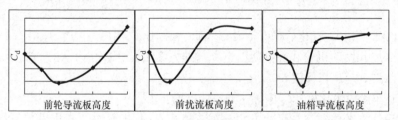

图6-34 C_d和导流板高度变化

2. 尾部优化

当车底气流到达后方，与车顶来流在车尾处汇合时，会形成尾部涡流，该涡流对整车风阻会产生较大影响。因此一般添加尾翼和副翼，并对尾翼长度和角度进行优化，以平衡车顶和车底的气流所形成的涡流，从而降低尾涡对风阻的影响。由于在CAS阶段风阻仿真时没有发动机舱和底盘，同时车底采用光滑平面进行简化，会导致车底气流与整车阶段存在较大差异，因此需要在整车阶段对尾翼进行优化。图6-35、图6-36所示为尾翼角度优化和添加副翼模型方案。

图6-37所示为整车阶段C_d和尾翼角度的变化关系。从图中可以看出，对于该车而言，当尾翼角度抬高到一定程度时，整车C_d将基本达到稳定状态。

图 6-35 尾翼角度优化

图 6-36 副翼

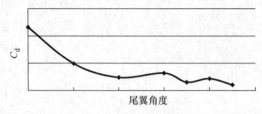

图 6-37 C_d 和导流板高度变化

6.2.2.3 风阻优化结果

当车底导流板最优高度和尾翼最优角度确认后,将各种优化方案添加到基础方案上进行综合方案的仿真分析,确认最终整车风阻系数的优化结果,见表 6-2 中方案整车 7。同时,在开展实车风洞试验前,需要对整车风阻进行最终确认,以避免开发中模型发生变动而导致仿真与试验状态不一致的情况,见表 6-2 中方案整车 8。

图 6-38 所示(见彩插)为从 CAS 阶段到整车阶段风阻系数优化的结果汇总,其中红色线为整车 C_d 设计目标值,其他各方案 C_d 以目标值为基础进行归一化处理。从图中可以看出:

1)CAS 阶段 C_d 优化后降低 12.2%,即 CAS3 比 CAS1。

2)当加入发动机舱和底盘后,整车基础方案 C_d 比优化后 CAS 上升 16%,即整车 1 比 CAS3,超出目标值 6.9%。

3)整车阶段优化后,C_d 刚好达到设计目标要求。

4)确认方案整车 8 与优化方案整车 7 相比 C_d 上升 1.1%,超出设计目标值,这是因为在该段时间内车身模型发生细微变动所导致。

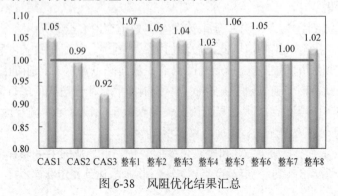

图 6-38 风阻优化结果汇总

6.2.2.4 仿真与试验对标

实车风洞试验在风洞中心进行,试验车辆与方案整车 8 相一致。从上节分析中可知,最终确认整车 C_d 超出设计目标值,因此为达到设计目标要求,将采用临时优化方案进行应对。之前分析中,车底仅添加了三种形式的导流板,一般情况下还采用发动机舱下护板用于降低风阻,如图 6-39 所示。

仿真与试验 C_d 对比结果:仿真 C_d 为 1.01,试验 C_d 为 0.99,误差 -0.55%。以设计目标值为基础进行归一化处理。从中可以看出仿真与试验误差小于 1%,同时添加下护板之后,整车 C_d 达到设计目标要求。

图 6-39 机舱下护板示意图

6.2.2.5 小结

针对某 SUV,涵盖了整个车型开发过程的风阻优化改进方法。首先介绍了其在早期 CAS 造型阶段的气动阻力优化方法;然后,介绍了在整车阶段通过添加车底导流板、副翼以及调整尾翼角度的方式,对整车阶段风阻进行优化改进,最终达到设计目标要求;最后,介绍了在试验前期由于模型细微调整所导致的风阻系数超标的处理方式,以及仿真与试验对比。

6.2.3 后视镜仿真分析技术

流场仿真所取的计算域达到一定值,就不再受计算域大小的限制。为了减少计算量,取一半模型进行仿真,其中,假设汽车模型长为 L,宽为 W,高为 H;计算域设定为汽车前部长为 $3L$,侧面为 $14W$,上部为 $10H$,后部为 $6L$,模型如图 6-40 所示。

图 6-40 模型示意图

同时为了考察车辆在侧风状态下后视镜处的气动噪声,分别计算了偏航角 10° 和 -10° 两种状态下侧窗处的流场和气动噪声。取整车模型进行仿真。具体示意图如图 6-41 所示。

综上所述,仿真总共对 4 种方案进行了仿真分析,分别为原方案(偏航角为 0°、10°、-10° 三种方案)、后视镜方案。

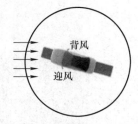

图 6-41 模型为偏航角 10° 示意图

仿真方案说明：原方案，偏航角为 0°；原方案，偏航角为 10°；原方案，偏航角为 −10°；后视镜。

建立整车仿真模型，网格数 4000 万左右。为了解决汽车求解域大、网格数目多的难点，设定了网格划分原则：①针对分析对象的后视镜、A 柱及侧窗等区域进行网格加密；②离车身近的区域网格划分比较密；③远离车身的区域，为了减少网格的数量，节约计算时间，网格适当稀疏。最终网格划分结果如图 6-42 所示。

图 6-42　计算区域网格模型

6.2.3.1　稳态流场仿真分析结果

图 6-43 所示为在偏航角为 0° 时，后视镜处的流场。从图中看出，A 柱和后视镜基座中间流场没有直接吹向侧窗玻璃，且后视镜后部尾涡较小，满足设计的要求。

图 6-43　偏航角为 0° 时后视镜处的流场

图 6-44、图 6-45 所示为偏航角为 10° 和 −10° 时的流场结果图。偏航角为 10° 时，后视镜后部尾涡较小，且风没有直接吹向侧窗玻璃。而偏航角为 −10° 时，后视镜尾部涡流区增大，不利于风噪。

图 6-44　偏航角为 10° 时，后视镜处的流场

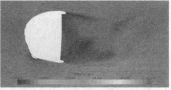

图 6-45　偏航角为 −10° 时，后视镜处的流场

6.2.3.2 瞬态仿真分析结果与试验对比

在汽车后视镜气动噪声分析中，汽车表面可看作是刚性的，所以单极子噪声可以近似为零，而且汽车外部气流速度低（马赫数小于 0.3），四极子声源远小于双极子声源，可忽略不计，因此对汽车后视镜处气动噪声的研究主要是针对双极子噪声源的特性。

瞬态仿真可以仿真不同频率下（FFT 变换），侧窗玻璃的双极子声源分布（主要为侧窗玻璃上的压力波动）。图 6-46 所示为后视镜偏航 10° 时，侧窗玻璃上声源分布情况。可以看出随着频率增加，侧窗玻璃上的声源强度下降很快，高频强度很低，低频强度较高。而且从图中可以看出，侧窗玻璃上的噪声主要是由于后视镜基座和 A 柱形状产生的，后续优化可以从这两个方面入手。

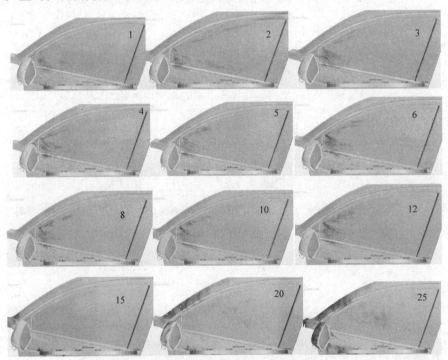

图 6-46 后视镜偏航 10° 侧窗玻璃上声源分布

瞬态仿真分析还可以输出各测点的频谱图，可以分析出各频段声压分布情况，针对声压高的频段结合声压分布图，判断优化的方向。

图 6-47 所示为各不同方案下侧窗玻璃上的测点。图 6-48~图 6-50 所示为原方案，偏航角为 0°、10° 和 -10°，各测点噪声仿真与试验结果对比。从结果可以看出，仿真与试验结果趋势基本一致，验证仿真方法的正确性。

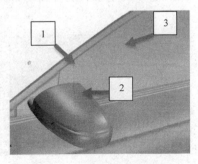

图 6-47 侧窗玻璃上测点

同时还可以看出，噪声基本都在 100~800Hz 较大，可以从声源分布图中看出主要是后视镜处基座及 A 柱产生的噪声。

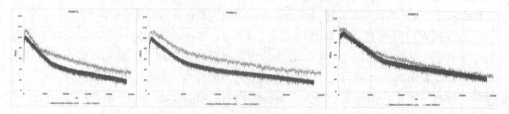

图 6-48　原方案，偏航角为 0° 测点噪声试验与仿真对比

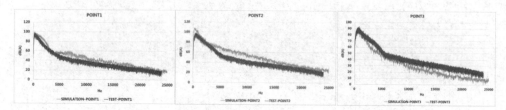

图 6-49　原方案，偏航角为 10° 测点噪声试验与仿真对比

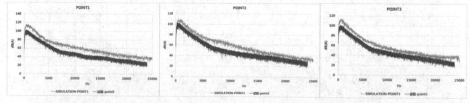

图 6-50　原方案，偏航角为 -10° 测点噪声试验与仿真对比

6.2.3.3　优化方案

考虑通用件问题及流场仿真分析结果，选用后视镜作为优化方案。图 6-51 所示为后视镜处的流场图。可以看到，由于后视镜与侧窗之间距离增大，流场中流速降低，有利于风噪的降低。同时从图 6-52 所示后视镜与原方案测点噪声对比结果来看，后视镜三个测点的噪声值都小于原方案。在对车内噪声测量试验中也证明了这一点。

图 6-51　后视镜处的流场

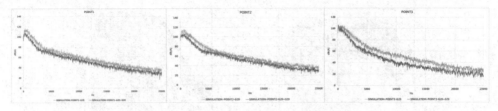

图 6-52　后视镜与原方案测点噪声结果对比

通过对某 SUV 车型后视镜处的流场、气动噪声进行仿真分析与试验研究，得出以下结果。

1）运用数值计算的手段，可以对后视镜处流场和气动噪声进行详细描述，对后视镜处气动噪声优化提供了指导。

2）通过与试验对比，仿真与试验基本一致，验证仿真分析方法的有效性，对加快设计、减少试验次数和费用有很大的意义。

3）同时考虑通用件问题及流场仿真分析结果，选用后视镜作为优化方案。后视镜三个测点的噪声值都小于原方案。这在车内噪声测量试验中也证明了这一点。

6.2.3.4　小结

分析了某 SUV 从早期 CAS 阶段到整车阶段的气动阻力开发优化过程，从开发过程中得出以下结论。

1）车身型面细节优化对风阻性能改善极为重要，关键部位设计的改变可对风阻产生较大影响。

2）整车阶段采用添加车底导流板的方式可有效降低风阻，但须要对导流板的高度进行优化，从而确定最优高度，否则会适得其反。

3）该车型气动阻力开发采用大量仿真方案进行优化，最终仅通过一次试验测试即达到设计要求，仿真与试验结果对比精度较高，从而有效降低了气动阻力开发成本。

6.2.4　某越野汽车除霜风道 CFD 分析及结构优化

某越野车在寒区 -35℃ 低温下使用时，除霜面积不满足前方视野要求。对此车进行寒区除霜试验。试验结果：试验开始 20min，驾驶员 A 区 0% 完成除霜；试验开始 25min，副驾驶员 A′ 超过 0% 完成除霜；试验开始 40min，B 区 65% 以上完成除霜。寒区试验温度 -35℃，远超出国标 -18℃ 要求。试验结果表明，此越野车除霜性能差，除霜效果无法满足寒区低温下的除霜要求。

下面介绍运用仿真软件对此车空调进行除霜风道的 CFD 仿真分析过程。

6.2.4.1　原方案除霜仿真结果

该车空调除霜性能的仿真模型包含前风窗玻璃、仪表板、车门等车身内表面的几何模型，以及空调系统模型。仿真模型以及前窗玻璃分区模型如图 6-53 所示。

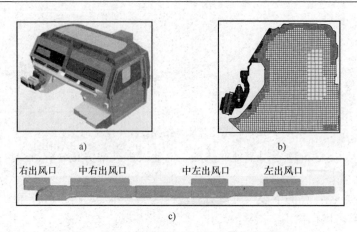

图 6-53 计算模型以及玻璃上的分区模型

a）空调及内饰模型　b）Y 方向截面网格模型　c）除霜风管模型

根据国标，将玻璃上的区域划分为 A 区、A′ 区和 B 区三个区域，如图 6-54 所示。

图 6-54 玻璃上区域划分

本次仿真计算入口设置为质量流量进口。出口设置为压力出口，压力为 0Pa。在除霜分析中，风道风量分配、风道内气流流动的平稳性和气流的冲击点都是影响车辆除霜性能的重要参数。通过稳态分析，得到该方案前风窗气流速度分布情况。对除霜风管的四个出风口进行出风量的监测，分析得到除霜风管的风量分配比结果：左出风口的配气比为 23.1%，中左出风口的配气比为 24.9%，中右出风口的配气比为 35.2%，右出风口的配气比为 16.8%。

根据分析中除霜风管出风口的配气比可以看出，前风窗各个除霜出风口的配气分配不均匀，驾驶员侧和前排乘客侧出风口风量相差较大，其中，驾驶员侧两出风口出风比例小，不满足设计要求。前风窗玻璃上速度分布仿真结果如图 6-55 和图 6-56 所示，得出气流从出风口的流动方向，高速气流主要集中在前排乘客侧，以及驾驶员侧的 B 区，主要分布在玻璃的中间区域，而驾驶员侧 A 区处气流较少，部分区域基本无气流经过。

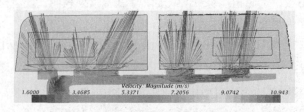

图 6-55 除霜风管气流流线分布图

图 6-56 所示为前风窗玻璃上近壁速度分布云图。从图中可以看出，前风窗玻璃驾驶员侧和前排乘客侧的速度都比较小，在玻璃 A 区和 A′ 区域的部分地方基本无气流流动，同时前风窗玻璃上气流的落风点偏低，落风点集中在玻璃 B 区下方，影响玻璃上部气流的风速，降低风管的除霜性能。仿真结果表明，除霜风管原方案除霜效果差，与试验结果一致。

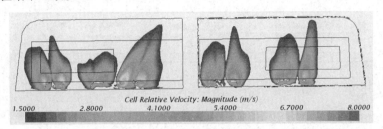

图 6-56　前风窗近壁风速分布图

根据仿真结果得到前风窗玻璃风速分布不均匀的原因，主要为除霜风道本体结构问题和出风口导流板角度问题。

其中除霜风道本体结构问题为：

1）出风口风量分配不均，前排乘客侧出风量较大，驾驶员侧出风量较小。
2）风道内部存在明显大尺寸和小尺寸涡流。
3）风管内部分区域基本无气流经过。
4）出风口风速不均、风速最大值和最小值差异大。

导流板角度问题为：前风窗气流冲击点偏低，前风窗玻璃顶部除霜困难。

6.2.4.2　除霜风管的优化

对不合理的原方案进行结构优化，通过改善除霜风管内的气流状态，使得风速合理地分布在前风窗玻璃上，改进措施主要有以下几点，具体方案如图 6-57 所示。

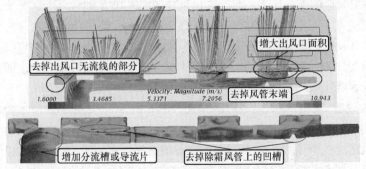

图 6-57　除霜风管本体优化措施

1）根据出风口处流线的方向，适当调整各个出风口的位置和面积，起到一定的风速控制及风量分配的作用。
2）风管中部分区域没有流线通过，去掉此部分，节约材料成本。

3）对风管上的凹槽部分进行圆滑处理，避免出现不必要的凹槽。
4）调整风道转折半径，对风管进行圆滑过渡处理，尽可能消除风道内部涡流。
5）风管内部增加扰流筋条，将目标比例的风量从各出风口导出。

导流板改进措施为：调整导流板角度，优化导流板边缘弧度，对出风口风量进行导向，如图 6-58 所示。

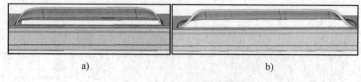

图 6-58　导流板优化措施
a）优化前　b）优化后

通过对除霜风管及导流板进行优化，最终的优化方案如图 6-59 所示。

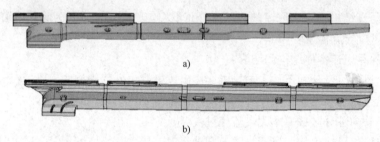

图 6-59　优化后除霜风管模型
a）优化前　b）优化后

6.2.4.3　优化方案仿真结果分析

优化后除霜模式配气比结果：左出风口的配气比为 24%，中左出风口的配气比为 22%，中右出风口的配气比为 26%，右出风口的配气比为 28%。

方案优化后，通过 CFD 仿真分析其改善效果。在除霜稳态仿真分析过程中，对新方案的除霜出风口的出风量进行监测，从各出风口的风量分配比例可以看出，出风口的风量分配比得到极大的改善，出风口风量不再集中在前排乘客侧，而是在驾驶员侧和前排乘客侧比较均衡地分布。

优化改进后，CFD 仿真结果如图 6-60、图 6-61 所示。图 6-60 所示为优化后的风管内速度流线图，从中可以得出：风口的气流相对均匀地覆盖前风窗玻璃的两侧；同时，风管内涡流减少。图 6-61 所示为前窗玻璃速度分布云图，从图中可以看出，前风窗玻璃驾驶员侧和前排乘客侧速度分布不存在较大差异，速度大于 1.5m/s 的速度区域基本覆盖 A 区、A′区，同时前窗玻璃上气流的落风点得到提高，高速气流集中在前风窗 A 区、A′区下方，气流流动得到明显改善，提高了风管的除霜性能。

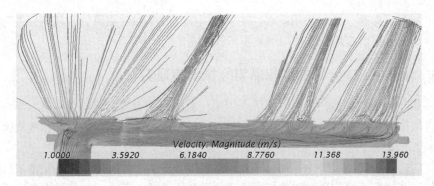

图 6-60 优化后除霜风管气流流线分布图

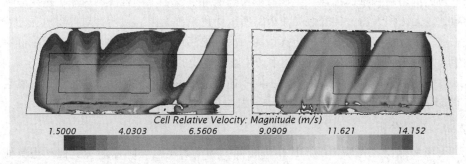

图 6-61 优化后前窗玻璃速度分布云图

由优化后方案仿真结果可知：
1）达到玻璃内表面风速 1.5m/s 基本全部覆盖 A 区、A′区。
2）风量分配合理，达到目标要求。
3）除霜风道内气流流动平稳，无明显涡流。
4）气流冲击点提高，位置合理。

6.2.4.4 试验验证

优化改进后对除霜风管进行样件试制，并进行实车除霜试验，试验结果显示优化后风管实车测量弱风区域的问题得到显著改善，除霜性能得到明显的提高。除霜效果结果：寒区试验 -35℃条件下，试验开始后 20min，驾驶员 A 区超过 65% 完成除霜；试验开始后 25min，前排乘客 A′区超过 80% 完成除霜；试验开始后 40min，B 区超过 95% 以上完成除霜。除霜性能得到明显提高，满足使用需求。

6.2.4.5 小结

某越野车在寒区 -35℃低温下使用时，除霜面积不满足前方视野要求。最初的方案，试验开始 20min，驾驶员 A 区 0% 完成除霜；试验开始 25min，前排乘客 A′超过 0% 完成除霜；试验开始 40min，B 区 65% 以上完成除霜。通过仿真分析技术优化后的方案，试验开始后 20min，驾驶员 A 区超过 65% 完成除霜；试验开始后 25min，前排乘客 A′区超过 80% 完成除霜；试验开始后 40min，B 区超过 95% 以上完成除霜。除霜性能得到明显提高，满足使用需求。说明应用仿真技术对除霜风管及其格栅进行了一系列的优化改进措施后，有效地解决了车辆除霜性能的问题。

6.2.5 基于CFD分析的汽车侧窗风振噪声研究

乘用车天窗、侧窗打开时可增强车内空气流通，使得较新鲜的空气进入车内，带走有害气体，从而有效改善车内空气质量，保护乘员身体健康。但当天窗或侧窗处于开启状态时，车内乘员经常可感受到风振噪声，其频率很低，天窗风振一般发生在20Hz左右，侧窗风振频率一般为15Hz，其强度一般大于110dB，从而使得乘员容易感到烦躁和疲倦，严重影响乘坐舒适性和驾驶的安全性。其中，侧窗风振要比天窗风振更为严重，并且难以优化。车辆后侧窗一般都会发生不同程度的风振，由于后窗结构限制，无法和天窗一样安装导流板，所以优化措施有限。目前针对侧窗风振的普遍做法是，在设计前期对其进行仿真预测，尽量提高风振发生时的车速，同时降低风振发生时的声压级，避免在较低车速下产生难以接受的风振噪声。

首先在声学风洞试验室中，对不同车速情况下的侧窗风振情况进行测试，然后采用CFD方法对某乘用车侧窗风振噪声问题进行仿真研究，结果吻合度较高。

6.2.5.1 理论分析

天窗和侧窗风振噪声的形成机理相同，和亥姆霍兹共鸣器原理类似。当其他窗户关闭、一扇侧窗处于开启状态时，乘员舱和侧窗即形成亥姆霍兹（Helmholtz）共鸣器。此时，在行驶过程，吹过侧窗的高速气流和乘员舱内相对静止的气体之间形成不稳定的剪切层，从而导致侧窗前缘周期性的涡脱落。该脱落涡随着气流向后移动并撞击侧窗后缘，旋涡破碎产生一个向周围传递的压力波，从而使得乘员舱内压力发生变化。当涡脱落的频率与亥姆霍兹共鸣器的频率相一致时，风振噪声即可发生。

乘员舱和侧窗所形成的共鸣器频率可近似得出：

$$f_0 \approx \frac{a}{2\pi}\sqrt{\frac{A}{V(l+\Delta l)}} \quad (6\text{-}2)$$

其中，a为声速；A为车窗开口面积；$(l+\Delta l)$为修正车窗厚度；V为空腔体积。

另外，涡脱离频率近似为

$$f_c \approx \frac{1}{3L}\left(N-\frac{1}{4}\right)v \quad (6\text{-}3)$$

其中，v为车速；N为涡脱离模态数，取整数；L为窗户开启长度。

采用侧窗风振噪声的理论公式可得知共振频率产生的大致范围，从而为仿真所采用的网格尺寸和时间步长提供参考。理论公式无法获得共振频率的准确值以及共振所产生的声压级强度，采用CFD仿真方法可以有效弥补不足。

6.2.5.2 风洞试验

试验测试在风洞中完成。采用 HEAD acoustics 公司 SQLAB3 多通道数据采集系统进行数据采集，并采用分析软件对声学进行分析。试验中，在驾驶员、前排乘客、后排左右乘客位置各放置一个人工头，进行声学信号采集。仿真模型和车辆模型如图 6-62、图 6-63 所示。

图 6-62　仿真模型

图 6-63　车辆模型

风洞试验测试时，一侧后窗开启 2/3，其他车窗完全关闭，试验测试车速：40km/h、50km/h、60km/h、70km/h。由于声音在空气中的传播速度约为 340m/s，而乘员舱最大长度约为 4m，尺度相差较大，乘员舱内各处声压级分布差别不大，提取驾驶员右耳仿真和试验结果进行对比。

6.2.5.3 结果分析

由式（6-3）可知，当车辆按一定车速行驶时，右后窗前缘会产生周期性涡脱离现象，从而导致乘员舱内压力变化，如图 6-64 所示。

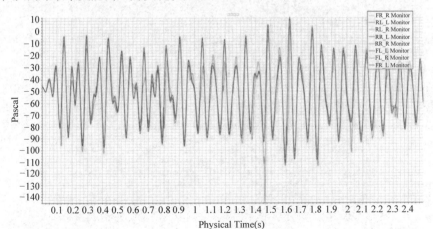

图 6-64　乘员耳部脉动压力图

从图中得出分析结果：当车速为 70km/h 时，乘员耳部压力在 0~100Pa 之间发生波动，压力幅值及强度变化明显，并且周期间隔稳定，从而说明产生共振，导致风振噪声。同时，从图中可以看出，四个乘员共八个监测点处的压力脉动变化基本相同。当车速为 70km/h 时，共振发生频率约在 15Hz，由此可知涡脱离的周期约为 0.07s。图 6-65 所示为一个压力脉动周期内乘员舱截面压力脉动云图，从图中可以看出：

1）$t=0$，乘员舱内压力达到最小值，侧窗前缘涡开始形成。

2）$t=T/8$，乘员舱内压力逐渐升高，侧窗前缘涡已经形成。

3）$t=T/4$，所形成的涡由侧窗前缘开始脱离。

4）$t=3T/8$，脱离涡随气流向后方移动，乘员舱内压力继续升高。

5）$t=T/2$，脱离涡继续向后方移动，到达侧窗开口中部附近，同时涡核中心低压区逐渐增强。

6）$t=5T/8$，脱离涡继续向后移动且继续增强，乘员舱内压力下降。

7）$t=3T/4$，脱离涡增至最强，并开始撞击侧窗后缘。

8）$t=7T/8$，脱离涡撞击侧窗后缘并破碎，乘员舱内压力继续下降。

9）$t=T$，一个周期循环完成，舱内压力再次达到最小值，新的涡开始形成。

由以上分析可知，随着涡的形成、脱离、移动、破碎所产生的周期性压力变化由侧窗后缘向侧窗前缘和乘员舱内传播，从而导致乘员舱内压力周期性变化。

提取驾驶员右耳处压力脉动结果，并将该时域信号通过快速傅里叶变换，转化为声压级频谱图，如图 6-66 所示，同时与试验结果相对比。从图中可以看出，当车速为 70km/h 时，在 13.9Hz 左右出现明显的声压级峰值，从而可判断脱离涡与乘员舱发生共振现象。同时，与试验结果对比，可以看出频率和声压级结果吻合均较好，精度较高，声压级结果以试验结果为准进行归一化处理。

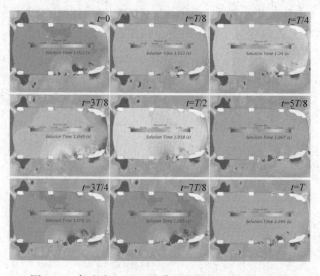

图6-65　车速为70km/h时乘员舱截面压力脉动云图

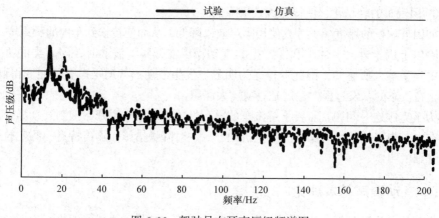

图 6-66 驾驶员右耳声压级频谱图

驾驶员右耳频率和声压级对比结果：试验频率为 13.6Hz，仿真值为 13.9Hz，误差为 2.2%；试验声压级为 1，仿真值为 0.95，误差为 4.7%。

6.2.5.4 小结

采用 CFD 仿真分析方法对侧窗风振噪声问题进行了研究，结果显示：

1）当车速达到一定时，侧窗前缘涡脱离频率会与乘员舱所形成的亥姆霍兹共鸣器固有频率相一致，此时则产生风振噪声。

2）侧窗风振噪声发生频率为 15Hz 左右，强度大于 120dB，严重影响乘员舒适性。

3）侧窗风振噪声仿真与试验结果吻合较好，可在设计前期采用仿真方法对风振噪声进行预测和优化，从而避免在设计后期产品装车后才开展试验观察风振情况。

通过以上分析可知，采用 CFD 仿真方法可对侧窗风振噪声形成的原因、现象、规律、结果进行很好的预测，从而为探索风振噪声的抑制方法奠定基础。

6.3 气动噪声仿真技术

汽车在行驶过程中存在着各种各样的噪声，如发动机运行噪声、轮胎噪声、消声器的排气噪声和闷响声，除此之外，还有因汽车内外的空气流动而产生的气动噪声等。这些噪声的主要频带各不相同：发动机运行噪声约为 5000Hz，闷响声为 20~250Hz，轮胎噪声约为 1000Hz；气动噪声为 500~5000Hz。

近年来，随着减振和隔声性能的提高，以及混合动力汽车和电动汽车的普及，发动机噪声和排气噪声大幅度降低，汽车的静谧性大幅度提升，从而使得轮胎噪声和气动噪声的问题突显出来，其中，气动噪声的问题因下列因素的存在变得尤为明显。

① 与其他噪声相比，更易随着行驶速度的增加而明显升高。

② 随着造型和商品性的提高，气动噪声因汽车较大的凹凸造型和车顶行李架等售后配件的安装而增大。

③因汽车的轻量化，使得隔声效果降低。

如因玻璃板的厚度减少等，使得隔声效果降低，从而使传输到车内的噪声增大。

除以上因素外，上述①和③产生的气动噪声在低频下波动时，因人类的听觉特征，更容易被人所感知，因此变得尤为明显。发生波动的气动噪声有可能变得刺耳，因此，在汽车的开发过程中，这是一项重大课题。

为了克服这一问题，需要了解汽车的隔声性能，从发生源开始抑制气动噪声。为此，在本节中，将从气动噪声的产生机理开始，对降噪措施、隔声特点和测定技术等进行详细说明。

6.3.1 气动噪声基本理论

在对汽车中的气动噪声进行阐述之前，为了便于理解，先对术语进行说明。汽车制造厂商对于观测到的各种气动噪声，一般称作"~噪声"。虽然是惯用称呼，但是在听到其他厂商这么称呼时，一般也不会引起误解。因领域不同或行业不同，其含义可能会有差异，有时也不一定恰当，这一点需引起注意，然而，在这一领域，术语基本是通用的。下面，将介绍在开发过程中有关汽车周围的气动噪声的术语和其现象。

6.3.1.1 按照产生机理和传播机理分类

气动噪声是指因空气流动而产生的噪声。虽然也包括建筑物振动的噪声，但大多数情况下是指流体本身产生的噪声（流体噪声）。对于因空气动力使车身面板振动而产生的噪声，为了与气动噪声相区分，大多称之为"气动振动噪声"。当唇形橡胶密封因空气流动而振动时，会产生特有的气动振动噪声，称之为"草笛音"或"嘘音"。然而，"草笛音"或"嘘音"虽然都是气动噪声，但有时很难将其与流体噪声区别开来，大多称之为气动噪声。

另外，如果车外和车内间的隔声效果较差，当外部噪声传入车内时，使用术语"漏风声"或"漏气声"。此外，对于车内空气被吸出车外而产生的噪声，称之为"漏气声"。

对于因汽车外部空气流动而产生的气动噪声，称之为"风噪声"或"风噪"，按照噪声的特性，将其分为"窄带噪声"和"宽带噪声"。对于频率较高的窄带噪声，大多称之为"吹笛声"。频率较低的窄带噪声，具有代表性的是打开天窗时的"风波"，在国外，大多称之为"风振噪声"。风波产生频率在20Hz左右，频率非常低，从物理角度来看，与其说是声波，不如说是压力场的波动，但一般均作为气动噪声进行处理。

一般将对流体的流动产生影响并自励增大的噪声称作"反馈噪声"，风波是天窗开口部空气流动波动产生的亥姆霍兹共振噪声，是反馈噪声中的一种。吹笛声不论是否有反馈，均指较高的窄带噪声，与产生机理无关，一般发生在微小台阶、车门缝隙和前格栅等中。

风噪声指较高频率下的气动噪声,通常指宽带噪声。窄带噪声有时也被称作风噪声,使用范围非常广。风噪声和吹笛声有时也称作"风噪"和"吹口哨声",汽车制造厂商大多使用前者。另外,当因自然风等使风噪声发生波动,进而使乘客感觉不舒服时,这种波动噪声被称作"呼啦呼啦声"或"沙沙声"。

汽车周围的气动噪声发生部位如图 6-67 所示(见彩插)。

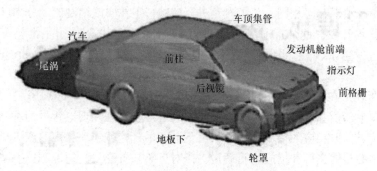

图 6-67　汽车周围的气动噪声发生部位

(流速波动能量等值面:红色为波动能量大;蓝色为波动能量小)

6.3.1.2　汽车中气动噪声的特点

在汽车中,很多部位均可产生气动噪声,这些噪声大致可分为窄带噪声和宽带噪声。前者是由圆柱体周围的卡曼旋涡导致的发动机噪声和以空腔噪声为代表的特定频带中噪声水平较高的气动噪声。后者一般是指被称作风噪声的噪声水平广泛分布于整个频带的噪声。车辆行驶过程中的窄带噪声被视为噪声进行处理,因此,在汽车开发过程中应对其进行抑制。然而,由于其产生机理和发生部位多种多样,因此抑制过程大多需要较长的时间。由于宽带噪声较难抑制,在开发过程中,需要考虑与其他噪声之间取得平衡。接下来,在本节中,将就汽车气动噪声的主要发生部位和发生噪声的特点进行讲述。

(1) 窄带噪声和宽带噪声的发生部位

图 6-67 中的等值面表示流速波动能量。颜色越红,其值越大,越蓝,其值越小。将其按窄带噪声和宽带噪声分类时,如下所述。

1) 窄带噪声。指示灯的吹笛声、发动机舱前端的吹笛声、前格栅的吹笛声、天窗打开时的风波、天线处的漏风声、后窗上部的吹笛声、唇形密封导致的草笛声。

2) 宽带噪声。后视镜附近的风噪声、柱(前柱、中柱、后柱)周围的风噪声、地板下的风噪声。

(2) 各种噪声的特点

1) 窄带噪声的特点。窄带噪声是特定频带下噪声水平较高的噪声,高频带下噪声水平较高的噪声比较像吹笛子的噪声,因此称作吹笛声。其有边棱声、空腔噪声、亥姆霍兹共振、风声或上述几种噪声的组合等,产生机理多种多样。窄带噪声是二维流动现象，因此，其产生机理大多比较明确，控制方法也基本确立下来。

2）宽带噪声的特点。宽带噪声不像窄带噪声那样是特定频带下噪声水平较高的噪声，而是广泛分布的噪声，也被称作风噪声。宽带噪声是三维流动现象，其产生机理与窄带噪声相比，尚不明确。而且随着自然风的变化而变化的宽带噪声（呼啦呼啦声）也逐渐成为一大课题。然而，近年来，已经知道取决于流动状态的宽带噪声的特征频带和噪声水平并不相同，为了对其进行控制，正在实施抑制流动分离和流速增加的外形形状等开发。此外，通过与气动噪声以外的噪声之间取得平衡，车内听到噪声的方式也发生了改变，因此，汽车中产生的噪声之间的平衡也是一个重要的开发要素。

如上所述，在今后汽车的开发中，气动噪声的控制是一个必须解决的课题。然而，由于发生部位和现象多种多样，需要在理解产生机理和理论背景的基础上，根据其各自的特点采取相应的措施。为此，从下节开始，先就气动噪声的产生机理、汽车开发过程中的具体案例和措施进行解说，并对近年来备受关注的课题——波动气动噪声进行分析。接下来，对于在确保车内乘客舒适性方面比较重要的隔声性能进行解说。此外，在采取措施方面，首先，应提取噪声发生源。近年来，随着计算机能力的提升，气动噪声现象分析中不可或缺的 CFD 分析技术和噪声可视化技术也随之提高，进而引起实验方法和评价方法等也随之发生改变，最后，将就这些与气动噪声有关的最新信息进行分析。

6.3.2 气动噪声的产生机理

大多数读者认为，汽车制造厂商等在实施风洞实验和 CFD 时，工程师将同时实施汽车空气动力学性能的评价和改善。空气动力学方面的课题变得越来越复杂，不仅要研究汽车周围的流动，还需要考虑与运动的耦合、气动噪声和振动、热害、使车身变脏的泥或水的流动等多种现象。为此，本节不仅以传统的空气动力学问题为中心进行说明，还以流动和其他物理现象的实现为切入口进行总结。在本节中，将就"流动"和"噪声"的耦合以及噪声的产生机理进行说明。

说起气动噪声，一般通过流动波动（涡流）产生噪声进行说明。这一说明的前提是将流动和噪声作为单独的物理量进行考虑。然而，流场的压力波动也被称作气动噪声，声波也是一种压力波动，两者的区别在于，是涡流周围的局部现象，还是作为微小干扰以声速向远处传播的现象。在流动的基本方程纳维尔-斯托克斯方程和其连续方程中，有作为连续体的速度场、压力场和密度运动，如果气动噪声由流动现象导致，则可由上述公式导出。纳维尔-斯托克斯方程以流体的平流速度为基准，声速和声波的性质在公式中没有明确表示出来，纳维尔-斯托克斯方程中包含有流动所产生的噪声的性质。

首先，应弄清楚作为空气（媒介）的疏密波声波与纳维尔-斯托克斯方程的关系以及声速的定义。如上文所述，流体的运动基本上是通过流场的平流速度将动量作为信息传播开来,在气体温度基本不变的前提下,要求可压缩流体的动量(密度和速度)的改变量和冲量(由压力引起)达到平衡,因此,流场的压力波动量与密度的变化量成正比。这一关系由声速 c 定义[1]:

$$c^2 = \left(\frac{\partial p}{\partial \rho}\right)_z \quad (6\text{-}4)$$

式中,p 为压力;ρ 为空气密度。

可以得出:

$$\delta p = \left(\frac{\partial p}{\partial \rho}\right)\partial \rho \approx c^2 \delta \rho \quad (6\text{-}5)$$

声速的定义公式以等熵变化为条件,与之相对,在可压缩流体的动量和冲量的关系中,等熵变化不是必需条件,当密度的变化量像等熵变化那样足够小时,压力的变化量可以表示为密度变化量和声速的平方。所说的气动噪声一般是指作为这些微小干扰,从流动传播到充分远的噪声。将距离这些声源足够远的区域称作远场,将直接受到流场影响的区域称作近场。然而,不论远场还是近场,均可通过纳维尔-斯托克斯方程和其连续方式求得,它们都是流体力学因素造成的压力波动。

按噪声和流动对压力进行分类仅仅是为了方便,在流体力学中,不需要将两者分开考虑。从这一观点出发,即使是汽车的连接部件和天窗等处流场和噪声耦合而产生离散频率声(哔哔声等噪声),也不需要考虑流动和噪声的耦合,可以考虑作为纳维尔-斯托克斯方程的一个解。因此,本来就不需要考虑流动和噪声的耦合。

另一方面,人们在思考事情时,并不是原封不动地理解方程式和物理量的所有组成,而是需要进行简化。例如,傅里叶变换,通过将复杂的波形简化为容易理解的正弦波函数,将原本难以理解的波形信息转换为容易被人们所理解的形状,从而有助于提高人们的认识。因此,在理解事物时,需要将信息简化,或者将事物与已知的现象相结合,这有时非常重要。

将气动噪声分为流场和声场,这对于理解现象是非常重要的。本节的目的是帮助基于流体力学的工程师理解对汽车产生影响的各种物理现象。通过分成流场和声场,就很容易理解气动噪声的产生机理和所采取的措施。

在考虑气动噪声时,分离算法、流动和噪声之间的耦合、声场的影响、声波和压力场的分离等概念非常重要。在一些教科书中,很少将上述概念严格分类并进行浅显易懂的讲解。汽车的气动噪声与流场、声场和振动复杂地交织在一起,因此,将其分离开来进行考虑时,从工程角度来看,大多比较容易理解。

另一方面,需要认识到分离和简化说到底只不过是帮助理解的手段。在简化信息的同时,也会丢失一些信息。在理解气动噪声时,需要时刻认识到将流场和声场进行分离这一问题点。需要在理解存在一定限制的基础上,看清现象的本质。

(1) 考虑到流动和噪声耦合的情况

耦合分析（Coupling Analysis）是指在对多个不同的现象进行分析时，考虑相互影响的分析方法。如前文所述，将气动噪声作为可压缩纳维尔-斯托克斯方程的解进行计算时，不需要将气动噪声作为耦合问题进行考虑。气动噪声是流场的一种形态，不是多个不同物理量相互作用的结果。

然而，在理解这些现象时，将流场和声场区分开来，会更容易理解。例如，后视镜的台阶处形成涡流，这一涡流会使后视镜端部产生气动噪声，产生的声波向上游传播，对台阶处的涡流形成产生影响，进而产生非常强的气动噪声。在这种情况下，因流动产生的噪声，使产生噪声的涡流增强，从而在后视镜的端部形成更强的声场，这样一来，就比较容易理解了。在本节中，将这种现象按照流动和噪声的耦合问题进行处理（使用计算分析对这种现象进行预测时，需要使用可压缩纳维尔-斯托克斯方程的直接求解方法）。

另外，对于天窗等部位产生的风坡，由于车身周围的空气流动产生的气动噪声的频率，接近与车室内的共振频度（由车室内的形状决定的声场），通过气动噪声和共振器的共振而得到增强，从而导致风坡产生。在这种情况下，车内共振器的共振频率大多不会因流场的变化而发生较大变化（开口端修正量等发生改变）。由于声场不大受流场的影响，与其说是流动和噪声完全耦合的问题，不如说是共振器产生的声场定义了流场的边界条件，结果是使流场的涡流结构受到影响，也可以认为流场的涡流结构和声场的强度（与没有共振时比较）发生了改变。

像这种共振声场占主导地位，声场的特性本身基本不发生变化的问题，即使按照不可压缩流动方程式的分析条件（库朗数）进行分析，产生的气动噪声的水平有时也与实验结果相一致。然而，严格来说，在对流动和噪声耦合的现象进行分析时，由于规定分析用的库郎数条件是声速，因此这种分析方法不可能得到正确的解。

然而，对于天窗等来说，从经验来看，这种方法有时也会与实验的结果相一致。虽然后视镜和天窗的气动噪声都是流动和噪声的耦合问题，但发生机理不同，因此分析方法也略微不同。考虑到现象的本质，通过将流场和声场分开，就可以更好地理解两者的差异和分析时的假设和限制。

(2) 非耦合系统中的气动噪声

流场不受产生的气动噪声影响时，或不受共振噪声的影响时，流场的马赫数（$M=u/c$，u 为流场的代表速度，c 为声速）越小，基本上可以将流场和声场作为两种不同的物理现象进行考虑。在通常的车速下，这一假设基本在所有场合下均成立，因此，在考虑气动噪声时，可以认为气动噪声是伴随流场产生的，由流场决定。

然而，即使没有直接耦合，由于涡度波动形成的声场在物体表面被散射而形成噪声，因此，物体辐射出来的气动噪声，取决于由物体表面形状形成的散射场。所以，不能完全不考虑声场的影响。在这种条件下，只能忽略流场和声场的相互干扰，在考虑气动噪声时，不仅要考虑流体力学特性，还需要经常考虑作为对象的场的声学特性

(反射、衍射和吸声条件等)。

(3) 与振动的耦合，车内噪声的分析

汽车的噪声问题，不仅指车外噪声，还需要考虑车内噪声，这是一大特点。车身周围的空气流动引起的气动噪声的传播机制大致如下所述。

首先，通过车身周围的空气流动，使汽车周围产生复杂的涡流结构，这些涡流可导致压力变化（为了论述方便，将流动导致的压力波动和产生的气动噪声分开来考虑，在这里，包括上述两种情况），这种压力波动对车身表面施加激振力，通过其振动，车身各部分发生振动，通过该振动，车室内的空气发生振动，车室内形成声场。车身表面的振动不直接对流场产生影响时，可以分别对流场、振动和声场进行分析。由此，考虑车身周围的空气流动导致的车内噪声时，一般分别对流场、振动和声场进行分析。

另外，根据经验，尽管车身周围流场的压力波动与车身周围的气动噪声相比非常大，但对车内噪声的影响却很小，特别是在高频（大于等于500Hz）下，可以认为车身周围声场的影响非常大。流体的压力波动虽然具有较大的波动强度，但由于是涡流导致的，一般情况下，其长度尺度较小，相位随机，因此，相对于施加到壁面的多个不相关的激振源，即使声波的压力振幅较小，由于声波的相位相同，因此也会对壁面的振动产生较大的影响。

从设计的角度来看，如果汽车外部的声场占主导地位，测量流动产生的外部声场，将其作为激振力，通过振动统计能量法（Statistic Energy Analysis，SEA）和声学SEA分析，可以对车内噪声进行预测。在预测车内噪声时，虽然不需要进行气动、振动和声学的耦合分析，但对于汽车整体而言，在高频区进行振动分析、声学分析时，由于分析负载的问题比较困难，因此，SEA分析具有可以进行车内噪声分析的优点，今后，可广泛用于汽车车内噪声的预测方面。

然而，将气动噪声和流场的压力波动分开来进行考虑，是为了理解现象而采取的简便方法，而且，纳维尔-斯托克斯方程本身也不能将气动噪声的压力波动和流场的压力波动分开来考虑。将纳维尔-斯托克斯方程和其连续方程连立，在考虑动量和冲量的变化时，在密度和压力取决于声速的模型中，当密度变化较小时，在等熵条件下，声速成立的条件是基于可以用压力和声速的偏微分进行描述的假设。对于从后视镜和A柱中分离出来的流场，位于后视镜下游的玻璃和车身表面形成的压力场是近场，在这里，很难适用微小压力波动以声速传播这一远场的假设。在这种情况下，在汽车表面，除了从非常遥远的外界传播过来的噪声以外，严格来说，可能都不适用远场模型。

如前文所述，将"流动"和"噪声"分开，追根究底是为了理解现象，并不意味着这种分离是可能的。然而，作为科学和工程之间的巨大差异，在弄清楚设计时的问题和极限的基础上，灵活运用分析技术非常重要。而且，预测车内噪声时，在理解各种假设的基础上，开发出更接近现实的分析方法和分析技术也是非常重要的。

在这里，对于要解决的问题说了很多，气动噪声这一现象和其分析方法中存在着各种各样的误解，其原因之一是为了方便读者理解，将流场和声场分开来考虑。另一方面，通过将"流场"和"声场"分开考虑，逐渐加深了对气动噪声的理解。也就是说，认识到分开求解的限制，意识到与方程原本的意义分开后的优点和缺点，从而获取新的知识。这对于研究气动噪声这种多物理场非常重要。

图 6-68 表示分析气动噪声时的流程图。该图不仅表示分析的顺序，还有助于读者理解对象的现象。越往图的左侧，分析方法中的模型化越少，作为正确破解现象的方法，只要有足够的分析精度，就可以得到正确的结果。另一方面，为了维持分析负载和精度，需要具备先进的分析算法技术。越往右侧，由于使用了模型和经验法则，虽然解决的问题有一定限制，但可以在较少的资源下方便地得到答案。首先，选择需要进行分析的对象，判断该现象是否符合本节中所说的耦合分析。如果可以作为耦合分析进行处理，则需要进行可压缩非定常流动分析。

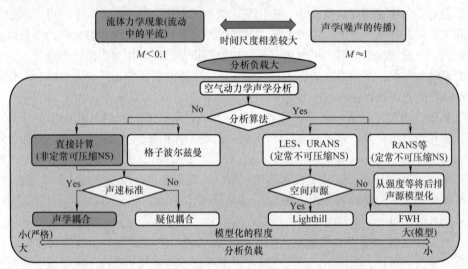

图 6-68 流场的分析方法（耦合和模型化的关系）和分析负载的相关图

接下来，判断声场是否处于主导地位，流动和声场是否完全相互耦合。在理想情况下，最好作为完全耦合问题进行考虑，但是，考虑到分析资源等，将其略微简化（声场完全不进行解答），在开发过程中，也可以将声场作为边界条件进行处理，这是允许的。作为耦合问题进行处理时，大多使用不可压缩的分离算法。在选择使用分离算法时，应同时选择相当于 Lighthill 方程中声源项的空间声源（如后文所述），或者选择物体表面的压力波动。为了在较少资源下方便获得较好的结果，也可以将物体表面的压力波动作为声源。

作为分析方法，当使用图 6-68 中最右侧的统计法时，基本上都选择物体表面的压力波动。在这一方法中，例如，由速度波动强度和涡流尺度，通过卡尔曼频谱等来预测湍流的速度波动谱，在此条件下，进一步预测物体表面的压力波动谱，这一方法大多用于在像大型风车和流体机械这种难以实施实验的产品等中。右侧的分析方法，由于将流场和声场模型化，比较适合理解流场的现象。将通过左侧严格的分析方法取得的结果用于右侧的统计模型中，提取对分析对象产生影响的主要因素。这对于理解现象非常重要。

（4）气动噪声的产生机理

气动噪声的产生机理见 4.1.3 小节。

6.3.3 风噪

随着乘坐舒适性要求的不断提高，风噪也越来越受各大主机厂所重视，纷纷加大对风噪的投入研究。相比于传统燃油车，电动汽车由于没有发动机，风噪问题会相对更加突出。

目前各大主机厂将风噪关注的焦点放在 A 柱、后视镜、侧窗位置，以及天窗和侧窗打开时的风振噪声。图 6-69 所示为 A 柱的风噪仿真，图 6-70 所示为天窗风振噪声试验。

图 6-69　A 柱风噪仿真

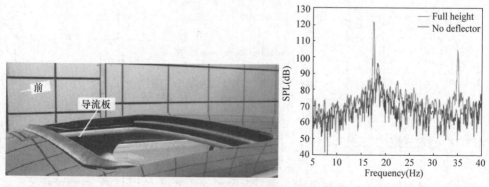

图 6-70　天窗风振噪声试验

乘用车风噪一般产生在天线、后视镜、刮水器、A 柱、天窗与侧窗风振、轮罩、车身底部。其中，天窗与侧窗风振是由于共振原因引起的，其频率一般较低，在 20Hz 左右，其他位置的风噪一般是高频噪声。

1. 风振噪声抑制

天窗风振噪声一般采用合适的导流板均能得到有效抑制。一般有三种形式的导流板如图 6-71 所示，即一般形式导流板、滤网形式导流板、锯齿形式导流板。

图 6-71　天窗导流板

采用上述导流板抑制天窗风振噪声有其各自的优缺点：

一般形式导流板成本较低，但为了有效抑制天窗风振噪声，往往需要较高的高度，会影响车身造型。

锯齿形式导流板可以看作是在一般形式导流板上所做的优化，采用锯齿可以降低导流板高度，同时有效抑制天窗风振噪声，但成本要比一般形式导流板高。

滤网形式导流板可以有效抑制低频风振噪声，但在车速较高时往往会产生高频风噪。

2. 其他风噪抑制

1）声泄漏。由于密封系统问题形成的泄漏噪声在风噪中占有较大比例，采用密封措施即可有效抑制。图 6-72 所示为有无胶带密封时的驾驶员侧人工头外耳声压级试验结果对比。

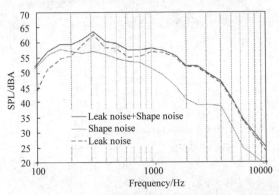

图 6-72　驾驶员侧人工头外耳声压级：风速 130km/h，0° 偏航角，整车车身表面零部件接合处用胶带密封与不用的对比

2）天线风噪声。天线风噪声主要是由涡周期性脱离所引起的，只要破坏涡，让其无法周期性脱离，即可有效抑制该类天线所产生的风噪声。在天线外部添加螺旋线是一种有效的方法。图 6-73 所示为有无螺旋线时的结果对比。

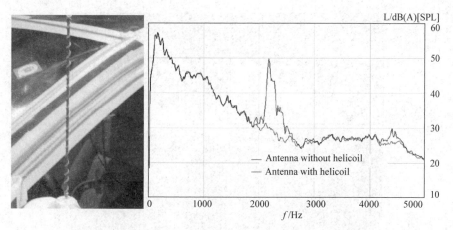

图 6-73 驾驶员侧人工头外耳声压级：风速 140km/h，0° 偏航角，天线有无扰流螺旋线的对比

3）后视镜风噪。后视镜风噪需要优化后视镜外形，减小尾涡大小，同时避免尾涡和高速气流冲击侧窗。图 6-74 所示为后视镜外形优化前后的流场对比情况。从图中可以看出优化后后视镜尾涡减小，同时后视镜有车身之间的高速气流冲击偏离了侧窗。

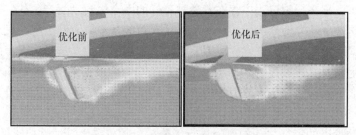

图 6-74 后视镜优化前后流场对比

后视镜优化还可以采用扰流方式，如图 6-75 所示。

图 6-75 后视镜扰流降风噪措施

4）刮水器风噪。刮水器若受到机舱后方高速气流冲击，将会产生较大风噪声。因此一般采用设计使得刮水器处于刮水器槽内的低速区，从而避免高速气流冲击。为了达到该效果，还可使得机舱后缘略微上翘，从而调整气流走向。

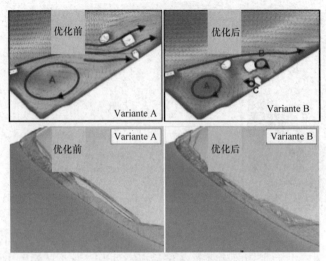

图 6-76　刮水器降风噪措施

6.3.4　小结

本节按照汽车在行驶过程中存在着各种各样的因空气流动而产生的气动噪声展开探究，从气动噪声基本理论出发，分析了气动噪声的基本概念和产生的机理，讨论了窄带噪声和宽带噪声特点、产生的原因及提出了抑制的方法。流动和噪声的耦合是气动噪声的产生原因，通过流动波动（涡流）产生噪声，根据纳维尔-斯托克斯方程和其连续方式求得，它们都是流体力学因素造成的压力波动，将气动噪声分为流场和声场，这对于理解现象是非常重要的。

根据气动噪声的特征之一的风噪进行了分析，随着乘坐舒适性要求的不断提高，风噪也越来越受各大主机厂所重视。提出了风噪抑制的关键技术，风噪产生的位置为天线、后视镜、刮水器、A柱、天窗与侧窗风振、轮罩、车身底部。一般有三种形式的导流板：一般形式导流板、滤网形式导流板、锯齿形式导流板。

其他风噪抑制：声泄漏，提出了采用密封措施的有效抑制技术；天线风噪声是由涡周期性脱离所引起的，提出了添加螺旋线是一种有效的抑制方法；后视镜风噪是由于尾涡高速气流冲击侧窗产生的噪声，提出了优化后视镜尾涡的技术；刮水器风噪，由于受到机舱后方高速气流冲击，产生较大风噪声，提出了设计刮水器槽的低速区，避免高速气流冲击的抑制技术。

6.4　热管理仿真技术

热管理属于能量管理的重要组成部分，尤其涉及电动汽车[16,17]，包括机舱热管理分析和乘员舱热管理分析两部分内容。

6.4.1 热管理技术现状

随着对节能减排要求的日益严格，国内外逐渐加大了对热管理方面的研究投入。首先，相比于气动性能风洞[18-20]，热环境风洞建设成本较低，因此国内各大主机厂纷纷建设热环境风洞。主要包括：上海地面交通工具风洞中心的标准风口为 14@100m^2@kph，高速风口为 7@200m^2@kph，建成年份是 2009 年；通用泛亚的标准风口为 7@200m^2@kph，高速风口为 5@250m^2@kph，建成年份是 2012 年；上汽技术中心的标准风口为 7@200m^2@kph，高速风口为 5@250m^2@kph，建成年份是 2015 年；长城汽车的标准风口为 8@200m^2@kph，高速风口为 5@250m^2@kph，建成年份是 2016 年等。

热管理仿真分析涉及多款仿真分析软件，一维仿真软件一般有 KULI、FlowMaster、GT，主要用于冷却系统、空调系统或是整车系统级的分析，计算时间短，可用于系统匹配与选型，同时到详细设计阶段可与三维仿真软件进行耦合，为三维分析提供热边界输入；三维仿真软件有流体仿真软件 Star-CCM+、Fluent 等、热辐射分析软件 TAITherm，两者进行耦合可分析热传导、热辐射、热对流三种传热方式下的温度场情况，同时可与一维分析进行耦合，为一维分析提供风量输入。

6.4.2 机舱热害技术分析

现代汽车趋向于小型化、紧凑化设计，由于机舱空间相对狭小，给机舱布置和热管理[21]带来了挑战。同时，增压发动机的普遍应用导致整个机舱的温度进一步升高，机舱内高温空气如果没有合理的分布，会在局部汇聚成涡流，形成局部温度过高，造成零部件老化和失效甚至起火燃烧的事故。如何降低增压车型的机舱热风险成为热管理工程师关注的焦点。

CFD 仿真分析方法可以直观看到机舱内气流走向和零部件表面温度，在方案设计阶段可以帮助设计人员评估机舱布置的合理性，并针对仿真结果优化设计方案，减少重大返工，降低开发风险。

本节针对某乘用车机舱温度场试验和空调环模试验中出现局部温度过高和冷凝器进风温度过高的问题，对机舱流场和温度场进行分析，通过增加密封板和导流板的措施，减少机舱局部涡流，减少冷凝器气流回流，降低翼子板温度和冷凝器进风温度，并通过试验验证。

6.4.2.1 热管理现象

某款 SUV 车型机舱采用了涡轮增压发动机，进行温度场试验和空调环模试验时，存在两个问题：①在 40km/h 车速，12% 坡度工况时左右翼子板附近测点温度过高，主观评价翼子板表面烫手；②在空调环模降温试验中发现空调降温效果不满足设计要求，冷凝器前端测点显示进风温度偏高。

对于以上两个问题的分析流程如下：①首先应用 CFD 仿真分析方法分析机舱流

场,对机舱内存在涡流和热风回流的地方重点关注,并通过增加挡风板等措施改善流场。②分析机舱温场,重点关注冷却系统进风温度和翼子板附近温度,并通过隔热板等措施改善温度场。③针对优化方案进行试验,验证优化方案效果。

6.4.2.2 仿真模型的构建

整个热管理模型包括前舱主要部件,车身外部,底盘系统、排气系统等影响空气流动的结构件。对对气流影响小的位置做了简化处理,控制面网格的总体数量,并对机舱及车底进行了网格加密,网格总数为2500万,如图6-77~图6-79所示。环境温度采用与试验相同的40℃。

 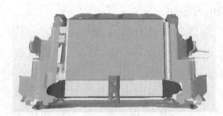

图 6-77 机舱数模　　　　　　图 6-78 冷却系统数模

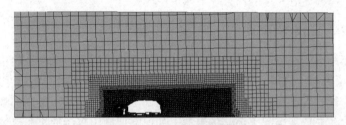

图 6-79 中截面网格模型

同时,建立排气管内流区域模型,体网格采用Trimmer+Prism Layer Mesher模型划分,网格总数为300万,如图6-80所示。排气管内流区同固体区热交换,为了考虑隔热罩固体导热,将各隔热罩划分体网格,采用Thin Mesher模型,网格总数为54万,如图6-80所示。

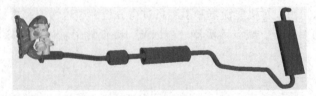

图 6-80 排气管模型

分析工况与试验工况一致,车速为40km/h。比较复杂的部件,如散热器和冷凝器、中冷器等采用多孔介质进行处理,风阻系数等参数由单件试验测试。

发动机排气管是主要热源,采用加入排气管排气流量和排气温度的方法,在排气歧管入口加入排气流量和排气温度,对催化器采用多孔介质模型,可以模拟排气管和排气歧管温度连续变化。

6.4.2.3 热管理流场分析

图 6-81 所示为沿垂直于整车坐标系 X 轴方向截取流场图。从图中可以看出,翼子板和前纵梁之间有较大的间隙并形成一个只有一端开口的空腔,发动机后方气流从此间隙流入空腔,空腔内气体无法排除,在空腔内形成涡流。此处气流有两个来源,冷却风扇后端吹出来的气流和发动机后端回流的气流,气流温度都比较高,导致空腔内涡流温度较高,翼子板温度也随之升高。

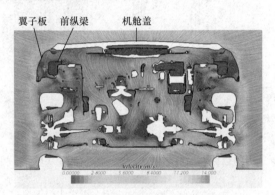

图 6-81 原方案翼子板附近流场

图 6-82 所示为沿垂直于整车坐标系 Y 轴方向截取流场图。从图中可以看出,在上横梁和散热器之间有间隙,此处间隙会导致两方面的后果,前端气流泄漏和后端热风回流,气流泄漏会减小冷却系统进风量,不利于空调制冷和发动机冷却,后端热风回流使得冷凝器进风温度提高,降低冷凝器降温效果。

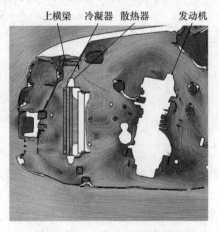

图 6-82 原方案冷凝器附近流场

图 6-83 所示为沿垂直于整车坐标系 X 轴方向截取温度场图。右前翼子板附近空腔内空气温度约 65℃,左前翼子板附近空腔内空气温度约 55℃,翼子板材料是钢,

厚度也比较薄，导热性能好，翼子板与横梁之间的高温气流会对翼子板加热，导致翼子板温度过高。

图 6-84 所示沿垂直于整车坐标系 Y 轴方向截取温度场图。冷却系统前端进风温度约 65℃，进风温度较高，影响冷凝器对制冷剂的冷凝能力，降低空调系统降温性能。

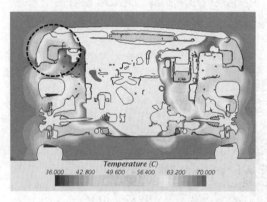 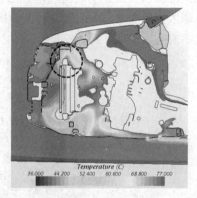

图 6-83　原方案翼子板附近截面温度场图　　图 6-84　原方案冷凝器上端附近截面温度场图

6.4.2.4　优化方案分析

翼子板温度过高问题采用的优化方案是在翼子板和前纵梁之间增加密封板，考虑到翼子板前端有多处缝隙，将密封板延长至前照灯处，如图 6-85 所示。

冷凝器进风温度过高问题采用的优化方案是在散热器支架和冷却系统上护板之间增加挡风板，阻止后端热风回流到冷却系统前端，如图 6-86 所示。

 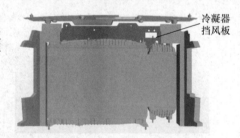

图 6-85　翼子板优化方案　　　　　图 6-86　冷凝器优化方案

翼子板优化方案流场如图 6-87 所示。翼子板密封板有效阻止了气流流进翼子板内，大量减少此处涡流。

在冷却系统与散热器上横梁之间增加挡风板，阻止热风回流，降低前端进风温度。同时，挡风板减少了气流泄漏，增加了冷却系统进风量，提升发动机冷却和空调系统降温效果，如图 6-88 所示。

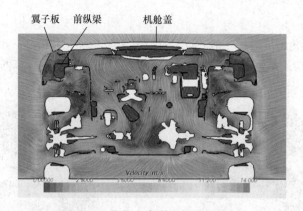

图 6-87　优化方案翼子板附近流场

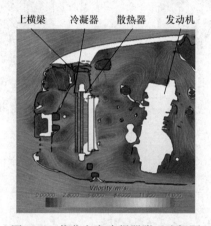

图 6-88　优化方案冷凝器附近流场图

翼子板附近温度场如图 6-89 所示。优化后左边翼子板附近空气温度降低到 55℃左右，右边翼子板温度降低到 45℃左右，降低 10℃。

冷凝器上端进风温度降低到 58℃，如图 6-90 所示，降低约 7℃。从温度场仿真结果来看，优化措施效果较好，大幅降低了机舱局部温度。

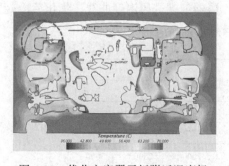

图 6-89　优化方案翼子板附近温度场

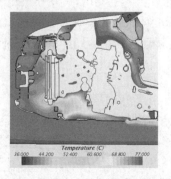

图 6-90　优化方案冷凝器附近温度场

6.4.2.5 试验验证

验证优化方案的效果，分别进行了机舱温度场试验（图6-91）和空调系统环模降温试验（图6-92），并分别对优化前和优化后的翼子板温度和冷凝器前端进风温度进行了测试。

图6-91　机舱温度场试验

图6-92　空调系统环模降温试验

图6-93所示为机舱温度场试验中翼子板附近空气温度曲线，优化后温度最高下降约15℃，优化效果较好。

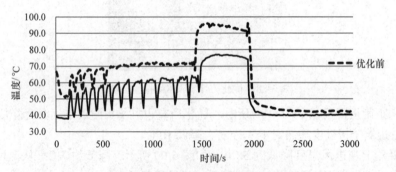

图6-93　翼子板附近空气温度曲线

图6-94所示为空调系统环模试验中，冷凝器前端进风温度曲线，优化后冷凝器上端进风温度下降3~5℃，大幅提升空调系统性能。

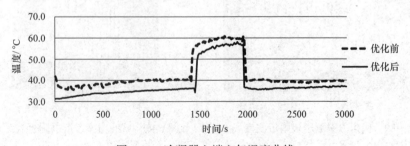

图6-94　冷凝器上端空气温度曲线

通过以上分析可以看出，采用 CFD 手段对机舱流场和温度场进行分析，可以从气流流速和流向、涡流大小和位置等方式判断机舱流场情况，对存在涡流和气流泄漏和回流的位置要重点关注，快速解决机舱布置缺陷。在机舱里布置导风板、密封板、扰流板等零件可以有效优化机舱流场，减少局部涡流和气流泄漏，避免机舱出现局部高温现象。

根据分析得出结果：在工程设计阶段通过试验、优化分析、试验验证的方式优化机舱流场，周期长，成本高，如果在方案设计阶段对机舱 CFD 分析的结果给予足够的重视，所涉及的问题可以完全避免，可以大幅降低试验和试制费用，缩短汽车研发周期。

通过 CFD 方法优化机舱流场和温度场存在以下几点不足：①采用稳态仿真方法，能够快速得到机舱流场和温度场分布情况，但无法与瞬态试验过程对标；②机舱零部件较多，材料参数不全，热辐射属性使用经验值，影响仿真精度；③冷却风扇无真实扇叶模型，使用风扇性能曲线拟合的方法会影响仿真精度。在后续车型开发中需要从以上三个方面进一步提升仿真精度。

6.4.2.6 小结

针对试验中发现翼子板温度过高和冷凝器进风温度过高的问题，采用 CFD 仿真和试验相结合的方法进行分析，通过增加翼子板密封板和冷凝器上端挡风板，有效解决了机舱局部涡流和热风回流问题，将翼子板附近空气温度降低 15℃，冷凝器进风温度降低 5℃，改善机舱温度场，提升空调性能。说明采用 CFD 仿真分析方法对发动机舱进行分析，可以快速高效解决实车中存在的问题，减少试验和试制次数，降低研发成本。

6.4.3 3D 流场仿真分析

3D 仿真分析用于分析机舱流场、机舱温度场、乘员舱流场、乘员舱温度场，可以模拟机舱内气流泄漏和热风回流、机舱内热害风险，乘员舱气流走向、乘员舱温度分布。

图 6-95 所示为机舱内流场速度云图，从内流场结果可以分析机舱内是否有冷却系统气流泄漏和热风回流、冷却系统进风量等信息，评估气流合理性。

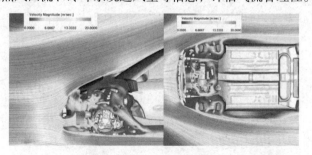

图 6-95　机舱内流场

图 6-96 所示为机舱内零部件温度云图，可以评估机舱内热害风险，找出机舱内

温度场超标的风险点，同时可以优化隔热罩，避免过设计造成成本过高。

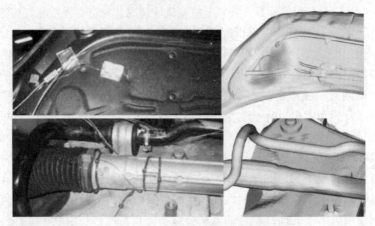

图 6-96　机舱零部件温度

图 6-97 所示为乘员舱内流场结果，可以分析格栅出风口气流走向、格栅出风口风速大小、乘员表面风速大小等流场信息。

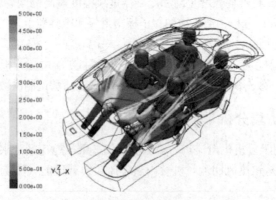

图 6-97　乘员舱零部件温度 1

图 6-98 所示为乘员舱内温度云图，可以评估乘员舱内和乘员表面温度分布，避免乘员舱空间内温差过大而影响乘员舒适性。

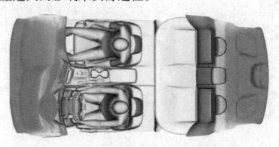

图 6-98　乘员舱零部件温度 2

6.4.3.1 1D 和 3D 耦合仿真分析

1D 仿真计算时间短,反应速度快,但在设计早期很多参数都是经验参数,在详细设计阶段需要通过试验或 3D 仿真提供相关参数以提高仿真精度。同时,3D 热管理仿真中热边界输入也需要 1D 仿真提供。在整车热管理分析中,为了提高仿真精度,减小设计与试验之间的误差,需要在详细设计阶段对分析结果进行校准和修正,因此在详细设计阶段需要进行 1D 和 3D 之间的耦合计算。

图 6-99 所示为耦合分析流程,在该流程中存在两个耦合过程。首先,是 1D 仿真软件和 3D 流体仿真软件之间的耦合,目的是进一步分析发动机冷却液温度、提高 1D 仿真精度,同时分析机舱内流场情况,避免气流泄漏和热风回流等流场缺陷;然后,是 3D 流体仿真和 3D 热分析软件之间的耦合,主要是分析机舱内热害风险,避免零部件温度超标。

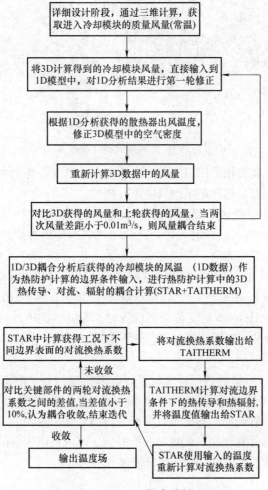

图 6-99 1D 和 3D 耦合分析流程

6.4.3.2 机舱热管理热害分析

对某机舱进行热管理热害分析，所有需要 1D 仿真提供的输入均由试验数据转化而来，3D 流场计算的各个车速工况下的冷却系统换热器进风量结果，可以评估冷却系统进风量是否满足设计要求。冷却系统进风量结果：怠速时，冷凝器进风量为 0.24kg/s，散热器进风量为 0.22kg/s，中冷器进风量为 0kg/s；车速 60km/h 时，冷凝器进风量为 0.39kg/s，散热器进风量为 0.38kg/s，中冷器进风量为 0.024kg/s；车速 160km/h 时，冷凝器进风量为 0.80kg/s，散热器进风量为 0.87kg/s，中冷器进风量为 0.15kg/s。

图 6-100 所示为机舱冷却系统前段出现热风回流和气流泄漏，这会影响空调性能、提高散热器出风温度、降低机舱散热效果，并且会导致风阻增加。

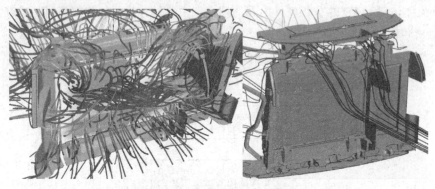

图 6-100　热风回流和气流泄漏

由于没有 1D 仿真和相关试验提供热边界条件，温度场仿真中所采用的热源边界均有可能出现较大偏差，仿真结果也只能作为参考。

排气系统由于温度较高，周围零部件受其热辐射影响较大。一般 CFD 仿真软件分析热辐射效率极为低下，同时无法处理像隔热罩这样的多层结果，因此在热管理分析中，尤其是机舱热管理中，忽略热辐射影响，仅用 CFD 仿真软件分析对流传热。为了避免该问题，引入专业热分析软件 TAITherm，将 CFD 仿真软件和 TAITherm 进行耦合，可以同时分析热传导、热辐射和热对流的影响。图 6-101 所示为有无热辐射时的仿真结果。当采用 CFD 仿真分析热对流时，无法捕捉热害风险点。右图所示为 Star-CCM+ 和 TAITherm 相耦合的结果，从图中可以看出，前围靠近排气尾管的位置有明显的局部高温区。

采用耦合方法分析机舱热管理后，可以获取机舱内各个零部件的温度部分。图 6-102 所示为空调制冷管路和 ECU 的温度场分布，从分析中可以清晰地看出零部件温度是否超标，什么位置超标，同时可以分析是由热对流、热辐射哪种传热方式引起的温度超标。结合零部件温度超标位置和超标原因，则可采用相应的降温措施，比如优化气流走向、调整零部件位置、增加隔热罩等方法。

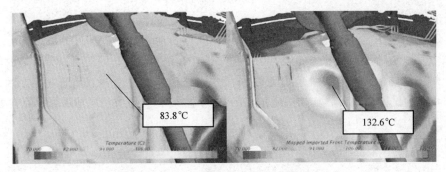

图 6-101　有无热辐射仿真结果对比

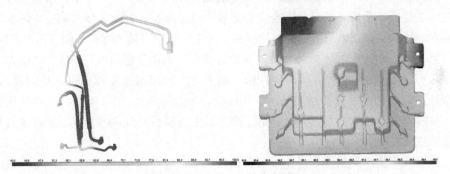

图 6-102　零部件表面温度分布

6.4.4　小结

热管理属于能量管理的重要组成部分，包括机舱热管理和乘员舱热管理分析两部分内容。国内外逐渐加大对热管理方面的研究投入。现代汽车趋向于小型化、紧凑化设计，在空间相对狭小的机舱内，给机舱布置和热管理带来了挑战。

本节针对某乘用车机舱温度场试验和空调环模试验中出现局部温度过高和冷凝器进风温度过高的问题，对机舱流场和温度场进行分析，通过增加密封板和导流板的措施，减少机舱局部涡流，减少冷凝器气流回流，降低翼子板和冷凝器进风温度，并通过试验验证。

针对试验中发现翼子板温度过高和冷凝器进风温度过高的问题，采用CFD仿真和试验相结合的方法进行分析，通过增加翼子板密封板和冷凝器上端挡风板，有效解决了机舱局部涡流和热风回流问题，将翼子板附近空气温度降低15℃，冷凝器进风温度降低5℃，改善机舱温度场，提升空调性能。说明采用CFD仿真分析方法对发动机舱进行分析，可以快速高效解决实车中存在的问题，减少试验和试制次数，降低研发成本。

3D仿真分析用于分析机舱流场、机舱温度场、乘员舱流场、乘员舱温度场，可用于模拟机舱内气流泄漏和热风回流、机舱内热害风险、乘员舱气流走向、乘员舱温度分布。

采用耦合方法分析机舱热管理后，可以获取机舱内各个零部件的温度部分，从分析中可以清晰地看出零部件温度是否超标，什么位置超标，同时可以分析是由热对流、热辐射哪种传热方式引起的温度超标。结合零部件温度超标位置和超标原因，则可采用相应的降温措施，比如优化气流走向、调整零部件位置、增加隔热罩等方法。

6.5 未来发展

目前，汽车面临的最大问题是降低车辆油耗，汽车的空气动力学技术就是解决该问题的主要技术手段，并且从安全方面来看，也是高速行驶时确保车辆稳定运动的基本技术，另外，该技术与舒适性直接相关，对于降低空气动力噪声等而言不可或缺。

空气动力学研究的历史及其时代背景与整个车辆造型密切相关，从空气动力理论Rumpler、Jaray 的雨滴形、流线型开始，逐步演变为 Shuureru +Kamu 理论以及楔形，根据这三大变化，一边控制细节的空气气流，一边降低 C_D 值。可知在这些变化背景下，空气动力学技术随着第一次、第二次世界大战和石油危机的发展不断进步，并随着燃料危机的发生不断进步。

随着汽车从内燃机汽车进化成混合动力汽车、电动汽车、燃料电池汽车，未来汽车空气动力学的作用越来越重要。未来的发展将聚集：

1）提高能量回收的空气动力学技术开发。

2）新能源汽车空气动力噪声在整个车辆噪声中所占的比例显著增加。

3）轻量化技术对高速行驶时空气动力性能与车辆运动的耦合现象带来很大的影响。

4）"空气动力再利用"技术，构建与机械、计算机、热学和物理学为一体的空气动力学体系化技术，从而开发出满足多方市场需求的产品。

经常说若追求空气动力，所有的汽车形状都会一样，这样是不是就没有特征了呢？大的轮廓和包装的构成肯定基本上都是一样的。自古以来，即便没有空气动力学，每个时代的方针和技术在各公司之间并无很大的变化，从远处看外观几乎都是一样的形状。车身结构、主要的材料构成、冲压技术、车窗的嵌入方法、制动器的热管理[22-25]等，在每个时代每家公司几乎都是相同的设计。

目前，区别就是各公司对技术细节的把控，建筑家 Miesvan der Rohe 有一句名言"细节就是上帝"，如何控制风噪，如何构成概念差异，就是空气动力学的极致应用。

参考文献

[1] HECTOR G, PARRA P. CFD Analysis of two and four blades for multirotor Unmanned Aerial Vehicle[R]. IEEE 2nd Colombian Conference on Robotics and Automation, 2018.

[2] GUSAROVA I A, MAN′ KOT A. Study on metal heat-protective structures of reusable aerospace

vehicles[J], Strength of Materials, 2020.
- [3] IBRAHIM R A. Liquid sloshing dynamics: Theory and Applications[M]. Cambridge Univ Press, 2005.
- [4] 流体技术部门委员会. 汽车空气动力学技术 [M]. 出版地不详，公益社团法人汽车技术会，2018.
- [5] SUN Z Q, CHEN C Z. Car-body styling integer optimization based on CFD simulation[C]//ICCASM 2010-2010 International Conference on Computer Application and System Modeling. 2010.
- [6] ANDO K, KURATANI N, FUKUDA H. Aerodynamic performance evaluation system at the early concept stage of automotive styling development based on CFD[C]// SAE 2016 World Congress and Exhibition. 2016.
- [7] REGIN A, FELIX. Passenger car front end optimization using CFD simulation[C]// SAE 2014 World Congress and Exhibition. 2014.
- [8] GLEASON, MARK E.CFD analysis of automotive bodies in static pressure gradients[C]// SAE 2014 World Congress and Exhibition. 2014.
- [9] ZHANG C, UDDIN M, ROBINSON C, et al. Full vehicle CFD investigations on the influence of front-end configuration on radiator performance and cooling drag[J]. Applied Thermal Engineering, 2017.
- [10] LJUNGSKOG E, SEBBEN S, BRONIEWICZ A. Inclusion of the physical wind tunnel in vehicle CFD simulations for improved prediction quality[J]. Journal of Wind Engineering and Industrial Aerodynamics, 2020, 197.
- [11] GLANDIER C Y, EISELT M, PRILL O, et al. Coupling CFD with vibroacoustic FE models for vehicle interior low-frequency wind noise prediction[J]. Clinical Lymphoma & Myeloma, 2015, 8(3):S155-S155.
- [12] HUA T J, RAHMAN M M. Controller cooling of an electric vehicle (EV): an analytical and CFD simulation study[C]// Brunei International Conference on Engineering & Technology. IET, 2014.
- [13] LIU K, STELZER D, WILLIAMSON A, et al. Topology optimization and CFD analysis of a hypersonic vehicle nose cone[C]// Aiaa/asce/ahs/asc Structures, Structural Dynamics, & Materials Conference. 2016.
- [14] LONG P V, HIROSHI T, TAKAAKI N, et al. A CFD analysis method for prediction of vehicle exterior wind noise[J]. Sae International Journal of Passenger Cars Mechanical Systems, 2017, 10(1):286-298.
- [15] PULUGUNDLA G, DUBEY P, SROUJI A. Time-accurate CFD analysis of liquid cold plates for efficient thermal performance of electric vehicle li-ion battery modules[C]// Wcx Sae World Congress Experience. 2019.
- [16] ALLAM, SABRY. Parametric study on vehicle fuel economy and optimization criteria of the pleated air filter designs to improve the performance of an I.C diesel engine: Experimental and CFD approaches[J]. Separation and Purification Technology, 2020, 241.
- [17] ASHIT K, AMARJEET S, FELIX R A. Study on effect of ground clearance on performance of aerodynamic drag reduction devices for passenger vehicle using cfd simulations[J]. Rev.latino

Am.enfermagem, 2015, 20:271-272.
[18] JEYARATNAM J, BYKERK T, VERSTRAETE D. Low speed stability analysis of a hypersonic vehicle design using CFD and wind tunnel testing[C]// 21st AIAA International Space Planes and Hypersonics Technologies Conference. 2017.
[19] SHAH, HARSH. CFD analysis and experimental validation of an unmanned aerial vehicle[C]// Applied Aerodynamics Conference. 2018.
[20] LEE, JUN H. Design and thermal analysis of wheel hub motors of electric vehicles using analytical and CFD methods[C]// 28th International Electric Vehicle Symposium and Exhibition. 2015.
[21] ABU B, ABD R，OUYANG H J.Thermal analysis of a disc brake model considering a real brake pad surface and wear[J]. Int. J. Vehicle Structures & Systems, 2010, 2(1): 20-27.
[22] ADAMOWICZ A, GRZES P. Influence of convective cooling on a disc brake temperature distribution during repetitive braking[J]. applied thermal engineering, 2011, 31(14-15):2177-2185.
[23] BELHOCINE A, GHAZALY N M. Effects of young's modulus on disc brake squeal using finite element analysis[J]. Int. J. Acoust. Vib., 2016, 31(3): 292-300.
[24] LIMPERT, RUDY. Fundamentals of Braking Performance, Design, and Safety[M]. 3rd ed. Brake Design And Safety. Breaking, 2011: 1-26.
[25] MACKIN T J, NOE S C, BALL K J, et al. Thermal cracking in disc brakes[J]. Engineering Failure Analysis, 2002, 9(1): 63-76.

第 7 章 汽车动力学仿真技术

7.1 汽车多体动力学分析机理

汽车动力学包括对一切与车辆系统相关运动的研究,它以牛顿运动定律为基础,包括动量定理、动量矩定理、动能定理及由这三个基本定理[1]推导出来的相关定理。自 20 世纪以来[1,2,3],动力学重点以工程技术应用为突破点展开了新的发展,突出的应用就是多体动力学。随着汽车技术的进步,工业软件的发展,对汽车认知的深入,组成汽车的系统和自由度越来越多,并且各系统之间约束方式的复杂化,提升了汽车研究的难度。为了解决这些问题,适应汽车技术的发展,将经典力学原理与现代计算技术结合,便提出了多体系统动力学。多体动力学在汽车中主要应用在操纵稳定性、乘坐舒适性和运动部件等领域。

多体仿真技术的发展分为 3 个阶段[4]:前期是以现代计算力学为基础的"多体动力学仿真"阶段,近期扩展到用于结构、控制和优化结合的"多体系统仿真"阶段,现正走向结合机 - 电 - 控与多物理场的"多体产品仿真"阶段。

目前,多体系统动力学分析主流分析软件有 RecurDyn、ADAMS、Nastran。RecurDyn[5]通过开发广义递归算法库,采用 BDF 方法和相对坐标进行多体系统动力学分析,适合于求解大规模的多体系统动力学问题。

ADAMS[6](Automatic Dynamic Analysis of Mechanical Systems)虚拟样机仿真分析软件是由美国 MDI 公司针对机械系统动力学与动力学进行仿真分析开发的商用软件。在仿真分析商用软件中,拥有 70% 的市场份额。主要功能是应用静力学、运动学和动力学对虚拟机械系统进行位移、速度、加速度和反作用力分析。

结构动力学分析是 MSC.Nastran[7]的强项之一,主要是针对有限元分析展开的。涵盖的范围包括时间域的瞬态响应,频率域的频率响应分析。

下面从与多体动力学密切相关的汽车性能,即操纵稳定性、乘坐舒适性和运动部件的仿真分析进行阐述。

7.1.1 操纵稳定性仿真设计机理

应用多体动力学分析汽车操纵稳定性是多体动力学重要的作用之一。汽车的操纵稳定性,通常包括操纵性和稳定性两部分[8]:操纵性是车辆能够准确地响应驾驶员转向指令的能力;稳定性是指车辆在受到外界扰动后能够恢复原来行驶状态的能力。

汽车操纵稳定性仿真是利用多体动力学建立仿真模型，把与操纵稳定性相关的部件参数化，通过计算整个参数化的控制系统，得出汽车的时域响应和频域响应[9]，并用它们来表征汽车的操纵稳定性能。

7.1.2 乘坐舒适性仿真设计机理

乘坐舒适性是指保持汽车在行驶过程中产生的振动和冲击环境对乘员舒适性的影响在一定界限之内，避免汽车在行驶过程中所产生的振动和冲击使人感到不舒服、疲劳甚至损害健康，或使货物损坏的性能。

乘坐舒适性仿真就是将车辆看作一个动态系统，通过构成从车轮到座椅或货物的零部件的系统，进行激振，并经过系统传输产生振动响应，这些响应特性在乘员座椅或座舱的大小和方向，就是乘员对车辆舒适性的感受。振动频谱按频率可分为平顺性（0~25Hz）及噪声（25~20000Hz），本章主要研究由路面不平度引起的汽车振动，频率范围为0.5~25Hz。

7.1.3 多体动力学建模机理

对于汽车而言，操纵稳定性与乘坐舒适性不可分割，都是由汽车运动引起的。为了理解汽车的运动，重要的是理解运动中所涉及的作用力与反作用力之间的关系，从而建立合理的动力学模型。

动力学模型按照构建的零部件关系，分为离散系和连续系。其中，将汽车零部件当作质点进行分析的模型，属于离散系。将各质点按照某种属性连续贯穿起来，并使之模型化，属于连续系。离散系的优点是可以使模型简单化，连续系的优点是可以将各简化后的模型建立关联性。

动力学模型是为了对车轮振动、驱动力、制动力和侧倾力进行机理分析，经常建立线性模型，使得状态变量和输出变量对于所有可能的输入变量和初始状态都满足叠加原理的系统，其状态变量（或输出变量）与输入变量间的因果关系可用线性微分方程或差分的数学模型来描述。但汽车行驶在复杂或不平路面上时，悬架系统存在着复杂的非线性特征，其输出不与其输入成正比，为了尽可能模拟实际工况，需建立非线性模型。非线性模型的叠加原理不成立，状态变量和输出变量关系不对称。

建立汽车动力学随着时间变化的非线性特性模型，模型中包括的信息主要有表示路面位移输入的量、表示簧下重量位移的量、表示簧上重量位移的量。单自由度力学模型如图7-1所示。

7.1.3.1 单自由度系统振动情况描述

物体给出初始位移后虽然按一定的振幅进行振动，但振幅渐渐变小，能量在逐渐消失。究其原因有多种，包括空气阻力和摩擦等。这种模型可以很好地应用在汽车悬架中。假设导致能量逐渐消失是由与速度成正比的黏滞阻尼引起的，建立的模型将减

振器阻尼系数 c 与弹簧弹性系数 k 一起分析。其中阻尼比为 ζ，其计算公式[10, 11]为

$$\zeta = \frac{c}{\sqrt{4mk}} \quad (7\text{-}1)$$

当阻尼存在时，如同它存在于悬架中，则共振发生在阻尼固有频率中：

$$\omega_d = \omega_n \sqrt{1-\zeta_s^2} \quad (7\text{-}2)$$

乘坐舒适性良好的现代轿车悬架的阻尼比通常在 0.2~0.4 之间。当阻尼比为 0.2 时，阻尼固有频率为无阻尼固有频率的 98%，当阻尼比为 0.4 时，此比例约为 92%。由于差别相当有限，一般用无阻尼固有频率来表征车辆的特性。

根据无阻尼固有频率和阻尼比的定义，可以将弹簧-质量-阻尼写成

$$\ddot{x} + 2\zeta\omega\dot{x} + \omega_n^2 x = 0 \quad (7\text{-}3)$$

λ 是否具有虚数成分由 ζ 决定，ζ 是确定运动振动状态的临界值，当 $\zeta=1$ 时，阻尼比为

$$c = 2\sqrt{mk} \equiv c_c \quad (7\text{-}4)$$

式中，c_c 称之为临界阻尼比。

车辆行驶时，对路面输入等外力不可忽视。如图 7-2 所示，当外力 $f(t)$ 或强制位移 $x(t)$ 作用在模型上时，其运动方程为

$$\begin{aligned} -m\ddot{y} - c\dot{y} - ky + f(t) &= 0 \\ \ddot{y} + 2\xi\omega\dot{y} + \omega_n^2 y &= \frac{1}{m}f(t) \end{aligned} \quad (7\text{-}5)$$

$$\begin{aligned} -m\ddot{y} - c(\dot{y}-\dot{x}) - k(y-x) &= 0 \\ \ddot{\xi} + 2\xi\omega_n\dot{\xi} + \omega_n^2\xi &= -\ddot{x} \end{aligned} \quad (7\text{-}6)$$

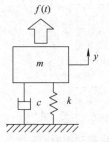

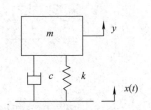

图 7-1　单自由度系统的强制振动模型　　图 7-2　单自由度系统的振动模型

但是 $\xi \equiv y - x$，如图 7-3 所示，车辆在单轮上模型化之后，为

$$x = a\sin\left(\frac{2\pi}{L}X + \phi\right) \quad (7\text{-}7)$$

当以速度 V 行驶在可按正弦波定义的路面上时，假设车轮处于经常接地的状态，那么，将式（7-7）代入式（7-6）中，如果考虑到 $x=Vt$，且 $\omega=2\pi V/L$ 则可得

$$\ddot{y} + 2\xi\omega_n\dot{y} + \omega_n^2 y = 2\xi\omega_n a\omega\cos(\omega t + \phi) + \omega_n^2 a\sin(\omega t + \phi) \quad (7-8)$$

式（7-8）为线性强制振动公式。强制项由路面形状与车速的关系决定。但是，在实际情况中很有必要考虑到非线性、时间变化性、过度响应、接地、非接地等因素。这些因素对车辆的输入是非常复杂的。

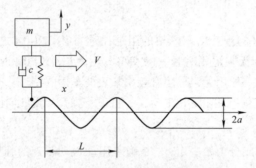

图 7-3　针对路面输入情况的简易模型

而且，在考虑 4 轮的输入情况时，在通常的实际路面的情况下，必须考虑到左右轮位移输入之间的相关性；还必须考虑到后轮位移输入滞后于前轮位移输入。

7.1.3.2　多自由度系统振动情况描述

如图 7-4 所示，假设模型的两个质点是用弹簧连接的，此时，针对各质点的运动方程为

$$\begin{cases} m_1\ddot{y}_1 + (k_1+k_2)y_1 - k_2 y_2 = 0 \\ m_2\ddot{y}_2 - k_2 y_1 + (k_2-k_3)y_2 = 0 \end{cases} \quad (7-9)$$

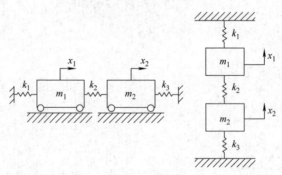

图 7-4　无阻尼的多自由度系统的自由振动模型

其中，可将式（7-9）归纳成一个公式，为

$$M\ddot{Y} + KY = 0 \quad (7-10)$$

位移矢量：

$$Y = \begin{Bmatrix} y_1 \\ y_2 \end{Bmatrix} \quad (7-11)$$

质量矩阵：

$$M = \begin{bmatrix} m_1 & 0 \\ 0 & m_2 \end{bmatrix} \quad (7\text{-}12)$$

刚性矩阵：

$$K = \begin{bmatrix} k_1+k_2 & -k_2 \\ -k_2 & k_2+k_3 \end{bmatrix} \quad (7\text{-}13)$$

当有阻尼项或外力作用时，也可同样进行整理，如果导入阻尼矩阵、外力矢量，可以用下式进行表达。

$$M\ddot{Y} + C\dot{Y} + KY = F \quad (7\text{-}14)$$

阻尼矩阵：

$$C = \begin{bmatrix} c_1 & 0 \\ 0 & c_2 \end{bmatrix} \quad (7\text{-}15)$$

外力矢量：

$$F = \begin{Bmatrix} f_1 \\ f_2 \end{Bmatrix} \quad (7\text{-}16)$$

对于 n 次时的运动方程式，也可按下述对各矢量和矩阵进行定义，当有阻力项或外力作用时，考虑质量和刚度，式（7-10）可用式（7-14）表示。

位移矢量：

$$Y = \begin{bmatrix} y_1 & y_2 & \cdots & y_n \end{bmatrix}^t \quad (7\text{-}17)$$

质量矩阵：

$$M = \begin{bmatrix} m_1 & & 0 \\ & \ddots & \\ 0 & & m_n \end{bmatrix} \quad (7\text{-}18)$$

刚度矩阵：

$$K = \begin{bmatrix} k_{11} & \cdots & k_{1n} \\ \vdots & & \vdots \\ k_{n1} & \cdots & k_{nn} \end{bmatrix} \quad (7\text{-}19)$$

阻尼矩阵：

$$C = \begin{bmatrix} c_{11} & \cdots & c_{1n} \\ \vdots & & \vdots \\ c_{n1} & \cdots & c_{nn} \end{bmatrix} \quad (7\text{-}20)$$

外力矢量：

$$F = \begin{bmatrix} f_1 & f_2 & \cdots & f_n \end{bmatrix}^t \quad (7\text{-}21)$$

在多自由度系统的情况下，当高阶谐振对低阶谐振产生逆向位移时，将出现反作用谐振现象，从而互相抵消振动。

通过建立汽车的动力学模型，可以模拟出汽车在实际工况下的部分运行和受力模式，但并不能全面反映汽车的各种力学关系。

7.1.3.3 在时间领域和频率领域中输入与输出之间的关系

汽车行驶过程中，悬架的行程、各零部件的加速度，随着时间历程发生变化[12,13]。为了便于分析问题，假设在悬架运动过程中，输入与输出是线性的关系[14]，用 $x(t)$ 表示输入，用 $y(t)$ 表示输出，那么，输入与输出的关系为

$$y(t) = \int_{-\infty}^{\infty} h(t-\tau)x(\tau)\mathrm{d}\tau = h(t)x(t) \quad (7\text{-}22)$$

其中，$h(t-\tau)$ 为单位脉冲响应函数，在时间 t 输入的单位脉冲响应函数，表示对输出造成的影响。为了将该时间领域的输入与输出关系，转换为频率领域的输入与输出关系，将式（7-22）的两边进行傅里叶变换，得

$$\int_{-\infty}^{\infty} y(t)\mathrm{e}^{-\mathrm{j}\omega t}\mathrm{d}t = \int_{\infty}^{\infty} \left\{ \int_{\infty}^{\infty} x(\tau)h(t-\tau)\mathrm{d}\tau \right\} \mathrm{e}^{-\mathrm{j}\omega t}\mathrm{d}t$$
$$Y(\omega) = H(\omega)X(\omega) \quad (7\text{-}23)$$

其中，$X(\omega)$ 和 $Y(\omega)$ 分别表示波形 $x(t)$ 和 $y(t)$ 的频谱，$H(\omega)$ 为频率响应函数。

上述的频率响应函数 $H(\omega)$，根据式（7-23），得

$$H(\omega) = \frac{Y(\omega)}{X(\omega)} \quad (7\text{-}24)$$

式（7-24）表示在频率领域中输出与输入的比，在式（7-22）的时间领域，计算起来费时费力；在式（7-23）的频率领域，仅以单纯的累积就能表示出输入与输出的关系。因此，在处理复杂的系统时，通常根据输入输出波形进行表达。

式（7-24）是理想状态下的频率响应函数，无论是输入还是输出均不存在杂波。但是，经实际检测输入和输出情况却发现均混入了杂波。因此，将反复测定的数据经过平均化处理后，可减少输入和输出杂波的影响。

综上所述，在频率响应函数的统计式推断方法中有两种推断：一种推断是假设仅仅是输出混入了杂波的 H1 推断；另一种是假设仅仅是输入混入了杂波的 H2 推断。

就输出而言，由于检测仪器的杂波，及零部件与激振器的相互作用等很容易含有误差。因此，通常大都采用假设仅仅输出混入误差的 H1 推断。

7.2 关键部件的参数敏感性分析

目前对整车的评价主要集中在操纵稳定性、乘坐舒适性[15]、NVH 性能等，而操纵稳定性是驾驶愉悦感的重要表现。汽车的操纵稳定性[8]指的是在驾驶者不感到过分紧张和疲劳的条件下，汽车能够遵循驾驶者通过转向系统和转向车轮给定的方向行驶，并且当遭遇外界干扰时，汽车能够抵抗干扰并保持稳定行驶的能力[16-18]。

车辆操纵稳定性、乘坐舒适性等性能很大程度上依靠悬架，转向和轮胎等部件。

7.2.1 悬架对操纵稳定性和乘坐舒适性参数敏感性分析

在操控性能开发中，悬架系统的特性设计应以整车的性能为目标。在整车的开发过程中，首先确定整车的性能目标；再按照满足整车性能的、与之匹配的悬架结构形式确定 K&C 特性参数，并确定悬架硬点位置。基于整车性能逐层分解和总成方案优化匹配的汽车产品正向开发流程的优势是，对总成产品供应商提出明确的产品性能技术规格，总成及零部件同步开发和性能可控，达到缩短产品开发周期、提高产品性能的目的。影响汽车操纵稳定性和乘坐舒适性的零部件很多，但悬架是最重要的部件。悬架的种类很多，每种悬架都有其独特性，对汽车性能的影响也不尽相同。

7.2.1.1 主要悬架结构特点

1）双横臂式悬架[19, 20]。选择上下臂合适的长度比例，可使车轮和主销的角度及轮距变化不大，从而提高汽车行驶平顺性和方向稳定性。

2）麦弗逊式悬架。利用减振器作为引导车轮跳动的滑柱，可以增加发动机舱的空间，有利于发动机布置，并降低汽车的重心。车轮上下跳动时，由于减振器下端支点随横摆臂摆动，导致主销轴线的角度会有变化。

3）扭力梁式悬架。由扭力梁来平衡左右车轮的上下跳动，经常用于发动机前置前轮驱动（FF）车型的后悬架，由于自身的扭转刚度较大，从而使车辆侧倾刚度和车辆的侧倾稳定性有所提升。

4）多连杆式悬架。该类悬架多采用螺旋弹簧，故需增加侧向力、垂直力及纵向力的导向装置。多连杆悬架系统的主销轴线从下球铰延伸到上面的球铰，使其具有良好的操纵稳定性。

7.2.1.2 各悬架对汽车性能参数的影响

不同结构形式的悬架对汽车性能参数的影响不同，见表 7-1。

表 7-1 各悬架结构特点

性能参数	悬架分类			
	双横臂式	麦弗逊式	扭力梁式	多连杆式
侧倾中心高	比较低	比较高	比较低	比较高
车轮定位参数变化	车轮外倾角与主销内倾角均有变化	变化小	左、右轮同时跳动时不变	变化较大,悬架调校难度大
轮距	变化小,轮胎磨损速度慢	变化很小	不变	变化小
侧倾刚度	较小,需用横向稳定器	较大,可不装横向稳定器		较小,需用横向稳定器
横向刚度	横向刚度大	横向刚度大		横向刚度大
占用空间	占用较多	占用的空间小		占用较多

1. 双横臂式悬架

双横臂式悬架是指车轮在汽车横向平面内摆动的独立悬架,如图 7-5 所示。目前双横臂式独立悬架已广泛应用在轿车的前、后悬架及赛车的后悬架上。

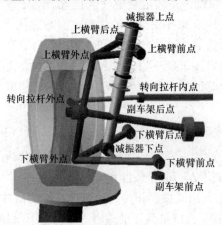

图 7-5 双横臂式悬架

2. 麦弗逊式悬架

麦弗逊式悬架多用于轿车的前轮。它是汽车安全结构的重要组成部分,如图 7-6a 所示。麦弗逊式悬架拥有良好的响应性和操控性,该悬架结构简单、占用空间小、非簧载质量小、响应较快、制造成本低、发动机及转向系统易于布置、能与多种弹簧相匹配及能实现车身高度自动调节等优点,适合布置大型发动机以及装配在小型车身上。由于主销轴线为减振器上端与车身连接点和摆臂与转向节连接点的连线,因此当车轮上下跳动时,减振器下支点随横摆臂摆动,主销轴线的后倾角和内倾角也随之改变。因此,这种悬架在变形时,主销的定位角和轮距都会变化,如果设计不当,就会造成整车操纵稳定性不好。

3. 扭力梁式悬架

扭力梁式悬架多用于汽车后悬架，由于左右拖曳臂通过中间扭力梁连接，使得其造型像 H 形，故使其占用底盘的空间较小，从而车内空间得以增加，并且结构简单，因而常用于小型车，如图 7-6b 所示。

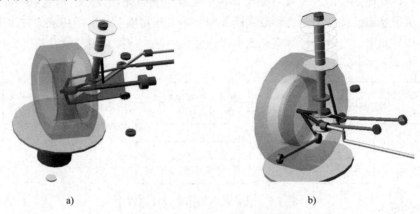

图 7-6　麦弗逊式和扭力梁式悬架
a）麦弗逊式前悬架　b）扭力梁式后悬架

4. 多连杆式悬架

由于高档乘用车空间充裕，且对乘坐舒适性和操纵稳定性要求高，故多连杆式悬架多用于高档乘用车，如图 7-7 所示。其由 3~5 根杆件组合，控制车轮位置。

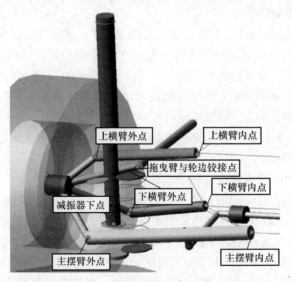

图 7-7　多连杆式后悬架

多连杆式悬架由于连杆较多，使车轮和地面尽最大可能保持垂直，减小了车身的倾斜，故能保证车辆拥有一定的乘坐舒适性。由于多连杆式悬架结构相对复杂，制造成本高。

7.2.1.3 敏感性分析

如何在工程可行性的约束条件下布置悬架的硬点,满足汽车操纵稳定性和乘坐舒适性等多种性能的要求,是设计悬架系统的关键,悬架硬点设计的传统流程如图 7-8 所示。由于悬架系各个定位参数之间互相影响、互相耦合,采用传统的方法很难处理,诸如悬架定位参数随轮跳变化的多目标优化问题。应用多目标优化技术,则有可能很好地解决这个问题。

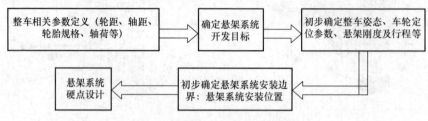

图 7-8 悬架硬点的初步设计流程

DOE 是 Design Of Experiment 的简称,是分析多个变量因子与响应关系的一种方法。通过在一定试验条件下合理选择最优试验方法,对试验数据进行分析,从而建立响应与各变量因子之间的函数关系,选择总体最优的设计方案。DOE 在新产品开发过程中,可合理地安排试验,从众多的影响因素中分析影响因素之间交互作用影响的大小,找出影响输出的主要因素,从而减少试验次数、缩短试验周期,提高了经济效益,达到产品开发的目标。

目前,DOE 在汽车设计开发尤其是悬架设计中,扮演了非常重要的角色,常用的试验设计方法有正交试验和优化拉丁超立方。正交试验法(OA)是分析多因素试验的一种方法,用一种规格化的表格——正交表,选择在一定的试验条件下,合理地展开试验,以减少试验次数,并获取优选的试验方案。优化拉丁超立方(OSLH)是在普通拉丁方试验基础上,增加了试验样本均匀分布的判据;该方法是在相同样本水平前提下所需试验次数最少的一种采样方法。

1. 悬架 DOE 分析

悬架是影响汽车操纵稳定性和乘坐舒适性等性能的关键部件,主要是确定车轮定位角,车轮定位角参数决定着汽车的行驶稳定性、操纵安全性和乘坐舒适性。因此,悬架 DOE 分析是以影响 K 性能的悬架硬点 x、y、z 坐标为变量,以影响 C 性能的衬套各向刚度及弹簧刚度为变量,以针对汽车行驶性能参数为目标展开。

关于 K 特性和 C 特性,由于每种悬架的特性都包括运动学、弹性运动学特性两方面内容,对于独立悬架的运动学特性即 K 特性,具体参数包括簧下质量、车轮转动惯量、轮心高度、车轮外倾角初始值、车轮前束角初始值、主销后倾角随轮跳的变化关系曲线、轮心纵向位移随轮跳的变化曲线、车轮外倾角随轮跳的变化曲线、轮心侧向位移随轮跳的变化曲线、车轮前束角随轮跳的裱花曲线等,如图 7-9a 所示。对于独立悬架的弹性运动学特性即 C 特性，具体参数包括悬架弹性特性曲线、减振器速度特性曲线、横向稳定杆的辅助侧倾刚度曲线和悬架弹性运动学系数等，如图 7-9b 所示。

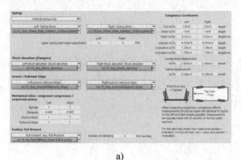
a)

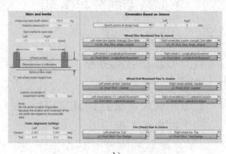
b)

图 7-9　K 特性和 C 特性

a）K 特性参数　b）C 特性参数

2. 悬架 DOE 分析优化目标

悬架 DOE 分析的目标参数主要包括轮距、侧倾中心、车轮定位角等。

轮距：轮距的大小及变化对汽车的曲线行驶性能和侧倾具有决定性的影响；轮距应尽可能大，一般轮距与汽车宽度比值为 0.84~0.87。

侧倾中心：前驱车由于前桥轴荷大，且为驱动桥，应尽可能使前轮轮荷变化小，因而前悬架侧倾中心高度应稍小，而独立悬架后悬架侧倾中心高度要稍大。侧倾中心高度越高，轮距变化越大。

车轮外倾角：微小的正外倾角，能使轮胎磨损更加均衡，有利于减少轮胎的滚阻。负外倾角能提高车辆抗侧向力的能力，提高整车弯道稳定性。在整备状态下，前轮应有相对较小的负外倾角，后轮应有相对较大的负外倾角。在侧向力的作用下，后轮应有较大的外倾角刚度，在上跳过程中后轮应向着负外倾方向变化。

前束角：前束角能抵消车轮外倾的滚锥效应，其值影响轮胎磨损、直线行驶稳定性、入弯操控性，应选择零前束或不大的正前束。理想状态下，前束在车轮上、下跳动时不产生变化。

主销内倾角：主销内倾角越大，转向阻力矩也越大。负的主销偏置距有利于车辆在对开路面上的制动稳定性。

主销后倾角：前悬架主销后倾角越大，入弯越困难，出弯越容易，直线行驶性能和路感越好。过大的主销后倾角会增大对侧向风的敏感性，可能引起摆振。理想的设计是前悬架主销后倾角随车轮上跳变大，后悬架主销后倾角随车轮上跳变小。

3. 悬架 K&C 特性 DOE 分析

对比某车型前麦弗逊式悬架及对标车前麦弗逊式悬架 K&C 特性 DOE 分析结果，结果表明：同类悬架的不同车型，其敏度排序及相关特性几乎完全相同，故可认为同一类型悬架 K&C 特性的 DOE 分析结果几乎相同。下面针对双横臂式、麦弗逊式及四连杆式悬架 K&C 特性进行 DOE 分析，为以后同类型的悬架设计，进行相应的性能调校提供理论参考。

7.2.2 不同悬架的分析结果

7.2.2.1 双横臂式悬架

针对双横臂式前悬架，在同向跳工况、转向工况、侧倾工况、回正力矩、侧向力、纵向力、垂直力工况下分析其硬点、衬套刚度等参数对 K&C 特性的影响。

1. 双横臂式前悬架 DOE 的 K 分析结果

（1）同向跳工况

1）悬架系统刚度与减振器下点 y 坐标为负相关，其敏度为 -37.4%；与下横臂外点 y 坐标为正相关，其敏度为 15.3%；与下横臂前点 y 坐标为正相关，其敏度为 11.0%。

2）主销后倾角变化率与上横臂前点 z 坐标为正相关，其敏度为 23.6%；与上横臂后点 z 坐标为负相关，其敏度为 -20.6%；与上横臂前点 y 坐标为负相关，其敏度为 -8.3%。

3）前束变化率与上横臂外点 z 坐标为正相关，其敏度为 17.3%；与上横臂前点 z 坐标为负相关，其敏度为 -17.3%；与转向拉杆外点 z 坐标为负相关，其敏度为 -11.4%。

（2）倾侧工况

1）倾侧刚度与减振器下点 y 坐标为负相关，其敏度为 -34.5%；与下横臂外点 y 坐标为正相关，其敏度为 15.6%；与下横臂前点 y 坐标为正相关，其敏度为 8.4%。

2）侧倾转向变化率与转向拉杆内点 z 坐标为负相关，其敏度为 -18.5%；与转向拉杆外点 z 坐标为正相关，其敏度为 16.2%；与上横臂前点 z 坐标为正相关，其敏度为 15.7%；

3）侧倾外倾变化率与上横臂前点 z 坐标为负相关，其敏度为 -29.0%；与上横臂外点 z 坐标为正相关，其敏度为 19.3%；与下横臂外点 z 坐标为负相关，其敏度为 -10.6%。

4）侧倾后倾变化率与上横臂后点 z 坐标为正相关，其敏度为 31.6%；与上横臂前点 z 坐标为负相关，其敏度为 -25.4%；与下横臂后点 z 坐标为负相关，其敏度为 -14.4%。

（3）转向工况

1）最小转弯直径与转向拉杆外点 x 坐标为正相关，其敏度为 33.1%；与下横臂外点 x 坐标为负相关，其敏度为 -17.2%；与上横臂外点 x 坐标为负相关，其敏度为 -15.0%。

2）阿克曼比率与转向拉杆外点 y 坐标为正相关，其敏度为 30.2%；与下横臂外点 y 坐标为负相关，其敏度为 15.3%；与转向拉杆内点 x 坐标为正相关，其敏度为 14.1%。

3）转向系统角传动特性变化率与转向拉杆外点 x 坐标为正相关，其敏度

36.8%；与下横臂外点 x 坐标为负相关，其敏度为 −20.7%；与上横臂外点 x 坐标为负相关，其敏度为 −19.7%。

2. 双横臂式前悬架 DOE 的 C 分析结果

（1）回正力矩输入

1）回正力矩转向变化率与上横臂前衬套 y 向刚度为正相关，其敏度为 57.9%；与副车架后衬套 y 向刚度为正相关，其敏度为 16.0%；与副车架前衬套 y 向刚度为正相关，其敏度为 10.0%。

2）回正力矩外倾角变化率与上横臂前衬套 y 向刚度为负相关，其敏度为 −67.5%；与副车架后衬套 y 向刚度为正相关，其敏度为 10.2%；与副车架前衬套 y 向刚度为正相关，其敏度为 8.6%。

3）回正力矩主销后倾变化率与上横臂前衬套 y 向刚度为负相关，其敏度为 −51.1%；与副车架后衬套 y 向刚度为负相关，其敏度为 −10.6%；与副车架前衬套 y 向刚度为正相关，其敏度为 8.4%。

（2）侧向力输入

1）侧向力转向变化率与副车架后衬套 y 向刚度为正相关，其敏度为 29.0%；与上横臂前衬套 y 向刚度为负相关，其敏度为 −26.2%；与副车架前衬套 y 向刚度为正相关，其敏度为 23.3%。

2）侧向力外倾变化率与副车架后衬套 y 向刚度为正相关，其敏度为 29.0%；与上横臂前衬套 y 向刚度为负相关，其敏度为 −26.2%；与副车架前衬套 y 向刚度为正相关，其敏度为 23.3%。

3）悬架侧向刚度与上横臂前衬套 y 向刚度为正相关，其敏度为 28.5%；与副车架后衬套 y 向刚度为负相关，其敏度为 −23.9%；与副车架前衬套 y 向刚度为负相关，其敏度为 23.6%。

（3）驱动力输入

1）悬架系统纵向刚度与上横臂前衬套 y 向刚度为负相关，其敏度为 −37.9%；与上横臂后衬套 y 向刚度为负相关，其敏度为 −24.3%；与下横臂前衬套 z 向刚度为负相关，其敏度为 −8.0%。

2）车轮前束变化率与上横臂前衬套 y 向刚度为负相关，其敏度为 −72.7%；与上横臂后衬套 y 向刚度为负相关，其敏度为 −7.4%；与下横臂前衬套 y 向刚度为负相关，其敏度为 −3.8%。

3）车轮外倾角变化率与上横臂前衬套 y 向刚度为正相关，其敏度为 67.9%；与上横臂后衬套 y 向刚度为正相关，其敏度为 13.3%；与下横臂前衬套 y 向刚度为负相关，其敏度为 −2.7%。

4）主销后倾角变化率与上横臂后衬套 y 向刚度为正相关，其敏度为 28.9%；与上横臂前衬套 y 向刚度为正相关，其敏度为 28.7%；与下横臂后衬套 z 向刚度为负相关，其敏度为 −9.0%。

(4)制动力输入

1)悬架系统纵向刚度与下横臂前衬套 z 向刚度为正相关,其敏度为 22.3%;与下横臂后衬套 z 向刚度为正相关,其敏度为 22.2%;与上横臂后衬套 y 向刚度为负相关,其敏度为 11.7%。

2)车轮前束变化率与下横臂后衬套 y 向刚度与负相关,其敏度为 -23.7%;与上横臂前衬套 y 向刚度为负相关,其敏度为 -18.8%;与下横臂前衬套 y 向刚度为正相关,其敏度为 14.7%。

3)车轮外倾角变化率与上横臂前衬套 y 向刚度为正相关,其敏度为 19.6%;与上横臂后衬套 y 向刚度为正相关,其敏度为 13.3%;与下横臂前衬套 y 向刚度为正相关,其敏度为 12.9%。

4)主销后倾角变化率与下横臂后衬套 z 向刚度为正相关,其敏度为 21.7%;与下横臂前衬套 z 向刚度为正相关,其敏度为 21.7%;与上横臂后衬套 y 向刚度为正相关,其敏度为 12.0%。

(5)垂直力输入

1)车轮前束变化率与弹簧刚度为正相关,其敏度为 71.4%。

2)车轮外倾角变化率与弹簧刚度为正相关,其敏度为 47.8%;与减振器下衬套 x 向刚度为正相关,其敏度为 3.6%。

3)轮心垂向位移变化率与弹簧刚度为负相关,其敏度为 -61.1%;与减振器下衬套 x 向刚度为负相关,其敏度为 -3.6%。

7.2.2.2 麦弗逊式悬架

针对麦弗逊式前悬架,在同向跳工况、转向工况、侧倾工况、回正力矩、侧向力、纵向力、垂直力工况下分析其硬点、衬套刚度等参数对 K&C 特性的影响。

1. 麦弗逊式前悬架 DOE 的 K 分析结果

(1)同向跳工况

1)主销后倾角变化率与下控制臂前点 z 坐标为负相关,其敏度为 -35.52%;与下控制臂后点 z 坐标为正相关,其敏度为 30.39%;与下控制臂外点 x 坐标为负相关,其敏度为 -13.05%。

2)前束变化率与转向拉杆内点 z 坐标为正相关,其敏度为 22.88%;与转向拉杆外点 z 坐标为负相关,其敏度为 -20.90%;与下控制臂外点 z 坐标为正相关,其敏度为 20.89%。

3)外倾角变化率与下控制臂前点 z 坐标为负相关,其敏度为 -23.04%;减振器下点 y 坐标为正相关,其敏度为 22.00%;与下控制臂外点 z 坐标为正相关,其敏度为 20.71%。

(2)侧倾工况

1)侧倾刚度与下控制臂外点 z 坐标为正相关,其敏度为 31.85%;与减振器下点 y 坐标为正相关,其敏度为 23.39%;与下控制臂前点 z 坐标为负相关,其敏度为 -19.47%。

2）侧倾转向变化率与转向拉杆内点 z 坐标为负相关，其敏度为 -32.14%；与下控制臂外点 z 坐标为负相关，其敏度为 -24.29%；与转向拉杆外点 z 坐标为正相关，其敏度为 16.25%。

3）侧倾外倾变化率与下控制臂前点 z 坐标为正相关，其敏度为 32.14%；与减振器下点 y 坐标为负相关，其敏度为 -24.29%；与下控制臂外点 z 坐标为负相关，其敏度为 -16.25%。

（3）最小转弯直径

1）转向角传动特性与转向拉杆外点 x 坐标为正相关，其敏度为 43.58%；与下控制臂外点 x 坐标为负相关，其敏度为 -36.92%。

2）阿克曼比率与转向拉杆外点 y 坐标为正相关，其敏度为 29.26%；与下控制臂外点 y 坐标为负相关，其敏度为 -24.80%；与转向拉杆外点 x 坐标为负相关，其敏度为 -14.44%。

3）外轮最小转弯直径与转向拉杆外点 x 坐标为正相关，其敏度为 32.14%；与下控制臂外点 x 坐标为负相关，其敏度为 -24.29%；与转向拉杆外点 z 坐标为负相关，其敏度为 -16.25%。

2. 麦弗逊式前悬架 DOE 的 C 分析结果

（1）侧向力工况

1）车轮转角变化率与转向机安装铰接 y 向刚度为负相关，其敏度为 -59.44%；与下控制臂后铰接 y 向刚度为正相关，其敏度为 21.59%；与副车架后铰接 y 向刚度为负相关，其敏度为 -7.28%。

2）车轮外倾角变化率与转向机安装铰接 y 向刚度为正相关，其敏度为 27.21%；与副车架后铰接 y 向刚度为正相关，其敏度为 23.52%；与下控制臂后铰接 y 向刚度为正相关，其敏度为 23.03%。

3）轮距变化率与下控制臂后铰接 y 向刚度为负相关，其敏度为 -43.96%；与副车架后铰接 y 向刚度为正相关，其敏度为 27.00%；与副车架前铰接 y 向刚度为负相关，其敏度为 -15.73%。

（2）回正力矩工况

1）车轮转角变化率与转向机安装铰接 y 向刚度为正相关，其敏度为 85.45%。

2）车轮外倾角变化率与转向机安装铰接 y 向刚度为负相关，其敏度为 -78.48%；与下控制臂后铰接 y 向刚度为正相关，其敏度为 7.55%。

3）主销后倾角变化率与下控制臂后铰接 y 向刚度为正相关，其敏度为 35.62%；与下控制臂前铰接 y 向刚度为负相关，其敏度为 -17.94%。

（3）制动力工况

1）车轮转角变化率与下控制臂后铰接 y 向刚度为负相关，其敏度为 -46.06%；与下控制臂前铰接 y 向刚度为正相关，其敏度为 30.23%。

2）车轮外倾角变化率与下控制臂后铰接 y 向刚度为负相关，其敏度为 -46.06%；

与下控制臂前铰接 y 向刚度为正相关，其敏度为 30.23%。

3）主销后倾角变化率与下控制臂前铰接 y 向刚度为正相关，其敏度为 42.98%；与下控制臂后铰接 y 向刚度为正相关，其敏度为 20.08%；与副车架前铰接 x 向刚度为正相关，其敏度为 10.81%。

（4）驱动力工况

1）车轮转角变化率与下控制臂后铰接 y 向刚度为正相关，其敏度为 48.35%；与下控制臂前铰接 y 向刚度为正相关，其敏度为 22.82%；与弹簧刚度为正相关，其敏度为 11.56%。

2）车轮外倾角变化率与下控制臂后铰接 y 向刚度为负相关，其敏度为 -61.00%；与弹簧刚度为正相关，其敏度为 19.46%。

3）主销后倾角变化率与下控制臂前铰接 y 向刚度为正相关，其敏度为 34.82%；与下控制臂后铰接 y 向刚度为正相关，其敏度为 23.42%；与弹簧刚度为正相关，其敏度为 12.57%。

（5）垂直力工况

1）车轮外倾角变化率与弹簧刚度为负相关，其敏度为 -91.07%。

2）前束角变化率与弹簧刚度为负相关，其敏度为 -88.79%。

3）垂直位移变化率与弹簧刚度为正相关，其敏度为 89.40%。

7.2.2.3　四连杆式悬架

针对四连杆式后悬架，在同向跳工况、转向工况、侧倾工况、回正力矩、侧向力、纵向力、垂直力工况下分析其硬点、衬套刚度等参数对 K&C 特性的影响。

1. 四连杆式后悬架 DOE 的 K 分析结果

（1）同向跳工况

1）主销后倾角变化率与主摆臂外点 x 坐标为负相关，其敏度为 -34%；与上横臂内点 z 坐标为负相关，其敏度为 -17%；与上横臂外点 z 坐标为正相关，其敏度为 15%。

2）前束变化率与下横臂内点 z 坐标为负相关，其敏度为 -21%；与下横臂外点 z 坐标为正相关，其敏度为 19%；与主摆臂内点 z 坐标为正相关，其敏度为 14%。

3）外倾角变化率与下横臂内点 z 坐标为正相关，其敏度为 20%；与下横臂外点 z 坐标为负相关，其敏度为 -18%；与主摆臂外点 z 坐标为负相关，其敏度为 -15%。

（2）侧倾工况

1）侧倾外倾变化率与上横臂内点 z 坐标为负相关，其敏度为 -20%；与上横臂外点 z 坐标为正相关，其敏度为 18%；与下横臂内点 z 坐标为正相关，其敏度为 14%。

2）侧倾转向变化率与下横臂内点 z 坐标为正相关，其敏度为 20%；与下横臂外点 z 坐标为负相关，其敏度为 -19%；与主摆臂内点 z 坐标为负相关，其敏度为 -14%。

3）侧倾后倾变化率与主摆臂外点 x 坐标为正相关，其敏度为 31%；与上横臂内点 z 坐标为正相关，其敏度为 17%；与上横臂外点 z 坐标为负相关，其敏度为 -16%。

2. 四连杆式后悬架 DOE 的 C 分析结果

（1）回正力矩

1）外倾角随回正力矩变化率与弹簧刚度为正相关，其敏度为 31%；与主摆臂内铰接 y 向刚度为负相关，其敏度为 -3.8%；与下横臂内铰接 y 向刚度为负相关，其敏度为 -2.9%。

2）车轮转角随回正力矩变化率与弹簧刚度为正相关，其敏度为 25%；与主摆臂外铰接 y 向刚度为正相关，其敏度为 8.8%；与主摆臂内铰接 y 向刚度为正相关，其敏度为 7.3%。

3）主销后倾角随回正力矩变化率与拖曳臂和车身铰接 x 向刚度为负相关，其敏度为 -21%；与主摆臂外铰接 y 向刚度为正相关，其敏度为 9.6%；与主摆臂内铰接 y 向刚度为正相关，其敏度为 9.1%。

（2）侧向力工况

1）外倾角随侧向力变化率与下横臂外铰接 y 向刚度为正相关，其敏度为 10%；与弹簧刚度为正相关，其敏度为 9.2%。

2）车轮转角随侧向力变化率与下横臂外铰接 y 向刚度为正相关，其敏度为 11%；与弹簧刚度为正相关，其敏度为 10%。

3）主销后倾角随侧向力变化率与拖曳臂和车身铰接 x 向刚度为正相关，其敏度为 59%；与拖曳臂和车身铰接 y 向刚度为正相关，其敏度为 6.6%。

（3）制动力工况

1）外倾角随制动力变化率与拖曳臂和车身铰接 x 向刚度为正相关，其敏度为 16%；与弹簧刚度为正相关，其敏度为 13.5%。

2）车轮转角随制动力变化率与弹簧刚度为正相关，其敏度为 13.6%；与下横臂外铰接 y 向刚度为正相关，其敏度为 11%。

3）主销后倾角随制动力变化率与拖曳臂和车身铰接 x 向刚度为正相关，其敏度为 74%；与拖曳臂和车身铰接 y 向刚度为正相关，其敏度为 6.9%。

（4）驱动力工况

1）外倾角随驱动力变化率与拖曳臂和车身铰接 x 向刚度为负相关，其敏度为 -21%；与下横臂外铰接 y 向刚度为负相关，其敏度为 -18.9%；与下横臂内铰接 y 向刚度为负相关，其敏度为 -16.3%。

2）车轮转角随驱动力变化率与弹簧刚度为负相关，其敏度为 -20.4%；与下横臂外铰接 y 向刚度为负相关，其敏度为 -13.4%；与下横臂内铰接 y 向刚度为负相关，其敏度为 -12.9%。

3）主销后倾角随驱动力变化率与拖曳臂和车身铰接 x 向刚度为负相关，其敏度为 -85%；与弹簧刚度为正相关，其敏度为 3.6%。

（5）垂直力工况

1）车轮前束角随垂直力变化率与弹簧刚度为正相关，其敏度为 48%；与下横臂

外铰接 y 向刚度为负相关，其敏度为 -12.7%；与下横臂内铰接 y 向刚度为负相关，其敏度为 -12.6%。

2）车轮外倾角随垂直力变化率与弹簧刚度为正相关，其敏度为 43.3%；与下横臂外铰接 y 向刚度为负相关，其敏度为 -17.3%；与下横臂内铰接 y 向刚度为负相关，其敏度为 -17.1%。

7.2.3 DOE 的重要意义

在悬架设计开发过程中，通过 DOE 分析[21]，可以根据开发车型所采用的悬架形式，按照表格中敏感参数影响的大小，选择适配的可以调整的参数，满足开发需求。

根据上述分析，以基于子系统性能 DOE 分析的整车操控性能目标分解方法为例阐述 DOE 的应用。

在汽车产品开发的前期阶段，需要根据市场调研和整车操控性能客观试验所确定的性能指标来设定开发车型的目标，根据目标来分解悬架和转向系统的性能指标。应用优化软件建立一种基于仿真和优化算法的性能指标分解流程，通过 DOE 分析方法标定整车模型中的不确定性参数，然后根据同级别的几款车型的操纵稳定性试验数据设定该车型的整车操纵稳定性性能目标，对悬架 K&C 特性参数、减振器阻尼特性等参数进行指标分解，确定出作为设计变量的子系统特性参数。

7.2.4 典型轮胎动力学模型

轮胎模型是整车动力学仿真最为重要的影响因素之一[22-24]，对整车 R&H 性能均有重要影响。为了满足整车仿真需求，需建立精确的轮胎模型来模拟实际驾驶条件下车辆的行驶状况，这是仿真工作重要的保障。

1）轮胎特性对汽车保持良好的运动状态有着举足轻重的作用。

2）轮胎所受的垂向力、纵向力、侧向力和回正力矩对汽车的平顺性、操纵稳定性和安全性有重要作用。

3）建立轮胎动力学模型对整车性能分析有重要意义。

特别是轮胎的侧偏特性，它决定了车辆的操纵稳定性，影响车辆的制动安全性、行驶平顺性、前轮摆振和车辆侧向振动等重要特性。

轮胎模型有很多，理论基础也很丰富，目前行业应用较广的是 PAC2002 模型和 FTire 模型。

1）PAC2002 格式轮胎模型：操纵稳定性（低频）仿真。

2）FTire 格式轮胎模型：操纵稳定性（低频）、行驶平顺性（中频）、疲劳耐久性（中高频）、底盘控制系统（中高频）仿真。

7.2.4.1 PAC2002 轮胎模型

由 Pacejka 教授提出的魔术公式轮胎模型，完整表达了单工况下轮胎力学特性，如图 7-10（见彩插）和图 7-11 所示（见彩插）。

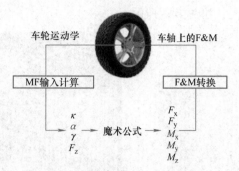

图 7-10　PAC 模型输入输出关系

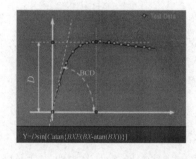
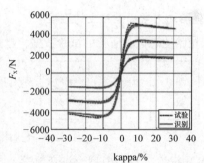

图 7-11　PAC 模型参数表达

魔术公式轮胎模型对大量的轮胎力特性的试验数据进行回归分析，属于经验公式模型，将轮胎力特性通过含有拟合参数的公式有效地表达出来。

7.2.4.2　FTire 轮胎模型

FTire 轮胎模型利用数学模型描述车轮结构和变形机理，从而建立剪切力和回正力矩与相应参数的函数关系，如图 7-12 所示。

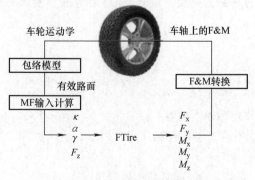

图 7-12　FTire 模型输入输出关系

轮胎是一个 3D 的柔性环，胎体是可伸长的，胎体和轮辋通过弹簧和阻尼连接，胎体离散为 50~100 单元，如图 7-13 所示。

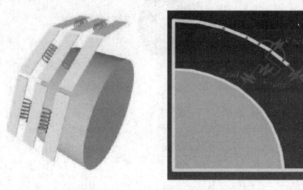

图 7-13　FTire 模型物理单元构成

7.2.4.3　轮胎动力学模型建立的流程

根据轮胎动态试验所得的试验数据，建立轮胎模型，如图 7-14 所示。

图 7-14　轮胎模型建立过程

① 参数辨识：轮胎模型由一套数学公式来描述轮胎的力学特性，对大量轮胎力特性的试验数据进行回归分析，包含大量的参数因子，通常通过专业的数据处理软件将各工况下的参数因子辨识出来。

② 模型构建：按照轮胎模型标准的参数格式文件，只需将上一步辨识得到的各参数因子，按照正常的位置填入轮胎模型文件即可。

③ 试验对标：在专业分析软件中建立虚拟轮胎试验台，开展相应的测试工况的仿真，将仿真与试验进行对标，以期达到模型精度验证的目的。

其中，参数辨识过程最为重要，难度最大。由于过程复杂，通常需要具备一定的辨识经验。

7.2.5　轮胎试验

7.2.5.1　轮胎动态试验

轮胎动态试验主要包括以下内容。

1）轮胎基础参数测试：包括轮胎质量、惯量、胎面宽度、半径、胎压、杨氏模量、各向刚度。

2）胎面接触印记测量：底/高载荷、外倾角。

3）轮胎动态滚动周长：中等载荷、速度为 10~80km/h。

4）轮胎凸块试验：5/20/40km/h，低/中/高载荷，测量轮胎受力 F_X、F_Y、F_Z。

5）轮胎侧向力、回正力矩、侧力矩测量：低/中/高载，外倾角为6，侧偏角从 $-10°$ 连续变化到 $10°$。

6）轮胎纯制动测量：低/中/高载，制动滑移试验。

不同试验设备的极限试验能力有所不同。

轮胎侧向力与侧偏角关系曲线如图 7-15 所示，纵向力与纵向滑移率关系曲线如图 7-16 所示。

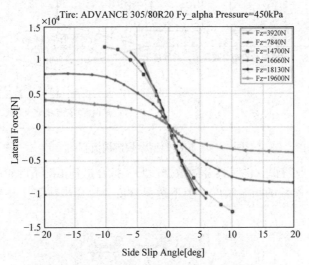

图 7-15 轮胎侧向力与侧偏角关系曲线

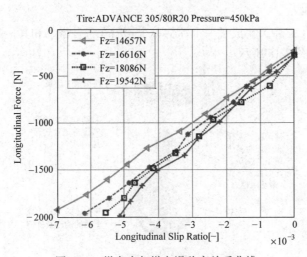

图 7-16 纵向力与纵向滑移率关系曲线

7.2.5.2 参数辨识

参数辨识的基本思想如图 7-17 所示。

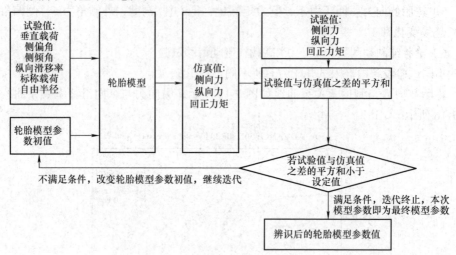

图 7-17 轮胎模型参数辨识流程图

通常采用专业辨识软件工具开展数据回归，拟合出各工况下的轮胎参数因子，需要设置各待拟合参数的初始敏度、上下边界敏度、拟合步数等。残留标准差按下式计算：

$$\sigma = \sqrt{\frac{\sum_{t=0}^{n}(F_{\text{measured}} - F_{\text{model}})^2}{n}} \tag{7-25}$$

7.2.5.3 精度验证

在 ADAMS/Car 中，集成了一个评估单个轮胎在各种激励和其他条件下特性的试验台 Testrig，如图 7-18 所示。

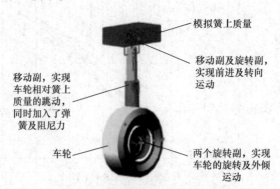

图 7-18 虚拟轮胎试验台示意图

将建成的轮胎属性文件在虚拟轮胎试验台上开展响应工况的仿真，将仿真结果与试验结果对标，可实现轮胎模型的精度验证。以纯纵滑工况下的纵向力试验对标为例,如图 7-19 所示。

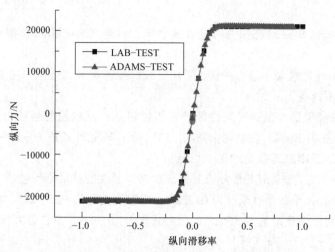

图 7-19 轮胎纯纵滑工况纵向力试验对标

7.2.6 轮胎动力学建模技术

轮胎动力学台架试验对设备的精度和灵敏度要求较高,并且对于设备的操作和后期的数据处理,也需要深厚的专业知识和经验,国内汽车主机厂一般不具备轮胎动力学试验能力。由于轮胎动力学试验的复杂性和先进性,技术往往严格保密。

国内个别高校和研究机构在该领域开展了较深入的研究,形成了轮胎动力学试验和建模能力,如吉林大学、中汽研等。一些国内轮胎生产公司也逐步引入相关试验设备,但试验能力和数据处理方面经验相对不足。国外相关研究开展较早,工程经验相对成熟,如德国的 FKA 和北美的 MTS 等。轮胎动力学建模技术如图 7-20 所示。

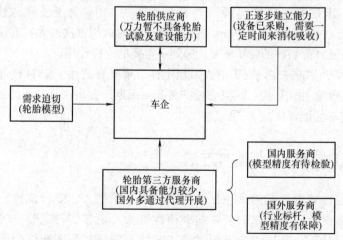

图 7-20 轮胎动力学建模技术

由于仿真建模对轮胎参数需求较高，各公司都开展了相应的能力建设，以满足发展要求。

某国内公司已购买 MTS 轮胎动态试验台架，可建立 PAC2002 模型文件（适合操稳仿真）。

建立 FTire 轮胎模型（适合操稳、平顺、载荷等仿真），则还需一些额外的试验条件，该公司暂不具备。

MTS 轮胎台架操作复杂，其性能技术指标包括：试验轮胎半径为 250~550mm，轮胎垂直载荷为 0~30kN，轮胎侧偏角为 −30°~30°，轮胎外倾角为 −10°~10°，滑台载入力为 13~25kN，滑台速度为 110~320km/h。

吉林大学开发了平板式轮胎动态特性试验台。其性能技术指标包括：试验轮胎半径为 200~600mm，轮胎垂直载荷为 0~25kN，轮胎侧偏角为 −25°~25°，轮胎外倾角为 −12°~57°，滑台纵向速度为 5~35cm/s，滑台载入力为 10kN，滑台最大行程为 5m。

7.2.7 小结

本节重点分析了悬架和轮胎的仿真建模技术，针对不同的悬架结构形式，应用 DOE 分析了影响汽车行驶性能 K 特性和 C 特性的关键指标，并首次完整地建立了 K、C 特性的具体参数的敏感性。运动学包括簧下质量、车轮转动惯量、轮心高度、车轮外倾角初始值、车轮前束角初始值、主销后倾角随轮跳的变化关系曲线、轮心纵向位移随轮跳的变化曲线、车轮外倾角随轮跳的变化曲线、轮心侧向位移随轮跳的变化曲线、车轮前束角随轮跳的变化曲线等；弹性运动学包括悬架弹性特性曲线、减振器速度特性曲线、横向稳定杆的辅助侧倾刚度曲线和悬架弹性运动学系数等。

轮胎模型是整车动力学仿真最为重要的影响因素之一，对整车 R&H 性能均有重要影响。为了满足整车仿真需求，提出了基于操纵稳定性（低频）仿真 PAC2002 格式轮胎模型，基于操纵稳定性（低频）、行驶平顺性（中频）、疲劳耐久性（中高频）、底盘控制系统（中高频）仿真 FTire 格式轮胎模型的应用方法，为实现模拟实际驾驶条件下车辆行驶状况精确的轮胎模型，起到了重要的支撑作用。

这些技术方法能够实现对影响操纵稳定性、乘坐舒适性、NVH 性能的总成及零部件的同步开发和性能可控，达到缩短产品开发周期，提高产品性能的目标，从而确保了优良的整车性能评价。

7.3 R&H 仿真设计基本方法

操纵稳定性试验工况通常包括转向盘转角阶跃输入、蛇行试验、转向盘转角脉冲输入、转向回正性能试验、转向轻便性试验、稳态回转试验、转向盘中心区操纵稳定性试验等。合理选取评价试验工况的原则是在保证能综合评价车辆操控性能的前提下，尽量采用较少的试验工况。对于评价试验工况的选取，目前没有形成统一的标准。目前常根据 ISO 操纵稳定性试验工况及数据库中竞品车数据，选取①0.2Hz、0.2g 持续正弦转角输入，参考标准 ISO 7401；②100km/h 转向盘角阶跃输入，参考标准 ISO 7401；③0.2~4Hz（0.2g）转向盘正弦扫频输入，参考标准 ISO 7401；④R40m 定半径稳态转向，参考标准 ISO 4138；⑤90km/h 双移线试验，参考标准 ISO 3888 5 种工况对参考车进行实车试验并根据试验数据提取相关客观指标。

对于汽车操控性能开发[25, 26]，首先确定开发车型的性能目标，然后设定系统目标，最后设定部件目标。

操控性能设定需考虑悬架形式、底盘电子系统（如主动悬架等）的影响，目标主要包括不足转向度、车身侧倾角、横摆角速度等反映整车操纵稳定性的参数[1]。子系统的目标设定主要包括零部件结构形式的确定、硬点定义等；部件的目标设定包括衬套刚度、弹簧刚度、限位块刚度等。

7.3.1　整车性能目标设定

根据开发目标建立目标设定准则，即开发车型与参考车在操纵稳定性性能方面尽量保持一致，同时考虑开发车型后悬架为独立后悬架带来的性能提升空间。

如图 7-21 所示（见彩插），X 轴为目标设定所对应指标的敏度，蓝色水平线为同类车的指标参考范围，紫褐色水平线为定义的开发车型目标参考范围，绿色垂直线为参考车型的试验指标敏度，不同的标记点代表其他参考车的指标敏度。

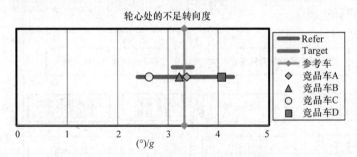

图 7-21　目标设定范围及同类对比图

根据实际和经验，最终确定开发车型的操纵稳定性目标指标共 42 项，对这些指标分别定义了目标范围作为开发车型操控性能开发的目标。42 项指标来自 8 个驾驶工况，其中，持续正弦转角输入驾驶工况 60km/h 车速和 100km/h 车速都用于目标设定，按两个工况算。转向盘角阶跃输入驾驶工况取 0.4g 和 0.6g 稳态侧向加速度的数据用于目标定义，按两个工况算。

目标设定的原则：①车辆稳态性能，主要取决于整车质量分布特性和前后悬架的综合侧偏特性（稳态），考虑开发车采用独立后悬设计，在目标设定中主要保证和参考车具有同样定位，性能不低于原车。②车辆瞬态性能，开发车独立后悬对改善车辆瞬态特性有益,所以开发车在目标设定中对超调量性能有所提高,响应时间性能要求不低于参考车。③转向系统性能,考虑开发车采用传统转向系统以及制造成本,在开发车的目标设定中,优先保证和参考车具有同样的性能表现,部分指标略低于参考车,但仍然在同类车中具有竞争优势。④车辆同频特性,参考车采用了比较均衡的设计,在运动性和稳定性上取得了很好平衡,通过对开发车独立后悬调教,设定开发车目标与参考车保持同样的性能表现。

7.3.2 操纵稳定性指标设定流程

操纵稳定性目标分解流程如图 7-22 所示。

1)整车模型建模及参数标定。

第一步:编译子系统特性数据处理程序,建立整车初始模型。

第二步:分析不确定性参数对整车操控性能指标的敏感度。

第三步:以操控试验数据为目标,标定不确定性参数,提升模型精度。

2)整车操控性能目标分解。

第一步:分析子系统性能参数对整车操控性能指标的敏感度,如悬架 K&C 参数等,精简出敏感度较大的 K&C 参数。

第二步:应用优化软件集成标定后的整车模型以及 Matlab 数据后处理模型,以设定的操控性能指标为目标,从而设定悬架及转向系统的性能指标。

第三步:以分解出的子系统性能指标为目标,进行子系统结构参数的优化,实现子系统性能目标达成。

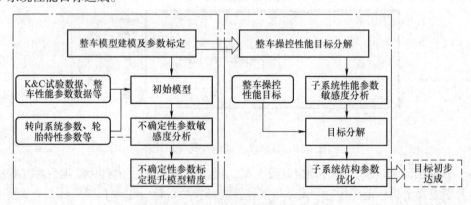

图 7-22 整车操控性能目标分解流程

参考同级别车型的操控性能指标,综合考虑车型定位及稳态性能、瞬态性能、转向性能、频率特性等,确定整车级目标敏度:车身侧倾刚度为 0.35~0.40,不足转向度为 0.22~0.24,横摆角速度响应时间为 0.12~0.14s,侧向加速度响应时间为 0.22~0.25s,谐振频率为 1.40~1.50Hz,谐振峰水平为 2.5~3.5dB,横摆角速度超调量为 <20%,滞后角为 <22°,最大侧向加速度为 >9.0。

根据分析整车模型中不确定性建模参数对整车操纵稳定性的影响来标定不确定性参数,从而提升整车模型精度;然后根据设定的整车级目标,针对精简过的子系统性能参数进行目标分解;最后以分解出的子系统性能指标为目标,优化悬架系统结构参数,从而达成子系统性能指标,为整车操控性能指标的达成探索出可行的方法。

7.3.3 整车模型的建立

整车模型的建立可以分为前悬架、后悬架、转向系统、动力传动系统、制动系统、车轮、车身等几个子系统进行,如图 7-23 所示。按照模板、子系统、总成的顺序进行建模。

图 7-23 整车 R&H 仿真模型

7.3.3.1 仿真分析工况

建立操纵稳定性分析工况,共包含七项主要工况;建立乘坐舒适性工况,共包含四项主要工况。整车操纵稳定性分析工况主要包括原地转向力试验、低速转向回正试验(半径 15m 圆,侧向加速度 $4m/s^2$)、阶跃试验(时域响应)(车速 100km/h,侧向加速度稳态敏度 $4m/s^2$)、脉冲试验(频域响应)(车速 100km/h,侧向加速度峰敏度 $4m/s^2$)、撒手回正试验(车速 100km/h,侧向加速度峰敏度 $4m/s^2$)、稳态回转试验(定转向盘转角法,半径 15m)、中间位置转向试验(车速 100km/h,侧向加速度峰敏度 $2m/s^2$)等。

整车乘坐舒适性分析工况主要包括随机输入平顺性、脉冲输入平顺性、长波输入平顺性、短波输入平顺性等。

7.3.3.2 评价指标

根据分析工况,确定了 30 余项性能判定指标,从而判断分析结果是否达标。主要的判定指标有:转向舒适性,70% 转向盘转角时转矩,偏离中心转向盘平均转矩,侧向加速度为 $6m/s^2$ 时的转向盘转矩,侧向加速度为 0 时的转向盘转矩梯度,侧向加速度为 $1m/s^2$ 时的转向盘转矩梯度,侧向加速度为 0 时的转向盘转矩;乘坐舒适性,驾驶员椅面总加权加速度,后排椅面总加权加速度,驾驶员椅面垂向加速度峰敏度,后排椅面垂向加速度峰敏度，起步性能，直行性能，横摆角速度相对阻尼系数，横摆角速度衰减到峰敏度 10% 的时间（T0.1），移线性能，最高通过车速（避障试验），3s 时的残留横摆角速度不足转向度，车身侧倾梯度，最大侧向加速度，座椅静态舒适性，座椅动态舒适性。

经过多年不断的发展，专业仿真分析可以满足项目各阶段的仿真需求，并为设计方案的制定选型、性能的预测和验证、方案的优化与改进提供了重要的支持。

仿真分析工作主要内容包括：①K&C 性能分析；②部件边界载荷分析；③R&H 性能分析；④性能优化分析。

7.3.4　K&C 性能分析

悬架的 K&C 性能仿真，是参照 K&C 特性测量试验方法的相关边界约束条件和输入载荷，基于多体动力学仿真软件进行各项 K&C 试验的数敏度模拟仿真的过程。

7.3.4.1　悬架模型的建立

在软件中建立悬架装配模型，可以根据车型实际结构和参数建立。前麦弗逊式悬架模型和后扭力式梁悬架模型分别如图 7-24 和图 7-25 所示。

图 7-24　前麦弗逊式悬架模型

图 7-25　后扭力梁式悬架模型

7.3.4.2　K&C 性能仿真工况

K&C 仿真工况的输入基于整车参数计算获得，整车的装载状态（车辆状态）由硬点的状态确定。K&C 性能仿真按照以下六种工况进行分析。

1）垂直同向轮跳仿真。车辆状态：按实际整车装配的状态进行试验仿真；试验描述：在行车制动锁死、转向盘固定的状态下，通过左右轮试验仿真平台施加同向的垂向力（水平方向力和力矩保持为零），进行车轮垂直方向上运动特性的测量；载荷输入：采取位移输入的方法进行试验仿真。

2）侧倾运动仿真。车辆状态：按实际整车装配的状态进行试验仿真；试验描述：在行车制动锁死、转向盘固定的状态下，左右两侧平台对车轮施加反向的垂直力，且左右侧的角平台保持侧倾角相同；垂直方向上保持轴荷不变，水平方向上保持所有的力和力矩为零；系统输入：侧倾角的大小按设计敏度执行。

3）转向传动比仿真。试验描述：在行车制动锁死的状态下，由转向电动机转动转向盘，垂直方向上保持垂直位置不变，水平方向上保持所有的力和力矩为零；系统输入：转向盘左右转角极限。

4）前后轮施加同向纵向力仿真。试验描述：在行车制动锁死、转向盘固定的状态下，左右平台沿 X 轴方向做同向运动，施加向前或向后的纵向力，左右平台侧向力和绕 Z 向的力矩保持为零，左右平台垂直位置和侧倾角保持不变；系统输入：纵向力极限为 0.5g（如车轮发生滑移/滑转，则取车轮不发生滑移/滑转时的最大纵向力为极限）。

5）左右轮施加同向或反向侧向力仿真。试验描述：在行车制动锁死、转向盘固定的状态下，左右平台沿 Y 轴方向做同向或反向运动，左右平台沿 X 轴向力及绕 Z 向的力矩保持为零，左右平台垂直位置和侧倾角保持不变，该工况用于模拟车轮受到侧向力加载时的状态；系统输入：侧向力极限为 0.5g（如车轮发生滑移，则取车轮不发生滑移时的最大纵向力为极限）。

6）左右轮施加同向或反向回正力矩仿真。试验描述：在行车制动锁死、转向盘固定的状态下，左右平台施加同向或反向回正力矩，左右平台沿 X、Y 轴向的力保持为零，左右平台垂直位置和侧倾角保持不变；系统输入：回正力矩极限为 0.035g（如车轮发生滑移，则取车轮不发生滑移时的最大纵向力为极限）。

7.3.5 部件边界载荷分析

将待分析部件柔性化，将网格划分后的 MNF 文件导入多体悬架仿真模型中，运用惯性释放法，按标准工况输出各工况下的受力文件。

该过程已开展标准化模板定制，二次开发了相关自动化分析界面，大大提高了仿真分析效率，可以将仿真工程师解放出来进行更复杂的工作。

7.3.5.1 参数最优选取方法

由于悬架设计参数众多，将全部设计参数作为优化分析的变量空间不现实，一方面增加了优化仿真的时间，另一方面也不利于优化目标的达成。因此在 K&C 性能优化之前，需要开展参数的灵敏度分析，找出对优化目标敏感度影响较大的设计参数，缩小优化分析的变量空间。

按照设计工作具体的要求设置设计变量、设计目标及约束条件。本节以某乘用车前麦弗逊式悬架为例参照说明。

1）设计变量：按照设计要求选取三角臂前铰接点、三角臂外球销点、三角臂后铰接点、减振器下安装点、转向拉杆内点、转向拉杆外点和车轮中心点 7 个硬点，每个硬点 3 个坐标，共 21 个变量。

K&C 性能灵敏度分析设计变量：三角臂前铰接点、三角臂外球销点、三角臂后铰接点、减振器下安装点、转向拉杆内点、转向拉杆外点和车轮中心点的（x, y, z）坐标。

2）设计目标及约束条件：按照设计要求选取侧倾中心高度变化率、主销偏置距、主销拖距、前束变化率和外倾变化率 5 个性能参数作为设计目标，同时满足抗制动点头、抗加速抬头、最小转弯直径、阿克曼比率、侧倾中心高度和主销到轮心距离 6 个约束条件。

K&C 性能灵敏度分析设计目标及约束条件：侧倾中心高度变化率，抗制动点头（％）；主销偏置距，抗加速抬头（％）；主销拖距，最小转弯直径；前束变化率，阿克曼比率；外倾变化率，侧倾中心高度。

针对上述设计目标参数（共 11 个目标及约束参数）进行灵敏度分析，分析这些参数的硬点灵敏度及敏感度较高的硬点对目标参数的主效应。

7.3.5.2 性能优化分析

按照设计工作具体的要求设置设计变量、设计目标及约束条件。

1）设计变量：根据上节灵敏度分析得到对优化目标影响敏感度最大的前 15 个排序。对分析过程中所有的敏感度最大的 15 个设计参数作为 K&C 性能优化分析的设计变量，取敏度范围为：除了三角臂外球销点 y 的变化量为 $-3 \sim 0\text{mm}$，其余变量变化范围是 $\pm 3\text{mm}$。

2）优化目标及约束条件：按照设计要求选取侧倾中心高度变化率、主销偏置距、主销拖距、前束变化率和外倾变化率 5 个性能参数作为设计目标，同时满足抗制动点头、抗加速抬头、最小转弯直径、阿克曼比率、侧倾中心高度和主销到轮心距离 6 个约束条件。

K&C 性能灵敏度分析结果排序：1 为三角臂外球销点 z，2 为三角臂前铰接点 z，3 为三角臂外球销点 y，4 为转向拉杆内点 z，5 为减振器下安装点 y，6 为转向拉杆外点 z，7 为三角臂外球销点 x，8 为车轮中心点 z，9 为车轮中心点 y，10 为三角臂后铰接点 z，11 为转向拉杆外点 x，12 为转向拉杆外点 y，13 为车轮中心点 x，14 为三角臂前铰接点 y，15 为转向拉杆内点 x。

3）优化分析结果：通过优化分析，得到两组较好分析结果。

① 优化前虽然目标参数与设定的目标之间的偏差较小，但是违反了几项约束。
② 优化敏度目标参数偏差略大，但是约束敏度基本在设定的约束附近。
③ 优化敏度完全满足了约束，但是又牺牲了部分目标敏度。

优化分析的结果往往不能完全同时满足优化目标及约束条件的限制，需要根据实际情况有所取舍，优化结果的选取需要根据具体车型设计的要求。

在后续的工作中需要评定哪些约束可以放宽，哪些目标可以牺牲，哪些目标或约束必须满足，从而进行下一步的优化工作。

7.3.6 仿真与试验对标

悬架 K&C 性能的仿真与试验的对标，目的在于提高悬架仿真模型和产品物理模型在K&C性能上的一致性，从而更加有效地支持悬架的改进研发，同时能获得更加准确的整车仿真模型，提高整车的操稳及平顺性仿真的准确性和有效性。

悬架的硬点、弹性元件属性等参数，对K&C各指标的影响，具有交互性，相互影响且趋势各异。为了尽量提高悬架K&C性能的仿真与试验的吻合度，根据项目积累的经验，对各项K&C试验分别选取部分关键指标进行对标，对仿真模型的有关参数进行调校，从而使悬架仿真模型达到较高的准确度，该过程为K&C性能仿真与试验的对标方法。

7.3.7 操控性能目标初步达成

为实现目标分解出的悬架性能指标，采用优化前后悬架衬套刚度的方法来初步达成目标。由于前后悬架衬套较多，要实现目标达成，需采用DOE分析，获取衬套刚度贡献率。

根据分析可以看出，对于前悬架侧向力转向特性，下三角臂前铰接Y向刚度和后铰接Y向刚度影响较大；对于后悬架侧向力转向特性，扭力梁与车身连接处Z向刚度影响较大。

对于前悬架，通过DOE分析可以得出影响悬架K&C特性较大的参数分别为下三角臂前铰接X、Y、Z向的刚度，下三角臂后铰接Y向刚度以及前托架后铰接Z向刚度；对于后悬架，影响悬架K&C特性较大的参数分别为扭力梁与车身连接处Z向、X向、Y向刚度。

7.4 整车操控性优化分析方法

近年来随着我国汽车工业的迅猛发展，许多客户购车后，对车辆的熟悉程度和驾驶水平都有一定的局限性，而操纵系统是人与车直接进行交互的介质。因此，提升车辆的操纵性能能给驾驶者带来愉悦感，同时增加安全性，也是开发车辆获得驾驶者认可的第一个和最重要的感官。基于此，提升车辆的操控性能尤为重要。仿真优化技术对于提升操控性能能起到重要的推动作用。

7.4.1 整车性能优化流程

在车辆动力学性能领域，应按照开发车型需求、设定的设计边界展开悬架系统开发。

在车型开发的前期，在确定的整车功能、尺寸、重量、轮胎规格等约束条件下，确立了开发车型的整车操纵稳定性和乘坐舒适性性能目标，然后确定悬架规格，从而满足整车操纵稳定性和乘坐舒适性的目标，是悬架开发中所需解决的主要问题。如果仅从整车操纵稳定性和乘坐舒适性性能层级开展悬架参数的设计，包括硬点坐标、横向稳定杆、衬套、减振器等，由于悬架系统参数众多且相互关联，难以实现开发目标。

本节采用结构化、层次化方法，将复杂的车辆动力学问题分解与简化，分成三个层级，即整车操纵稳定性和乘坐舒适性性能层级、悬架 K&C 性能层级及悬架零部件参数层级，如图 7-26 所示。

以整车模型为工具，结合操纵稳定性和乘坐舒适性性能层级和悬架 K&C 性能层级，将整车操纵稳定性和乘坐舒适性指标进行目标分解得到 K&C 特性。以三维悬架 Adams 模型，联系悬架 K&C 性能层级和悬架零部件参数层级，就形成了两个循环[11]：

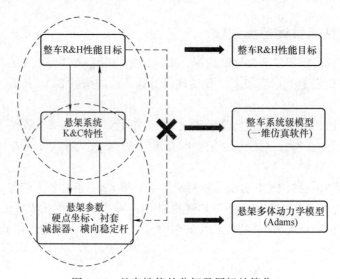

图 7-26　整车性能的分解及层级的简化

循环 1：通过一维整车模型进行整车 R&H 仿真，并与开发车型整车操纵稳定性和乘坐舒适性目标进行对比，基于仿真整车操纵稳定性和乘坐舒适性敏度与目标的对比，优化出一组合理且可实现的 K&C 指标列表。

循环 2：以循环 1 确定的优化 K&C 指标为目标，在 Adams 悬架模型中优化设计参数，以实际 Adams 悬架模型输出 K&C 指标为输入，带入循环 1，确认整车操纵稳定性和乘坐舒适性性能。

7.4.2　整车性能优化方法

对于前文所述整车性能的分解及分析层级的简化，根据建立的整车模型和悬架及整车性能优化流程，如图 7-27 所示。主要包括：

1）建立一维整车模型，主要是基于试验数据及整车性能参数。
2）对模型中的非确定性因素进行确定或反推。
3）建立悬架 Adams 模型，展开 K&C 性能仿真。
4）开展整车操纵稳定性和乘坐舒适性性能仿真。

5）基于整车操纵稳定性和乘坐舒适性进行敏度仿真及优化。

6）K&C 性能优化。

按照悬架及整车性能优化流程，以某车型开发为例，根据确定的操纵稳定性和乘坐舒适性性能目标，建立了开发车型悬架及整车多体动力学模型，并根据实车的整车性能客观测试指标，进行仿真模型的调校，得出了整车性能指标。

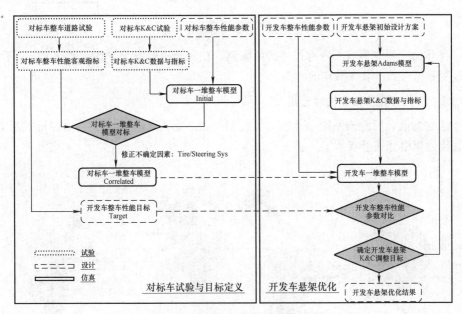

图 7-27　悬架及整车性能优化流程

分析整车性能指标得出结果：定半径转向不足转向梯度为 2°/g，侧偏角梯度为 4.6°/g，阶跃转向侧向加速度响应时间为 0.42s，侧向加速度超调量为 0.1，扫频侧向加速度通频带宽为 0.45Hz，侧向加速度特征频率为 1.04Hz，直线制动、加速制动俯仰角梯度为 3.5°/g，加速俯仰角梯度为 5.1°/g。经分析各项整车性能指标上均无法满足要求，悬架方案不满足整车性能目标。

因此，必须对开发车型初始悬架设计方案进行调整与优化，使其满足整车性能目标的要求。

7.4.3　整车性能优化技术

7.4.3.1　优化方案架构

针对开发车型原悬架设计方案出现的问题，按照图 7-28 进行优化设计和分析。

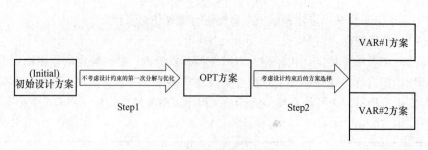

图 7-28 悬架系统优化方案

优化的主要方案有不考虑设计约束限制,在悬架初始设计方案中进行优化,不断地改变敏感参数,获取最佳的方案。

7.4.3.2 优化方案 K&C 性能分析

建立的前、后悬架系统多体动力学模型如图 7-29 所示,前悬架为麦弗逊式悬架,后悬架为双横臂式悬架[21]。

图 7-29 前、后悬架系统多体动力学模型

图 7-30~图 7-32 所示为前、后悬架优化方案的前束角、外倾角和侧倾中心高度变化特征曲线。可见,前悬架优化方案侧倾中心高度降低,后悬架优化方案侧倾中心高度升高,使得优化方案的侧倾中心高度前、后悬架敏度满足了目标设定的要求[21]。

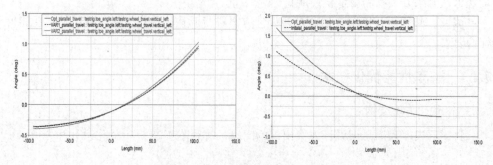

图 7-30 前、后悬架前束角变化特征

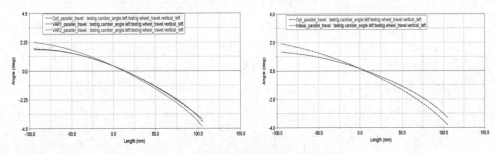

图 7-31　前、后悬架外倾角变化特征

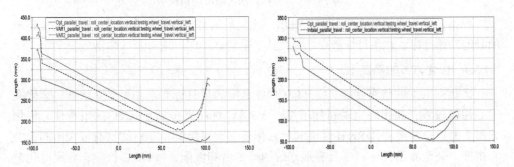

图 7-32　前、后悬架侧倾中心高度变化特征

7.4.3.3　操纵稳定性优化方案分析

建立的整车多体动力学模型[21]如图 7-33 所示，开展优化方案的整车操纵稳定性分析。以整车定半径转向（40m）的不足转向梯度为例，该指标为整车操纵稳定性设计的关键项性能，悬架初始设计方案的不足转向梯度敏度远小于目标范围，经过优化后能够达到前期目标设定的要求，如图 7-34 所示。

图 7-33　整车多体动力学模型

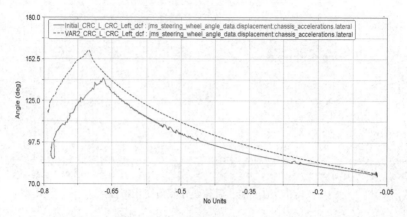

图 7-34 转向盘转角 - 侧向加速度

根据各优化方案整车性能结果得出：优化后的悬架方案确实能较大程度满足整车的既定设计目标，在各目标敏度之间找到了平衡点。

7.4.3.4 优化方案的确定

优化方案 1 的整车性能：①R&H 性能基本满足目标要求和可接受状态；②侧倾中心性能较差，超出一定的目标敏度；③K&C 性能完全满足 K&C 约束条件。优化方案 2 的整车性能：①R&H 性能满足目标要求和可接受状态；②具有较大的侧倾中心裕度，完全满足目标；③具有最好的加速抗后仰性能；④K&C 性能，轮距变化量最大，超出一定的约束范围，车轮外倾角斜率敏度较大，但满足约束条件。优化方案 3：①R&H 性能满足目标要求和可接受状态；②具有最大的侧倾中心裕度，完全满足目标；③加速抗后仰性能好；④K&C 性能，轮距变化量较大，处于约束上限敏度，车轮外倾角斜率敏度最大，仍在约束范围内。

通过分析，方案 2 设计变更最小，故优先采用。

7.4.3.5 小结

本节建立了整车性能的分解及层级流程，并在实际车型的开发中进行了验证。某车型实车性能不达标，通过建立的整车仿真模型、悬架的仿真模型，经过优化后，与试验对标，满足了整车操纵稳定性和乘坐舒适性的目标。说明了技术路线和方法流程的有效性。

7.5 转向干摩擦仿真技术

转向系统是用来保持或改变车辆行驶方向的重要机构，包括转向盘、转向管柱、转向传动轴、转向器等结构，其主要功能是按照驾驶员的意愿来控制车辆的行驶方向及轨迹。转向系统的操作力及力矩特性，影响和决定了车辆的转向品质及操纵稳定性，如驾驶员的转向手感、路感及转向响应特性等性能。

转向系统的力特性[27]由转向传递路径上的相关部件的刚度和阻尼等性能共同决定,如转向助力特性、转向机构固定点衬套刚度、转向机构摩擦特性、轮胎特性等。在仿真车辆模型的基础上,增设转向系统干摩擦力、调控传动轴万向节相位差有助于提高转向系统的力特性仿真的准确性。本节以转向系统原地转向力试验工况、低速转向力试验工况为例,进行了对比研究。

7.5.1 转向系统模型

7.5.1.1 转向系统干摩擦力模型的建立

根据管欣老师的干摩擦模型理论,将转向柱、齿条-齿条壳、转向节等处存在的转向干摩擦集中等效至齿条与齿条壳之间,在齿条与齿条壳间的移动副中添加力元SFORCE,作为二者间摩擦力的反映,如图7-35所示。以齿条对齿条壳的相对速度V_rack作为输入量,利用Adams自带函数,并自行建立所需函数及微分方程Ff,对SFORCE进行计算。

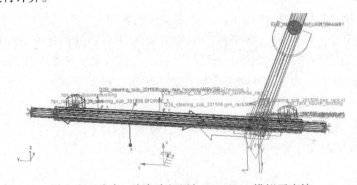

图7-35 齿条-齿条壳间添加SFORCE模拟干摩擦

建立状态变量V_rack=Vz(rack,rackhousing)检测齿条与齿条壳间的相对速度,建立状态变量Fs=IF(V_rack-Threshold:0,0,A)控制摩擦力作用门限,建立状态变量Fss=SIGN(Fs,V_rack)控制摩擦力作用方向。在实际摩擦力Ff(s)与摩擦力目标幅敏度Fss(s)间建立一阶惯性环节,时间常数由松弛长度及齿条相对速度计算获得。

$$Ff(s)/Fss(s) = 1/(1+\tau s) \qquad (7\text{-}26)$$

$$Ff'(t) = [Fss(t) - Ff(t)]/\tau \qquad (7\text{-}27)$$

其中,

$$\tau = \frac{\text{RelaxLength}}{|V\_rack|} \qquad (7\text{-}28)$$

在Template模板环境下建立转向系统干摩擦模型后,可在Standard模板环境下通过速度门限敏度velocity_threshold、松弛长度relax_length、稳态摩擦力幅敏度friction_on_rack 参数来调节转向系统干摩擦大小，参数变量的数敏度根据试验测量结果进行修改，如图 7-36 所示。

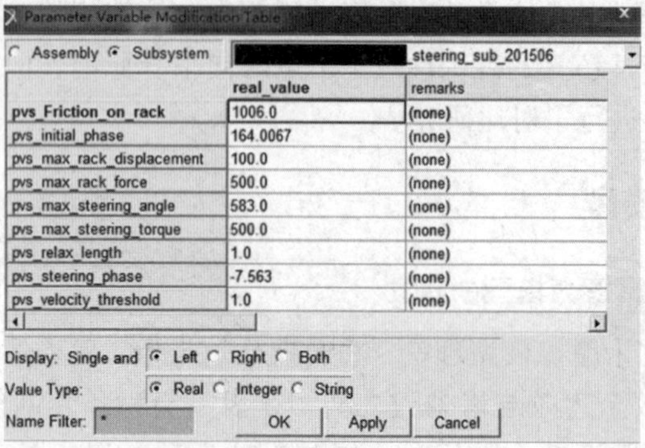

图 7-36　齿条-齿条壳间添加 SFORCE 模拟干摩擦

7.5.1.2　转向系统中间轴万向节相位角的控制

十字轴万向节如图 7-37 所示，θ_1 为主动轴的转角[22, 23]，即万向节主动叉所在平面与万向节主、从动轴所在平面的夹角；ω_1 为主动轴的角速度；θ_2 为从动轴的转角[22, 23]，即万向节从动叉所在平面与万向节主、从动轴所在平面的夹角；ω_2 为从动轴的角速度；α_1 为主、从动轴间的夹角。根据《汽车设计》[23]，十字轴万向节主动轴与从动轴的转角间的关系为

$$\tan\theta_1 = \tan\theta_2 \cos\alpha_1 \quad (7-29)$$

上式两端对时间求导整理可得

$$\omega_2 = \frac{\cos\alpha_1}{(1-\sin^2\alpha_1\cos^2\theta_1)}\omega_1 \quad (7-30)$$

当 α_1 为 0 时，则 $\omega_1 = \omega_2$，万向节实现等速传动。α_1 越大，转速波动越剧烈。ω_2/ω_1 是周期为 180° 的周期函数。

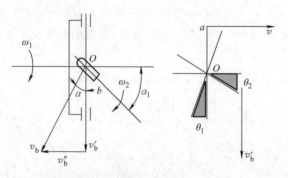

图 7-37　十字轴万向节运动示意图

当主动轴以等角速度转动时，从动轴时快时慢，具有不等速特性，转速不等速率用 k_1 表示，则

$$k_1 = (\omega_{2\max} - \omega_{2\min})/\omega_1 = \sin\alpha_1 \tan\alpha_1 \quad (7\text{-}31)$$

其中，α_1 越大，则不等速率 k_1 越大。

对于双十字轴万向节传动机构，设中间轴两端万向节叉面间的夹角（锐角）为 δ，则第二个十字轴万向节的主动轴与从动轴的转角间的关系为

$$\tan\theta_3 = \tan\theta_4 \cos\alpha_2 \quad (7\text{-}32)$$

其中，

$$\theta_3 = \theta_2 + \delta \quad (7\text{-}33)$$

第二万向节不等速率为

$$k_2 = (\omega_{4\max} - \omega_{4\min})/\omega_3 = \sin\alpha_2 \tan\alpha_2 \quad (7\text{-}34)$$

此时机构输出轴的不等速率为

$$K = (\omega_{4\max} - \omega_{4\min})/\omega_1 \quad (7\text{-}35)$$

转向系统的万向节为普通非等速十字轴万向节，且转向系统的 3 根轴的轴线不在同一平面内。当转向盘转动时，为消除转向盘转矩的波动，要求满足两个理想条件：

1）转向管柱与转向中间轴的夹角（记为 α_1）跟转向中间轴与转向输入轴的夹角（记为 α_2）相等，该条件由设计时对硬点坐标的布置来保证；

2）转向管柱和转向中间轴所确定的平面与转向中间轴和转向输入轴所确定的平面之间的空间夹角（简称平面夹角 β），与转向中间轴两端万向节叉面的夹角（简称相位角 ψ）相等，该条件由装车时，调整上下万向节在转向中间轴安装花键的角度来实现。该条件又可分为两个子条件：

① 上万向节在转向中间轴端的叉面，位于转向管柱与转向中间轴所确定的平面内。
② 下万向节在转向中间轴端的叉面，位于转向中间轴与转向输入轴所确定的平面内。

如图 7-38 所示，转向系统由转向盘、转向管柱、转向中间轴、转向输入轴、齿条、齿条壳等组成。其中，中间轴两端有两个万向节。在 ADAMS 系统默认条件下，这两个万向节的相位角是没有受控的。硬点确定后，万向节的相位角必须调到合理位置，才能减少相位差引起的传动波动。

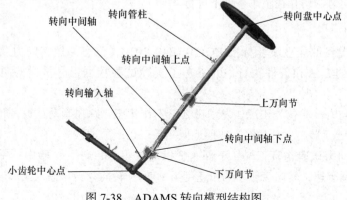

图 7-38 ADAMS 转向模型结构图

在中间轴中部及两端分别建立参考 MARK，以中部 MARK 为基准，通过下部 MARK 调整下万向节拨叉面至②状态，通过上部 MARK 调整上万向节拨叉面至①状态，从而实现减少相位差引起的传动波动的目的。

设置参数变量 initial_phase 和 steering_phase，即可实现中间轴两端万向节间的相位设置，参数由设计硬点几何计算获得。

如图 7-39 所示（见彩插），中间轴两端万向节受控和默认的状态下，转向力矩波动情况不同。其中，默认模型未控制相位参数，力矩随转角变化有波动（红色曲线），而相位参数受控模型则无波动（绿色曲线）。

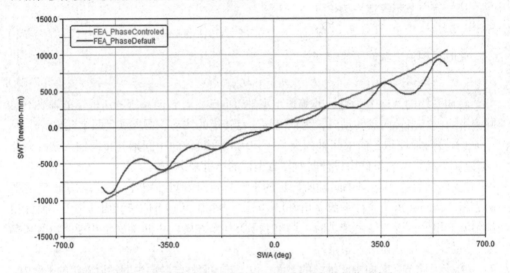

图 7-39　转向系统力矩波动（中间轴万向节相位引起）

7.5.2　转向力仿真分析

转向系统转向力的仿真模型，包含前后悬架系统、车身系统、制动系统、转向系统、动力总成系统等部分，其中转向系统模型考虑了转向干摩擦力及转向管柱相位角的控制。转向力的仿真在整车条件下进行。

7.5.2.1　分析工况

仿真工况参照企业试验标准 EQCT-1749-2013《汽车原地转向力及低速转向力试验方法》的方法和条件执行，并参考了实际试验数据，尽量保持两者工况的一致性。

原地转向力试验仿真工况，发动机处于工作状态，踩住制动踏板，转向盘转动的角速度为 90°/s，转向盘转角输入波形近似一条三角函数曲线。

低速转向力试验仿真工况，车辆速度稳定在 4~10km/h，试验中不用加速踏板或制动踏板控制车速，转向盘转动的角速度为 90°/s，转向盘转角输入波形近似一条三角函数曲线。

两种工况的仿真分别进行了有转向干摩擦力模型状态的仿真和无转向干摩擦力模型状态的仿真,以便对比两者和试验敏度的差异情况。

7.5.2.2 分析结果

原地转向力试验仿真结果如图7-40所示(见彩插),绿色曲线为悬架模型中无转向干摩擦力模型的计算结果,曲线近似呈一条没有明显的往复环状,这种状态无法反映转向系统内部摩擦阻力,和红色试验数据曲线有较大误差;蓝色曲线为悬架模型中有转向干摩擦力模型的计算结果,显然它更能代表转向系统的真实状态。

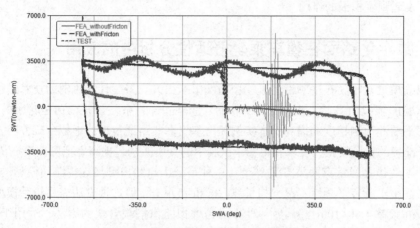

图 7-40 原地转向力试验与仿真曲线图

根据图7-40分析结果:原地转向力仿真与试验吻合较好,最大误差约为15%。

低速转向力试验仿真结果如图7-41所示(见彩插),绿色曲线为悬架模型中无转向干摩擦力模型的计算结果,曲线的往复环纵坐标方向间距较小,没有准确反映转向系统的内部摩擦阻力,和红色试验数据曲线有较大误差;蓝色曲线为悬架模型中有转向干摩擦力模型的计算结果,相比之下它更能代表转向系统的真实状态。

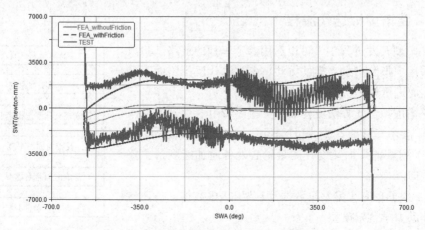

图 7-41 低速动态转向力试验与仿真曲线图

根据图7-41分析结果：低速转向力仿真与试验吻合较好，最大误差约为24%。

转向系统干摩擦力模型的引入，更好地模拟了转向系统摩擦阻力矩的存在，与试验更接近，更符合车辆运动的实际情况。

7.5.3 小结

通过在转向系统模型中增设中间轴万向节相位角的控制参数，及建立转向系统干摩擦力模型，提高了整车仿真模型仿真结果与实车试验结果的一致性，对促进产品的设计开发起到了积极的作用。

7.6 数字化路面在整车乘坐舒适性分析中的应用

路面模型对于整车平顺性仿真模型精度影响很大。采用计算机辅助技术进行汽车实车试验的虚拟仿真时，由于路面-轮胎-整车耦合关系复杂，特别是轮胎的模拟，限制了平顺性预测精度的提高。本实例提出基于真实路谱重现的虚拟台架方法，避免使用不准确的轮胎模型，反求获得实车试验中的真实激励，提高虚拟仿真模拟精度。

平顺性仿真通常有两类方法[28-31]：一种是采用轮胎模型加虚拟路面模型的方法，该方法适用于所有平顺性工况，如长波、随机和冲击，但这种方法需要轮胎模型能够模拟较高频率（50~100Hz）；另一种方法是虚拟路谱搭载台架的方法，适用于长波、随机路面，主要考察垂向响应的工况，该方法需要建立虚拟路面不平度，一般是轮胎接地点的垂向位移激励等。本实例主要论述的是虚拟路谱搭载台架的方法，通过测量参考车辆的平顺性道路试验的轮心垂向加速度，通过多次迭代逐渐逼近，反推出路面不平度，抵消轮胎模型和路面模型引起的误差，从而进行新车型的平顺性分析，提升平顺性分析精度。需要说明的是，迭代出的路谱不是真实路谱。该虚拟路谱可应用于轴荷、轴距相近的车型中。

7.6.1 路谱虚拟迭代流程

在车型开发过程中，可以运用参考车型的道路试验数据，采用虚拟路谱加台架的方法，多次迭代反推路面不平度，从而进行新车型的平顺性分析。

路谱虚拟迭代方法流程如下（图7-42）：

1）参考车道路试验：包括长波、随机路面试验等。

2）测量轴头加速度：测量轮心处各向加速度，主要考察垂向。

3）根据现有车型整车数据及悬架K&C数据，搭建整车多体动力学台架模型。

4）运用虚拟迭代工具FEMFAT.lab VI，以第二步测

图7-42 虚拟路谱迭代流程

得的轮心垂向加速度为迭代目标量,输入白或粉红噪声,进行多次迭代,反推路面不平度。

5)根据上一步得出的路面不平度数据建立路面模型。

6)搭载上一步的路面模型,进行新车型的平顺性分析。

7.6.2 路谱虚拟迭代原理

利用参考车型道路试验数据,轮心加速度信息作为目标期望敏度,通过采用虚拟迭代工具 FEMFAT.lab VI 输入白或粉红噪声,通过多体动力学模型仿真,输出轮心加速度响应;通过反复迭代,逐渐逼近目标期望敏度,从而反推出虚拟路面输入,如图 7-43 所示。

图 7-43 虚拟路谱迭代原理图

多体动力学传递函数:

$$[H(\omega)] = \frac{F(\omega)}{U(\omega)} \tag{7-36}$$

式中,F 为输出信号(期望敏度),U 为输入信号(白或粉红噪声)。

反推出输入信号为

$$U = \boldsymbol{H}^{-1} F \tag{7-37}$$

其中,$\boldsymbol{H}^{-1}$ 为传递函数的逆。

计算第一个输入:

$$U_1 = \boldsymbol{H}^{-1} F_{\text{desired}} \tag{7-38}$$

其中,U_1 为第一个输入信号,F_{desired} 为目标期望敏度。

经过反复迭代,计算第 n 个输入:

$$U_{n+1} = U_n + \boldsymbol{H}^{-1} F(F_{\text{desired}} - F_n) \tag{7-39}$$

反复迭代过程如图 7-44 所示。路谱迭代工具 FEMFAT.Lab 可充分利用多体模型和参考车型的试验数据,与多体动力学仿真软件集成,系统线性化迭代计算,并能迅速收敛。

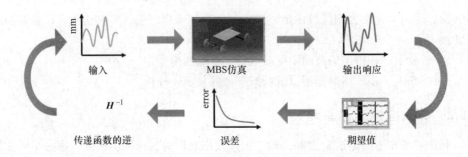

图 7-44　路谱迭代循环图

7.6.3　平顺性工况道路谱迭代

本节在分析某车型平顺性工况时，由于缺少轮胎及路面数据，根据参考车型的道路试验[32]数据进行平顺性工况道路谱迭代。

7.6.3.1　虚拟迭代台架模型

如图 7-45 所示，位移 $Z(t)$ 模拟路面垂向轮廓，刚度阻尼模型结构模拟轮胎垂向力特性。道路垂向位移激励通过车轮托盘上的平移副施加，迭代时，外部激励将通过样条曲线形式传递给平移副。位移加载保持惯性坐标系下的垂向。

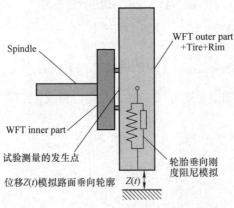

图 7-45　虚拟迭代台架拓扑结构图

虚拟台架模型需要具有以下功能：在轮胎接地点的垂向位移激励加载；在每个车轮托盘的垂向、侧向和纵向位移的互相解耦；每个试验台在水平面上的平动和转动；模拟轮胎的垂向特性（主要包括刚度和阻尼力学特性）。

迭代和载荷预测的输入模型如图 7-46 所示。整车多体动力学模型包括前悬架系统、后悬架系统、

图 7-46　迭代和载荷预测的整车多体动力学模型

动力总成悬置系统、稳定杆系统、车架／车身系统、虚拟台架等。该模型需经过子系统验证，以保证后续路谱迭代精度。

整车模型轴荷状态下实车道路试验前的状态：

1）基于试验载荷下多体建模参数和半载 K&C 试验校准，以获得试验载荷状态的多体车辆模型。

2）基于道路试验，提取试验轮荷，估算整车质心位置；根据 SAE 惯量估算公式计算整车主惯性矩。

3）在仿真软件装配好的整车模型中设置整车质量、质心和惯量，根据底盘的质量数据，仿真软件可计算并自动调整车身质量和惯量以满足整车质量需求。

4）调整模拟轮胎垂向特性的力，修改垂向力预载敏度为试验轮荷。

5）对台架的车轮托盘施加垂向 0 位移激励，计算整车在重力作用下的动力学响应，稳定后车辆模型状态即实车道路试验前状态。

6）保存稳定后的结果为新的模型，作为迭代和载荷预测的输入模型。

7.6.3.2 虚拟迭代过程

根据路谱迭代原理，迭代的目标信号是试验所测量的轮心垂向加速度，而迭代的输出信号是轮胎接地点位置的垂向位移激励。因此，在迭代开始之前，需要对各工况的目标信号进行处理，因此，包括试验数据信号通道整理及信号单位转换、试验数据文件格式转换、重采样、低通滤波、目标信号文件格式转换等。处理完成的迭代目标信号如图 7-47 所示。

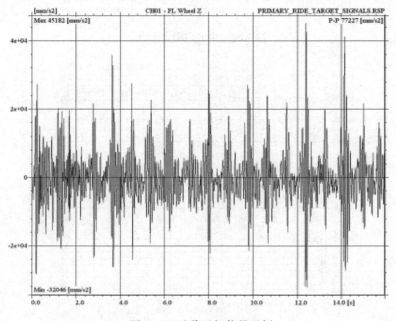

图 7-47　迭代目标信号示例

路谱迭代采用 FEMFAT.Lab 软件 VI 模块完成,该模块与 Adams 具有集成功能,能够驱动 Adams 完成路谱迭代过程。

采用 FEMFAT.Lab 进行路谱迭代的过程如下:

1)建立迭代项目,设置 Adams 工作环境命令,指定 Adams 模型文件。

2)设置迭代输入与输出通道,Input:垂向位移;Output(迭代目标):轮心垂向加速度。

3)传递函数生成,产生白噪声激励,进行白噪声激励下的系统响应计算,生成传递函数,如图 7-48~图 7-50 所示。

4)迭代计算,First Drive 生成,进行迭代计算,直至收敛。

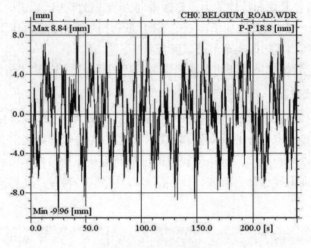

图 7-48　生成白噪声激励

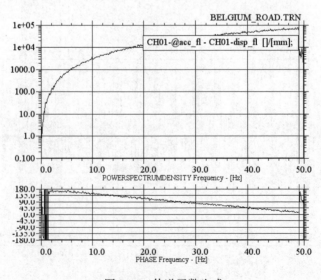

图 7-49　传递函数生成

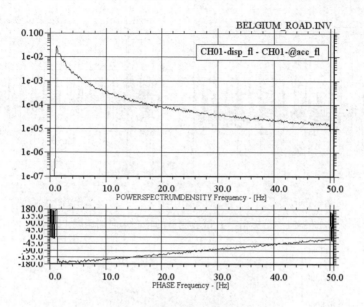

图 7-50　生成传递函数的逆

迭代达到收敛条件后,将最后一次的 Drive 文件转化为 Excel 文档,驱动文件的 Excel 文档用于后续平顺性仿真。

7.6.3.3　平顺性工况道路虚拟迭代技术

以长波路面平顺性试验为例,经过处理的长波路面试验测量的轮心垂向加速度,如图 7-51 所示。

FEMFAT.Lab 采用目标信号与迭代计算响应信号伪损伤(Pseudo Damage)的相对误差作为判据,来判断迭代的收敛程度。该相对敏度接近 1 则迭代收敛,通常要求所有通道相对误差均能达到 0.8~1.2。迭代过程中,4 个通道迭代计算响应信号与目标信号伪损伤相对误差的变化曲线如图 7-52 所示。

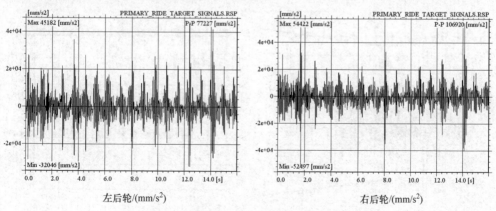

图 7-51　目标信号:试验测量的轮心垂向加速度

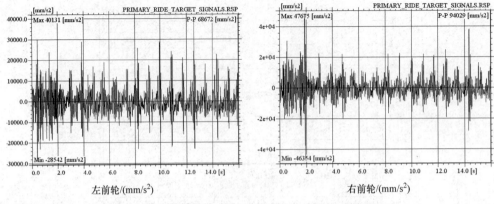

左前轮/(mm/s²)   右前轮/(mm/s²)

图 7-51 目标信号：试验测量的轮心垂向加速度（续）

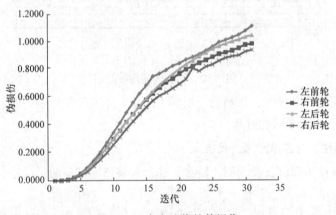

图 7-52 多次迭代的伪损伤

此外，可以观察对比各通道信号的时域曲线的吻合程度。目标信号与最后一次迭代响应信号对比如图 7-53 所示。

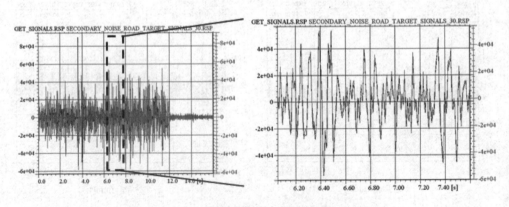

图 7-53 目标信号与最后一次迭代响应信号对比图

迭代出的位移驱动信号（Drive）如图 7-54 所示。

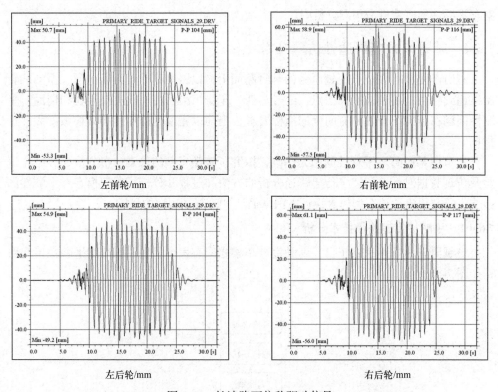

图 7-54　长波路面位移驱动信号

将迭代出的路面位移驱动信号加载到整车虚拟台架中进行平顺性分析。

根据图 7-54 分析得出结果：运用虚拟路谱计算得出的仿真敏度与试验敏度误差在 15% 以内，考虑悬架内部弹性元件及其他参数原因，该误差精度已满足需求。

需要说明的是迭代出的位移驱动信号为虚拟路谱，并不是真实路谱。该虚拟路谱可应用于轴荷、轴距相近的车型中。这样对于缺少轮胎特性参数和路面模型的平顺性分析，可以降低轮胎及路面引起的误差，提高平顺性分析的仿真精度。虚拟路谱迭代方法要求研发车型与参考车型轴距、重量方面接近，且仿真模型需要经过验证，从而保证路谱迭代精度。

这种基于真实路谱重现的整车虚拟台架，也可用于整车零部件的疲劳寿命预测分析中，能够精确虚拟重现整车试验中的振动冲击，从而得出零部件精确的疲劳寿命预测结果。

7.6.3.4　小结

通过虚拟迭代工具 Femfat.Lab VI，以参考车的平顺性道路试验的轮心垂向加速度为迭代目标量，在整车模型中运用虚拟路谱加台架的方法，进行多次虚拟迭代，反推出路面垂向不平度，避免采用不准确的轮胎模型，减少了轮胎及路面引起的误差，从而应用到新车型的平顺性分析中，提高了平顺性分析的仿真精度。该方法也可应用到整车零部件的疲劳寿命预测分析中。

7.6.4 越野车乘坐舒适性仿真技术

越野车主要行驶在路况较恶劣的越野路面上，以路面不平度为激振源，振动从轮胎传递到悬架，再到减振器上点，经过车架、车身，最后传递到座椅导轨和椅面。平顺性问题在越野车开发中有明确的指标要求，当前以座椅处的加速均方根敏度为评价指标。

本节以某越野车平顺性问题为基础，探究了该类车型的仿真分析方法，并结合试验及仿真数据对标，阐述了传递路径分析的方法和过程，分析了车架模态对平顺性的影响，研究得出了该车型仿真设计方法从而达到改善平顺性的目标。

7.6.4.1 平顺性传递路径技术分析

该越野车为非承载式车身，驾驶室与车架之间有六个悬置。该车型平顺性传递路径如图 7-55 所示。

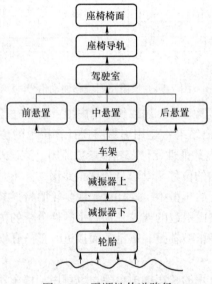

图 7-55 平顺性传递路径

在做平顺性传递路径试验过程中，分别在轮心、减振器下、减振器上、左后悬置车架点、左后悬置车身点、座椅导轨点和座椅面布点，测量传递路径上的振动加速度信号传递情况。车速为 50km/h 时 B 级路面上传递路径上的信号情况如图 7-56 所示（见彩插）。

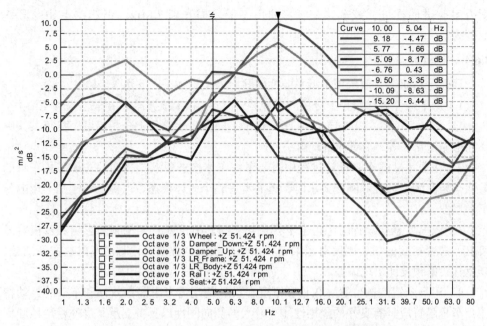

图 7-56　车速为 50km/h 时 B 级路面上传递路径测量结果

根据图 7-56 分析得出结论：座椅面振动加速度在 5Hz 附近有一峰敏度，该峰敏度频率最早是在左后悬置车架点处测得。平顺性的敏感频率范围一般为 4~8Hz，该峰敏度频率刚好在这个范围内；其次在 4~6.5Hz 簧下传递路径上有一定的放大效果；在座椅导轨到座椅传递过程中也有一定的放大效果。

说明：该越野车在平顺性试验中，B 级路面试验不达标。

7.6.4.2　平顺性仿真分析

为了查找该车型平顺性不达标原因，分别开展了整车平顺性仿真分析和整车车体模态分析。

在平顺性仿真模型搭建过程中采用柔性车架和车身，考虑车架车身的模态影响。仿真数敏度与试验有差异，仿真的轮胎和路面目前还无法满足平顺性指标量化评价需求，但可进行定性分析。

在仿真过程中，考察传递路径上的振动加速度，发现左中悬置和左后悬置车架处有 5Hz 左右峰敏度出现，整车车体模态分析结果中，一阶弯曲模态为 4.8Hz。结合整车车体模态振型分析结果以及试验结果，分析得知 5Hz 峰敏度频率为车体一阶弯曲模态引起。

7.6.4.3　车架模态改进

前面已经分析了该车型平顺性问题的主要原因，最直接的改进方法就是提高车体模态，但这涉及车架和车身的结构改进，需考虑强度、刚度等问题。随着强度方案改进的推进,该车体一阶弯曲模态最后提升到 7.8Hz,仍然在 4~8Hz 频率范围内。

7.6.4.4 小结

通过分析研究及改善该车型平顺性问题原因,总结了以下几条经验。

1)从平顺性传递路径上分析问题原因:从轮胎 → 减振器下 → 减振器塔顶 → 车架 → 悬置 → 车身 → 座椅导轨 → 座椅整个平顺性传递路径上分析问题,找出共振频率和未隔振路径等,有针对性地解决问题。

2)在非承载式车身设计过程中需要考虑车体模态要求:当前的非承载式车身的柔性车架在满足强度和刚度要求时,还需考虑整个车体模态,以免低频激励下影响整车平顺性。

3)双横臂悬架设计时考虑上下摆臂衬套扭转刚度对悬架偏频的影响:双横臂悬架上下摆臂衬套的扭转刚度对悬架偏频贡献量较大,悬架设计时需考虑这方面问题,以免悬架偏频设计出现偏差。

4)车身悬置点的位置、数量和刚度在设计前期需考虑隔振效果和车架的振动特性:车身悬置应具有良好的隔振性能、较大的侧向刚性以具备支承车身的稳定性和良好的耐久性能。

7.6.5 构建数字化路面的方法

在车辆开发前期需要获得准确的整车动态响应以便评估车辆的性能。当前传统道路试验方法通过新造样车在试验场或实际道路的动态试验,获得车辆的各项性能指标。现有计算方法受限于道路试验,需要进行各种零部件试制等准备工作,周期长,不便于在设计早期获得车辆性能指标以便对设计方案进行评估,且样车状态变化造成的反复试验耗时长。建立虚拟试验场分析能力,能够降低对物理样车的依赖,对设计方案进行快速评估,缩短试验时间,降低开发费用。

数字化路面是物理试验场的精确数字化,是虚拟仿真技术中最前沿的技术之一。随着轮胎建模技术的发展,该技术已具备很好的工程应用,正越来越多地被各大汽车厂关注。应用情况表明虚拟试验场技术成熟,精度等级较高,可以满足样车制造前的虚拟方案评估与优化要求。

在多体动力学仿真领域,数字化路面将成为重要的发展方向,本节将进行详细探究,期望能在车型开发中得到广泛应用。

由于整车操纵稳定性是在平整路面上开展,可以在分析软件中自行建立。下面分别从整车乘坐舒适性分析及操纵稳定性主观评价方面归纳对路面的需求。

7.6.5.1 乘坐舒适性分析路面

平顺性开发分析主要包括的路况:一级平顺性,试验路面为长波路;二级平顺性,噪声发生路、比利时路、高速环道;冲击响应为人工布置。

7.6.5.2 操纵稳定性主观评价路面

目前操纵稳定性主观评价路面有多种，主要项目包括路面复制、侧倾、垂直运动、俯仰、冲击强度、限位冲击、路面扫描、声振粗糙度、舒适点振动、结构件振动、波鼓噪声、底盘噪声、打手感、转向盘抖动、直线行驶能力、沟槽敏感性、驱动变化稳定性、转向扰动稳定性、转向愉悦性、弯道性能和制动性能。同时也确定了各项目的试验路段要求。

7.6.5.3 数字化路面的基本方案

根据仿真技术需求，构建数字化路面的基本方案主要包括以下 3 个方面。

一是路面的设置，路面主要有综合性能路、高速环道、长波路、短波路、扭曲路、搓板路、蛇形卵石路、减速坎、条石路、原地转向路、撞路沿、变波路等。

二是路面长度的设定，根据路面的需求，确定要建立数字化路面的扫描长度，长度不能太短，否则没有代表性。

三是根据测试工况，选择数字化路面的组合，构建路谱。

7.6.6 数字化路面技术路线

汽车虚拟试验场是利用仿真软件建立一个整车模型，同时引入实测试验场路面文件及精确轮胎模型，可以模拟汽车的真实路面载荷，展开非线性仿真，达到虚拟测试获取动态响应的目的，实现整车性能优化、零部件疲劳强度评估及改进。

虚拟试验场核心内容包括精确的路面模型、精确的轮胎模型和精确的整车模型。路面模型采用激光路面扫描系统，获取高精度的试验场路面特征网格数据（可达 5mm×5mm，精度达到 1mm）；轮胎通过试验获取特征参数，识别生成柔性环 FTIRE 模型；整车模型采用精细化建模，校核关键零部件几何、特性响应，形成更精确的整车模型。

虚拟试验场技术路线为将激光扫描获取的精确路面模型和试验获取的轮胎 FTIRE 模型导入仿真软件环境，加上精确建模的车辆模型，形成虚拟试验场环境，仿真获取车辆动态载荷，用于整车性能优化、零部件疲劳寿命评估及改进。

7.6.6.1 数字化路面模型开发

1. 试验场路面激光扫描

试验场路面扫描采用车载式路面扫描系统（Mobile Road Mapping System，MoSES），移动测量系统应用了最新的 Lidar 技术，通过对路面进行激光扫描，测量路面平整度，获取路面特征，形成虚拟 3D 数字路面，用于搭建虚拟试验场。

路面扫描的主要设备包括高分辨率全景相机、三维激光扫描仪、差分定位系统（GPS）和惯性导航系统等多种传感器，如图 7-57 所示。

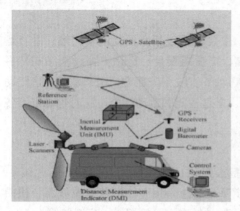

图 7-57 车载式路面扫描系统（MoSES）组成与原理

在进行实际路面扫描采集工作时，需安装调试设备，进行标靶校准，标准块精度验证。主要工作原理：控制各传感器运行的是车载计算机系统，数据的同步采集采用同步控制系统触发脉冲原理，信息收集采用高分辨率全景相机获取具有 RGB 信息的全景影像，同时，GPS 采集并记录车载移动测量系统的位置数据，IMU 采集并记录各传感器的姿态角数据，如图 7-58 所示。

图 7-58 3D 标靶墙校准及标准块精度验证

为了保证扫描数据的有效性，避免后期处理存在数据缺失，对所有路面都进行了两次扫描。

2. 数字化路面模型建立

路面扫描数据的后处理，包含奇异点剔除、数据滤波、数据格式转换等。生成 ADAMS 可识别的路面数据，格式为 CRG，包含线路中心线数据，网格精度为 5mm×5mm，可直接导入仿真软件模型。建立的数字路面模型如图 7-59 所示。

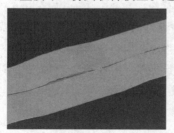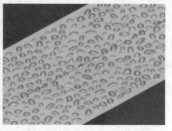

图 7-59 卵石路路面模型及丙扭路路面模型

7.6.6.2 轮胎动力学模型的建立

建立轮胎模型是虚拟试验场技术开发的必要条件。轮胎模型是整车动力学仿真最为重要的影响因素之一，对整车级仿真性能有重要影响，建立精确的轮胎模型来模拟实际驾驶条件下车辆的动作进而分析和仿真成为必然。

根据轮胎动态试验所得试验数据，建立轮胎模型的主要过程如下。

1）试验及参数辨识：轮胎模型是由一套数学公式来描述轮胎的力学特性，通过轮胎力特性的试验数据进行回归分析，通过含有拟合参数的公式有效地表达出来。轮胎模型各工况包含大量的参数因子，通常通过专业的数据处理软件，将各工况下的参数因子辨识出来。

2）模型构建：按照轮胎模型标准的参数格式文件，只需将上一步辨识得到的各参数因子，按照正常的位置填入轮胎模型文件即可。

3）试验对标：在专业分析软件中建立虚拟轮胎试验台，开展相应的测试工况的仿真，通过与试验对标，达到模型精度验证的目的。

1. 轮胎动力学试验

轮胎动力学试验的具体内容包括：①轮胎主要参数测量；②胎面接触几何测量；③轮胎径向刚度试验；④轮胎凸块试验；⑤轮胎侧向力、回正力矩、侧倾力矩测试试验；⑥轮胎纵向滑移测试试验。

2. 轮胎模型参数辨识

参数辨识的基本流程如图 7-60 所示。

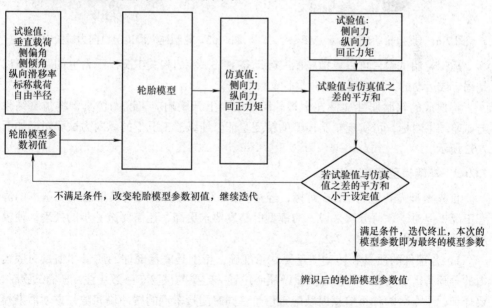

图 7-60 轮胎模型参数辨识流程图

根据流程图和轮胎模型公式，按照试验获取的侧偏角、侧倾角、滑移率等参数进行敏度分析，经过多次迭代，形成参数辨识的敏度结果。

通常采用专业辨识软件工具开展数据回归，拟合出各工况下的轮胎参数因子，需要设置各待拟合参数的初始敏度、上下边界敏度、拟合步数等。残留标准差按下式计算：

$$\sigma = \sqrt{\frac{\sum_{t=0}^{n}(F_{\text{measured}} - F_{\text{model}})^2}{n}} \qquad (7\text{-}40)$$

3. 轮胎模型试验对标

在仿真软件中，建立轮胎在各种激励下的特性试验台，如图 7-61 所示。轮胎试验台是一个独立的，不依附于整车或子系统的模型工具。轮胎试验台在某种程度上可以说是轮胎属性文件的图形化文档。

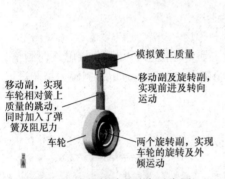

图 7-61　虚拟轮胎试验台示意图

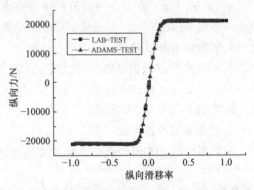

图 7-62　轮胎纯纵滑工况纵向力试验对标

虚拟轮胎试验台可以模拟轮胎实际动态测试试验的相关工况。平台上的路面可以是固定或运动的，路面形态通过属性文件自定义。

将建成的轮胎属性文件在虚拟轮胎试验台上开展响应工况的仿真，将仿真结果与试验结果对标，可实现轮胎模型的精度验证。纯纵滑工况下的纵向力试验对标如图 7-62 所示。

7.6.6.3　车辆模型调教对标

首先模型需要进行 K&C 对标，经过 K&C 对标的模型说明模型已满足基本的静态工况，但对于载荷分解来说，对模型的精度要求更高，还需要进一步的处理，使模型精度进一步提高，见表 7-2。

1）各部件的质量和转动惯量要尽量准确，特别是底盘部件的质量和惯量对底盘力的分解有重要的影响，整车质量及质心位置一定要与试验车一致（注：车辆试验时，要详细记录车辆的称重信息以及配重信息，同时测量车辆的缓冲块间隙，方便后期模型的调校）。

2）动力总成模型调整：悬置点坐标，动力总成质量质心和惯性矩特性，悬置衬套动刚度数据，悬置衬套非线性静刚度曲线。

3）衬套刚度特性模拟：衬套的刚度试验需要有足够的加载范围，使静刚度曲线包含较大范围的非线性区特性。车辆行驶中动态载荷特性的重要因素是衬套的动刚度特性，目前的多体工具对衬套的动刚度模拟普遍采用阻尼特性代替，则在载荷分解的模型中至少要包含非线性的阻尼特性。

表 7-2 车辆模型调教对标参数

车辆几何与质量参数校验	部件试验	悬架模型检查	K&C 对标
几何参数（硬点） 悬架、车身、动力总成质量 其他部件质量 重心	衬套刚度试验（非线性段） 缓冲块刚度 弹簧刚度 减振器参数	悬架垂向刚度对标 悬架侧倾刚度对标 限位块间隙对标 减振器阻尼曲线调整 衬套刚度曲线调整 零部件质量参数调整 单轮轮荷参数调整 整车质量参数调整	同向轮跳 反向轮跳 侧向力加载 纵向力加载

7.6.7 虚拟试验场仿真精度确定技术

为验证虚拟试验场的仿真精度，结合某车型实车开发中的试验场路谱采集数据，对两种载荷获取方法（方法一：物理传感器采集 RLDA；方法二：vRLDA 虚拟试验场载荷提取）结果进行比较，具体方法步骤如下：

1）导入数字路面，搭建虚拟试验场仿真环境。

2）建立包含 FTire 轮胎模型的整车动力学模型，针对虚拟试验场分析精度需求调试整车模型。

3）结合虚拟路面模型控制车辆行驶轨迹和车辆试验车速，完成虚拟试验场环境下整车仿真。

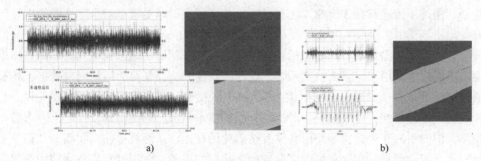

图 7-63 虚拟试验场仿真精度解析（蓝色为试验敏度，红色为仿真敏度）
a）丙扭路前悬架轮心处结果对比 b）比利时路前悬架轮心处结果对比

根据图 7-63（见彩插）对比结果解析表明：应用虚拟试验场技术，载荷提取方法

vRLDA 相对物理传感器采集 RLDA 具有较高的精度，能够在项目开发早期为疲劳耐久仿真提供载荷输入。

7.6.8 虚拟试验场技术应用展望

1）耐久载荷提取：应用虚拟试验场技术，可省去传统采集技术所需的部件改制、夹具制作等事宜，快速支持车身和底盘结构件耐久性能开发。建立虚拟试验场，开展动态载荷提取，可以在项目开发前期为疲劳耐久仿真提供载荷输入，解决项目开发初期缺乏路谱的痛点。

2）平顺性激励提取：应用虚拟试验场技术，整车可在试验对应路面进行模拟仿真，以获取座椅导轨、地板等处加速度信号信息，用于评估整车平顺性性能。可以解决平顺性现有条件不足的问题，能够定量地开展平顺性分析。

3）子系统激励提取：应用虚拟试验场技术，可快速获取蓄电池等子系统大质量处加速度信号，支持子系统耐久性能和可靠性方案的设计和验证。

4）滥用工况考核：在用车过程中会遇到各种滥用路面，例如铁轨、方坑、路沿等，应用虚拟试验场技术，可在整车开发阶段模拟撞击滥用路面受力情景，考核结构件强度目标设定。而传统方法往往较难采集滥用工况，也不便于频繁进行实车验证。

5）虚拟底盘调校：针对整车开发阶段调校参数不断更新的情况，应用虚拟试验场技术，可快速进行参数影响分析，并进行多目标多参数的 DOE 和优化，以获取同时满足多性能的优化参数组合。

7.6.9 小结

本节探究了路面模型对于整车乘坐舒适性仿真模型精度影响很大的问题，提出了基于真实路谱重现的虚拟台架方法，获得实车试验中的真实激励，以提高仿真精度。以某越野车平顺性问题为例，探究该类车型的仿真分析方法，并结合试验及仿真数据对标，阐述了传递路径分析的方法和过程，分析了车架车身模态对平顺性的影响，研究得出了该车型仿真设计方法从而达到改善平顺性的目标。

汽车数字化路面核心内容包括精确的路面模型、精确的轮胎模型和精确的整车模型。路面模型采用激光路面扫描系统，获取高精度的试验场路面特征网格数据；轮胎通过试验获取特征参数，识别生成柔性环 FTire 模型；整车模型采用精细化建模，校核关键零部件几何、特性响应，形成更精确的整车模型。利用仿真软件建立一个整车模型，同时引入实测试验场路面文件及精确轮胎模型，从而模拟在真实路面载荷下进行整车非线性仿真，实现虚拟测试获取动态响应的目的。虚拟试验场技术路线为将激光扫描获取的精确路面模型和试验获取的轮胎 FTire 模型导入仿真软件环境，加上精确建模的车辆模型，形成虚拟试验场环境，仿真获取车辆动态载荷，用于整车性能优化、零部件疲劳寿命评估及改进。

采用虚拟路谱技术方法，并升级为数字化路面，使得汽车行驶平顺性的建模与仿真技术能够满足现代汽车快速更新、生产周期短和汽车生产商之间激烈竞争的要求。

7.7 基于 EPS 系统性能的汽车转向愉悦性仿真分析

EPS（电动助力转向）系统以其高效率、高精度、低能耗等优点，逐步成为汽车助力转向系统应用的主流方案，受到国内外各个主机厂以及零部件供应商的高度重视，并且成为近年来的开发热点，掌握 EPS 开发技术成为汽车厂商的核心竞争力之一。本节在对 EPS 系统进行建模的基础上，将整车动力学模型与 EPS 驱动控制模型联合起来进行协同仿真，对比分析了不同补偿控制策略对转向愉悦性的影响。

7.7.1 EPS 系统工作机理

EPS 系统构成如图 7-64 所示。当驾驶员转动转向盘时，转矩信号传送到控制单元（ECU），ECU 再根据转矩、车速、电动机等信号按控制策略进行智能运算，得出目标信号，确定助力电动机的旋转方向和助力电流大小，电动机再通过减速机构把助力转矩传到转向器，完成转向助力控制，从而提供所需助力，帮助驾驶员实现转向意图，减轻驾驶员操作负担，同时改善转向响应，提高行车安全。

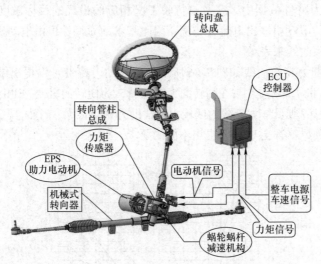

图 7-64　EPS 系统构成

7.7.2 EPS 系统电动机驱动控制模型

EPS 系统电动机驱动控制模型如图 7-65 所示，主要包括基本助力控制和补偿控制，补偿控制主要是为了改善汽车转向的动态响应。补偿控制主要功能包括前馈补偿、摩擦补偿、惯量补偿、回正补偿、阻尼补偿、横摆补偿等。

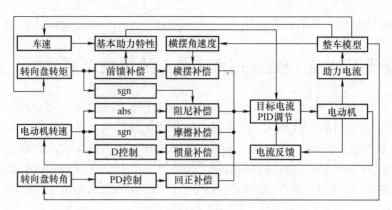

图 7-65　EPS 系统电动机驱动控制模型

7.7.2.1　基本助力特性要求

EPS 系统最基本的要求是当汽车转向时，能够对转向系统按照行驶工况进行助力，主要协助驾驶者解决操纵汽车过程中的转向轻便性和路感问题。EPS 系统的基本助力特性是指电动机输出力矩随车速和转向盘转矩变化的规律，应能满足驾驶员对转向轻便性和路感的要求。EPS 基本助力特性是根据车速信号和转向盘转矩信号，从确定好的基本助力特性数据中，获取与行驶工况相应的最优的目标敏度。在 EPS 系统中，助力转矩与电动机输出电流成比例，因此基本助力特性可由电动机电流与转向盘转矩的变化关系曲线来表示。

EPS 基本助力特性曲线如图 7-66 所示。根据助力特性可以得出结果：在低转向力矩区域，EPS 助力相应较小；在高转向力矩区域，为使转向轻便，EPS 助力相应较大；在转向力矩超过驾驶员体力极限的区域，EPS 助力相应很大；当然，汽车类型的不同、行驶环境和驾驶风格都会对 EPS 提出不同的要求。

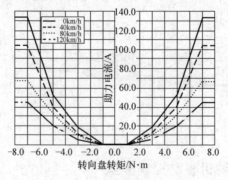

图 7-66　EPS 基本助力特性

7.7.2.2　前馈补偿

由于系统的固有迟滞，转矩传感器实际检测到的转矩信号和驾驶员输入的转向盘转矩之间会有一定的相位延迟，转向盘转动越快，相位延迟越明显。为了提高 EPS 系

统的快速响应性，要对转矩传感器检测到的转矩信号进行相位超前反馈补偿处理，采用的前馈补偿模块为

$$G_p(s) = \frac{nT_s + 1}{T_s + 1} \quad (n>1) \tag{7-41}$$

式中，T_s 是转向盘转角。

7.7.2.3 惯量补偿

由于转向系统具有很大的转动惯量，当驾驶员快速转向时，会产生很大的瞬时转向阻力矩，进行惯量补偿可以使助力电动机提供相应的额外助力，提高快速转向时的响应。惯量补偿电流为

$$J_J = K_J \frac{d\omega_M}{dl} \tag{7-42}$$

式中，K_J 是惯量补偿系数；ω_M 是电动机转速。

7.7.2.4 摩擦补偿

转向系统自身就有较大的库仑摩擦，而安装 EPS 系统后，系统的库仑摩擦会增大。汽车低速转向行驶时，轮胎的回正力矩较小，进行摩擦补偿可以使助力电动机提供相应的额外助力，改善由于库仑摩擦力较大造成的低速转向回正响应较差的现象。摩擦补偿电流为

$$I_F = K_F \text{sgn}(\omega_M) \tag{7-43}$$

式中，K_F 是摩擦补偿系数；ω_M 是电动机转速。

7.7.2.5 阻尼补偿

当汽车高速行驶时，为了改善转向盘在中位的抖动问题，助力电动机对转向系统施加一定的阻尼补偿，减少转向盘的抖动，从而改善汽车高速行驶特性。阻尼补偿电流为

$$I_D = K_D(\text{sgn}(T_s))(\text{abs}(\omega_M)) \tag{7-44}$$

式中，K_D 是阻尼补偿系数；T_s 是转向盘转矩；ω_M 是电动机转速。

7.7.2.6 回正补偿

回正主要是针对两种状态进行补偿：汽车低速行驶时，车轮回正力矩较小，转向盘回正不足，需要驾驶员进行修正；汽车高速行驶时，车轮回正力矩较大，转向盘回正容易，但经常会出现回正超调现象，产生摆振。

针对这类状态，可利用助力电动机对转向系统施加一定的回正补偿，回正补偿电流为

$$I_R = K_{Rp}\theta_S + K_{Rd}\dot{\theta}_S \tag{7-45}$$

式中，K_{Rp}、K_{Rd} 是回正补偿系数；$\dot{\theta}_S$ 是转向盘转角。

7.7.2.7 横摆补偿

当汽车行驶时,出现大角度急转弯时,横摆角速度过大,造成甩尾和过度转向趋势,但通过横摆补偿,可避免出现汽车失控现象,横摆补偿电流为

$$I_a = K_a G_P(S) r \tag{7-46}$$

式中,K_a 是横摆补偿系数;$G_P(S)$ 是前馈补偿模块;r 是横摆角速度。

7.7.3 基于 EPS 系统的整车多领域模型

选用多体系统动力学软件建立悬架和整车模型,使用一维仿真软件建立电动机驱动控制模型,并将多体系统动力学模型和电动机驱动控制模型结合起来,建立整车多领域模型。先以实车试验数据对模型进行验证,在此基础上,再对转向愉悦性进行仿真分析。

针对一款 A 级轿车,前悬架总成为麦弗逊式悬架加装横向稳定杆,后悬架为扭杆弹簧结构,其中扭杆弹簧用离散梁方法建模,转向形式为齿轮齿条转向机构,转向系统考虑了转向管柱的刚度、阻尼和干摩擦,以及齿条移动的阻尼和干摩擦。悬架子系统总成和整车的多体系统动力学模型如图 7-67 所示。对悬架子系统总成模型进行 K&C 特性验证时,是在轮心处进行同相位的垂向位移加载,仿真计算时的加载方式,与实车 K&C 试验台[7]加载保持一致。悬架子系统总成 K&C 特性试验曲线与仿真曲线的对比如图 7-68 所示,可得仿真曲线与试验曲线近似吻合,K&C 特性对比结果较好,悬架子系统总成模型精度较高,可用于对整车模型进行验证。

电动机驱动控制模型和整车多领域模型如图 7-69 所示,选取稳态回转[8,9]、转向轻便性[8,9]、中心位置转向[10] 三个工况进行模型验证,将仿真计算结果与实车试验结果的转向盘转矩、横摆角速度、侧向加速度进行对比,如图 7-70 所示,可得仿真曲线与试验曲线吻合较好,验模效果良好。

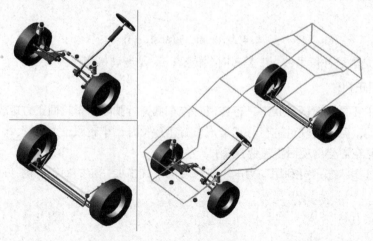

图 7-67 多体系统动力学模型

第 7 章 汽车动力学仿真技术

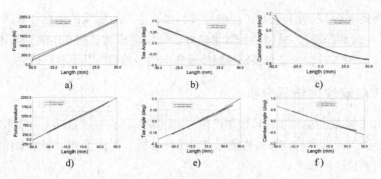

图 7-68 悬架子系统模型验证

a）前悬架刚度 b）前悬架前束 c）前悬架外倾 d）后悬架刚度 e）后悬架前束 f）后悬架外倾

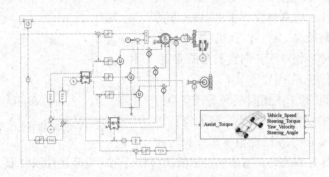

图 7-69 整车多领域联合仿真模型

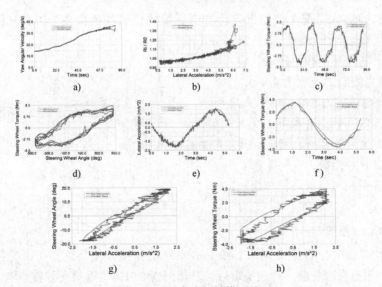

图 7-70 整车多领域模型验证

a）稳态回转 - 横摆角速度 b）稳态回转 - 转弯半径比 c）轻便性 - 转向盘转矩 d）轻便性 - 平均转矩
e）中心转向 - 侧向加速度 f）中心转向 - 转向盘转矩 g）中心转向 - 直线灵敏度 h）中心转向 - 直线路感

综合考虑 K&C 特性和整车工况的验模结果，主要指标项的仿真计算结果与实车试验结果的吻合度较高，模型验证效果良好，证明该模型已能基本表达实车的状态，可利用此基于 EPS 系统的整车多领域模型对转向愉悦性进行仿真分析研究。

7.7.4 转向愉悦性仿真分析

基于 EPS 系统的整车多领域模型已通过了试验验证，在此基础上，选取了几种典型的整车行驶工况及其转向愉悦性指标进行仿真分析，对比了 EPS 系统不同特性参数对汽车转向愉悦性的影响。

7.7.4.1 转向轻便性

转向轻便性工况主要用来评价 EPS 系统的基本助力特性，仿真时使汽车以 10km/h 的车速沿双扭线路径绕"8"字行驶，主要评价指标为转向盘转矩相对于转向盘转角的变化，如图 7-71 所示。

由图 7-71 可得，在相同工况下，有助力相比无助力时的曲线斜率减小，转向盘转矩明显降低，表明 EPS 系统能根据车速和转向

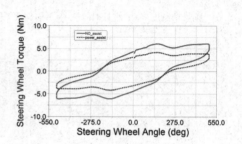

图 7-71 转向盘转矩 - 转向盘转角

盘转矩信号进行有效助力，基本满足了低速行驶转向时对轻便性的要求。

7.7.4.2 转角脉冲输入

转角脉冲输入工况主要用来评价 EPS 系统的惯量补偿特性，仿真时使汽车以 100km/h 的车速直线行驶，达到稳定后，给转向盘一个三角脉冲转角输入，输入脉宽为 0.4s，使最大侧向加速度为 4m/s^2，主要评价指标为转向盘转矩的响应，如图 7-72 所示。

由图 7-72 可得，在相同工况下，有惯量补偿相比无惯量补偿时，转向盘转矩峰敏度减小、响应时间变快，表明考虑了惯量补偿控制的 EPS 系统可以提高汽车快速转向时的响应。

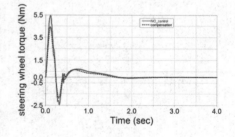

图 7-72 转向盘转矩 - 时间

7.7.4.3 中心位置转向

中心位置转向工况主要用来评价 EPS 系统的摩擦补偿特性，仿真时使汽车以 100km/h 的车速直线行驶，达到稳定后，给转向盘 0.2Hz 的连续正弦转角输入，使最大侧向加速度为 2m/s^2，主要评价指标为转向盘转矩相对于转角的变化、横摆角速度和侧向加速度的响应，如图 7-73 所示。

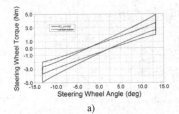 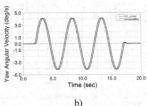 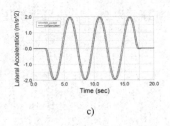

图 7-73　中心位置转向结果对比

a）转向盘转矩 - 转向盘转角　b）横摆角速度 - 时间　c）侧向加速度 - 时间

由图 7-73 可得，在相同工况下，有摩擦补偿相比无摩擦补偿时，转向盘转矩变小，横摆角速度和侧向加速度响应时间变短、响应变快、滞后变少，表明考虑了摩擦补偿控制的 EPS 系统有较好的助力特性，能给驾驶员以合适的路感，满足高速行驶时对操纵稳定性的要求。

7.7.4.4　随机路面输入

随机路面输入工况主要用来评价 EPS 系统的阻尼补偿特性，仿真时使汽车以 50km/h 的车速在粗糙不平路面上直线行驶，主要评价指标为转向盘转矩的响应，如图 7-74 所示。

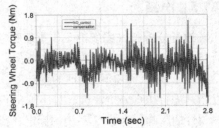

由图 7-74 可得，在相同工况下，有阻尼补偿相比无阻尼补偿时，转向盘转矩大于 1N·m 的部分被显著降低，表明考虑了阻尼补偿控制的 EPS 系统可以降低由于路面不平造成的转向盘振动，防止"打手"现象的发生。

图 7-74　随机 - 转向盘转矩

7.7.4.5　转向回正

转向回正工况主要用来评价 EPS 系统的回正补偿特性，仿真时使汽车沿半径 15m 的圆周行驶，并使侧向加速度为 $4m/s^2$，达到稳定后释放转向盘自由回正，主要评价指标为横摆角速度的响应，如图 7-75 所示。

由图 7-75 可得，在相同工况下，有回正补偿相比无回正补偿时，横摆角速度超调量减小、稳定时间缩短、波动变少、残余敏度

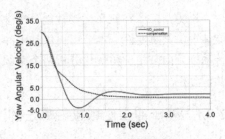

图 7-75　回正 - 横摆角速度

减小，表明考虑了回正补偿控制的 EPS 系统可以明显改善汽车的回正性能。

7.7.4.6　转角阶跃输入

转角阶跃输入工况主要用来评价 EPS 系统的横摆补偿特性，仿真时使汽车以 100km/h 的车速直线行驶，向转向系统输入阶跃转角，阶跃时间为 0.2s，使最大侧向

加速度为 5m/s², 主要评价指标为横摆角速度的响应, 如图 7-76 所示。

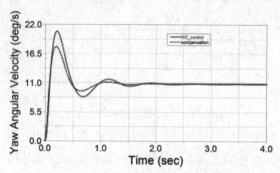

图 7-76　阶跃 - 横摆角速度

由图 7-76 可得, 在相同工况下, 有横摆补偿相比无横摆补偿时, 横摆角速度峰敏度减小、超调量减小, 降低了侧滑横摆而丧失路感的危险性, 表明考虑了横摆补偿控制的 EPS 系统可以提高汽车在极限工况下的行驶稳定性。

7.7.5　小结

通过分析 EPS 系统的工作机理和电动机驱动控制的数学模型, 建立了多种软件联合仿真的多体系统动力学模型, 结合实车试验数据, 对基于 EPS 系统的整车多领域模型进行了验证, 在模型验证的基础上, 选取了几种典型的整车行驶工况及其转向愉悦性指标进行仿真分析评价, 对比研究了 EPS 系统不同助力特性参数和算法对汽车转向愉悦性的影响, 为 EPS 系统的标定和新产品的研发提供了依据。

7.8　动力学在运动件分析中的技术应用

动力学除了在汽车运动性能分析中有优势外, 在与运动相关的结构件分析中, 也能体现出其重要性。本节仅提供基于冲击函数接触算法的汽车车门限位器受力分析和传动轴万向节相位角优化分析两个案例, 能够起到抛砖引玉的作用, 其余供读者自行尝试分析。

7.8.1　基于冲击函数接触算法的汽车车门限位器受力分析

车门限位器由 5 部分组成: 安装支架、轴销、限位器盒、弹性元件、臂杆及缓冲块, 其结构如图 7-77 所示。

车门限位器的力学性能是评价车门设计和车门使用性能的重要指标之一, 对车门开闭的轻便性和灵活性影响很大, 同时汽车车门开闭过程是否轻便与灵活也是用户在车辆使用中关注度较高的项目, 因此应保证该部件有良好的力学性能和使用性能。

第 7 章 汽车动力学仿真技术

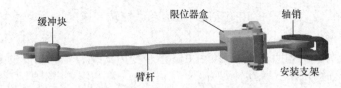

图 7-77 常用车门限位器结构示意图

以某款车的前门限位器作为分析对象，运用仿真软件中基于冲击函数的接触算法，建立限位器滑块与臂杆之间的接触关系，模拟车门开启过程，得到限位器的受力曲线，并对此曲线进行力学评估，提供最佳设计方案。

7.8.2 冲击函数接触算法

运用仿真软件中基于冲击函数的接触算法，来模拟限位器滑块与臂杆之间的接触关系。接触力可分解成 Impact 函数法的正压力和 Coulomb 法的摩擦力两部分进行计算。

7.8.2.1 接触正压力的计算模型

采用 Impact 函数提供的非线性等效弹簧阻尼模型作为计算模型，部件间的接触力[14]由两部分组成：一部分是由于两个构件之间的相互切入而产生的弹性力；另一部分是相对速度产生的阻尼力，其形式可以表示为

$$F_{ni} = K\delta_i^e + CV_i \tag{7-47}$$

式中，F_{ni} 是法向接触力；K（Stiffness）是接触面的材料刚度；C（Damping）是阻尼系数；e（Force Exponent）是刚度项的贡献因子；δ_i（Penetration Depth）是穿透敏度；V_i 是接触点的法向相对速度。

7.8.2.2 接触定义中的摩擦力

接触力中的摩擦力[14]是接触正压力和摩擦系数的乘积[15]。ADAMS 中的 Coulomb 摩擦是非线性摩擦模型，是动摩擦与静摩擦之间按照两接触物体的相对滑移速度的相互转换，如图 7-78 所示。

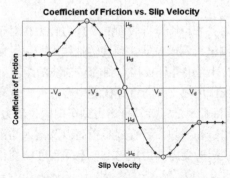

图 7-78 Coulomb 模型摩擦系数与相对滑移速度关系

图 7-78 中，v_s 为静摩擦转变速度，v_d 为动摩擦转变速度，μ_s 为最大静摩擦系数，μ_d 为动摩擦系数，$v_s < v_d$，$\mu_s > \mu_d$。

1）当相对滑移速度的绝对敏度由 0 逐渐转变为 v_s 时，物体所受的是静摩擦，静摩擦系数的绝对敏度由 0 逐渐转变为 μ_s。

2）当相对滑移速度的绝对敏度由 v_s 逐渐转变为 v_d 时，物体处于由静摩擦向动摩擦的转换过程中，静摩擦系数的绝对敏度由 μ_s 逐渐转变为 μ_d。

3）当相对滑移速度的绝对敏度大于 v_d 时，物体所受的是动摩擦，摩擦系数不变，为 μ_d。

以上冲击函数接触模型中各参数由相互接触两个物体的材料所决定，不同的材料属性其参数敏度不同。

7.8.3　仿真分析结果及试验对标

模型共包含 8 个部件体：基面、车门、安装支架、臂杆、上端滑块、上端弹性体、下端滑块、下端弹性体。图 7-79 所示为限位器总成仿真模型。

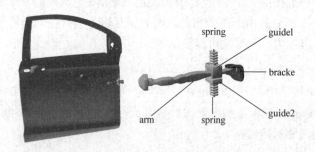

图 7-79　限位器总成 Adams 模型

上、下端滑块与臂杆（arm）建立了两个接触力学单元 Contact。接触力学单元 Contact 中各参数由接触的两个物体的材料所决定。

7.8.3.1　仿真结果

车门限位器的力矩主要来自于臂杆表面的摩擦力合力相对于车门旋转轴线的力矩（图 7-80）；从模型可以测试得到限位器盒到旋转轴线的距离，以及臂杆与旋转轴线夹角 α，通过三角函数可以计算出臂杆铰接点到旋转轴线的距离。臂杆表面的摩擦力合力的反作用力沿臂杆轴线作用在支架与臂杆铰链中心点处，从模型可以测试出滑块与臂杆接触摩擦力合力 F。因此，通过计算可以得到车门限位器力矩。

从力矩曲线可以得出：在滑块沿臂杆逐步抬高以及落入与滑出凹槽时，因限位器臂杆表面外形的变化，铰链所受力和力矩均出现不同程度的变化。该力和力矩会影响车门在开启过程中的感受。

第 7 章 汽车动力学仿真技术

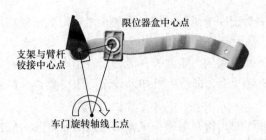

图 7-80 车门限位器的力矩模型

为达到平衡状态，施加在车门上的操作力为作用到车门上的力对车门铰链的力矩与车门把手到铰链长度的比值。如图 7-81 所示，根据曲线分析得出，施加的操作力一般为 15N 左右，最大作用力不超过 25N。

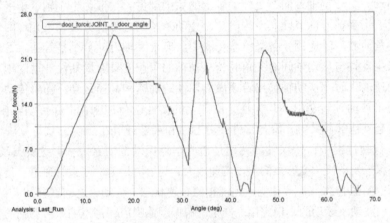

图 7-81 车门限位器操作力曲线

7.8.3.2 试验对标

将测试得到的操作力结果与仿真结果进行比较，如图 7-82 所示。

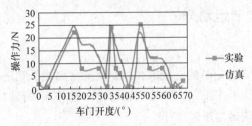

图 7-82 车门开启把手处操作力试验对标

根据图 7-82 分析得出结果：随着车门开度的增加，三级限位功能均起到作用，并且三级限位的最大操作力均在 25N 以下，越接近限位块处，操作力越大，这主要是为了增加开关车门的手感，同时也得出了仿真结果与试验结果具有较好的一致性。

7.8.3.3 小结

采用仿真软件中基于冲击函数的接触算法,能够有效地模拟车门限位器滑块与臂杆之间的接触关系,从而模拟车门开启过程。

通过从车门铰链处得到的力矩曲线,能够反映出车门开启时需对限位器施加的操作力。从得到的力矩以及受力曲线中可知,该车门限位器在车门开启时的操作力能够满足企业设计要求。

通过与试验对标表明:仿真结果与试验结果具有较好的一致性。因而验证了该分析方法的有效性,同时能够为车门限位器的设计及选型工作提供依据。

7.8.4 传动轴万向节相位角优化分析

传动轴是汽车传动系统中重要的部件,它将发动机输出的动力传递给车轮,使汽车产生驱动力。十字轴万向节是传动轴上的关键部件,一般由十字轴、十字轴承和拔叉等组成。十字轴万向节因其结构简单,传动效率高,维修方便,且允许两传动轴间有较大夹角而被广泛应用于各类汽车传动中。但十字轴万向节不是等速式万向节,其特点是当主动轴与从动轴间有夹角时,从动轴的角速度具有周期性波动的现象,当主动轴以匀速输入时,从动轴输出转速做周期性的加速和减速运动。随着传动轴转速的提高,由于从动轴转速的不均匀性,所产生的惯性载荷加剧,引起传动轴振动加剧,严重时引起其他部件共振,降低部件疲劳寿命和乘坐舒适性。

汽车行驶过程中,传动轴的转动是造成车辆振动的因素之一。这种振动的产生,一方面来源于发动机、变速器的振动传递放大,另一方面来源于设计制造。传动轴的布置受设计空间的制约,并不总能达到理想的布置状态,传动轴之间在空间上存在夹角,引起传动的波动及运动的不稳定性,产生弯扭振动或噪声,甚至缩短传动轴的寿命。

在设计硬点已定的情况下,合理调节传动轴之间的相位角,可以有效地降低传动的不等速率,避免产品振动噪声问题的产生。本节以某越野车传动轴为例,进行了传动轴相位角优化仿真分析。

7.8.5 传动轴万向节运动分析

7.8.5.1 万向节传动

理想条件下,当双万向节的三根轴在同一空间平面内,第一万向节的从动叉与第二万向节主动叉处于同一平面内,且输入轴与输出轴相互平行时,如在输入轴匀速运动,则输出轴端可以获得匀速运动特性。

然而,受设计布置空间等条件的现实约束,通常传动轴难以实现理想的布置条件,对于常见的各轴轴线不在同一平面内的双万向节传动轴,为消除转速及转矩的波动,需要根据以下两个条件进行确认。

1)第一万向节输入轴与第二万向节中间轴的夹角(记为α_1)跟第二万向节中间

轴与输出轴的夹角（记为 α_2）相等，该条件由设计时对硬点坐标的布置来保证。

2）第一万向节输入轴和第二万向节中间轴所确定的平面与第二万向节中间轴和输出轴所确定的平面之间的空间夹角（简称平面夹角 β），与中间轴两端万向节叉面的夹角（简称相位角 ψ）相等，该条件由装配时，调整上下万向节在中间轴安装花键的角度来实现。该条件又可分为两个子条件。

① 传动路径上的第一万向节在中间轴端的叉面，位于输入轴与中间轴所确定的平面内。

② 传动路径上的第二万向节在中间轴端的叉面，位于中间轴与输出轴所确定的平面内。

7.8.5.2 传动轴模型的建立

该传动轴一端连接分动器，另一端连接前桥的差速器。传递路径较长，由三段轴组成，中间轴设有支撑点，采用 4 个万向节连接。

根据数模硬点及轴间相位的设计状态，在仿真软件中建立了该传动轴的多体动力学模型。各轴之间均采用 Hooke Joints 单元模拟万向节连接，动力输入端、输出端设有 Revolute Joint 转动副控制自由度，中间轴设有衬套模拟中部的支撑点，如图 7-83 所示。

图 7-83　传动轴的 Adams 模型

涉及的传动轴由三段组成，共有 4 个万向节，存在 3 个平面夹角、3 个相位角，较为复杂。以第二万向节（按动力输入端至输出端为序）为参考，在 Adams/View 中分别建立第一、二万向节间的相位差变量参数，第三、四万向节间的相位差变量参数，第二、三万向节间的相位差变量参数，及各平面夹角变量参数，使各轴间的相位角达到可以参数化控制的状态。参数化相关变量便于下一步开展相位角的优化工作。如图 7-84 所示，设计状态下，输出轴两端相位差为 25°，输入轴两端相位差为 25°，中间轴两端相位差为 25°。

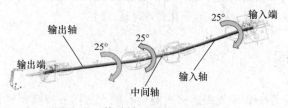

图 7-84　传动轴万向节的设计相位

7.8.6 仿真分析

7.8.6.1 分析工况

仿真工况设置：

输入：在输入轴端部设置稳定转速输入，转速为360°/s。

输出：在输出轴端部建立 Measure 变量，检测输出转速。

7.8.6.2 分析结果

分析结果如图 7-85 所示（见彩插），红色曲线为设计状态下传动轴输出端转速敏度的时域曲线，蓝色为优化后状态下的传动轴输出端转速敏度的时域曲线。由分析可知，优化万向节相位角的相位差，降低了传动轴的传动波动。设计状态下，该传动轴的不等速率约为 1.22%，优化后该传动轴的不等速率约为 0.04%。

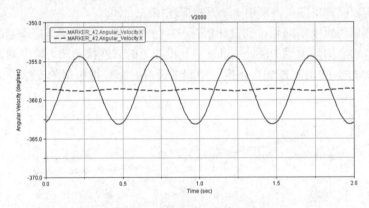

图 7-85 转速输出仿真时域曲线图

根据图 7-85 分析结果表明：以万向节 2 为参考（万向节 2 在输入轴端的拨叉面处于输入轴与中间轴的平面内），输入轴两端万向节之间的相位差为 4.56°，中间轴两端万向节之间的相位差为 83.96°，输出轴两端万向节之间的相位差为 23.52°。

7.8.6.3 小结

通过仿真分析，依次调整传动轴输出端开始的三个万向节之间的相位角，不等速率由 1.22% 降低到 0.04%，改善效果十分明显。

对传动轴万向节相位角的早期优化，能够避免后期出现传动轴输出转速波动带来的传动轴振动等潜在问题，提高设计效率和产品质量。

7.9 未来发展

多体动力学仿真的未来发展趋势可能会有两大方向：支持车辆运动性能设计的模拟驾驶技术、汽车动力学性能的仿真设计技术。随着计算机计算能力的不断提升和仿真技术的进步,能大幅度削减试制、试验车辆的数量。

7.9.1 支持车辆运动性能设计的驾驶模拟技术

在新车开发中,作为缩短时间以及削减成本的有效手段,驾驶模拟的作用近年来变得越来越重要。在车辆运动性能设计中,结构设计、控制系统开发等驾驶模拟技术正越来越广泛应用。

在转向控制系统和驱动控制系统开发中,将车辆模型和控制回路模型组合起来的SILS(Software in the Loop Simulation)技术,及零部件物理样件和驾驶模拟器组合起来进行实时模拟驾驶的HILS(Hardware in the Loop Simulation)技术也被广泛运用。

仿真技术在驾驶模拟的作用如下:

一是建立整车运动学和动力学仿真模型,作为驾驶模拟的输入。

二是在车辆开发的前期,需全面考虑车辆综合性能的目标,在分析操纵稳定性和乘坐舒适性方面,还需对NVH等性能的目标一起分析,这样,在驾驶模拟器上就可以构建出多变量、多目标函数的整车分析能力和技术手段。

三是仿真可以提高驾驶模拟精度,根据仿真技术,建立精细化的K特性和C特性相关的零部件,尤其是建立衬套、液压系统零部件等更为真实的仿真模型,嵌入到动力学模型中,与驾驶模拟器一起可以在试验环境中较为真实地模拟汽车行驶工况。

四是仿真技术可以再现驾驶模拟中的主观评价问题,同时驾驶模拟可以验证仿真的模型,形成流通的闭环系统;在车辆实际行驶中,驾驶员的信息、车辆的实际运行状况很难测量,但借助驾驶模拟器技术便可以较好地解决这些问题。

7.9.2 仿真驱动汽车动力学性能的设计

汽车整车动力学性能包括车辆纵向动力学动力加速性能、横向动力学及垂直动力学相关的乘坐舒适性。

整车R&H性能仿真分析精度现状如下:

1)悬架K&C特性仿真精度较高,能达到80%以上。

2)整车操控性能仿真精度在70%左右,平顺性目前主要以定性分析为主;主要受轮胎和数字路面模型不准确限制,制约以上仿真能力的发展。

① 轮胎模型:乘用车的轮胎模型只能以近似规格的轮胎模型代替,影响整车仿真精度,影响开发车型性能的验证及预测。

② 路面模型:无数字化路面模型,只能通过简单标准路面谱仿真,或近似车型采集试验路面谱迭代反推获得,且具有局限性。

参 考 文 献

[1] ROBERT W, BALLUFFI, SAMUEL M, et al.Kinetics of materials.department of materials science and engineering massachusetts institute of technology[C]// A John Wiley & Sons,INC., 2005.

[2] WILLIAM D, CALLISTER, DAVID G. Rethwisch, materials science and engineering an ineroduction eighth edition[M]. A John Wiley & Sons, INC., 2009.

[3] JAME M, GERE. Machanics of materials third si edition[M]. Stanford University.Springer-Science-Business Media, 1991.

[4] 呼延箫扬. 两自由度弹药提升协调装置设计研究 [D]. 南京：南京理工大学，2015.

[5] LIM, DAE G, YOO, et al. Development of recurdyn module for wind turbine analysis applying bem theory[J]. Transactions of the Korean Society of Mechanical Engineers, 2014, 38(2): 115-120.

[6] SAPIETOVÁ A, GAJDOŠ L, DEKÝŠ V, et al. Analysis of the influence of input function contact Parameters of the impact force Process in the MSC[J]. Advanced Mechatronics Solutions, 2016, 393: 243-253.

[7] KVYATKOVSKAYA M V, LEONT'EVA R V. Application of three-dimensional aerodynamics for calculating trim parameters and flight loads in MSC.Nastran[J]. Russian Aeronautics, 2017, 60(1): 150-153.

[8] AHMADIAN, MEHDI. Magneto-rheological suspensions for improving ground vehicle's ride comfort, stability, and handling[J]. Vehicle System Dynamics, 2017:1-25.

[9] RAJESH R. Vehicle Dynamics and Control. Second Edition[M]. Department of Mechanical Engineering University of Minnesota, 2011.

[10] KIM E, FARD M, KATO K. A seated human model for predicting the coupled human-seat transmissibility exposed to fore-aft whole-body vibration[J]. Applied ergonomics, 2019, 84:102929.

[11] 夏旭. 某轿车扭力梁后桥断裂分析研究 [D]. 重庆：重庆理工大学，2015.

[12] CORBRIDGE C, GRIFFIN M J, HARBOROUGH P R. Seat dynamics and passenger comfort[J]. ARCHIVE: Proceedings of the Institution of Mechanical Engineers, Part F: Journal of Rail and Rapid Transit 1989-1996 (vols 203-210), 1989, 203(16):57-64.

[13] FARD M, LO L, SUBIC A, et al. Effects of seat structural dynamics on current ride comfort criteria[J]. Ergonomics, 2014, 57(10):1549-1561.

[14] GAKUYO F, KENTARO K, TATSUYA T, et al. Influence of shock absorber friction on vehicle ride-comfort studied by numerical simulation using classical single wheel model[C]// Wcx World Congress Experience. 2018.

[15] BAE J J, NAMCHEOL, KANG. Development of seated human model with uncertain parameters and estimation of the ride comfort[C]// ASME 2018 International Design Engineering Technical Conferences and Computers and Information in Engineering Conference, 2018.

[16] HASAGASIOGLU S, KILICASLAN K, ATABAY O, et al. Vehicle dynamics analysis of a heavy-duty commercial vehicle by using multibody simulation methods[J]. International Journal of Advanced Manufacturing Technology, 2012, 60(5-8):825-839.

[17] JAAFARI, SEYED, MOHAMMAD, et al. Integrated vehicle dynamics control via torque vectoring differential and electronic stability control to improve vehicle handling and stability performance[J]. Journal of Dynamic Systems Measurement & Control, 2018, 140(7).

[18] CIESLAK M, KANARACHOS S, DIELS C, et al. Accurate ride comfort estimation combining accelerometer measurements, anthropometric data and neural networks[J]. Neural Computing & Applications, 2019.

[19] JIN X J, YIN G, ZHANG N, et al. Improving vehicle handling stability performance via integrated control of active front steering and suspension systems[C]// 2016 IEEE Transportation Electrification Conference and Expo, Asia-Pacific (ITEC Asia-Pacific). IEEE, 2016.

[20] BAGHERI M R, MOSAYEBI M, MAHDIAN A, et al. Multi-objective optimization of double wishbone suspension of a kinestatic vehicle model for handling and stability improvement[J]. Structural Engineering and Mechanics, 2018, 68(5): 633-638.

[21] 周波, 王希诚, 钱留华, 等. 面向整车性能分解技术的悬架系统优化分析方法研究 [C]. 第十二届中国 CAE 工程分析技术年会论文集, 2016.

[22] 周子寒. 跨界车传动轴中间支撑轻量化及减振降噪研究 [D]. 武汉：武汉理工大学, 2016.

[23] 王望予. 汽车设计 [M]. 4 版. 北京：机械工业出版社, 2004.

[24] ALLEN R W, MYERS T T, ROSENTHAL T J. The effect of tire characteristics on vehicle handling and stability[J]. SAE Transactions, 2000, 109(6): 1039-1051.

[25] TERMOUS H, SHRAIM H, TALJ R, et al. Coordinated control strategies for active steering, differential braking and active suspension for vehicle stability, handling and safety improvement[J]. Vehicle System Dynamics, 2018, 57(10):1-36.

[26] LEE K, KIM Y, JANG J. A study of integrated chassis control algorithm with brake control and suspension control systems for vehicle stability and handling performance[C]// 2009 ICCAS-SICE. IEEE, 2009.

[27] WASIM M, KASHIF A, AWAN A U, et al. Predictive Control for improving vehicle handling and stability[C]// International Conference on Intelligent Systems Engineering. IEEE, 2016.

[28] FARD M A, ISHIHARA T, INOOKA H. Dynamics of the head-neck complex in response to the trunk horizontal vibration: modeling and identification[J]. Journal of Biomechanical Engineering, 2003, 125(4):533-539.

[29] ENDE K T R V, F. KÜÇÜKAY, HENZE R, et al. Vehicle and steering system dynamics in the context of on-centre handling[J]. International Journal of Automotive Technology, 2015, 16(5):751-763.

[30] ITTIANUWAT R, FARD M, KATO K. Evaluation of seatback vibration based on ISO 2631-1 (1997) standard method: The influence of vehicle seat structural resonance[J]. Ergonomics, 2017, 60(1):82-92.

[31] BALKAN A, YILDIZ A R, BUREERAT S, et al. Optimum design of an air suspension seat using recent structural optimization techniques[J]. Materials Testing, 2020, 62(3):1-15.

[32] FARD, MOHAMMAD, KATO, et al. Characterisation of the human-seat coupling in response to vibration[J]. Ergonomics the Official Publication of the Ergonomics Research Society, 2017, 60(8): 1080-1100.

第 8 章 动力性经济性仿真分析

汽车的发展是以能源为动向展开的，燃料电池汽车、内燃机汽车和电动汽车都是如此，而动力性经济性是决定汽车性能优劣的关键指标，是用户最关注的要素之一，是 OEM 必争之领域，而仿真分析是汽车动力性经济性动力匹配的主要方法。

8.1 动力性经济性仿真技术现状

动力性和经济性是客户购买汽车时，判断汽车性能的关键指标。实质上，汽车的发展史也是能源和环保[1, 2]的技术的提升史，没有最好，只有更好。各国根据对能源掌控的不同，对待汽车的动力性和经济性也不同，美国更多的是关注动力性，日本和欧洲更多的是关注经济性。各国和地区对环保逐渐重视，1966 年美国加州排放法规出台，1992 年欧盟四年周期的欧 I 标准出台，2001 年中国三年周期的国 I 标准出台，这样就形成了驱动汽车发展的动力性、经济性和排放为一体的综合性能指标。社会主要关注经济性指标——油耗和排放，顾客主要关注在满足经济性和排放基础上的动力性。

工况是判断汽车动力性，经济性和排放的依据。各国和地区针对汽车行驶的状况，提出了不同车型的工况。主要工况有：NEDC 适用于中国、欧洲等国家；WLTC 适用于中国、欧洲等国家；CLTC 适用于中国（中国自主研发）；JC08 适用于日本。各工况的主要技术特征如图 8-1 所示。

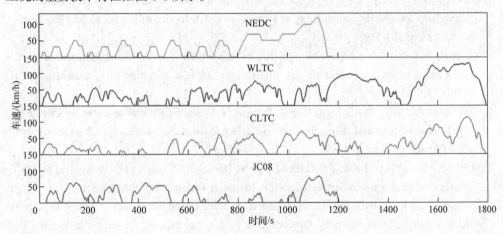

图 8-1 工况分析对比图

根据图 8-1 分析各工况主要特征参数，可以得出以下结论。

NEDC 工况的技术特征：行驶总时间为 1180s，行驶距离为 11.07km，行驶最大车速为 120km/h，平均车速为 33.3km/h，停车时间为 280s，停车占比 23.7%，最大加速度为 1.04m/s²，最大减速度为 1.39m/s²；

WLTC 工况的技术特征：行驶总时间为 1800s，行驶距离为 23.263km，行驶最大车速为 131.3km/h，平均车速为 46.5km/h，停车时间为 235s，停车占比 13.1%，最大加速度为 1.6m/s²，最大减速度为 1.5m/s²。

CLTC 工况的技术特征：行驶总时间为 1800s，行驶距离为 14.48km，行驶最大车速为 114km/h，平均车速为 28.9km/h，停车时间为 419s，停车占比 23.3%，最大加速度为 1.47m/s²，最大减速度为 1.47m/s²。

JC08 工况的技术特征：行驶总时间为 1200s，行驶距离为 8.17km，行驶最大车速为 81.6km/h，平均车速为 24.4km/h，停车时间为 357s，停车占比 29.7%，最大加速度为 1.54m/s²，最大减速度为 1.12m/s²。

动力性经济性主要与汽车的动力源紧密相关。不同的动力源，其对汽车的动力性经济性的影响不同；仿真分析过程中，不同的动力源，其建模方法、模型参数和结构特征均不同。

内燃机汽车的动力源是内燃机，汽车动力性经济性仿真分析是项目开发过程中必不可少的一个环节。首先，根据整车的功能需求和行驶工况，分析汽车所需要的发动机、传动机构和车轮型号规格和基本结构等。其次，确定这些部件的基本性能参数：发动机的特性参数通过台架试验测试获取，传动机构和车轮型号可以选择或者通过台架实验测试获取。最后，根据这些测试或者选择的参数，应用仿真技术进行分析，有些无法获取的参数可以基于经验或采取试验拟合方法，进行整车动力性经济性一维仿真计算。如果只清楚所需汽车使用工况下的性能，可以应用仿真分析方法，分析所需要的部件性能，以便开发出满足所需汽车使用工况下的性能。

电动汽车[3]的动力系统主要是"三电"，即动力电池、电驱动系统和电控，其中，电驱动系统属于动力源，动力电池属于储能系统，电控属于"集成 ECU 大脑"。针对纯电动汽车动力性经济性的仿真主要是根据汽车的功能需求，确定所需的主要部件仿真参数，主要包括：动力电池主要是以车辆续驶里程为目标，以整车布置合理为依据，确定电池的容量、能量密度、充电倍率等。电驱动系统，在初步动力系统控制策略下，所选取的电驱动系统功率须满足最高车速时的功率、车辆加速和爬坡功率；同样电驱动系统的减速比也须按照满足车辆起动转矩、加速和爬坡转矩的需求而确定。包括动力电池的确定电机的选择、减速器的传动比、电机外特性曲线在各种工况下的极限性能以及瞬态工况下的电机在负载变化时的转矩和功率输出特性。

动力性经济性仿真的发展与相应的仿真软件的发展密切相关。关于仿真软件，部分 OEM 开发出了专用的软件，部分 OEM 则采用商用软件。目前，常用的商用软件主要有 Advisor AVL-Cruise 和 GT-Suite，这些软件各有优缺点，均不能完美地适应汽车动力性经济性实际过程中的各种工况,因此,在应用这些软件时,使用者需增加许多支撑文档。

Advisor(Advanced Vehicle Simulator)是由美国 NREL(National Renewable Energy Laboratory)实验室于 1994 年 11 月开始开发,基于 Matlab 和 Simulink 软件环境下的仿真软件,最初是用来帮助美国能源部(Department of Energy, DOE)进行混合动力汽车的动力系统分析,经不断发展,可以用于汽车动力性经济性分析。

AVL-Cruise 软件是一款内燃机动力性经济性和排放的仿真软件,其建模理念是将各动力部件模块化和图形化,便于使用者快速便捷地搭建整车模型。

GT-Suite 仿真软件是由美国 Gamma Technologies 公司开发的汽车仿真分析系列套装软件,集成了发动机总成、动力传动系统、车辆仿真平台等。其主要应用于汽车动力性经济性参数设定、行驶工况的耗油量分析等。

当前国内外各 OEM 在动力性经济性开发中通过仿真计算,可以为整车动力性评估、经济性达成和动力总成等部件的选型、主要参数的确定、性能的满足提供支持;同时通过仿真方法,可缩短汽车的开发周期,提升汽车动力总成的匹配技术。根据以上分析可以看出,动力性经济性仿真在汽车开发过程中能起到重要的作用。

8.2　动力性经济性仿真分析机理

动力性经济性的仿真属于一维数值计算的范畴,其本质遵循牛顿运动定律,主要是分析汽车驱动力与各种阻力的关系及为提供驱动力所消耗的能量。

汽车动力性仿真是模拟汽车在包括良好路面等各种工况下行驶时,所能达到的最高车速、加速能力、爬坡能力、牵引能力、最低稳定车速等。

汽车经济性仿真是指在设计标准载荷下[4],按照每行驶 100km 消耗掉的燃料量(L),在保证动力性的前提下,模拟汽车在不同工况下完成单位运输工作量的能力。汽车经济性的评价指标为等速油耗、综合油耗、续驶里程等。

8.2.1　燃油汽车仿真机理

汽车行驶的过程,就是动力源所提供的驱动力与各种阻力的平衡过程。根据牛顿运动定律,该平衡可以用整车行驶阻力公式表示,如图 8-2 所示。式中表达了驱动力 F 与影响整车行驶的阻力主要包括空气阻力 F_w、滚动阻力 F_f、加速阻力 F_j、坡度阻力 F_i 和汽车内阻 F_n 的关系。

发动机燃料消耗主要分为三部分,一部分是发热,通过热量散发出去,一部分是排放,通过排放物排放出去,另一部分主要是克服汽车行驶阻力,如滚动阻力、空气阻力等,如图 8-3 所示。

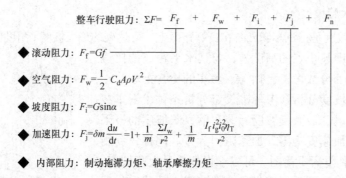

图 8-2 整车行驶阻力方程

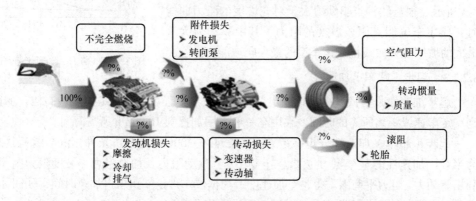

图 8-3 发动机燃油消耗

根据能量守恒，汽车行驶阻力的改变必然会带来油耗的改变，行驶阻力加大，油耗增加，行驶阻力减小，油耗下降。

对于内燃机汽车而言，整车驱动力主要受发动机的万有特性、外特性、摩擦损失、怠速油耗等，以及变速器的传动比、主减速比、传动效率等和轮胎尺寸等的影响，具体为

$$F = \frac{Ti_i i_g \eta}{r} \quad (8-1)$$

整车阻力主要受整车质量、迎风面积、风阻系数、轮胎滚动阻力系数等，以及车辆加速阻力等的影响，具体为

$$F_w + F_f + F_a + F_i = \frac{C_d A u^2}{21.15} + mgf + ma + mg\sin\alpha \quad (8-2)$$

8.2.1.1 最高车速

最高车速分析参考 GB/T 12544—2012 设定分析条件，汽车载荷状况为半载，当驱动力与（滚动阻力+空气阻力）相平衡时，驱动力线和阻力线的交点对应的就是最高车速。

8.2.1.2 最大爬坡度

最大爬坡度是指汽车满载时在良好路面上,可达到的最大坡度[角度值,以度数表示;或以坡度起止点的高度差,与其水平距离的比值(正切值)的百分数来表示],表征汽车的爬坡能力[5]。

最大爬坡度分析参考标准设定分析条件,汽车载荷状况为满载。最大爬坡度考核车辆克服坡度的极限能力,因此加速度为零,加速阻力为零。同样,利用驱动力-行驶阻力平衡图,可以求得理论最大爬坡度,整车阻力根据不同的坡度做出一系列阻力曲线,如图8-4所示。很显然,当驱动力大于对应坡度的阻力曲线时,代表车辆能克服该坡度的阻力,其中驱动力大于最大的坡度阻力曲线代表该车型的最大爬坡能力。

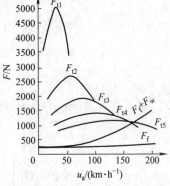

图 8-4 驱动力-阻力平衡图

8.2.1.3 起步(超车)加速性

起步加速性是指汽车由原地起步后,以最大加速强度并连续换档至最高档,加速到一定车速或距离所需的时间,乘用车一般采用加速到 100km/h 所需时间。

起步(超车)加速性分析参考 GB/T 12543—2009 设定分析条件,汽车载荷状况为半载。加速性能整车阻力主要为空气阻力、滚动阻力及加速阻力,坡度阻力为零。利用驱动力-阻力平衡图求得整车加速度,根据汽车理论知识求得加速时间,如图 8-5 所示。由于加速度是不断变化的,因此需进行积分求和。

$$F = \frac{Ti_1 i_g \eta}{r} = F_w + F_f + F_a = \frac{C_d A u^2}{21.15} + mgf + ma \tag{8-3}$$

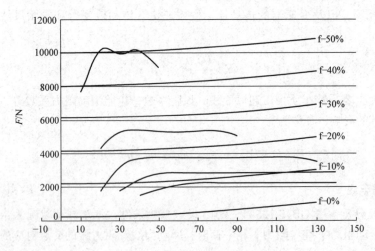

图 8-5 坡度驱动力-阻力平衡图

整车加速度：

$$a=\frac{(\frac{Ti_1i_g\eta}{r}-\frac{C_dAu^2}{21.15}-mgf)}{m} \quad (8\text{-}4)$$

百公里加速时间：

$$t=\frac{u_1-u_2}{a}=\int_0^{100}\frac{1}{f(u)}\mathrm{d}u \quad (8\text{-}5)$$

8.2.1.4 最低稳定车速

最低稳定车速是指汽车在指定档位下能稳定行驶的最低车速。

最低稳定车速分析参考 GB/T 12547—2009 设定分析条件。汽车载荷状况为半载。由于车辆在一档行驶时，驱动力一般大于整车阻力，因此最低稳定车速一般对应怠速下的车速。

$$u_{\min}=0.377\frac{n_{\mathrm{idle}}r}{i_1i_g} \quad (8\text{-}6)$$

8.2.1.5 等速油耗

等速油耗指汽车在指定档位下等速行驶 100km 的燃油消耗量。乘用车常用车速为 60km/h、90km/h、120km/h。

等速油耗分析参考 GB/T 12545.1—2008 设定分析条件。汽车载荷状况为半载。车辆等速行驶，不考虑坡道及加速阻力。根据设定的档位及车速，利用驱动力 - 阻力平衡图计算发动机转速、转矩。

$$F=\frac{Ti_1i_g\eta}{r}=F_\mathrm{w}+F_\mathrm{f}=\frac{C_dAu^2}{21.15}+mgf \quad (8\text{-}7)$$

发动机转矩：

$$T=\frac{F_\mathrm{r}}{i_1i_{g\eta}}=\frac{(\frac{C_dAu^2}{21.15}+mgf)r}{i_1i_{g\eta}} \quad (8\text{-}8)$$

发动机转速：

$$n=\frac{ui_1i_g}{0.377r} \quad (8\text{-}9)$$

利用万有特性曲线，通过发动机转矩及转速查找发动机的耗油量 M，并换算成百公里耗油量 V。汽车等速百公里燃油消耗量曲线如图 8-6 所示。

等速油耗：

$$V=\frac{100M}{up} \quad (8\text{-}10)$$

8.2.1.6 综合油耗

等速百公里油耗测定和计算简单,数据直观,但并非汽车的实际运行工况。为模拟汽车的实际运行工况,各国家和机构针对不同车型规定了相应的"循环行驶试验工况"。

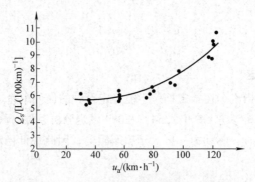

图 8-6 汽车等速百公里燃油消耗量曲线

汽车载荷状况为基准质量。同等速油耗计算方法,利用驱动力-阻力平衡图,计算各运行工况下的发动机转矩、转速,通过万有特性查找发动机耗油量,并换算成整车耗油量。由于综合工况下整车运行是不断变化的,因此需对整个循环工况下每秒耗油量积分求和。

8.2.2 电动汽车仿真机理

电动汽车动力系统由动力电池、驱动电机、变速器、主减速器几部分组成,通过对这些总成和零部件进行标定和匹配,能够获取良好的车辆车速、续驶里程等性能。

8.2.2.1 电池组容量选择

大力发展电池核心技术并形成具有竞争力的世界最大规模电池产业,推动纯电动汽车率先大规模产业化;以纯电动力系统为基础平台带动混合动力汽车(全电插电式为特色)和燃料电池汽车(电电深混/增程式为特色)全面发展是我国制定的新能源汽车发展技术路线图。

根据中国 BEV 乘用车百公里电耗得出:2015 年平均为 $17kW \cdot h$,2016 年为 $16kW \cdot h$,2017 年为 $15kW \cdot h$,可见,随着技术发展,续驶里程持续提升。

提高动力电池能量密度,逐渐形成新能源汽车总体竞争优势。

电池组容量直接决定车辆行驶中的最大输出功率和最大续驶里程所消耗的能量,因此电池组模数可表示为

$$n = \max\{n_e, n_L\} \tag{8-11}$$

$$n_e = \frac{p_{emax}}{p_{bmax}} \eta_e \eta_{ec} \tag{8-12}$$

$$n_L = \frac{1000LW}{C_r V_1} \quad (8\text{-}13)$$

式中，n_e 为电动汽车所需最大功率选择的电池组模数；n_L 为续驶里程选择的电池组模数；P_{emax} 为电机最大功率；P_{bmax} 为电池最大输出功率；η_e 为电机工作效率；η_{ec} 为电机控制器工作效率；L 为续驶里程；W 为纯电动汽车行驶 1km 所消耗的能量；C_r 为动力电池组单个电池额定容量；V_1 为单个电池电压。

8.2.2.2 驱动电机参数选择

目前，电动汽车的电机有[6]异步电机、开关磁阻电机和永磁同步电机等三种形式。

汽车中采用较多的是永磁同步电机方案，随着电子电力技术、微电子技术、新型电机控制理论和稀土永磁材料的快速发展，永磁同步电机普遍认为是最适合新能源汽车的电机类型。

永磁同步电机具有功率密度高、体积小、重量轻和转速高等优点，批量生产的可靠性好，生产成本较低，故在新能源乘用车应用永磁同步电机具有明显优势。

电机主要由转子、定子、壳体三大部分组成，主要构成材料是永磁体（钕铁硼）和硅钢片。国内驱动电机在高性能导磁硅钢、稀土永磁材料等领域取得了技术突破。这些技术促进了高转速、高转矩、大功率的永磁同步电机发展，为乘用车开发提供了保障。

纯电动汽车开发中以保证汽车最高车速来确定电机最大功率，汽车以速度 u 等速行驶时所需的电机输出转矩 M 和功率 P 分别为

$$M = \frac{(f_m + C_d A u^2 / 21.15)r}{i_g \eta_T} \quad (8\text{-}14)$$

$$P = \frac{(f_m + C_d A u^2 / 21.15)(u/3.6)r}{i_g \eta_T} \quad (8\text{-}15)$$

式中，i_g 为传动系统传动比；η_T 为传动效率；r 为轮胎滚动半径；C_d 为迎风阻力系数；A 为迎风面积；η 为电机效率。

8.2.2.3 传动比的选择

传动比包括变速器传动比和主减速比，纯电动汽车以最高档位行驶时，使用最小传动比来满足最高车速要求；满足最大爬坡度行驶要求时，使用最大传动比。最小传动比应满足下式：

$$i \leq 0.377 \frac{n_{max} r}{u_{a\,max}} \quad (8\text{-}16)$$

式中，i 为传动比；n_{max} 为电机最高转速；r 为轮胎滚动半径；$u_{a\,max}$ 为最高车速。

变速器最大传动比满足下式：

$$i_{g1}i_0 \geq \frac{G(f\cos\alpha_{\max}+\sin\alpha_{\max})r}{T_{tq\max}\eta_T} \quad (8\text{-}17)$$

式中，$\alpha_{\max}$ 为最大爬坡度。

8.2.2.4 电动汽车性能影响因素分析

1. 电动汽车续驶里程的影响因素

电动汽车的续驶里程是决定性能的重要指标。影响续驶里程的因素有许多种：汽车的重量、电池容量、电驱动系统和车辆造型等。

电池容量的分析方法为

$$W_0 = QU_E \quad (8\text{-}18)$$

理想状态下等速行驶的续驶里程 s 为

$$s = \frac{W_0 u}{P/\eta} = \frac{QU_E u\eta}{P} \quad (8\text{-}19)$$

从上式可以看出，当提高电池容量 W_0 时，续驶里程会得到提升。

1）不同电池容量 W_0 对续驶里程的影响。选用五组不同容量的电池，进行循环工况续驶里程仿真，初始 SOC 设定为 100%，结束 SOC 设定为 10%。不同容量电池对续驶里程的影响如图 8-7 所示。

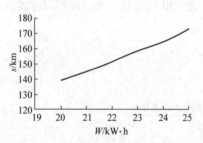

图 8-7　不同容量电池对续驶里程的影响　　图 8-8　整车总质量对续驶里程的影响

从图 8-7 中可以看到，随着电池电量的增加，续驶里程也增加。对于该动力传动系统，每增加 1kW·h，续驶里程有 4%～5% 的提升，但是电池容量的提升带来的是成本的上升。原款电动汽车续驶里程可达到 139km，需使该车型续驶里程提升至 150km 以上，即达到续驶里程 150～250km 区间。

2）整车参数对续驶里程的影响。滚动阻力系数以及迎风阻力系数的大小影响整车阻力，从而对续驶里程产生影响，但对于该车型滚动阻力系数以及迎风阻力系数优化程度十分有限，因此只对整车总质量的变化对续驶里程带来的影响进行分析。

如图 8-8 所示，随着整车总质量的增加，续驶里程减小。因为整车总质量的增加会增大行驶阻力，在电池电量一定的情况下，为了克服增大的行驶阻力，电池电能的消耗也更快,从而使得续驶里程减小。增加电池电量能够提高续驶里程,但是增加电池的同时所带来的是整车质量的增加,因此需要综合考虑两者对续驶里程的影响。对于该款纯电动汽车,为提升其续驶里程,当电池电量大于22kW·h时,其整车质量的增加量相对于原款车要小于100kg。

3) 电机对续驶里程的影响。电机效率越高,续驶里程越长,因此在不增加成本的前提下,应该选用效率更好的电机。

综上,为提升原款纯电动汽车续驶里程,使其达到新能源补贴目标150km,首先应该增加电池容量,同时也要综合考虑电池增加带来的整车质量的增加。除此之外,也应在降低整车阻力方面进行合理优化,比如选用低阻力轮胎、车身的流线型改进,以及选用高效率电机等。

2. 电动汽车最高车速的影响因素

最新出台的新能源汽车补贴政策规定:30min最高车速应不低于100km/h,原款电动汽车最高车速和30min最高车速都无法满足政策标准,需提升原款车型最高车速。由式(8-12)和式(8-13)可知,最高车速受到驱动电机以及变速器传动比的影响,要对驱动电机和变速器进行选型匹配。

1) 不同驱动电机对最高车速的影响。

由图8-9分析可得:随着电机转速的提升,车速也随之提升。但是在峰值功率一定的情况下,车速不能随转速无限升高,因为电机的峰值功率对最高车速有一定限制。

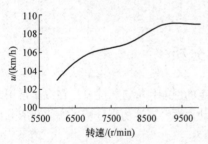

图8-9 电机最高转速对最高车速的影响

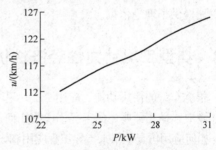

图8-10 电机峰值功率对最高车速的影响

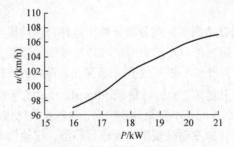

图8-11 电机额定功率对30min最高车速的影响

从图8-10、图8-11中可以看出,只有进一步提升电机的峰值功率以及额定功率,才可以使最高车速和 30min 最高车速提高。

2）变速器对最高车速的影响。该款电动汽车采用两档变速器，其最高档传动比也直接影响最高车速。在成本不变的前提下，可以进行变速器传动比优化匹配以进一步提升最高车速。

在对以上影响因素分析的基础上重新匹配优化电动汽车动力传动系统参数，经过仿真分析得出优化后电动汽车性能结果：最高车速为 119/km/h，30min 最高车速为 106km/h，0~50km/h 加速时间为 6.71s，最大爬坡度为 28.8%，续驶里程为 158km。

8.2.3 小结

通过对电动汽车性能提升而进行的动力传动系统优化仿真，对电池、电机、变速器进行选型匹配，并对影响纯电动汽车性能的各因素进行分析，为电驱动系统参数选型和匹配提供了理论依据。

动力性经济性的仿真本质遵循牛顿运动定律，主要是分析汽车驱动力与各种阻力的关系及为提供驱动力所消耗的能量。分别从内燃机汽车仿真机理（发动机燃料消耗主要分为三部分，一部分是发热，通过热量散发出去，一部分是排放，通过排放物排放出去，另一部分主要是克服汽车行驶阻力，如滚动阻力、空气阻力等）、电动汽车仿真机理（电池组容量选择、驱动电机参数选择、传动比的选择和电动汽车性能影响因素分析）展开了探究，为内燃机汽车和电动汽车基于动力性经济性的系统参数选型和匹配提供了理论依据。

8.3 典型工况动力性经济性仿真分析

根据车型的使用功能、应用工况、基本确定的性能目标进行建模。在汽车常用的使用环境中选择几种典型的工况，说明如何进行动力性经济性仿真分析，如何获取分析结果，如何应用仿真结果来指导工程应用和设计开发。

8.3.1 模型搭建

针对分析的某四轮驱动汽车，在分析软件中选择合适的模块，分别模拟汽车动力总成和各传动系统，然后根据汽车动力总成和传动系统的连接关系，将各模块连接在一起，建立整车仿真分析模型。图 8-12 所示为某四轮驱动汽车的仿真分析模型。

首先，在仿真软件中建立与分析对象相匹配的模型，该模型由定制化的模块组成。该模块由一些常用的零部件的基本性能参数构成，这些参数化构建的模型，分别代表了汽车零部件的物理结构，如发动机模型、变速器模型、车轮模型等。根据所建整车模型，将这些定制化、参数化的零部件模型连接控制模块，建立整车基本模型。

其次，依据建立的整车基本模型，输入所掌控的分析车辆零部件的实际参数，将此模型作为分析车型的整车模型。

第 8 章 动力性经济性仿真分析

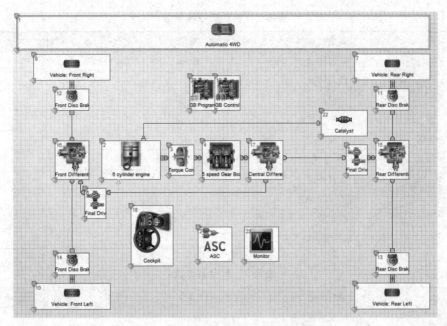

图 8-12　某四轮驱动汽车的仿真分析模型

最后，利用仿真软件已设置的逻辑计算关系，便可以开展相应的仿真分析工作。

整车动力性经济性仿真分析模型所需参数的数量和精度，对仿真分析结果的精确度有很大的影响。参数越全面越准确，仿真分析结果就越准确。具体整车模块所需要的参数见表 8-1，发动机模块所需要的参数见表 8-2，离合器模块所需要的参数见表 8-3，变速器模块所需要的参数见表 8-4，轮胎及其他模块所需要的参数见表 8-5。

表 8-1　整车模块参数

	参数名称		单位	数值
整车	车型		—	
	整备质量		kg	
	半载质量		kg	
	满载质量		kg	
	轴距		mm	
	质心到前轴距离	整备	mm	
		半载	mm	
		满载	mm	
	质心高度	整备	mm	
		半载	mm	
		满载	mm	
	滑行阻力参数	基准质量	kg	
		A	—	
		B	—	
		C	—	

表 8-2 发动机模块参数

	参数名称	单位	数值
发动机	怠速转速	r/min	
	最高转速	r/min	
	怠速油耗	kg/h	
	转动惯量	kg·m²	
	燃油密度	kg/L	
	外特性	—	
	万有特性	—	
	节气门 MAP	—	
	DFCO 控制策略及参数	—	
	暖机加浓控制策略及参数	—	

表 8-3 离合器参数

	参数名称	单位	数值
离合器	转矩容量	N·m	
	主动盘转动惯量	kg·m²	
	从动盘转动惯量	kg·m²	

表 8-4 变速器参数

	参数名称	单位	数值
变速器及主减速器	名称代号	—	
	转矩容量	N·m	
	各档传动比	—	
	各档效率	—	
	各档转动惯量	kg·m²	
	变速器换档 MAP	kg·m²	

表 8-5 轮胎及其他参数

	参数名称	单位	数值
转向系统	轮胎滚动半径	mm	
	轮胎转动惯量	kg·m²	
	附着系数	—	
制动系统	制动盘（鼓）转动惯量	kg·m²	
附件	附件消耗功率	W	

按照所建模型和以上参数表，完成各个模块参数的输入，并检查模型的正确性，就可以开展不同典型工况的动力经济性仿真分析任务。

8.3.2 整车动力性经济性仿真分析指标

8.3.2.1 整车动力性仿真分析

为使仿真分析结果实现工程化应用并具有可验证性和准确性，仿真分析的分析条件应尽可能按相应的工程使用需求和相关的标准，如国家标准和企业标准等要求进行设定。对于有牵引挂车车辆的仿真分析，可按不带挂车和带挂车两种情况分别仿真计算。

仿真分析指标包括最高车速、0~100km/h 起步加速时间、80~120km/h 超车加速时间、最大爬坡度、最低稳定车速，见表 8-6。

百公里加速时间仿真分析按 GB/T 12543—2009 设定分析条件，选择发动机全负荷分析，汽车载荷状况为满载。对于手动档汽车，按发动机转速换档（"Shifting"设置为"According to speed"），换档点为发动机最大功率转速，计算出汽车从静止加速到 100km/h 所需的时间。对于自动档汽车，按换档规律换档（"Shifting"设置为"Gear shifting program"），计算出汽车从静止加速到 100km/h 所需的时间。

最高车速仿真分析按 GB/T 12544—2012 设定分析条件，汽车载荷状况为满载，计算出汽车能达到的最高车速。

最大爬坡度仿真分析按 GB/T 12539—2018 设定分析条件，汽车载荷状况为满载，计算出汽车在稳定车速下的最大爬坡度。

最高档和次高档加速性能仿真分析按 GB/T 12543—2009 设定分析条件，发动机全负荷，汽车载荷状况为满载，按照预定档位，从稍高于该档最低稳定车速起，选 5 的整数倍的速度开始，加速行驶到该档最大车速的 80% 以上，轿车应达到 100km/h 以上，计算出所需的加速时间。

最低稳定车速仿真分析按 GB/T 12547—2009 设定分析条件，汽车载荷状况为满载，计算出汽车的最低稳定车速。

表 8-6 动力性指标及相关标准

动力性指标	标准
最高车速	GB/T 12544
百公里加速时间	GB/T 12543
最高档和次高档加速时间	GB/T 12543
最大爬坡度	GB/T 12539
最低稳定车速	GB/T 12547

8.3.2.2 整车经济性仿真分析指标

经济性仿真分析指标包括：综合工况 NEDC、UDC、EUDC 燃油消耗量；最高档等速（如 60km/h、90km/h、120km/h）百公里燃油消耗量。按 GB/T 12545 设定分析条件和汽车载荷状况进行仿真分析计算。

8.3.3 整车动力性经济性仿真敏感度分析

假设汽车行驶在良好的附着路面上，汽车经济性的主要影响因素有很多，这里主要讨论整备质量、风阻系数、滚动阻力和滑动阻力等参数对油耗的影响。在分析过程中，其他条件不变。

8.3.3.1 整备质量变化对油耗的影响

整备质量是影响油耗的重要因素，根据质量不同的A、B两款车建立整车模型，在其他条件不变的前提下，分析整备质量对油耗的影响。

图8-13给出了A、B两款车型，在NEDC工况下，整备质量变化率引起的油耗变化率的分析结果。图中横坐标为整备质量相对基础车辆质量的变化率，纵坐标为分析车型相对基础车型油耗的变化率。根据分析结果可以得出以下两个结论：

1）在NEDC工况下，整备质量与油耗基本成线性关系，即随着整备质量的增加，油耗也增加，随着整备质量的降低，油耗也随之降低。

2）随着整备质量的增加，NEDC油耗的变化率梯度变小，分别拟合图中两条曲线得到：

A车型：$Y_1=0.286X_1$

B车型：$Y_2=0.320X_2$

X_1、X_2整备质量变化率引起Y_1、Y_2油耗变化率为整备质量减少10%，油耗节省2.5%~3.5%。

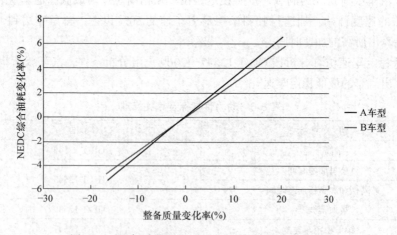

图8-13 整备质量变化对NEDC综合油耗的敏感度

8.3.3.2 空气阻力系数对油耗的影响

根据空气阻力系数不同的A、B两款车建立整车模型，在其他条件不变的前提下，分析空气阻力系数对油耗的影响。

图 8-14 给出了 A、B 两款车型，在 NEDC 工况下，空气阻力系数变化率引起的油耗变化率的分析结果。图中横坐标为空气阻力系数相对基础车辆阻力的变化率，纵坐标为分析车型相对基础车型油耗的变化率。根据分析结果可以得出以下两个结论：

1）在 NEDC 工况下，风阻系数与油耗成线性关系，拟合图 9-14 中曲线可得：

A 车型：$Y_1=0.135X_1$

B 车型：$Y_2=0.147X_2$

Y_1、Y_2 分别表示 A、B 两款车型的 NEDC 油耗变化率，X_1、X_2 表示风阻系数变化率。

2）风阻系数优化 10%，则 NEDC 综合油耗降低 1%~2%，因此得出优化风阻系数是节约燃油的一个有效途径。

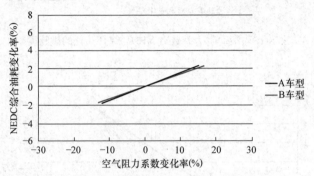

图 8-14 空气阻力系数对 NEDC 综合油耗的敏感度

8.3.3.3 滚动阻力系数对油耗的影响

滚动阻力系数是影响整车阻力的重要因素，特别是在低速工况，是整车阻力的主要来源，导致该因素成为油耗的重要影响因素。不同轮胎有不同的滚动阻力系数，该系数的变化越大，对整车油耗的影响越明显。

图 8-15 给出了 A、B 两款车型，在 NEDC 工况下，滚动阻力系数变化率引起的油耗变化率的分析结果。图中横坐标为滚动阻力系数相对基础车辆阻力的变化率，纵坐标为分析车型相对基础车型油耗的变化率。根据分析结果可以得出以下两个结论：

1）在 NEDC 工况下，滚动阻力系数与油耗成线性关系，拟合图 8-15 中曲线可得：

A 车型：$Y_1=0.166X_1$

B 车型：$Y_2=0.192X_2$

Y_1、Y_2 分别表示 A、B 两款车型的 NEDC 油耗变化率，X_1、X_2 表示滚动阻力系数变化率。

2）滚动阻力系数降低 10%，则 NEDC 综合油耗降低 1%~2%，因此得出降低滚动阻力系数是改善燃油经济性的一个有效途径。

8.3.3.4 整车滑行阻力对油耗的影响

在 NEDC 工况下，整车滑行阻力对油耗的影响如图 8-16 所示。

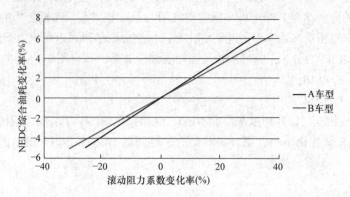

图 8-15 滚动阻力系数对 NEDC 综合油耗的敏感度

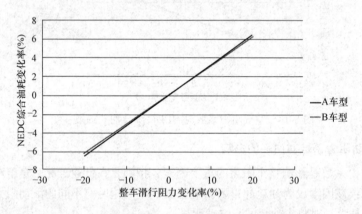

图 8-16 整车滑行阻力对 NEDC 综合油耗的敏感度

图 8-16 给出了 A、B 两款车型，在 NEDC 工况下，整车滑行阻力变化率引起的油耗变化率的分析结果。图中横坐标为滑行阻力相对基础车辆阻力的变化率，纵坐标为分析车型相对基础车型油耗的变化率。根据分析结果可以得出以下两个结论：

1）在 NEDC 工况下，滑行阻力与油耗成线性关系，拟合图 8-16 中曲线可得：

A 车型：$Y_1=0.316X_1$

B 车型：$Y_2=0.323X_2$

Y_1、Y_2 表示 NEDC 油耗变化率，X_1、X_2 表示整车滑行阻力变化率。

2）滑行阻力优化 10%，则 NEDC 综合油耗降低 3%~4%，因此整车滑行阻力对 NEDC 油耗的影响很大。

综上，对于 NEDC 工况，通过优化整车整备质量、降低风阻系数、降低滚动阻力系数、优化整车滑行阻力等方法，可以降低汽车的油耗。根据敏感度对这些影响因素进行排序，见表 8-7。

表 8-7　不同影响因素对 NEDC 综合油耗敏感度的影响

敏感度排序	影响因素	敏感度趋势性
1	整车滑行阻力曲线	$Y=0.320X$
2	整车质量	$Y=0.303X$
3	滚动阻力系数	$Y=0.179X$
4	空气阻力系数	$Y=0.141X$

8.3.4　自动变速器换档策略标定

自动变速器包括 AT、CVT、DCT 等类型，其换档标定[7]对动力性和燃油经济性有着重要的影响，本文提出了"11"步法标定方法。

8.3.4.1　自动档车型变速器曲线标定

1. 桌面标定

桌面标定是整车实车标定的基础和依据，桌面标定和实车标定根据整车模型，输入与变速器相关的技术参数，包括变速器的功能模块定义，TCU 要支持哪些整车功能，如 ECO/SPORT/ESC/ACC/IUPR 等，变速器基础油压等。基于这些与变速器相关的技术参数，设定 TCU 主系统和子系统满足整车功能的控制策略。

2. 整车数据检查

在整车桌面标定的基础上进行实车标定。实车标定时，须进行整车基本测试，主要是确定验证整车和变速器基础设定值是否正常，确定变速器基础软件是否满足整车功能要求，油压控制是否合理，是否有软件 bug 存在。

3. 正常模式换档策略

正常模式换档策略是 TCU 标定最重要的工作，换档曲线是 TCU 标定的基础，换档策略直接决定了驾驶风格，是变速器标定中反复性最大的工作。为了将这部分工作做好，很多汽车公司一千米一千米地进行艰苦的测试，以便更好地发挥变速器的性能，提升整车的动力性经济性。

所谓正常模式，是指在常用工况下的工作状态，包括常温和常压的换档曲线标定。换档曲线要基于整车及发动机台架参数，ECU 的 Pedal-Map（踏板 - 转矩表）综合考虑驾驶性、油耗经济性并配合 ECU 的排放。一般的换档曲线为两参数换档，即基于加速踏板开度和车速（输出轴转速）来控制档位及 TCC 的状态。

4. 换档质量标定

自动变速器内部主要以液力系统控制为主，油压的大小、控制接合的早晚，都会直接影响换档质量，包括 ECU 控制转矩的变化，因此换档质量的标定一般是在 ECU 的 Pedal-Map、转矩滤波、转矩模型、TCU 换档曲线完成之后开始。对于传统 AT 来说，除上述影响因素外，换档质量主要受 TCC 的控制及内部子系统及各摩擦片组的接合影响，虽然整个换档一般会在 300～500ms 内完成，但充油分为多个阶段，较为精细。

另外包括一些 Power on/off 变工况下的标定，常常是标定的重点；对于 DCT 来说，虽然双离合取代了 TCC，但在低速区还是有较多细致工作要做，比如 1—2 挡切换、低速上坡标定；对于 CVT 来说，整体换挡比较平顺，当然不带 TCC 的 CVT 在低速时换挡冲击较为敏感，尤其是起步接合的过程，对于带 TCC 的 CVT，低速的驾驶性改善很多；对于 AMT 来说，换挡质量很难有大的突破。对于欧洲的部分 AT 产品，因在液压系统中增加了伺服机构来减少液压系统油路变化时带来的冲击，如置于 P/N 位工况；也有部分 4AT 变速器的液力变矩器只有锁止和打开状态，控制上会有区别。

5. 自学习模块标定

所有的自动变速器都有自动调节功能，因为自动变速器在实际工作中的工况是时刻变化的，而软件设定的固定油压值并不能 100% 覆盖所有的工况，此时就需要软件内的自动调节功能，根据检测到的实际情况，来自动调整油压的大小及时刻，直至达到最佳状态。

6. 上下坡模式标定

上下坡模式标定主要有两部分工作：上下坡模式的换挡曲线及换挡质量标定。其中上下坡模式的换挡曲线重点是上坡低挡位加速，下坡配合发动机制动；换挡质量主要是针对在上下坡模式负载和工况的不断变化。上下坡的坡度信号一般是 TCU 通过负载计算获得，对于带 ESC 功能的车辆，TCU 也可使用 ESC 的坡度信号。

7. 高温标定

TCU 高温标定（一般最高环境温度为 40~45℃）主要有两部分工作：高温模式换挡曲线及插值设定、驾驶性标定及油压补偿。对于带 TCC 的 AT 和 CVT，TCC 为主要热源，DCT 带坡度地频繁换挡也将导致变速器温度快速上升，故尽可能多地锁止 TCC，在高温环境下尤为明显，以减少热量的产生。对于换挡质量的标定，主要是因为高温情况下变速器油的性能变化，基于常温的油压压力参数进行自动调整，以适应高温环境。

8. 高原标定

TCU 高原标定（海拔 4500m 以上）主要有两部分工作：一是高原的换挡曲线，该信号主要是通过 ECU 发到 CAN 上获取。由于高原环境下空气稀薄，发动机转矩在不同海拔下有不同的损失，基于此，TCU 会适当提高换挡点以低挡位提升加速动力性，同时针对转矩的具体变化来细化换挡曲线。对于 CVT，TCU 可以更灵活地控制发动机转速。二是高原下的驾驶性及换挡质量，在高原模式下同样需要对油压进行补偿，尤其是传统的 AT 系统，不同节气门开度的换挡油压需要调整补偿值。

9. 高寒标定

高寒标定（一般最低环境温度 -30℃/-35℃）同样要进行低温换挡曲线的标定和油压补偿。低温模式下，主要方向是提高换挡点以快速提升变速器油温及发动机冷却液温度，包括对催化器的辅助，当然低挡位的升挡点不能太高，否则会造成驾驶性变差。低温下的油压补偿相对重要，低温时变速器油的黏度变化较大，需要针对实际情况进行液压系统的标定调整，尤其是在起动后的原地换挡和 1—2 挡的起步，这是一般用户常用的工况。对于没有液力变矩器的 CVT 和 AMT 来说，低温的控制和补偿尤为重要，需提前取得油品在低温下的相关性能参数。

10. 驾驶性精标

在车型开发的中后期，ECU 和 TCU 的主要标定工作已完成，此时，会进行一轮驾驶性的精标定，主要是针对一些细节进行检查，如换档冲击或油压最终的优化，在该阶段一般不会调整换档曲线。

11. 可靠性测试及软件固化

为确保软件标定的可靠性和覆盖性，在 TCU 标定完成后需要选用多台量产的变速器进行系统测试，确保软件的稳定性和不同散差下的变速器的正常性能。对于 DCT，通过路谱的采集来保证可靠性测试尤为重要。

8.3.4.2 换档控制策略标定

对于自动变速器的车型，换档策略的优劣对整车动力性经济性有显著的影响，换档控制策略的标定是整个标定的重点。自动变速器换档规律的设计比较复杂，发动机的输出特性、变速器的传动比及变矩器的输出特性等因素均影响换档策略，最终的换档规律是根据道路标定确定的。

目前大多数自动变速器采用两种基本换档模式：最佳动力性换档模式、经济性换档模式。换档模式是自动变速器控制的核心内容，也是修正特殊工况下的换档规律的基础。换档策略标定的主要理论依据如下。

1）最佳动力性换挡模式。以同一车速下相邻档位的驱动力的大小相等作为换档的依据，发动机状态是节气门全开，是单参数换档，以相邻档位稳态牵引力相等的交点，所对应的车速作为换档速度，把这些交点连接起来形成了升档曲线。

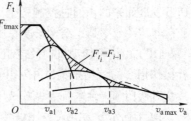

图 8-17 汽车驱动力特性

根据同样的原理，部分节气门开度下的各换档车速也可确定，如图 8-17 所示。动力性换档策略如图 8-18 所示。

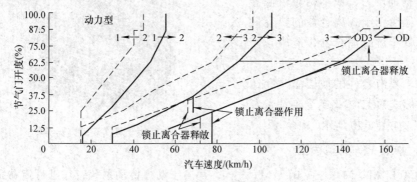

图 8-18 动力性换档策略

2）经济性换档模式。与动力性换档策略相比较，经济性换档能较早地进入高一档工作，相应的发动机转速较低，这就使得在汽车正常行驶条件下，燃油消耗量最小。

经济性换档模式的换档策略：在汽车加速度大于零的情况下，以发动机燃油消耗率最小的档位作为换档依据，如图 8-19 所示。

图 8-19　经济性换档策略

8.3.5　双离合变速器的整车匹配技术

双离合变速器（DCT）又称为直接换档变速器（DSG），是基于平行轴式手动变速器发展而来的，通过控制两个离合器的切换，实现无动力中断的切换，继承了手动变速器传动效率高、结构紧凑、质量轻、价格低等许多优点。

DCT 由齿轮传动机构及控制系统构成，其中，控制系统包括车辆运行信息和驾驶者操作指令的信息采集，并对其进行分析的信息电子控制系统以及按照 TCU 的控制指令对换档和离合系统操纵的液压控制系统。

DCT 通常分为湿式多片双离合器和干式单片双离合器两种结构形式。由于湿式离合器采用液压强制冷却，具有传递转矩容量大，压力分布均匀，磨损小，故离合器寿命长的优点。

干式双离合器具有结构简单，不需要辅助动力，成本相对较低等优点。但由于干式离合器的热容量有限，低于湿式离合器，造成其使用寿命较低。

由于具有良好的换档品质和经济性，湿式 DCT 越来越受到消费者的青睐，如图 8-20 所示。

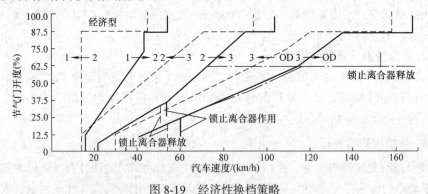

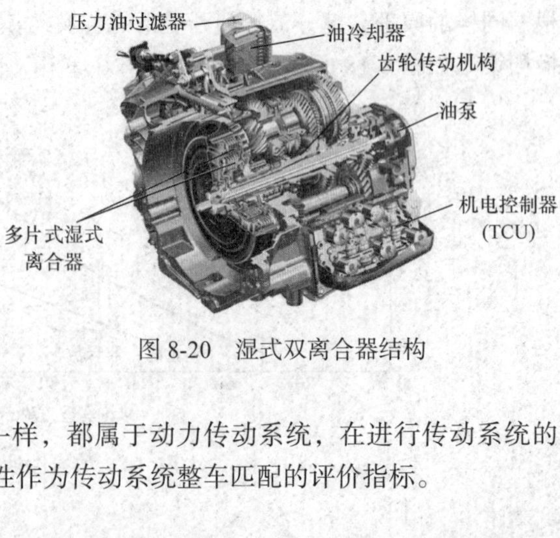

图 8-20　湿式双离合器结构

8.3.5.1　DCT 整车仿真模型

DCT 和 AT、MT、CVT、AMT 一样，都属于动力传动系统，在进行传动系统的匹配选型时，常用动力性与燃油经济性作为传动系统整车匹配的评价指标。

应用汽车仿真模型,包括整车模块、发动机模块、DCT 模块、差速器模块、制动器模块、车轮模块、驾驶员模块以及各控制模块等,综合分析行驶性能及油耗[8]。

8.3.5.2 桌面标定

DCT 的桌面标定以整车运行状况和驾驶者的意图进行换档策略的确定,输出合适的档位。换档规律根据节气门开度和车速为控制参数确定。

桌面标定完成后的换档策略如图 8-21 所示。

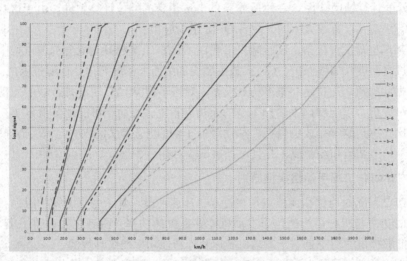

图 8-21 换档策略

根据整车仿真模型和桌面标定工作分析可得,该 DCT 共有 5 个传动比方案,仿真结果分别为:方案 1 最高车速为 184km/h,0~100km/h 加速时间为 12.32s,80~120km/h 加速时间为 9.96s,NEDC 油耗 6.70L/100km;方案 2 最高车速为 185km/h,0~100km/h 加速时间为 12.45s,80~120km/h 加速时间为 10.44s,NEDC 油耗 6.61L/100km;方案 3 最高车速为 184km/h,0~100km/h 加速时间为 12.50s,80~120km/h 加速时间为 10.90s,NEDC 油耗 6.54L/100km;方案 4 最高车速为 181km/h,0~100km/h 加速时间为 12.8s,80~120km/h 加速时间为 10.31s,NEDC 油耗 6.50L/100km;方案 5 最高车速为 180km/h,0~100km/h 加速时间为 12.85s,80~120km/h 加速时间为 10.24s,NEDC 油耗 6.46L/100km。

在这 5 个方案中,要综合考虑整车动力性和经济性,确定的目标:最高车速为 180km/h,0~100km/h 加速时间为 13s,80~120km/h 加速时间为 10.5s,NEDC 油耗 6.5L/100km。

按照设计目标和仿真结果,考虑油耗的影响,综合选择油耗相对小的方案 5。

由于 DCT 本身性能优越,受到国外各大汽车公司的重视,已成为许多汽车厂家所关注的热点,通过仿真技术,根据整车评价指标,选择满足整车设计目标的最佳方案。DCT 的整车匹配技术是 DCT 整车开发中的重要工作,随着大量 DCT 车型的开发,该技术的应用会越来越广泛。

8.3.6 WLTC工况下手动档换档点分析技术

全球轻型车统一测试循环（WLTC循环）采用了瞬态工况，且加速度和最高车速都较高，这对各OEM提出了新的挑战。

对于WLTC工况，手动档车型的换档点主要采用两种计算方式：一种是基于Access编译的计算辅助软件；一种是基于Python语言的档位计算软件。由于这两种换档点与最新法规要求有较大不同，故各OEM很少应用。

在某车型开发过程中，试验结果出现在WLTC工况超高速段急加速过程中，因排气温度过高而进入加浓保护，CO排放因燃烧加浓而大幅度恶化，远超过限值。

根据此问题，通过建立整车仿真模型，对该车型WLTC工况加浓段的发动机运转区域进行分析，以指导该手动档车型的换档点布置，进而尽可能地降低该车在加浓段的空燃比，达到改善排放的目标，从而降低车辆的开发周期和成本。该仿真模型的输入来自于台架试验和经验值，并且已经过试验对标。

8.3.6.1 WLTC工况手动档换档原则

WLTC工况的档位和换档点是在特定循环速度段，基于为克服行驶阻力和加速度所需要的功率与所有可能档位下发动机能够提供的功率，两者之间取得平衡来确定。发动机能够提供的功率是基于发动机转速和外特性功率曲线计算的。

换档点的计算需要以下参数：P_{rated}为发动机最大额定功率，单位为kW；n_{rated}为发动机最大额定功率对应的转速，如果最大功率覆盖了发动机一段转速范围，n_{rated}应该是该范围内的最低转速，单位为min^{-1}；n_{idle}为怠速转速，单位为min^{-1}；n_g为车辆前进档数量；$ndvi$为i档时，发动机转速和车速的比值，档位范围从i到ng_{max}，单位min^{-1}/（km/h）；f_0、f_1和f_2表示的是试验中选择的道路负荷系数，单位分别是N、N/（km/h）和N/（km/h）^{2}；n_{max}为最大转速，单位为min^{-1}；$P_{wot}(n)$为对应于从n_{idle}到n_{rated}或者n_{max}，或者$ndv(ngv_{max}) \times v_{max}$（三者转速中最大者）转速范围内的外特性功率曲线；$ngv_{max}$为汽车能够达到最高车速的档位；$n_{min\_drive}$为车辆行驶中的最低发动机转速，单位为$min^{-1}$。

循环曲线轨迹的每个j点处，克服行驶阻力和加速阻力所需要的功率为

$$P_{required,j} = \left(\frac{f_0 v_j + f_1 v_j^2 + f_2 v_j^3}{3600}\right) + \frac{k_r a_j v_j TM}{3600} \quad (8-20)$$

$$a_j = \frac{(v_{j+1} - v_j)}{3.6 \times (t_{j+1} - t_j)} \quad (8-21)$$

式中，$P_{required,j}$为j秒处的需求功率，单位为kW；a_j为j秒处的加速度，单位为m/s²

$a_j = \dfrac{(v_{j+1}-v_j)}{3.6\times(t_{j+1}-t_j)}$；$TM$ 为车辆的测试质量，单位为 kg；k_r 为动力传动系统在加速过程中克服惯性阻力的因子，为 1.03。

循环速度曲线上，每个可能档位 i 及车速 v_j 下的可用功率为

$$P_{\text{avaailable}\_i,j} = P_{\text{wot}}(n_{i,j})\times[1-(\text{SM}+\text{ASM})] \quad (8\text{-}22)$$

式中，P_{wot} 为 $n_{i,j}$ 转速下，全负荷时外特性功率曲线上的可用功率；SM 为考虑静态条件下外特性功率曲线与动态条件下可用功率之间的差异而设置的安全裕度，SM 通常设置为 10%；ASM 为附加安全裕度。以指数函数形式表示，可根据制造厂的要求使用，应满足下列要求：如果 $n \leq n_{\text{start}}$，$\text{ASM} = \text{ASM}_0$；如果 $n > n_{\text{start}}$，$\text{ASM}=\text{ASM}_0 \times \exp(\ln(0.005/\text{ASM}_0)\times(n_{\text{start}}-n)/(n_{\text{start}}-n_{\text{end}}))$。$\text{ASM}_0$、$n_{\text{start}}$ 及 n_{end} 由制造厂定义，并满足以下条件：$n_{\text{start}} \geq n_{\text{idle}}$，$n_{\text{end}} > n_{\text{start}}$。按以下条件确定可能使用的档位：循环测试中车速为 v_j 时，可能选择的档位有：对所有 $i < ngv_{\max}$ 的档位，且 $n_{\text{min\_drive}} \leq n_{i,j} \leq n_{\max\_95}$；以所有档位 $i \geq ngv_{\max}$，且 $n_{\text{min\_drive}} \leq n_{i,j} \leq n_{\max}(ngv_{\max})$：如果 $a_j \leq 0$，且 $n_{i,j}$ 低于 n_{idle}，那么 $n_{i,j}$ 应设置为 n_{idle}，离合器应分离。如果 $a_j > 0$，且 $n_{i,j}$ 低于（$1.15\times n_{\text{idle}}$），那么 $n_{i,j}$ 应设置为（$1.15\times n_{\text{idle}}$），且离合器应分离，且 $P_{\text{available}\_i,j} \geq P_{\text{require},j}$。

在测试循环中，在每个时刻 j 点处，应尽可能选择适用的最高档 $i_{\max}$，当车辆从静止状态起步时，只能选用 1 档。

对初次选择的档位进行检查和修正以避免频繁换档，保证驾驶可操作性和符合实际使用情况。应按照下列要求对换档过程进行修正。

1）加速过程中，如果车辆在更高的车速下使用低档位，则之前选择的高档位应修改为低档位。

2）加速过程中选用的档位至少应保持 2s，加速过程中不应越级换档。

3）减速过程中，只要发动机转速不低于 $n_{\text{min\_drive}}$，档位应保持 $n_{\text{gear}}>2$。如果换档时间只有 2s，应使用空档，离合器分离。如果换档时间为 2s，则第 1s 应是空档，第 2s 的档位应该和第 2s 以后的档位相同，第 1s 时离合器要分离。

4）试验中，只要发动机转速不低于 $0.9n_{\text{idle}}$，在短行程中就可使用 2 档进行减速。如果发动机转速低于 n_{idle}，离合器应分离。

5）如果减速过程是短行程的最后一部分，接下来是停车，那么 2 档的持续时间最多为 2s，档位应设置为空档，离合器分离，或者变速器处于空档位置，离合器接合，这些减速过程中不允许使用 1 档。

6）如果在 1~5s 的时间内采用 i 档，且之前的档位顺序更低，之后的档位顺序小于等于之前的档位顺序，那么档位顺序应修正为之前的档位顺序。

本节中的所有手动档换档设置均基于以上规则计算得出。

8.3.6.2 仿真分析

该型车在采用正常换档图时，在 WLTC 工况超高速段的加速过程（1533~1546s，

如图 8-22 所示)中，因排气温度过高而进入加浓保护。

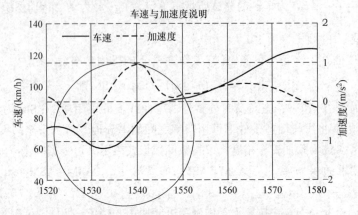

图 8-22　WLTC 工况 1533~1546s 速度与加速度

从试验结果来看，进入加浓导致了 CO 排放的大幅恶化，影响了整体的排放结果，如图 8-23 所示。

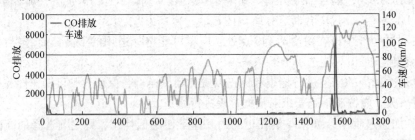

图 8-23　加浓导致 CO 排放大幅恶化

在仿真软件中，按照 WLTC 工况进行分析。

该整车模型在适当调整驾驶性后得到了针对该车型的最初版的换档点位图。然后将 WLTC 工况以及对应车速的换档点位输入进 Cycle Run 的 Velocity Profile 下，如图 8-24 所示。

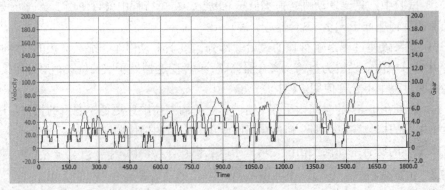

图 8-24　WLTC 工况及其换档点位输入

第8章 动力性经济性仿真分析

仿真按照试验中的冷车起动。计算模式选择步长可变的正向求解器,不考虑车辆在转鼓上运行时的打滑情况,升降档策略根据驾驶者意图设置,驾驶员和道路都选择为标准模型,车辆载荷按照要求为25kg,以模拟实车真实试验情况。

8.3.6.3 仿真结果分析

在初版换档图下,发动机的工作领域如图8-25所示。可以得出:该车型在1530~1570s,其发动机在2700~3300r/min转速段超出了加浓边界,进入了加浓区。

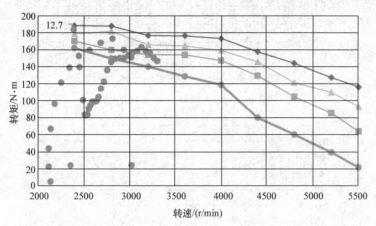

图8-25 初版换档图1530~1570s发动机工作领域及加浓边界

此时的排放试验结果:加浓空燃比为12.9,CO排放为0.98g/km,加浓最严重工况点的空燃比介于12.5与13之间,与ECU秒采值12.9基本吻合;通过线性插值计算可以得出仿真得出的该点的空燃比大约为12.7。若要消除或是减轻发动机在1530~1570s的加浓程度,则需要降低发动机转速或是降低发动机输出转矩;而降低发动机转速则意味着档位升高,所需要的转矩增加;降低发动机输出转矩则意味着档位降低,则转速必然会上升。

由图8-26可知,初版换档点在1530~1570s已经使用5档,即已没有降低转速的空间,所以考虑将以降低转矩的方式进行改善。因此在初版换档图的基础上通过调整大于二档的最低转速的要求改进得出了V1换档点,如图8-26所示。可以得出:在同样速度下,V1换档点的档位设置比初版档位要低,因此能够降低发动机输出转矩。发动机工况点如图8-27所示,通过仿真,加浓最严重工况点的空燃比已上升到了13.5,改善效果明显。

初版换档与V1换档的仿真油耗对比结果:初版换档油耗值为8.2L/100km,V1换档油耗值为9.6L/100km,可见V1换档导致油耗大幅增加,因此V1换档并不合适。

可见通过设置最低转速整体调整换档档位虽然能够使发动机加浓有一定程度的改

善，但无法平衡油耗的恶化。所以在初版换档点的基础上又相继调整得出了 V2 换档点，如图 8-28 所示，对其进行仿真后发动机工况如图 8-29 所示。

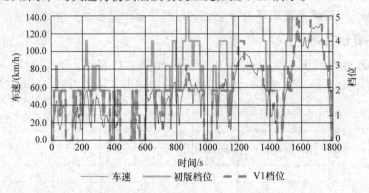

图 8-26　初版换档与 V1 换档图对比

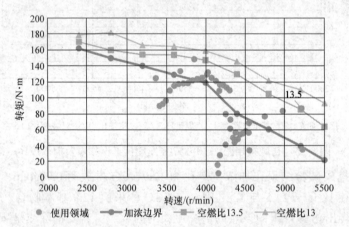

图 8-27　V1 换档图 1530~1570s 发动机工作领域及加浓边界

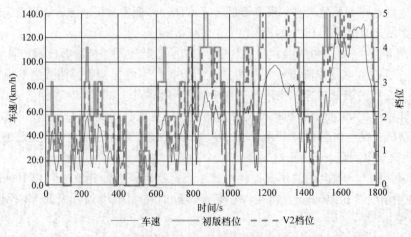

图 8-28　初版换档与 V2 换档图对比

从图8-28可见，V2换档图与初版换档图差异并不大，只在部分高档位处和发动机高负荷区域适当降低档位。

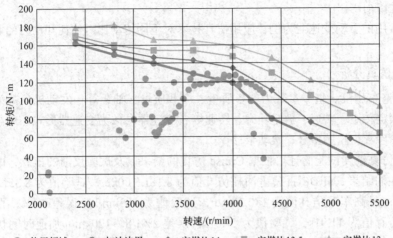

图8-29　V2换档图1530~1570s发动机工作领域及加浓边界

从图8-29可知，发动机的加浓情况大幅改善，加浓空燃比均大于14。配合排气温度保护限值的放宽，成功避免了发动机进入开环，优化了CO的排放，并且并未对油耗造成过大影响。

初版换档与V1、V2换档试验结果及参数设置对比最终试验结果：初版换档实测油耗为8.2L/100km，仿真油耗8.1L/100km，ECU秒采空燃比值12.9，仿真空燃比值12.7，实测CO排放0.741g/km；V1换档实测油耗为9.6L/100km，仿真油耗9.6L/100km，ECU秒采空燃比值12.9，仿真空燃比值12.7，实测CO排放0.612g/km；V2换档实测油耗为8.3L/100km，仿真油耗8.3L/100km，ECU秒采空燃比值14，仿真空燃比值14.2，实测CO排放0.39g/km。

通过对比可知仿真方法精度较高，能够有效反映整车油耗和加浓空燃比，能够对换档点位的调整提供支撑。

通过仿真，有效评估了调整的换档点是否合适，并且指导了换档点位的调整方向，使最终的V2换档点最大程度降低了发动机的加浓程度，避免了发动机因排气温度保护进入开环而导致的CO排放恶化，达到针对排放结果精确控制换档点位的最终效果，有效为商品开发提供支撑。

8.3.7　整车传动比优化仿真技术

为提升油耗和排放目标，汽车行业都在积极探索各种有效的汽车节能技术。同时，在整车性能匹配过程中，也有能为节能提供贡献的技术。变速器传动比作为影响整车油耗的一项直接且显著的参数，在动力总成匹配时，起着举足轻重的作用。传动比的变化对整车动力性和经济性的影响是相互矛盾的,燃油消耗随变速器传动比的减小而得到优化,但会降低整车的动力性,因此在总成匹配时需平衡动力性和经济性,择选最优传动比。

以常用的手动变速器为例,应用仿真技术对不同传动比对油耗和动力的影响,进行分析。

8.3.7.1 仿真分析

1)整车建模。整车参数为整备质量、满载质量、轴距等;发动机参数为发动机排量、额定转矩、转速、额定功率、转速等;变速器参数为变速器形式、最高档传动比;轮胎参数为轮胎型号、滚动半径等。

2)仿真精度试验验证。根据 Cruise 仿真的结果以及试验反馈的信息,两者动力性经济性的结果:NEDC 百公里油耗仿真值为 8.18L/100km,试验值为 8.35L/100km,误差 2%;最高车速仿真值为 182.3km/h,试验值为 183km/h,误差 0.3%;百公里加速时间仿真值为 11.91s,试验值为 11.67s,误差 2%;80~120km/h 加速时间仿真值为 13.92s,试验值为 13.46s,误差 3.4%。

3)根据仿真与试验对标得出结果。仿真值与试验值误差在 4% 以内,仿真精度满足要求。因此,可以采用该模型分析传动比对整车动力性经济性的影响,筛选最优传动比。

8.3.7.2 传动比变化对整车性能的影响

传动比的变化对整车动力性和经济性的影响是相互矛盾的,整车的燃油消耗随变速器传动比的减小而得到优化,但会降低整车的动力性。在现有车型的基础上,主减速比变化 ±20%,步长取 2%,分析传动比变化对整车动力性经济性的影响,变化趋势如图 8-30 所示。

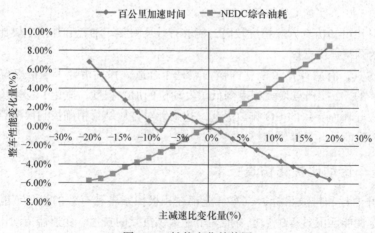

图 8-30 性能变化趋势图

根据分析得出结果：随着传动比的增大，整车燃油经济性变差，动力性变好。在动力匹配过程中需综合考虑动力性经济性，综合平衡最优传动比。

在变速器的实际开发过程中，由于变速器的结构、加工工艺等条件限制，传动比一般无法按照仿真得到的理论最优结果进行开发、生产。因此在实际开发过程中，一般由供应商提供一系列可生产的传动比，在该系列传动比中进行仿真计算，筛选出最优传动比。

根据校核的整车模型，采用矩阵模式计算整车动力性经济性，包括NEDC综合油耗、百公里加速时间、最高车速、最大爬坡度、80~120km/h加速时间等。6种方案的计算结果：方案一NEDC油耗为7.75L/100km，最高车速为180.7km/h，百公里加速时间为12.47s，80~120km/h加速时间为19.68s，最大爬坡度为30.13%；方案二NEDC油耗为8.18L/100km，最高车速为182.3km/h，百公里加速时间为11.91s，80~120km/h加速时间为13.92s，最大爬坡度为30.24%；方案三NEDC油耗为8.29L/100km，最高车速为182.3km/h，百公里加速时间为11.79s，80~120km/h加速时间为13.13s，最大爬坡度为30.26%；方案四NEDC油耗为7.67L/100km，最高车速为182.3km/h，百公里加速时间为12.47s，80~120km/h加速时间为13.77s，最大爬坡度为30.13%；方案五NEDC油耗为7.99L/100km，最高车速为181.5km/h，百公里加速时间为12.19s，80~120km/h加速时间为18.15s，最大爬坡度为30.24%；方案六NEDC油耗为8.05L/100km，最高车速为182.0km/h，百公里加速时间为12.16s，80~120km/h加速时间为17.01s，最大爬坡度为30.26%。

最高车速和一档的最大爬坡度反映了整车动力性能的极限能力，6组方案均满足了设计目标。在此基础上，整车传动系统传动比匹配优化主要通过NEDC油耗、百公里加速时间、80~120km/h超车加速时间等结果进行寻优。

为此，以动力性和油耗建立一个优化目标函数，通过线性加权组合的方法将其转化为单一目标函数。建立传动比的优化模型，公式为

$$P(x) = r_1 D(x) + r_2 Q(x) \tag{8-23}$$

式中，r_1为动力性加权因子；r_2为燃油经济性加权因子；$D(x)$为动力性能；$Q(x)$为燃油经济性能。对动力性和经济性做同等权重考虑，即$r_1=r_2=1$。为了消除量纲的影响，需对各参数进行无量纲变换。假设参数的均值为$\bar{x}$，标准差为δ，则参数x按式（8-23）转化为Y：

$$Y = \frac{x - \bar{x}}{\delta} \tag{8-24}$$

利用式（8-23）、式（8-24）进行加权评分，最终各传动比的匹配优化结果的评分结果为：方案一NEDC油耗为-0.99，百公里加速时间为1.089，80~120km/h加速时间为0.319，总评分为0.418；方案二NEDC油耗为0.796，百公里加速时间为-0.910，80~120km/h加速时间为-0.852，总评分为-0.966；方案三NEDC油耗为1.253，百公里加速时间为-1.339，80~120km/h加速时间为1.760，总评分为-1.098；方案四

NEDC油耗为-1.323，百公里加速时间为1.089s，80~120km/h加速时间为0.319，总评分为1.526；方案五NEDC油耗为0.007，百公里加速时间为0.089，80~120km/h加速时间为0.008，总评分为0.418；方案六NEDC油耗为0.256，百公里加速时间为-0.018，80~120km/h加速时间为-0.224，总评分为0.015。

对于整车的加速性能及经济性能的取值都是越小越好。所以，6组传动比中方案三取得最小评分-1.098，即方案三的传动比为该车型的最优匹配传动比。

8.3.7.3 小结

传动比的选择在动力总成匹配过程中十分重要，该参数影响后续开发车辆的整体性能。通过仿真技术，在项目前期筛选出最优传动比，可以大幅缩减实车的开发验证周期，节省开发费用，对整车的开发具有十分重要的意义。

8.3.8 全时四驱技术仿真分析

分动器是四轮驱动汽车非同于一般汽车的关键总成，其主要功能是将变速器输出的动力分配到多个驱动轴上。根据动力输出方式的不同，分动器分为三类：①分时分动器，②适时分动器，③全时分动器。各种分动器均有各自的优缺点和适用场合。分动器的动力性较好，但缺点是比较耗油，燃油经济性不好。

由于全时四驱具有良好的驾驶操控性和行驶性，得到了广泛应用。该结构采用的是带有行星齿轮的轴间差速器，由差速器行星齿轮系确定转矩分配比K值，用于评价差速装置分配转矩能力的大小。

8.3.8.1 差速器转矩分配原理

全时四轮驱动车型前轴与后轴之间的轴间差速器一般多采用2Z-X（两个中心轮、一个行星架）行星排结构，动力由行星架输入，经齿圈输往后轴，经太阳轮输往前轴。此种差速器结构简单、效率高，齿圈与太阳轮齿数常用比值在1~8之间，可以满足各种车型转矩分配比的要求。根据周转轮系的理论，行星排三元件之间运动关系为：

$$(1+K)n_H - kn_1 - n_3 = 0 \tag{8-25}$$

式中，n_H为行星架转速；n_1为太阳轮转速；n_3为齿圈转速；K为行星排特性参数。

$$K = \frac{Z_3}{Z_1} \tag{8-26}$$

式中，Z_1为太阳轮齿数；Z_3为齿圈齿数。

由式（8-25）可以看出，轴间差速器实质上是一个二自由度的差动轮系，其中动力由行星架输入，太阳轮与齿圈为从动件，并分别与前后轴连接。前后轴的转速由路面负荷决定，由此达到前轴与后轴差速的要求。此外，忽略行星排的传动效率后各元件传递转矩的关系由式（8-27）、式（8-28）确定。

第 8 章 动力性经济性仿真分析

$$M_H + M_3 + M_1 = 0 \tag{8-27}$$

$$M_H : M_3 : M_1 = (1+K) : -K : -1 \tag{8-28}$$

式中，M_1 为太阳轮传递转矩；M_H 为行星架传递转矩；M_3 为齿圈传递转矩。

由式（8-28）可以看出，后轴与前轴转矩的比值是恒定的，且等于行星排的特性参数 K，因此在轴间差速器设计计算过程中 K 值将作为一个重要参数。下面分析其对整车性能的影响。

8.3.8.2 差速器转矩分配比 K 的确定

转矩分配比对车桥附着力的利用程度有很大影响，当转矩分配比与前后轴载荷比不一致时，其中有一个驱动轴在任何情况下其附着力利用率均小于 1。将附着力利用率定义为车桥输出转矩与其车轮附着力矩之比。

设在某一条件路面，其附着系数为 φ，一个前后轴均载有额定质量的汽车行驶于这个路面上，若汽车的某一驱动轴的输出转矩等于其附着力矩，此时另一驱动轴的输出转矩与其车轮附着力矩之比，为该驱动轴的最大附着力利用率，即

$$\varepsilon_{\varphi max} = m_K / m_\varphi \tag{8-29}$$

式中，m_K 为驱动轴输出转矩；m_φ 为驱动轴附着力矩。

假定汽车前、后轮滚动半径 R_d 相同，且令

$$K_2 = G_2 / G_1 \tag{8-30}$$

式中，K_2 为后轴与前轴载荷比；G_1、G_2 为前后轴载荷。

前轴附着力矩：

$$m_{\varphi_1} = 9.8 G_1 \varphi R_d \tag{8-31}$$

后轴附着力矩：

$$m_{\varphi_2} = 9.8 G_2 \varphi R_d \tag{8-32}$$

$$m_{\varphi_2} / m_{\varphi_1} = K_2 \tag{8-33}$$

当 $K > K_2$ 时，后轴先达到打滑限值，达到其最大附着力矩，结合式（8-29）、式（8-33），有

后轴：

$$\varepsilon_{\varphi_2 max} = 1 \tag{8-34}$$

前轴：

$$\varepsilon_{\varphi_1 max} = m_{k_1} / m_{\varphi_1} = K_2 m_{K_2} / K m_{\varphi_2} = K_2 m_{\varphi_2} / K m_{\varphi_2} = K_2 / K \tag{8-35}$$

当 $K < K_2$ 时，前轴先达到打滑限值，达到其最大附着力矩，结合式（8-29）、式（8-33），有

前轴：

$$\varepsilon_{\varphi_{1\max}} = 1 \tag{8-36}$$

后轴：

$$\varepsilon_{\varphi_{2\max}} = m_{k_2}/m_{\varphi_2} = Km_{K_1}/K_2 m_{\varphi_1} = Km_{\varphi_1}/K_2 m_{\varphi_1} = K/K_2 \tag{8-37}$$

当 $K = K_2$ 时，前后轴同时达到打滑限值，均可以达到其最大附着力矩，有

$$\varepsilon_{\varphi_{1\max}} = \varepsilon_{\varphi_{2\max}} = 1 \tag{8-38}$$

由以上分析可以看出，当整车驱动力大于路面最大附着力时，转矩分配比越接近载荷分配比，整车的路面附着力利用率越高，整车的动力性能越好。当 $K = K_2$ 时，附着利用率最高。因此在差速器选型过程中，从动力性的角度考虑，转矩分配比应尽量靠近前后载荷比。但是在实际车辆行驶时，由于车辆加速运动及道路坡度的影响，K_2 值是不断变化的，但对全时四驱及分时四驱车型来说，转矩分配比是固定的，因此转矩分配比的设定需要根据整车性能考核工况通过仿真分析筛选出最优值。

通过仿真软件对采用不同 K 值的四驱车型进行动力性仿真，比较分析其对整车加速性能及爬坡度的影响，并根据整车目标筛选出最优方案，支撑差速器的设计开发。

8.3.8.3 仿真计算转矩分配比 K 值对整车性能的影响

对某全时四驱越野车型拟采用的一系列转矩分配比进行整车动力性仿真计算，分析其对整车动力性能的影响。整车静止状态前后轴载荷比为 0.8。从理论分析可以看出，K 值主要影响前后轴的最大路面附着利用率。如何选择最优的 K 值，提升车辆行驶时的动力性能是仿真分析的重点工作。

参考该车型的轴荷分配及性能目标，根据提供的 4 组转矩分配比的方案仿真计算整车百公里加速时间、最大爬坡度及牵引力的影响。分析结果：方案 1 为 1.087，方案 2 为 1.24，方案 3 为 2.214，方案 4 为 2.512。

通过仿真矩阵计算模式对 4 种 K 值进行整车动力性计算，包括最大爬坡度、0~100km/h 加速时间以及最大牵引力。计算结果：方案 1K 为 1.087，0~100km/h 加速时间为 7.21s，最大牵引力为 9032N；方案 2K 为 1.24，0~100km/h 加速时间为 7.13s，最大牵引力为 8497N；方案 3K 为 2.214，0~100km/h 加速时间为 7.07s，最大牵引力为 6829N；方案 4K 为 2.512，0~100km/h 加速时间为 7.15s，最大牵引力为 6575N。

分析 4 组方案的百公里加速时间，其中方案 3 的加速时间最小。加速过程的加速度曲线如图 8-31 所示。在加速过程中，由于加速度影响，整车载荷向后轴移动，后轴的最大附着力增大，前轴最大附着力减小。在起步阶段，车辆档位低，传动比大，整车驱动力大，车辆出现打滑。此时，不同的分配比前后轴的路面附着力利用率存在差异，路面附着力利用率越大，整车驱动力越大。因此方案 3 为百公里加速性能的最优分配比。

第 8 章 动力性经济性仿真分析

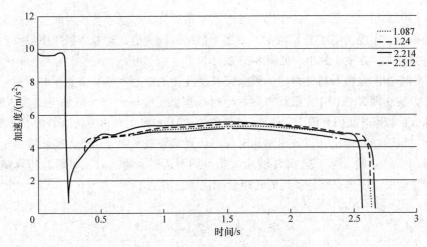

图 8-31 起步阶段加速度特性曲线

同加速过程类似，爬坡过程中，由于坡度的影响，整车载荷向后轴移动，后轴的最大附着力增大，前轴最大附着力减小，同时整车总附着力由于坡度的影响变小。由于驱动力足够大，整车的爬坡能力主要受路面附着力的限制。分析 4 组方案的爬坡特性，如图 8-32 所示，方案 4 的一档爬坡性能最优。

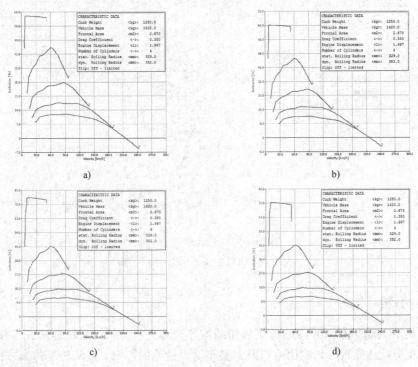

图 8-32 爬坡特性

a）方案 1　b）方案 2　c）方案 3　d）方案 4

在最大牵引力分析中，由于整车处于水平路面且无加速运动，因此整车的轴荷基本保持不变。在提供的 4 组 K 值中，方案 1 最接近轴荷值，附着力利用率最大，故最大牵引力最大，方案 4 最小，如图 8-33 所示。

根据车型的定位及目标设定，最大爬坡度及加速能力为整车主要需求目标，综合考虑，方案 3 即 $K=2.214$ 为最优方案。通过实车试验验证，仿真结果与试验结果为：0~100km/h 加速时间仿真值为 7.07s，试验值为 7.21s；最大牵引力仿真值为 6829N。

通过试验结果得出：百公里加速时间与仿真结果基本吻合。最大爬坡度由于试验条件限制，仅完成目标工况 60% 坡度试验且顺利通过。通过对比可得，仿真精度可靠，该模型可以用来支撑分动器的转矩分配比的选型工作。

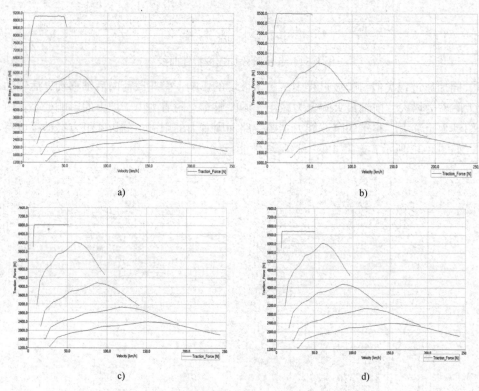

图 8-33 最大牵引力
a）方案 1 b）方案 2 c）方案 3 d）方案 4

8.3.9 小结

通过对某越野车所采用的行星齿轮结构差速器进行分析，系统地研究了该越野汽车转矩分配比原理、影响因素以及对整车动力性能的影响，并从整车仿真方面，运用动力性和经济性仿真，对 4 种转矩分配比方案，从爬坡度、加速特性和最大牵引特性三个方面进行了对比计算，得出了最优方案。最后用道路试验对仿真结果进行了验证，得出了相吻合的结论，为同类型差速器的设计开发提供了理论依据。

整车动力性经济性仿真分析，根据车型的使用功能、应用工况、基本确定的性能目标进行建模。针对分析的某四轮驱动汽车，建立整车基本模型，利用仿真软件已设置的逻辑计算关系，便可以开展相应的仿真分析工作。主要包括整车动力性仿真分析指标、整车经济性仿真分析指标。

展开对整车动力经济性仿真敏感度分析：整备质量减少10%，油耗节省2.5%~3.5%；风阻系数优化10%，则油耗降低1%~2%，因此得出优化风阻系数是节约燃油的一个有效途径；滚动阻力系数降低10%，则油耗降低1%~2%；滑行阻力优化10%，则油耗降低3%~4%。

本节提出了"11"步法标定方法，可以用于自动档（包括AT、CVT、DCT）车型控制策略的标定。换档控制策略标定基于最佳动力性换档模式和经济性换档模式。

以双离合变速器（DCT）为例，通过DCT的桌面标定和试验工况从5个传动比方案优选油耗为6.5L/100km的目标。

以WLTC工况下手动档换档点分析技术，探究提出了手动档换档原则，根据仿真与试验对标得出结果：仿真值与试验值误差在4%以内，仿真精度满足要求。

根据全时四驱技术仿真分析，提出了差速器转矩分配原理，以确定差速器转矩分配比K，通过仿真软件对采用不同K值的四驱车型进行动力性仿真，比较分析其对整车加速性能及爬坡度的影响，并根据整车目标筛选出最优方案，通过实车试验验证。仿真结果与试验结果：0~100km/h加速时间仿真值为7.07s，试验值为7.21s。说明该方法有助于提升车辆行驶时的动力性能，支撑差速器的设计开发。

通过对动力性和经济性仿真机理、整车动力性经济性仿真敏感度、"11"步法标定方法、手动档换档点、双离合变速器和全时四驱等典型配置进行技术分析，并根据与试验对标，说明仿真为动力性经济性的匹配能够提供理论参考。

8.4 能量管理节能及其在新能源汽车中的应用

《新能源汽车产业发展规划（2021~2035年）》，提出了整车集成整车平台、一体化、系统集成技术，同时提出了关键部件电池技术、驱动系统开发技术。

近年来，新能源汽车市场规模逐渐扩大，主要原因有三个方面：一是在行业政策方面，"双积分政策"将高效激励新能源汽车的发展[9,10]，提升新能源汽车向深层次市场化的进程；二是大额补贴力度，当然，随着补贴的退坡，前期培育起来的市场和配套设施，将大幅降低使用成本，可以持续推动新能源汽车市场的发展；三是新能源技术相比国外，具有一定的竞争力，为新能源汽车的大幅推广奠定了技术基础。

由于政策支持、资本助力、技术进步以及基础设施建设的日益完善，并且经过市场的充分培育，消费者环保观念逐步增强，新能源汽车市场更为激烈的竞争已经到来[11,12]。

因此，能量管理和优化技术，无论对内燃机汽车，还是新能源汽车都有重要的意义。

8.4.1 传统燃油车整车能量分解模型

对于传统燃油车而言，整车能量管理是指对燃油消耗所产生的能量进行分配管理。根据分析，能量消耗主要分配在以下过程中：发动机损失能量、制动系消耗能量、传动系能量消耗、空气阻力能量和滚动阻力能量等。基于此，通过仿真建立能量消耗分析模型，并采用特定试验进行验证，从而形成能量的合理应用。

通过建立整车仿真模型，在 NEDC 工况下，对各模块能量消耗进行分析。分析结果如图 8-34 所示。

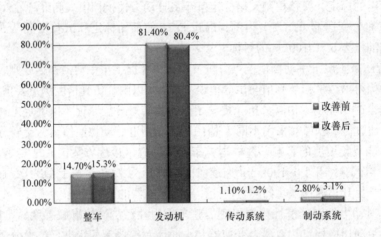

图 8-34 油耗改善前后 NEDC 工况各系统的能量消耗占比

根据分析得出结果：总能量为 25305kJ，各系统的能量消耗分别为整车部件消耗 3715kJ，占总能量消耗的 14.7%；发动机能量消耗为 20600kJ，占总能量消耗的 81.4%；传动系统能量消耗为 287kJ，占总能量消耗的 1.1%；制动系统能量消耗为 703kJ，占总能量消耗的 2.8%。从中看出，发动机是能量消耗的最大部件，因此，降低发动机的能量损失有重要意义。

通过有效改善发动机能量消耗中各个损失的占比，可以改善发动机油耗性能。在发动机的能力损失中，主要是摩擦、排气和传热损失。

根据排量 1.6L、双顶置凸轮轴的汽油机分析得出：随着车速从 50km/h 提升到 100km/h，发动机的转速从 1860r/min，提升到 2926r/min，转矩从 20N·m 提升到 49N·m，燃油消耗量从 1.66kg/h 提升到 4.37kg/h。

分析得出结果：排气损失在 50% 左右、传热损失在 25% 左右、摩擦损失在 18% 左右和其他损失在 7% 左右。

8.4.2 纯电动汽车动力性经济性仿真

新能源汽车能量管理是指在汽车运行过程中,在满足汽车基本功能的工况下,通过控制系统对所有的动力系统的能量和执行系统进行综合分配和控制,从而达到能源充分利用的目的。

搭建纯电动汽车动力性经济性仿真分析模型,模型中除了有传统内燃机整车模型的模块,如整车、变速器、主减速器、差速器、制动器、车轮、驾驶员等,还包括其特有的动力总成模块,如电池、电机、电池管理系统(BMS)、电控策略、逆变器等。纯电动汽车仿真模型如图 8-35 所示。

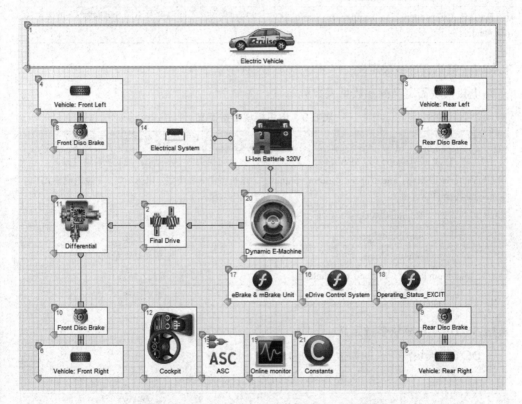

图 8-35 纯电动汽车动力性经济性仿真模型

纯电动汽车动力传递路线为动力电池、电机、变速器输出轴、传动半轴、车轮。纯电动汽车各模块搭建及连接关系建立完成之后,需要对子模块进行参数定义。

8.4.2.1 电池模块参数定义

电池模块需定义的参数见表 8-8。

表 8-8 电池参数定义

参数名称	参数意义
Maximum Charge	电池容量
Initial Charge	电池初始状态电量
Nominal Voltage	额定电压
Maximum Voltage	电池最大输出电压
Minimum Voltage	电池最小输出电压
Number of Cells per Cell-Row	电池组中单电池数量
Number of Cell-Rows	电池组数量
Battery Characteristics-Temperature and SOC Dependent	电池特性-不同温度及不同 SOC 状态下的电池特性参数

8.4.2.2 电机模块参数定义

电机模块需定义的参数见表 8-9。

表 8-9 电机模块参数定义

参数名称	参数意义
Type of Machine（PSM/ASM）	电机类型（永磁同步电机/异步电机）
Characteristic Maps and Curves（motor-related/generator-related/overall）	电机特性曲线类型（电驱动模式/发电机模式/电驱发电双模式）
Nominal Voltage	额定电压
Maximum Speed	最大转速
Inertia Moment	电机转动惯量
Maximum Power（Torque）mechanical	电机外特性
Efficiency	电机效率

8.4.2.3 DC/DC 模块参数定义

DC/DC 模块需定义的参数见表 8-10。

表 8-10 DC/DC 模块参数定义

参数名称	参数意义
Maximum Converter Power	最大转换功率
Nominal Voltage（Higher Voltage）	额定电压（高压）
Maximum Voltage（Higher Voltage）	电池最大输出电压（高压）
Minimum Voltage（Higher Voltage）	电池最小输出电压（高压）
Nominal Voltage（Lower Voltage）	额定电压（低压）
Maximum Voltage（Lower Voltage）	电池最大输出电压（低压）
Minimum Voltage（Lower Voltage）	电池最小输出电压（低压）
Efficiency	转换效率

8.4.2.4 电控模块搭建

电控模块的核心为电池管理系统（BMS），BMS 模块通过监测不同时刻下电池的状态对电池进行输出控制，即通过管理电池不同 SOC 状态下的放电倍率来管理输出电功率。

BMS 模块需定义的参数见表 8-11。

表 8-11 BMS 模块参数定义

参数名称	参数意义
Maximum SOC	最大 SOC
Minimum SOC	最小 SOC
Temperature	电池工作温度
Power Limitation-Charge	充电时功率限制
Power Limitation-Discharge	放电时功率限制

根据不同车型项目定义的相关 BMS 策略作为仿真参数的输入，通过 BMS 模块设定电池工作的边界条件 SOC 的上下限，同时按照对应车型使用的电池试验数据作为输入，设置不同温度条件下，电池在不同电池状态下的充放电的功率限制或者电流限制。

按照上述过程建好模型后，将整车、动力总成、传动系统及其他相关系统的参数输入到模型所对应的模块中，从而形成数据结构完整的纯电动汽车动力性经济性仿真分析模型。为了保证仿真分析的过程及结果的可验证性及准确性，仿真分析的条件都按照相应国标要求进行设定。

8.4.3 纯电动汽车能量匹配技术

以客户需求为导向，以满足国家法规为指引，以打造具有竞争力的产品为目标，进行合理的能量匹配和搭载，开发纯电动汽车。

8.4.3.1 纯电动汽车设计目标

根据纯电动汽车设计目标确定驱动总成的性能参数，设计目标包括动力性目标和经济性目标。动力性目标包括 30min 最高车速、原地起步加速时间、最大爬坡度及其对应的最大爬坡速度、4% 坡道最大爬坡速度、12% 坡道最大爬坡速度和最大长坡爬坡度及其对应的最大爬坡速度、起步最大坡度（坡道起步能力）等。

经济性目标包括 60km/h 匀速续驶里程、NEDC 工况续驶里程。

某开发车型设置的整车目标：NEDC 工况纯电动续驶里程 300km，0~100km/h 加速时间 12s，0~50km/h 加速时间 ≤ 5.0s，80~120km/h 加速时间 ≤ 9.5s，最大爬坡度 30%，30km/h 时的最大加速度 ≥ 3.5m/s^2，电动汽车 30min 最高车速 ≥ 135km/h，最高车速 ≥ 145km/h。

根据开发目标,通过仿真,进行整车和各系统的能量管理和匹配工作,主要包括整车参数、驱动总成匹配。

整车参数包括整备质量、满载质量、滑行阻力曲线、轮胎滚动半径等。

传动系统参数包括减速器传动比、效率,电机平均电动效率,电机平均发电效率等。

动力电池系统性能参数主要包括动力电池可用能量(kW·h)、动力电池容量(A·h)、动力电池系统电压(V)。

8.4.3.2 驱动电机性能特性分析

假设驱动电机电动、发电为对称特性,驱动电机性能参数主要包括电机额定功率、电机峰值功率、电机额定转速、电机最高工作转速、电机峰值功率对应最高转速。驱动电机特性性能曲线如图 8-36 所示(见彩插)。

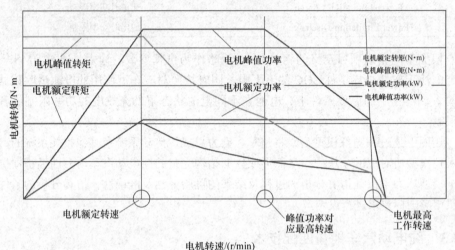

图 8-36 驱动电机性能参数示意图

驱动电机系统性能参数主要依据纯电动汽车整车动力性能目标进行电驱动系统动力性指标分解,详细设计方法如下。

1. 30min 最高车速匹配电驱动系统额定功率

纯电动汽车的 30min 最高车速,对应电驱动系统在最高转速下的长时间工作功率,通常电机的额定功率代表该特性,所以电机的额定功率应当大于该车速下车辆的滚动阻力和空气阻力。设计方法如下:

假设:电驱动系统在最高工作转速下仍然能够以额定功率长时间运行。

设计原则一:电驱动系统的额定需求功率应当大于该车速下车辆的滚动阻力和空气阻力产生的道路阻力功率。

$$\text{Pept\_rated\_req} \geq \text{Proad} \qquad (8\text{-}39)$$

式中,Pept_rated_req 为电驱动系统额定需求功率,单位为 kW;Proad 为整车克服滚动阻力和风阻对应的总的道路阻力功率，单位为 kW。

道路阻力功率可以根据汽车理论经验公式得到：

$$\text{Proad} = (A + BV_{max} + CV_{max}^2)V_{max}/3600 \tag{8-40}$$

式中，V_{max} 为整车定义的 30min 最高车速，单位为 km/h；A 为整车滑行阻力一次项；B 为整车滑行阻力二次项；C 为整车滑行阻力三次项。

结论：电机额定功率必须大于

$$\text{ept\_rated\_req} \geq (A + BV_{max} + CV_{max}^2)V_{max}/3600 \tag{8-41}$$

2. 30min 最高车速匹配电驱动系统最高工作转速

设计原则二：电机的最高工作转速也应当大于该车速对应的电机转速。

$$\text{n\_ept\_max} \geq V_{max}/(0.377r) \tag{8-42}$$

式中，n_ept_max 为电驱动系统轮边最高工作转速需求，单位为 r/min；V_{max} 为整车定义的 30min 最高车速，单位为 km/h；r 为整车定义的车轮滚动半径，单位为 m。

3. 加速度和爬坡度需求匹配设计电驱动系统的峰值转矩和额定转矩

假设最大爬坡度为爬短坡的最大爬坡度，因此使用电驱动系统的峰值转矩满足最大爬坡度的要求；如果电动汽车设计为可到山区使用的长坡爬坡度，或为越野特别设计的长坡爬坡度，需要设计电驱动系统的额定转矩满足爬长坡要求。

设计原则三：电驱动系统的峰值转矩应当大于最大爬坡度下车辆的滚动阻力、空气阻力和坡道阻力产生的总阻力转矩。

$$\begin{aligned}\text{Treq\_max1} \geq &[m\_max \times g \times \sin(\text{arctg}\alpha\_max) \\ &+ m\_max \times g \times f \times \cos(\text{arctg}\alpha\_max) \\ &+ A + B \times V\alpha\_max + C \times V\alpha\_max^2] \times r\end{aligned} \tag{8-43}$$

式中，Treq_max 为电驱动系统峰值转矩需求，单位为 N·m；m_max 为整车最大总质量，单位为 kg；α_max 为整车最大爬坡度；Vα_max 为最大爬坡度对应的最大爬坡速度，单位为 km/h。

设计原则四：电机的峰值转矩应当大于 4% 爬坡度最高车速的滚动阻力、空气阻力和坡道阻力产生的总阻力转矩。

$$\begin{aligned}\text{Tmc\_max2} \geq &[m\_max \times g \times \sin(\text{arctg}(4\%)) \\ &+ m\_max \times g \times f \times \cos(\text{arctg}(4\%)) \\ &+ A + B \times V\alpha\_4\%max + C \times V\alpha\_4\%max^2] \times r\end{aligned} \tag{8-44}$$

式中，Vα_4%max 为整车定义的 4% 爬坡度对应的最大爬坡速度，单位为 km/h。

设计原则五：电驱动系统的峰值转矩应当大于 12% 爬坡度最高车速的滚动阻力、空气阻力和坡道阻力产生的总阻力转矩。

$$\begin{aligned}\text{Tmc\_max3} \geq &[m\_max \times g \times \sin(\text{arctg}(12\%)) \\ &+ m\_max \times g \times f \times \cos(\text{arctg}(12\%)) \\ &+ A + B \times V\alpha\_12\%max + C \times V\alpha\_4\%max^2] \times r\end{aligned} \tag{8-45}$$

式中，Vα_12%max 为 12% 爬坡度对应的最大爬坡速度，单位为 km/h。

设计原则六：电机的峰值转矩应当大于整车设计目标要求的起步最大爬坡度对应的起步静摩擦阻力和坡道阻力产生的总阻力转矩。

$$\text{Tmc\_max4} \geq [\text{m\_max} \times g \times \sin(\arctan(\alpha\text{max\_起步})) \\ + \text{m\_max} \times g \times f\_\text{静摩擦} \times \cos(\arctan(\alpha\text{max\_起步}))] \times r \quad (8\text{-}46)$$

式中，αmax_起步为最大起步爬坡度。

设计原则七：根据设计原则三、四、五、六计算结果，确定电机峰值转矩。

$$\text{Tmc\_max} \geq \max(\text{Tmc\_max1}, \text{Tmc\_max2}, \text{Tmc\_max3}, \text{Tmc\_max4}) \quad (8\text{-}47)$$

设计原则八：电机的额定转矩应当大于最大爬长坡下车辆的滚动阻力、空气阻力和坡道阻力产生的总阻力转矩。

$$\text{Tmc\_rated} \geq [\text{m\_max} \times g \times \sin(\arctan\alpha\_\text{maxL}) \\ + \text{m\_max} \times g \times f \times \cos(\arctan\alpha\_\text{maxL}) \\ + A + B \times V\alpha\_\text{maxL} + C \times V\alpha\_\text{max}^2] \times r \quad (8\text{-}48)$$

式中，Tmc_rated 为电机额定转矩，单位为 N·m；α_maxL 为整车最大长坡爬坡度；Vα_maxL 为最大长坡爬坡度对应的最大爬坡速度，单位为 km/h。

4. 电驱动系统的峰值转矩、额定转矩匹配设计电驱动系统的额定转速需求

设计原则九：电驱动系统额定转速对应车速应大于整车最大爬坡度对应的最高车速。

$$\text{n\_rated1} \geq V\alpha\_\text{max} / (0.377 \times r) \quad (8\text{-}49)$$

设计原则十：电驱动系统的额定转速对应点为最大转矩和最大功率重合点。

$$\text{n\_rated2} = \text{Prated} \times 9550 / \text{Tc\_rated} \quad (8\text{-}50)$$

设计原则十一：根据设计原则九和十计算结果，综合考虑，确定电驱动系统额定转速。

若 n_rated1 ≤ n_rated2；n_rated1 ≤ n_rated ≤ n_rated2 可满足设计需求。

若 n_rated1 ≥ n_rated2；选择 n_rated ≥ n_rated1。

Pmc_rated1=Tmc_rated×n_rated/9550，修改和提高电驱动系统额定功率，满足所有的整车设计需求。

5. 电驱动的峰值特性，检查整车的原地起步加速时间等其他动力性指标

如果需要对峰值功率、额定转速等参数进行少量调整，满足整车设计需求，综合以上 11 条设计原则，最终确认的动力总成转矩及功率需求为：所选定的动力总成，需要提供至轮边峰值转矩 ≥ 1940N·m，峰值功率 ≥ 82kW，额定功率 ≥ 32.8kW，轮边最高转速要求 > 1241r/min。

8.4.3.3　动力电池系统性能参数匹配设计方法

动力电池系统性能参数主要依据纯电动汽车整车经济性目标进行匹配设计，详细设计方法如下：

根据 NEDC 续驶里程目标计算整车需求的电能量。

设计原则十二：电池的可用能量应大于 NEDC 工况所需要消耗的电能量。

假设 NEDC 循环的能量回收为并联能量回收方式。

根据整车定义的参数，使用仿真软件计算 NEDC 循环电机端的电能量需求并计算 NEDC 循环行驶距离。

计算电池系统的可用能量：

$$Q_{bat2} \geq S\_续驶NEDC / S\_NEDC \times Q_{mc\_NEDC} / (\eta_{mc} \times \eta_{dsh}) \tag{8-51}$$

式中，S_续驶 NEDC 为续驶里程，单位为 km；S_NEDC 为循环的行驶距离，单位为 km；Q$_{mc\_NEDC}$ 为仿真计算电机端消耗的能量，单位为 kW·h。

8.4.3.4 高压系统电压等级预估和设计

根据整车总布置的需求，预估和设计高压系统电压等级。

确定电池系统容量：

$$C\_Ah \geq Q_{bat} \times 1000 / \left[(SOC_{max} - SOC_{min}) \times U_{rated} \right] \tag{8-52}$$

式中，C_Ah 为电池系统容量，单位为 A·h；SOC$_{max}$ 为电池充满电 SOC；SOC$_{min}$ 为电池厂家允许使用的最低 SOC；U$_{rated}$ 为高压系统电机等级，单位为 V。

根据计算原则与分析步骤，在仿真软件中针对电动汽车续驶里程进行仿真分析，反复迭代，最终确认电池系统的性能需求，具体结果：电池组标称电压为 350V，电池组标称容量 140A·h（1C），电池随温度、SOC 的短时、长时放电功率 10s 最大放电功率 ≥ 120kW，电池随温度、SOC 的短时、长时充电功率 10s 最大充电功率 ≥ 90kW，电池能量 49kW·h（1C），放电深度 90%。

8.4.3.5 混合动力汽车能量管理控制策略

插电式混合动力汽车的能量管理策略是影响其经济性的核心技术之一。分别从整车工作模式、控制策略和能量匹配进行分析。

按照动力电池组 SOC 值，将整车分为电能消耗（即 CD 阶段）和电能维持（即 CS 阶段）两个阶段。两个阶段的能量管理策略完全不同，其中，CD 阶段能量效率较高，主要消耗的是电网的电能，故成本较低；CS 阶段，以平衡 SOC 为主。

能量管理控制策略主要由三个部分构成：转矩计算、运行模式和转矩分配。

根据动力耦合进行转矩叠加，获取不同车速以及加速踏板开度下的转矩外包络线，从而得出变速器输入轴端的等效转矩。

按照车辆的行驶状态，分为驻车、驱动和制动三种状态；对应动力总成模式为停车模式、驱动模式和制动模式。动力电池 SOC 的状态：SOC_LO 表示电池较低值，低于该值会影响电池的使用寿命,因此混合动力运行模式需要进入 CS 模式,以维持电量平衡;SOC_MI 是设定的由 CS 模式回到 CD 模式的电池 SOC 阈值。

转矩分配策略是能量管理策略的重要组成部分,其作用是将整车需求转矩合理分配给发动机、主电机这两大动力部件。转矩分配主要包括 CD 模式转矩分配、CS 模式转矩分配、发动机驱动发电、发动机单独驱动、联合驱动等模式和策略。

在研究和开发混合动力汽车过程中,能量匹配是至关重要的一项工作,通过对其动力驱动系统建立合理而有效的仿真模型是分析能量合理应用的有效方法。

通过对混合动力系统部件及整车进行仿真,能够定量分析各动力总成对整车性能的影响,能够快速验证各种能量管理策略的优劣,减少不必要的实车试验。建模并进行分析,是降低开发费用与缩短研发周期快捷而有效的方法之一。

某 PHEV 车型,整备质量目标 1700kg,通过进行仿真分析,结合实际的道路滑行试验,进行匹配。

通过整车滑行降阻分析,采用多项降阻措施并进行多次滑行试验,车辆滑行阻力较目标阻力降低约 2%,有效降低油耗 1.5%,同时提高了纯电动续驶里程 2%,如图 8-37 所示。确保了该车型在开发阶段动力性经济性指标全部达成。其中,百公里加速时间达到 10.8s,综合油耗达到 1.6L/100km,发动机驱动油耗达到 5.67L/100km,但与最新竞品相比没有明显优势。

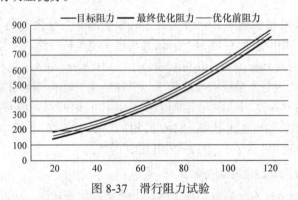

图 8-37 滑行阻力试验

因此,为了提升产品的竞争性,进行能量分配策略优化。

通过优化整车能量分配策略,提高发动机的输出效率,试验与仿真进行多次对标,最终条件 B 油耗由 6.2L/100km 降低到 5.5L/100km,挑战完成油耗目标。

测试指标分别为:最高车速,竞品车为 180km/h,开发车为 170km/h;0~100km/h 加速时间竞品车为 11.09s,开发车为 10.8s;80~120km/h 加速时间竞品车为 8.02s,开发车为 7.3s;纯电续驶里程竞品车为 58km,开发车为 61km;油耗竞品车为 5.31L/100km,开发车为 5.5L/100km;综合油耗竞品车为 1.6L/100km,开发车为 1.6L/100km。

通过分析,性能全面达成,且优于竞品车的目标。

8.5 未来发展

随着排放及油耗法规的日益升级，车企对整车动力性经济性的开发要求越来越严，开发周期越来越短，开发质量越来越高，开发成本越来越低，这将大幅促进动力性经济性仿真技术的发展。

围绕着"严""短""高""低"这四大需求，未来动力性经济性的发展主要体现在以下 5 个方面。

1. 越来越严

随着能源需求增加与资源不足、环境保护的矛盾不断加剧，对汽车节能环保的要求也越来越严。世界各主要汽车生产国都发布了相关的汽车节能标准。作为全球最大的汽车销售国和汽车生产国，我国也制定了相应的燃油消耗标准。按照乘用车燃料消耗量评价方法及指标，第三阶段（2015 年）燃料消耗量限值比第二阶段加严了 20% 左右。因此如何降低整车燃油消耗量，以满足国家的法规标准及绿色环保的要求成为各大主机厂研究的重点方向。

为提升节能和新能源技术，各 OEM 都在积极探究各种有效的汽车节能技术，高效发动机、整车设计与优化、电动汽车、替代燃料等节能技术纷纷运用于研发及生产车型中。同时，在研发车型过程中，动力总成的匹配工作更为细致、明确。如何在保证整车动力性经济性的要求下，降低燃油消耗是动力性经济性仿真分析工作的重点任务。因此未来的仿真技术，将围绕如何满足越来越严的需求来展开工作。

2. 仿真精度高

在开发过程中需要高精确的仿真分析结果指导整车的开发设计，传统的一维、稳态的仿真模型已经越来越不满足项目开发的需求。在动力性经济性仿真过程中，必须要考虑风阻，但风阻在不同的环境、不同车速和不同整车的配置下，属于变量，而且该变量是非线性变化的，因此仿真时必须动态地考虑三维仿真模型，以便真实地模拟实车的应用工况，提高车辆仿真的准确性和精度。这为未来整车动力性经济性的高仿真精度提出了技术升级换代的需求。

随着汽车技术及计算机技术的不断发展，电子控制技术大量应用于汽车的性能开发中。复杂的控制策略加大了仿真分析的难度。为实现复杂控制策略的精确仿真，首先需理解掌握各系统控制策略的机理，如发动机冷起动控制、起停系统的控制策略、混合动力汽车电机充放电控制策略等。其次需要把车辆采用的控制策略编译为仿真软件使用的语言并载入仿真模型中。通过精确地模拟实车的控制策略，进一步提升动力经济性仿真分析的精度。

3. 仿真覆盖率高

针对某些仿真结果，试验无法验证；同样，对某些试验，仿真无法完成。由于能源多元化，有些还不能完全用仿真来进行模拟能量管理，如插电式混合动力汽车，其能量管理控制策略的三要素为转矩计算、车辆运行模式选择和转矩分配等，用仿真技术不能完全解决。因此，仿真覆盖率要高，以满足多能源发展需求。

4. 瞬态联合仿真技术

动力性经济性仿真软件实现整车、系统级的动力经济性仿真分析，单个部件的性能参数作为输入参数导入到软件进行分析。有些软件自带的零部件模块中，参数单一，对于复杂的部件如发动机并不能完全反映其性能。通过多软件、硬件联合仿真分析，编译整车控制模块，实现各软件及硬件的联合仿真，确保建模的参数更加详细，模型更加精确，可进一步提升仿真精度。同时在样车完成前，通过仿真的方法标定控制策略，可大幅节省开发周期和成本。

5. 实现 HIL 仿真技术

HIL 分析实现实物台架和仿真模型的联合仿真，将建立的车辆模型集成到动力总成台架上，利用基于模型的测试，直接在动力总成台架上测试出车辆的动力性经济性。通过该仿真分析可以在车辆装配前对整车 ECU、TCU 等标定数据提前进行开发标定、提前完成催化器选型等工作以降低样车开发成本。

参 考 文 献

[1] JOHNSON T. Vehicular emissions in review[J]. SAE Int. J. Engines 7, 2014: 1207-1226.

[2] JOHNSON T, AMEYA J. Review of vehicular engine efficiency and emissions[C]// WCX 17: SAE World Congress Experience, 2017.

[3] OTA Y. Electric vehicle integration into power systems[J]. Electrical Engineering in Japan, 2019, 207(4).

[4] RATAMERO L A. An empirical model for vehicle fuel economy estimation using performance and road load input data[C]// 2018 SAE Brasil Congress and Exhibition, 2018.

[5] SEAN L, ERIC W, ADAM D. Evaluating the Impact of Road Grade on Simulated Commercial Vehicle Fuel Economy Using Real-World Drive Cycles[J]. SAE Technical Papers, 2015.

[6] JONY J E, CORRÊA, FABIO M S, et al. Energy storage and control optimization for an electric vehicle[J]. International Journal of Energy Research, 2018.

[7] LIU H, SHLADOVER S E, LU X Y, et al. Freeway vehicle fuel efficiency improvement via co-operative adaptive cruise control[J]. Journal of Intelligent Transportation Systems, 2020(2).

[8] TUNNELL J A, ASHER Z D, PASRICHA S, et al. Towards Improving Vehicle Fuel Economy with ADAS[C]// WCX World Congress Experience. 2018.

[9] CUMMINGS T, BRADLEY T H, ASHER Z D. The effect of trip preview prediction signal quality on hybrid vehicle fuel economy[C]// elsevier, 2015:271-276.

[10] STRATTON A J.; HEYWOOD J B. Impact of regenerative braking on hybrid vehicle fuel economy[J]. International Journal of Vehicle Design, 2016, 72(4): 285-304.

[11] JACOVIDES L J, CORNELL E P, KIRK R. Electric and Hybrid Vehicles[J]. International Journal of Vehicle Design, 2003, 200(152):2/1 - 2/4.

[12] YASUHIRO, NONOBE. Development of the fuel cell vehicle mirai[J]. Ieej Transactions on Electrical & Electronic Engineering, 2017, 12(1).

第 9 章 二次开发

9.1 仿真自动化技术概述

仿真自动化，顾名思义，就是把仿真建模、运算和报告整理等工作应用到相应的软件中，实现程序化的过程。在此过程中，操作的方法和规则，便是仿真自动化流程。仿真自动化主要的技术特征：自动化仿真中涉及的名称、编号、建组等标准化，利于一键式自动化仿真实现；模型规范与通用性，利于数据积累与数据库搭建；自动化算法固化、算法独立可移植，利于程序实现；把标准规范定义的分析方法形成软件模板，利于推广使用，避免误码操作，保持结果一致性。

仿真自动化的目的和重要的意义：降低仿真人员的劳动强度，节约人工成本 80% 以上。在仿真过程中，有大量的工作是重复性和事务性的工作，通过建立仿真自动化流程，可以大幅缩减这些工作，让仿真人员主要的精力集中在对汽车部件和性能的结果分析和方案对策上，从而缩短仿真工时、节约仿真人力资源；在仿真过程中，由于人为因素造成的仿真结果不准确的概率很高，而且这些失误往往不容易检查出来，给产品开发造成损失，通过实现仿真任务的自动化，很大程度上能够消除在建模等过程中存在的这些失误，从而降低仿真的失误率、减少人为因素带来的错误。仿真精度是仿真最需要关注的问题。由于仿真的建模工作量巨大、工作繁杂，在不影响仿真精度的前提下，实现仿真自动化，这是开展仿真自动化所追求的永恒主题。实现仿真自动化后，可以充分释放仿真软件资源，填补人力缺口，降低仿真成本，为公司产品研发提供更高效的技术保障和支持。

仿真自动化的主要技术领域包括零部件结构有限元自动化仿真、汽车疲劳寿命自动化仿真、汽车 NVH 自动化仿真、汽车碰撞安全自动化仿真、汽车空气动力学自动化仿真、R&H 自动化仿真、动力性经济性自动化仿真、多学科联合自动化仿真等领域。

仿真自动化产生的重要影响：仿真自动化流程可以大幅降低开发工时、节约人工成本、减少仿真软件的采购成本。案例：根据自行开发的 28 个仿真自动化流程，年节约工时 10598h，人工成本 211.96 万元，仿真软件成本 164.5 万元。其中，专门用于仿真的工程师每年减少 3~5 人，人工成本节约 150 万元/年左右，释放软件成本 164.5 万/年，一次性节约软件开发费用 1000 万元左右。

仿真自动化技术面临的挑战：仿真自动化程度越高，带来的效益越可观。尽管 CAE 自动化已不同程度覆盖各领域的很多仿真工作，但仍有进一步提升仿真自动化程度的必要性，使自动化工具更加智能化、便捷化，让所有从事汽车设计的工程师能够快速使用仿真软件，起到对产品开发的支撑作用。因此，仿真自动化技术面临如下挑战：

挑战一：仿真是汽车设计工程师的必备利器，让汽车设计真正成为仿真设计。如何让工程师使用仿真软件完整地融入整车开发中，挑战之一便是建立和开发适合工程师应用的仿真自动化软件和流程。

挑战二：在仿真自动化流程开发过程中，需要计算机的内存很大，导致计算时间较长，如何利用云计算和高性能仿真平台计算机，解决提升计算效率问题，是当下仿真自动化技术开发中的难题。

挑战三：并行工作的自动化技术还需探讨，如网格技术，在结构分析中要划有限元网格。同样在 NVH、流体动力学和碰撞模型中，均用到网格技术。这些技术如何实现自动化，是技术上的挑战。

挑战四：如何在新的技术领域，开展自动化技术开发和流程的建立，如智能驾驶中的各种场景模拟。

9.2 仿真自动化工具及方式

仿真软件的商业性，决定它不可能完全满足仿真需求，因此要进行自动化开发。通过仿真自动化手段减少人为干预，最大限度实现手工劳动由计算机自动完成，从而提高仿真效率。

自动化仿真有两种实施途径：

1）完全自主开发，即开发符合本企业需求的有限元软件。该途径的优点是功能集成、适应性强，但是成本高昂、周期长、难度大，并且需要很强的专业水准。

2）借助商用 CAE 软件给用户开放的二次开发功能开发自动化仿真软件。该途径相对第一种途径开发周期短、成本低。本项目采用第二种途径进行开发。

仿真领域涉及多个学科，每个学科各有分支。不同学科甚至其分支，可能会使用不同的仿真软件。根据仿真任务输入输出需求不同，会选取不同的开发工具。因此仿真自动化工具及采取方式，应视实际情况而定。

仿真自动化开发依据仿真技术的成熟度、常用性、工作量、复杂度。

仿真自动化按照专业分为专业仿真自动化（专业领域内部）和联合仿真自动化（不同专业之间，即多学科）。

仿真自动化按照功能分为通用功能自动化（完成特定功能，如批量螺栓孔 Rigid 自动创建、焊点有限元 Washer 批量创建等）和专项功能自动化（前处理、批量求解、后处理、仿真报告，全部完成）。

仿真自动化采取方式为内嵌式（内嵌在仿真软件内部）、外挂式（游离在仿真软件之外）和两者结合型（采用内嵌和外挂两种方式共同完成仿真任务）。

仿真自动化工具开发要点：
1）确定自动化工具分内嵌式或外挂式开发。
2）打通开发语言和仿真软件的壁垒。
3）仿真流程梳理、确定输入/输出需求。
4）确定工况、仿真规范、参数模板化、保证通用性。
5）自动化算法开发考虑移植性和可扩展性。
6）功能测试、业务测试、测试用例设计，验证自动化工具的稳定性、可靠性。
7）仿真与试验严格对标，验证自动化工具的有效性。
8）仿真的最大问题是仿真计算的收敛性，开发过程中要特别关注。
CAE仿真自动化开发工具及采用方式如图9-1所示。

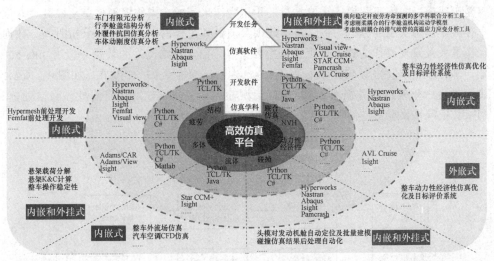

图9-1　CAE仿真自动化开发工具及采用方式示意图

9.3 "七步法"构建仿真自动化技术

仿真自动化工作是以仿真工作的成熟度为基础的，在仿真方法、规范确定的前提下，应尽可能以计算机来代替人为的手工操作。下面以CAE结构仿真的前处理工作为例，来描述"七步法"构建仿真自动化的相关技术。

仿真分析软件具有开发难度大、成本高、验证周期长、可实用性难预测等问题，因此在开发仿真分析软件中，应尽可能地使软件通用性强，可以在广泛的领域中应用。如机械运动学和动力学软件、有限元软件、流体动力学软件等，这些软件都属于原始开发，而二次开发或仿真自动化是针对原始开发而言的。基于此，为了适应各领域的需求，各软件都开放一些接口，以方便用户根据自己的需求，进行适应性的编辑，以满足自己领域的需求，并且能够提升仿真质量、降低开发成本，大幅缩短开发周期。建立仿真自动化的过程非常多,能够实现仿真自动化的软件也很多,根据不同用户,开发的难易程度也不一样,但均能降低软件使用的难度,让工程师可以采用"一键式"操作模式,完成自己的分析任务。

对于汽车来说,仿真技术有以下特点。

特点1:仿真建模零部件多,数模数据量大,重复操作多,结构方案修改次数多。在整车开发过程中,CAE分析大约需要进行四五轮分析,分析项目一般为200~300项。整车建模数据量大,且有限元分析中的前处理需要时间占据整个分析时间的比重较大,大部分都需要手工操作与重复操作,容易发生人为错误。

特点2:依赖CAD数模程度高。导入CAD模型、网格划分和调整、材料选择和板厚定义等过程复杂,手续多,定义量大,捕获信息难度大等;整车的各种性能都需要整车建模,而整车建模还需要大量的手工操作来完成,操作繁琐且重复性高。以汽车在整车模态及刚度分析为例,整车建模及前处理过程占用大部分的分析时间。数据规模量大及重复操作为这部分工作的主要特点,白车身结构件的数量一般为400~500个,车身焊点数量约为4000个,焊缝长4m左右,螺栓共975个左右。如图9-2所示,建模过程中重复性操作较多,如CAD模型输入、装配调整、几何清理、网格划分、网格质量调整及定义材料和属性等前处理工作。

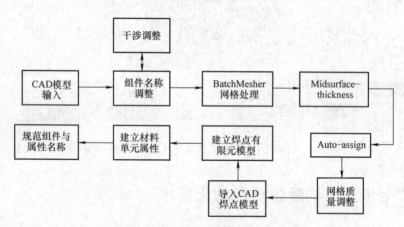

图9-2 白车身有限元建模前处理流程图

特点3:前、后处理占用时间多(>80%)。以车身有限元结构力学分析为例,车身有限元结构力学分析建模是一个系统工程,是一个纵向和横向交叉进行的流程,如图9-3所示。

建立有限元模型是在获得相应输入的基础上进行的。有限元建模输入包括CAD模型、材料属性、工况载荷等信息。在此基础上进行有限元网格划分,添加材料属性,施加相应工况的载荷和边界条件。在保证CAE有限元模型和CAD几何模型具有几何一致性的基础上,对有限元模型进行试计算,对模型中螺栓和铆钉连接、焊点等处理的可信性及几何干涉等进行检查。通过比较检查,确认有限元仿真模型和实际物理模型具有一致性。这样的模型才能真正用于 CAE 分析,从而保证分析的精度。

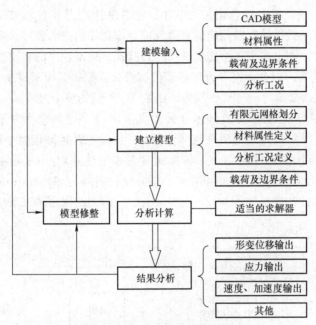

图 9-3 车身有限元结构力学分析建模流程图

车身有限元结构力学前处理常采用如下两种软件:

1)HyperWorks 软件的前处理工具 HyperMesh。

2)MSC 软件的前处理工具 Patran。

车身有限元结构力学后处理软件有:

1)HyperWorks 软件的后处理工具 HyperMesh 和 HyperView。

2)MSC 软件的后处理工具 Patran。

这些前、后处理对于整车仿真工作而言,占用约 80% 的时间。

特点 4:分析报告编制工作量大,容易造成错误。仿真分析完成后,要编制分析报告。由于不同的人,编制报告的格式不同,认真程度不同,关注点不同,让读报告的工程师较难理解和应用仿真结果。编制报告时,要从分析的模型中抓取大量的图片,工作量大。由于仿真结果版本多,故对于分析报告的编制,容易产生错误。

特点 5:联合仿真的难度大,各软件的兼容性差、版本要求高。随着车辆技术的进步,电动化、智能化、低碳化和共享化的深入,使得汽车应用场景多样化,导致了汽车开发过程尤其是仿真分析的复杂性。一种场景涉及了多种工况,用传统的仿真技术很难实现实际使用工况的再现模拟。故有效的方法就是采用联合仿真,但联合仿真往往涉及多种软件,各软件间又存在着兼容的问题和版本的问题等。

基于汽车仿真技术的五项特点,为了提升这部分工作的效率与仿真精度并使其操作简便化,进而缩短整个产品的研发周期,采用仿真软件自带的二次开发接口,将这一部分的工作程序化、模块化,从而达到自动化目标。本节以 HyperWorks 软件中的 HyperMesh 为开发环境,综合采用 TK/TCL 程序设计语言与 HyperWorks 内置函数,开发出用于整车网格批处理及相应的有限元前处理功能的嵌套程序。阐述了程序开发流程及关键技术,通过多个车型建模及前处理验证,验证程序的实用性及可行性,提高了产品设计效率,对企业平台开发具有借鉴意义。根据需求驱动仿真自动化技术,使得仿真自动化逐渐成为一种发展趋势,涵盖汽车开发的整个过程。

整车建模自动化流程实施具体分为七大步骤:①导入模型并更改组件名称;②用 batchmesh 模块进行几何清理与网格划分;③读取几何厚度赋予网格单元料厚;④将网格单元与几何组件同组;⑤根据组件名来创建相对应的同名属性;⑥通过 BOM 表添加单元的材料属性;⑦将 Excel 焊点文件转换为 HyperMesh 软件焊点,自动创建焊点。软件的实施流程如图 9-4 虚框所示,相关的程序 TCL 语言脚本如图 9-5 所示。

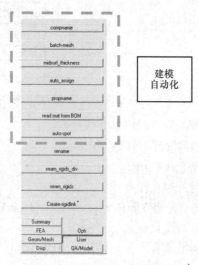

图 9-4　软件实施流程图

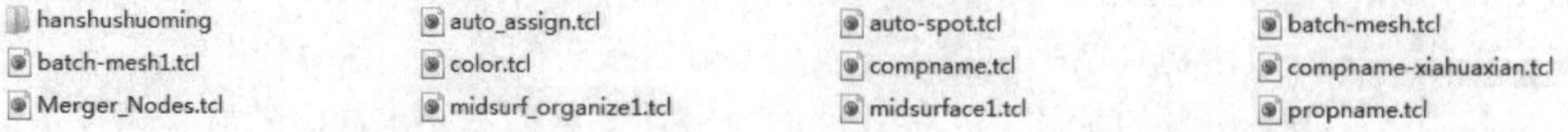

图 9-5　TCL 程序脚本

1. 导入模型并按标准更改组件名

将 CATIA 数模导入 HyperMesh 软件时,其中 Part 名会增加一些没用的后缀,使 HyperMesh 中的组件名与 CATIA 建立的名字不符,通过单击"compname"实现 Part 名与 HyperMesh 软件中组件名同名,具体实例如图 9-6 所示。

第 9 章 二次开发

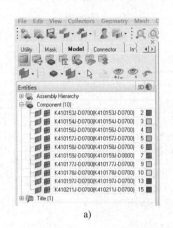
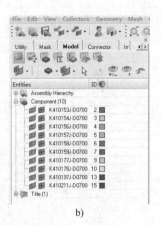

图 9-6　导入 CATIA 数模的组件名
a）更改前　b）更改后

2. batchmesher 自动清理几何与网格划分

将更改组件名后的模型，通过单击"batch-mesh"来调用 batchmesher 模块，进行相应的单元网格参数设置及几何清理参数设置和自动划分网格。网格划分完后自动存入相应的文件中。batchmesher 的操作界面如图 9-7 所示。

图 9-7　batchmesher 的操作界面

3. 读取几何厚度赋予网格单元料厚

依照前一步单元网格划分后的模型如图 9-8 所示。单击"midsurf thickness"读取几何厚度赋予网格单元料厚，选择相应的软件模板来提取料厚，并选择相应的单元赋予料厚。操作界面如图 9-9 所示。

图 9-8　batchmesher 处理后的网格

421

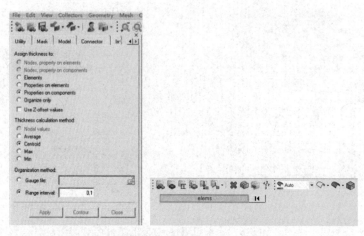

图 9-9　提取及分配料厚与单元选取操作界面

4. 将网格单元与几何组件同组

自动赋予单元料厚完成后,几何组件与网格单元组件是分开存放的,网格单元存放在"t- 料厚 *100-0"的组件里,如图 9-10a 所示。单击"auto_assign"后会将几何组件与网格单元同组,便于以后更改数据,如图 9-10b 所示。

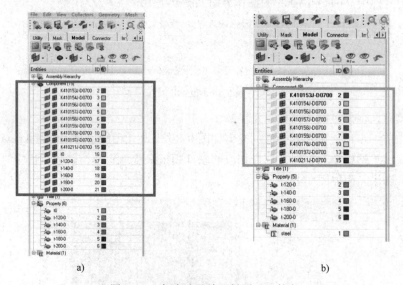

图 9-10　自动赋予单元料厚后组件名
a)几何组件与网络单元组件分开存放　b)几何组件与网络单元组件同组

5. 根据组件名来创建同名属性

根据整车建模标准要求,每一个 Part 组件对应一个同名的属性,单击"prop-name",将前一步的单元与几何组件同名模型,根据组件名依次创建同名对应属性,如图 9-11 所示。

第 9 章 二次开发

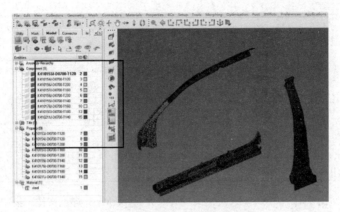

图 9-11 创建同名对应属性

6. 通过 BOM 表添加单元材料属性

完成以上操作后,单击"read mat from BOM"弹出组件选取面板;根据提示指定相应项目的 BOM 表(Excel 格式),程序自动读取 BOM 表中的材料,并创建相应的材料属性赋予相应的组件;将材料牌号信息体现在组件名称中。

7. 单元部件组装并自动创建焊点

由于整车白车身组件有 200~300 个,划分网格时不能全部组件一起划分。这是因为计算机硬件不支持及相应的软件不能同时处理这么大的数据量,另外对于划分网格后的网格单元质量调整也不便,所以划分网格一般按系统分为 10~15 个部分。在此将各个部分组装到一起,导入一个模型中形成整车白车身网格。CATIA 焊点几何数据信息中的焊点层数与所连接部件通过 Excel 格式输出,如图 9-12 所示。根据 Excel 中的 VBA 语言将 CATIA 焊点数据信息转换为 HyperMesh 软件中的焊点信息,转换工具如图 9-13 所示。再单击"auto-spot"根据转换的焊点文件自动创建整车白车身焊点,如图 9-14 所示。最后完成整车白车身网格建模,如图 9-15 所示。

B	C	D	E	F	G	H	I	J	K	L	M	N	O
1006.28	-659.254	1164.85					K410076J-D0500			K470543J-D0500			K410091J-D0500
1006.28	659.255	1164.85					K410176J-D0500			K470544J-D0500			K410191J-D0500
1011.58	-621	1205					K410372J-D0500			K410176J-D0500			
1011.58	621	1205					K410272J-D0500			K410076J-D0500			
1026.08	-601.553	1255.39					K410076J-D0500			K470543J-D0500			K410091J-D0500
1026.08	601.554	1255.39					K410176J-D0500			K470544J-D0500			K410191J-D0500
1041.03	-764.623	44.635					K470185J-D0500			K410156J-D0500			
1041.03	764.624	44.635					K470185J-D0500			K410156J-D0500			
1041.08	-764.621	149.713					K470185J-D0500			K410156J-D0500			
1041.08	764.622	149.713					K470185J-D0500			K410156J-D0500			
1041.57	-794.689	107					K470543J-D0500			K410056J-D0500			K470185J-D0500
1041.57	794.69	107					K470544J-D0500			K410056J-D0500			K470544J-D0500
1042.59	-794.092	76.503					K470185J-D0500			K410056J-D0500			
1042.59	794.093	76.503					K470185J-D0500			K410056J-D0500			
1048.2	651.385	1181.35					K410176J-D0500			K470544J-D0500			K410191J-D0500
1048.2	-651.385	1181.35					K410076J-D0500			K470543J-D0500			K410091J-D0500
1056.6	612.367	1225					K410372J-D0500			K410176J-D0500			
1056.6	-612.367	1225					K410272J-D0500			K410076J-D0500			
1059.44	-592.61	1266.73					K410076J-D0500			K470543J-D0500			K410091J-D0500
1059.44	592.611	1266.73					K410176J-D0500			K470544J-D0500			K410191J-D0500
1062.9	-429.925	1297.29					K410272J-D0500			K620121J-D0500			
1063.27	431.194	1297.29					K410372J-D0500			K620121J-D0500			
1069.26	464.589	1295.31												

图 9-12 CATIA 焊点文件

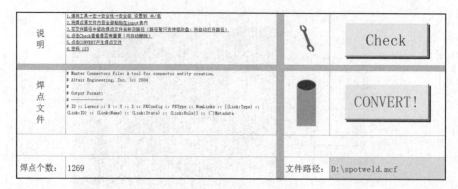

图 9-13　将 CATIA 焊点文件转换为 HyperMesh 焊点文件工具

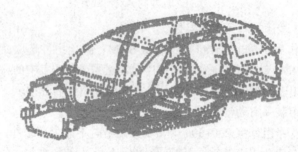

图 9-14　自动生成 HyperMesh 焊点

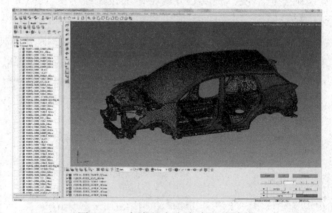

图 9-15　完成整车白车身网格建模

9.4　程序开发的关键技术

无论采用哪种软件开发工具,也无论采用内嵌式还是外挂式,或将两者相结合的方式,在进行仿真自动化的开发工作时,关键技术都离不开以下几个方面:内置函数定义、软件开发语言、内置交互界面建立、仿真软件的命令流获取、自动化流程建模等几个方面。下面以 CAE 有限元仿真软件 HyperMesh 为例,来描述程序开发的关键技术。

9.4.1 关键技术的介绍

1. HyperWorks 内置函数

HyperWorks 为企业用户提供了功能丰富的内置函数,主要分为两种:一种为"*"开头的命令函数,如 *create mark、*create mark panel、*property update 等;另一种以"hm"开头的命令,为 TK/TCL 语言,如 hm_framework、hm_markclearall 等。在 HyperWorks 软件 4.0 以后的版本嵌套了 TK/TCL 语言,为企业定制嵌套程序及固化经验和传承提供基础。同时通过 proc 命令,可以随时定义新的过程。应用过程概念可以将问题解释的方案打包,便于程序的重复性调用。通过命令函数可以实现 HyperMesh 与 DataBase 的互联,使嵌入程序实现其自身功能。

2. TCL/TK 程序语言

TCL 为一种脚本语言,与 C++ 和 Java 相比,TCL 能够更简单地向其应用程序添加解释器。TK 作为 TCL 语言图形界面的工具包,其作用为定义 TCL 命令,创建与操纵用户界面。TK 是 TCL 的应用扩展,全部功能均可通过 TCL 命令获得,其本身具有很大的弹性与动态可控性,凸显出比其他工具包功能更强大的特点。TCL/TK 语言具有在流程开发过程中易学、与软件接口无缝嵌套等特点,可用来组织界面背后代码,实现代码间的逻辑关系,达到程序自动化的目的。可利用 TK 语言创建二次开发程序与用户交互 GUIs。

3. HyperWorks 内置交互界面

HyperWorks 有许多的内置交互界面创建函数,可以通过调用函数来创建开发程序的交互界面,如 hwt::AddPadding $frame1 –side top height [hwt::DluHeight 2] width [hwt::DluWidth 0]。此命令可创建一个交互窗口,进而开发出满足自己需求的人机交互界面。图 9-16 所示是划分网格提取厚度的交互界面。

图 9-16 厚度提取交互界面

4. 获取 HyperMesh 命令流

用户在操作 HyperMesh 时,HyperMesh 会自动记录相关的命令内容,如打开或导入 CATIA 数模、进行几何清理、划分网格、创建 Component 及赋予单元属性及材料等相关操作命令。所有的命令流均存放在 Commond.cmf 文件中,文件路径在 HyperMesh 的工作目录下。而 Commond.cmf 文件的命令流是以"*"为开头的,如 *evaltclscript("midsurf_thickness.tcl",0),由命令名称与相关的参数构成,参数包含在括号内,以逗号隔开。如 *rotateabout(0,0,0,0),HyperMesh 把 * 与"("之间的部分作为命令流,其后的部分作为参数,通过将命令流加以修改使之符合 TCL/TK 语法要求，即可以获取操作相关内容的命令流，如 *renamecollector components "$compname" "$m_a$m_b"。其命令为更改 components 名字，用后面的名字替换前面的名字。

5. 建模流程自动化

在进行整车有限元网格建模时，目前已经实现从 CATIA 数模中抽取中面并根据几何数据提取板件的厚度，并通过 batchmesher 进行几何清理与网格划分，处理后的网格只需要稍微进行干涉调整与网格质量调整就可以应用于分析。通过 BOM 表赋予组件材料，根据焊点 Excel 文件中的连接组件关系，通过 Excel 中的 VBA 语言自动生成 HyperMesh 使用的焊点。用户只需要根据分析流程进行相应的简单操作，就可以将繁琐且重复的整车建模及前处理工作完成，提高了分析效率并减少了出错率。

建模流程实现自动化后，相应的车型建模工时由原来的 1000 个左右缩减为 300 个左右，同时建模的出错率降低了 80%~90%。

完成一个整车建模需要走的流程包括 CATIA 数据导入、几何清理与网格划分、赋予属性、模型组装、建立焊点及相应的连接关系等部分。建模流程自动化如图 9-17 所示，除模型导入与模型检查及网格干涉和质量调整外，其他环节均实现自动化。

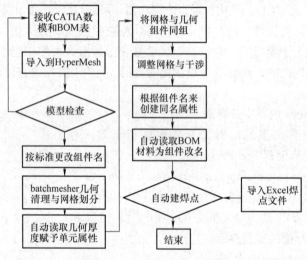

图 9-17　建模自动化流程图

创建的整车网格前处理自动化程序，目前已应用到多个车型的开发。开发的自动化建模程序不仅提高了工作效率，还能确保建模按照规范进行，减少人为错误发生概率，提高了模型的准确性与精度，减轻了 CAE 工程师繁重的网格前处理工作，同时能够将更大的精力投入到能力提升与创造性开发工作来。

CAE 结构仿真涉及的零部件及子系统繁多，有 231 个（如白车身、开闭件、发动机悬置、底盘件、电器件、内外饰等）；仿真分析工况丰富，有 1028 个分析工况（如对于白车身有模态、弯曲刚度、扭转刚度、吊挂强度、牵引强度、举升点强度、关键安装点动刚度、板件及部件面刚度等）；结构仿真分析工作量大，在新车开发中完整的一轮仿真分析中结构分析占 9068 个标准工时。

其中网格划分与求解计算人为难以控制，网格划分与几何模型的质量相关，求解计算与仿真软件的内部算法及计算机硬件相关。由于 CAE 仿真软件是通用性的，不是针对某个具体的对象（如白车身、车门）而开发的，导致 CAE 仿真工程师在处理赋予属性、施加约束及载荷、查看结果、编写报告过程中，存在大量的、重复性的软件操作（如材料参数输入、几何参数输入、建立载荷容器、建立分析步容器、名称及数据输入、约束节点选取、加载点选取、界面切换、PPT 编写等）。这些给仿真工程师带来了极大的不便，导致分析效率不高，工作劳动强度大，操作步骤不规范，并且容易出现误操作。在复杂工况分析中约束位置、载荷施加位置是有具体要求的，如果位置有偏差，就会影响仿真结果的精度。通过人为手工操作难以保证精确定位，会使仿真精度降低。

在新车型开发过程中需要进行多轮次的仿真分析，时间紧，任务重。然而每一轮次仿真分析，工程师都需要重复进行前几轮次的软件操作，导致绝大部分时间浪费在枯燥的软件操作中，难以体现 CAE 仿真工程师的价值。仿真工程师迫切希望能够实现仿真自动化，提高 CAE 结构仿真分析效率及精度，规范仿真步骤，以更好地指导设计改进。

9.4.2 自动化仿真途径

由于 HyperMesh 在前处理方面、HyperGraph 与 HyperView 在后处理方面具有上述优势，得到了 CAE 工程师的认可，在汽车领域应用广泛。该流程自动化技术以此软件为载体，进行二次开发形成了车身结构自动化仿真软件。

9.4.3 HyperWorks 软件包二次开发

HyperMesh 二次开发是指在 HyperMesh 基础上使用其提供的命令语言与函数进行编程，扩展 HyperMesh 本身的功能，以满足用户高级使用需求的目的。HyperMesh 命令函数包含宏菜单函数、图形界面函数、查询函数、修改函数，这些函数的操作对象是有限元中的实体，如单元（elements）、节点（nodes）、组件（component）、材料属性（material）、向量（vector）、载荷（loads）等。使用命令函数可以方便地对有限元实体进行操作。

HyperGraph 内嵌命令语言与函数是面向对象操作的，依据数据结构逐层向下查询所需要的数据。例如需要查询动刚度曲线上对应某个频率下的加速度值，则需要在上层寻找曲线，然后寻找曲线的 X 轴上对应的频率，最后寻找 Y 轴上与该频率对应的加速度值。

HyperView 数据结构与 HyperGraph 类似，其命令语言也是面向对象的。例如要查询某个加载点的结果输出的位移，首先需要获取结果，查询得到位移云图，然后再查询该节点值。

HyperWorks 软件包中的 Process Studio 软件是可编程的任务管理软件，通过预先制定的标准流程来引导操作者完成分析工作。Process Studio 可以为用户快速地编写流程树，组织程序关联相应的 TCL 语言文件从而完成相应的流程操作。其主要界面由三部分流程构成：流程树构建、流程操作按钮、流程程序关联。流程树构建了分析流程的操作顺序，如先确定载荷施加的位置，然后确定载荷施加的大小等。流程操作按钮确定了每个流程节点完成怎样的动作，如单击施加载荷并进入到下一步操作中。流程程序关联是指操作按钮执行相应的程序文件。程序文件是编程的主题，定义了流程每一步操作的界面形式、输入变量及执行函数。通过 Process Studio 软件可以把企业 CAE 标准规范所定义的分析内容以流程形式固化下来，把 HyperMesh 软件、HyperGraph 及 HyperView 软件二次开发的程序按照仿真流程有序地组织起来，从而实现自动化仿真。

9.4.4 TCL&TK 语言

Process Studio 软件是通过 TCL 语言编写程序进行管理实现的。TCL（Tool Command Language）语言是一种用于控制和扩展应用程序的动态语言，也称脚本语言。TCL 提供的通用编程能力可以满足大多数应用程序的需要，而且既可以嵌入，也可以扩展。TK 是 TCL 最有用的一个扩展，是一个应用于开发图形用户界面应用程序的工具集。TK 扩展了 TCL 内核的功能，增加了构建用户界面的命令，可以使用 TCL 脚本来构建图形用户界面，而不必编写 C 语言代码。

TCL 和 TK 一起为应用程序开发者和使用者提供了很多便利。首先是快速开发，可以在比 C/C++ 或 Java 更高层次上进行开发，TK 隐藏了 C 或者 Java 程序员必须关注的很多细节。与低级的工具集相比，要使用 TCL 和 TK 所需要学习的知识更少，需要编写的代码也更少。很多程序员从其他工具集转而使用 TCL 和 TK 工具集后，应用程序开发所需要的代码数量和开发时间减少了 90%。

TCL 是跨平台语言，扩展包 TK 大多数也是如此。TCL 可以在一个平台上开发应用程序，在大多数情况下可以毫无改动地移植到另外一个平台上。另外 TCL 是免费的开源软件，允许所有人下载、查看、修改以及再发布。

9.5 仿真自动化的典型技术

本节给出了在汽车仿真技术应用过程中常用的、典型的自动化开发技术，供广大学者、专家和开发工程师参考。

9.5.1 CAE 仿真概述

CAE 仿真流程分为三部分：前处理、求解计算、后处理。

1）前处理包括模型几何清理、网格划分、赋予材料属性、赋予几何属性、施加约束、施加载荷、控制卡片设定、建立分析步。

2）求解计算：读入经过前处理准备好的分析计算模型进行求解计算，计算内容包括模态频率、位移、应力等内容。

3）后处理：根据设计要求显示并查看相应的计算结果，对分析结果进行解读，判断是否合理、正确，给出改进建议并编写分析报告。

仿真流程中前处理占整个流程约80%的工作量，主要原因是前处理需要进行大量的重复性及复杂性的软件操作，如几何模型自由边的清理、网格质量检查、材料属性的输入、加载力大小、位置的确定、约束自由度的选择等。求解计算是由FEM软件本身计算方法及硬件设施决定的，仿真工程师在该部分的工作量很少。后处理约占仿真流程20%的工作量，主要工作是结果的提取、判断、解读、生成报告。根据不同的分析工况提取结果的侧重点不同，判断结果是否合理，解读结果是否满足要求，若不满足要求寻找原因并给出合理建议，最后编写简洁明了的分析报告供设计人员参考。其中结果提取及生成分析报告同样需要大量的重复性的人为操作。

商用CAE软件多种多样而又各具特色，如MSC.Patran&Nastran是航空工业标准仿真软件，具有丰富的复合材料设计库及强大的动力学分析能力。ANSYS具有较强的线性分析能力，应用范围广阔，扩展能力强。Abaqus具有强大的非线性计算能力。上述三款主流FEM仿真软件优势体现在计算能力及应用范围上，但是前、后处理能力是其短板，如几何清理、网格划分功能不全、操作界面不友好，结果查看速度慢。Altair公司开发的HyperWorks软件包填补了上述缺点，它具有高质量的有限元前、后处理器。其中HyperMesh的几何清理功能尤为突出，在同类CAE前处理软件中处于领先地位，能够修补几何缺陷，抽取中面，拥有强大的CAD接口。HyperMesh具有强大的网格划分能力，针对同一类操作，HyperMesh所需要的鼠标移动距离和鼠标点击次数都是最少的。其网格质量检查功能已经成为众多企业的CAE标准。HyperGraph可以满足CAE工程师对后处理的各种要求，比如利用计算结果直接生成各种各样的图表和曲线的功能，以及利用这些曲线完成数学计算，如滤波、积分等各种变换。HyperView是一个完整的后处理软件，拥有可视化环境，其惊人的三维图形显示速度和一些独特的功能，在CAE后处理的速度和继承性方面创造了新的典范。

9.5.2 多学科联合仿真自动化技术

将汽车零部件与实际的应用场景和工况结合在一起分析，就会发现零部件的实际应用可以分解为在多学科共同作用下的场景。如汽车底盘的关键部件——横向稳定杆，可影响汽车的操控性、NVH等性能。针对横向稳定杆，存在着结构强度、疲劳耐久、轻量化、运动和动力特性等问题。因此，要开发横向稳定杆仿真自动化技术，需采用多学科联合方法，构建底层数据平台，完成各学科交互式仿真，实现不同类别数据的无缝传递，同时实现从设计3D数据模型到仿真结果报告自动生成的仿真全流程自动化，包括网格自动划分、自动加载、自动计算、自动生成报告等。根据多学科联合仿真自动化技术，最终要实现在实际应用场景和工况中的验证。

9.5.2.1 构建应用场景的重要性

汽车零部件的多样性、使用工况的复杂性，导致同一个零部件可能影响到汽车多个性能维度的响应，故需从多方面进行性能校核与验证；否则，开发的仿真自动化技术不合理。因此，在开发零部件多学科联合仿真自动化技术时，应先构建应用场景。

横向稳定杆影响汽车的车身侧倾特性、行驶稳定特性等操纵稳定性，同时影响车辆的模态频率、强度、疲劳耐久等特性；而且，在应用横向稳定杆仿真模型时，性能不同，使用的仿真软件也不同；并且专业仿真工程师之间需要不同的数据传递作为输入、输出的上下游接口。传统的方法是针对不同性能采用不同的仿真软件，结构工程师进行手动网格建模，计算并生成多体动力学 MNF 文件，输入到多体动力学仿真软件。多体仿真工程师计算极限工况生成结构载荷文件，然后给结构工程师；结构工程师根据多体工程师提供的载荷文件作为强度计算的输入进行计算；而疲劳耐久仿真工程师需要手动进行网格划分，建模分析计算。人工进行仿真，跨专业数据传递，工程师只对本专业领域的仿真结果负责等问题，导致仿真模型不共享，工作效率低，并且对结果缺少综合性的评定，如图 9-18 所示。

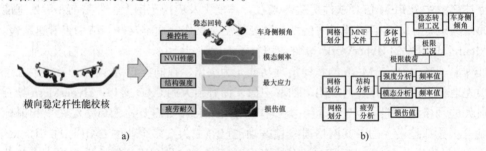

图 9-18 横向稳定杆性能仿真

a) 横向稳定杆相关性能仿真分析图 b) 横向稳定杆相关性能拓扑图

基于此背景，需要探索出多学科一体化联合仿真技术，既要提升单一学科仿真效率，又要提升跨学科之间的仿真协同，并且共享仿真模型。由此单一仿真工程师即可对零部件所有性能做出实时判断，为准确、全面、快速决策零部件开发定型起到了重要作用。

9.5.2.2 构建多学科联合仿真自动化技术方法

横向稳定杆（防倾杆、平衡杆）是提高悬架侧倾角刚度、减少车身倾角、改善操控性的重要结构件。当车辆转向时，在离心力作用下外侧的悬架会被压缩，内侧悬架会被拉伸，横向稳定杆会产生反作用力抑制变形，以保持车身平衡。当车辆正常行驶时，路面的不平引起车身姿态的变化，横向稳定杆起到了辅助底盘提升操控感的作用。

9.5.2.3 一体化仿真平台技术

横向稳定杆性能校核仿真采用多种软件，如网格划分及结构分析采用 HyperMesh 软件，多体分析采用 Adams 软件，疲劳耐久分析采用 HyperMesh、Aabaqus 与 Femfat 软件。每个仿真软件的操作界面、数据结构都不同。为了便捷、快速地进行结构、多体、疲劳仿真，构建了统一的框架及操作界面。在框架内尽可能封装了各专业仿真自动化模板，只保留了关键参数的输入。关键参数之间、不同仿真软件之间的数据传递通过后台程序自动进行，无需人工干预，如图 9-19 所示。

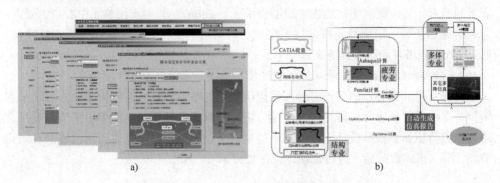

图 9-19 一体化仿真平台技术
a) 统一的仿真平台图 b) 各软件间数据传递关系

9.5.2.4 共享仿真模型

对横向稳定杆进行结构分析、疲劳分析、多体动力学分析校核相关性能时，不同专业的工程师单独进行网格划分，MNF 采用大尺寸网格模型，疲劳分析采用六面体与四面体网格模型，结构分析采用四面体网格模型，仿真模型没有统一的标准。

通过大量的验证，在保证仿真精度的前提下统一采用细化的四面体网格模型，网格单元尺寸为 2mm。各仿真专业工程师均在同一个有限元模型上进行仿真，既共享了仿真模型，提高了建立模型的效率，又避免了因为网格尺寸、单元类型不同引起的偏差。网格统一模型如图 9-20 所示。

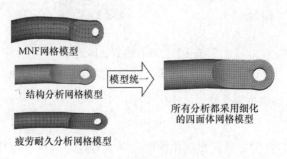

图 9-20 网格统一模型

9.5.2.5 高效自动化算法

1）网格批处理。借助 HyperMesh 软件中的网格批处理功能，制定严格的几何清理准则与网格质量准则，从后台调用网格批处理命令，自动生成高质量的横向稳定杆单元尺寸为 2mm 的二维网格，并且在曲率大的局部位置自动进行网格加密以提升仿真模型的精度。

2）几何特征识别。横向稳定杆几何特征相对简单，两端为圆孔形状，中间部分为圆杆，通过几何拓扑算法识别 3D 数模中的圆孔面。根据圆孔面的位置确定在圆孔面上的节点，几何硬点坐标最终生成刚性单元 rigidlink。其中刚性单元中心点为硬点，即载荷施加位置。横向稳定杆的硬点坐标、材料信息及衬套刚度信息作为程序变量，通过 Excel 表格自动读入到仿真软件中。

3）载荷与约束自动定位。为了实现模型标准化及实现载荷与约束自动加载，定义了硬点及衬套中心点的节点编号、硬点位置处的节点编号、橡胶衬套中心点的节点编号。多体载荷输出文件格式按照结构分析文件格式，并且在文件中根据节点编号自动进行载荷施加。根据设计工程师提供的关键节点坐标，自动生成固定编号的有限元节点，导入多体载荷后，进行自动定位并加载。

9.5.3 多学科联合仿真实施方案

针对各学科相互之间的离散性，采用 C# 语言及 HyperMesh 二次开发语言 TCL/TK 语言构建了统一的操作平台，把各个领域仿真串联起来，上下游仿真数据自动传递，无缝连接，实现了真正的联合仿真一体化。总体解决方案如图 9-21 所示。

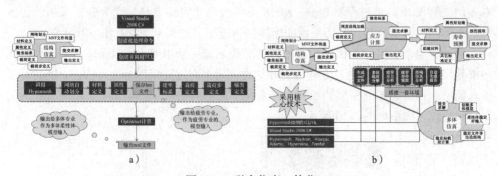

图 9-21 联合仿真一体化

a）多学科联合仿真一体化总体解决方案 b）TCL 程序脚本

9.5.3.1 结构仿真解决方案

1. 模态分析

在 optistruct 软件中，通过自动化程序自动设置模态分析卡片及模态分析载荷步。自动输出模态分析结果如图 9-22 所示。

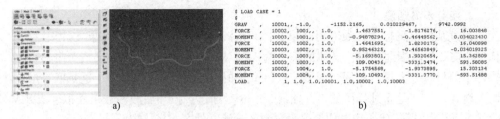

图 9-22 模态分析

a）模态分析载荷步自动加载 b）格式化的多体动力学输出

2. 强度分析

强度分析采用惯性释放分析，自动设置惯性释放控制卡片，自动导入格式化的多体动力学 Adams 分析结果文件，根据节点编号自动加载，并生成载荷步，自动进行计算及报告生成。

9.5.3.2 疲劳仿真解决方案

横向稳定杆的疲劳仿真，包括两部分内容：一是在交变载荷作用下的应力分析；二是在交变载荷作用下的寿命预测。横向稳定杆的疲劳仿真工作已经完全实现了自动化处理。

1. 疲劳应力分析

耐久仿真有限元最初的仿真模型来源于横向稳定杆柔性体模型创建的中间过程文件。这个过程文件是在自动创建横向稳定杆柔性体网格模型过程中产生的，此时的网格模型只包含自动横向稳定杆的网格模型、横向稳定杆两端部连接处的自动创建的刚性单元信息，以及衬套中心自动创建的刚性单元信息、材料和属性信息。

在耐久仿真分析中，横向稳定杆的前处理中最重要的是横向稳定杆衬套铰接弹性单元的模拟，因此涉及衬套铰接处的弹性单元所引用的局部坐标系的建立、衬套弹性单元创建、弹性单元材料创建（此处包含衬套刚度曲线的输入）、弹性单元属性创建、交变载荷施加、载荷步建立、输出定义等。

局部坐标系建立：局部坐标系的 Z 向，建立在横向稳定杆左右两边衬套中心的连线上。

横向稳定杆衬套弹性单元创建：横向稳定杆衬套弹性单元使用 HyperMesh 提供的 CONN3D2 类型。

衬套弹性单元材料创建：衬套弹性单元材料的创建中，包含衬套刚度曲线的录入。

衬套弹性单元属性创建：衬套弹性单元属性创建中，引用前后创建的局部坐标系及包含衬套刚度曲线的材料信息。

交变载荷施加：横向稳定杆疲劳仿真的载荷，采用交变载荷施加。

输出定义：有限元模型文件来源于结构专业的横向稳定杆柔性体模型创建过程中，衬套刚度曲线由 Excel 模板提供；提供交变载荷输入信息后，以上几部分都是通过代码，由"疲劳应力仿真"按钮实现的。

2. 疲劳寿命预测

通过基本信息输入,如应力结果文件(来源于疲劳应力仿真的结果文件)、材料牌号(需要根据横向稳定杆具体的信息输入)、材料分类(针对 Femfat 疲劳寿命计算软件中的材料分类进行填写)、材料 S-N 曲线和抗拉强度及屈服强度(这是两种材料输入模式,一个是通过具体的 S-N 曲线,一个是通过抗拉和屈服参数来模拟生成 S-N 曲线),就可以通过代码构造疲劳寿命预测的求解文件,并直接求解计算。

9.5.3.3 多体仿真解决方案

1. 多体横向稳定杆 mnf 柔性体模型导入

由于已经在统一的多学科联合仿真环境下进行了多学科仿真操作和处理,考虑了不同学科间的数据输入、输出及传递,所以只要遵循规定的输入、输出及传递规则即可。

2. 创建包含横向稳定杆 mnf 柔性体模型的多体模型

在 Adams 仿真软件中创建包含横向稳定杆 mnf 柔性体模型的多体仿真模型,一种是对多体模型中的零部件进行载荷分解,其中就包含对横向稳定杆的载荷分解;另外还可以对多体模型进行其他仿真分析,如悬架 K&C 仿真、整车操控稳定性分析、整车平顺性分析等。使用横向稳定杆的 mnf 柔性体模型,更能模拟出正常工作下的横向稳定杆的实际情况,提高了多体的仿真精度。

3. 横向稳定杆多体载荷分解

该方案已经独立开发了多体悬架载荷计算工具,其中就包含对横向稳定杆载荷分解的结果。根据车型类型(乘用车/越野车/越野车三轴)、悬架类型(前悬/后悬)以及整车基本参数(如满载前轴荷 M1、满载后轴荷 M2、满载质心高度、轴距 WB、前轮距 WTf、后轮距 WTr 等)等基本信息,导入包含横向稳定杆 MNF 的柔性体悬架模型,悬架载荷计算工具会自动构建各种工况下(结构和多体已达成一致)的 Adams 仿真求解文件,并在后台自动调用 Adams 仿真软件进行求解计算,从而得到各种工况下的横向稳定杆的载荷结果。由于 Adams 仿真软件的载荷结果与结构专业所使用的 HyperMesh 载荷结果存在一定的差异,所以悬架载荷计算工具对 Adams 仿真软件的载荷结果进行了格式转换和调整,最后输出完全符合 HyperMesh 所需的载荷输入类型,实现了多体的横向稳定杆载荷分解的结果文件直接作为结构专业的载荷输入,并直接进行后续的提交计算工作。多体悬架载荷计算工具如图 9-23 所示。

输出的横向稳定杆载荷结果可直接作为结构专业仿真的载荷输入。输出的参数包含:①垂直冲击:bump;②弯道单边离地:corner;③倒车制动:brake_rearward;④紧急制动:brake_farward;⑤急加速:acc;⑥前进时拉驻车制动:handbrake_farward;⑦倒车时拉驻车制动:handbrake_rearward;⑧过坑制动:bumpbrake;⑨侧向冲击:lateralbump。

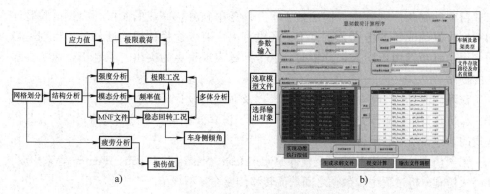

图 9-23 多体悬架载荷计算工具
a）悬架载荷自动化 b）横向稳定杆一体化仿真流程

9.5.3.4 小结

本方案针对横向稳定杆探索了一种多学科联合自动化、一体化仿真途径，打破了各仿真软件之间的数据交互的壁垒。本方案实现了自动划分网格，硬点处自动建立模型，并生成柔性体 MNF 供多体自动计算稳态回转及自动输出强度、疲劳耐久载荷，强度分析自动读取多体输出的载荷，自动进行应力计算，自动划分网格模型进行疲劳耐久分析，实现了模态、强度、耐久及多体动力学 MNF 仿真模型共享，各专业仿真无缝连接。由此单个仿真工程师可完成所有相关仿真并进行综合评价，真正实现了一体化仿真。

以横向稳定杆为研究对象，探索了高效的多学科联合仿真技术，构建了底层数据平台，完成各学科交互式仿真，实现了不同类别数据的无缝传递，同时实现了从设计 3D 数据模型到仿真结果报告自动生成的仿真全流程自动化技术：网格自动划分、自动加载、自动计算、自动生成报告。

9.5.4 典型结构件仿真自动化技术

汽车零部件耐久仿真自动化工具是针对汽车零部件耐久高效仿真开发的一套自动化工具，主要应用于基于 HyperMesh 的单位受力分析和基于 Femfat 的寿命预测的汽车耐久仿真自动化领域。

9.5.4.1 典型结构件仿真自动化的重要意义

汽车耐久性能仿真分析，除 HyperMesh 有限元模型基础网格划分、提交 Nastran 或 Abaqus 应力计算及 Femfat 寿命预测外的很多工作都需手工完成，操作复杂，工作量庞大，且容易出错。例如，HyperMesh 中的材料、属性、局部坐标系、刚度曲线、约束、力和力矩、载荷步等均需手工完成，费时费力；Femfat 中的属性组、材料定义、属性组赋值，包括材料分类和零部件表面粗糙度等也均需手工完成，操作繁琐，出错概率高；同类仿真任务及模型优化后的耐久性能分析，要经历同样的操作程序。

目前的耐久仿真分析工作还处于单个任务单独分析完成的阶段，经过试验验证和对标较好的成熟的仿真分析方法，还没有一个有效途径传递给新任务。特别是当同一个仿真项目由不同人来分析时，这个问题表现得更为突出，不利于企业仿真水平的提高。

汽车耐久仿真分析的流程、方法，以及对应的设计标准、试验标准、仿真标准等，与仿真分析任务未进行集中管理，不便于仿真分析人员，特别是新入职仿真分析人员的工作、学习和掌握。

耐久仿真分析所涉及的多个软件 HyperMesh、Nastran、Abaqus、Femfat 等未集成，在耐久仿真分析过程中，数据之间的流转和传递途径不规范。

9.5.4.2 典型结构件仿真自动化关键方法

耐久仿真分析所涉及的多个软件 HyperMesh、Nastran、Abaqus、Femfat 等未集成，在耐久仿真分析过程中，数据之间的传递途径和接收需建立规范化流程。

1. 开发工具及实现功能

基于 HyperMesh TCL、Microsoft visual studio c# 开发了一套企业工作站环境下的应用系统。

主要功能：实现 HyperMesh、Femfat、提交 Nastran/Femfat 前处理功能手工到自动的转变；通过建立耐久仿真数据库模型，实现耐久仿真数据库与仿真任务之间双向的互为输入，形成闭环系统，建立成熟的仿真经验传递通道；通过 HyperMesh、Nastran、Femfat 多软件集成，实现不同软件间数据在同一平台下的有效流转；通过规范耐久性能仿真分析流程，保证耐久仿真分析方法的一致性和准确性。手工到自动模式的转变、仿真数据库模型的建立、多软件集成提高了耐久仿真分析效率；对可靠耐久仿真分析流程、方法、设计试验标准等进行集中管控，便于仿真分析人员快速掌握耐久仿真分析技术。

2. 开发总体技术方案

开发思路第一步：HyperMesh、Femfat 前处理自动化。HyperMesh 前处理自动化部分：材料定义、属性定义、约束（单点约束/多点约束）建立、刚度曲线定义（线性刚度曲线/非线性刚度曲线）、局部坐标系创建、载荷定义、载荷步定义、输出定义等；Femfat 前处理自动化部分：属性组创建、材料定义、属性组赋予材料、载荷谱通道定义等。

开发思路第二步：HyperMesh-Femfat 求解文件参数反向提取自动化。将完整的 HyperMesh 应力求解文件和 Femfat 寿命预测求解文件的参数信息提取出来，保存在系统数据库中，作为下一次同类耐久仿真分析任务的数据源，使仿真数据库与仿真任务之间互为双向输入，形成系统闭环，实现整个闭环的自动化。

HyperMesh 求解文件的参数提取自动化部分：材料、属性、约束（单点约束/多点约束）、刚度曲线（线性刚度曲线/非线性刚度曲线）、局部坐标系、载荷、载荷步、输出等参数信息的提取,并保存到系统数据库的相应表单中。

Femfat 求解文件的参数提取自动化部分:属性组、材料、属性组赋予材料、载荷谱通道等参数信息的提取,并保存到系统数据库的相应表单中。

开发思路第三步:耐久仿真指导性文件(设计、试验及仿真标准等)集中管理。每一个整车、系统、零部件耐久仿真分析任务都对应自己一套独立的设计、试验及仿真标准等耐久仿真指导性文件。这些指导性文件没有集中统一管理,不利于仿真分析人员仿真任务的顺利开展。指导性文件的集中管理可解决当前存在的问题,并与仿真分析任务直接关联。正向自动化与反向自动化开发之间的关系如图 9-24 所示。

图 9-24　正向自动化与反向自动化开发关系图

3. 开发流程

开发流程如图 9-25 所示。

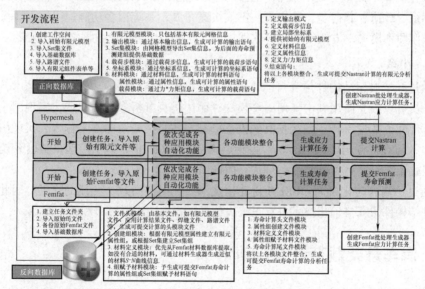

图 9-25　开发流程图

4. 功能模块

基础数据支撑模块:创建工作空间、导入基础数据;HyperMesh 基础数据定义模块:材料定义、属性定义、局部坐标系建立、载荷定义、载荷步建立、输出定义等;Femfat 基础数据定义模块:Set 集或属性组创建、材料定义、Set 集或属性组赋值、路谱通道定义等;生成数据库表单模块:HyperMesh-Femfat 材料表单、HyperMesh-Femfat 属性表单、HyperMesh 局部坐标系表单、HyperMesh 载荷表单、HyperMesh 载荷步表单、HyperMesh 输出表单、Femfat 路谱通道表单等；耐久仿真任务与指导性文件集中管理模块：耐久仿真指导性文件包括流程、方法、设计/试验/仿真标准等。

5. 系统特点

规范仿真分析方法：除网格划分外，其他前处理工作均可在本系统完成，包括 Nastran、Femfat 计算任务提交；建立 HyperMesh 材料 Set 集，规范简化 Femfat 材料赋予属性建组操作；规范 Femfat 焊缝处理方法等。

自动化功能模块化：系统提供 HyperMesh 的材料、属性、局部坐标系、载荷、载荷步、输出等模块化，每一模块均可单独使用；系统提供 Femfat 的属性分组、材料定义、属性组赋值、路谱通道定义等模块化，均可单独使用；由已有耐久仿真文件，生成耐久仿真数据库，即可一键式完成所有表单建立，也可生成其中某一关注部分数据库表单。

规范仿真分析参数设置：仿真分析模型加载点编号统一，参照相关标准；HyperMesh 材料和属性的物理参数一致性；Femfat 材料牌号及抗拉强度、屈服强度等物理参数一致性。

操作简单、高效：统一提供一键式完成功能，如 HyperMesh 的材料、属性、局部坐标系、载荷、载荷步、输出可一键式快速完成；系统很多功能提供数据库操作和页面操作两种模式，方便使用；多软件集成在同一平台，加速数据之间的流转。

9.5.4.3 小结

通过开发典型结构件仿真自动化技术，可以形成结构件的功能模块化技术，仿真分析人员可以独立使用其中任何一个模块；耐久仿真分析多软件集成，实现同一平台下各软件间的数据流转；耐久仿真数据库模型与仿真任务双向互为输入，实现仿真经验传递；仿真任务与流程、方法、设计/试验/仿真标准等集中管理；整套系统采用多层级式菜单设计；可分步或一键式完成操作。

通过仿真自动化可为 OEM 和自动化技术人员提供高效、便捷的途径，因此，开发典型结构件仿真自动化技术可真正解决仿真过程中的重要环节和技术难点。

9.6 汽车悬架载荷计算自动化

汽车悬架载荷计算自动化工具是针对汽车悬架载荷分解开发的一套自动化工具，主要应用于基于 Adams 的多体动力学的整车悬架载荷分解领域。在产品开发过程中，为了计算车辆的悬架零部件及车身部件的结构强度，需要应用多体动力学软件 Adams 计算悬架硬点的载荷，及车身侧接附点的载荷。

本节基于 Adams 软件平台，应用 C# 语言开发了外部接口程序。该程序通过修改相关工况控制文件参数，并利用 *.bat 脚本命令驱动 Adams/CAR 求解器进行相关计算，形成了悬架仿真分析的新方法。

汽车悬架载荷分解分析工作存在多个弊端：就目前应用的仿真分析软件而言，仿真工作量大,操作复杂,重复性工作多,这是仿真领域普遍面临的问题;仿真分析过程中,容易出错,且纠错困难;由于仿真分析中的手工操作比较多,所以仿真工作效率低;手工操作的仿真分析,由于成熟的仿真分析流程未固化,所以仿真分析结果对仿真人员具有强烈的依赖性,不同的仿真人员会出现不同的仿真结果。

本系统的应用显著缩短了前、后处理的时间,同时固化了分析流程,使工作效率得到极大的提高。

9.6.1 系统建设内容及具体实施方式

本系统基于 Microsoft visual studio c# 软件、Excel 作为后台数据库,是一套简单易操作的车辆载荷自动计算及结果后处理,可直接应用于结构仿真分析及疲劳载荷分析的载荷输入,以解决前面提到的问题的有效工具。

车辆载荷自动计算工具包含仿真工况自动输入、仿真模型自动计算、仿真结果后处理等功能。

9.6.1.1 主流程图

按照 Adams 软件的操作原理,结合企业标准规范及悬架载荷计算传统方法,设计了悬架载荷计算方法的流程图,如图 9-26 所示。

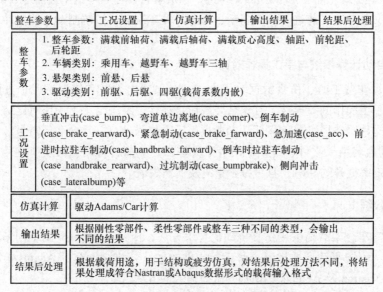

图 9-26 悬架载荷计算方法流程图

9.6.1.2 主界面 GUI

基本整车参数由 *.xls 电子表格文件导入,车辆类型、悬架类型作为计算公式判断参数,计算公式内嵌于程序代码中。

用户只要在电子表格中修改轴荷等整车参数,后续操作只需单击选择按钮即可完成悬架载荷的计算工作。

计算悬架载荷的 Adams 悬架模型由仿真人员手工创建；整车参数由事先定制的参数表模板准备好；事先定义好各种不同车型、不同悬架形式、不同驱动形式的各种工况构造载荷求解前处理文件路径；悬架载荷求解文件的代码功能内嵌在按钮中；通过计算机代码建立求解任务生成器，建立所有工况批量求解任务，后台调用 Adams 求解计算软件，进行求解计算；构成悬架系统的零部件分刚性部件、柔性部件及整车部件三类，在悬架载荷自动计算主界面，提供要提取的悬架载荷的零部件选择功能；Adams 求解计算结果，根据载荷需要可以作为结构仿真的载荷输入，也可以疲劳仿真的载荷输入，将结果文件转换为 Nastran 或 Abaqus 能够识别的格式。

9.6.1.3 程序实现

构造悬架载荷计算方法各要素：*.lcf 工况文件、*.bat 批处理文件、*.cmd 命令执行文件。通过外部接口程序 GUI 界面修改这些文件，然后激活 bat 文件，驱动 Adams 进行计算，形成高效的悬架载荷计算方法。

9.6.1.4 车辆悬架载荷工况汇总表

车辆悬架载荷工况根据车辆类型（乘用车/越野车/越野车）、悬架形式（前悬/后悬）、驱动形式（前驱/后驱/四驱）等，构成垂直冲击、弯道单边离地、倒车制动、紧急制动、急加速、前进时驻车制动、倒车时驻车制动、过坑制动、侧向冲击等工况求解文件。

9.6.1.5 自动计算系统与手工操作对比

从仿真花费工时、仿真数据输入方式、结果输出方式和错误率四个方面对比自动计算和手工操作的差异性。汽车悬架载荷自动计算系统与手工操作对比结果：手动命名结果文件、选择工况、零部件参考点、反复扫描硬点并重命名节点号，需要工时 24h；自动命名结果文件、自动输出各工况零部件载荷、自动重命名节点号，需要工时 0.5h，效率提升约 98%，且可减少重复及偶然失误。

9.6.2 小结

针对汽车悬架载荷采用仿真自动化技术方法，探究了基于 C# 的不同车型、不同悬架形式、不同驱动形式批量求解工况文件的构造方法；探究了 Adams 仿真结果文件转化为 Nastran 及 Abaqus 可识别的载荷输入的方法。

9.7 乘用车车身结构仿真自动化

乘用车车身结构仿真自动化工具包括白车身关键点动刚度/面刚度仿真自动化、车门结构仿真分析自动化、行李舱盖结构仿真分析自动化、外覆件抗凹仿真自动化等。

本节在 CAE 仿真软件的基础上进行了二次开发，实现了具有企业特点的车身结构仿真自动化技术。该自动化技术包括赋予属性自动化技术、白车身关键点动刚度分析自动化技术、白车身板件及部件面刚度自动化技术、车门结构仿真自动化技术、行李舱盖结构仿真自动化技术、外覆盖件抗凹自动化技术。

9.7.1 车身结构自动化仿真技术开发总述

新车型开发中 CAE 结构分析是最基本，也是最重要的仿真内容，是碰撞安全、疲劳耐久性能、NVH 性能的基础。好的车身结构性能有助于提升碰撞安全、疲劳耐久、NVH 性能。车身结构分析涉及的子系统最为关键（如白车身、车门，行李舱盖、发动机舱盖等），考察的内容多（如模态、整体刚度、局部刚度、抗凹性能、强度、动刚度、面刚度等），分析工况多达 496 个（如白车身有 421 种工况，车门有 42 种工况，行李舱盖有 18 种工况，发动机舱盖有 15 种工况），某些工况的载荷位置及约束位置复杂（如密封条单元搜索、翻边单元搜索、夹具位置定位、压头模型建立、接触关系建立、局部坐标系建立、单元法向寻找、转角及距离计算等）。总之，车身结构分析在整个结构分析中所占比例最大，分析工况最多，约束与载荷最复杂，结果输出曲线最多，报告编写工作量也最大。

本项目针对车身结构仿真的特点进行了如下工作：自动化仿真框架搭建（根据仿真流程、操作习惯、仿真规范）、详细设计（功能设计、界面设计、自动化函数设计）、自动化算法开发（自动加载算法设计、自动约束算法设计、自动定位算法设计、自动搜索算法设计、自动生成报告算法设计）、程序编写（程序框架搭建界面编写、执行函数编写、自动化算法实现、程序执行与测试），如图 9-27 所示。通过上述工作开发了赋予材料属性与几何属性自动化技术，白车身关键点动刚度、面刚度自动化仿真技术，车门结构自动化仿真技术，行李舱盖结构自动化仿真技术，白车身外覆件抗凹自动化仿真技术。

为了保证开发进度，制定了开发流程，如图 9-28 所示。通过各专业充分参与并且由专家把关，保证了自动化技术的专业性与权威性。首先根据企业仿真标准规范初步定义所要自动化的分析工

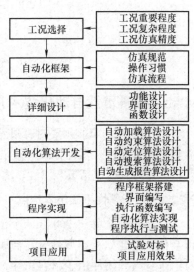

图 9-27　自动化仿真开发具体工作

况，仿真工程师与设计人员共同讨论分析工况是否全面及分析的意义，确定每个分析工况具体的细节（如模型状态、约束与载荷的位置、载荷大小、约束位置、目标值等）；然后进行自动化流程设计，根据所需要的分析工况，遵循先模态、后刚度、最后强度的仿真顺序，以及结合仿真工程师操作习惯定义仿真流程；其次进行详细设计与自动化算法设计，定义了功能模块、自动化函数、自动化算法等；之后进行编程实

现，对程序进行测试、验证；最后通过项目应用检验自动化技术应用效果。自动化开发严格按照以上流程进行，开发过程中经过多次讨论、验证，从而保证了开发的进度及质量，取得了宝贵的开发经验。

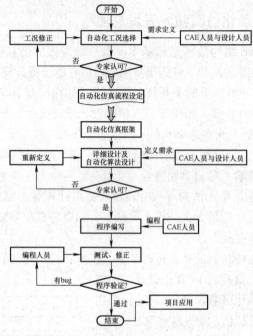

图 9-28　自动化仿真技术开发总体流程

9.7.2　赋予属性自动化技术开发

CAE 结构仿真必须要对有限元模型赋予材料属性与几何属性，这样有限元模型才能具有物理属性，对外界载荷做出合理的响应。材料属性包括弹性模量、泊松比、密度等，几何属性包括钣金厚度、实体属性等。

9.7.2.1　赋予属性手工仿真难点

白车身钣金件有 200~300 个，开闭件有 80 多个钣金件，仿真分析时需要对每个钣金件手工建立材料属性、几何属性，然后把材料属性与几何属性与钣金件相关联。对白车身与开闭件赋予材料属性，CAE 仿真人员需要重复多达近 1000 次操作。为了防止数据输入出错，工程师需要对材料参数与几何参数进行多次检查。在建立材料名称与几何属性名称时，由于是手工输入，CAE 工程师为了节省时间，会按照自己的方式输入，具有随意、混乱、不一致等情况，给有限元模型的利用带来不便。重复性的软件操作很容易使仿真工程师感到劳累，精神疲惫，非常不利于项目进度。

9.7.2.2　赋予属性自动化开发

针对赋予属性存在的问题，首先对结构有限元分析中零部件的命名进行规范化。

零部件名称包含零部件的编号、材料代号、钣金厚度及单元类型，并且以关键字 c、m、t 等进行区分。关键字为赋予属性自动化提供了搜索条件。由于真实的材料牌号名称较长并且名称复杂，故采用材料代号来代替材料牌号名称。

赋予属性自动化思路如下：首先程序按顺序遍历搜索零部件名称，根据下画线及关键字 m 搜索到材料代号（如 m0011），依据材料代号从已经封装在程序材料数据库中找到材料参数（如钢的弹性模量值 2.1e5MPa 等）建立以材料代号为名称的材料数据；然后程序搜索几何属性关键字 t、d 等，以单元类型、几何属性为名称建立材料几何参数名称（如 p_shell_m201_t120），并且从几何属性中提取几何参数（如钣金厚度）；最后程序把建立的材料属性与几何属性赋予给零部件，程序循环直至所有零部件完成赋予属性。

9.7.2.3 赋予属性自动化与手工操作对比

通过对零部件规范命名，搜索名称中材料代号与几何属性关键字实现了赋予属性自动化处理。自动赋予属性技术使 CAE 工程师摆脱了近千次繁琐的重复性的建材料及几何属性操作过程，可以提升 87% 的效率，见表 9-1。采用自动赋予属性技术，CAE 仿真工程师只需要检查零部件命名的正确性即可保证所有材料数据与几何数据的正确性，避免了手工操作引起的数据输入错误，降低了出错率。另外零部件规范命名有助于有限元模型的通用性与规范性。

表 9-1 赋予材料属性对比

人工操作所需工时 /h	自动化操作所需工时 /h	节约时间 /h	节约时间比率（%）
710	92	618	87

9.7.2.4 小结

规范了 CAE 结构分析零部件编号名称，规范了动刚度、面刚度测点编号，规范了行李舱盖加载定义及约束点专有名称等。命名及变化规范化不仅有助于自动化仿真技术开发，而且保证了分析模型的通用性，也有利于数据库积累。

自主开发了自动化算法：根据各个工况的特点及 CAE 仿真工程师操作习惯开发了相关的自动化算法，如密封面自动识别及搜索算法、抗凹压头模型自动创建算法、接触面自动建立算法、局部坐标自动建立算法、夹具约束位置与约束面积自动定位算法等。

把以标准规范定义的结构分析方法以软件模板的形式进行固化，解决了标准规范执行困难或者不充分的问题。

9.7.3 白车身关键点动刚度、面刚度仿真自动化

白车身关键点动刚度是指白车身关键接附点（如发动机悬置安装点、底盘安装点、开闭件安装点等）在发动机工作频率、路面激励频率、人为激励频率产生的动态载荷作用下的刚度。白车身关键点动刚度对整车的振动噪声具有重要的意义，车身关键安装点

动刚度越低，车身的噪声传递函数（NTF）越大，NVH 性能越差，导致动机激励、路面激励产生的振动噪声通过车身关键安装点传入到车身内部。车身钣金及面板刚度是指面板在主要关心频率下产生的动态刚度，反映了车身钣金反射声音的效果。

9.7.3.1 动刚度、面刚度分析理论

弹簧-阻尼模型的动力学计算公式为

$$F(t) = K'x(t) + Cv(t) = K'x(\omega) + j\omega Cx(\omega) \tag{9-1}$$

频域下动态刚度为

$$\frac{F(\omega)}{x(\omega)} = K' + j\omega C = K' + jK'' \tag{9-2}$$

其中：

$$\omega = 2\pi F \tag{9-3}$$

得到动刚度值 K^* 为

$$K^* = \sqrt{K'^2 + K''^2} \tag{9-4}$$

式中，C 为阻尼；ω 为频率；x 为响应；F 为动态激励。

上述是动刚度理论计算公式，而 CAE 仿真软件中输出的往往是加速度响应曲线，故对理论公式进行转换。

加速度 a 为

$$a = \omega^2 x \tag{9-5}$$

加速度导纳 IPI 为

$$\text{IPI} = \frac{\ddot{x}(t)}{F(t)} = \frac{\omega^2 x(\omega)}{F(\omega)} = \frac{\omega^2}{K^*} = \frac{2\pi f^2}{K^*} \tag{9-6}$$

假设通过源点动刚度分析得到响应曲线与横坐标频率所围成的面积，即为动刚度，则有

$$\text{AREA}_{\text{IPI}} = \sum_i \text{IPI} \times \Delta f = \sum_i \frac{4\pi^2 f_i^2}{K^*} \Delta f = \frac{4\pi^2}{K^*} \sum_i f_i^2 \tag{9-7}$$

得到接附点动刚度为

$$K^* = \frac{4\pi^2 \sum_i f_i^2}{\text{AREA}_{\text{IPI}}} \tag{9-8}$$

首先建立动态载荷信息，定义加载点位置、扫频的范围、计算频率的范围等控制卡片，然后定义输出，最后生成动态响应曲线。

9.7.3.2 动刚度、面刚度手工仿真难点

白车身关键点动刚度测点包含悬置、底盘、开启件约 41 个关键安装点，面刚

度测点包含车身钣金件、前后风窗玻璃、转向盘、座椅、油箱等约61个测点,选择测点时,主要是选择较为平整且加强筋少的面。动刚度测点和面刚度测点如图9-29所示。

由于车身关键安装点约有41个,每个点分析三个方向,所以每个方向要建立两个控制卡片。如果采用人工操作,那么需要重复246次(包括建立单位力、建立动态载荷、建立工况、定义输出、结果处理)。面刚度分析与动刚度分析类似,如果也采用人工操作,则需要重复183次。重复性的操作给CAE工程师带来了巨大的工作量,随着分析点数越来越多,很容易出现手工选择错误的情况。

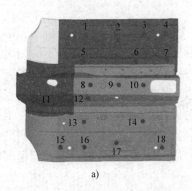 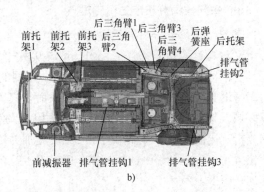

图9-29 动刚度测点和面刚度测点

a)动刚度底盘件测点图 b)面刚度前、中地板测点

9.7.3.3 动刚度、面刚度自动化实现

为了使动刚度与面刚度分析实现自动化,首先对白车身关键安装点进行标准编号。每个关键点编号是固定的。同样对白车身钣金件需要做面刚度的测点进行编号。仿真工程师在划分网格时顺便对关键点、面刚度测点进行编号,这样有助于提高仿真分析建模工作的规范化,有利于模型的通用性和可识别性,并且便于利用自动化技术实现。程序自动搜索节点编号,就可以找到关键点位置,把控制卡片、工况载荷,输出及结果曲线生成进行封装,形成宏命令,使程序自动执行,完成动刚度工况的建立。计算完成后,程序自动调用分析结果在HyperGraph软件中生成动刚度曲线。

9.7.3.4 动刚度、面刚度自动化仿真与手工仿真对比

对车身关键点及面刚度测点进行规范编号。程序自动搜索关键点编号实现了车身关键点动刚度分析及面刚度分析一键式自动化仿真。采用动刚度、面刚度自动化仿真技术,CAE工程师摆脱了繁琐的重复性的动刚度、面刚度操作过程。

如表9-2所示,采用自动化技术,动刚度、面刚度分析工时节约了87.5%,并且避免了由于工况较多导致选择错误的问题出现。动刚度、面刚度自动化技术与试验对标误差保持在10%以内,导致误差存在的原因是试验时测点位置难以精确确定引起的。

表 9-2　动刚度、面刚度自动化仿真与手工操作对比

手工操作所需工时 /h	自动化操作所需工时 /h	节约工时 /h	节约工时比率（%）	试验对标误差（%）
1100	143	957	87	7.5

9.7.4　车门结构仿真自动化

车门是重要的开启件，涉及使用性能、感知质量、刚度耐久、NVH、碰撞等性能。好的车门结构性能是上述品质与性能的基础保证。

9.7.4.1　车门结构分析手工仿真难点

车门结构仿真分析涉及模态、刚度、强度等21种分析工况。每种分析工况的分析意义与考察的性能都各不相同，见表9-3。车门结构分析工况多，并且不同分析工况具有不同的状态（车门开、闭状态）、不同的约束位置（如车门模态约束位置在车门车身端安装铰链安装支座及锁扣处，而车门固定点刚度约束的位置在铰链安装点附近区域及锁扣安装点附近区域，上门框刚度约束区域在车门侧约束夹具位置）、不同的分析工况载荷类型（如车门扭转工况施加力矩，窗台刚度施加集中力）及不同的载荷位置（如内板局部刚度施加在车门内板上，窗台刚度施加在内外窗台上，门框刚度施加在门框上等）。

这些情况导致CAE仿真工程师进行车门结构仿真时需要进行大量的软件操作，工作劳动强度大，容易出现误操作。某些工况约束位置及载荷位置难以实现手工精确定位导致仿真精度降低（车门安装刚度约束位置离铰链300mm，车门抗凹点分析均匀分布，车门上门框刚度前角加载点离上门框对角线距离最远等）。未采用仿真自动化技术之前车门结构分析完整一轮分析下来需要400个标准工时，并且在这一轮分析中优化方案只能进行三次改进。

表 9-3　工况分析及意义

工况	意义
模态分析	检验分析模型可靠性，避免怠速共振，提升NVH性能
局部刚度分析	避免安装点位移过大，提升装配精度及刚度耐久性能
外板指压刚度分析	提升小石子、球类等外物撞击性能及客户感知质量
车门整体刚度分析	控制间隙面差，提升装配精度及使用性能等
车门强度分析	提升车门在误操作下抵抗破坏的能力

9.7.4.2　车门结构自动化仿真总体流程

车门结构分析中不同工况车门所处的几何状态、物理状态、约束与载荷各不相同。为了能够清楚地表达各个工况的共同点与不同点，制定了工况总结表。依据工况总结表把21种分析工况归类到9个程序流程中，实现了最大限度的代码公用性，节约了开发时间。根据不同分析工况的特点及CAE工程师的操作习惯制定了相应的自

动化仿真流程、功能设计、自动化算法设计、界面设计最后编程实现等。依据仿真流程操作顺序进行操作可以迅速、准确地寻找到加载点及约束点位置，自动施加载荷与约束，自动计算并生成分析报告。由于车门分析工况较多，下面列举几个具有代表性的自动化例子进行说明。

车门结构自动化仿真每种分析工况都包含五个模块。导入模型模块，其功能是导入有限元车门分析模型，为所要分析的工况初始化变量，如初始化载荷初始值、约束自由度值、载荷及约束容器的名称等。分析工况模块，其功能是在最大限度地减少人工操作的同时又能精确表述分析工况的前提下自动建立载荷及约束。分析计算模块，其功能是集成了求解计算的设置，方便仿真工程师进行操作。查看结果模块，其功能主要是计算结束后，自动调取后处理软件查看并显示所需要的结果数据。生成报告模块，其主要功能是提取分析结果数据。

每个模块根据不同的分析工况的特点具有不同的自动化操作方法，操作界面不同，操作所实现的功能也不同。由于篇幅有限，下面只介绍安装点局部刚度、上门框刚度的自动化开发，其他工况总体过程与此类似，但是具体的自动化内容及算法不同。

9.7.4.3 铰链安装点和门锁安装点局部刚度仿真自动化

车门安装点和门锁安装点局部刚度关系到车门安装刚性，影响车门下沉量、车门装配的间隙面差及车门安装点的动刚度，甚至关系到车门刚度耐久性能。在车门结构上远离铰链安装点的位置截取部分结构并全约束，在铰链安装点中心分别施加 X 向、Y 向、Z 向作用力，分析载荷作用下车门上下两个铰链的所有安装点位置的变形量以及车门结构的变形云图，并计算相应的刚度值；在车门结构上远离门锁中心的位置截取部分结构并全约束，在门锁安装点分别施加 X 向、Y 向、Z 向作用力，分析载荷作用下车门门锁安装点的变形量以及车门结构的变形云图，并计算相应的刚度值。

加载描述：在车门与铰链安装点中心以及门锁安装点中心分别施加 X 向、Y 向、Z 向载荷，$F=100N$。

约束描述：车门截取断面全约束，铰链侧向 $X+$ 偏移 300mm 截取；门锁侧以锁的中心点向 $Z+$ 和 $Z-$ 偏移 200mm，向 $X-$ 偏移 300mm 截取。

该工况在手工分析中存在如下问题：锁扣及门铰链安装点约束位置难以精确定位，导致分析精度降低，不同分析人员分析结果一致性差；铰链及锁扣安装点载荷施加多次重复进行，容易出现误操作，工作效率低；手动生成分析报告，工作量大。

针对上述问题与该分析工况的特点，同时结合仿真工程师操作习惯，制定了车门固定点安装刚度自动化仿真流程与自动化算法。首先导入分析模型，进行模型检查；然后选择铰链安装孔，精确确定施加铰链孔与锁安装点周边约束位置，并自动施加载荷，集成求解界面进行计算；最后自动调取后处理软件查看分析结果并提取需要的数据，把分析结果图与曲线自动添加到事先设置好的 PPT 文件中。

有限元模型自动化导入，各变量按照流程的自动化设置，是有限元仿真自动化的主要内容,如车门固定点安装刚度案例,设置固定点所施加初始默认载荷为100N的力,约束位置初始自由度为1~6自由度,给铰链与锁扣处约束容器及加载容器事先命名。

检查模型功能程序自动调取网格检查规则,检查有限元模型焊点连接关系是否正确、网格质量是否满足要求等。

确定铰链孔及加载功能时仿真工程师只需要选择铰链安装节点即可。程序自动根据铰链节点编号创建载荷,并且建立载荷容器,避免了手动建立载荷容器、加载等繁琐的重复性操作。

铰链孔施加约束功能是根据铰链孔位置坐标程序精确搜索距离铰链孔 $X+$ 方向300mm 范围内的节点,然后在这些节点上自动施加约束并建立约束容器,避免了人工操作难以保证精确约束位置而引起的仿真误差。

确定锁孔及加载功能时仿真工程师只需要选择锁孔安装点,程序会自动建立默认100N 的载荷,并且生成载荷步,避免了载荷步的建立及加载等繁琐操作。

铰链孔施加约束功能是根据锁孔位置坐标,程序自动搜索周边 200mm 范围内的节点,然后自动施加约束。同样程序精确定位约束位置,避免了人为操作引起的误差。

求解计算功能集成了求解界面功能,无需进行界面切换与设置,程序即自动设置控制参数,然后单击计算进行求解计算。

9.7.4.4 顶部前、后角刚度自动化仿真

顶部前角刚度与后角刚度考察了上门框刚度的强弱,刚度偏弱会导致上门框模态频率偏低,振幅偏大,关闭车门时引起上门框共振,带动后视镜抖动过大。上门框刚度偏弱的同时会导致密封条反力使得门框变形较大,密封性能差,整车带内饰车门模态偏低,NVH 性能不合格。

根据前角刚度分析工况,约束车门铰链(与车身连接端)以及门锁侧上中下三处,在车门上门框顶部前角位置的内侧和外侧分别施加沿整车坐标系 Y 向的载荷,分析两种加载情况下车门的变形,计算车门上门框的侧向刚度。

加载点截面:分别在加载点截面对应的边框结构的内侧和外侧施加沿整车坐标系 Y 轴,方向指向内板和外板的载荷,加载区域为 25mm×25mm,区域内节点由 RBE2 单元连接,载荷 $F=360N$。

约束:车门铰链(与车身连接端)安装点以及门锁侧上、中、下三处 $X\times Z=25mm\times 75mm$ 区域内的节点全约束。

该工况手工分析存在如下问题:夹具约束位置及约束面积难以精确定位,顶角后部加载点及顶角前部加载点难以精确定位,导致分析精度降低,分析结果一致性差。分析过程中软件操作及手动生成分析报告,工作量大。

针对上述问题及工况的特点制定了上门框刚度自动化流程与自动化算法。依据自动化算法,对铰链施加约束时只需选择铰链孔处一个节点,程序就会自动施加铰链孔处的约束。根据夹具自动定位算法,CAE 工程师对夹具施加约束时只需选择车门内板

上下边界上的节点，程序就自动会计算夹具的精确位置；依据夹具面积识别算法，只需选择夹具面积，程序就会自动搜索面积内的节点进行约束。为了确定上门框前角到上门框对角线最远距离，开发了密封条自动识别算法，只需选择密封条上相邻两节点，程序就会根据相邻单元节点及节点之间的角度自动搜索所有密封条上的节点，以密封条上的节点到上门框对角线距离最远即为上门框前角位置。夹具位置与上门框前角位置精确确定避免了人工操作偏差引起仿真精度降低。在上门框前角位置按照试验夹具面积自动施加载荷。自动定位上门框后角位置并施加载荷。

9.7.4.5 车门结构自动化仿真与手工仿真对比

车门结构分析所有工况实现了自动化仿真，借助该技术，CAE 工程师可以迅速准确找到加载位置及约束位置，不但提高了仿真精度，而且极大地提高了仿真的效率。采用车门结构仿真自动化技术进行车门结构分析，节约了 87% 仿真时间，见表 9-4。并且在紧张的项目开发时间节点内可以进行更多轮次的分析及改进，保证了车门结构具有良好的性能与品质，与试验对标误差控制在 5% 以内。

表 9-4 车门结构自动化仿真对比

手工操作所需工时 /h	自动化操作所需工时 /h	节约工时 /h	节约工时比率（%）	试验对标误差（%）
600	75	525	87.5	5

9.7.5 行李舱盖结构仿真分析流程自动化设计

行李舱盖与车门一样也是重要的开闭件之一，涉及感知质量、刚度耐久、NVH、碰撞等性能。好的结构性能是上述品质与性能的基础保证。

9.7.5.1 行李舱盖结构分析手工仿真难点

同样，行李舱盖结构仿真分析涉及模态、刚度、强度等 14 种分析工况，如图 9-30 所示。行李舱盖分析工况多，并且不同的分析工况具有不同的约束位置，如行李舱盖模态约束位置在行李舱盖车身端安装铰链安装支座及锁口处，而行李舱盖固定点局部刚度约束的位置在铰链安装点附近区域及锁口安装点附近区域。不同的分析工况载荷类型（如行李舱盖密封力变形分析施加压强载荷、力矩、重力等）及载荷位置（弯曲刚度施加载荷在锁扣处，作用在行李舱盖外板上的推力）与大小也不一样。

因此，CAE 仿真工程师进行行李舱盖结构仿真时需要进行大量的软件操作，工作劳动强度大，容易出现误操作。某些工况约束位置及载荷位置难以实现手工精确定位，导致仿真精度降低（行李舱盖扭转刚度载荷施加在行李舱盖外板上与锁扣 Z 向距离最小处，行李舱盖安装点局部刚度需要约束铰链安装点周边 200mm 及锁扣周边 300mm）。未采用仿真自动化技术之前，行李舱结构分析完整一轮分析下来需要 350 个标准工时，并且在这一轮分析中优化方案只能进行三次改进。

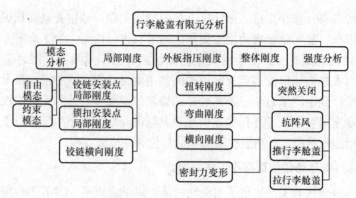

图 9-30　行李舱盖结构分析工况

9.7.5.2　行李舱盖自动化仿真总体流程

行李舱盖每种分析工况具有不同的意义与作用,不同分析工况中行李舱所处的几何状态、物理状态、约束与载荷各不相同。为了能够清楚地表达各个工况的共同点与不同点,制定了工况总结表。依据工况总结表把 15 种分析工况归类到 8 个程序流程中,实现了最大限度的代码公用,节约了开发时间。根据不同分析工况的特点及 CAE 工程师的操作习惯,制定了相应的自动化仿真流程、功能设计、自动化算法设计、界面设计最后编程实现等。依据仿真流程操作顺序进行操作可以迅速、准确地寻找到加载点及约束点位置,自动施加载荷与约束,自动计算并生成分析报告。

由于组成行李舱盖的钣金件相对车门钣金件较少,并且行李舱盖钣金件几乎是固定不变的,如行李舱盖内、外板,行李舱盖铰链,铰链安装支座,铰链加强板,锁加强板,所以行李舱盖约束位置固定,如铰链安装支座固定点、铰链限位处、锁点。行李舱盖加载点位置固定,如锁点、扭杆安装点、限位块安装点。根据行李舱盖结构及载荷约束的特点,为了尽量避免人为操作,行李舱盖自动化流程尽量封装程序代码,对具体的部件与加载点处的刚性单元进行了专有的命名。因此绝大部分工况实现了一键式自动化执行,程序根据部件名称及加载点刚性单元,自动搜索载荷与约束位置并施加载荷与约束。

9.7.5.3　行李舱盖弯曲刚度自动化仿真

行李舱盖弯曲刚度不但体现了客户感知质量,而且体现了铰链与钣金抵抗弯曲变形的能力。购车时行李舱盖处于最大开启状态,客户会习惯性地用力推行李舱盖感知下刚度是否足够大。如果刚度偏弱,则可能是因为铰链及行李舱盖内板刚度偏弱引起的。行李舱盖弯曲状态是行李舱盖安装于安装支座上,行李舱盖处于最大开启状态,如图 9-31 所示。

约束:约束支座安装点处的各个方向的全部自由度,铰链约束限位方向自由度。

加载:在锁啮合处沿行李舱盖运动方向施加 100N 的集中力。

该工况手工操作存在如下问题:行李舱盖旋转到最大开启位置,及沿开启运动方向施加载荷，操作复杂。

根据上述问题及工况特点制定了自动化仿真流程。弯曲工况约束与加载实现了一键式完全操作：自动搜索旋转角度将行李舱盖旋转到最大开启角度；自动搜索锁点加载点并以垂直锁点与铰链旋转轴构成的平面施加 100N 的集中力，自动搜索铰链安装支座固定点进行约束。经过试验对标，行李舱盖弯曲工况误差在 5% 以内。

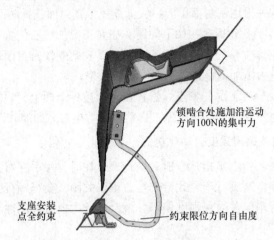

图 9-31　行李舱盖弯曲刚度分析工况

9.7.5.4　行李舱盖安装刚性自动化仿真

行李舱盖安装刚性考虑在重量作用下的变形量，反映了间隙面差及装配效果。如果间隙过大，则外表不美观；如果间隙过小，则在行驶过程中行李舱盖运动可能会与周围环境件发生干涉。

具体工况：行李舱盖安装于安装支座上，行李舱盖处于关闭状态。约束行李舱盖铰链安装支座的全部自由度，约束锁啮合点除垂直锁安装平面轴向及绕轴向旋转外所有其他自由度。施加限位块力、密封条压力、扭杆弹簧或者气弹簧力、钣金重力等，如图 9-32 所示。

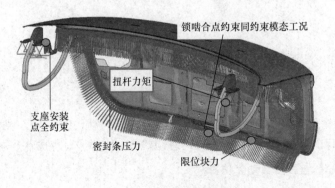

图 9-32　安装刚性行李舱盖姿态

行李舱盖安装刚性涉及的载荷类型比较多，有集中力、力矩、压强及重力，手工分析时需要进行大量的软件操作及界面切换。其中密封条压力施加最为繁琐，需要手工选择密封面上的单元。密封面有上千个单元分布在曲面上，手工操作相当复杂，需要不停地旋转、移动、缩放有限元模型以便于选择单元。针对密封条单元选择专门开发了密封条单元识别算法，仿真工程师只需要选择密封条内外边界上两个相邻的节点，程序会自动计算并得到密封面单元，大大缩短了密封面选择时间。

扭转、安装刚性手工分析存在如下问题：扭转工况加载点位置难以精确确定，影响分析精度；消除刚体位移的弹簧单元建立繁琐；安装刚性密封面选择以及扭杆反力矩、限位块反力、重力施加工作量大，影响分析效率。

针对上述问题及分析工况的特点，选择密封面边界上两个相邻的节点，程序自动搜索密封面单元并施加密封条反向压强，自动搜索力矩与力的加载点并施加载荷。

9.7.5.5 行李舱盖突然关闭强度自动化仿真

行李舱盖突然关闭强度是指行李舱盖被行李卡住时，用手突然关闭行李舱盖的强度。出租车行李舱经常塞满行李导致行李舱盖难以关闭，在车辆行驶过程中，行李舱盖上下振动。如果行李舱盖内板强度偏弱，就会导致内板肩部塑性变形过大，影响使用功能。

突然关闭强度具体约束及载荷为，约束行李舱盖铰链安装支座的全部自由度、约束限位方向自由度。钥匙孔附近的行李舱盖边缘（便于关门处），加载大小为 200N 的面力，方向竖直向下，整车坐标系 -Z 向，如图 9-33 所示，并且需考虑行李舱盖的重量。

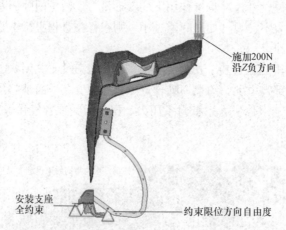

图 9-33　突然关闭强度工况行李舱盖姿态

针对行李舱盖抗阵风工况及突然关闭工况制定了自动化仿真流程。根据分析工况，程序自动旋转行李舱盖到最大开启位置，搜索突然关闭加载点，完成整个分析工况。

9.7.5.6 撬行李舱盖强度自动化仿真

撬行李舱盖强度反映了行李舱盖防盗的能力。如果锁扣处钣金薄弱，那么撬行李舱盖时会导致钣金断裂。

约束行李舱盖支座安装点处的全部自由度，约束锁啮合点除垂直锁安装平面轴向及绕轴向旋转外所有其他自由度。

在行李舱盖上最顺手的位置撬行李舱盖（具体加载按行李舱盖大小和形状来定），$4×700mm^2$ 面积内加载 $4×250N$ 的面力，方向垂直于行李舱盖方向向外，即整车坐标系 X 向，如图 9-34 所示。

铰链不允许有断裂，钣金在不影响行李舱盖锁止的动作下允许有变形，不允许有开裂。

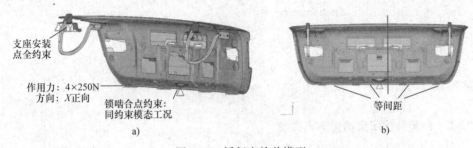

图 9-34 撬行李舱盖模型

a）撬行李舱盖工况行李舱盖姿态图 b）撬行李舱盖工况力的加载

针对推行李舱盖及撬行李舱盖工况的特点制定了自动化流程。CAE 工程师只需单击对称一侧两个节点，程序就会自动完成加载面内的节点搜索并施加载荷。

9.7.5.7 行李舱盖结构自动化仿真技术与手工仿真对比

行李舱盖结构分析所有工况均实现了自动化仿真，并且通过对加载点及约束点的专有命名，绝大部分工况实现了一键式自动操作。借助行李舱盖结构自动化仿真技术，CAE 工程师避免了大量的重复性的人工操作，极大地节省了仿真分析时间，仿真效率可以提升 87.5%，见表 9-5。在越来越短的开发周期中，CAE 工程师可以进行更多轮次的行李舱盖结构分析及优化，使行李舱盖具有更好的性能与品质。经过试验对标，误差控制在 5% 以内。

表 9-5 行李舱盖结构分析自动化技术与手工对比

手工分析标准工时 /h	自动化程序所需工时 /h	节约工时 /h	节约工时比率（%）	试验对标误差（%）
400	50	350	87.5	5

9.7.6 外覆件抗凹仿真自动化

外覆件包括侧围、顶盖、翼子板、四门两盖外板等。抗凹性能分析涉及外覆件抵抗小石子及球类撞击抵抗变形的能力及客户感知质量。

9.7.6.1 外覆件抗凹手工仿真难点

外覆件较大,只有其抗凹点分布足够多才能准确找到抗凹性能薄弱区域。整个外覆盖件约有 90 个抗凹点。手工进行抗凹性能分析时,需要重复建立压头几何模型,如图 9-35 所示,划分压头网格,建立压头与外覆盖件之间的接触,建立沿外覆盖面法向方向的压头载荷进行相关约束……总之手工操作工作量巨大,近百个抗凹点分析一轮完成所需时间最少 10 个工作日,工作周期长。

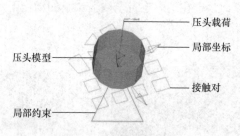

图 9-35 压头分析模型

9.7.6.2 外覆件抗凹自动化仿真实现

针对抗凹分析存在的难度,开发了抗凹分析自动化仿真流程。实现了抗凹点参数化设置功能,即仿真工程师可以根据需求事先设置抗凹点数目,如均匀分布在抗凹部件点有几行几列。实现了抗凹点调整功能,如果程序自动生成的抗凹点刚好位于加强梁上,则工程师可以根据经验随时调整抗凹点位置,以更好地找到抗凹薄弱点。在抗凹点处程序自动生成压头,建立接触关系、局部坐标系施加载荷等。

下面以顶盖抗凹自动化仿真进行说明,其仿真自动化流程包括模型预处理、自动建立接触分析、求解计算、输出报告。

9.7.6.3 外覆件抗凹自动化功能

模型预处理功能:根据不同外覆件,CAE 工程师输入抗凹点矩阵、抗凹点间距,即均匀分布在外覆件上几行几列等;然后单击 Trim Model 按钮,程序会自动在远离分析部件处截取分析模型并约束以降低求解计算工作量。

抗凹点自动生成功能:CAE 工程师只需选择外覆件边界处四个节点,程序以这四个节点为边界,按照上一步设置的抗凹点数目自动均匀分布抗凹点。如果发现均匀分布的抗凹点刚好处于顶盖横梁位置或者附近,则可以手工把该抗凹点调整到依据经验判断的附近的薄弱区域。通过抗凹点均匀分布与手动调节,可以方便地覆盖所有薄弱区域,避免了薄弱区域考察遗漏的现象,如图 9-36 所示。

压头建立功能:抗凹点确定好后,CAE 工程师只需要根据不同部位选择压头直径即可。不同外覆件抗凹所要求的压头直径不同,判断标准也不一样。选择好压头直径后单击压头生成按钮,程序会自动建立所需要的压头模型,并划分网格,如图 9-37 所示。

第 9 章 二次开发

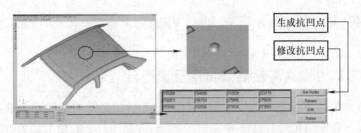

图 9-36 抗凹点自动生成实现

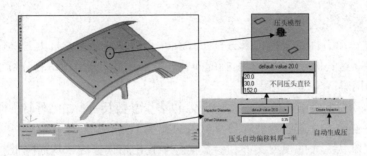

图 9-37 压头建立程序自动化实现

接触自动建立功能：程序自动搜索压头并且在压头及其附近的外覆件局部区域建立接触关系。在压头中心建立局部坐标系，并在局部坐标系上建立压头载荷，施加约束使得压头只能够按照外覆件法线方向产生位移，如图 9-38 所示。

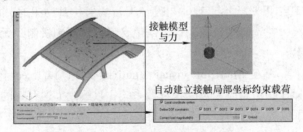

图 9-38 自动建立接触关系及载荷

9.7.6.4 外覆件抗凹自动化仿真与手工仿真对比

外覆件抗凹自动化技术不仅可以应用到外覆件抗凹中，而且还可以应用到前/后保险杠、仪表板、内护板等内外饰抗凹性能分析中。由于采用了自动化仿真，外覆件，故抗凹分析可以节约 98% 的仿真时间，见表 9-6，并且可以快速准确地寻找到抗凹部件的薄弱区域进行改进。顶盖抗凹分析与试验对标误差在 6% 范围内。

表 9-6 外覆件抗凹分析自动化技术与手工对比

手工分析标准工时 /h	自动化程序所需工时 /h	节约工时 /h	节约比率（%）	试验对标（%）
300	40	260	87	6

9.8 汽车综合性能仿真自动化技术

9.8.1 整车动力性经济性高效仿真及选型自动化

整车动力性经济性高效仿真及选型自动化工具，是针对整车动力性经济性高效仿真开发的一套自动化工具，主要应用于基于 AVL Cruise 的整车动力性经济性仿真领域。

9.8.1.1 技术背景

目前整车动力性经济性仿真分析工作存在几大弊端：工作量大、操作复杂、重复性工作多。这是仿真领域普遍面临的问题。整车动力性经济性仿真分析工作容易出错，且纠错困难。

因整车动力性经济性仿真分析要涉及 40 多个参数及一个二维外特性曲线和一个三维万有特性曲线，这些参数在仿真软件只能手工输入，操作起来容易出错。一旦出错，就很难从庞大的模型文件和参数文件中找出错误原因，从而降低整个仿真工作效率。

无最优、较优方案选择机制。目前使用的 AVL Cruise 软件，无目标设定、仿真结果评判、达标颜色辨识标识、参数权重计算、方案评分排序等功能，因此无法从众多方案的仿真结果中快速找出最优、较优方案。

不同方案仿真结果对比不直观。与设计人员沟通仿真结果时，面对仿真专业软件，操作过程复杂，花费时间较长，得出结论又无目标评判机制，无法快速得出最优级方案或较优方案。

考虑以上几点，基于 Microsoft visual studio c# 软件，以 Excel 作为后台数据库，开发一套简单易操作的仿真应用及结果选型系统，以解决上述存在的问题，同时该系统可为仿真任务下放提供一套有效工具。

9.8.1.2 系统建设内容及具体实施方式

1. 开发工具及实现功能

基于 Microsoft visual studio c# 开发软件，以 Excel 作为后台数据库，开发一套应用系统。

实现整车动力性经济性仿真分析所涉及的 40 多个参数及一个二维外特性曲线和一个三维万有特性曲线手工输入的自动导入，少量数据的简单修改；实现由整车、发动机、附件、变速器、离合器和轮胎的不同方案自动生成不同方案组合；实现各种不同方案的自由选择并创建批量求解任务及批量提交 AVL Cruise 后台计算；实现不同方案仿真结果自动提取；实现目标选型机制设定及参数权重得分计算、达标颜色辨识；最终实现最优方案选配。

另外一个非常有用的附加功能：实现参数自动提取和参数自动导入的可逆操作。

2. 开发总体方案

开发总体方案主要包括前处理、后处理的自动化，另外还包括批量任务生成器及任务求解计算提交自动化。

前处理部分：关键参数导入、关键参数导出、方案组合、方案任选等。

后处理部分：结果提取、目标设定、结果评判、方案排序、最优级方案选型等。

开发总体方案的前后处理关系如图 9-39 所示。

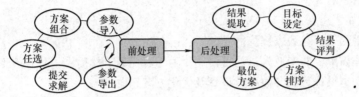

图 9-39　开发总体方案的前后处理关系图

整车动力性经济性仿真分析前处理：软件设计应用程序输入窗口界面，提供整车动力性经济性仿真分析要涉及的 40 多个参数及一个二维外特性曲线和一个三维万有特性曲线的自动导入或少数参数的简单变更的入口；以 Excel 为后台数据库，将涉及的参数及曲线信息存入数据库；根据窗口界面各系统（整车、发动机、附件、变速器、离合器、轮胎等）提供的不同方案参数及整车动力性经济性仿真分析模板，形成不同方案组合，并对不同方案组合分别构造出仿真分析所能辨识的提交 AVL Cruise 求解计算文件。

软件提供批处理生成器，能够动态批量生成求解任务，并后台调用 AVL Cruise 仿真分析软件，执行批量任务的求解计算。

整车动力性经济性仿真分析后处理：通过软件设计应用程序结果提取窗口界面，获取不同方案仿真分析结果；通过设计应用程序目标选型输入（选型参数、目标值、评价值与目标值关系符号、参数权重百分比信息等）窗口界面，完成单参数与目标值比较结果、多参数与目标值比较结果及完成不同参数权重评分计算、达标颜色辨识标识；最终获得所有方案的得分排序情况，达到方案优化选型目的。

3. 开发流程

按照操作步骤，包括前处理、求解任务提交、后处理三大部分；按照数据库参数流向，包括数据库参数正向导入、数据库参数反向提取两大部分；按照仿真部件，包括整车基本参数、发动机参数、整车附件参数、离合器参数、变速器参数及轮胎参数六大部分数据的自动化处理。

鉴于整车动力性经济性仿真工具 AVL Cruise 自身的特殊性，一次仿真的方案选择可能有几百种。因此，前处理环境和仿真计算的中间过程数据较多，需要在自动化开发过程中，构造前处理环境、求解中间环境及后处理环境，这是有别于其他 CAE 专业自动化开发的难点部分。

4. 功能模块

整车动力性经济性仿真分析前处理模块：创建本地工作环境模块、基本参数导入模块、方案组合模块、方案重新定义模块、动态批量提交模块等。

整车动力性经济性仿真分析后处理模块：指定仿真结果路径模块、仿真结果提取模块、目标设定模块、仿真结果评判模块、权重评分及最优方案选取模块等。

参数自动提取和导入模块：参数自动提取模块、参数自动导入模块等。

5. 系统特点

主要有如下几点：

1）关键的敏感参数表提炼。

2）操作简单，非专业人员均可使用，为仿真任务下放提供一套有效工具。

3）提供结果选型、参数权重计算及优化方案选取。

4）不存在出错、纠错问题。

5）效率提高 3 倍以上。

技术应用前后工时比较见表 9-7。

表 9-7 技术应用前后工时比较

比较内容	技术应用前 /min	技术应用后 /min	节约时间 /min
模型建立	5	5	0
参数定义	30	10	20
方案组合	10	5	5
提交计算	5	5	0
结果选型	60	5	55
共计	110	30	80

9.8.1.3 小结

整车动力性经济性仿真工作模式优化方法见表 9-8。

表 9-8 整车动力性经济性仿真工作模式优化方法

	原技术	现技术
License 资源	全流程均占用 License，资源利用率低	仅计算时占用 License，资源利用率高
结果选型	需要借助第三方软件（Excel 等）手工完成	软件一键自动完成结果打分排序
效率提升	完成一次较复杂分析任务至少需要 1 天	完成一次较复杂分析任务最多需要 2h，效率提高约 75%
仿真任务下放	界面复杂，非专业人员需要长时间研究学习	界面简单，非专业人员通过 1h 培训即可上手

9.8.2 汽车悬架 K&C 仿真自动化

汽车悬架 K&C 仿真自动化工具是针对汽车悬架 K&C 仿真分析开发的一套自动

化工具，主要应用于基于 Adams 的多体动力学的整车悬架 K&C 仿真分析领域。

9.8.2.1 技术背景

汽车悬架 K&C 仿真分析及结果评价是汽车多体动力学仿真分析中一项非常重要的工作。根据乘用车开发流程，汽车悬架 K&C 仿真分析及结果评价需要在整车开发流程中的 J3~J6 之间进行，且每款开发车型均需做多轮次仿真，汽车悬架 K&C 仿真分析及结果评价在多体动力学仿真任务中任务操作繁琐、任务量大。

在原有技术中，汽车悬架 K&C 仿真分析工况有 8~10 个（根据悬架形式和驱动情况分类），输出指标 120 多项，曲线图 90 多幅，手动输入输出，工作效率低。传统的悬架 K&C 分析方法是在 Adams 中打开悬架模型，每个工况需要手动输入一次，然后模型计算一次，通过软件的后处理窗口，依次选择对应指标的悬架 K&C 特性曲线，指标手动计算取值，曲线手动输出。仿真报告人工手动编制，包括指标和数值誊写，曲线图需手动粘贴到报告中。对标分析通过手动与目标值对比，查找竞品车型指标数值和定义范围。优化工作通过与 Isight 软件进行联合仿真，手动编辑软件调用程序，定义变量、约束及目标。这个工作十分复杂。

随着产品开发水平的提升，CAE 仿真领域亟需将简单重复的工作进行标准化，规范输入、输出，同时解放生产力，以便将更多的人力资源投入到迫切需要研究的重点技术问题中。本系统基于 Adams 软件平台，应用 Microsoft visual studio c# 语言开发了外部接口程序。该程序通过修改相关工况控制文件参数，并利用 *.bat 脚本命令驱动 Adams/CAR 求解器进行相关计算，形成了悬架仿真分析的新方法。

本系统的应用显著缩短了前、后处理时间，同时固化了分析流程，使工作效率得到极大的提升。

9.8.2.2 系统建设内容及具体实施方式

本系统基于 Microsoft visual studio c# 软件，以 Excel 作为后台数据库，开发了一套简单易操作的仿真应用及结果评价系统，以解决存在的问题。

悬架 K&C 分析应用工具包含仿真工况自动输入、仿真模型自动计算、仿真结果指标和曲线自动输出、仿真报告自动生成等功能。

1. 主要技术内容

仿真工况自动输入：传统的分析方法是在 Adams 中打开悬架模型，每个工况需要手动输入一次，包括轮跳行程、转向盘转角、文件名、步长等工况参数。本技术的开发，只需一次输入工况参数，或在 Excel 表格中填写并导入，自动生成所需的所有工况求解文件。

仿真模型自动计算：原始的分析是手动输入工况一次，模型就计算一次。本技术的开发，在生成所有求解文件后，单击仿真计算，所有工况依次自动计算。

仿真结果指标和曲线自动输出：原始的仿真结果输出，通过软件的后处理窗口，依次选出悬架 K&C 特性曲线，指标需要手动取值，曲线手动输出。该分析工具可以实现将所有工况的指标和曲线都自动保存到 Excel 文件中，所有工况指标自动取值，曲线数据自动出图。

仿真报告自动生成：仿真报告原来需要手动编制，包括指标的表格名称和数值誊写，曲线图手动粘贴到报告中。过程繁琐，工作重复，完全手工操作，容易出现纰漏。该分析工具可以实现自动生成报告，所有工况的指标和曲线图都在对应位置，操作简单，一致性好。

对标评价及优化：通过该一体化技术可自动导入试验值、仿真值，自动评价是否通过。仿真结束后自动生成搭载优化软件所需脚本文件：bat 文件、工况文件、变量输入文件和结果输出文件等。

2. 实施方式

以前驱车型的前悬架为例，包括悬架类型、驱动类型、参数输入、模型文件的选取、计算工况路径的选取、仿真结果文件前缀的输入。这些输入填好后，可依次运行生成求解文件、提交计算、指标输出。

3. 悬架仿真分析应用工具系统与手工操作对比

悬架仿真分析应用工具系统与手工操作对比分析情况见表 9-9。

表 9-9　悬架仿真分析应用工具系统与手工操作对比

项目	对比项	原方法	应用工具	优势
悬架 K&C 分析	工时	80h	16h	效率提升 80%
	计算过程	8~10 次	1 次	减少重复
	输入	手动计算并输入	自动输入	减少重复及偶然失误
	输出（指标 120 多项，曲线图 90 多个）	手动处理数据、提取指标、编辑曲线、编写报告	自动生成数据、指标、曲线和报告	大幅提高效率并减少人为失误
	错误率	偶尔发生	无	杜绝人为失误

本系统应用前，所有的输入、求解、性能指标提取、曲线绘制，包括仿真报告生成等，都由手工完成；而本系统应用后，以上工作由系统提供的几个按钮自动完成，除了提高效率、减少出错概率外，还避免了人为对任务执行的手工干预。

9.8.2.3　小结

基于逻辑寻值与回归的悬架性能指标计算方法和规避参数交互影响效应的悬架 K&C 对标方法，显著缩短了前、后处理的时间，同时固化了分析流程，使工作效率得到极大的提升。

9.8.3　整车操纵稳定性仿真自动化

整车操纵稳定性仿真自动化工具是针对整车操纵稳定性仿真分析开发的一套自动化工具，主要应用于基于 Adams 的多体动力学整车操纵稳定性仿真分析领域。

9.8.3.1 技术背景

汽车的主要性能包括动力性、燃油经济性、制动性、操纵稳定性、行驶平顺性以及通过性。操纵稳定性作为汽车用户最直接的驾驶感受,其性能好坏的评价在整车开发中具有重要意义。根据乘用车开发流程,整车操纵稳定性仿真需要在整车开发流程中的 J3~J6 之间进行,且每款开发车型均需进行多轮次仿真。整车操纵稳定性仿真在多体动力学仿真任务中任务量多且任务量大。

原有技术中,①控制文件编写:每位专业工程师根据国标和企标自行设定仿真工况(控制文件等),调用 Adams 工况菜单或 Event builder,实现调整转向盘转角、转向盘开始转动时间、车速、档位、仿真时长、仿真步长等的设置,完成操纵稳定性六种工况的仿真控制文件。② Adams 仿真:仿真工况通过工况菜单或 File Driven Event 执行至仿真完毕,之后需观察 Adams 后处理中的整车特征测量值。大部分操稳试验对车辆转角是以车辆侧向加速度达到 $0.4g$ 为标准,部分试验还需考量车辆转弯半径是否达到 15m 等。③仿真结果处理:通过 Adams 软件中 Post Processor 对操控工况逐项选取仿真试验测量值,如车辆质心横摆角速度、车辆质心侧向加速度、车辆转向盘转角等,时域频域转换依靠 Adams Bode 图(与试验部处理不一致),再依据 QC/T 480—1999 及企标计算评价指标。

原有技术存在的问题体现在:①控制文件不统一,计算一致性不好。在整车操纵稳定性仿真工况中,低速回正工况、稳态回转工况、撒手稳定性工况均需要应用控制文件仿真,不能直接应用 Adams 工况菜单。在原有技术中,专业内有多个版本虽然都能实现试验工况,但是结果与实车试验未做对比,导致不同人用不同方法,结果不一致。角阶跃、角脉冲、中心转向工况可以应用 Adams 工况菜单,但设置上也不统一。②需要反复调整参数以实现既定工况,耗时长。在整车操纵稳定性工况中,大多数需要车辆的侧向加速度达到指定的值(如 $0.4g$ 等)以达到试验要求,实际是通过改变转向盘转角实现的。仿真工程师需手动反复尝试。每次计算完,又需要手动处理试验测量值,观察车辆的侧向加速度是否达到指定值。③评价指标计算复杂,耗精力。不同于悬架 K&C 计算、悬架受力计算,整车操纵稳定性仿真的六个工况需按行业标准或企标计算各工况指标值,计算复杂程度高。如低速回正工况,人工通过后处理模块寻找峰值等特征数据,耗时耗神,导致操稳后处理过程在仿真分析任务中占用大量时间。

9.8.3.2 系统建设内容及具体实施方式

作为整车开发流程中的必要步骤,本自动化工具首先对现有操纵稳定性试验方法进行了对比,其次对筛选出的试验方法通过计算工具实现了自动化仿真,最后对仿真输出的数据通过 Excel 和 Matlab 等实现了评价指标的完全自动化计算,并基于上述步骤开发了整车操纵稳定性仿真分析及评价一体化集成计算界面。通过本自动化工具,可以有效缩短仿真时间,缩短仿真人员工作时间及对试验数据的处理过程,提高了整车操纵稳定性仿真分析及评价的效率与一致性。

1. 标准控制文件

结合国标、企标和维度规划，选取与试验对比性好的控制文件，统一了专业整车操纵稳定性仿真工况，使六种工况仿真标准化，如时间、步长、转角时间等。对于需要自编控制文件的低速转向回正工况和稳态回转工况进行了详细对比，并选取最优。

低速转向回正工况试验标准 GB/T 6323—2014。第一类和第三类方法，均需手动调整转向盘转角使转向半径达到 15m。第二类方法则无须调整。通过 Vios 等模型的仿真，对比出第一类方法与试验较接近，采用第一类方法。

稳态回转工况试验标准 GB/T 6323—2014。第一类方法加速时，采取开环，控制加速踏板加速（适用于军车，因无军车 powertrain 数据）。第二类方法侧向加速度有抖动。通过 Vios 等模型的仿真，进行 15m 半径试验时，采用第一类和第二类方法，车辆初始均无法快速进入稳定状态，造成数据失真，因此采用第三类方法精度和可靠性较好。

2. 仿真计算批处理

通过 C# 语言编制的定制化界面，仿真工程师可以实现操纵稳定性六种工况的快速仿真，方便快捷地更改试验参数，大大提高仿真效率。

在原仿真流程中，需要先打开 Adams 软件，再打开模型文件，选择相应的工况菜单或者调用事件编辑器来修改参数，修改完毕后仿真。

应用本自动化工具后仿真流程只需打开定制化界面，选择好模型路径，更改好试验参数等，即可实现仿真。

3. 指标计算规范化

整车操纵稳定性仿真工况评价指标多（输出指标达 24 项），计算复杂，涉及数组计算、时域频域转换计算、峰值寻找计算等。本自动化工具编制了一套标准化、规范化的计算工具。通过 Excel 计算表格及 Matlab 计算程序，解放了工程师的大脑，能够快速准确地计算出指标值，保证了指标计算的一致性。

本自动化工具中的 Excel 计算表格，运用了大量数组和逻辑处理函数，如 small、indirect、if 等，可完成操纵稳定性工况中稳态回转、低速回正、角阶跃、撒手稳定性、中心转向五种工况评价指标的计算。Excel 计算工具可自动赋予不同车型指标的计算系数、自动返回 Excel 曲线拟合系数、自动返回周期曲线中数据段数组数据的平均值及极值等。

而 Matlab 计算程序则解决了角脉冲仿真工况中时域频域转换计算的问题，并且与试验处理方法保证了一致。综上，两种计算评价指标方法的应用，有效地将工程师从繁冗的数据处理中解放出来，能够快速准确地计算出操纵稳定性仿真工况的评价指标值。

4. 定制化界面

本自动化工具根据整车操纵稳定性仿真工况应用 C# 语言开发出定制化界面，可方便工程师快速进行仿真、指标计算以及分析报告编制。

界面操作流程：第一步，运行程序，通过多体动力学菜单进入整车操纵稳定性仿真自动化主界面，选择整车模型所在路径，选择计算结果存放路径，设定结果前缀名；第二步，根据主界面菜单，从工况中选取需要进行仿真的操纵稳定性工况，如稳态回转工况、低速转向回正工况、角阶跃工况、角脉冲工况、撒手稳定性工况、中心转向工况；第三步，对特定工况进行相关车辆状态参数设置，如转向盘转角、车速、档位等；第四步，单击构造求解文件，生成完毕后直接单击求解计算即可；第五步，单击结果处理，界面便会调用程序来计算评价结果，对于稳态回转工况以及角脉冲工况需单击运行 Matlab 进一步计算；第六步，单击输出报告，即可生成标准报告。

综上，应用本自动化工具，使整车操纵稳定性仿真的一致性、评价指标一致性提高，仿真效率也得到显著提高。

9.8.3.3 小结

应用本自动化工具具有如下创新点：

1）动态复合工况驱动仿真方法。低速回正工况和稳态回转工况由于参数、结构等方面的区别，导致仿真方法较难统一。通过大量标准数据整理和方法探索，编制出可满足大部分车型操稳仿真且与试验结果对比最好的控制文件脚本。

2）基于逻辑寻值与回归的指标计算。本自动化工具关于操纵稳定性仿真工况的评价指标计算，大量应用 Excel 各类数组逻辑计算函数及回归函数，实现指标快速计算，如自动识别数组数据中峰值、对基于逻辑判断的指定峰值自动寻值、自动识别周期函数的指定区间、自动返回线性回归系数的计算特征值等。

3）基于滤波与最优拟合的信号处理。针对角阶跃工况，应用 Matlab，先通过巴特沃斯滤波器（其特点是通频带的频率响应曲线最平滑）处理，再进行时频域转换，经最优化曲线拟合和相关计算，完成指标快速提取过程。

4）跨学科多工况仿真与评价的一体化集成。应用 C# 通过一种搭积木的方式快速集成和耦合各种软件（Adams、Excel、Matlab、Notepad、Powerpoint），将所有设计流程组织到一个统一、有机和逻辑的框架中，使整个设计流程实现全数字化和全自动化。形成面向多学科多工况的一体化仿真与评价集成平台界面，定制开发了操纵稳定性仿真的六种工况计算，实现了从仿真到输出报告的一系列步骤的批量自动化处理，节约了分析时间，释放了软件资源，提高了工作效率。

9.8.4 行人头部模型对发动机舱自动定位及批量建模

行人头部模型对发动机舱自动定位及批量建模自动化工具，是针对汽车被动安全行人保护中的行人头部模型对发动机舱动力学仿真分析开发的一套自动化工具，主要应用于基于 Pam_Crash 的行人头部模型对发动机舱动力学仿真分析领域。

9.8.4.1 技术背景

头模定位及批量建模主要用于头模对机舱的动力学仿真分析，这是模拟评判车辆安全性能的一项重要工作。通过仿真分析，可以获取头模不同位置处的头模伤害值，计算出头模总体得分，最终预判车辆的安全性能及可能达到的星级指标。

在进行行人头部模型与发动机舱盖碰撞的动力学仿真分析中，首先要确定行人头部模型与发动机舱盖的初始位置，包括所在区域和具体空间点。所在区域由发动机舱的前缘基准线、侧缘基准线、后缘基准线、包络线等限定；具体空间点由发动机舱测试点来相对确定，如果行人头部模型与机舱距离位置过高或过低，那么在仿真分析中，不是消耗过多的时间成本和计算资源，就是影响仿真结果准确性。根据国家法规和仿真经验，头模定位在头部模型与机舱刚好接触时，再沿法规指定方向（头模轴线与竖直面夹角 40°）回退 5mm 处，输出此时头部模型上部中心点空间坐标值，作为行人头部模型与发动机舱盖碰撞动力学仿真分析的定位输入。头模定位后，对不同定位点分别创建头模与机舱的动力学仿真模型，进行仿真计算。

头部模型对机舱动力学仿真的定位区域划分、机舱测试点定义、头模定位及头模与机舱仿真模型建立，一直以来全部依靠笨拙的手工完成，工作繁重、效率低下且准确度非常依赖仿真人员的技术水平。

机舱前缘基准线、侧缘基准线、后面基准线及包络线的创建，均有严格的法规限定，包括机舱测试点的定义亦是如此。

机舱前缘基准线：创建 10mm 间隔的 Y 向平面，获取与机舱交线，以 0.5mm 间距打散，从中找到 x 最小点，连接成线。

机舱侧缘基准线：创建 10mm 间隔的横向垂直平面且向内倾斜 45° 参考线，获取与机舱交线，以 0.5mm 间距打散，找到与参考线最近距离点，连接成线。

机舱后面基准线：创建 10mm 间隔的 Y 向平面，获取与机舱交线，以 0.5mm 间距打散，从中找到前风窗玻璃上任一接触点的法向向量，完成 165mm 测试球的定位点。再次过滤，计算与球心之间的距离，从中找到距离为 82.5mm 的节点，将各截面的此处接触点连接起来，就是机舱后面基准线。

机舱包络线：创建 10mm 间隔的 Y 向平面，获取与机舱交线，以 0.5mm 间距打散，左起找到交线中外轮廓点，找到蓝线的总长度分别累积到 1000、1250、1500、1700、2100 时的点，将各截面的该处点连接起来，就是所求的包络线。

机舱测试点：获取 WAD1000、WAD1500 与机舱纵向中心切面上点，分别向前后左右获取机舱均匀点，将这些点再沿法规方向交于机舱面，获得的点即为机舱测试点。

头模空间定位：头模与机舱测试点耦合，通过沿法规方向前进或后退，找到头模与机舱刚好接触点，沿法规方向回退 5mm，以特定格式（头模与机舱动力学仿真模型所需要的输入格式）输出头模指定点的空间坐标。

头模与机舱仿真模型：参考头模与机舱仿真模型模板，创建不同头模空间位置的仿真模型。

单次定位点的操作：头部模型到达发动机舱指定点，沿法规方向回退找到刚好接触点（肉眼观察），确定刚好接触点后沿法规方向回退 5mm 处头部模型指定点的空间坐标值。此处难点是如何判断刚好接触点及头部模型回退后对头部指定点的空间坐标值记录，那么 200 次的重复操作可想而知。根据经验，手工完成此工作，一个有 4~5 年工作经验的仿真人员，连续工作不休息，至少 6h 以上。

总结原有技术存在以下问题：

1）工作量巨大，所有工作手工完成非常耗时，工作效率低下。
2）工作手段落后，定位准确度不高。
3）仿真结果对仿真经验的依赖性强。

因此试图寻找一种方法，解决头部模型对机舱定位问题，包括定位区域划分、测试点定义、头模定位及仿真模型创建四部分工作，既能提高工作效率又提高精度，减轻仿真人员工作疲劳强度，又能适用于所有车型的此类任务。

9.8.4.2 系统建设内容及具体实施方式

1. 总体技术方案

1）头模定位全自动。对模定位的四大步骤，即碰撞区域划分、测试点定义、头模空间定位、头模与机舱动力学仿真模型批量自动创建。四大步骤全部实现自动化处理。

2）实现区域自动划分。前缘基准线、侧缘基准线、后面基准线、包络线自动创建。

3）实现机舱测试点的自动创建。

4）实现头模自动定位。头部模型与机舱单个参考点耦合：找到头部模型沿法规方向的最低点，将头部模型整体耦合到所要考察的单点。

经验距离内的干涉检查：经验距离是指头部模型与机舱干涉判断的上下界限，一般定为 20mm 即可；通过中间插值法理论实现对头部模型与机舱之间的快速干涉检查。中间插值法的优势是在 0~20mm 内，最多经过 6 次的干涉检查，即可使精度达到 0.3mm。

确定头部模型与机舱刚好接触点：在 0~20mm 的经验距离内，0mm 是指头部模型与机舱观察点的重合点（耦合点），此时头部模型与机舱干涉。头部模型实际情况是一部分嵌入机舱，沿法规方向回退，就是在逐步拉开嵌入机舱的部分。当两者距离达到 20mm 时，两者是完全分开的，那么在 0~20mm 之间，总会找出那么一点，即头部模型与机舱刚好接触的点。预设一个刚好接触点的精度值为 0.5mm，即当两者距离在 0.5mm 内时，上一次的干涉检查结果为干涉，本次的干涉检查结果为不干涉，那将上一次两者干涉时头部模型位置设定为头部模型与机舱刚好接触点。

沿法规方向回退指定距离：确定国家法规要求的头部模型与机舱刚好接触点，再沿法规方向将头部模型回退 5mm，是为了寻找头部模型此处指定点的空间坐标。

以上是描述头部模型与机舱单个参考点的执行情况，法规要求要对机舱上指定所有点（所有点的选择按一定规则）均进行相同操作。

输出特定模式下的头部模型指定点空间坐标值文件：输出头部指定点的空间坐标值作为头部模型与机舱动力学仿真分析的头部模型输出定位。如能做到输出的头部模型指定点的空间坐标值直接作为动力学仿真分析的输入，那么必须符合动力学仿真分析的输入要求，即指定点的空间坐标值要以特定模式输出。因此要对空间坐标值的输出进行模式转换，最后生成机舱所有点对应的头部模型指定点并以特定模式转换后的空间坐标值输出到指定文件。

5）实现头模与机舱动力学仿真模型的自动创建。至此，完成了行人头部模型与发动机舱盖定位任务，并自动创建动力学仿真模型。

2. 具体实施

1）头模自动定位及批量建模：头模自动定位是指碰撞区域划分、测试点定义和头模定位均已实现自动化；批量建模是指针对发动机舱不同头模位置会建立不同的仿真分析模型。

2）机舱前缘基准线的具体实现过程：创建 10mm 间隔的 Y 向平面，获取与机舱交线，以 0.5mm 间距打散，从中找到 x 最小点，连接成线。

3）机舱侧缘基准线实现方法：创建 10mm 间隔的横向垂直平面且向内倾斜 45°参考线，获取与机舱交线，以 0.5mm 间距打散，找到与参考线最近距离点，连接成线。

参考线方程：

$$y - z + 1850.383 = 0 \tag{9-9}$$

横向截面与机舱交线离散点到参考线距离：

$$d = \frac{1 \times y - 1 \times z + 1850.383}{\sqrt{1^2 + (-1)^2}} \tag{9-10}$$

4）机舱包络线实现方法：创建 10mm 间隔的 Y 向平面，获取与机舱交线，以 0.5mm 间距打散，左起找到交线中外轮廓点，连接成线，计算线长，找到所有截面相同线长点，连成线，获取不取线长包络线。

包络线实现方法较为复杂，在确定纵向截面与机舱的交线并离散成点后，通过采用反余弦计算方法获取交线上外轮廓点。反余弦计算方法及实现图如图 9-40 所示。

机舱测试点：根据区域划分中的 wad1000、wad1500，获取与机舱纵向中面的交点 point1、point2；在 point1、point2 之间均匀插入 4 点，间距分别为 100mm；以已有 6 点为基准，分别向左右后插入 100mm×100mm 的其他点；删除区域外的点；将所得到的点沿法规方向与机舱交点，即为所需要的测试点。机舱测试点自动定义如图 9-41 所示。

第9章 二次开发

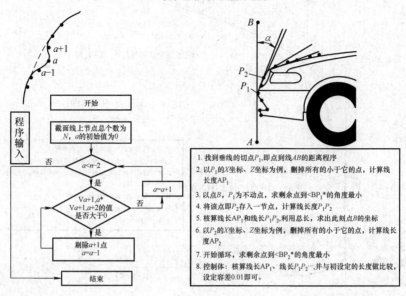

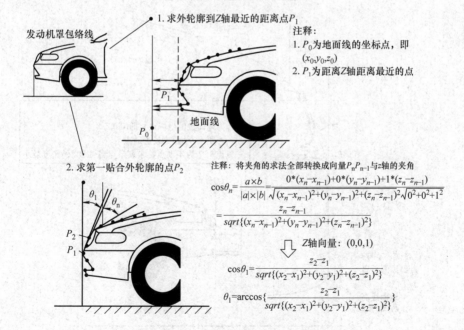

图 9-40 反余弦计算方法及实现图

汽车仿真技术

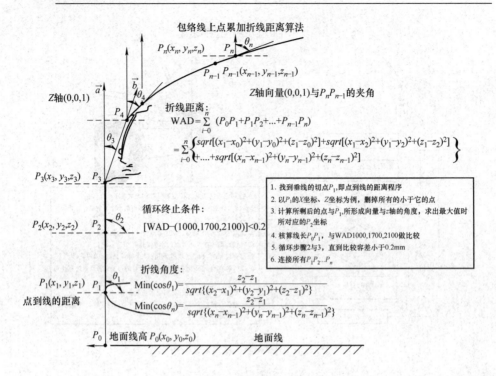

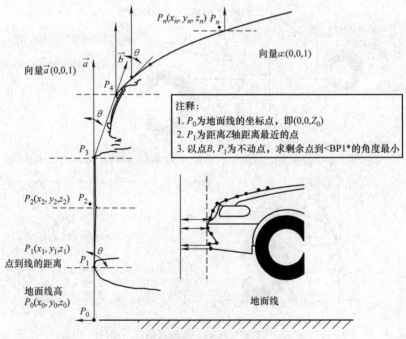

图9-40 反余弦计算方法及实现图（续）

第 9 章 二次开发

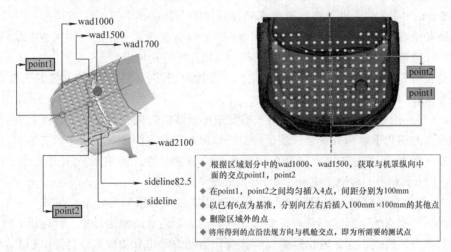

图 9-41 机舱测试点自动定义

头模空间定位：头模与机舱测试点耦合，找到刚好接触点，沿法规方向回退 5mm，以特定格式输出头模指定点的空间坐标。头模自动定位流程如图 9-42 所示。

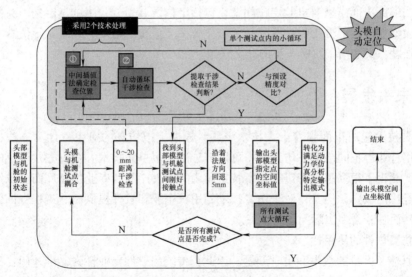

图 9-42 头模自动定位流程图

头模与机舱仿真模型：参考头模与机舱仿真模型模板创建不同头模空间位置的仿真模型。

5）中间插值法运用：头部模型与机舱在 0~20mm 范围内，通过中间插值法理论来快速获得头部模型与机舱的刚好接触点。首先要预设一个刚好接触点的精度，设置为 0.5mm。

通过分析可以得出结论，经过 6 次干涉检查后，干涉检查精度可控制在 0.3125mm。同时，采用干涉检查仿真软件自带的干涉检查工具对干涉检查进行了迭代判断和处理，实现了连续的计算机干涉检查，这远优于人工状态下的人为肉眼判断精度，计算机迭代干涉检查获得了头部模型与机舱刚好定位点。

根据分析可以得出结果：计算机迭代干涉检查获得的刚好接触点确实符合要求，效果非常好。

6）多层级迭代干涉检查：采用多层级迭代干涉检查机制，第一层是针对机舱所有观察点的迭代干涉检查，第二层是针对机舱单个观察点内的迭代干涉检查情况。因此，在干涉检查输出文件中，存在两种形式的干涉文件，即主干涉输出文件（如：check_1.txt）和子干涉输出文件（如：subcheck_1.txt）等。

7）符合头部模型与机舱动力学仿真输入需求的头部模型特定输出模式：在输出头部模型指定点的空间坐标值时，要考虑两者动力学仿真的输出需求，即输出文件模式和数据表达格式，保证输出结果能够直接作为动力学仿真的输入，避开不必要的文件格式转换和文件内部数据再次调整等工作。

9.8.4.3 小结

应用机舱包络线反余弦计算方法和刚好接触点的中间插值及多层级迭代干涉检查寻找方法解决头部模型对机舱定位问题，包括定位区域划分、测试点定义、头模定位及仿真模型创建四部分工作，既提高了工作效率又提高了精度，既减轻了仿真人员工作疲劳强度，又适用于所有车型的此类任务。

9.9 未来发展

仿真技术应用正面临着十大技术难题。根据虚拟仿真的对象、计算方法、物理场、应用行业等不同维度，仿真技术可以细分出很多单元技术。在过去几十年的发展过程中，诞生了很多解决特定行业、特定问题的仿真产品和专业仿真厂商。虽然仿真技术已经逐渐成熟，但是，对于仿真技术的用户企业和软件提供商、工程咨询公司而言，仍然面临着诸多实际问题和挑战。

1. 仿真软件的易用性

仿真涉及大量的数学和力学问题。因此，传统的软件专业性强，准入门槛高，长期得不到普及应用。如何让拥有丰富设计经验和制造业专业背景的工程师能够将软件应用到产品研发设计过程中，实现普及应用，是一个十分重要的问题。

2. 仿真知识的积累与传承

同样的产品模型应用同样的软件，但不同的分析工程师，由于知识和经验的差异，分析得到的结果的差异性很大。因此，企业如何建立自己的仿真规范和知识库，实现对仿真知识的捕捉和重用，如何将经验丰富的专家的仿真知识和仿真流程传承给新入门的分析工程师,是企业真正应用好仿真技术的关键。

3. 仿真流程的规范化与自动化

对产品进行仿真涉及十分复杂的流程,而应用单元的仿真产品,需要手工管理仿真流程,导致仿真效率不高。如何实现仿真流程的自动化,创建完整的仿真流程模板,并且能够根据各个学科仿真的需求动态调整几何模型,对于提升仿真的效率和质量非常关键。

4. 对仿真结果的评价

如何将虚拟仿真与实际的物理试验结合起来,提高虚拟仿真结果的置信度,从而真正减少物理样机和物理试验的数量,在提高产品性能的同时降低产品研发成本,提高产品研发的成功率和研发效率。

5. 多学科仿真与优化

各个领域的仿真结果提供了局部的性能仿真和改进建议,但是,单元的仿真产品无法实现产品整体性能提升,只能解决局部优化问题,无法解决全局优化问题。

6. 仿真数据的管理

在仿真过程中,生成了海量的、不同类型的仿真文档和数据,对应不同的分析结果。如何有效管理仿真文档,如何建立分析文档与产品模型的对应关系,是仿真技术深入应用必须解决的问题。

7. 多场耦合分析

在解决复杂仿真问题的过程中,涉及多物理场耦合分析的问题,如流固耦合问题、光机热耦合问题。这对于单纯提供某个领域仿真技术的软件厂商而言,是一个巨大挑战。

8. 研发组织架构如何支持仿真驱动设计

在制造企业传统的产品研发流程当中,仿真技术人员往往属于一个专门的部门。如何在企业中将仿真技术真正融入产品研发流程中,调整研发部门的组织架构和研发组织体系,使仿真分析工程师与设计、工艺和制造工程师协同工作,实现从事多个学科虚拟仿真的工程师之间的协作,真正实现仿真驱动设计,是一个巨大的挑战。另外,如何在上下游企业之间进行虚拟仿真的协同,则更是一个难题。

9. 仿真软件与优化软件的结合

仿真软件只能完成仿真计算,却不能解决优化问题,应用虚拟仿真软件是一个试错过程。因此,仿真技术如何与优化技术有效结合,是一个重要挑战。

10. 仿真技术如何跟上计算机硬件技术的发展

目前,多核CPU、GPU、刀片工作站等硬件技术发展迅速。如何将多核CPU、HPC、并行计算等新兴技术与仿真技术相结合,以提高仿真的效率,同样是一个重要挑战。

在以上所述的仿真技术面临的十大难题中,软件的易用性、仿真知识的积累与传承、仿真流程的规范化与自动化、对仿真结果的评价、多学科仿真与优化、仿真数据的管理、仿真软件与优化软件的结合，这七个难题几乎都是与仿真自动化相关联的挑战。

仿真自动化技术的出现使有限元技术的应用从以前的高门槛、纯人工编程，到后来通用软件的集成化使用，再到现在更加流程化、简单化的软件使用，整个发展逐渐趋向于解放工程师，面向更多的设计及非专业仿真分析人员。而如今更多的企业和研究机构开始面向流程化、模板化、定制化的仿真，仿真分析人员更多的不是从事具体的分析工作，而是转为如何利用自己的专业知识将整个仿真标准化、模板化，做的是知识工程的管理和应用，如何实现参数化设计，如何实现自动优化，形成平台定制软件。而这一阶段的完成必然使得企业的整个研发更加规范化，产品设计质量也将更加稳定和可靠。当完成这些工作的时候，仿真人员需要做的就是不断维护、更新和完善这些规范流程。无论你是否是专业的仿真人员，都可以基于这些平台和模板自动根据引导完成所有的分析仿真工作，这也是目前很多公司企业在做的工作。

随着互联网技术的发展，未来对工程师的要求是，既懂仿真，又会编程开发的复合型工程师。并且随着云计算和高性能仿真技术的发展，两者的业务结合和场景应用就更多了。